인지심리학 제5판

실험실에서 실생활까지

FOR INFORMATION:

SAGE Publications, Inc.
2455 Teller Road
Thousand Oaks, California 91320
E-mail: order@sagepub.com

SAGE Publications Ltd.
1 Oliver's Yard
55 City Road
London EC1Y 1SP
United Kingdom

SAGE Publications India Pvt. Ltd.
B 1/I 1 Mohan Cooperative Industrial Area
Mathura Road, New Delhi 110 044
India

Kathleen M. Galotti

제5판

인지심리학

실험실에서 실생활까지

Kathleen M. Galotti 지음 | 이승복 · 박수진 · 정우현 옮김

SAGE   Σ 시그마프레스

인지심리학 : 실험실에서 실생활까지, 제5판

발행일 | 2017년 7월 5일 1쇄 발행

저자 | Kathleen M. Galotti
역자 | 이승복, 박수진, 정우현
발행인 | 강학경
발행처 | (주)시그마프레스
디자인 | 우주연
편집 | 류미숙

등록번호 | 제10-2642호
주소 | 서울시 영등포구 양평로 22길 21 선유도코오롱디지털타워 A401~403호
전자우편 | sigma@spress.co.kr
홈페이지 | http://www.sigmapress.co.kr
전화 | (02)323-4845, (02)2062-5184~8
팩스 | (02)323-4197

ISBN | 978-89-6866-951-4

Cognitive Psychology In and Out of the Laboratory, Fifth Edition

* 책값은 책 뒤표지에 있습니다.

이 도서의 국립중앙도서관 출판예정도서목록(CIP)은 서지정보유통지원시스템 홈페이지(http://seoji.nl.go.kr)와 국가자료공동목록시스템(http://www.nl.go.kr/kolisnet)에서 이용하실 수 있습니다.(CIP제어번호 : CIP2017014719)

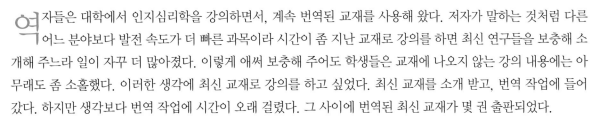

역자들은 대학에서 인지심리학을 강의하면서, 계속 번역된 교재를 사용해 왔다. 저자가 말하는 것처럼 다른 어느 분야보다 발전 속도가 더 빠른 과목이라 시간이 좀 지난 교재로 강의를 하면 최신 연구들을 보충해 소개해 주느라 일이 자꾸 더 많아졌다. 이렇게 애써 보충해 주어도 학생들은 교재에 나오지 않는 강의 내용에는 아무래도 좀 소홀했다. 이러한 생각에 최신 교재로 강의를 하고 싶었다. 최신 교재를 소개 받고, 번역 작업에 들어갔다. 하지만 생각보다 번역 작업에 시간이 오래 걸렸다. 그 사이에 번역된 최신 교재가 몇 권 출판되었다.

다른 교재에 비교하여 이 책의 장점을 든다면, 가장 중요한 점은 저자가 이미 서문에 스스로 밝히고 있듯이, 본문을 중심으로 제시되어 있어서 상자나 가외의 재료가 나오지 않았다는 것이다. 더 깊이 연구하고 싶다면, 정보가 넘치는 이 인터넷 사회에서 찾아보지 못할 이유는 전혀 없을 것이다. 본문에 중요한 내용을 잘 정리해 제시하고 있다는 점이 이 책의 장점이다. 초판이나 재판으로 나오는 책에 비해서 이 책은 5판을 거듭하면서 갱신, 수정하여 새로운 연구를 적절히 잘 배치해 넣는 방식으로 노련하게 제시해 준다는 점 또한 장점으로 들 수 있겠다.

원 교재에서 언어와 인지발달에 관한 부분은 생략하였다. 우리나라 대학 심리학과에서는 대부분 언어심리학과 인지발달은 별도의 과정으로 운영되고 있는 현실을 반영한 조치였다. 너무 많은 내용을 모두 다 담는 것보다는 인지심리학 강좌에 꼭 필요한 부분만 제시하는 편을 선택하였다.

인지신경과학은 인지심리학의 여러 주제 중에서도 가장 최근에 발전된 내용이다. 번역자들은 신경과학에서 나오는 해부학 용어들을 우리말 용어로 바꾸고 있는 최신 경향에 따르고자 하였다. 전두엽을 이마엽으로 고쳐 놓은 인지심리학 번역서는 아직 없어, 이를 시도하였다.

번역 작업은 세 사람이 나누어 진행하였다. 1, 2, 3, 4장은 정우현, 5, 6, 7, 8장은 이승복, 9, 10, 11, 12장은 박수진 선생이 맡아서 작업하였다. 용어해설을 먼저 이승복이 번역하여 이를 공유하면서 용어를 통일하는 방식을 썼다. 번역 용어는 실험심리학 용어사전(2008)을 따랐고, 여기 나오지 않는 용어는 여러 심리학 교재에서 주로 사용되는 것으로 맞추고자 하였다. 그런데도 익숙하지 않은 용어가 있을 수 있어, 교재의 끝부분에 용어해설과는 별도로 영어 용어와 한국어 번역어를 같이 제시하였다. 나름대로 노력은 하였으나, 번역에 잘못된 점이 있으면 언제든 지적해 주면 감사히 받아들이고 다음에 꼭 반영하도록 할 것이다.

마지막으로 약속보다 한참 늦어서야 작업을 끝낼 수 있었는데, 그 시간을 참고 기다려 준 (주)시그마프레스에 감사를 드린다. 특히 비전공자가 읽기에는 쉬운 내용이 아닌데도 초고를 꼼꼼히 읽어주면서 번역체의 말을 우리말답게 수정해 주고, 출판 과정에서의 이런저런 불평을 인내심으로 받아준 담당 편집자와 편집부 여러분에게도 깊이 감사를 드린다.

2017년 6월
역자 일동

이 책의 첫 판을 쓴 지 20년도 더 지났다. 그때 저자는 아직 '엄마'라는 건 생각도 안 하고 있었고, 이제 막 칼턴대학에서 정년직을 받았을 때였다. 스스로 워낙 좋아한 일이라 돈을 안 받고도 하고 싶었던 일에 보수를 받으며 하게 되었다는 사실에 들떠 있었다. 아직도 내가 생계를 위해 하고 있는 이 일에 대해 같은 느낌을 가지고 있어, 가르치는 것보다 더 좋은 일은 없고 내가 사랑하는 이 칼턴 친구들보다 더 좋은 학생들도 없다고 생각한다. 이들 중 많은 이들이 이전 판과 이 판의 책에 영향을 미쳤다. 이를테면 내가 어떤 개념을 예시하기 위해 드는 예로, 이러한 개념에 대한 이해를 확장하여 만들어 낸 그들의 독창적인 과제들로, 또 이전 판에 대해 내게 해준 피드백으로 영향을 주었다(이들은 특히 내가 저지른 실수를 찾아내는 것을 즐겼다).

첫 판을 내었던 1992년 이후로 많은 변화가 있었다. 아들 하나를 낳았고(이제는 대학생이다) 베트남에서 딸 하나를 입양하였다(이제 11살이다). 학생들과 학교 교정도 또 변하였다. 예컨대 우리 모두는 공학기술에 더 적응해 왔고 더 의존해 왔다. 그리고 인지심리학이라는 분야도 정말 많이 변화해서 신경과학과 상황인지를 더 강조하게 되었고, 사람들이 정보를 습득하고 사용하는 방식에 대한 이해를 넓혀주는 기본 연구에서도 진전이 있었다. 이러한 변화들은 확실히 이 책을 주기적으로 개정해야 할 이유가 되었고, 그래서 자! 여기에 제5판이 나왔다.

심리학을 공부하는 학부 학생들은 인지심리학이라는 분야에 대해 여러 다른 반응을 보인다. 어떤 학생은 인간 마음에 대한 이해에 필수적인 주제들을 포괄하고 있다고 놀랍고 멋지다고 생각한다. 인지심리학은 결국 마음이 어떻게 작동하는지에 관한 질문을 제기한다: 인간·사건·사물을 어떻게 지각하는지, 기억을 어떻게 하는지, 정보를 심적으로 조직화하는 방식은 어떤지, 중요한 결정을 내릴 때 심적 자원을 어떻게 불러내는지. 또 다른 학생은 인지심리학이라는 분야가 기술공학적이고 '괴짜스럽다'고 본다―우리의 일상생활과는 멀리 떨어져 있는 현상들에 대한 복잡한 모형으로 가득 차 있다고 생각하기 때문에!

인지심리학의 모든 판을 쓰는 동안 저자의 목표는 이 두 유형의 학생들 사이의 갭을 메우려는 것이었다―후자 유형에게 이 분야에서 제공해 주는 정보가 얼마나 놀랄 만한 것인지를 깨닫게 하려는 것이었다. 대부분 이런 문제는 일상생활에서 실험실 현상으로 이어지는 연결이 끊겨 있는 점에 이유가 있다고 생각한다. 인지 교과서는 대부분이 실험실 연구에만 초점을 기울이고 있어서, 학생들에게 그 연구 작업이 실생활에서의 주요 주제와 어떻게 관련되어 있는지를 보여주지 못한다. 이 책을 읽고 나서 학생들이 인지심리학자들이 자기네 주제와 연구에 왜 그렇게 열정적인지 그 이유를 알 수 있기를 바란다.

저자라면 저술하는 책에 포괄적인 백과사전적 지식을 모두 포함할 것인지 아니면 선택적으로 집중하여 많은 주제와 연구들을 생략할 것인지를 선택하게 된다. 저자는 이 극단 사이에서 균형을 잡고자 하였지만 후자 쪽을 선호한 셈이라 고백하겠다. 이는 내 강의의 목표를 반영한다. 저자는 학술지에서 나온 주요 문헌으로 교재를 보완하는 편을 좋아한다. 강사들이 다른 읽기 목록으로 교재를 보완할 수 있기를 바라는 마음으로 각 장을 가능한 간략하게 제시하고자 하였다. 가장 좋은 강좌는 강사가 강의 재료에 대해 열광적일 때 이루어진다고 굳게 믿는다. 교재가 비교적 간략하면 강사로 하여금 그들이 특히 흥미롭다고 여기는 주제에 대해 보충하는 방식으로 수요자에 맞출 수 있기 때문이다.

더 나아가 강사와 학생들이 모두 인지적 현상들을 그 현상이 일어나게 하고 또 그 현상을 제약하는 맥락에서 고려해 보도록 권하고 싶다. 가정된 보편성 또는 실험실에서 일반화된 바가 항상 모든 상황에서 모든 이들에게 적용되는 것은 아니다. 인지심리학의 주제들이 모든 사람이 경험하는 절대적이고 불변하는 측면으로 제시되는 경우가 너무 잦다. 발달심리학, 다문화 심리학, 또 개인차에 대한 최근의 연구들은 이런 방식으로 제시하는 일은 가장 좋은 경우라도 과잉단순화이며, 최악의 경우에는 허구(소설)이다. 저자는 인지심리학에서 새로운 연구일수록 연구의 엄격함과 아름다움을 유지하면서도 질문과 주제를 더 포괄적으로 다루어, 사람과 상황에서의 유사성뿐만 아니라 차이점까지도 깨달을 수 있도록 하였다.

이 책의 구성

인지심리학 : 실험실에서 실생활까지, 제5판은 심리학 개론 강좌를 이미 수강하였던 학생들이 한 학기 강좌로 수강할 것을 염두에 둔 교재이다. 처음 장은 이 분야를 개관하는 것으로 시작하면서 연구방법과 패러다임을 서술하였다. 한 장에서는 앞으로 나올 뇌의 구조와 기능에 대한 개관에 할당하였다. 이 두 장의 입문 장 다음으로는 일반적으로 인간 인지의 핵심적인 측면으로 간주되는 주제들을 포괄하는 장이 이어진다: 지각, 주의 그리고 기억. 이 장들에서 강조한 것은 이 분야를 정의해 주는 '고전적' 연구와 오랫동안 당연하게 여겨온 가정들에 도전하는 새로운 접근방법들 모두를 소개하고자 한 것이다. 그다음으로 나오는 것은 지식의 표상과 조직에 관한 장들이다. 이 장은 우리가 일상생활에서 습득하는 광대한 양의 정보를 심적으로 표상하고 저장하는 방식에 관한 질문에 집중한다. 이후 몇 개 장에서는 '상위수준' 인지라는 주제를 포함하고 있는데, 여기에는 언어, 문제해결, 추리, 그리고 의사결정이 포함된다.

이 책이 '전형적' 인지심리학 교과서 모습에서 가장 많이 벗어나는 것이 마지막 세 장이다. 제12장은(역주_번역본에서는 포함되지 않았음) 유년기부터 성인까지의 인지발달을 개관한다. 마지막 두 장에서는 개인차와 다문화적 접근을 다루고 있는데, 인지심리학 교과에서는 포함되지 않는 경우가 많은 부분이다. 본인은 이 주제들이 인지 현상을 철저하게 검토하고 있다고 생각한다. 전통적인 인지심리학자들이 항상 이 부분을 연구 주제로 포함시키는 것은 아니지만, 본인은 이 주제들이 인지심리학의 주제이며 미래에는 더욱 그러하리라 믿는다.

중요한 모든 학습재료를 본문에 포함시키려 하였으며, 학생들이 자주 지나쳐 버리는 상자나 각주 등으로 넣지는 않으려고 하였다. 이렇게 한 것은 학생 시절의 본인 자신의 경험에 따른 결정이었으며, 또한 상자 속 글은 주의를 분산시킨다고 생각하고 굳이 공부하지 않아도 되는 재료를 다루었다는 학생들의 피드백에 따른 것이기도 하였다. 재료를 이렇게 따로 넣지 않으면 학생들이 모두 주의 깊게 읽고 노트를 하면서 공부하는 것이 줄긋기나 훑어보기 같은 표면적인 접근보다 제대로 학습하고 숙달하는 데 최선이라는 메시지를 전달하는 방식이 되리라 본다.

학생을 위한 보충 학습 사이트 www.sagepub.com/galotticp5e

이 개방형 학생 학습 사이트에서는 다양한 보충 자원을 제공하여 학생이 이 교재의 내용을 이해하고 강의실 바깥에서도 공부를 확장할 수 있도록 도움을 준다. 학생들은 다음 여러 자원에 접근할 수 있다.

- Flashcards : 학습용 카드를 사용하여 교재에 소개된 핵심용어와 개념을 이해하고 학습할 수 있다.
- Chapter Quiz : 10~15개의 참/거짓 문제와 선택형 문제가 있어 학생들 스스로 학습 과정에서 얼마나 진전했는지 평가할 수 있다.
- Video Links : 관련된 면담, 강연, 개인적 이야기, 질문, 또 다른 내용들이 있는데 핵심 주제에 대해 스스로 볼 수도 있고 강좌에서 탐색할 수도 있다.
- Audio Links : 중요한 주제를 포괄할 뿐 아니라 교재 안에 나온 핵심 요점을 보충해서 공부할 수 있다.
- Web Resources : 핵심 주제를 스스로 또는 강좌 중 탐색을 하는 데 관련된 내용을 제시하고 있다.

차례

1

인지심리학
역사, 연구법, 패러다임

장의 개요

이 책은 인지심리학에 대한 책이다. 인지심리학은 사람들이 어떻게 정보를 획득하고, 저장하고, 변형하고, 사용하고 소통하는지를 다루는 심리학의 한 분야이다(Neisser, 1967). 달리 말하면 인지심리학은 우리의 정신생활, 즉 우리가 지각하고 주의를 주고 기억하고 생각하고 범주화하고 추론하고 결정 등을 할 때 우리의 머릿속에서 일어나는 것들을 다룬다.

인지심리학에서 다루는 영역을 더 잘 느껴보기 위해 인지적 활동의 몇 가지 예를 생각해 보자.

당신은 어둡고 낯선 도시 거리를 걷고 있다. 안개 낀 날씨에 비까지 내리고 있어 당신은 추위와 함께 약간 불안한 기분을 느끼고 있다. 작은 골목을 지나갈 때, 당신은 시야의 한 구석에서 뭔가 움직이는 것이 있다는 것을 알아차린다. 그쪽으로 시선을 돌리자 당신을 향해 다가오는 형체가 드러난다. 당신은 그것이 무엇인지를 알아차린다. 그것은 바로……

위의 예에서 어떤 인지과정들이 일어나고 있는가? 이 예에서는 정보가 최초에 어떻게 획득되고 처리되는지를 보여준다. 특히 다음의 인지과정들이 묘사되어 있다. 어떤 자극(여기서는 수상한 형체)에 정신을 집중하는 주의(attention), 감각 정보를 의미 있는 정보로 해석하는 지각(perception), 자극을 이미 알고 있는 범주로 분류하는 형태 재인(pattern recognition). 그 형체를 친숙한 어떤 것으로 인식하기 위해서는 분명히 기억(memory)에 의존하게 되는데, 기억이란 저장하고 인출하는 인지과정을 포함한다. 이 모든 과정은 매우 빠르게, 아마도 몇 초 이내에 일어난다. 이 예에서 보여준 대부분의 인지과정은 아주 쉽게 자동적으로 일어나는 것처럼 보이기 때문에 우리는 그것을 당연한 것으로 여긴다.

여기 또 다른 예를 보자.

당신은 명절 직전의 백화점처럼 사람들이 붐비고 있는 공공장소에 있다. 사람들이 계속해서 당신을 밀치고 지나가기 때문에 당신은 짜증도 좀 나고 매우 지쳐 있다. 당신은 의자에 앉아 사람들을 쳐다보면서 좀 쉬어야겠다는 생각을 한다. 근처에 있는 의자로 가고 있을 때 당신 또래의 젊은 여자와 부딪혀 밀쳐진다. 당신과 그 사람은 서로 공손하게 사과한다("실례했습니다.", "아유, 죄송해요."). 그리고는 서로 눈길이 마주친다. 그때 그 여자가 갑자기 외친다. "어, 너! 잘 지냈니? 여기서 아는 사람을 만나게 될 거라고는 꿈에도 생각 못했는데! 이게 웬일이니." 당신은 즉각 다정한, 그러면서도 한편으로는 애매한 미소를 띤 채 머릿속으로는 미친 듯이 탐색을 시작한다. 이 여자가 누구더라? 친숙한 얼굴이긴 한데 어떻게 아는 사이지? 예전 동창생인가? 캠프에서 만난 사람인가? 이 여자가 하는 말에서 누군지를 알 수 있는 단서가 있을까?

이 예는 재인(recognition, 당신은 그 여자가 친숙한 얼굴이라는 것을 알고 있다)과 회상(recall, 당신은 어디서 그 여자를 알게 되었는지를 알아내려고 노력하고 있다)을 포함한 기억과정을 보여준다. 여기에서는 덜 중요

한 역할을 하고 있는 다른 인지과정들도 포함되어 있다. 예를 들어, 당신은 그 존재를 사람으로서, 특히 여성으로 더더구나 어렴풋하게 아는 여자로 지각하고 있다. 당신은 그녀에게 주의를 두고 있다. 당신은 그녀가 누구인지를 알아내기 위해 추론(reasoning)과 문제해결(problem solving)의 다양한 전략과 기술을 사용할 것이다. 그녀가 누구인지를 알아내는 데 성공하느냐, 실패하느냐는 당신이 그동안 축적한 지식의 정신적 조직화—지식표상(knowledge representation)—에 달려 있다. 그 여자와 의사소통하기 위해 당신은 비언어적 단서와 신호뿐만 아니라 언어(language)를 사용하고 있다. 최종적으로 당신은 이 상황에 어떻게 대처할 것인지 의사결정(decision making)을 해야 한다. 당신이 기억하지 못한다는 것을 솔직히 밝힐 것인가, 아니면 끝까지 감출 것인가?

두 예에서 알 수 있듯이, 우리의 일상생활은 엄청난 양의 인지작용을 포함한다. 더군다나 이러한 일상의 인지는 복잡하고 대개의 경우 여러 인지과정이 함께 포함된다. 그러나 많은 인지과정들이 매우 자주, 아주 빠르게, 그것이 일어나고 있다는 것을 알아채지도 못할 정도로 아무 노력 없이 발생하기 때문에 우리는 이러한 과정이 얼마나 복잡한지를 알아차리지 못하는 경향이 있다.

앞의 두 예에서 몇몇 인지과정은 동시에, 시간적으로 매우 근접해서 발생했다. 실제로 이들 예에서 얼마나 많은 인지과정이, 어떤 순서로 일어났는지를 정확하게 구별해 내는 것은 거의 불가능하다. 이러한 불확실성은 일상적 상황에서 전형적이다. 너무 많은 일이 순식간에 벌어지기 때문에 우리는 심지어 무슨 정보를 어떻게 사용하고 있는지조차 알 수 없다. 그렇다면 인지는 어떻게 과학적 정밀성을 가지고 연구될 수 있을까?

모든 과학자들은 이러한 문제에 당면하게 된다. 자연적으로 발생

사진 1.1 지도 보기와 같은 일상의 활동은 아주 많은 양의 인지과정을 포함한다.

하는 현상을 어떻게 연구해야 실험적 엄격함을 유지한 채 확고한 결론을 이끌어 낼 수 있는가. 그 해답은 자연 현상에서 다른 불필요한 사항들을 제거한 형태로 분리하여 실험실로 가져오는 것이다. 이러한 접근에서의 어려운 문제는 무엇이 연구 중인 현상의 본질적인 것이고 무엇이 본질적인 게 아니냐를 결정하는 것이다.

예를 들어 기억이 어떻게 작동하는지를 연구할 때, 심리학자들은 사람들에게 단어나 무의미 음절 목록을 제시하는 실험 방법을 사용해 왔다. 실험연구자들은 실험참가자들의 전문성, 연습 정도, 각성 상태, 관심도 등에 따라 제시되는 항목들의 복잡성, 길이, 빈도, 의미성, 관련성, 제시 비율 등을 통제하거나 체계적으로 변화시킨다. 실험자는 실험실에서의 수행을 증가시키거나 감소시키는 요인들이 덜 통제된 상황에서의 수행도 증가시키거나 감소시킬 것이라고 가정한다. 더 나아가 연구자들은 이런 식으로 기억연구에 사용되는 재료들이 일상생활에서 보는 것과는 다를지라도 기억과정은 실험실에서나 일상생활에서나 근본적으로 동일하게 작동한다고 가정한다. 실험실에서 기억해야 할 항목이 늘어날 때 기억 수행이 저하된다면 일상의 상황에서 기억해야 할 정보가 적을 때보다 많을 때 더 어려움을 겪을 것이라고 예상할 수 있다.

그러나 모든 과학자들에게 가장 중요한 문제는 그들이 만든 실험실 과제가 연구 중인 인지과정의 핵심적인 작동방식을 유지하도록 하는 것이다. 아주 엄격하게 통제된 실험조차도 연구 중인 현상이 실험실 밖에서는 일어나지 않거나 다른 방식으로 일어난다면 기껏해야 그 가치가 제한된다. 아쉽게도 실험실 과제가 일상 과제의 모델이 된다는 것을 보장할 수 있는 방법은 없다. 그러므로 학생들이나 다른 과학의 '소비자들'은 실험 상황이 일상에 적용되는 방식을 생각할 때는 비판적인 자세를 유지해야만 한다. 이 책 전체에 걸쳐서 우리는 실험실 모델이 어떻게 일상의 인지과정을 정확하게 묘사, 설명, 예측하는지 또는 그렇게 못하는지를 볼 것이다. 우리는 또한 개인의 발달 수준이나 성격 변인, 전문성 정도, 성별, 문화적 배경 같은 상황적인 요인과 개인적 요인이 어떻게 인지과정에 영향을 미치는지에 대해서도 고려할 것이다.

특정한 인지과정에 대해 논의하기 전에 인지심리학 분야에 대하여 개관해 보면 인지심리학의 특정한 주제, 실험, 연구 발견들을 생각하는 유용한 틀을 제공받을 수 있을 것이다. 인지심리학이 어떻게 발달해 왔는지를 이해하기 위해 우선 역사적 뿌리부터 살펴볼 것이다. 그다음 전통적이면서도 보편적인 인지심리학에서의 연구방법들을 보고 마지막으로 인지심리학 분야의 현재 사고 흐름을 대표하는 4개의 주요 패러다임, 학파에 대해 알아보자.

인지심리학의 역사

현대의 인지심리학이 인간 역사의 경로를 따라 어떻게 발달해 왔는지를 모두 제대로 다루려면 전문 서적 몇 권 분량이 될 것이고 이는 현재 우리의 의도를 벗어난 일이다. 그렇지만 정신적 능력에 대한 몇몇 생각들은 적어도 그리스 철학자인 아리스토텔레스와 플라톤까지 거슬러 올라갈 필요가 있다(Murray, 1988). 이 두 명의 철학자는 기억의 본질에 대한 방대한 저술을 남겼다. 예를 들어 플라톤은 어떤 것을 기억에 저장하는 것을 밀랍 명판에 글을 쓰는 것에 비유했다. 다른 저술에서 그는 마음을 많은 새들이 날고 있는 새장과 비교했다. 기억 인출은 거기서 특정한 어떤 한 새를 잡으려고 하는 것과 비유할 수 있다는 것이다. 어떤 때는 원하는 새를 잡을 수 있지만 어떤 때는 그냥 가까이 있는 새를 잡을 수 있을 뿐이다. 마찬가지로 내가 3학년 때 내 뒤에 앉았던 여학생의 이름을 기억해 내려고 애를 쓰는 경우, 정확한 이름(소정이었던가? 예지였나? 아니면 지수?)을 잡아내는 데 어려움을 겪기는 하지만 그래도 아마 꽤 비슷한 이름을 선택하게 될 것이다.

다른 심리학 역사가들은 인지심리학의 뿌리를 존 로크, 데이비드 흄, 존 스튜어트 밀, 르네 데카르트, 조지 버클리, 임마누엘 칸트를 포함한 17세기부터 19세기의 철학자들에게서 찾는다. 이들 철학자들은 마음과 지식의 본질에 대해 논쟁을 벌였는데 로크, 흄, 버클리, 밀은 아리스토텔레스의 입장을 따라 경험주의적 견해를, 데카르트와 칸트는 플라톤의 입장을 따라 생득론적 관점을 취했다.

간략히 말하자면 경험주의(empiricism)는 지식이 개인적 경험, 곧 사람들이 자신의 감각과 경험으로부터 수집한 경험적 정보에서 나온다는 견해에 토대를 두고 있다. 경험주의자들도 유전에 의한 개인차를 인정하지만 인간 본성의 변화될 수 있는 측면을 강조한다. 경험주의자들은 사람들이 그러한 존재인 이유, 그러한 능력을 가진 이유는 대부분 그들이 이전에 학습한 것 때문이라고 믿는다. 그러한 학습이 발생하는 한 가지 기제는 두 생각의 연합(association)이다. 로크(1690/1694)는 서로 관련 없는 2개의 생각이나 경험이 단지 동시에 발생하거나 제시되기만 하면 마음속에서 결합될 수 있다고 주장했다. 따라서 경험주의자들은 개인의 지적인 능력을 결정하는 데 환경이 강력한 영향을 미친다고 믿는다.

반면 생득론(nativism)에서는 기질이나 능력을 습득하는 데 있어서 학습보다는 선천적인 요인을 강조한다. 생득론자들은 개인의 능력 차이를 학습에서의 차이보다는 타고난, 생물학적으로 부여받은 능력의 차이 때문으로 본다. 생득론은 인지심리학에서 중요한 입장이라는 것을 앞으로 보게 될 것이다. 생득론자들의 주장에 따르면 몇몇 인지적 기능들은 인간으로서 우리가 유산으로 상속받아 갖추게 된 것이다. 예를 들어 작업기억처럼 '미리 배선된' 기능들은 적어도 초보적인 형태로나마 태어날 때부터 존재하는 우리 마음속의 선천적인 구조에 기인한 것이지 경험의 결과로서 학습되거나 형성되거나 만들어지는 것이 아니라는 것이다.

흥미로운 점은 겨우 지난 120년 동안에 마음의 본질과 마음속 정보의 본질 같은 인지의 중심적인 주제들이 과학적인 심리학 연구에 잘 따라갔다는 것이다. 실제로 1870년대까지는 실증적 자료들이 이러한 문제들을 해결하는 데 도움이 될 수 있을 것이라고는 아무도 생각하지 못했다. 그렇게 하기 시작했을 때 실험심리학이 탄생되었다. 그러나 생득론-경험주의 논쟁은 21세기에도 여전히 쟁점이 되고 있다(Pinker, 2002). 다음으로는 오늘날의 인지심리학 토대가 된 실험심리학의 다른 학파들에 대해 살펴보기로 한다.

구조주의

정식 학문 분야로서 심리학이 100년 조금 넘는 역사밖에 되지 않았다는 것을 알게 되면 많은 학생들이 놀란다. 역사가들은 흔히 심리학 분야의 출발을 빌헬름 분트(Wilhelm Wundt)가 창설한 실험실을 실험심리학의 연구를 위한 첫 번째 연구소로 전환한 때인 1879년까지 거슬러 올라가 찾는다(Fancher, 1979). 분트는 우리의 의식적 경험을 설명하는 법칙과 원리를 찾아내기 위한 '마음의 과학'을 설립하고 싶어 했다. 특히 분트는 마음의 가장 단순한 기본 단위를 밝혀내고자 했다. 근본적으로 그는 화학의 주기율표 같은 '정신의 기본 요소' 표를 만들어 내기를 원했다. 일단 기본 요소들의 집합이 찾아지면 이러한 단위들이 어떻게 결합되어 복잡한 정신현상을 만들어 내는지 밝힐 수 있을 것이라고 믿었던 것이다. 분트는 어떤 한 분야 전체가 자극들이 체계적으로 변함에 따라 어떻게 다른 정신 상태를 만들어 내거나 영향을 미치는지를 연구하는 데 바쳐질 것이라고 예상했다. 그는 생리심리학의 원리

(*Principles of Physiological Psychology*)라는 저서에서 이 분야에 대해 기술하였다(Fancher).

분트와 그의 제자들은 수백 건의 연구를 수행하였는데, 이들 대부분은 내성법(intro-spection)이라는 기법을 포함한다. 이 용어에는 오늘날 사용되는 '영혼 탐색'이라는 의미가 들어 있는 것으로 보이지만, 분트의 기법은 이보다 훨씬 더 초점이 맞추어진 것이었다. 이 기법은 고도로 훈련된 관찰자들(대개는 학부 학생들)에게 여러 자극을 제시하고 그들이 하는 의식적 경험을 묘사하도록 하는 것이었다. 분트는 의식의 원재료가 감각적이며 따라서 의미 수준의 '아래(below)'에 있을 것이라 가정하였다. 특히 분트는 감각의 조합으로 생기는 어떠한 의식적인 사고나 관념들도 양식(예 : 시각, 청각, 촉각, 후각), 질(예 : 색, 모양, 재질), 강도, 그리고 지속기간 같은 속성으로 정의할 수 있을 것이라 생각하였다.

분트의 목적은 "세계에 대한 우리의 일상 경험을 정의하는 학습된 범주와 개념을 분해하기"(Fancher, 1979, p. 140)였다. 분트는 적절한 훈련을 받으면, 사람들이 자신의 마음속에 일어나는 작용들을 탐지하고 보고할 수 있다고 확신하였다. 분트의 제자였던 에드워드 티체너(Edward B. Titchener)는 구조주의(structualism)라는 용어를 분트와 자신의 연구 업적들에 적용하였다(Hillner, 1984). 이 용어는 분트가 마음의 구성 요소들에 집중하였던 것을 전달하는 것이지 왜 마음이 그렇게 움직이는지에 관한 질문에 대한 것은 아니었다.

내성법이라는 연구방법은 불행히도 문제가 있는 것으로 밝혀졌는데, 이에 대해서는 이제 곧 살펴보게 될 것이다. 그렇지만 현대 인지심리학자들은 분트에게 역사적인 부채 이외에도 많은 빚을 지고 있다. 많은 인지적 현상에 대한 연구의 선구자로서 그는 인지적 질문을 과학적으로 접근한 첫 번째 사람이었고, 또한 인지이론을 검증하기 위해 실험을 계획한 이로서도 처음이었다.

기능주의

분트가 라이프치히에서 작업을 하고 있는 동안 윌리엄 제임스(William James)는 미국에서 심리학이라는 새로운 학문을 세우는 작업을 하고 있었다. 많은 점에서 분트와 제임스는 서로 반대쪽이다. 개인적으로 많은 연구들을 수행하였고, 또 수백 건의 엄격한 실험을 지도하면서 생산적 연구자였던 분트는 대인적인 스타일로 잘 알려졌다. 제임스(작가 헨리 제임스의 동생)는 그와는 반대로 창의적인 실험 연구는 거의 수행하지 않았지만 심리학적 발견들에 대해서, 또 이러한 연구결과들과 일상생활의 관련성에 대해서 유려한 문체의 글을 썼다(Fancher, 1979). 그의 교과서 심리학의 원리(*Principles of Psychology*, 1890/1983)는 오늘날까지도 높이 평가되고 광범하게 인용되고 있다.

제임스는 심리학이 해야 할 일은 우리의 경험을 설명하는 것이라고 보았다. 분트와 마찬가지로 제임스도 의식적 경험에 관심이 있었다. 그러나 분트와는 달리 제임스는 의식의 기초 단위에는 관심이 없었다. 그 대신 그는 왜 마음이 그렇게 작동하는 것인지를 물었다. 그는 마음이 작동하는 방식은 그 기능—곧 여러 작동방식의 목적—과 상당히 관련 있을 것이라 가정하였다. 따라서 기능주의(functionalism)라는 용어가 그의 이러한 접근에 적용되었다.

미국 학계에 심리학적 질문들을 소개하였던 제임스의 저작들은 아직도 심리학을 공부하는 학생과 선생들에게 생각할 거리를 제공해 주는데, 이는 아마도 이 저작들이 일상생활에 직접 관련되고 있어서 그럴 것이다. 그의 책에서 가장 잘 알려진 장 중 하나인 '습관'에 관한 부분을 살펴보자. 제임스는 습관을 '사회를 돌리는 바퀴'라 보는데(1890/1983, 1권, p. 125), 이는 어떤 한계 안에서 우리의 행동을 유지하는 데 기초가 되는 기제라 한다. 그는 습관이 불가피하고 강력한 것이라고 보면서 다음과 같은 현실적인 결론을 이끌어 낸다.

> 미덕이든 악덕이든 아무리 작은 것이 스쳐도 약간의 상처를 남긴다. 제퍼슨의 희곡에서 시대에 뒤떨어진 행동을 하는 술 취한 립 밴 윙클은 "이건 계산에 넣지 않아야 돼!"라고 말하면서 자기 자신과 자신이 하는 모든 태만을 변명한다. 좋다! 그는 그것을 계산에 넣지 않을 수 있고, 하나님 같은 분이 계산에 넣지 않아 줄 수도 있다. 하지만 그럼에도 불구하고 그것은 계산에 들어간다. 그의 신경세포와 신경섬유, 분자는 이를 계산하고 있으며 다음에 같은 유혹이 오면 그의 의지와는 상관없이 그것이 사용되도록 등록하고 저장해 둔다.(James, 1권, p. 131)

제임스의 요점은 어쩌면 너무나 당연한 말이지만 사람들이 나쁜 습관을 피해야 하고 좋은 습관을 만들려고 상당히 노력해야 한다는 점이다. 그는 어떻게 해야 할지 충고를 하고 있는데, 좋은 습관을 만들려고 할 때는 절대로 예외를 허용하지 말라고 강조하면서 결심에 따른 행동의 기회를 움켜쥐고, '노력 기능'을 매일 유지하도록 '조금도 돈 안 드는 노력'을 계속하도록 권한다(James, 1890/1983, 1권, p. 130). 다른 미국 심리학자들도 제임스의 가정과 접근방식을 공유하였다. 존 듀이(John Dewey), 에드워드 손다이크(Edward L. Thorndike) 같은 동료 기능주의자들도 제임스의 확신을 공유하여, 인간 마음에 가장 중요한 것은 개인이 그 자신의 환경에 적응하는 것이라고 하였다.

기능주의자들은 다윈의 진화론에 주로 의존하였으며, 여기서 나온 생물학적 개념들을 심리적 현상들에 적용하였다(Hillner, 1984). 구조주의자들과 기능주의자들은 초점을 맞춘 개념뿐만 아니라 연구방법에서도 서로 달랐다. 구조주의자들은 실험심리학을 위한 적절한 환경이 실험실이라고 확신하여 여기서 실험 자극의 일상적인 의미를 벗겨낼 수 있으며, 그리하여 마음의 진정한 본질을 알아낼 수 있다고 확신하였다. 기능주의자들은 이러한 접근에 분명히 반대하면서 대신에 실생활의 상황에서 심적 현상을 연구하려고 시도하였다. 이들은 기본적으로 심리학자들은 전체적인 실생활 과제를 수행하고 있는 동안 그 전체 유기체를 연구하여야 한다고 믿었다(Hillner).

행동주의

여러분은 심리학 개론 시간에 고전적 조건형성이나 도구적 조건형성이라는 용어를 배웠을 것이다. 러시아 심리학자 이반 파블로프(Ivan Pavlov)가 이 용어를 처음, 그다음으로 에드워드 손다이크 같은 심리학자들이 이 용어를 사용하여 심리적 현상을 엄격하게 관찰 가능한 자극과 반응이라는 점으로 설명하고자 하였다.

미국에서는 행동주의(behaviorism)라 알려진 심리학파가 1930년대 뿌리를 내리기 시작하여 1960년대까지 심리학이라는 학문을 지배해 왔다. 많은 사람들이 이 행동주의를 기능주의의 한 분파로 본다(Amsel, 1989). 행동주의의 가장 일반적인 신조 중 하나가 관찰할 수 없는 주관적인 과정(기대하기, 믿기, 이해하기, 기억하기, 바라기, 결정하기, 지각하기와 같은 것)과 마찬가지로 관찰 불가능한 주관적인 심적 상태(의식 같은 것)에 의거하여 말하는 방식은 심리학, 곧 행동주의자들이 행동의 과학적인 연구를 수행하는 진정한 심리학에서 축출되어야 한다는 것이었다.

행동주의자들은 내성법 같은 연구 기법을 거부하였는데, 이는 원칙적으로 검증할 수 없는 것이기 때문이다. 1913년에 출판된 한 논문에서, 존 왓슨(John Watson)은 심리학이 무엇이고 어떤 것이면 안 되는지에 관한 이러한 그의 견해를 가장 직접적으로 묘사하였다.

> 행동주의자들이 보는 심리학은 순수하게 객관적인 자연과학이다. 그 이론적 목표는 행동의 예측과 통제에 있다. 내성법은 심리학의 연구방법에 본질적인 요소가 될 수 없으며, 의식적인 해석이라는 준비성을 가지고 수행되는 이 자료의 과학적 가치 역시 본질적 요소가 될 수 없다. 행동주의자가 동물 반응의 통합된 단일 도식을 얻으려고 노력하다 보면, 인간과 짐승 사이에 구분되는 경계가 없음을 깨닫는다. 인간의 행동은 아무리 그것이 세련되고 복잡하다 하여도, 행동주의자들의 연구에 관한 전체적 도식의 일부분일 뿐이다. (p. 158)

왜 행동주의자들은 내성법이라는 기법을 낮추어 보는가? 주요 이유는 이것이 분명히 본질적으로 주관적이며 이론에 관한 불일치를 해결할 수 없기 때문이다. 두 관찰자가 동일한 자극을 제시받고, 한 사람은 그 경험을 '녹색의 것'이라고 하고, 다른 이는 '녹색과 노란색의 성질'이라고 경험하였다고 가정해 보자. 어느 것이 옳은가? 어느 한 사람이 그의 경험을 잘못 표상하거나 잘못 해석하는 것인가? 만일 아무런 생리학적 이유(예 : 색맹 같은)로 설명할 수 없다면 과학자는 해결 불가능한 논쟁에 남겨지게 된다. 티체너는 그의 연구 참가자를 '적절히' 내성을 하도록 훈련을 받은 대학생에게 한정하였다(이를 학습할 수는 없는 이들에게 다른 일거리를 찾아보라고 충고하면서). 하지만 이 방식으로 생기는 문제가 해결하는 문제보다 더 많았다. 추론은 순환적이었다. 특정 감각이 인지의 진짜 건축 벽돌임을 어떻게 아는가? 훈련된 관찰자들이 그렇다고 보고하기 때문이다. 관찰자들이 훈련 받았음을 어떻게 아는가? 그들이 특정 감각을 의식의 진정한 요소라고 일관성 있게 보고하고 다른 감각들은 아니라고 하기 때문이다.

왓슨은 사실상 모든 '심적' 현상을 행동적이고 생리적인 반응으로 환원할 수 있다고 보았다. '심상' 또는 '사고' 같은 것은 그의 생각으로는 샘(glands)이나 소근육(small muscles)

의 하위 수준 활동에서 나오는 것이다. 그의 첫 번째 교재에서 왓슨은 사람들이 '생각하기'를 하고 있다고 보고할 때 혀와 성대가 사실상 조금씩 움직이고 있는 것을 보여주어 증거로 제시하였다. 왓슨에게 사고란 다만 이러한 근육 운동에 대한 지각이 합쳐진 것에 불과할 뿐이었다(Fancher, 1979).

왓슨의 인지심리학에 대한 공헌—모든 '심적 언어(mental language)'를 사용하지 말도록 추방하기—은 대체로 부정적이었는데, 그가 심적 현상의 연구가 단순히 가능하지 않다고 믿었던 한에서 그러했다. 하지만 왓슨과 제자들은 주관적 내성법을 넘어서는 연구방법과 측정법이라는 점에서 사고하도록 심리학자들을 격려하였으며, 더욱 엄격한 연구 자료를 요구하였다는 점과 함께 이후의 심리학자들로 하여금 좀 더 엄격하고 검증 가능한 가설과 이론들을 발전시켜 나갈 수 있도록 하였다.

심리학에서 가장 유명한 행동주의자인 B. F. 스키너(B. F. Skinner, 1963/1984)는 심적 사건과 심적 표상이라는 주제에 관하여 좀 다른 접근을 택하였다. 스키너는 이러한 심상, 감각, 또 사고와 같은 '정신주의적' 실체들이 연구하기 힘들다는 이유만으로 배제되어서는 안 된다고 주장하였다. 스키너는 심상, 사고 등과 같은 것의 존재를 믿었으며 이들이 연구에 적절한 대상이 된다는 점에 동의하였지만, 심적 사건이나 활동을 행동적인 사건이나 활동과는 근본적으로 다른 것으로 취급하는 점에는 반대하였다. 특히 그는 심적 표상(mental representations)(정보의 내적 묘사)의 존재를 가정하는 일에 반대하였는데, 이에 대해 그는 외부 자극의 내적 복사물이라고 다루었다. 스키너는 심상이나 사고는 신체적 과정에 관한 언어적 이름표 이상도 그 이하도 아닐 것이라고 믿었다. 하지만 만일 심적 사건이 실제로 있는 것이고 별도의 실체를 가진 것이라면, 스키너가 믿었듯이 이들은 외부 환경적 자극에서 유발되며 행동을 일으키는 것이다. 따라서 그는 자극과 행동 사이의 관련성에 대한 단순한 기능적 분석을 유지하여 심적 사건을 연구한다는 잘 알려진 문제를 회피하고자 하였다(Hergenhahn, 1986).

또 다른 행동주의자들은 심적 표상이라는 개념을 더욱 수용하였다. 예를 들어 에드워드 톨만(Edward Tolman)은 쥐까지도 목표와 기대를 갖는다고 믿었다. 그가 이를 설명할 때 쥐 한 마리는 미로를 달리는 학습을 하면서 음식을 얻으려는 목표를 가지며 내적 표상—인지도 또는 다른 방식으로 '머릿속'의 어떤 정보를 묘사하는 것—을 획득하여 미로의 끝에 있는 음식 위치를 정한다고 하였다. 톨만의 연구는 동물들도 그들의 행동을 이끌어 주는 기대와 내적 표상을 가지고 있음을 보여주는 데 초점을 맞추었다.

형태주의 심리학

형태주의 심리학(Gestalt psychology)이라는 학파는 1911년에 독일 프랑크푸르트에서 심리학자 막스 베르트하이머(Max Wertheimer), 쿠르트 코프카(Kurt Koffka), 볼프강 쾰러(Wolfgan Köhler)의 모임에서 시작되었다(Murray, 1988). 형태(Gestalt, 게슈탈트)라는 이름이 [독일어 단어로 '형상(configuration)' 또는 '모양(shape)' 등으로 느슨하게 번역될 수 있음] 시사하

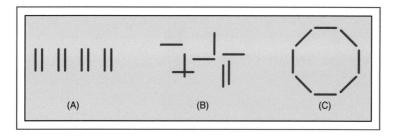

그림 1.1 게슈탈트 형태의 예. (A), (B)와 (C) 모두 8개의 같은 길이 선분으로 되어 있지만 대부분 이들을 서로 다른 것으로 경험하여, (A)는 네 쌍의 선분으로, (B)는 8개 무관련 선분, (C)는 8개의 선분 조각으로 만들어진 팔각형으로 인식한다.

듯이 세 명의 심리학자의 중심 가정은 심리학적 현상이 단순한 요소들로 환원될 수 없으며, 그 전체성에서 분석되고 연구되어야 한다는 것이었다. 형태주의 심리학자들은 주로 지각과 문제해결을 연구하였으며, 관찰자는 경험의 단순하고 기초적인 감각 국면들에서 정합적인 지각을 구성하는 것이 아니라 경험의 전체 구조를 하나로 이해한다고 믿었다.

구체적인 예로 그림 1.1을 보자. (A), (B), (C)는 동일한 요소들로 이루어져 있다. 즉, 8개의 같은 길이의 선이다. 하지만 대부분의 사람들은 세 가지 배열을 아주 다르게 경험하여, (A)는 네 쌍의 선분으로, (B)는 8개의 선분이 어지럽게 배열된 것으로, (C)는 원으로 또는 더 정확하게 말한다면 8개 선분의 팔각형으로 경험한다. 선분의 배열은 곧 하나의 전체로서의 요소들 사이의 관련성은 우리의 경험을 결정하는 데 중요한 역할을 한다.

형태주의 심리학자들은 따라서 구조주의, 기능주의, 그리고 행동주의는 심리학적인, 그리고 특히 인지적인 경험에 대해 제공하는 설명이 불완전하다고 보고 이들을 거부한다. 이들은 자극에 대한 사람들의 주관적 경험을 연구하고자 선택하고, 사람들이 그들의 경험에서 구조와 질서를 어떻게 사용하고 부과하는가에 초점을 맞춘다. 이들은 마음이 그 자신의 구조와 조직을 자극에 부과한다고 생각하며, 또한 특히 지각을 분리된 부분들로 보기보다는 전체로서 조직화한다. 따라서 우리가 어떤 멜로디를 들을 때 우리는 개별 음의 집합을 경험하는 것이 아니라 더 크고 더 조직화된 단위, 곧 멜로디 흐름을 듣는 것이다.

개인차 연구

심리학 역사에서 말해 두어야 할 또 다른 한 가지 흐름이 있는데, 여기에는 관련된 '학파'가 없다: 프랜시스 골턴과 그의 추종자들에 의해 수행된 인간 인지능력에서의 개인 차(individual differences) 연구이다. 찰스 다윈의 고종사촌인 골턴은 20대 초기에 상당한 유산을 상속받아 관심 있는 것을 추구할 시간과 자원이 충분하였다. 영재 어린이였던(2세 반에 읽고 쓰기를 함) 골턴은 영국의 케임브리지대학교에서 의학과 수학을 공부하였다. 동료 학생들 대부분(또 오늘날의 대학생들 대부분)과 마찬가지로 골턴은 학문적 압력과 경쟁심을 상당히 느꼈으며 "항상 다른 동료 학생들과 비교해서 그의 위치가 어느 정도인지를 강박적으로 생각했다."(Fancher, 1979, p. 257) 이러한 강한 강박증(이로 인해 케임브리지에서 실패함)은 지적 능력 측정이라는 일생에 걸친 관심을 발전시켰다.

사람들 사이 지능 차이에 관한 골턴의 관심은 일부는 그의 고종사촌인 다윈의 진화에 관한 저서를 읽었을 때 생겨난 것이다. 다윈은 (인간을 포함한) 동물들은 자연선택이라는 과정을 거치면서 진화하여 왔는데, 이 과정에서 생존과 재생산에 적합한 특성을 지닌 개인들의 특정 유전 특성이 번성하였다고 보았다. 골턴은 지적 능력 역시 유전될 수 있는지 궁금해했다. 골턴은 '지성' 또는 '똑똑함' 또는 '뛰어남'이 가족 내에서 흐르고 있는 것으로 보이는, 곧 똑똑한 부모가 똑똑한 아이를 낳는다는 점에 주목하였다. 물론 이는 유전 또는 환경의 어느 한쪽으로 설명될 수 있을 것이다(예 : 지적인 부모는 아이들의 교육에 필요한 더 많은 자원 그리고/또는 교육에 대한 더 많은 관심이나 동기가 있음). 따라서 유전이 지능에서 얼마나 큰 역할을 하는가 하는 골턴의 질문은 대답하기 어려운 문제. 이에 접근하고자 골턴은 자료 분석에 그가 받은 수학 공부를 적용하였는데(대개는 '뛰어난' 사람들의 가계도로), 그래서 나중에 통계적 검증법을 개발하였으며, 이 중 일부는 오늘날까지 사용되고 있다.

골턴(1883/1907)은 다양한 인지 능력을 연구하였는데, 각 경우에 그 능력을 측정하는 방식에 초점을 잡고 나서 서로 다른 개인들에게 이 능력이 어떤 변이를 보이는지 주목하였다. 그가 (실험실과 '자연적'인 환경에서 모두) 연구했던 능력 중에는 심상(mental imagery)이 있다. 그는 질문지를 개발하여 반응자에게 "어떤 특정 대상에 대해 생각하라. 이를테면 여러분이 오늘 아침에 앉았던 아침식사 식탁이라고 가정해 보라."고 하고 "마음의 눈에 떠오르는 그림을 면밀하게 생각해 보라."(p. 58)고 하였다. 그다음 그는 질문을 하였는데, 그 심상이 흐릿한가, 분명한가? 심상에 있는 모든 대상이 잘 정의된 것인가? 심상의 어떤 부분들은 더 잘 정의할 수 있는 것으로 보이는가? 심상의 대상이 되는 것의 색채는 뚜렷하고 자연스러운가? 골턴은 이 능력에서 보이는 엄청난 다양성을 발견하고 놀랐다. 어떤 반응자는 거의 아무런 심상도 보고하지 않은 반면 심상이라고 말할 수 없을 만큼 생생한 심상을 경험한 이들도 있었다.

골턴은 심리학, 특히 인지심리학에 커다란 유산을 남겼다. 그가 심적 능력에 접근하기 위해 고안했던 검사와 질문지들은 이후 인지심리학자들이 이와 비슷한 측정치를 개발하는 데 영감을 주었다. 그의 통계분석은 이후 다른 통계학자들이 더 정교화하여 가설이 엄격하게 검증될 수 있도록 한다. 심상에 관한 그의 연구는 아직 최근 연구자들이 인용하고 있다. 가장 광범하게 본다면 골턴의 연구는 유전적 영향이 결정적으로 중요하다고 믿는 심리학자들과 이 생각에 강하게 반대하는 이들 모두에게 심적, 즉 인지적 능력과 재능의 본질에 관해 생각해 보도록 하는 도전을 던진 셈이다.

'인지혁명'과 인지과학의 탄생

정신적 삶에 관한 정의와 연구가 초기부터 시도되어 왔지만 심리학, 특히 미국 심리학에서는 1900년대의 첫 반세기 동안 행동주의 전통을 끌어안고 있었다. 학계의 안팎에서 많은 역사적 경향들이 함께 엮이면서 제2차 세계대전 동안 또 그 이후에 많은 사람들이 인지심리학 분야에서의 '혁명'이라 생각하는 변화를 이끌었다. 심리학적 탐구의 새로운 한 계열인 이 인지혁명(cognitive revolution)에서 주장한 주요 문제는 심적 사건과 상태는 과학적 연구의 영역을 벗어나며, 또는 심적 표상이란 존재하지 않는다고 하는 행동주의자들의 가정을 거부한 것이다. 특히 이 '혁명 지도자들'은 세계에 대한 인간의 심적 표상 같은 개념에 기대지 않고는 한 인간의 기능에 대하여 제대로 설명할 수 없다고 믿었다. 이는 급진적 행동주의의 기본 신조인 '심적 표상' 같은 개념은 행동을 설명하는 데 필요하지 않다는 믿음에 직접적인 도전이었다.

이러한 처음 제기된 역사적 경향 중 하나는 전쟁 그 자체의 산물이었다. 인간 요인 공학 (human factors engineering)이라는 분야가 그것이다. 전쟁 기간 중에 군인들은 복잡한 장비들을 작동시키는 훈련을 받아야 했다. 공학자들은 그것을 작동시키는 인간의 능력에 적합한 장비(기구 작동 판넬, 레이더 화면, 의사소통 기구)를 설계해야 할 필요가 있음을 금새 알아차렸다. Lachman, Lachman과 Butterfield(1979)는 이러한 문제들의 해결이 얼마나 중요한 것인지 한 가지 일화를 제시하였다.

> 착륙하는 동안에 자주 부서지는 판넬 유형이 있었다. 여기에는 비행사가 브레이크로 사용해야 하는 레버가 착륙 기어를 당기는 레버 가까이 있었다. 착륙하는 동안 비행사는 활주로에서 눈을 뗄 수가 없다. 비행사는 촉각만으로 작업을 해야 한다. 때로 비행사들이 브레이크를 당기는 대신 착륙 기어를 당기는 일이 있었다. 그들은 비행기의 중심에 있는 판을 최고 속도로 건드리게 되었다. 부딪쳐 죽지 않기 위해 이미 엄청 동기화되어 있었다. 훈련 절차를 개선하는 것은 효율적이지 않은 접근이었다. 이전에 안전 착륙을 많이 성공했던 비행사들도 초보 비행사들만큼 이러한 오류를 저지르고는 하였다.
>
> 가장 합리적인 접근은 항공기의 제어기를 다시 설계하여 브레이크에 필요한 팔의 동작을 착륙 기어를 당기는 동작과는 완전히 다르게 만드는 것이었다. (p. 57)

심리학자들과 공학자들은 따라서 인간-기계 체계의 개념을 발전시켰으며, 이는 오늘날 인간-기계 체계(person-machine system)라는 좀 더 정확한 용어로 보편화되었다. 이는 인간이 작동하는 기계가 그 작동자의 생리적·인지적·동기적 능력과 한계점과 상호작용하도록 설계되어야 한다는 생각이다.

제2차 세계대전 동안 심리학자들은 통신공학에서 개념, 용어, 유추를 빌려왔다. 전화나 전보 체계 같은 것을 설계하는 일에 관심 있는 공학자들은 여러 다양한 '통로'를 통해 정보를 교환할 것을 제안했다(전보 전선과 전화기선 같은). 통로의 여러 종류는 단위 시간당 얼마나 많은 정보를 전달하는지, 또 얼마나 정확하게 전달하는지에 따라 서로 다르다. 인간은 얼른 보아서 의사소통 통로 중의 특수한 한 가지 종류라고 보는데, 여기에 더 잘 아는 무생물체 소통 통로라는 속성을 공유하고 있다. 따라서 인간을 제한된 용량의 정보처리자 (limited-capacity processors)라고 묘사하게 되었다.

제한된 용량의 정보처리자란 무엇인가? 그 이름이 시사하듯이 이는 사람들이 많은 일들을 한꺼번에 다 할 수 없다는 사실을 의미한다. 타이핑을 하고 있다면, 이와 동시에 하고 있던 대화를 유지하거나 기사를 읽거나 또는 텔레비전 뉴스 방송을 따라 잡고 있을 수가 없다(실제로 불가능하다!). 이와 비슷한 예로 은행 통장을 맞추어 보는 일에 집중하고 있을 때 구구단을 외우거나 유치원에서부터 만났던 선생님 이름을 기억해 낼 수 없다. 때로 이들 과제를 동시에 할 수 있는 경우도 있지만(텔레비전을 보면서 빨래를 개어놓는 등), 동시에 한꺼번에 할 수 있는 일의 수는 한정되어 있다.

용량 제한에 초점을 맞춘 고전적인 논문은 1956년 조지 밀러가 출판하였다. 이 논문의 제목은 '마법의 수 7, 더하기 또는 빼기 2(The Magical Number Seven, Plus or Minus Two)'인데, 다음과 같은 사실을 관찰하였다. (a) 세지 않고 구분해서 지각할 수 있는 무관한 사물의 개수, (b) 우리가 즉시 회상할 수 있는 무관한 사물들의 수, (c) 정상적인 성인들이 그 차이를 절대적으로 변별할 수 있는 자극의 수가 다섯에서 아홉가지이다. 밀러의 작업에서는 인간의 인지적 용량을 어떻게 측정하고 검사할 것인지에 대해 예시하고 있다.

거의 같은 시기에 언어학(linguistics) 분야에서의 발전이 있었는데, 언어학은 언어에 대한 연구로 사람들이 엄청나게 복잡한 정보를 일상적으로 처리하는 과정을 밝히는 학문이다. 언어학자 노암 촘스키의 작업은 언어학 분야에 혁명을 가져왔을 뿐만 아니라 언어학자와 심리학자로 하여금 사람들이 언어를 습득하고, 이해하고, 산출하는 방식에 대한 연구에 관심을 갖도록 이끌었다.

이에 덧붙여 촘스키의 초기 저작들(1957, 1959, 1965)은 행동주의로는 언어를 적절히 설명할 수 없다는 사실을 보여주었다. 언어가 습득되는 과정에 대해 생각해 보자. 행동주의자들은 언어 습득이 부모가 어린이의 문법적 발화에 대한 강화와 비문법적 발화에 대한 처벌(또는 적어도 강화하지 않기)을 한 결과로 이루어진다고 설명할 것이다. 하지만 언어학자나 심리학자 모두 이러한 설명은 틀렸음을 깨달았다. 그중 한 가지는 어린아이들을 부모와 함께 관찰한 심리학자와 언어학자는 부모가 어린이 발화의 형식에 대해서가 아니라 주로 그 내용에 대해서만 반응한다는 사실이었다(Brown & Hanlon, 1970). 또 다른 한 가지는 부모(또는 교사)가 아이들 문법을 교정해 주려고 분명히 애를 써 보아도 소용이 없었다는 것이다. 아이들은 문제점을 제대로 '들으려'고 하지 않았는데, 이는 다음에 나오는 대화의 예에서 분명해진다(McNeill, 1966, p. 69).

어린이 : Nobody don't like me.
엄마 : No, say, "Nobody likes me." [이 대화가 여덟 번 반복된다.]
엄마 : No, now listen carefully; say, "Nobody likes me."
어린이 : Oh! Nobody don't likes me.

(분명히 이 엄마는 어린이의 정서적 발달보다 언어적 발달에 더 초점을 맞추고 있다!)

촘스키의 저작은 따라서 심리학자들에게 기본적인 도전을 제기하였다. 여기 인간 존재가 있는데, 이미 제한된 용량의 처리자임을 알고 있지만 그는 엄청나게 복잡한 지식 체계,

즉 언어를 아주 **빠르게** 습득하고 이를 쉽게 사용하는 것으로 보인다. 어떻게 이런 일이 가능한가?

기계가 인간의 용량에 맞추어 설계되어야 한다는 공학자들의 주장과는 반대로 언어학자들은 언어를 처리하기에 충분히 복잡한 구조를 묘사하고자 노력한다. 촘스키(1957, 1965)는 인간의 언어능력에 내재되어 있는 규칙의 암묵적 체계를 주장하였는데, 이는 **생성 문법**(generative grammar)이라 알려졌다. 이 규칙으로 말하는 이는 그 언어에 '합법적인' 문장을 구성할 수 있고, 듣는 이는 이를 이해할 수 있는 것이다. 예를 들어, "네가 귀리 시리얼을 모두 먹어 치웠니?"는 합법적이고 잘 구성된 문장이지만, "치웠니 모두 귀리 먹어 네가 시리얼을?"은 그렇지 않다. 우리의 생성 문법은 심적으로 표상되어 있는 체계라서 우리에게 규칙을 알려주어, 첫 번째 문장은 만들어 (생성해) 낼 수 있지만 두 번째 문장은 안 된다고 말해 준다.

촘스키(1957, 1965)는 언어의 모든 규칙이 그 언어를 말하는 이들에게 의식적으로 접근 가능한 방식으로 알려지는 것은 아니라고 보았다. 그보다는 이 규칙들이 암묵적으로 작동하고 있다고 생각했다. 우리는 모든 규칙을 정확하게 알고 있을 필요가 없다. 하지만 우리는 이를 비교적 쉽게 사용하여 이해 가능한 문장을 만들어 내고 이해 불가능한 문장을 만들어 내지 않을 수 있다.

인지혁명의 또 다른 줄기는 신경과학(neuroscience)의 발전에서 생겨났는데, 신경과학은 심리학적이고 행동적인 기능에 있는 뇌 기반의 기초를 연구하는 학문이다. 신경과학 연구 사회에서의 주요 논점은 몇 세기에 걸쳐 이어져 왔는데, 거슬러 올라간다면 기능의 국재화(localization of function)라는 주제를 제기한 데카르트에까지 이른다. 어떤 기능이 특정 부위에 '국재화'되어 있다고 말하는 것은 그 기능을 지지하는 신경 구조가 어떤 특정 영역에 들어 있다고 주장하는 것이다. 1929년에 출판된 주요 저서 중 하나에서 영향력이 컸던 신경과학자인 칼 래슐리(Karl Lashley)는 주요 기능들(언어나 기억 같은)이 국재화되어 있다고 볼 이유가 없다고 주장하였다(H. Gardner, 1985).

그러나 1940년대 말과 1950년대에 이루어진 연구에서 이 견해를 뒤집는 결과들이 나왔다. 도널드 헵(Donald Hebb, 1949)의 연구에 따르면 어떤 종류의 기능은 시간에 따라서 구성되는 세포 집합체의 건축이라고 볼 수 있는데, 시지각 같은 기능을 예로 들 수 있다. 1950년과 1960년대로 들어오면서 노벨상을 수상한 신경생리학자 데이비드 휴벨과 토르스텐 비셀(David Hubel & Torsten Wiesel, 1959)은 시각겉질의 특정 세포가 특정 종류의 자극에(선분의 방향, 특정 모양) 대한 반응으로 사실상 전문화되어 있음을 발견하였다. 휴벨과 비셀은 이와 마찬가지로 중요한 발견을 보여주었는데, 곧 신경 체계의 발달에서 초기 경험의 중요성에 관한 것이었다. 수평선만 보이는 실험실 환경에서 자라난 새끼 고양이는 수직선을 지각하는 능력을 발달시킬 수가 없었다. 이 연구는 적어도 어떤 기능은 뇌에 국지화된다는 사실을 시사한다(H. Gardner, 1985).

인지혁명으로 향하는 마지막 한 줄기 흐름은 역시 제2차 세계대전부터 시작한다. 바로 컴퓨터의 발달과 인공지능 체계이다. 1936년 앨런 튜링이라는 수학자가 논문을 쓰면서 '보편 기계(universal machines)'라 묘사하였는데, 이는 본질상 단순하지만 그 원리에서 논리적 또는 수학적 문제를 해결할 수 있는 수학적 실체였다. 이 논문은 결국 심리학자들과 컴퓨터 과학자들이 컴퓨터 은유(computer metaphor)라고 부르는 어떤 것으로 이어져 갔다. 이는 인간의 인지활동을 컴퓨터 작동과 비교하는 것이다. 컴퓨터가 자료를 받아들이듯이 인간도 정보를 습득한다.

컴퓨터와 인간은 모두 많은 정보를 저장하므로 이를 저장하는 처리과정과 구조를 갖추어야 한다. 인간도 컴퓨터도 정보를 자주 재부호화할 필요가 있다. 곧 정보가 기록되고 제시되는 방식을 바꾸는 것이다. 또한 인간과 컴퓨터는 모두 정보를 다른 방식으로 조작해야 하기도 한다. 다시 말해 정보를 변형하고, 재배치하여 변형한다든지, 무언가를 더하거나 빼거나 무엇인가 이끌어 내는 등의 조작을 해야 한다. 인공지능(artificial intelligence)이라는 문제에 대해 작업하는 컴퓨터 과학자들은 인간이 문제를 해결할 수 있는 방식으로 같은 문제를 해결하도록 컴퓨터 프로그램을 만드는 방식을 연구하고, 컴퓨터가 인간이 이런 문제를 해결하기 위해 사용하는 것으로 보이는 방식을 컴퓨터도 이용할 수 있는지 판단하고자 한다.

1970년대에 여러 분야의 연구자들이 서로 같은 질문을 탐구하고 있음을 알게 되었다. 요컨대 마음과 인지의 본질, 정보가 어떻게 습득되며, 처리되고, 저장되고, 전달되는지, 그리고 지식이 어떻게 표상되는지에 대해 탐구하고 있었던 것이다. 인지심리학, 컴퓨터과학, 철학, 언어학, 신경과학, 인류학 같은 분야의 학자들이 서로의 관심을 확인하고, 함께 모여서 인지과학(cognitive science)이라는 학제간 연구 분야를 만들었다. H. Gardner(1985)는 이 분야에 출생일(1956년 11월 11일)까지 제시하였다. 이는 매사추세츠공과대학에 몇 사람의 기초연구자들이 모여 정보 이론에 관한 심포지엄을 연 날이다.

H. Gardner(1985)는 인지과학이라는 분야가 몇 가지 공통 가정 위에 놓여 있다고 지적하였다. 이들 중 가장 중요한 것은 인지는 표상의 수준이라 불리는 점에서 분석되어야 한다는 것이다. 이는 인지 이론이 상징, 규칙, 심상 또는 관념 같은 구성개념들을 병합한다는 점에 인지과학자들이 동의한다는 뜻이다. H. Gardner의 용어를 빌린다면, "그 어떤 것 …… 입력과 출력 사이에서 발견되는"(p. 38) 것이다. 따라서 인지과학자들은 뇌 안의 신경 세포가 작동하는 방식이나 역사적 또는 문화적 영향력에 대해서보다는 정보의 표상에 초점을 맞춘다.

전체적 요점

이제까지 제시되었던 심리학의 각 학파는 각기 현대 인지심리학에 눈에 띄는 유산을 남겼다. 구조주의는 질문을 던졌다. 인간 마음의 기본 단위는 무엇이며 그 과정은 어떤가? 기능주의자들은 심리학자들로 하여금 인지과정이 기능하고 있는 좀 더 큰 목적과 맥락에 주의하도록 상기시켰다. 행동주의자들은 심리학자들에게 검증 가능한 가설을 발전시키고 해결 불가능한 논쟁을 피해야 한다고 도전하였다. 형태주의 심리학자들은 개별적인 단위에 대한 이해가 자동적으로 전체 과정이나 체계에 대한 이해로 이어지는 것은 아니라는 점을 지적하였다. 골턴은 개인들은 그 인지처리과정에서 서로 다르다는 점을 예시하였다. 공학, 컴퓨터과학, 언어학, 그리고 신경과학에서의 발달에 따라 정보가 효율적으로 표상, 저장, 변형되는 과정이 밝혀져 인지심리학자들이 인지 모형을 구성하고 검증하는 데 유추와 은유를 사용할 수 있게 되었다. 이제 특정 주제들을 하나씩 살펴보면서 우리는 인지심리학의 서로 다른 뿌리에서 그 분야가 어떻게 만들어져 왔는지를 볼 수 있을 것이다.

인지심리학이 다른 분야에서 진행되어 온 발견들을 공유하고 있다는 사실을 유념해야 할 것인데, 다른 분야에서도 마찬가지로 인지심리학에서 이루어진 발견을 공유한다. 이러한 연구방법, 용어, 분석방법의 공유는 연구자들 대부분에게 공동의 목적 의식을 느끼게 한다. 이는 또한 인지심리학자들에게 인지와 관련된 다른 분야에서의 새로운 발달이 이루어지는 정황을 잘 따라가고 있을 것을 요구한다.

인지심리학의 연구방법

이 책 전반에 걸쳐서 우리는 인지 연구의 여러 경험적 연구들을 개관하게 될 것이다. 이러한 연구들에 들어가기 전에 인지심리학자들이 수행하는 연구의 여러 종류 중 몇 가지를 살펴보고자 한다. 다음에 나오는 서술들은 인지심리학자들이 수행할 수 있는 모든 연구를 포괄하는 것은 아니지만 인지심리학의 주요한 방법론적 접근에 익숙해지도록 해줄 것이다.

실험과 유사실험

인지 연구를 위해 가장 자주 채택하는 접근방법은 심리학적 실험이다. 진정한 실험(experiment)은 실험자가 한 가지 이상의 독립변인(실험 조건)을 조작하고 그 결과로 기록된 측정치(종속변인)가 어떻게 변하는지 관찰하는 것이다. 실험과 관찰법(이제 곧 살펴볼) 사이의 주요 구분은 연구자가 실험 통제를 얼마나 하는지 그 정도에 달려 있다. 실험 통제를 한다는 말은 실험자가 참가자들을 서로 다른 실험 조건에 할당하여 이전에 드러났던 차이를 최소화하는 것이다. 이상적으로는 실험자가 지금 하는 연구에서 초점을 맞춘 변인 외에 연구 참가자들의 수행에 영향을 미치는 모든 변인을 통제할 수 있으면 좋다.

예컨대 심리학에서 하는 실험 하나는 다음과 같이 진행된다. 실험자는 기억에 관한 실험을 위하여 사람들을 모집한다. 이들을 두 집단 중 하나에 무선적으로 할당한다. 그런 후 각 집단에 정확하게 같은 자극을 제시하는데, 두 참가자 집단에게 서로 다르게 제시하는 지시(독립변인) 외에는 똑같은 절차와 환경을 제공한다. 이후 실험자는 기억 검사(종속변인)를 해서 그에 나타난 참가자들의 전반적인 수행 점수를 관찰한다.

이 예는 참가자 간 설계(between-subject design)를 예시하는데, 여기서는 서로 다른 실험 참가자들이 서로 다른 실험 조건에 할당이 되며 연구자는 두 집단 사이의 수행 차이를 찾는다. 이와는 반대로 참가자 내 설계(within-subject design)에서는 참가자들이 첫 번째 조건에서 수행한 점수를 동일한 참가자들이 다른 조건에서 수행한 점수와 비교한다.

독립변인에 따라서는 무선할당을 할 수 없는 경우도 있다. 다시 말해 실험자가 한 연구 참가자를 특정 실험 조건에 할당하는 것이다. 이를테면 실험자는 참가자들을 성, 인종, 나이, 교육 배경에서 서로 다른 조건에 할당할 수가 없다. 다른 점에서는 실험이지만 이러한 요인들 중 한 가지 이상이 독립변인이 되는 경우(또는 또 다른 방식에서 진정한 실험 조건에 맞추지 못하는 경우)를 유사실험(quasi-experiments)이라 부른다(D. T. Campbell & Stanley, 1963).

과학자들은 실험과 유사실험을 가치 있다고 보는데, 왜냐하면 이 실험들은 연구자들이 원인이 되는 요인을 떼어내어 관찰법만 사용해서 하는 연구에 비해 인과성에 대한 주장을 더 잘 지지할 수 있도록 해주기 때문이다. 하지만 실험 과제 또는 연구 설계로 실제 세계에서 일어나는 현상을 완전히 잡아내지 못하는 경우가 많다. 예컨대 실험실 환경 또는 과제의 인위성이나 형식성 때문에 연구 참가자가 정상적으로 행동하지 못하는 경우가 있다. 또한 실험 연구에서 쓰기 좋아하는 과제의 종류는 일상생활에서 가장 중요하게 또는 흔히 접하는 것과는 다를 수가 있다. 결과적으로 실험자들은 때로 인간의 실세계 경험과는 연결이 약한 현상만을 연구하고 있다는 위험을 지니게 된다.

자연관찰법

명칭에서 알 수 있듯이 자연관찰법(naturalistic observation)은 친숙하고 일상적인 맥락에서 인지적인 일을 해 나가는 사람들을 지켜보는 관찰자로 이루어진다. 예를 들어 사람들이 공항에 있는 새로 생긴 자동인출기(ATM)에서 어떻게 작업을 하는지 관찰해 보고자 하는 연구자가 있다. 이상적으로는 관찰자는 가능한 한 관찰당하고 있다는 생각으로 행동이 바뀌거나 망가지는 일이 없도록 비관여적으로 남아 있어야 한다. 이 예에서 연구자는 가까이 있으면서 남몰래 그들이 ATM이 작동하고 안내하는 방식을 사용하는 것을 관찰하여야 한다. 비관여적인 것은 듣기보다 더 힘든 일이다. 관찰자는 피관찰자가 편안하게 느끼고 그들이 '현미경 아래'에 놓여 있다는 느낌을 받지 않도록 해야 한다. 동시에 관찰자는 피관찰자가 관찰자를 위해서 무언가 '수행'하도록 만드는 일도 피해야 한다. 어떤 경우든 관찰자는 그 자신이 관찰에 미치는 영향을 완전히 제대로 평가할 수는 없다. 결국 사람들을 관찰하지 않는다면 어찌하는지를 어떻게 알 수 있는가?

관찰 연구는 연구되고 있는 바가 실험실에서가 아니라 실제 세상에서 일어나고 있는 것이라는 장점을 지닌다. 심리학자들은 이 속성을 생태학적 타당도(ecological validity)라 부른다. 또한 관찰자는 인지과정이 자연 환경에서 어떻게 작동하는지를 볼 수 있는 기회를 가진다. 이 인지과정이 얼마나 융통성이 있는지, 환경 변화에 얼마나 영향을 받는지, 실제 행동이 얼마나 복잡하고 풍요로운지. 자연관찰법은 상대적으로 수행하기 쉬운 것이며, 실행하는 데 자원이 많이 필요하지도 않고, 다른 사람이 연구에 자원하기를 공식적으로 요구하

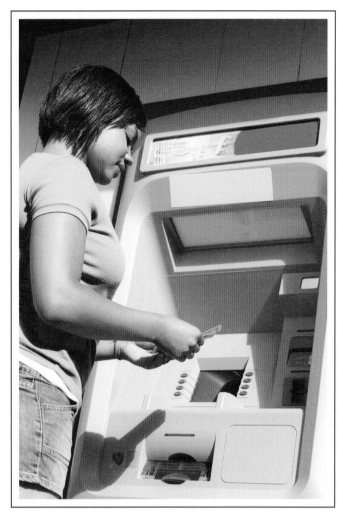

지 않아도 된다.

자연관찰법의 단점은 실험 통제(experimental control)가 결여되어 있다는 것이다. 관찰자는 여러 행동이나 반응의 원인을 분리해 낼 방법이 없다. 그가 할 수 있는 것이라고는 관찰을 수집하여 그들 간의 관련성을 추론해 보려는 것일 뿐이다. 다른 가설이 아무리 그럴듯하게 보이더라도 관찰자는 이를 입증할 방법이 없다. 일부 심리학자들은 자연관찰법이 문제, 주제, 또는 관심 현상을 확인하는 데 가장 적절히 사용될 수 있고, 이후 다른 연구법으로 연구하면 된다고 믿는다.

두 번째 문제는 모든 과학자들이 직면하는 문제로 관찰자의 기록이란 처음에 중요하다고 보고 기록하고자 계획했던 정도까지만 좋을 수 있다는 것이다. 관찰하고자 선택했던 상황과 사람, 기록하고자 했던 행동과 반응, 기록 방식, 그리고 관찰 기간과 빈도 모두가 결과와 나중에 이끌어 낼 결론에 영향을 미친다. 더구나 관찰자가 연구에 개입시키는 편견이 있다면 그것이 무엇이든 간에 (제11장에서 우리 모두가 많은 편향에 노출되어 있음을 보게 될 것이다), 기록을 제약하고 아마도 왜곡할 것이다.

사진 1.2 전형적인 상황에서 일상적인 행동을 하는 사람들을 기록하는 것은 자연관찰법을 사용하는 것이다.

통제된 관찰과 임상 면접

통제된 관찰(controlled observation)이라는 용어가 시사하듯이 이 방법은 연구자들에게 관찰이 수행되는 환경에 일정 정도의 영향을 허용하는 것이다. 이 방법을 사용하는 연구자들은 모든 참가자에게 일정한 환경을 표준화하고자 노력해야 하며, 관찰자들이 영향받는 방식을 보기 위해 특정 조건을 조작하는 경우가 많다. 이를테면 위의 ATM 관찰 연구에서 연구자는 서로 다른 사람들에게 서로 다른 지시가 나오도록 ATM 기기를 배치할 수 있다. 이 연구는 그래도 관찰 연구이지만(왜냐하면 연구자들이 그 기기를 누가 언제 사용하는지 통제하지는 않기 때문), 연구자들은 특정 방식으로 관찰 행동이 나오도록 통로를 제시한다.

임상 면접(clinical interview)에서는 연구자가 그 처리 통로를 더욱더 조절한다. 연구자는 각 참가자에게 일련의 개방형 질문을 제시하기 시작한다. 면접자는 참가자들에게 어떤 문제에 대해 생각을 해보고 이에 어떻게 접근할 것인지 묘사하라고 한다. 이 임상 면접법은 참가자들에게 자유롭게 답하도록 허용하는 대신에, 면접자가 일단의 질문을 가지고 계속

추적한다. 참가자들의 반응에 따라서 면접자는 하나 또는 그 이상으로 많은 가능한 질문들을 추적할 수 있으며, 각 참가자로 하여금 특정 주제나 질문에 초점을 맞추면서 각자의 사고와 경험을 좇아 가도록 할 수 있다.

내성법

관찰의 특수한 종류를 우리는 이미 보았는데, 이는 분트의 실험실까지 거슬러 올라간다. 내성법에서는 관찰자는 자기 자신의 심적 과정을 관찰한다. 이를테면 참가자들은 종이와 연필 없이 복잡한 산수 문제를 풀거나 문제를 풀면서 '소리 내어 생각하기'를 하라고 요구받기도 한다.

내성법은 관찰 연구의 이점과 단점을 모두 가지고 있으며, 이에 덧붙여 몇 가지가 더 있다. 한 가지 추가 이점은 자기 자신의 반응과 행동을 관찰하다 보면 경험에 대한 통찰을 더 잘하게 되며, 반응에 영향을 미치는 요인을 더 잘 알게 되어, 외부에서 관찰할 수 있는 것보다 더 풍부하고, 더 완전한 그림을 그려낼 수 있다는 것이다. 그러나 자기 자신을 관찰하는 것은 양날의 검과 같다. 어떤 방식에서는 외부인보다 자신을 더 잘 관찰할 수 있기도 하지만, 자기 자신의 인식이라는 점에서 더 편향되어 있을 수 있다. 자신의 심적 과정을 관찰하는 이들은 자신의 수행 수준에 대해 관심을 더 가지고 있고 자신의 관찰을 미묘하게 또 무의식적으로 왜곡시키려는 동기가 있을 수 있다. 이들은 자신의 심적 과정을 실제보다 좀 더 조직되고, 논리적이며, 철저한 것 등으로 보려고 할 수 있으며, 자신의 인지과정에 결함이 있거나 무선적으로 보일 때 이를 받아들이지 않으려 할 수 있다. 또한 몇 가지 인지 과제를 해보면(특히 요구 과제), 관찰자들은 과제를 수행하는 동안 어떤 것을 관찰하고 기록할 것인지에 대해 자원이 고갈될 수도 있다.

신경학적 기반의 탐구

인지신경과학의 연구들은 대부분 인간의 뇌에 대한 검토를 포함한다. 20세기 후반 이전에는 이런 종류의 검토는 환자가 죽고 난 다음에야 부검을 통해 수행할 수 있었다. 하지만 1970년대 이후, 뇌 영상법(brain imaging)이라는 정상적인 뇌의 해부적 구조와 기능에 대해 그림을 그려낼 수 있는 다양한 기법이 발전하였다. 이에 대해 제2장에서 더 자세하게 논하게 될 것이다.

전체적 요점

여기서 제시한 간략한 개요는 우리가 볼 수 있는 중요한 연구 설계 중에서 겨우 그 표면을 살짝 들여다보는 정도에 그친다. 주목해 보아야 할 몇 가지 요점이 있다. 우선 인지심리학자들은 인지 현상을 연구하기 위해 여러 다양한 접근법을 사용한다. 부분적으로 이 접근법이 심리학자들 사이의 연구에 중요한 것이 무엇인지 그리고 장점과 단점 사이의 거래를 어떻게 할 것인지에 대한 생각에서의 철학적 차이를 반영하는 것일 수도 있다. 또 부분적으로 이들은 연구자들이 작업하는 지적 개념 틀 또는 패러다임(이제 곧 살펴볼 예)을 반영할 수도 있다. 이들은 또한 인지에 관한 여러 영역이 서로 다른 접근법으로 얼마나 좋아 보일 것인지를 반영하는 것일 수도 있다.

둘째, 어떤 연구 계획도 완전할 수는 없다. 각기 어떤 잠재적 이점과 한계점을 가지고 있어 연구자들은 연구를 계획할 때 가중치를 고려하여야 한다. 학생, 교수 또 다른 연구자들은 또한 비판적인 안목을 가지고 연구에서 제기한 문제에 답할 수 있는 방법을 조심스럽게 고려하여야 한다. 저자는 여러분이 이러한 점들을 유념하여 이 책의 이후 부분에 나오는 광범한 다양성을 가진 연구들의 예를 발견해 나가기를 바라는 바이다.

인지심리학의 패러다임

인지심리학의 역사적 뿌리와 연구방법을 살펴보았으므로, 이제 우리는 현대 인지심리학에 초점을 맞추어 볼 수 있겠다. 이 단원에서 우리는 인지심리학자들이 연구를 계획하고 수행하기 위해 사용하는 네 가지 패러다임을 검토할 것이다.

우선 패러다임(paradigm)이란 무엇인가? 여기에는 몇 가지 관련 의미들이 있지만, 여러분은 이를 각 패러다임에 속하는 이들이 중요하다고 여기는 것과 그렇지 않은 것에 따라서 구조화된 지식 덩어리라고 생각해 볼 수 있다. 패러다임에는 어떤 현상을 연구하는 데 연구자들이 만들어 내는 가정이 포함된다. 패러다임은 또한 연구에 적절한 실험법의 종류가 무엇인지에 따라 명세화될 수도 있다. 패러다임은 따라서 연구자들이 어떤 현상을 이해하고 연구하도록 유도해 주는 지적인 개념의 틀이다.

각 패러다임에 관해 학습하면서 스스로에게 다음과 같은 질문을 던져보라. 이 패러다임에 내재된 가정은 어떤 것인가? 그 패러다임이 강조하는 질문이나 주제는 무엇인가? 그 패러다임은 어떤 유추(컴퓨터와 마음 사이의 유추 같은)를 사용하는가? 그 패러다임이 선호하는 연구법과 측정치는 어떤 것인가?

정보처리 접근

정보처리 접근(information-processing approach)은 1960년대와 1970년대에 인지심리학을 지배했었고 아직도 영향력이 있다(Atkinson & Shiffrin, 1968). 그 이름이 시사하듯이 정보처리 접근에서는 인간 인지와 정보의 컴퓨터 처리 사이에서 유추를 이끌어 낸다. 정보처리 접근에서 중심이 되는 것은 인지란 정보(우리가 보고, 듣고, 읽고 생각하는 것)가 하나의 체계(우리 자신 또는, 더 구체적으로 우리 마음)를 거쳐 통과하는 과정이다.

정보처리 접근을 따르는 연구자들은 정보가 단계를 거쳐 처리(수용, 저장, 기록, 변형, 인출, 전달)된다고 가정하며, 처리되는 동안 특정 장소에 저장된다고 본다. 이 개념 틀에서 한 가지 목표는 이들 단계와 저장소가 무엇이며 이들이 어떻게 작동하는지를 결정하는 일이다.

또 다른 가정들도 정보처리 접근에 내재되어 있다. 하나는 인간의 인지 능력을 관련된 용량의 '체계'로 생각할 수 있다는 것이다. 우리는 개인마다 인지 용량이 서로 다르다는 것을 알고 있다. 몇 가지만 말해 본다면 주의 폭, 기억 용량, 그리고 언어 기술이다. 정보처리 이론가들은 이 용량들 사이의 관련성을 발견하여 개인들이 특정 인지 과제를 수행하는 과정을 설명하고자 한다.

정보처리 이론가들은 인간을 컴퓨터와 같은 일반적 목적을 지닌 상징 조작자라고 가정한다. 달리 말한다면 인간은 컴퓨터와 마찬가지로 상징(철자, 숫자, 명제 또는 장면)에 단지 몇 가지 심적 조작을 적용함으로써 놀랄 만한 인지적 업적을 이루어 낼 수 있다. 따라서 정보는 상징적으로 저장되며, 부호화되고 저장되는 방식이 이것이 이후에 얼마나 쉽게 사용될 수 있는지에 큰 영향을 미친다(우리가 정보를 회상하거나 어떤 방식으로 조작하고자 할 때).

일반 목적의 정보처리 체계는 그림 1.2에 제시되어 있다. 여러 기억 저장고가 있어 정보가 나중에 사용될 때를 위해 저장되는 것과 여러 시점에서 정보에 작동하는 과정이 서로 다르고 한 저장고에서 다른 저장고로 전이된다는 점에 주목해 보라. 탐지나 재인 같은 어떤 과정들은 정보처리가 시작될 때 사용된다. 재부호화나 인출(retrieval)과 관련된 과정은 기억 저장고와 관련된다. 또한 추론이나 개념 형성 같은 과정은 정보를 새로운 방식으로 통합하는 과정과 관련된다. 이 모형에서 상자로 표시된 것은 저장고를 의미하며, 화살표는 과정을 표현한다(이 때문에 어떤 이는 정보처리 모형을 인지의 '상자와 화살' 모형이라고 칭하기도 한다). 정보처리 모형은 컴퓨터 과학자들이 순서도(flowchart)라 부르는 것으로 가장 잘 묘사되는데, 이 순서도란 한 체계를 통과하는 정보의 계열적 흐름을 예로 보여주는 것이다.

정보처리 전통은 구조주의에 뿌리를 두고 있는데, 구조주의와 그 추종자들은 우리가 인지에 사용하는 기본 용량과 과정을 확인해 내고자 시도하였다. 이 접근에서 사용되는 컴퓨터 은유 역시 공학과 의사소통 분야에서 나온 것임을 보여준다. 정보처리 전통에서 연구하는 심리학자들은 개인차와 발달적 차이를 기본 용량과 과정에서의 차이에 관련시키고자 한다. 정보처리 심리학자들은 연구할 때 실험과 유

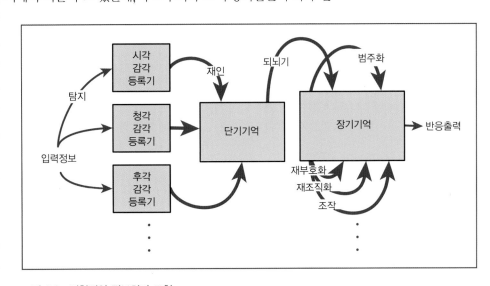

그림 1.2 전형적인 정보처리 모형

사실험 기법을 주로 사용한다.

연결주의 접근

1980년대 초반에 다양한 분야의 연구자들이 인지를 설명할 수 있는 정보처리 접근에 대한 대안을 모색하기 시작했다. 이들이 형성한 개념 틀은 연결주의(connectionism)라 알려졌다 [때로는 병렬 분산처리(parallel-distributed processing) 또는 PDP라 부르기도 함]. 이 이름은 인지를 단순한 (그리고 대개 수많은) 처리 단위 사이의 그물망으로 묘사하는 모형에서 유래한다(McClelland, 1988). 이 단위들은 때로 뉴런(nerons)에 비교되기도 하는데, 뉴런은 전기 충동을 전달하는 세포들로 모든 감각과 근육 운동에 내재되어 있는 것이며, 연결주의 모형은 때로 신경망(neural networks)(전문적으로 말한다면 연결주의자와 신경망 모형 사이를 구분하는 점이 있지만 여기서는 이를 살펴보지 않겠음)이라고도 한다.

각 단위는 커다란 그물망에서 다른 단위와 연결되어 있다. 각 단위는 어떤 특정 순간에 어느 정도 수준으로 활성화된다. 활성화의 정확한 수준은 그 단위가 환경과 연결되어 있는 다른 단위에 따른다. 두 단위 사이의 연결에는 가중치가 있으며, 그 값은 정적이거나 부적일 수 있다. 정적으로 가중치가 주어진 연결은 흥분을 일으키거나 연결된 단위들의 활성화 수준을 높인다. 부적 가중치 연결은 그 반대 효과를 일으키는데, 연결된 단위들의 활성화 수준을 억제하거나 낮춘다.

정보처리와 연결주의 접근 사이의 주요 차이 중 하나는 인지과정들이 일어나는 방식에 대한 것이다. 정보처리 모형에서 인지는 계열적으로 일어난다고 가정된다. 즉, 구별되는 단계를 거친다(처음에 한 과정이 일어나고, 이는 다음 과정에 정보를 제공하며, 이는 다시 그다음 과정에 정보를 제공하는 식). 이와는 대조적으로 대부분의 (모두는 아니지만) 연결주의 모형에서는 인지과정이 병렬적으로 일어난다고, 곧 동시에 다수가 일어난다고 가정한다.

연결주의 개념 틀은 광범하게 다양한 모형으로 전개되었는데, 이 모형들은 가정된 단위의 수에서 서로 다르며, 단위 사이의 연결 형태와 연결 수에서도, 또 환경과의 연결 방식에서도 서로 다르다. 하지만 모든 연결주의자 모형이 공유하고 있는 가정이 있는데, 이는 정보를 한 과정 또는 저장고 영역에서 다른 곳으로의 흐름을 지시하는 중앙처리기를 가정할 필요가 없다는 것이다. 그 대신에 활성화 형태에 따라 다른 다양한 인지과정이 설명된다(Dawson, 1998). 지식은 여러 저장고로 저장되는 것이 아니라(그림 1.2에서 묘사된 상자처럼) 단위들 사이의 연결 안에 저장된다. 학습은 새로운 연결 형태가 형성되어 단위 사이의 연결에 가중치가 달라질 때 일어난다.

Feldman과 Ballard(1982)의 연결주의에 대한 초기 묘사에서는 이 접근이 정보처리 접근보다 뇌 기능이 기능하는 방식에 더 잘 일치한다고 주장하였다. 그들의 주장에 따르면 뇌는 아주 복잡한 방식으로 서로 연결되어 있는 많은 뉴런들로 이루어져 있다. 저자들은 다음과 같이 주장한다.

연결주의의 기본적인 전제는 개별 뉴런이 대량의 상징 정보를 전달하지 않는다는 것이다. 대신에 이들은 대량의 유사한 단위들이 적절히 연결된 것으로 추정한다. 이는 컴퓨터과학과 인지심리학에서 널리 퍼져 있던 지능에 관한 전통적인 컴퓨터 모형과 분명히 대조된다.(p. 208)

Rumelhart(1989)는 이 주제를 더 단순하게 표현하여 "연결주의는 정보처리 틀의 컴퓨터 은유를 뇌 은유로 대치하였다."(p. 134)고 하였다.

정보처리 접근과 마찬가지로 연결주의 역시 구조주의에서 인지 기능의 요소에 관한 관심을 이끌어 왔다. 하지만 정보처리 접근에서 컴퓨터과학을 찾아보았듯이, 연결주의는 이론과 모형을 구성하는 데 도움이 되는 정보를 인지신경심리학(손상된 또는 다른 방식으로 비정상적인 뇌 구조를 지닌 사람들에 대한 연구)과 인지신경과학에서 찾으려 한다. 인지에 관한 정보처리 설명에서는 연결주의 설명보다 더 추상적이고 상징적인 수준에 관심을 갖는다. 연결주의 모형은 뇌에서 인지과정이 실제로 어떻게 수행되는지와 같은 '상징 이하' 수준에 관심이 더 많다. 연결주의는 정보처리에 비해 훨씬 더 최신의 접근이며, 개인 차와 발달적 차이에 관해서는 이제 막 그 설명을 그려 나가고 있는 중이다. 대부분의 연결주의 연구에서는 실험적이고 유사실험적인 연구에서 나온 발견들을 신경망 모형에 기반한 컴퓨터 프로그램을 사용하여 반복 검증한다.

진화적 접근

가장 놀랄 만한 것이라 생각하는 인지 능력과 성취들은 대부분 우리가 당연히 여기고 있는 것들이다. 얼른 생각나는 두 가지 능력은 삼차원 대상을 정확하게 지각하는 능력과 언어를 이해하고 산출하는 능력이다. 이러한 능력은 사소하고 흔한 것으로 보일 수 있다. 세 살짜리 아이들도 이 두 가지 모두 어느 정도는 결국 해낸다. 하지만 인공지능 분야의 연구자들은 이 과제의 가장 기초적인 판조차도 프로그램으로 짜서 수행하기가 얼마나 어려운지 금새 깨닫는다(Winston, 1992).

그렇다면 어린아이들이 이런 과제를 할 수 있는 이유는 무엇일까? 사실상 광범한 범위의 사람들이 특별히 지적으로 뛰어나지 않더라도, 이 과제를 별로 힘들이지 않고 수행하는 것으로 보이는데 그 방식은 어떤 것일까? 심리학자들 중에는 이에 대한 답을 진화론에서 찾는다(Cosmides & Tooby, 2002; Richerson & Boyd, 2000). 이들은 다른 동물과 마찬가지로 인간의 마음은 생물학적 체계이며, 이는 세대를 거쳐 진화된 것이라고 주장한다. 또한 다른 동물과 마찬가지로 이는 자연선택의 법칙에 따르는 것이다. 따라서 인간의 마음은 우리 선조들이 지나온 환경에 대한 반응을 다른 방식이 아닌 어떤 특정 방식으로 적응하는 쪽으로 진화해 왔다. 진화심리학자 Leda Cosmides(1989)는 우리 선조들이 경험했던 환경은 물리적이고 생태적인 것만이 아니라 사회적인 환경도 있었다는 사실에 주목했다.

여기서 주장하는 바는 인간에게는 진화적 유산에서 만들어진 전문화된 능력의 영역이 있다는 것이다. Cosmides와 Tooby(2002)는 사람들에게 "커다란 혼합 체계의 프로그램이 있는데, 이는 진화를 거치면서 발달되어 온 문제해결에 전념하는 믿을 만한 프로그램이며, 각각 적응 문제의 특정 영역 또는 유형을 해결하는 데 전문화되어 있다(예 : 문법 습득, 짝 짓기, 음식 혐오, 길 찾기).”라고 주장하였다(p. 147). 달리 말하면 사람들은 (인지 기제를 포함한) 전문화된 목적 기제를 가지고 있다는 것이다.

Cosmides와 Tooby(2000, 2002)는 우리 조상이 마주쳤던 가장 중요한 주제는 사회적 주제를 포함한다고 믿었는데, 사회적 계약을 체결하고 강화해 나가는 것과 같은 것이라 하였다. 이를 위하여 사람들은 손실과 이득에 대한 추리를 특히 잘해야 하며, 사회적 교환에서 발생하는 사기(cheating)를 잘 탐지할 수 있어야 한다. 따라서 진화심리학자들은 특히 사기에 대한 추론을 할 때 사람들의 추론 능력이 더 증진될 것이라고 예측하는데, 이는 제11장에서 더 자세히 다룰 것이다.

일반적으로 진화심리학자들은 우리가 우리 조상이 받았던 진화적 압력을 이해한다면, 그 체계를 가장 잘 이해할 수 있을 것이라고 생각한다. 그들 생각으로는 추론 체계의 작동 방식에 대한 설명은 다른 그럴듯한 가능성이 똑같았던 방향으로가 아니라 그 특정 방향으로 체계가 형성되어 가는 데 진화적 압력이 어떻게 가해졌는지를 이해한다면 쉬워질 것이다.

생태학적 접근

인지 연구에 대한 네 번째 주요 접근방식은 심리학자와 인류학자 양쪽에서 기원하고 정보처리나 연결주의 접근보다는 진화적 접근과 더 많이 겹친다. 이 접근법의 주요 주장은 인지는 고립되어서 생겨나는 것이 아니라 커다란 문화적 맥락 안에서 생긴다는 것이다. 모든 인지활동은 문화와 인지활동이 발생하는 맥락에 따라 모양이 만들어진다.

이 전통에서 현재 활동하고 있는 이론가인 Jean Lave는 생태학적 접근(ecological approach)에 예시가 될 수 있는 몇 가지 매력적인 연구를 수행하였다. Lave(1988)는 성인 수학 과제(Adult Math Project)의 결과를 “일상적인 수학 실습에 대한 관찰과 실험 연구”(p. 1)라고 묘사하였다. Lave, Murtaugh, de la Rocha(1984)는 그들의 일상적 삶에서 수학을 어떻게 사용하는지 연구하였다. 한 연구에서 이들은 장을 보는 이들을 따라가면서 사람들이 ‘최선의 구매’를 할 때 이를 언제 어떻게 계산하는지 분석하였다. 이들은 사람들이 계산하는 방식이 맥락에 따라 달라진다는 것을 발견하였다. 이는 어느 정도 놀라운 결과인데, 왜냐하면 우리 문화에서 학생들은 주어진 유형에서는 모든 문제에 똑같은 특정 공식을 사용하여 한 가지 수학적 답을 산출한다고 배웠기 때문이다. 예로 선생님이 학생들에게 제시하는 전형적인 3학년짜리 수학 문제, “자경이는 조개를 8개 가지고 있어. 다정이는 5개 가지고 있어. 이 두 사람의 것을 합치면 몇 개가 될까?”를 장보기를 하는 사람 중 한 사람이 제기하고 해결했던 다음 문제, 일주일 동안 가족을 위해 사과를 몇 개나 살 것인지에 관한 문제와 비교해 보자.

집에는 사과가 3개 또는 4개가 있고, 우리 아이는 네 명이니까, 다음 사흘 동안 적어도 2개씩

은 고려해야 해. 냉장고에 넣어 두어야 하는 것들이 몇 가지 있어. 우리 집 냉장고에는 공간
이 그리 넓지 않으니까 이 모든 것을 다 살 수가 없어. …… 여름 동안 집에 있을 거니까 간식
으로 좋지. 또 집에 있으면 점심때 사과 한 알 먹는 것이 좋은데.(Murtaugh, 1985, p. 188)

Lave(1988)는 이러한 산수 문제와 학교에서 공부하는 수학 문제가 서로 대조되는 몇 가
지 점을 지적하였다. 우선 두 번째 예에는 가능한 답이 많은데(예 : 5, 6, 9개), 첫 번째 문
제에서는 한 가지 답(13개)밖에 없다. 둘째, 첫 번째 문제는 문제해결자가 그 문제를 해결
하도록 제시되었다. 두 번째 문제는 문제해결자 자신이 스스로 구성해 낸 것이다. 셋째, 첫
번째 문제는 개인적 경험, 목표, 관심 등과 연결되어 있지 않지만, 두 번째 문제는 실제적
인 일상의 삶에서 나오는 것이다.

최근에 생태학적 접근에 대해서 많은 관심이 쏟아졌지만, 일상생활의 맥락에서 인지를
연구한다는 생각은 사실상 수년 전에 생겼다. 이 관점의 주요 주창자로 제임스 깁슨(James
J. Gibson)이 있는데, 그의 지각에 관한 연구를 우리는 제3장에서 자세히 논의할 것이다.
깁슨의 친구이자 동료인 울릭 나이서(Ulric Neisser)는 1976년에 책을 쓰면서 심리학이라는
학문을 좀 더 '현실적인' 인지 현상을 연구하는 쪽으로 재설정하려고 하였다.

생태학적 접근에 미친 기능주의자들과 형태주의 학파의 영향을 볼 수 있다. 기능주의자
들은 인지과정이 봉사하는 목적에 초점을 맞추었는데, 이는 확실히 생태주의적 질문이다.
형태주의 심리학에서는 어떤 경험을 둘러싸고 있는 맥락을 강조하는데, 이도 마찬가지로
생태학적 접근과 통하는 것이다. 생태학적 접근에서는 더 큰 맥락에서 별도로 떨어진 인공
적인 환경에서 일어나는 인지적 현
상이 유용성이 없다고 부정한다.
따라서 이 전통은 실험실 실험이나
컴퓨터 본뜨기에 의존하기를 덜하
며, 인지를 탐구하기 위해 자연관
찰과 현장 연구에 더욱 의존한다.

전체적 요점

네 가지 패러다임 모두가 인지심
리학에 중요한 몫을 하였으며, 어
떤 점에서는 이 네 가지가 인지 현
상에 내재된 원리를 연구하고 이해
하는 방법에 관한 상호보완적인 관
점을 제공해 준다. 정보처리 패러
다임은 인지의 기능적 측면에 관
한 연구에 초점을 맞춘다. 즉, 어

사진 1.3 생태학적 전통에서는 인지과정을 연구하기 위해 식료품점에 가는 것 같은 일상 장
면을 사용한다.

떤 종류의 과정이 사용되며 어떤 목적을 위해 사용되는지를 연구한다. 연결주의 접근은 대조적으로 내재적인 '하드웨어', 즉 정보처리 모형에서 묘사하는 전반적인 인지과정이 인간 뇌에서 이행되는 방식에 초점을 맞춘다. 진화적 접근에서는 인지 체계 또는 기능이 세대에 따라 어떻게 진화되어 왔는지에 대한 질문이 중심적이다. 생태적 접근에서는 어떤 인지과 정이든 그 맥락을 고려하여야 그 과정이 실제 세계에서 기능하는 방식을 더 완전히 이해할 수 있다고 강조한다.

모든 인지 연구가 이상의 네 가지 패러다임에 깔끔하게 맞아떨어지는 것은 아니다. 어떤 연구에서는 서로 다른 패러다임의 부분들을 합치기도 한다. 어떤 패러다임에도 깨끗이 들어맞지 않는 연구도 있다. 하지만 저자는 이들 패러다임이 개별적인 연구들을 고려할 때 유용한 배경이 되기를 바란다.

이 개념 틀은 우리가 이 책의 나머지 부분에서 특정 인지 주제를 더 자세히 파고들어 갈 때 어떤 쪽으로 향할 것인지에 대해서도 감을 잡게 해준다. 전반적으로 여러분은 논의되는 연구들이 여러분의 일상에서의 인지활동과 어떤 연관이 있는지 물어보고 검토하여야 한다. 연구들에서 제기하는 질문과 이에 대해 답하고자 사용한 연구 접근법이 적절한가? 이론적 가정이 제기된 질문을 만들어 내는 데 어떤 역할을 하는가? 연구결과가 의미하는 바는 무엇이며, 이들이 제기하는 새로운 질문은 어떤 것인가?

인지심리학은 저자의 연구 분야이다. 본인은 인지심리학이 매력적이고 뿌리가 깊은 질문들로 가득 차 있다고 보는데, 이는 그리 놀라운 일이 아니다. 본인은 또한 인지심리학이 많은 실세계 주제들과 관련되어 있다고 본다. 여러분 또한 이 책을 읽고 나서 이 분야의 중요성을 알게 되었으면 좋겠다. 정말 공부할 가치가 있는 분야이다!

제1장

요약 ....

1. 인지는 일상생활에 중요한 역할을 한다. 우리는 인지 경험의 많은 것들을 당연하게 받아들이는데, 이는 인지적으로 기능하는 방식이 너무나 일상적이라 이에 주의를 기울이지 않기 때문이다. 그런데도 더 자세히 살펴보면 많은 인지활동들이 놀랍도록 복잡한 것임을 알 수 있다.

2. 우리는 인지 연구의 여러 전통을 검토하여 분트의 라이프치히 실험실까지 거슬러 올라가는 이 분야를 추적하였다. 우리는 주요한 학파, 즉 구조주의, 기능주의, 행동주의와 형태주의 접근이 인지적 질문들을 어떻게 잡아 왔는지를 살펴보았다.

3. 구조주의는 빌헬름 분트와 연결되는데, 우리의 즉각적인 의식 경험들을 설명하는 법칙과 원리를 찾아내고자 하였다. 특히 구조주의자들은 마음의 가장 단순한 본질 단위를 확인하고자 하였으며, 이 단위들이 합쳐져서 복잡한 심적 현상을 만들어 내는 방식을 결정해 보고자 하였다.

4. 기능주의는 윌리엄 제임스와 연결되는 심리학파인데, 심리학의 기본 목적을 마음의 기능을 이해하는 것이라고 본다. 곧 심적 기능이 인간에게 환경에 적응하게 만드는 방식이다.

5. 행동주의는 기능주의의 한 분파로 시작한 것으로 보이는데, 심리적 경험의 관찰 가능한 결과인 행동에 대한 과학적 연구를 심리학의 중심적인 목적으로 취한다. 급진적 행동주의자들은 관찰할 수 없고, 주관적이며, 심적 상태(의식 같은)에 대한 언급을 관찰 불가능한, 주관적 과정(기대하기, 믿기, 이해하기, 기억하기, 바라기, 추론하기, 지각하기 같은)에 대한 언급과 마찬가지로 순수심리학에서 추방되어야 한다고 고집한다.

6. 형태주의 심리학파는 심리학적 현상들은 단순한 요소들로 환원될 수 없으며, 그 전체성에서 분석되고 연구되어야 한다는 것을 기본 가정으로 삼고 있다. 형태주의 심리학자들은 관찰자는 경험의 단순하고 기초적인 감각적 국면에서 일관성 있는 지각을 구성해 내지 못한다고 믿으며, 그 대신에 경험을 하나의 전체로서 모든 구조를 이해하여야 한다고 생각한다.

7. 프랜시스 골턴은 개인들은 다 자란 성인이라도 그들의 인지 용량, 능력, 그리고 선호성에서 서로 다르다고 강조한다.

8. 인지심리학의 현재 연구는 컴퓨터과학, 의사소통, 공학, 언어학, 진화론, 그리고 인류학과 같은 다른 학문에서의 혁신에서 자라났으며 이 학문들에 공헌을 한다.

9. 인지심리학은 많은 다양한 연구방법에서 연구되는데, 이 중에는 실험, 유사실험, 통제된 관찰, 자연관찰 등이 있다.

10. 우리는 인지 연구에 네 가지 패러다임, 또는 지적 개념 틀을 개관하였다. 패러다임은 기본 가정을 명세화하고 연구 질문과 연구자들이 채택할 연구방법을 이끌어 낸다.

11. 정보처리 패러다임은 정보의 단계적 처리와 정보가 처리되는 동안 특정 방식으로 저장된다는 사실을 강조한다.

12. 연결주의 접근에서는 인지적 처리를 단순한 (또한 대개는 수많은) 병렬적으로 작동하는 처리 단위들의 연결망 안에서의 흥분과 억제의 패턴으로 묘사한다.

13. 진화론적 패러다임에서는 어떤 인지과정이 오랜 기간에 걸쳐 환경적 압력에 의해 형성되는 방식을 검토한다.

14. 생태학적 패러다임에서는 환경과 맥락이 어떻게 인지처리가 일어나는 방식을 형성해 나가는지를 강조한다.

복습 문제

1. 실험실 연구와 자연관찰은 인지 연구에서 어떤 역할을 하는가?

2. 심리학의 학파 중에서 구조주의, 기능주의, 행동주의는 어떤 공통점과 차이점이 있는가?

3. 심적 표상이란 무엇이며 이 개념을 형태주의, 정보처리 심리학, 행동주의 심리학에서는 어떻게 보는가?

4. 개인차에 관한 연구가 인지심리학에 어떤 관련이 있는지 서술하라.

5. '인지혁명'이란 무엇인가? 이를 배출한 근원은 무엇인가?

6. 인지심리학의 주요 연구방법에 대해 서술하고 이를 비판하라.

7. 이 장에서 나온 인지심리학의 네 가지 주요 패러다임(정보처리, 연결주의, 진화론적 접근, 생태학적 접근)을 비교 · 대조하라.

핵심 용어

경험주의(empiricism)
구조주의(strnctualism)
기능의 국재화(localization of function)
기능주의(functionalism)
기억(memory)
내성법(introspection)
뇌 영상법(brain imaging)
문제해결(problem solving)
생득론(nativism)
생태학적 접근(ecological approach)
생태학적 타당도(ecological validity)
신경과학(neuroscience)
신경망(neural network)
실험(experiment)
실험통제(experimental control)
심적 표상(mental representation)
언어(language)

언어학(linguistics)
연결주의(connectionism)
연합(association)
유사실험(quasi-experiment)
의사결정(decision making)
인간-기계 체계(person-machine system)
인간 요인 공학(human factors engineering)
인공지능(artificial intelligence)
인지과학(cognitive science)
인지혁명(cognitive revolution)
임상 면접(clinical interview)
자연관찰법(naturalistic observation)
재인(recognition)
정보처리 접근(information-processing approach)

제한된 용량의 처리자(limited-capacity processor)
주의(attention)
지각(perception)
지식표상(knowledge representation)
추리(reasoning)
컴퓨터 은유(computer metaphor)
통제된 관찰(controlled observation)
패러다임(paradigm)
참가자 간 설계(between-subjects design)
참가자 내 설계(within-subjects design)
행동주의(behaviorism)
형태 재인식(pattern recognition)
형태주의 심리학(Gestalt psychology)
회상(recall)

학습 사이트

부가적인 학습 도구와 관련해서는 www.sagepub.com/galotticp5e의 학습 사이트(Student Study Site)를 방문하라.

2

뇌
구조와 기능 개관하기

인지심리학이라는 분야가 시작되던 때(1950~60년대), 인지심리학자들은 뇌의 작동 방식이 아주 흥미롭다는 것을 알았으나, 인지과정이 작동하는 방식을 이해하는데 꼭 필요한 것은 아니라고 생각했다. 이들은 인지과정과 구조에 대해서 서술하려면 지나치게 복잡해 보이는 신경 수준을 넘어서 그 이상으로 추상화하여야 가장 잘 묘사할 수 있을 것이라 생각하였다. 이들이 두려워했던 것은 뇌에 있는 각 뉴런이 작동하는 방식으로는 프랑스어 동사어미의 학습 방식을 충분히 설명하지 못할 것이라는 점이었다. 뇌의 뉴런들을 자세히 묘사한다고 이런 과정을 제대로 설명할 수는 없으며, 그러느니 차라리 기억 저장 영역과 같은 이론적 관념의 용어에 기대는 편이 낫다고 보았다. 이제 인지 이론가들은 설명의 '수준'을 달리 구분해 보기 시작하였다. 곧 신경 수준과 이에 대조되는 실시간에서 인지과정이 실제 기능하는 수준인 인지를 위한 상징적이고 추상적인 수준을 나누어 설명하는 편이 낫다고 보게 되었다.

심리학자, 생물학자, 철학자와 컴퓨터과학자들 사이에서는 여러 종류의 이해에 어떤 설명 수준이 가장 유용한 것인지에 대해 아직도 논쟁이 분분하다. 하지만 인지심리학자들 중에서도 인지적 활동의 기초로 뇌 기능에 관심을 가지는 이들의 수가 점차 늘고 있다. 가장 유용한 설명 수준이 어떤 것인가에 관한 질문은 아직 남아 있지만, 많은 인지심리학자들이 뇌가 발달하고 기능하는 방식에 대한 작업 지식 없이는 인지를 연구할 수 없다고 느끼고 있다.

물론 뇌 기능과 인지와의 관련성은 그 자체로 광범위하고도 복잡하며, 이 책에는 강조점만 아주 짧게 주어질 것이다. 이에 관심 있는 학생들은 또 다른 좀 더 깊이 있는 저작물을 참조하기 바란다(예 : Gazzaniga, 2009; Reuter-Lorenz, Baynes, Mangun, & Phelps, 2010). 첫 번째로 몇 가지 성장 관련 통계치를 들 수 있다. 뇌는 태내기에 350그램까지 자라지만, 이 성장이 출생 후에 멈추는 것은 아니다. 뇌 무게의 최대치인 1,350그램은 한 스무 살쯤 되었을 때 이루어진다(Nowakowski & Hayes, 2002). 출생 후 성장은 대부분 아이가 네 살이 될 때까지 이루어지지만 어떤 변화는 성인기까지 계속된다.

뇌의 구조

뇌에 관해 이야기하려면 정말 많은 여러 구조들에 대해 말하게 된다. 여기서는 우선 뇌의 몇 가지 구분 방식에 대해 논해 보아야 할 것이고 계통발생적 구분으로 시작할 것이다. 그림 2.1은 성인 뇌의 다양한 구조를 중간뇌(midbrain)를 포함하여 보여주는 그림이다. 중간뇌의 모든 상부 구조는 앞뇌(forebrain)의 일부이기도 하다[이제 자세히 이야기하게 될 뇌엽(cerebral lobes)을 포함]. 중간뇌의 모든 하부 구조는 마름뇌의 일부이기도 하다. 여기서는 간단히 살펴보게 되므로, 특히 앞뇌의 일부인 대뇌겉질(cerebral cortex)에 초점을 맞출 것이다. 그렇지만 우선 마름뇌와 중간뇌부터 간단히 살펴보는 편이 낫겠다.

마름뇌와 중간뇌

마름뇌(hindbrain)에는 다리뇌, 숨뇌, 소뇌가 포함된다(B. Garrett, 2011). 숨뇌(medulla)(때로 *medulla oblongata* 라고도 부르는)는 척수에서 오는 정보를 뇌로 전달하며 호흡, 혈압, 기침, 재치기, 구토, 심박률 같은 생명 유지 기능을 제어한다(Pritchard & Alloway, 1999). 다리뇌(pons)(이 이름은 라틴어로 다리라는 단어에서 유래) 또한 신경 중계소로 작동하는데, 신체의 왼쪽과 뇌의 오른쪽으로(또 그 역도 마찬가지) 정보를 '교차'하는 과정을 촉진

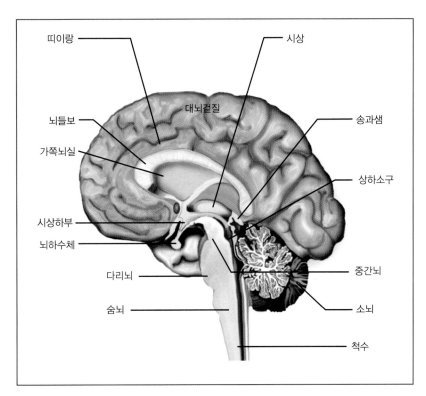

그림 2.1 인간 뇌의 내부 구조를 시상면으로 본 그림

한다. 이는 또한 신체의 균형, 수면, 각성과 시각 정보와 청각 정보의 처리에 관여한다.

소뇌(cerebellum)에는 근육 활동을 협응하는 뉴런이 포함되어 있다(B. Garrett, 2011). 이 구조는 가장 원시적인 뇌 구조 중의 하나이다. 이는 또한 신체 균형을 지배하며 일반적인 운동 행동과 협응에 관여한다. 소뇌가 손상을 입으면 비규칙적이고 떨리는 움직임, 진전, 또 균형과 보행장애가 생겨난다. 소뇌는 또한 시각 자극과 청각 자극 사이의 주의 변화 능력과도 관련된 것으로 시사되며, 리듬과 같은 시간적 자극도 다룬다(Akshoomoff & Courchesne, 1994).

중간뇌(midbrain)는 뇌의 한가운데 위치하고 있다(당연히). 중간뇌의 많은 구조(상구와 하구 같은)가 뇌 부위 사이의 정보 전달에 관여하고 있는데, 소뇌와 앞뇌 사이의 전달 같은 것이다. 또 다른 중간뇌 구조인 망상체는 우리를 깨어 있고 경계하게 하며 각성에 관여한다(B. Garrett, 2011).

앞뇌

우리는 인지적인 주제에 대해 관심이 있으므로 뇌에 대한 논의를 앞뇌(forebrain)에 초점을 맞출 것이다. 앞뇌 구조 중 일부가 그림 2.1에 제시되었다. 예를 들어 시상(thalamus)은 정보를 중계하는 또 다른 구조이며, 특히 대뇌겉질로 정보를 보내는데(Pritchard & Alloway, 1999), 이에 대해 이제 잠깐 이야기할 것이다. 시상하부(hypothalamus)는 호르몬을 분비하여 뇌하수체를 통제하는데, 뇌하수체는 전문화된 화학물질인 호르몬을 분비하여 우리 신체의 다른 호르몬 분비샘들을 통제한다. 시상하부는 또한 항상성 행동이라는 먹기, 마시기, 체온 조절, 수면, 성 행동과 정서적 반응을 통제하는 역할을 한다.

그림 2.2에는 앞뇌의 또 다른 구조들이 보인다. 해마(hippocampus)는 장기기억의 형성에 관여하며, 정서적 기억의 강도를 조절하는 편도체(amygdala)는 정서 학습에 관여하는데, 앞뇌에 위치하고 있으며(실제로는 아래 서술된 안쪽관자엽 안에 위치), 또한 바닥핵(basal ganglia)도 있는데, 이는 운동 행동의 산출에 관여하는 구조이다.

앞으로 나올 장에서는 해마와 편도체를 포함하는 이들 구조들을 자주 언급할 것이다. 지금은 대뇌(cerebrum)(*brain*이라는 라틴어 단어에서 유래)에 초점을 맞출 것인데, 이는 뇌에서 가장 커다란 구조이다. 대뇌는 대뇌겉질(cerebral cortex)이라는 층으로 구성되어 있는데, 이는 여섯 층의 뉴런으로 이루어져 있으며, 그 아래로는 백질(white matter)이 있고, 백질은 정보를 겉질과 시상 또는 뇌겉질의 또 다른 부위들로 전달한다.

그림 2.3은 대뇌겉질을 좀 더 자세히 도해하고 있는데, 신경학자들은 이마엽(frontal)(이마 바로 아래쪽), 마루엽(parietal)(두개골의 꼭대기 뒤쪽), 뒤통수엽(occipital)

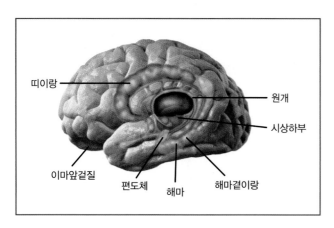

그림 2.2 변연계의 구조

(머리의 뒤쪽), 그리고 관자엽(temporal)(머리의 양 옆쪽) 네 가지 영역으로 나누고 있다. 좌반구와 우반구는 뇌들보(corpus callosum)(이마엽, 마루엽, 뒤통수엽의 경우) 또는 앞맞교차(anterior commissure)(관자엽의 경우)로 연결되어 있다. 중심고랑(central sulcus)(뇌의 표면에 있는 눈에 띄는 얕은 홈)이라고 알려진 구조는 이마엽과 마루엽을 구분한다. 또 다른 고랑인 가쪽틈새(lateral fissure)는 관자엽을 정의하는 데 도움이 된다. 사실상 우리의 뇌는 좌반구와 우반구 양편으로 나누어져 있으므로, 각 엽이 두 뇌에 각각 있어,

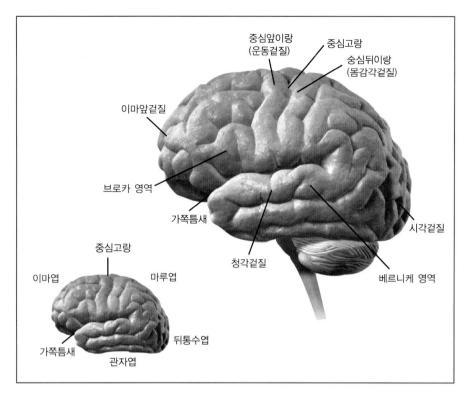

그림 2.3 대뇌반구의 표면으로 본 뇌의 네 가지 엽과 영역

우반구 이마엽, 좌반구 이마엽, 우반구 마루엽, 좌반구 마루엽 등으로 나누고 있다.

마루엽에는 몸감각겉질이 포함되어 있는데, 이는 중심뒤이랑(postcentral gyrus)(이랑이란 뇌 주름에서 올라온 부분을 의미함)에 위치하며, 중심고랑의 바로 뒤쪽 영역이다. 몸감각겉질은 몸에서 오는 감각 정보의 처리(예 : 통증, 압력, 촉감, 온도의 감각)에 관여한다(Pritchard & Alloway, 1999). 뒤통수엽은 시각 정보를 처리하며, 관자엽은 청각 정보를 처리하고 또한 얼굴 같은 특정 자극의 재인을 가능하게 한다. 관자엽은 기억에 관여하는 편도체와 해마 같은 구조의 바로 위에 위치하므로 관자엽의 손상은 기억의 손상까지 초래하게 된다.

이마엽은 세 부위로 구분할 수 있다. 운동겉질(motor cortex)[중심앞이랑(precentral gyrus)에 위치]은 미세한 신체 움직임을 지시한다. 앞운동겉질(premotor cortex)은 이러한 움직임을 계획하는 일에 관여하는 것으로 보인다. 이마앞겉질(prefrontal cortex)은 신경과학자들이 실행기능(executive functioning)이라 부르는 일에 관여하는데, 실행기능이란 계획하기, 판단하기, 책략 세우기, 부적절한 행동 억제하기, 정보처리를 위한 작업기억 사용하기 등을 일컫는다(Pritchard & Alloway, 1999).

이마앞겉질은 다른 부위보다 가장 긴 기간에 걸쳐 성숙되는 부위이다. 또한 이 부위는 가장 늦게 성숙되는 부위이다(Casey, Giedd, & Thomas, 2000). 흥미로운 점은 이 부위가

삶의 마지막을 향하는 노화 과정에서 '가장 먼저 가버리는' 부분이기도 하다는 점이다. 가장 오랫동안 가장 큰 가소성을 보이는 뇌 부위가 환경적 독소나 스트레스에도 가장 민감할 것이라고 가정되어 왔다.

기능의 국재화

이 책에서 특정 뇌 영역 또는 구조가 어떤 역할(기억 또는 주의에서)을 한다고 서술할 때 여러분은 이러한 주장의 근거가 무엇인지 궁금할 것이다. 신경과학자들은 어떤 뇌 영역이 어떤 역할을 한다는 것을 어떻게 아는가? 그 답은 뇌를 지도화(mapping)하는 데 한 가지 방법인 기능의 국재화 연구에 있다.

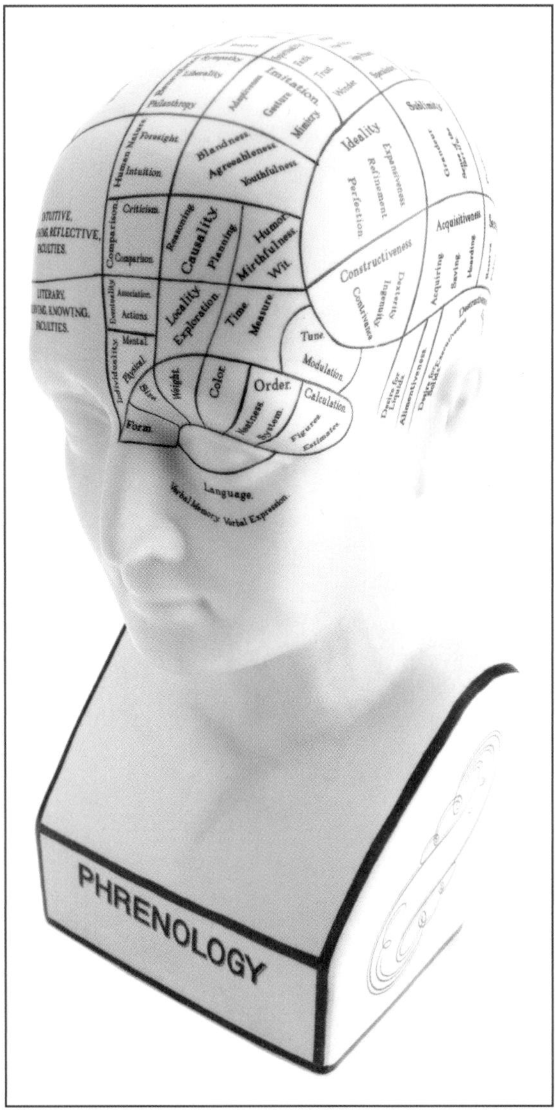

사진 2.1 골상학의 머리. 골상의 특정 부위가 서로 다른 특정 능력에 해당된다고 가정되어 왔다.

재능심리학과 골상학

기능의 국재화라는 개념은 원래 프란츠 갈(Franz Gall, 1758~1828)이라는 오스트리아의 해부학자에게로 거슬러 올라가는데, 그는 초기의 국재화 이론을 제안한 사람이었다. 갈은 재능심리학(faculty psychology)이라는 생각을 믿었는데, 이 용어는 지금 여러분의 강사가 미쳤거나 아니거나 하는 이유와는 아무런 관련이 없다!* 재능심리학은 읽기나 계산하기와 같은 여러 가지 심적 능력은 뇌의 여러 다른 부분에서 수행되는 자율적인 기능들이며 서로 독립적이라는 이론이다(Fodor, 1983). 갈은 뇌에서 서로 다른 각 위치가 부모의 사랑, 경쟁심, 탐욕, 은밀성 등의 재능과 연관되어 있다고 믿었다. 나중에 갈의 제자였던 요한 스푸르자임(Johan Supuzheim)은 갈의 가르침을 따라 골상학(phrenology)이라는 연구를 발전시켰는데, 이는 심리적인 강점이나 약점은 뇌에서 서로 다른 부위가 얼마나 큰지 그 상대적 크기와 정확하게 상관되어 있다는 것으로, 요즈음에 와서는 불명예로운 평판을 받는 생각이 되었다.

골상학의 주요 문제점은 뇌의 서로 다른 부분이 각기 다른 기능을 한다는 가정이 아니라 다음과 같은 두 가지 부가적인 가정이었다. (1) 뇌에서 어떤 한 부분 크기가 그 기능이 얼마

---

* 역주 : 영어로 'faculty'라는 용어가 대학의 교수진을 의미하는 뜻이 있어서 하는 농담으로 보인다.

나 더 충실한지 상대적 힘에 상응한다. (2) 서로 다른 재능은 절대적으로 독립적이다. 우리는 이제 서로 다른 심적 활동들(예 : 지각 또는 주의)이 각기 완전히 구분되고 독립적인 것이 아니라 상당히 많은 방식으로 서로 상호작용하고 있다는 사실을 알고 있다. 따라서 뇌에서 튀어 나온 부분이나 모양이 서로 다르다고 해서 그 개인이 인지적으로나 사회적으로 어떻게 기능할 것인지를 결정하는 것은 아니며 예측도 하지 못한다.

실어증 연구와 다른 지도화 기법

뇌에서 기능을 국재화하는 현대적인 접근법은 폴 브로카(Paul Broca, 1824~1880)로 거슬러 올라가는데, 그는 1860년대 초반에 좌반구 이마엽(그림 2.3에 보이는 후측 아래 부위)의 특정 부분에 상해를 입고 특정 종류의 실어증, 곧 표현 언어의 파괴를 보이는 환자를 받고 이에 대한 발견을 발표하였다(Springer & Deutsch, 1998). 이 뇌 부위는 이후 브로카 영역이라 알려지게 되었다. 이 영역에 손상을 입으면 브로카의 비유창 실어증이라는 특정 종류의 실어증을 겪게 되는데, 환자는 많은 단어를 산출할 수 없으며 유창한 말을 할 수가 없다.

브로카의 발견 10년쯤 후 칼 베르니케(Carl Wernicke, 1848~1904)는 뇌에서 두 번째의 '언어 중추'를 발견하였다고 발표하였는데, 이 영역은 언어 이해(언어 산출과 대비되는 말)를 통제하는 것으로 생각되었다. 이 부위는 베르니케 영역이라 알려졌는데, 관자엽의 위뒤쪽 부위에 위치하고 있으며, 대개는 좌반구에 위치한다(그림 2.3 참조). 소위 베르니케 실어증이라고 하는데(또는 유창한 실어증) 높이와 리듬에서 유창한 흐름으로 말을 할 수 있는 것으로 보인다. 하지만 말은 아무런 의미가 없으며 중얼중얼거리는 말(gibberish)이 들어 있다. 더군다나 이러한 환자들이 말을 이해하기 위해서는 어떤 능력이 있어야 하는지를 보여준다(Pritchard & Alloway, 1999).

뇌의 특정 부위와 특정한 운동 통제나 감각 수용 사이를 연결하는 신경심리학자들의 연구가 시작되었다. 동물을 대상으로 수행된 연구들이나 간질과 같은 문제해결을 위해 시도되었던 신경외과적 절차의 한 부분으로 행해진 연구들로 과학자들은 그림 2.3에 보이는 운동겉질이라 알려진 이마엽의 부위를 '지도로 그려내기' 시작하였다.

이에 덧붙여 신경심리학자들은 뇌에서 두 번째의 영역을 그려 내었는데, 이는 운동겉질의 바로 뒤 마루엽에 위치하는 일차 몸감각겉질(primary somatosensory cortex)이었다(그림 2.3 참조). 운동겉질과 마찬가지로 일차적 몸감각겉질은 각 부위가 신체의 특정 부위에서 오는 정보를 수용하는 방식으로 조직되어 있다. 또한 신체의 특정 부위에 봉사하는 '뇌의 실제 영역'의 전체 양의 비율은 신체 부위의 크기에 따르지 않는다. 손가락이나 입술과 같이 좀 더 민감한 신체 부위는 겉질에서 그에 봉사하는 영역이 더 크다.

이렇게 이야기하다 보면 여러분은 뇌의 모든 부분이 어떤 특정한 감각, 행동, 관념, 사고, 기억 또는 인지과정에 지도로 표시될 수 있다고 생각하게 될 것이다. 그러나 이러한 생각은 틀렸다. 운동과 감각 수용은 그림 2.3에 묘사된 방식으로 지도화될 수 있지만, 사고하기나 기억하기 같은 대부분의 소위 상위 인지과정은 지도화되지 않는다.

신경과학자들은 대부분 상위 인지과정은 어떤 한 부위에 국재화되기에는 너무 복잡하고 상호 연결이 너무 많다는 원칙에 동의한다(Pritchard & Alloway, 1999). 이러한 견해는 칼 래슐리(Karl Lashley, 1890~1958)의 연구에서 지지되는데, 그는 뇌조직 절제(ablation)(뇌의 일부분을 덜어냄)의 효과를 쥐의 미로 달리기 능력에서 측정한 몇 가지 이정표적인 연구를 수행하였다. 래슐리(1929)는 미로 달리기에서의 손상은 절제된 겉질의 전체 양에 따르는 것이지 어떤 부분이 제거되었는지와 관련된 것은 아니라고 보고하였다.

이렇게 이미 복잡한 그림을 더 난해하게 만드는 것은 뇌의 가소성(plasticity)에 대한 개념이다(Black, 2004). 뇌 부위 중에는 손상된 영역의 기능을 '떠맡기' 할 수 있도록 적응할 수 있는 부분이 있는데, 이는 상해와 이에 관여된 기능에 따라 다르다. 일반적으로 환자가 어릴수록 상해가 덜 확장되고, 새로운 기능을 익힐 기회가 더 많다.

기능의 편재화

폴 브로카가 환자들에게서 찾아 보고한 '언어 중추'는 기능의 국재화에 대한 주장 이상의 의미가 있다. 브로카와 많은 신경심리학자들은 그 이후로 2개의 대뇌반구가 언어 같은 특정 인지 기능에 관한 한 서로 다른 역할을 하는 것으로 보인다는 사실을 보여줄 수 있었다. 우리는 이 현상을 편재화(lateralization)라 부른다.

사람들은 대부분(95% 정도) 좌반구가 언어에 전문화되어 있다. 이들에게는 좌반구 크기가 더 큰 경향이 있으며, 특히 언어가 국재화된 영역들이 더 그렇다(Springer & Deutsch, 1998). 우리는 이들을 언어에서 좌반구 우세를 보인다고 말한다. 소수의 사람들은 이러한 전문화를 보이지 않아, 언어 기능이 두 반구에 공유되어 있거나(이들은 양반구화된 사람들이라 함), 더 적은 수의 사람들에게는 우반구에 언어 중추가 있는 경우도 있다.

좌반구가 언어에 우세하다면 우반구가 하는 역할은 무엇인가? 구조적으로 우반구는 마루엽과 관자엽 영역이 더 넓으며, 따라서 시각적이고 청각적인 정보를 더 잘 통합할 수 있으며, 좌반구보다 우반구에서 공간 정보처리가 더 잘 일어난다고 보인다. 우반구는 기하학적 문제, 친숙한 공간에서의 항해, 그리고 음악적인 재능에도 연관되어 있다(Springer & Deutsch, 1998).

두 반구 사이의 차이를 좌반구는 분석적인 뇌, 우반구는 종합적인 뇌라고 이름 붙이기도 한다(N. R. Carlson, 2013). 이 생각은 좌반구는 정보를 순차적으로 처리하는 데 — 하나하나씩 일어나는 사건으로 된 정보 — 특히 더 적합하다는 것이다. 만일 여러분이 문장을 처리한다고 생각해 본다면, 이는 말하거나 읽는 개별 단어들이 계열적으로 이어지는 사건들이다. 이와는 반대로 우반구는 종합적이어서 개별 요소들을 한데 엮어서 하나의 전체를 만들어 낸다. 이에 포함되는 인지과정으로는 지도 또는 다른 공간 구조 구성해 내기나 스케치 그리기, 미로 항해하기가 포함될 것이다.

언론의 흥미를 끄는 것은 두 반구 사이의 차이점에 관한 경우가 많은데, 때로는 지나치게 멀리 가서 사람을 우반구형 또는 좌반구형으로 분류하는 경우도 있다. 이러한 분류는 지나친 과잉단순화라는 점을 기억해 두어야 한다. 거의 대부분의 사람들에게는 아주 다른 기능을 하는 2개의 대뇌반구가 정보를 처리하고 인지 기능을 수행하기 위해 끊임없이 상호작용하고 있다. 정상적인 사람이 일상적인 과제를 할 때 단지 한 반구만 활성화되는 경우가 생길 가능성은 아주 드물다. 게다가 두 반구는 뇌들보(corpus callosum)(그림 2.1 참조)라고 알려진 커다란 신경 구조로 연결되어 있으며, 이 구조는 한 반구에서 다른 반구로 정보를 아주 신속하게 보낸다.[이보다 작은 뇌 구조로 앞맞교차(anterior commissure)라 알려진 부분 역시 두 반구를 연결한다. 이는 그림 2.3에 묘사되어 있지 않다.]

분리 뇌 환자에 대한 연구

뇌들보에서 한 반구의 정보를 다른 반구로 보내지 못하는 경우 어떤 일이 생길까? 과학자들은 이러한 가설적인 질문에 대해 답을 할 수 있음이 드러났다. 1950년대 후반에 시작하여, 연구자들과 신경학자들은 한쪽 반구에서 시작한 발작이 한쪽 반구에서 시작하여 다른쪽 반구로 퍼져 나가는데, 때로는 하루에도 몇 번이나 이런 현상이 생기는, 심각하고 고치기 어려운 뇌전증(간질)을 치료하기 위한 방법을 찾고 있었다(N. R. Carlson, 2013). 외과의사들은 뇌전증 확산을 정지시키려는 노력으로 이러한 환자들에게서 뇌들보를 절단하는 극적인 방식을 취하였다. 신경심리학자(Roger Sperry, Michael Gazzaniga)와 동료들은 이들 환자를 연구하여 절단된 뇌들보가 어떤 영향을 미치는지 살펴보았다(Gazzaniga & Sperry, 1967).

여러분이 그림 2.1을 주의 깊게 살펴보면서 뇌들보 크기에 초점을 맞춘다면, 여러분은 뇌들보를 절단하는 것이 극적인 효과를 가져올 수 있을 것이라고 예상할 것이다. 하지만 바로 그 반대가 사실이다. Gazzaniga와 Sperry(1967)가 말했듯이 "반구 간 통합을 파괴하여도 일상적인 행동, 기분, 또는 지능에 대한 손상은 놀랄 정도로 적다."(p. 131) 사실상 소위 분리 뇌 환자(split-brained patients)와 뇌들보가 온전한 우리 같은 사람 사이의 인지에서의 차이는 찾아볼 수 없었기에 연구자들은 차이를 알아낼 수 있는 특별한 과제를 고안해 냈다.

이 과제 중에 한 가지가 그림 2.4에 묘사되어 있는데, 환자는 커튼을 통해서 친숙한 물건에 손을 뻗어 잡는 과제인데, 이 경우에는 선글라스였다. 이전에 동물과 인간을 대상으로 했던 연구들에서 신체의 한쪽에서 받은 감각 정보가 반대쪽 반구에 투사된다는 사실이 이미 알려져 있었다(B. Garrett, 2011). 따라서 그림 2.4에서 환자는 왼손으로 선글라스를 집어들어 이 정보를 그의 우반구에 투사한다. 하지만 대부분의 (특히 오른손잡이) 사람들에게는 언어 중추가 좌반구에 위치한다. 따라서 환자는 자기가 잡고 있는 물건이 무엇인지 묘사하지 못하는데 친숙한 여러 물건 중에서 선글라스를 '집어 보라'고 하면 아무런 문제 없이 왼손으로 집을 수 있으면서도 묘사는 못한다. 이후 실험에서는 특정 장비(순간노출기)를 사용하여 정보가(아주 순간적으로) 환자의 우반구나 좌반구에 투사되도록 만들 수 있었다. Gazzaniga와 Sperry(1967)는 이 실험의 결론을 다음과 같이 서술하였다.

그림 2.4 뇌들보가 절단된 환자가 촉감으로 물건을 확인한다.

시각에서 촉각 또는 이와 거꾸로 가는 양식들 사이의 통합이 요구되는 과제들에서 동일한 종류의 결과가 나왔다. 연필, 징, 칼, 양말, 빗 등 같은 표본 단어가 왼쪽 시야에 제시되면, 오른손이 아니라 왼손이 시야에서 가려진 물건들의 배열 중에서 묘사된 것과 맞는 물건을 촉감으로 제대로 찾는 데 사용될 수 있다. 이런 경우에는 자극과 맞는 답이 우반구에만 제시되는데, 피험자는 주어진 자극과 반응 선택에 대해서 전혀 의식하지 못하고 있다. 손으로 제대로 집는 올바른 반응을 한 후에, 그들은 대개 선택한 물건을 무관한 항목의 이름으로 말하는데, 이는 분명히 완전 추측에 의한 것으로 보인다.(pp. 139-140)

분명한 것은 분리 뇌 환자들에게서 나온 결과가 복잡하고 답할 수 있는 것보다 훨씬 더 많은 질문을 불러일으켰다는 사실이다. 이제 가장 중요한 점은 2개의 반구가 인지과정, 특히 언어와 관련된 것 같은 과정에서 아주 다른 역할을 하고 있는 것 같다는 점을 우리가 인식하게 되었다는 사실이다.

뇌영상기법

브로카 시절에 신경학자들은 환자의 뇌에서 보이는 구조적 특징을 제대로 연구하기 위해서 환자가 죽기를 기다려야만 하였다. 20세기 초에 환자들에게 뇌 수술을―대부분은 종양을 절제하기 위한 것이거나 간질 발작의 확산을 정지하기 위한―시행하면서 더 많은 정보를 얻을 수 있었다. 인간에게는 다행이지만 과학에는 불행한 점은 건강한 사람에게 뇌 수술을 시행하는 것은 제외된다는 윤리적 고려가 '정상적'인 뇌가 어떻게 기능하는가에 대한 이해에는 제약을 가했다는 것이다.

하지만 지난 50년 동안 기술이 진보하여 신경과학자들과 신경심리학자들은 비침습적인 방식으로 기능하고 있는 정상적인 뇌를 검토할 수 있게 되었다. 우리는 모두 합쳐서 뇌영상기법이라 알려진 이러한 방법들을 간단히 개관해 볼 것이다.

컴퓨터단층촬영(CT)

이러한 연구방법들 중에 일부는 신경해부학, 즉 뇌의 구조에 관한 정보를 우리에게 제공해 준다. 뇌영상기법 중에 가장 초기에 나온 것으로 1970년에 개발된 것은 컴퓨터단층촬영(computerized axial tomography), X-선 CT 또는 CAT 촬영이라고 하는 고도로 초점이 맞추어진 X-선 빛 줄기가 여러 각도에서 신체를 통과하는 기법이다. 신체 기관(뇌를 포함하는)의 밀도가 X-선이 휘어지는 각도를 각기 다르게 하므로 각 기관을 시각화할 수 있게 한다. 사진 2.2는 CAT 촬영을 받고 있는 사람을 보여준다.

대개는 한 사람의 뇌를 CAT 촬영하면 9개에서 12개의 서로 다른 '편(slices)'이 나오는데, 이들 각 편은 서로 다른 깊이에서 촬영된 것이다. CAT 촬영은 밀도가 다른 구조는 서로 다르게 보인다는 사실에 의거한다. 이를테면 뼈는 피보다 밀도가 더 높으며, 피는 뇌 조직보다 밀도가 높고, 뇌 조직은 뇌척수액보다 밀도가 높다(Banich, 2004). 최근 생긴 뇌출혈은 혈액의 존재로, 오래된 뇌손상은 뇌척수액 영역으로 대부분 찾을 수 있다. 따라서 임상가나 연구자는 CAT 영상으로 뇌손상 영역을 잡아내고 상해가 얼마나 오래된 것인지 추측할 수 있다.

자기공명영상(MRI)

신경심리학에서 아주 중요한 진단 도구이기는 하지만, CAT 영상은 더 새로운 뇌영상기법인 자기공명영상(magnetic resonance imaging), 또는 MRI에 비해 사용빈도가 낮다. CAT 영상과 마찬가지로 MRI는

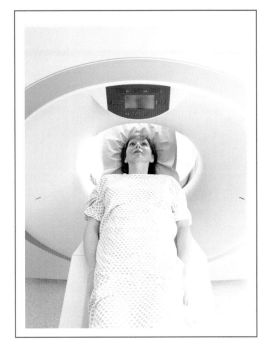

사진 2.2 CAT(또는 CT) 촬영을 하고 있는 사람

신경해부학에 관해 정보를 제공해 준다. 그러나 CAT 영상과는 달리 MRI에서는 방사선에 대한 노출을 요구하지 않으면서도 더 깨끗한 영상을 제공해 준다(사진 2.3 참조).

MRI 촬영을 받는 사람들은 아주 강력한 자기장으로 둘러싸는 터널 같은 구조 안에 들어가 눕는다. 자기파는 머리를 향하고(또는 어떤 신체 구조가 촬영되든지 간에), 그 신체구조에 있는 수소원자를 예측 가능한 방식으로 스스로 정렬시킨다. 컴퓨터가 이 수소원자들이 정렬된 방식에 관한 정보를 수집하여 3차원 영상을 만들어 내고 여기서 원하는 단면을 더 깊이 검토할 수 있게 해준다.

MRI 영상은 선택적 기법인데, 왜냐하면 이 영상들은 이제 뇌의 가장 깨끗한 이미지를 만들어 낼 수 있기 때문이다. 하지만 모든 사람이 다 MRI 촬영을 할 수 있는 것은 아니다. MRI 촬영에서 생성되는 자기장은 전기장에 간섭을 일으키므로 심박기를 착용한 사람들은 MRI 촬영을 할 수 없다(심박기는 전기 신호를 생성함). 또 혈관에 외과용 클립이 있거나 안구에 금속성 부스러기가 있는 사람 같이 신체에 금속성을 지닌 이들도 촬영을 할 수 없다. 자기장이 신체에서 그 금속의 위치를 이탈시켜 외상을 입힐 수 있기 때문이다. (치과 충전재와 같이 단단한 표면에 입힌 금속성 보조장치는 문제가 안 된다.) MRI는 사람들이 터널 같은 기계 안에 가만히 누워 있기를 요구하고 팔을 움직일 공간도 아주 제한되어 있기 때문에 폐쇄공포증이 있는 사람은 이 기법에 좋은 대상자가 못 된다.

이미 언급하였듯이 이 두 가지 기법은 뇌 구조에 관한 그림을 제공해 주었으며, 연구자들은 이런 사진을 사용하여 손상되었거나 이상이 있는 부위를 짚어 낼 수 있게 되었다. 하

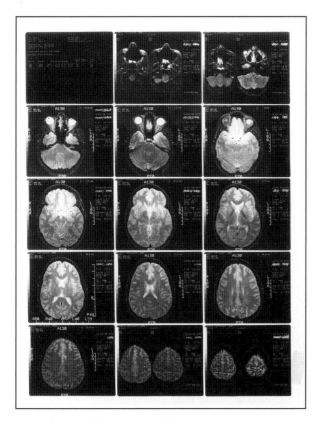

사진 2.3 MRI 촬영 사진. 뇌 전체를 통하여 서로 다른 편 영상이 다르게 보인다.

지만 이러한 영상은 뇌의 부위를 비교적 정적인 상태로 제공하고 뇌의 기능에 관해 제공해 주는 정보(즉, 서로 다른 과제를 수행할 때 뇌의 어떤 영역이 활성화되는지)가 그리 많지 않다. 이러한 질문에 답하기 위해서는 또 다른 뇌영상기법이 요구된다. 최근 기술의 발전으로 이러한 기법이 개발되었다는 사실이 다행스럽다.

양전자방출단층촬영(PET)

1970년대까지 거슬러 올라가는 또 하나의 기능적 뇌영상 기법은 양전자방출단층촬영(positron emission tomography) 또는 PET라 부르는 것이다. 이 기법은 방사선 연대 복합체(탄소, 질소, 산소, 불소의 방사성 동위원소로 감마선을 신속하게 방출하여 머리의 바깥 부분에 있는 장치로 탐지할 수 있음)를 주사하는 과정을 포함한다. PET 촬영은 뇌의 여러 부위에서 혈류를 측정하여 특정 시간에 어떤 영역이 가장 활성화되어 있는지를 보여주는 뇌의 사진을 전자적으로 재구성하는 것이다(Posner & Raichle, 1994). PET의 변형 절차에는 혈류 대신에 국지적인 신진대사의 변화량을 측정하는 방법이 있는데, 이럴 때는 포도당과 구조적으로 비슷한 방사성 동위원소인 탈산화불소를 주사한다.

PET 촬영은 뇌의 한 영역이 활성화되면 혈류가 더 많이 생기고, 활성화된 영역의 세포들이 뇌 혈관으로부터 더 많은 포도당을 사용한다는 사실에 기반한다(Frith & Friston, 1997; Kung, 1993). PET를 시행받는 사람은 머리 위에 커다란 반지 모양의 사진판이 있는 자리에 앉는다. 방사선 동위원소 추적자, 대개는 $^{15}O_2$ (전자 하나가 제거된 산소)가 물의 형태로 혈관에 주사된다(곧, $H_2^{15}O$). 30초 이내에 이 추적자가 뇌에 도달한다. ^{15}O 추적자는 뇌 영역에 흘러가는 혈류의 양에 따른 비율로 뇌에 축적된다(Banich, 2004). 방사성 추적자가 반감기에 이르러 쇠퇴하기 전 대충 2분 이내에 몇 개의 영상이 촬영되고, 이 영상이 그 부위에 흘러드는 혈류의 양을 보여준다(Frith & Friston, 1997).

대뇌의 혈류를 측정하는 또 다른 기법으로 컴퓨터 단일광자 방출촬영(single-photon emission computed tomography), 간략하게 SPECT라고 알려진 기법이 있다. 이 촬영법의 기본 기법은 PET 촬영과 비슷하지만, PET 촬영에서와 같은 값비싼 장비를 요구하지는 않는다. 따라서 때로 이를 '가난한 이의 PET'라고 부르기도 한다(Zillmer & Spiers, 2001).

CAT 촬영과 마찬가지로 PET와 SPECT는 방사선을 사용한다. 또한 PET 촬영은 일정 시간에 걸친 활동량을 평균한 값으로, 대략 1분에서 30분까지 (추적자 ^{15}O 때문에) 시간이 걸리므로 뇌 활동의 어떤 시간 과정에서 일어난 값인지 정확하게 말하기 어렵다. PET 촬영은 또한 아주 비싼 장비를 요구하므로 광범하게 사용될 수가 없다.

기능적 자기공명영상(fMRI)

새로운 기법이 이 모든 곤란에서 벗어나게 하였다. 기능적 자기공명영상(functional magnetic resonance imaging) 또는 fMRI는 피(혈액)에 자기적 속성이 있다는 사실에 의한다. 피가 심장에서 운반될 때 자기적 속성은 최대치다. 이후 모세혈관을 따라 흐르면서 혈액의 자기 속성은 줄어든다. 활성화되는 뇌 부위들은 산화된 피와 탈산화된 피의 비율에서 변화를 보인다(Banich, 2004). fMRI 촬영은 이미 있던 MRI 장비를 사용하지만 임상가나 연구자들에게는 비침습적이고, 방사선을 사용하지 않고 뇌의 여러 영역에서 혈류의 흐름에 접근할 수 있는 방법을 제공해 준다. 그림 2.5가 fMRI 영상 중 한 예이다.

뇌가 기능하는 방식을 연구할 수 있게 하는 이들 기법은 인지심리학에서 해온 질문들과 새로운 연결을 가능하게 하며, 또 새로운 질문을 제기하기도 한다. 이러한 기법들을 사용할 수 있기 전에는 인지 이론은 여러 가지 인지과정을 이해하게 하는 생물학적 기제들에 대해서는 고려하지 않았다. 이제 인지신경과학자들은 새로운 가정에 근거한 연구들에 근거한 발견들을 제공해 줄 수 있게 되었다. "뇌에서의 물리적 활동과 기능적 상태 사이를 지도화하는 일은 다음과 같은 것이다. 두 가지 실험 조건이 신경 활동의 서로 다른 패턴과 연합되어 있을 때, 이들은 서로 다른 인지 기능에 종사하고 있다고 가정할 수 있다."(Rugg, 1997, p. 5) 한 예로 275개의 PET와 fMRI 연구들을 개관한 연구에서(Cabeza & Nyberg, 2000)는 주의, 지각, 심상, 언어, 기억 같은 여러 인지과정들에서 활성화되는 영역들이 각기 서로 다른 부분들임을 보여주었다.

다른 뇌기록법

또 다른 '뇌에 대한 창문'은 전기적 기록법에서 얻을 수 있다. 여러분은 아마 뇌에서(또는 뇌가 아니더라도 다른 기관에서도) 뉴런이 발화할 때 뉴런이 전기적으로 활동하고 있음을 이미 알고 있을 것이다. 동물 연

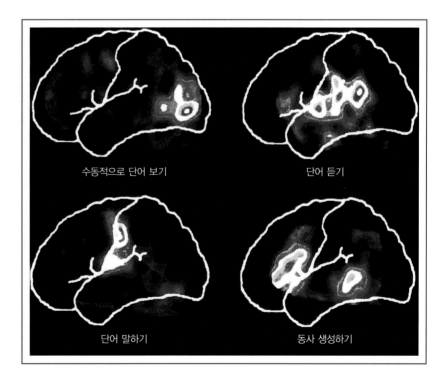

수동적으로 단어 보기

단어 듣기

단어 말하기

동사 생성하기

그림 2.5 fMRI 촬영 사진의 한 예. 가장 밝게 보이는 영역이 신진대사 활동이 가장 활발한 곳이다.

구에서는 이러한 개별 세포가 발화하는 시점과 방식을 탐지하기 위해 전기침을 사용하였다. 이러한 연구를 인간을 대상으로 할 수는 없다. 대신에 많은 수의 뉴런에서 생성되는 전기 활동의 총합으로 정보를 얻을 수 있다(Banich, 2004).

뇌전도(EEG)

뇌전도(electroencephalography, EEG)는 의식의 여러 상태를 탐지하는 데 사용된다. 금속성 전극을 두피의 전 영역에 위치시킨다. 파장 형태를 보면 기록을 받고 있는 사람이 깨어 있어 각성되어 있는지, 졸고 있는지, 잠들었는지 또는 혼수상태인지에 대한 변화를 예측 가능한 방식으로 알 수 있다. EEG는 임상가나 연구자들에게 뇌 활동의 연속적 측정치를 제공해 준다(Banich, 1997). 새로운 기법인 뇌자도(magnetoencephalography), 또는 MEG는 뉴런의 전기 활동으로 생겨난 자기장에서의 변화를 측정한다. 이는 EEG의 '자기장 판'이다(Springer & Deutsch, 1998). MEG는 EEG에 비해 더 정확한 위치의 뇌 부위를 표시해 준다.

사건관련전위(ERP)

사건관련전위(event-related potential), 또는 ERP라 하는 또 다른 전기기록 기법은 특정 사건에 대한 뇌의 반응 영역을 측정한다. ERP 연구의 참가자들은 두피에 전극을 부착하고 시각 자극이나 소리 같은 여러 외부 자극을 제시받는다. 뇌 활동의 기록은 자극이 제시되기 이전부터 그 이후 일정 시간까지 측정된다. 기록되는 뇌파에는 예측 가능한 부분 또는 구성요소가 있다. 곧 참가자가 자극이 나타날 것이라 예상을 하는지 여부에 따라, 또는 자극이 나타나는 장소에 주의를 기울이는지 아닌지에 따라, 그리고 자극이 최근에 제시되었던 다른 자극과 물리적으로 같은지 다른지에 따라 달라진다.

경두개자기자극(TMS)

뇌의 활동 영역을 연구하는 새로운 비침습적 기법으로 경두개자기자극(transcranial magnetic stimulation), 또는 TMS라 일컬어지는 기법이 있다. 간략히 요약한다면 연구자는 환자에게 표적 영역(예 : 일차운동겉질) 위의 두피 가까이에 자기 고리를 설치한다. TMS의 진동 비율에 따라서 그 뇌 영역이 흥분되어 있거나 억제되어 있음을 알 수 있다. 이 기법으로 연구자들은 특정 뇌 회로의 활동을 측정할 수 있게 되었다(B. Garrett, 2011).

뇌영상과 기록 기법에는 앞글자를 딴 약어가 정말 무척 많다! 초보자로서는 이 용어들을 모두 제대로 따라가기도 힘들지 않겠는가? 약어들을 기억하는 방법 중에 하나는 제공해 주는 정보의 종류에 따라 범주화해 놓는 것이다. CAT와 MRI 촬영은 신경해부학적 정보를 제공해 준다. PET, SPECT와 fMRI는 여러 인지활동을 수행할 때 혈류에 대해 역동적 정보를 제공해 준다. MEG, EEG, ERP, TMS는 모두 인지활동 중에 생기는(유도되는) 전기 활동을 측정한다. 앞으로 나올 장에서 우리는 이들 각 기법을 사용하여 여러 가지 인지활동의 신경적 기저를 탐구해 온 연구들을 살펴보게 될 것이다.

우리는 이 장에서 많은 기반을 포괄해 보려 했지만 아직 인간 뇌의 복잡성에 대해서는 겨우 조금 제시하였을 뿐이다. 관심이 있는 학생들은 신경심리학, 생리학, 또는 생물심리학 교재를 보고 여기서 소개한 주제들을 자세히 알아보면 좋을 것이다(예 : Banich, 2004; B.Garrett, 2011).

기억해야만 하는 중요한 점은 인지과정이 인간 뇌에서 이행된다는 사실이다. 연구자들 중에는 인간 마음과 컴퓨터 사이의 유추에 의거하는 이들이 있다. 이 관점에서 뇌는 '하드웨어'이며, 인지과정은 '소프트웨어'이다. 이 두 가지 측면은 기능에서 구분되기는 하지만 제대로 이해하기 위해서는 이 두 가지를 모두 잘 알고 있어야 하며, 이 두 가지의 상호작용에 대해서도 알아야 한다. 이 생각은 이제부터 나오는 다음 장들에서 계속 이어갈 것이다.

제2장

요약

1. 마름뇌에는 진화적으로 가장 기본적인 구조들이 포함되어 있으며, 척수에서 뇌로 정보를 전달하는 일을 맡고 있고, 생명 지속 기능들을 통제하고, 신체 균형 유지를 돕는다.

2. 중간뇌에는 정보를 여러 다른 뇌 부위로 전달하는 '중계소' 중추들이 많이 포함되어 있다.

3. 앞뇌에는 시상, 시상하부, 해마, 편도체, 대뇌겉질이 포함되어 있는데, 이 구조들은 기억, 언어, 계획하기, 추리하기 같은 인지과 정에 가장 직접적으로 관여한다.

4. 대뇌겉질은 네 가지 엽으로 구성되어 있다: 이마엽(운동과 계획하기에 관여), 마루엽(감각 정보의 수용과 통합에 관여), 뒤통수엽 (시각 정보처리에 관여), 관자엽(청각 정보처리와 미각과 후각 정보처리에 관여).

5. 뇌의 어떤 영역은 그에 국재화된 특정 기능을 수행하기도 하지만(예 : 운동겉질 또는 일차 몸감각겉질), 대부분의 상위 인지과정 은 한 가지 특정 신경 영역에서 수행되는 것으로 지도화되지는 않는다.

6. 실어증은 언어장애인데, 뇌의 두 영역에서의 손상으로 인한 것이며, 이는 브로카 영역과 베르니케 영역이지만, 다른 뇌 영역도 언어에 관여하고 있다.

7. 뇌반구는 대부분의 사람들에게는 편재화되어 있는 것으로 보이는데, 좌반구는 주로 분석적인 정보를 처리하고 우반구는 정보를 통합한다. 하지만 정상적으로는 두 반구는 엄청나게 소통을 많이 하고 있다.

8. 최근 기술로 이루어진 기법들이 인지처리를 하고 있는 동안의 뇌의 기능을 측정할 수 있을 정도로 발전되어 왔다. 이 중에 주요 한 기법들에는 CAT와 MRI, PET 촬영이 있고, fMRI, EEG 기록, ERP 기록, TMS가 있다.

복습 문제

1. 지각, 주의, 기억, 언어, 그리고 문제해결에 가장 많이 관련 되어 있는 뇌 영역들은 어떤 곳인지 예측해 보라. 왜 그렇 게 생각하는지 이유를 제시하라.

2. 대뇌겉질의 네 엽이 하는 기능에 대해 서술하라.

3. 현대적인 뇌 기능의 국재화가 골상학과 다른 점을 설명하라.

4. 뇌반구가 편재화되어 있다는 말은 무슨 뜻인가? 편재화의 전형적인 형태는 어떠한가?

5. 여러 뇌영상기법들과 뇌기록기법들을 비교하고 대조하라.

핵심 용어

가소성(plasticity)
경두개자기자극(transcranial magnetic
    stimulation, TMS)
골상학(phrenology)
관자엽(temporal lobe)
기능적 자기공명영상(functional MRI,
    fMRI)
뇌들보(corpus callosum)
뇌자도(magnetoencephalography,
    MEG)
뇌전도(electroencephalograhy, EEG)
다리뇌(pons)
대뇌겉질(cerebral cortex)
뒤통수엽(occipital lobe)
마루엽(parietal lobe)

마름뇌(hindbrain)
분리 뇌 환자(split-brain patient)
사건관련전위(event-related potential,
    ERP)
소뇌(cerebellum)
숨뇌(medulla)
시상(thalamus)
시상하부(hypothalamus)
실행기능(executive functioning)
앞뇌(forebrain)
앞운동겉질(premoter cortex)
양전자방출단층촬영(positron emission
    tomography, PET)
운동겉질(motor cortex)
이마앞엽(prefrontal cortex)

이마엽(frontal lobe)
일차 몸감각겉질(primary
    somatosensory cortex)
자기공명영상(magnetic resonance
    imaging, MRI)
재능심리학(faculty psychology)
절제(ablation)
중간뇌(midbrain)
컴퓨터단층촬영(computerized axial
    tomography, CAT)
편도체(amygdala)
편재화(lateralization)
해마(hippocampus)

학습 사이트

부가적인 학습 도구와 관련해서는 www.sagepub.com/galotticp5e의 학습 사이트(Student Study Site)를 방문하라.

3

지각
흔적을 만들고 사용하기

지금 당장 방을 둘러보면서 눈에 보이는 것들에 주목해 보자. 만약 창 밖을 본다면 나무나 숲, 자전거나 자동차, 어쩌면 길을 가는 사람이나 놀고 있는 아이들을 보게 될지 모른다. 인지적인 측면에서 보면 지금 막 여러분이 한 일은 놀라울 만한 성취이다. 여러분은 지각(perception)이라는 과정을 통해 감각 정보를 받아 그것을 의미 있게 해석한 것이다. 다시 말해서 당신이 있는 곳의 형태, 물체, 사람 그리고 사건들을 지각한 것이다. 아마 여러분은 매일 일상적으로 이러한 일을 해왔기 때문에 그것이 대단한 성과라고 생각하지 않을지도 모른다. 그러나 인공지능 시스템을 개발하려고 하는 컴퓨터 과학자들은 지각 과정이 얼마나 복잡한 것인지를 잘 알고 있다. 신경과학자들은 대뇌겉질의 약 절반 정도가 시각 정보처리를 위해 사용되고 있는 것으로 본다(Tarr, 2000).

지각의 핵심 문제는 어떻게 우리가 감각 입력 정보에 의미를 부여하는지에 대해 설명하는 것이다. 앞의 예에서 여러분은 엄청나게 많은 양의 감각 정보를 받아 어떤 식으로든 해석을 하였다. 여러분은 어떤 물체는 나무로, 어떤 것은 사람으로, 또는 기타 다른 것들로 '보았다'. 여러분은 물체를 인식한 것인데, 이는 그 물체들을 이전에 봐서 알고 있는 것들과 같은 범주에 속하는 것으로 알아본다는 것을 의미한다. 인지심리학자들은 우리가 이러한 성취를 어떻게 그렇게 빨리, 그리고 실수 없이 해내는가라는 문제를 푸는 데 관심이 있다.

지각 연구의 주제는 매우 광범위한데 크게 시각, 청각, 후각, 촉각, 미각이라는 하위 주제로 나눌 수 있다. 여기서는 논의의 효율을 위해 지각심리학에서 가장 많이 연구하는 분야인 시각과 청각을 집중적으로 다룰 것이다. 그렇지만 때때로 어떤 것들을 설명하는 데 도움이 된다면 다른 종류의 지각 예들도 보게 될 것이다.

어떤 물체를 볼 때 그것의 위치, 모양, 결, 크기, 그리고 (이미 알고 있는 물체라면) 이름 등 그 물체에 대한 특정한 정보를 얻게 된다는 사실을 유념하라. 제임스 깁슨(James Gibson, 1979)의 전통을 따르는 심리학자들은 그 물체의 기능에 대한 정보도 즉각적으로 얻는다고 주장할 것이다. 인지심리학자들은 사람들이 어떻게 그러한 정보를 얻으며, 그다음에는 그 정보를 어떻게 처리하는지를 기술하기 위해 노력한다.

이와 관련하여 제기될 수 있는 질문들이 몇 가지 더 있다. 우리가 지각 과정을 통해 얻는 정보 중에서 얼마나 많은 것들이 과거의 학습에 의존하는가? 우리의 지각 중에서 얼마나 많은 것이 직접적으로 받아들여진 것이며 얼마나 많은 것들이 추론에 의한 것인가? 어떤 특정한 인지과정이 물체들(사건, 상태 등)을 지각할 수 있게 해주는가? 시각, 청각, 후각 등 특정 감각 모듈에서 정보를 받아들이는 최초 과정을 감각이라고 할 때 감각과 지각을 구분하는 선은 어디에 그어야 하는가? 추론이나 범주화 같은 다른 종류의 인지과정과 지각을 구분하는 선은 또 어디에 그을 수 있는가? 이러한 질문에 답할 수 있도록 지각을 정의하는 것도 만만한 작업은 아니다.

여기서는 지각을 정의하기 위해 '고전적' 접근이라고 하는 것을 따르기로 한다. 그림 3.1은 시지각에 대한 이러한 접근을 보여준다. 우리 몸 밖의 실제 세계에는 이 책, 또는 앞의 예에서 나무나 숲처럼 지각되는 것들(사물과 사건)이 존재한다. 이러한 자극 각각을 원격자극(distal stimulus)이라고 한다. 살아 있는 유기체가 이러한 자극들에 대한 정보를 처리하기 위해서는 먼저 하나 이상의 감각체계(그림 3.1의 예에서는 시각체계)를 통해 정보를 받아들여야만 한다. 감각기관을 통한 정보의 수용과 등록은 근접자극(proximal stimulus)을 만든다. 앞의 예에서 빛의 파동은 나무나 자동차로부터 우리의 눈, 특별히 망막(retina)이라고 불리는 눈의 뒤쪽 표면에 반사된다. 거기서 망막 상(retinal image)이라고 불리는 나무와 자동차의 상이 형성된다. 이 상은 2차원이고 상의 크기는 물체와 눈 사이의 거리에 따라 달라진다(눈과 물체가 가까이 있을수록 상의 크기는 커진다). 또한 그 상은 상하좌우가 뒤집혀져 맺힌다.

근접자극에 대한 의미 있는 해석-그 자극을 나무, 자동차, 사람 등등으로 해석하는 것-이 지각(percept)이다. 상하가 뒤집힌 2차원 상으로부터 여러분은 빠르게, 거의 즉각적으로 당신이 인식하는 여러 물체를 '본다'. 또한 멀리 있는 것은 작아 보이므로 커다란 오크 나무가 라일락 관목들보다 여러분에게 가까이 있다는 것을 '인식'한다. 이러한 정보는 근접자극의 일부가 아니다. 이러한 정보를 알아내기 위해서는 어떤 식으로든 근접자극을 해석해야만 한다. 지각을 연구하는 연구자들이 많은 것에 대해 의견 불일치를 보이지만, 지각이 근접자극과 동일하지 않다는 것에 대해서는 동의한다. 크기 항등성(size constancy)의 간단한 예를 생각해 보자. 팔을 쭉 편 다음 손등을 보라. 이제 손 등을 그대로 보면서 천천히 당신 쪽으로 손등을 가까이 가져왔다가 다시 천천히 멀어지게 하라. 움직임에 따라 당신 손의 크기가 달라지는 것처럼 보이는가? 비록 움직임에 따라 손의 망막 상 크기는 변하지만, 아마 크기가 달라지는 것처럼 보이지는 않을 것이다. 여기서 중요한 점은 지각이란 단지 망막 상을 형

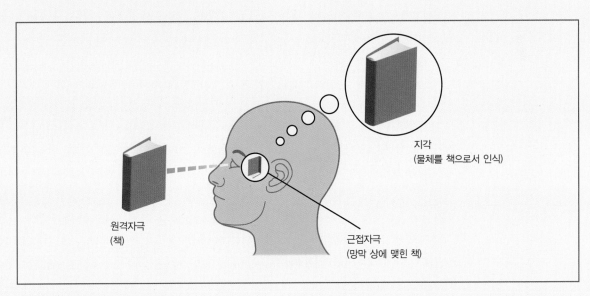

그림 3.1 원격자극, 근접자극과 지각

성하는 것 이상의 과정이 포함된다는 것이다.

형태 재인(pattern recognition)이라고 부르는 과정은 지각과 관련된다. 이는 어떤 범주의 물체나 사건 등등을 특정한 물체나 사건 등으로 인식하는 것이다. 여러분이 보고 있는 물체를 '나무'라고 부르는 사물 범주에 속하는 것으로 인식하는 것이 형태 재인의 한 예이다. 대개의 경우 지각은 범주화와 인식과정을 어느 정도 포함하고 있기 때문에 전부는 아닐지라도 대부분의 지각 예는 형태 재인과 관련된다.

지각은 전경의 물체와 배경을 구분하고(그리고 단순해 보이는 이 과정이 얼마나 복잡한지를) '분석'하는 것과 관련된다는 형태심리학파의 주장에 대해 생각하는 것으로 이 장을 시작하려고 한다. 그다음은 지각에 대한 상향처리 모형 몇 가지를 살펴볼 것이다. 그다음으로는 많은 인지심리학자들로 하여금 몇 가지 하향처리 과정이 상

향처리 과정과 상호작용해서 발생해야만 한다고 주장하게끔 만든 현상들을 검토할 것이다. 그리고 대상 지각과 관련된 몇몇 신경생리학적인 연구 발견과 단어 지각에 대한 연결주의 모형에 대해 살펴볼 것이다.

이들과 아주 다른 관점인 깁슨(1979)의 '직접 지각'에 대해서도 검토해 볼 것이다. 깁슨은 지각자가 상향이든 하향이든 능동적으로 정보를 처리하는 것이 거의 없다고 주장한다는 점에서 다른 대부분의 지각 이론들과는 차별성을 보인다. 대신에 그는 세상에는 필요한 정보들이 충분히 풍부하게 존재하기 때문에 관찰자는 그저 그 정보들을 탐지하고 수집하기만 하면 된다고 믿는다. 지각 과정 전체에 대한 예시를 보여주기 위해 시각 기능은 손상되지 않았지만 지각에는 문제를 보이는 환자들에 대한 신경심리학적 연구들을 살펴보는 것으로서 논의를 마무리할 것이다.

지각에 대한 형태주의 접근

자극이 시공간적으로 근접해서 나타나게 되면 그것들은 일관적이고 뚜렷한 패턴의 전체로서 지각적으로 집단화된다. 우리의 지각적인 세상에는 그러한 소위 형태들이 아주 많이 존재한다. 예를 들어 나뭇잎과 가지들이 나무를 만들고 나무들이 모여 숲을 이루며 눈, 귀, 코, 입이 얼굴을 형성하며 음표들이 모여 화음과 멜로디를 만들고 사진도 수없이 많은 점과 픽셀로 이루어져 있다.

전체는 그들을 이루는 부분들이 보여줄 수 없는 속성을 지니고 있다. 예를 들어 얼굴의 표정이나 누구의 얼굴인지에 대한 정체성은 어떤 특정 부분들만으로는 인식될 수 없으며 멜로디의 음조 역시 특정한 하나의 음표를 연주하는 것만으로 표현될 수 없다. 어떻게 부분들이 모여 지각적 전체로 결합되는지를 이해하는 것은 거의 100년 전의 지각 이론에서 가장 중요한 문제였다.

— Pomerantz와 Portillo, 2011, p. 1331

시지각에서 가장 중요한 측면 중의 한 가지는 물체들과 배경을 이루는 자극 배열들을 우리가 어떻게 해석하는가와 관계가 있다. 예를 들어 그림 3.2를 생각해 보자. 이 그림은 두 가지 다른 형태로 볼 수 있다: 오른쪽 아래에 두 사람이 서 있는 풍경과 검은 선들로 표현된 아기. 이처럼 전체 장면을 물체(다른 표현으로는 전경)와 배경으로 분리하는 것은 인지심리학자들이 전경-배경 조직화(figure-ground organization)라고 부르는 중요한 과정이다.

가역적 전경(reversible figure)은 지각심리학자들만 관심을 가지는 것은 아니다! 화가인 살바도르 달리는 자신의 작품 *The Slave Market With Disappearing Bust of Voltaire*(그림 3.3)에서 가역적 전경을 활용하였다.

배경으로부터 전경을 분리하는 것은 많은 후속 결과를 낳는다. 그림에서 전경으로 보

이는 부분은 뚜렷한 모양을 가지고 있고 특정한 종류의 '물체'로 보이며 배경으로 해석되는 부분보다 더 잘 기억된다. 반면 배경은 어떤 모양이나 형태 없이 공간상에서 더 멀리 있는 것처럼 보인다(Brown & Deffenbacher, 1979). 형태 지각은 우리들 대부분이 쉽고 빠르게 수행하기 때문에 당연하게 여기는 인지 과제이다. 우리는 직관적으로 물체와 배경이 실제로 존재하기 때문에 물체와 배경으로 지각하는 것이며, 우리가 하는 일은 그저 그것들을 보는 것뿐이라고 가정한다.

그러나 그림 3.4를 생각해 보자. 대부분의 사람들은 이 그림을 육각형 별모양을 형성하도록 2개의 삼각형

그림 3.2 나뭇가지들에 있는 아기를 찾아보라. 이 그림은 가역적 전경을 보여주는 현대의 재기 넘치는 삽화이다. '아기'를 볼 때는 가지들이 배경이 되지만 나무와 사람을 볼 때는 '아기'는 사라져서 배경이 된다.

그림 3.3 살바도르 달리, *The Slave Market With Disappearing Bust of Voltaire*. 중앙 왼쪽의 아치 밑에 서 있는 두 수녀는 볼테르의 흉상을 이루고 있는 것으로 전환된다. 이 그림은 가역적 전경 현상을 활용하고 있다.

그림 3.4 주관적 또는 착각적 윤곽

을 겹쳐 놓은 도형으로 본다. 맨 위 삼각형의 세 각은 파란 원 위에 놓여 있는 것으로 보인다. 이제 그림을 특히 맨 위의 삼각형을 가까이서 보자. 삼각형은 3개의 변을 가진, 닫힌 기하학적 도형이라고 정의된다는 사실을 기억하자. 그림에서 맨 위의 도형 그 자체는 변을 가지고 있지 않다는 것에 주목하라. 단지 여러분이, 관찰자가 삼각형으로 해석하는 하얀 공간이 있을 뿐이다. 여러분이, 관찰자가 3개의 변, 또는 윤곽선을 추가한 것이다.

이 현상[주관적 윤곽(illusory) 또는 착각적 윤곽(subjective contours)이라고 부르는]을 연구한 Gregory(1972)는 상대적으로 복잡한 이 그림에 대해 관찰자가 스스로는 의식조차 못한다 할지라도 해석을 단순화시키기 위해 발생하는 것으로 생각하였다. 삼각형이 다른 도형의 위에 놓여 있어서 가려진 도형의 일부가 보이지 않는 것으로 해석한다는 것이다. 여기서 중요한 것은 이러한 지각이 자극 그림에 의해 전적으로 결정되는 것이 아니라 그 과정에 지각자의 능동적인 참여가 요구된다는 점이다.

막스 베르트하이머, 쿠르트 코프카, 볼프강 쾰러 등 20세기 초의 많은 연구자들은 지각자가 어떻게 물체나 형태를 인식하게 되는지에 깊은 관심을 가졌다. 제1장에서 보았듯이 심리학에서 형태주의 학파를 형성한 이들은 사람들이 전체 물체, 개념, 단일 체들을 어떻게 파악하는지에 특히 관심이 있었다. 형태 심리학자들은 지각자가 어떤 해석을 할 때 특정한 조직화의 법칙이나 원리를 따른다고 생각하였다. 그들은 전체, 또는 형태는 단순히 그것들을 이루는 부분들의 합이 아니라고 주장하였다. 다시 말해 형태주의자들은 물체를 인식하는 것은 개별적인 특징이나 부분들을 확인함으로써 일어난다는 주장을 거부한다. 우리는 개별 물체나 단일체를 전체로서 인식한다는 것이다.

이러한 전체를 볼 수 있게 해주는 지각적 조직화의 형태주의 원리(Gestalt principles of perceptual organization)에는 어떤 것들이 있는가? 전체 목록(Koffka, 1935 참조)을 여기에 나열하기에는 너무 길기 때문에 여기서는 다섯 가지 주요 원리만 살펴보기로 한다. 첫 번째는 근접성의 원리(principle of proximity, or nearness)이다. 그림 3.5(A)를 보자. 여러분은 이 자극을 4개의 열로 이루어져 있다기보다는 4개의 행으로 이루어진 것으로 지각하는 경향이 있다는 점에 주목하라. 이는 행 안에서 각 요소가 열 안에서보다 더 가깝게 있기 때문이다. 근접성 원리에 따라서 우리는 서로 가까이 있는 것들을 집단으

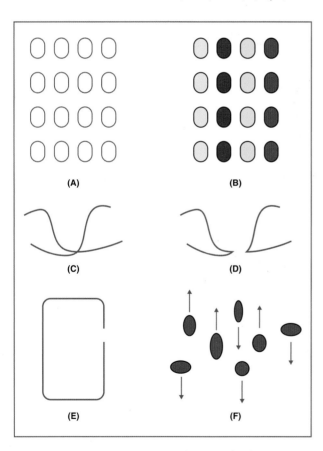

그림 3.5 지각적 조직화의 형태주의 원리: (A) 근접성의 원리, (B) 유사성의 원리, (C)와 (D) 좋은 연속의 원리, (E) 완결성의 원리, (F) 공통 운명의 원리

로 묶는다.

그림 3.5(B)는 유사성의 원리(principle of similarity)를 보여준다. 이 그림은 요소들이 (행보다는) 서로 유사한 열들로 이루어져 있는 것으로 지각된다는 사실을 주목하라.

세 번째 원리인 좋은 연속의 원리(principle of good continuation)는 그림 3.5(C)에서 볼 수 있다. 이는 물체의 윤곽선이 연속적인 직선이나 곡선을 형성하는 것으로 묶여서 지각되는 경향이 있다는 것을 뜻한다. 따라서 우리는 그림 3.5(C)를 거의 대부분 두 곡선이 겹쳐 있는 것으로 지각하지, 그림 3.5(D)처럼 논리적으로 가능한 다른 요소들로 지각하지는 않는다.

우리가 그림 3.4의 주관적 윤곽을 볼 때 네 번째 원리인 완결성의 원리(principle of closure)를 만나게 된다. 그림 3.5(E)는 이 원리를 더 정확하게 보여준다. 우리는 이 그림의 도형에 있는 빈틈을 마음속으로 채우고 완전한 닫힌 사각형으로 지각한다.

다섯 번째 원리인 공통 운명의 원리(principle of closure)는 정지된 그림에서는 표현하기가 어렵다. 이 원리는 그림 3.5(F)에 묘사된 것처럼 함께 움직이는 것들은 서로 묶여서 집단으로 지각된다는 것이다. 여러분 스스로 이 원리에 대한 더 좋은 예를 만들어 낼 수 있다(Matlin, 1988). 투명한 플라스틱 용지(보고서 겉장 같은 데 사용하는 투명지) 두 장을 준비한다. 두 장 모두에 검은 점들을 찍어 놓고 두 장을 겹쳐 놓는다. 그러면 아마 여러분은 어떤 점이 어떤 용지 위에 찍혀 있는지 알기 어려울 것이다. 그렇지만 투명 용지 중에 하나는 정지된 채 그대로 두고 다른 한 장을 움직이면 여러분은 두 집단의 점들이 구분되어 보일 것이다.

대부분의 형태주의 원리들은 더 일반적인 법칙인 간결성의 법칙(law of Prägnanz)에 적용을 받는다(Koffka, 1935). 이 법칙에 따르면 자극 그림에 대한 모든 가능한 해석 중에서 우리는 가장 단순하고 안정적인 형태나 모양을 이루는 조직화를 선택하는 경향이 있다. 따라서 복잡하고 비대칭적인 형태보다는 단순하고 대칭적인 형태가 더 쉽게 지각된다. 이 법칙은 그림 3.4에서 우리가 경험하는 주관적 윤곽을 설명하는 데 도움이 된다. '유령 삼각형'이 단순하고 대칭적인 형태이기 때문에 우리는 거기에 삼각형이 있는 것처럼 해석하는 것을 '선호'한다.

최근의 연구에서 심리학자 James Pomerantz와 Mary Portillo(2011)는 전체 형태를 만드는 것의 기저에 있는 원리들을 더 깊이 파헤치는 시도를 하였다. 그들은 지각에서 창발 특성(property of emergence)에 초점을 맞추었다. 창발 특성이란 '지각에서 부분들이 합쳐졌을 때 이상하고 예측 불가능하며 놀랍기까지 한 속성을 전체가 갖게 되는 것처럼 질적으로 다른 것들이 나타나는 것"을 말한다(p. 1331).

창발 특성의 실례를 보이기 위해 Pomerantz와 Portillo(2011)는 그림 3.6에 있는 것과 같은 특이–사분면 변별과제(odd-quadrant discrimination task)를 사용하였다. 4개의 철자를 포함하고 있는 왼쪽 맨 위 그림(기본 장면이라고 부르기로 함)을 보자. 연구 참가자의 과제는 나머지 셋과 다른 자극을 찾는 것이다. 이 경우 찾아야 하는 철자는 B이다. 같은 행의 두 번째 상자는 맥락 자극이 제시되어 있다(여기서는 철자 C). 맥락 자극은 기본 장면의 각

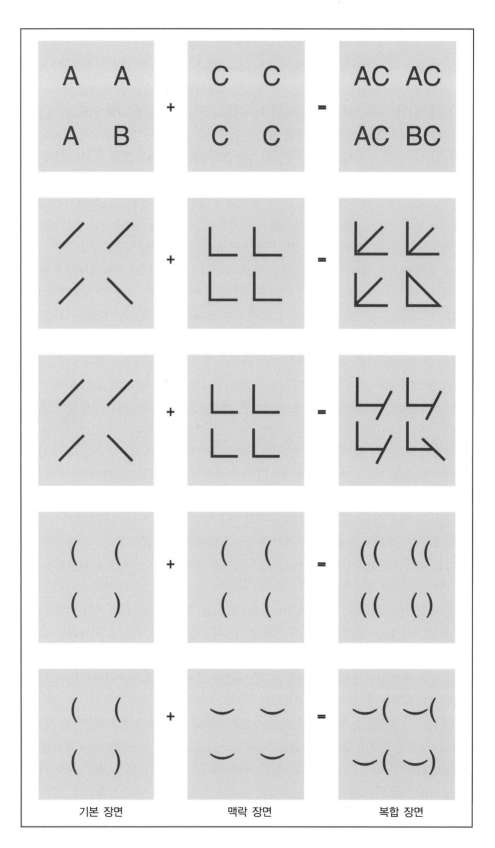

그림 3.6 특이 사분면 변별 과제. 맨 위 줄의 그림은 도식적인 특이 사분면 변별과제를 보여준다. 참가자에게는 기본 장면이나 복합 장면만 제시되고 맥락 장면은 제시되지 않는다. 철자 A, B, C는 어떤 특정한 자극 구성 요소를 대신 표현한 상징이다. 기본 자극은 동일할지라도 두 번째와 네 번째 줄의 그림에서는 형태 우월효과가 나타나는 반면, 세 번째나 다섯 번째 줄의 그림에서는 나타나지 않는다. 이는 창발 특성의 발생은 어떤 맥락이 부가되느냐에 의존함을 보여준다.

기본 장면   맥락 장면   복합 장면

자극에 부가되어 복합 장면(오른쪽 맨 위 상자)에 있는 자극을 만든다. 실험자는 참가자가 기본 장면에서 '특이' 자극(예 : 기본 장면에서의 B, 복합 장면에서의 BC)을 정확하게 찾아내는 데 걸리는 시간을 복합 장면에서 걸린 시간과 비교한다.

복합 장면에서 더 오래 걸릴 것이라는 예측을 설명해 주는 좋은 이론이 많이 존재(예 : 처리해야 할 정보가 많아질수록 주의를 분산시키는 자극도 많아짐)하긴 하지만 어떤 특정한 자극들에서는 결과가 반대로 나타난다. 즉, 기본 자극 장면에서보다 복합 자극 장면에서 특이 자극 구분의 지각이 더 빠르다. 이를 형태 우월효과(Configural Superiority Effect, CSE)라고 한다. 실제로 그림 3.6의 두 번째 그림과 네 번째 그림은 그러한 결과를 만들어 낸다. 특이 자극은 기본 장면에 있을 때보다 복합 장면에 있을 때 더 극적으로 '눈에 잘 띈다'. Pomerantz와 Portillo(2011)는 형태 우월효과가 형태심리학의 여러 집단화 원리의 강도를 측정 가능하고 비교 가능한 방식으로 보여줄 수 있다고 믿는다.

많은 시각 연구자들은 형태심리학 원리들을 근본적인 것으로 여긴다(Tarr, 2000; van den Berg, Kubovy, & Shirillo, 2011). 연구자들은 생후 3개월에서 6개월 된 신생아들도 형태심리학 원리 몇 가지를 사용한다는 것을 증명하였다(Quinn, Bhatt, Brush, Grimes, & Sharpnack, 2002). 그뿐만 아니라 기능적 자기공명영상(fMRI)을 사용하여 시각겉질에서의 활성화를 살펴본 연구들은 형태 우월효과의 지각이 형태심리학 원리들의 사용과 관련이 있음을 신경생리학적으로 보여준다(Kubilius, Wagemans, & Op de Beeck, 2011).

상향처리

지각을 연구하는 심리학자들은 상향처리(bottom-up processes)와 하향처리(top-down processes)를 구분한다. 상향(또는 자료 주도적)이라는 용어는 근본적으로 지각자가 환경에서 아주 적은 양의 정보로부터 시작하여 지각을 형성하기 위해 그것들을 다양한 방식으로 결합한다는 것을 의미한다. 지각과 형태 재인에 대한 상향 모형은 여러분이 모서리, 직각, 다른 모양들과 어떤 밝은 영역들을 보고 창밖 장면을 보고 있는 것으로 '결론' 내리기 위해 이러한 정보들을 묶는 과정을 묘사하려 할 것이다. 이는 원격자극에 있는 정보만으로 지각을 형성하는 것이다.

하향(또는 이론 주도적, 개념 주도적)처리는 지각자의 기대, 이론이나 개념이 형태 인식 과정에서 정보의 선택이나 결합을 이끈다. 창밖 장면 예에 대해 '하향' 과정을 묘사한다면 다음과 같다. 여러분은 자신이 방 안에 있다는 것을 알고 있고, 과거의 경험을 통해 다양한 나무, 관목, 사람들이 서 있는 보도가 창에서부터 얼마나 떨어져 있는지를 꽤 정확하게 알고 있다. 그쪽 방향을 볼 때 여러분은 나무, 관목 사람들이 서 있는 보도, 그리고 자동차가 다니는 길 등을 볼 것이라고 기대한다. 이러한 기대는 여러분이 어디를 보는지, 무엇을 보는지 그리고 정보들을 어떻게 결합할지를 안내한다.

이 단원에서는 상향 모형에 초점을 둘 것이다. 이 체계는 입력으로부터 시작해서 마지막 해석에 이르도록 처리하는 한 방향으로만 작동한다. 한 지점에서 무슨 일이 일어나든 나중의 처리에 의해 영향받지 않는다. 상향처리 체계에서는 조정을 위해 앞 단계로 되돌아가는 통로가 없다.

상향처리를 머릿속에 그려 보기 위해 일렬로 책상에 앉아 있는 학생들을 떠올려 보자. 줄의 맨 뒤에 앉은 학생이 종이 한 장에 단어 하나를 쓰는 과정을 시작하고 그 종이를 앞에 있는 학생에게 넘긴다. 종이를 받은 학생은 정보(다른 단어일 수도 있고 그림일 수도 있는)를 추가한 다음, 다시 앞의 학생에게 종이를 넘긴다. 이런 식으로 맨 앞에 있는 학생에게 그 종이가 도달할 때까지 계속한다. 앞에 앉은 학생은 뒤에 있는 학생에게 부가적인 정보를 얻거나 명확히 하기 위한 어떤 질문도 할 수 없다.

심리학자들이 지각의 상향처리에 대해 말할 때는 전형적으로 입력으로서의 자극('하위' 수준 처리라고 정의되는)에 대한 정보를 얻는 것을 의미한다. 상향처리는 상대적으로 기대나 이전 학습(상위 수준 처리라고 불리는)에 의한 영향을 받지 않는다. Posner와 Raichle(1994)은 상향처리 과정이 수동적으로 정보를 생각하기만 해도 발생하는 자동적이고 반사적인 처리를 포함한다고 주장하였다. 이 단원에서는 지각에 대한 상향 모형 세 가지를 살펴볼 것이다.

형판 대응

그림 3.7은 수표 한 장을 보여준다. 수표의 맨 아래에 있는 숫자들을 주목하라. 이 숫자들은 수표의 계좌에 대한 정보인 당좌계좌 번호, 수표를 발행한 은행 등을 부호화한다. 여러분에게는 이 숫자들이 웃기다고 생각될지 모른다. 그렇지만 수표를 분류해서 정확한 지불 은행을 찾아 전달하기 위해 연방준비은행에서 사용하는 수표 분류기에게는 전혀 웃기는 숫자들이 아니다. 이 기계는 숫자를 '읽고' 이전에 저장된 패턴, 즉 형판(templates)과 비교한다. 그 기계는 그림 3.8에서처럼 형판과의 비교를 통해 그 숫자가 무엇인지 '결정'한다. 만약 여러분이 연방준비은행을 방문해 본다면 이 시스템이 작동하는 것을 훨씬 인상 깊이 납득할 수 있을 것이다.

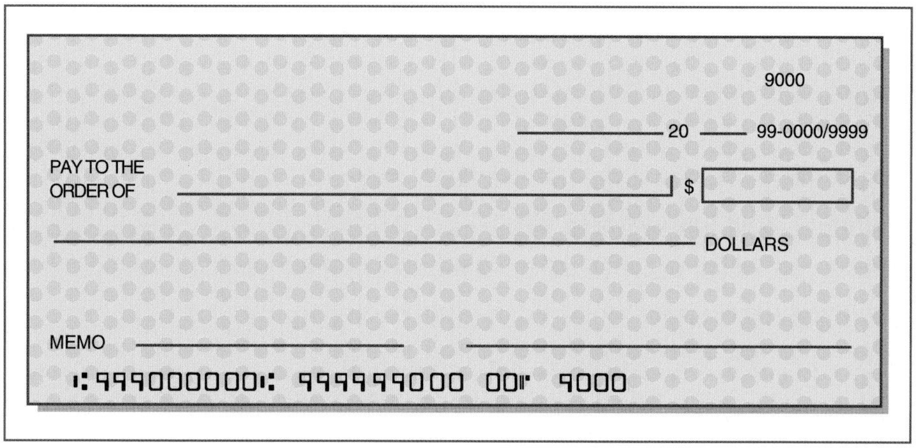

형판을 일종의 판화(아마 어릴 때 가지고 있던 미술 도구)처럼 생각할 수 있다. 판화는 여러분이 원하는 만큼 동일한 복사본을 많이 만들 수 있다는 것을 알고 있을 것이다. 형판은

그림 3.7 은행 수표 표본. 맨 아래 숫자들에 주목하라.

판화와 반대 방식으로 작동한다. 미지의 입력 패턴이 모든 형판 (판화 원판)과 비교된 다음 가장 잘 맞는 형판으로 식별된다.

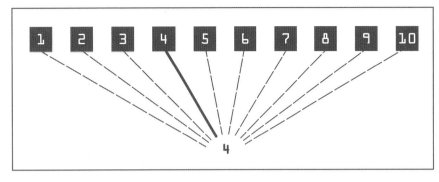

그림 3.8 형판 대응에 대한 도해. 입력 숫자 '4'가 순차적으로, 또는 동시적으로 가능한 모든 형판과 비교된다. 여기서 '4'와의 대응이 최적이다.

지각에 대한 모형으로서 형판 대응은 다음과 같은 방식으로 작동한다. 우리가 마주치고 의미를 끌어내기 원하는 모든 물체, 사건, 자극들은 이전에 저장된 패턴, 또는 형판과 비교된다. 따라서 지각 과정은 입력되는 정보와 저장된 형판과 비교하고 대응을 찾는 과정을 포함한다. 만약 대응되거나 가까운 형판이 많이 있다면 가장 적절한 형판을 가려내기 위해 더 세밀한 처리가 포함될 필요가 있다. 형판은 우리가 인식할 수 있는 모든 구별 가능한 물체나 패턴마다 필요한데, 이 모형은 수백만 개의 형판을 저장한 우리의 지식에 어느 정도 기반하고 있다는 점에 주목하라.

이미 분명하게 알 수 있는 것처럼 형판 대응은 지각이 어떻게 작동하는지를 완전히 설명해 주지는 못한다. 첫째, 이 모형이 완전한 설명을 제공하기 위해서는 우리가 불가능할 정도로 많은 수의 형판을 저장해야만 한다. 둘째, 기술이 발달하고 우리의 경험이 변함에 따라 우리는 DVD, 노트북 컴퓨터, 스마트폰 같은 새로운 물체를 인식할 수 있게 된다. 따라서 형판 대응 모형은 새로운 형판을 언제 어떻게 만드는지, 그리고 계속 늘어나는 형판을 우리가 어떻게 따라잡는지를 설명해야만 한다. 셋째, 자극 패턴이 크게 다를 때조차도 사람들이 많은 패턴을 어느 정도 같은 것으로 인식한다는 것이다. 그림 3.9는 이러한 점을 잘 보여준다. 이 그림은 14명의 사람에게 'Cognitive psychology rocks!'라는 문장을 각자 자신의 손글씨로 쓰게 한 것이다. 여러분은 철자들의 크기, 모양, 방위, 간격이 매우 다양함에도 불구하고 각 문장을 읽을 수 있을 것이다.

여러분은 14명이 모두 '같은' 문장을 썼다는 것을 인식할 수 있는데 형판 대응 모형은 이를 어떻게 설명할 수 있는가? 일상 생활에서 우리가 지각하는 많은 자극 정보들은 의도적인 변형, 손상 또는 친숙하지 않은 방위(똑바로 서 있는 컵이나 자전거와 넘어져 있는 것을 비교해 보라) 등의 이유로 전혀 규칙적이지

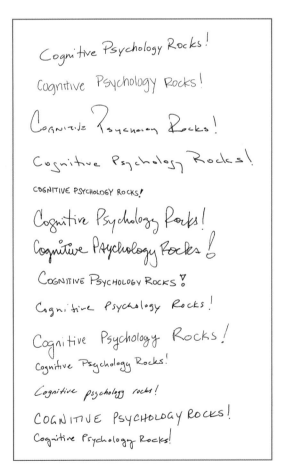

그림 3.9 손글씨의 예

않다. 각각의 변형에 별개의 형판이 필요할까? 지각자는 물체를 형판과 대응하기도 전에 그것이 회전되어 있거나 또는 다른 식으로 조정되어 있는 것을 어떻게 아는 걸까? 형판에 입력 정보를 대응시켜야 지각자는 그 물체가 무엇인지를 알 수 있다는 사실을 기억하라. 가정에 따르면 지각자는 입력 패턴을 형판에 대응시키기 전까지는 아직 그 물체가 무엇인지 모르기 때문에 그것이 똑바로 서 있는지 기울어져 있는지, 또는 어떻게 조정되어야 하는지를 미리 알 수 없다.

따라서 비록 몇몇 응용기술에서 형판 대응을 사용하기는 하지만 우리의 일상 지각에서 그런 과정에 크게 의존하는 것 같지는 않다. 형판 대응은 어떤 형판이 대응되는지를 미리 알 수 있을 때 상대적으로 순수한 자극에 대해서만 작동된다. 형판 대응은 우리가 일상에서 만나는 '잡음' 패턴과 물체들—희미하거나 흐릿한 글자, 일부분이 가려진 물체, 다른 배경 소리가 있는 가운데 듣게 되는 소리—을 어떻게 효과적으로 잘 지각하는지에 대해 적절한 설명이 되지 못한다.

세부특징 분석

글을 쓰다가 탁자 아래 웅크리고 있는 개들 중 한 마리를 바라본다. 나는 그 개를 알아볼 수 있을 뿐 아니라 귀, 코, 꼬리, 등, 발, 가슴, 눈 같은 개의 특정 부위도 인식할 수 있다. 어떤 심리학자들은 그렇게 전체를 부분으로 나누어 분석하는 것이 지각에서 사용되는 기본 처리 과정을 이룬다고 믿는다. 우리는 자극을 전체 단위로서 처리하는 대신 전체를 그것의 구성 요소들을 분해하고 그러한 부분 요소들에 대한 인식을 이용하여 전체가 무엇인지를 추론한다는 것이다. 탐색되고 인식되는 부분 요소들을 세부특징(feature)이라고 부른다. 따라서 이 모형에 따르면 전체 물체에 대한 인식은 그것의 세부특징에 대한 인식에 달려 있다.

세부특징 분석(featural analysis)이라고 부르는 지각에 대한 모형은 몇몇 신경생리학적인 증거들과 꽤 잘 들어맞는다. 개구리의 망막에 대한 한 연구(Lettvin, Maturana, McCullogh, & Pitts, 1959)에서 망막의 개별 세포들에 미세 전극을 꽂아 분석한 결과, 특정한 종류의 자극이 이들 세포의 발화율을 높인다는 것을 발견하였다. 어떤 세포들은 빛과 어둠 사이의 경계선에 강하게 반응하였고 이들은 '모서리 탐지기'라고 명명되었다. 모서리라는 말은 빛과 어둠 사이의 시각적 경계에 의해 자극되었을 때 발화하기 때문에, 그리고 탐지기라는 말은 그 세포들이 특정 유형의 자극이 나타났음을 알려주기 때문에 붙여졌다. 다른 세포들은 움직이는 모서리에 선별적으로 반응하였고, '벌레 탐지기'라는 재미있는 별칭이 붙은 또 다른 세포들은 작고 검은 점(마치 곤충 같은)이 시야를 가로질러 움직일 때 가장 활발하게 반응하였다. 후에 Hubel과 Wiesel(1962, 1968)은 특정한 방위를 가진 모서리나 윤곽선이 시야에서 움직일 때 선별적으로 반응하는 수용장을 가진 세포들을 고양이와 원숭이의 시각겉질에서 발견하였다. 다시 말해 그들은 별개의 '수평선 탐지기', '수직선 탐지기', 그리고 다른 유형의 탐지기들에 대한 증거를 발견하였다.

이러한 증거가 어떻게 세부특징 분석을 지지하는가? 탐지기들은 특정한 세부특징을 찾으면서 입력 패턴을 세밀하게 조사한다. 찾는 세부특징이 나타나면 탐지기들은 재빠르게 반응한다. 세부특징이 없으면 탐지기들은 강하게

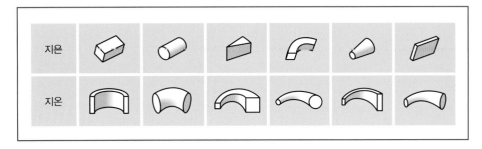

그림 3.10 지온의 몇 가지 예

반응하지 않는다. 각 탐지기는 입력 패턴에서 딱 한 종류의 세부특징을 찾기 위해 설계된 것같이 반응한다. 망막이나 겉질세포들의 조직에서 그러한 탐지기들이 존재한다는 것은 세부특징 분석 모형의 적용 가능성을 확증해 준다.

Irving Biederman(1987)은 일종의 세부특징 분석을 사용한 물체 지각에 대한 이론을 제시하였는데, 이 이론은 앞에서 논의했던 지각적 조직화에 대한 몇몇 형태주의 심리학 원리들과도 일치한다. Biederman은 사람들이 물체를 볼 때 그것을 지온(geon)이라고 하는 단순한 기하학적 구성요소들로 분리한다고 제안한다. Biederman은 모두 36개의 그러한 기본 구성요소를 가정하였는데, 그중 몇 가지는 그림 3.10에 제시되어 있다. 그는 우리가 이러한 단위들의 기본 집합으로부터 굉장히 많은 물체들에 대한 정신적 표상을 만들어 낼 수 있다고 믿는다. 그는 물체 지각을 언어 지각에 비유하였다. 영어에서 44개의 음소(phonemes), 즉 소리의 기본 단위를 통해 우리는 가능한 모든 영어 단어(아마도 족히 수십만 개에 달하는)를 표상할 수 있다. 이와 유사하게 Biederman은 36개의 지온 기본 집합으로부터 우리가 빠르게 인식할 수 있는 수천 개의 일반 물체를 표상할 수 있다고 주장한다.

"구성요소에 의한 인식(recognition by components)이라고 부르는 자신의 이론에 대한 증거로서 Biederman은 그림 3.11과 같은, 아마 누구도 이전에 본 적이 없을 것 같은 가상의 물체에 대한 선 그림을 제시하였다. 그럼에도 불구하고 우리 모두는 이 미지의 물체의 부분들이 무엇인지에 대해 놀랄 만한 일치를 보인다. 가운데 부분은 '상자'이고, 왼쪽 아래에는 물결 모양의 것이 있고, 오른쪽 아래에는 휘어진 손잡이 모양의 것이 있고 등. Biederman은 우리가 미지의 물체를 부분들로 나누기 위해 사용했던 것과 동일한 지각 과정이 친숙한 물체들에 대해서도 사용된다고 믿는다. 우리는 전체 형태를 부분, 즉 지온들(geons라는 말은 'geometrical ions'라는 말에서 이름 붙였다; Biederman,

그림 3.11 가상의 물체

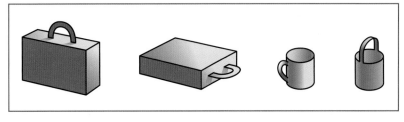

그림 3.12 동일한 지온을 다른 배치로 포함하고 있는 여러 물체

1987, p. 118)로 나눈다. 우리는 단지 어떤 지온들이 있는가에 대해서뿐만 아니라 지온들이 어떻게 배치되어 있는가에도 주의를 기울인다. 그림 3.12에서 볼 수 있는 것처럼 같은 2개의 지온이라도 결합되는 방식이 달라지면 전혀 다른 물체가 만들어진다.

모든 지각 연구자들이 물체 지각의 기본 단위로서 지온을 받아들이는 것은 아니라는 사실을 알아둘 필요가 있다. 예를 들어 Tarr와 Bülthoff(1995)는 복잡하긴 하지만 흥미로운 경쟁 모형을 제시하였다.

다른 연구가 지각에서 세부특징 처리에 대한 부가적인 증거를 제공해 준다. 예를 들어 컴퓨터 화면 위에 아주 짧은 시간 간격을 두고 순간적으로 제시되는 철자들은 전형적으로 예측 가능한 오류를 산출한다. 사람들은 G를 F보다는 C와 더 많은 혼동을 보인다. 아마도 이것은 곡선이나 오른쪽이 열려 있는 것과 같은 세부특징을 많이 공유하고 있기 때문일 것이다.

Neisser(1963)가 행한 연구는 사람들이 글자를 인식할 때 세부특징을 사용한다는 사실을 확인해 준다. Neisser는 사람들에게 그림 3.13에 제시된 것 같은 철자열을 제시하고 시각탐색과제(visual search task)를 수행하도록 하였다. 연구자들은 참가자들에게 철자 Q나 Z 같은 특정한 목표자극이 출현하였는지를 탐지하여 반응하도록 요구하였다. 그림 3.13(A) 같은 자극열이 제시되면 참가자들은 Q를 찾을 때보다 Z를 찾을 때 더 오래 걸린 반면 그림 3.13(B)와 같은 배열이 제시되면 반대의 결과가 나왔다. 자극열 (A)에 있는 비목표 철자들은 모두 직선이나 각을 이룬 선분 같은 세부특징을 공유하는 반면 (B)에 있는 철자들은 곡선 같은 세부특징을 공유한다. 목표 철자(Z나 Q)와 비목표 철자 사이의 유사성은 탐색을 훨씬 어렵게 만들 수 있다.

많은 청각적 세부특징을 공유한 음절 지각에 대한 연구에서 유사한 결과가 보고되었다. 예를 들어 *da*와 *sa*처럼 유사성이 적은 2개의 음절보다 *da*와 *ta*는 더 쉽게 혼동을 일으키는 경향이 있다(G. A. Miller & Nicely, 1955). 자음의 경우 청각 세부특징의 예에는 다음과 같은 것들이 포함된다. 유성음, 즉 성대의 떨림 여부(*b*는 유성음이지만 *p*는 무성음), 비음, 즉 공기가 콧구멍을 통과하는가(*n*), 통과하지 않는가(*l*) 여부, 지속시간, 얼마나 오래 자음의 소리가 유지되는가(*s*와 *t*를 비교해 보라), 조음 위치, 즉 입에서 소리가 만들어지

```
E I M V W X        C D G O R U
X M Z W V I        R D Q O C G
V I E X W M        G R D C O U
W V X Q I E        D C U R Z G
      (A)                (B)
```

그림 3.13 시각 탐색 자극. (A)와 (B)에서 Z나 Q를 찾을 때 얼마나 오래 걸리는지에 주목하라.

는 위치(*p*와 *b*는 앞에서, *t*와 *d*는 중간에서, *k*와 *g*는 뒤에서 만들어지는 것을 비교해 보라).

사실 언어 지각에 대한 연구들은 우리가 말소리를 해석할 때 범주적 지각(categorical perception)을 사용한다는 사실을 반복적으로 확인해 주었다(Samuel, 2011). 즉, 우리는 발성이나 조음 위치 같은 소리의 세부특징에 접근하여 소리들을 별개의 범주들로 집단화하는 데 이러한 세부특징을 사용한다. Lisker와 Abramson(1970)은 이러한 현상을 증명하였다. 그들은 컴퓨터를 사용하여 양순 폐쇄음(bilabial stop consonant)으로 구성된 인공 말소리(이 소리는 \b\나 \p\ 소리와 유사)를 만들고 'ah' 소리를 뒤이어 제시하였다. \b\와 \p\ 소리는 동일한 자음상 세부특징을 가지고 있고 음성 개시 시간(Voice Onset Time, VOT) 세부특징에서만 차이가 있다. 음성 개시 시간은 자음 소리가 방출된 이후 얼마나 빠르게 성대가 진동하는가와 관련이 있으며 부적인 VOT 값은 소리가 방출되기 전에 성대가 떨리기 시작한다는 것을 의미한다. Lisker와 Abramson은 컴퓨터에 의해 VOT 값을 −0.15초부터 +0.15초까지 변화시켜 31개의 음절을 생성하였다.

그 음절들을 들려주었을 때 사람들은 오직 2개의 소리만을 '들었다': 'ba'와 'pa'. VOT가 0.03초 이하인 음절들은 모두 'ba'로 들렸고 VOT가 0.03초보다 긴 음절들은 모두 'pa'로 들렸다. 참가자들은 경계의 같은 쪽 소리에 대해서는 음절의 소리 차이를 보고하지 않았다. 그들은 VOT가 −0.10초인 음절과 −0.05초인 음절을 구분하지 못했다. 그렇지만 동일한 VOT라도 경계의 반대쪽에 있는 두 음절(예 : 0.00초와 +0.05초인 음절)은 다른 소리라는 것을 100% 식별하였다. 각각 'ba' 음과 'pa' 음으로 구분되었다.

분명히 우리는 말의 어떤 음향 속성(그런 것들이 우리의 언어에서 의미 있는 차이를 만들어 냄)에는 주의를 기울이지만 다른 것들에는 주의를 두지 않는다. 이는 왜 우리가 우리랑 같은 언어를 사용하는 낯선 이의 말을 힘들이지 않고 빠르게 이해할 수 있는지를 설명해 준다. 우리는 그 사람의 말에서 의미 없는 차이는 무시한다. 덧붙여 말하자면 범주적 지각은 소리의 높낮이, 벌레 소리, 서로 다른 악기로 연주되는 음악 같은 몇몇 비언어적 소리에도 적용된다(Harnad, 1987). 더욱이 유아에 대한 연구들은 아주 어린 유아들조차 세상의 모든 언어에서 사용되는 소리 구분에 대해 전부는 아닐지라도 많은 것을 구분해 낼 수 있음을 보여주는데, 그러한 능력은 유아가 생후 6개월 되었을 때 유아의 주언어에 있는 음소들의 좁은 범위에 대해서부터 시작된다(Eimas, 1985).

지각에 대한 일반적 모형으로서 세부특징 분석 모형은 문제가 없지는 않다. 우선 글자 지각이나 친숙한 물체의 선 그림 지각, 그리고 말 지각 같은 매우 제한된 영역을 제외하면 세부특징이 될 수 있는 것은 어떤 것이고 어떤 것은 될 수 없는지에 대한 정확한 정의가 존재하지 않는다. 얼굴 지각의 예를 생각해 보자. 눈, 코, 입에 대한 일반적인 세부특징이 있는가? 왼쪽 콧구멍, 오른쪽 눈썹, 아랫입술에 대한 특정한 세부특징이 있는가? 얼마나 많은 세부특징이 있을 수 있는가? 다른 종류의 물체들은 다른 종류의 세부특징 집합이 필요한가? 수직선에 대해 생각해 보자. 이 세부특징이 글자를 지각하는 데 중요하다는 것은 의심할 바 없지만 실제 사람의 얼굴을 지각하는 데는 어떤 관련이 있는가? 농구공에는 또 어떤가? 바닷가의 파도는? 다른 물체들에 대해서는 다른 세부특징 집합이 있는 것이라면 어떤 물체를 지각하기 위해 어떤 것이 사용되어야 하는지를 어떻게 아는가? (물체가 무엇인지 알기도 전에 이러한 결정이 먼저 이루어져야 한다는 점을 기억하라.) 만약 모든 물체에 대해 같은 세부특징 집합이 적용되는 것이라면 세부특징의 목록은 엄청나게 커야 할 것이다. 그렇다면 지각자는 어떻게 그렇게 빠르게 지각하는 것일까?

원형 대응

또 다른 지각 모형은 원형 대응(prototype matching)인데, 이 모형에서는 형판 대응과 세부특징 분석 모형 모두의 단점을 극복하려고 한다. 형판 모형처럼 이러한 모형들은 입력과 저장된 정보 표상과의 대응에 의해 지각을 설명한다. 그러나 이 경우 저장된 표상은 형판 대응 모형에서처럼 정확하고 완전하게 대응되는 전체 패턴이 아니라 원형(prototype)이다. 원형이란 특정 종류의 물체나 사건에 대한 이상화된 하나의 표상이다: 철자 R, 한 개의 컵, VCR 하나, 한 마리의 콜리 등.

원형이란 어떤 물건을 대표하는 이상적인 표상이라고 생각할 수 있다. 예를 들어 개의 원형은 아주아주 전형적인 개의 모습, 즉 여러분이 생각하고 상상하는 가장 개다운 개의 모습이라고 할 수 있다. 원형과 정확하게 똑같이 보이는 특정한 개는 실재할 수도 있고 실재하지 않을 수도 있다. 그림 3.14는 철자 R의 변형들을 보여준다. 만약 여러분의 직관이 이 그림을 보았던 많은 사람들과 같다면 여러분은 그림의 왼쪽 위나 오른쪽 위에 있는 철자를 위쪽 중앙에 있는 철자들보다 더 원형처럼 판단할 것이다.

원형 대응 모형은 지각 과정을 다음과 같이 설명한다. 감각 장치가 새로운 자극을 입력받으면 그 장치는 입력받은 자극을 이전에 저장해 두었던 원형과 비교한다. 정확한 대응이 필요한 것이 아니라 단지 비슷한 대응만으로 충분하다. 따라서 원형 대응 모형은 입력과 원형 사이에 불일치를 허용하기 때문에 형판 모형보다 더 많은 유연성을 보인다. 대응이 발견되면 물체가 '지각된다'.

원형 모형은 물체가 인식되기 위해서는 특정한 세부특징 하나나 세부특징 집합들을 가지고 있어야 한다는 것을 필요로 하지 않는다는 점에서 형판 모형이나 세부특징 분석 모형과 차이점이 있다. 대신 특정한 물체가 원형과 더 많은 세부특징을 공유하면 할수록 대응될 가능성이 높아진다. 더욱이 원형 모형은 물체의 세부특징이나 부분뿐만 아니라 그들 사이의 관계에 대한 설명까지 포함

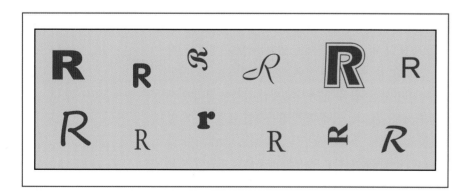

그림 3.14 철자 R의 예

한다.

그렇다면 원형은 어디서부터 오는 것일까? Posner와 Keele(1968)은 사람들이 놀라울 정도로 빨리 원형을 형성할 수 있음을 입증하였다. 이들은 30×30의 격자에 9개의 점이 철자나 삼각형, 또는 무선적인 형태를 이루도록 배열한 일련의 점 패턴을 만들었다. 그다음에는 점들을 격자에서 다른 위치로 조금 이동시켰다(Posner, Goldsmith, & Welton, 1967). 원래의 처음 패턴은 원형, 다른 것들(동일한 기본 패턴에서 변형시킨 것들)은 변형이라고 명명되었다. 몇 가지 예가 그림 3.15에 제시되었다.

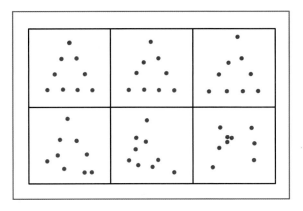

그림 3.15 Posner와 Keele(1968)이 사용한 자극. 왼쪽 위 상자는 원형을 보여주고 다른 상자들은 변형을 보여준다.

참가자들은 여러 변형을 보았지만 원형은 못 보았으며 변형들이 실제로 변형이라는 설명도 듣지 못했다. 참가자들은 변형들이 만들어진 원본 패턴(물론 참가자들은 이러한 내용을 알지 못함)에 기초해서 변형들을 분류하는 훈련을 받았다. 참가자들이 이러한 분류를 실수 없이 수행할 수 있게 되면 그들에게 이전에 훈련받지 않은 점 패턴을 제시하고 같은 방식으로 분류하도록 하였다. 이때 실험에 사용된 점 패턴은 구패턴-참가자들이 훈련 회기 때 보았던 변형들, 새패턴-훈련 회기 때 보지 못했던 변형, 원형-역시 훈련 회기 때 제시되지 않았던 패턴 세 종류이다. 참가자들은 구 자극의 87%를 정확하게 분류하였으며 새 자극은 약 67%(우연 수준보다는 높은 정확률), 원형은 85%를 정확하게 분류하였다.

이전에 원형을 본 적이 없었음에도 불구하고 참가자들의 원형 분류의 정확성은 놀랄 정도이다. 이것을 어떻게 설명할 수 있을까? Posner와 Keele(1968)은 처음의 분류 훈련 과제를 하는 동안 사람들이 항목 종류마다 특정한 정신 표상을 만든다고 주장하였다. 이러한 표상은 정신적인 그림이나 이미지가 될 수도 있다. 어떤 참가자들은 점 패턴이 어디서 묶이고 어떤 종류의 형태였는지에 대한 언어적 규칙을 사용하였다. 어떤 경우든지 참가자들은 새로운 패턴을 분류할 때 이러한 표상들을 사용하였다.

이러한 연구는 우리가 우리의 일상적 지각에서 원형을 만들어 사용한다는 생각에 신빙성을 더해 준다. 그리고 그 효과는 단순히 점 패턴 같은 인위적 자극에만 국한되지 않는다. Cabeza, Bruce, Kato와 Oda(1999)는 눈, 코, 입, 눈썹 같은 얼굴 세부특징을 위나 아래로 약간씩 이동시켜 변형한 얼굴 사진을 사용하여 위에서와 유사한 '원형 효과'를 보여주었다. 그림 3.16은 이들이 사용한 자극의 예를 보여준다. Cabeza 등은 Posner와 Keele(1968)의 연구와 유사한 결과를 얻었다. 그들의 연구에서 연구 참가자들은 실제로 이전에 본 적이 없는 원형 얼굴을 원형과 덜 가까운 새 얼굴들보다 더 쉽게 '인식'하였다.

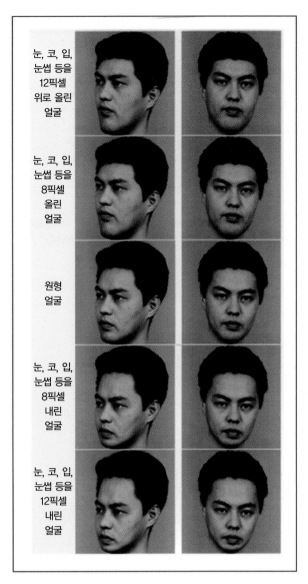

눈, 코, 입,
눈썹 등을
12픽셀
위로 올린
얼굴

눈, 코, 입,
눈썹 등을
8픽셀
올린
얼굴

원형
얼굴

눈, 코, 입,
눈썹 등을
8픽셀
내린
얼굴

눈, 코, 입,
눈썹 등을
12픽셀
내린
얼굴

그림 3.16 Cabeza 등의 연구에서 사용된 자극

하향처리

모든 상향처리 모형들은 관찰자가 자신들이 지각하는 자극의 의미를 어떻게 만들어 내는지를 설명하는 데 많은 문제점을 가지고 있다. 가장 큰 문제 두 가지는 맥락 효과(context effects)와 기대효과(expectation effects)이다.

그림 3.17에 제시된 자극을 고려해 보자. 양 단어에 있는 두 번째 철자는 동일하다는 점을 주목하라. 그렇지만 여러분은 아마도 두 단어를 'they bake'라고 읽을 것이다. 각 단어의 두 번째 위치에 있는 의문의 철자를 첫 번째 단어에서는 *h*로, 그리고 백만분의 몇 초에 불과한 아주 잠시의 시간 후에는 *a*로 분명하게 지각한 것이다. 그 철자를 둘러싼 맥락, 즉 첫 번째 단어에서는 *t*와 *ey*, 그리고 두 번째에서는 *b*와 *ke*가 분명히 여러분이 지각하는 것에 영향을 주었다. 패턴이나 물체가 나타나는 맥락은 어떤 물체가 다음에 나올지에 대한 지각자의 기대를 만들어 내는 것이 분명하다.

유사한 맥락 효과가 실세계 장면에서 물체를 바라보는 지각자에 대한 실험으로 확인된다. 물체를 인식하는 정확성이나 인식에 필요한 시간 모두 맥락에 따라 달라진다(Biederman, Glass, & Stacy, 1973; Palmer, 1975). 예를 들어 사람들은 음식이나 조리 기구 같은 물체들을 부엌 사진 속에서 볼 때, 동일한 사진이 뒤죽박죽 섞여 있는 사진 속에서 볼 때보다 더 빠르게 인식한다(사진 3.1, 3.2 참조). 이러한 효과는 많은 심리학자들로 하여금 지각에 대한 어떤 모형이든 맥락과 기대를 포괄해야 한다고 주장하도록 만들었다. 지각과 형태 재인에 대한 이론과 모형은 하향처리가 포함될 필요가 있다는 것을 보여주는 더 확실한 예를 다음에 살펴볼 것이다.

하향, 또는 개념 주도적 처리는 맥락이나 과거 학습, 또는 그 둘 모두에 의해 발생되는 기대로부터 유도된다. 만약 어떤 사람이 지금 여러분이 있는 방 안에 파리가 있다고 말한다면 여러분은 어디를 보게 될까? 여러분이 거미나 바퀴벌레를 찾고 있다면 여러분의 시선 방향은 어떻게 변할지에 대해 주의 깊게 생각해 보라. 그런 벌레들에 대한 여러분의 과거 경험이 여러분이 처음 보는 곳, 그곳이 벽이 될지, 방바닥이 될지, 천장이 될지를 이끈다. 여러분의 기대와 지식이 여러분이 어디를 볼지를 이끈다는 점에서 벌레를 찾을 때 여러분이 하는 처리를 하향처리라고 생각할 수 있다.

물론 하향처리는 상향처리와 상호작용해야 한다. 그렇지 않다면 우리는 항상 지각할 것이라고 기대한 것만 지각하고 우리가 기대하지 않았던 것은 어떤 것도 결코 지각할 수 없을 것이다. 실제로 이런 일이 발생하지 않는다는 것은 명확하다. 상향처리와 하향처리 모두를 포함한 지각에 대한 광범위한 모형으로서 잘 알려진 것으로는 David Marr(1982)의 모형이 있다. Marr의 모형은 매우 전문 기술적이고 정교한 수학 모형이어서 관심 있는 독자는 모형의 전체 내용을 살펴보기를 권한다. 여기서는 아주 간략한 뼈대만 제시하기로 한다.

Marr는 지각이 빛깔을 분석하는 기능단위, 운동을 분석하는 기능단위 등과 같이 몇 가지 다른, 특수 목적의 계산 기제에 의해 도달된다고 제안한다. 각각의 기능단위는 다른 기능단위로부터의 입력이나 출력에 상관없이, 그리고 실제 세상의 지식에도 상관없이 독립적으로 작동한다. 따라서 이들은 상향처리를 한다.

Marr는 시각에서의 지각이 세 가지 정신 표상, 다른 말로 밑그림을 구성함으로써 도달된다고 믿는다. 첫 번째는 원시 밑그림(primal sketch)이라고 불리는데, 국소화된 기하학적 구조뿐만 아니라 상대적으로 밝은 영역과 어두운 영역이 그려진다. 지각자는 이 단계에서 영역들 사이의 경계선을 탐지할 수 있지만 시각 정보가 무엇을 '의미'하는지는 알지 못한다.

일단 원시 밑그림이 만들어지면 지각자는 그것을 이용하여 $2\frac{1}{2}$−D(2.5차원, two-and-a-half-dimensional) 밑그림이라고 부르는 좀 더 복잡한 표상을 만든다. 그림자, 셀, 보서리 등과 같은 단서를

그림 3.17 지각에서 맥락 효과의 예

사진 3.1, 3.2 물체를 둘러싼 맥락이 지각을 쉽게 만들 수도 있고 어렵게 만들 수도 있다. 반응시간을 측정해 보면 사람들은 위의 사진에서보다 아래 사진에서 토스터를 지각하는 데 더 오래 걸린다. 제대로 된 부엌 장면은 우리가 부엌에서 볼 것이라고 기대하는 물체를 지각하는 데 도움이 되는 맥락을 만들어 준다. 동일 장면의 뒤죽박죽 사진에서는 이러한 맥락이 파괴된다.

이용하여 지각자는 표면이 무엇인지, 그리고 그 순간 표면들이 지각자 관점에서 상대적 깊이가 어떻게 되는지에 대한 정보를 이끌어 낸다.

Marr는 원시 밑그림과 $2^1/_2$차원 밑그림 모두 거의 배타적으로 상향처리에 의존한다고 제안하였다. 실세계 지식이나 특정한 기대로부터의 정보(즉, 하향 지식)는 지각자가 시각 장면에 대한 최종 3차원 밑그림을 만들 때 통합된다. 이 밑그림은 물체가 무엇인지에 대한 인식과 시각 장면의 '의미'에 대한 이해 두 가지를 모두 포함하고 있다.

Marr의 이론이 하향처리를 포함하고 있는 유일한 것은 아니다. 하향처리가 작동하는 것 같은 다른 지각적 현상으로는 지각 학습과 단어 우월효과가 있는데, 이에 대해 순서대로 살펴보기로 한다.

지각 학습

지각이 연습에 의해 달라질 수 있다는 것은 이미 밝혀져 있는데(E. J. Gibson, 1969), 이 현상을 지각 학습(perceptual learning)이라고 부른다. 제임스 깁슨(J. J. Gibson)과 엘리노어 깁슨(E. J. Gibson, 1955)의 고전적인 연구는 이를 잘 보여준다. 어린이와 성인 참가자들에게 그림 3.18의 한 가운데 있는 카드 한 장을 5초 동안 보여준다. 이 카드를 원본이라고 한다. 그다음 참가자들에게 다른 카드들을 보여주고 이 카드들을 원본의 복사본 4장과 함께 무선적으로 섞는다. 참가자들의 과제는 전체 카드 중에서 원본의 사본 4장을 식별해 내는 것이었다. 참가자들에게는 아무런 피드백도 제공되지 않았다. 그러나 모든 카드를 다 본 후에는 5초 동안 원본 카드를 보았고 다시 새로운 순서로 모든 카드가 제시되었다. 이러한 절차는 각각의 참가자가 모든 카드와 4장뿐인 원본의 복사본을 정확하게 모두 식별할 때까지 계속되었다.

J. 깁슨과 E. 깁슨(1955)은 이 과제에 대한 참가자들의 오류를 분석한 결과 오류들이 무선적이지 않다는 것을 발견하였다. 오히려 오류의 수는 자극과 원본이 공유한 유사성 개수에 가장 많이 의존하는 것 같았다. 참가자들은 회전의 수와 회전 방향이 모두 원본과 같은 자극을 회전 수만 같은 자극보다 잘 인식하지 못하는 경향이 컸다.

시간이 지남에 따라 참가자들은 그림에 대해 더 많이 주목하게 되었고 이전에 주목하지 않았던 자극의 세부특징에 반응하는 것 같다. 이 결과는 지각 학습에 대한 일상의 다른 예들과 일관된다. 포도주 시

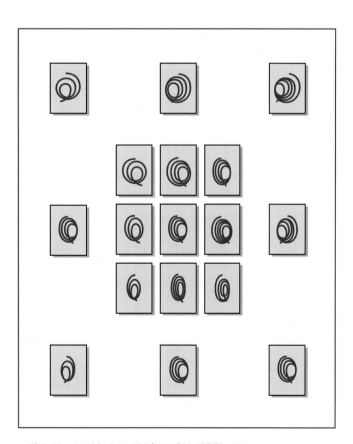

그림 3.18 J. 깁슨과 E. 깁슨(1955)이 사용한 자극

음을 예로 들어 보자. 포도주 애호가는 여러분에게 미묘한 맛의 차이를 구별하려면 많은 훈련이 필요하다고 말할 것이다. 포도주 초보자도 아마 맛으로 적포도주와 백포도주를 구별할 수 있을 것이고, 달콤한 포도주와 달콤하지 않은 포도주도 구별할 수 있을 것이다. 반면 포도주 전문가는 아마 특정한 해에 포도주를 병에 담은 양조장을 식별할 수 있을 것이다. 초보자는 단지 이 정보를 놓치는 것뿐이다. 그들의 미뢰는 전문가들처럼 정확하게 작동하지만 어떤 정보들이 간과되는 것 같다.

정확히 어떤 일이 일어나고 있는 것인가? 분명히 지각적으로 훈련된 사람은 자극의 어떤 측면에 주의를 두어야 하는지를 배우고 다른 종류의 자극들을 의식적으로 구별하기 위해 더 많은 애를 쓴다. 하향처리와 관점에서 지각자의 경험은 자극의 어떤 측면에 주의집중해야 하는지를 안내하고 더 많은 정보를 '수집'하도록 돕는다(Gauthier & Tarr, 1997a, 1997b; Gauthier, Williams, Tarr, & Tanaka, 1998).

단어 우월효과

Reicher(1969)에 의해 수행된 연구는 또 다른 하향처리 현상—훈련된 지각자의 지각에서 맥락의 효과—을 보여준다. 기본 과제는 단순하다. 화면에 2개의 철자(예 : *D* 또는 *K*) 중 하나를 아주 짧게 제시하고 참가자들에게 제시된 철자가 어떤 것이었는지 확인하게 한다. 이를 위해 철자가 제시되었던 원래 위치의 위와 아래에 두 선택지를 제시한다. 그림 3.19는 실험 절차를 보여준다.

이 실험에는 멋진 실험적 조작이 포함되어 있다. 어떤 때는 철자 하나가 홀로 제시된다. 다른 경우에는 철자가 단어의 맥락(*WORD* 또는 *WORK* 같은) 안에서 제시된다. 이때 *D*나 *K*는 동일한 3개의 철자와 조합되어 일상적인 영어 단어를 만들어 낸다는 사실에 주목하라. 또 다른 조건에서는 철자가 조합하여도 단어를 만들지 못하는 다른 3개의 철자(예 : *OWRD* 또는 *OWRK*)와 함께 제시된다. 이 조건에 사용된 철자들이 단어 조건의 철자들과 동일하다는 점도 주목하라. 각각의 경우 자극 제시 후 차폐자극이 나오고 나면 참가자는 단지 *D*나 *K* 중에서 어떤 철자가 제시되었는지에 대해서 반응하였다.

놀랍게도 참가자들은 동일한 철자가 단독으로 제시되거나 비단어 맥락에서 제시될 때보다 단어의 맥락에서 제시될 때 훨씬 더 정확하게 식별하였다. 단어 우월효과(word superiority effect), 또는 단어 이점(word advantage)

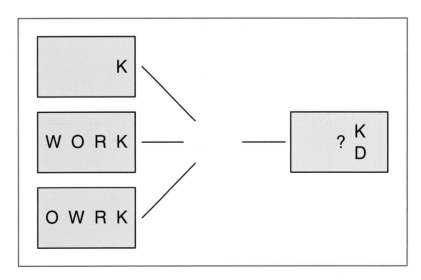

그림 3.19 Reicher(1969)에 의해 사용된 자극 그림과 절차

이라고 하는 이 결과는 여러 차례 반복 검증되었다(Massaro, 1979). 맥락이 없거나 친숙하지 않은 맥락 속에 있을 때보다 친숙한 맥락(단어) 안에 있을 때 철자가 더 쉽게 지각되는 것은 분명하다. 이 효과에 대한 이론적 설명을 제공하기 위한 논쟁이 벌어졌다(Massaro; Paap, Newsome, McDonald, & Schvaneveldt, 1982). 예를 들어 사람들이 단어 속에 있는 철자의 세부특징을 더 많이 탐지하는 것인지, 아니면 사람들이 단어를 가장 잘 완성할 것 같은 철자에 대해 추론을 하는 것인지 명확하지 않다. 여기서 우리의 논점과 관련하여 중요한 것은 철자 하나를 지각하는 것처럼 단순한 과제에서조차 맥락과 지각적 경험(예 : 단어 읽기)이 영향을 미칠 수 있다는 것이다. 이러한 통찰은 맥락 유도(즉, 하향) 처리를 세부특징 탐지 같은 상향처리와 통합한 철자 지각의 상세한 모형을 이끌어 왔다(McClelland & Rumelhard, 1981; Rumelhart & McClelland, 1982).

그렇지만 흥미롭게도 철자 탐지는 맥락에 따라 매우 다르게 동작하는 것 같다. 사람들에게 글을 읽게 하고 특정한 문자(여기서는 *f*)가 나타날 때마다 줄을 그어 지우게 하면 *of* 나 *for* 같은 단어에 있는 *f*는 쉽게 놓치는 반면 *function*이나 *future* 같은 단어에 있는 *f*는 놓치지 않는데, 이런 현상을 철자 놓침 효과(missing-letter effect)라고 한다(Greenberg, Healy, Koriat, & Kreiner, 2004). 가정컨대 사람들은 글을 읽을 때 단어들을 내용어(content word : 의미를 전달하는 단어)와 기능어(function word : 내용어를 구조화시키는 단어)로 빠르게 나눈다. 그리고는 적당히 중간 정도로 친숙한 내용어에 더 많은 주의를 집중하기 때문에 친숙성이 아주 높은 기능어에 있는 철자들을 놓치는 것 같다. 여기서 중요한 점은 단어가 단독으로 나타날 때는 철자를 탐지하는 능력이 단어 친숙성에 의해 향상되지만 단어가 문장 속에서 나타날 때는 친숙성 증가나 단어의 역할에 의해 철자 탐지 능력이 억제된다는 것이다.

단어 지각에 대한 연결주의 모형

철자와 단어 지각에 대한 상세한 모형의 하나가 McClelland와 Rumelhart(1981)에 의해 제시된 연결주의 모형이다. 그림 3.20은 모형이 가정하는 처리 수준들의 예를 보여준다. 모형은 입력이 글로 되어 있든지(시각), 말로 되어 있든지(청각), 또는 맥락이나 사람들의 기대로부터 만들어지는 것처럼 상위 수준의 것이든지, 여러 수준에 걸쳐 처리되며 시각적 세부특징, 철자, 음소(청각) 또는 단어의 형태로 처리된다고 가정한다. 또한 그림의 많은 화살표에도 주목하라. 그것들은 여러 수준의 처리가 서로에게 입력을 줄 수 있다는 가정을 분명하게 보여준다. 각각의 처리 수준에서 만들어지는 정보의 표상은 추상화의 수준이 다르다고 가정된다. 세부특징은 철자보다 덜 추상적이고 철자는 단어보다 덜 추상적이라고 생각된다.

그림 3.21에 모형이 더 상세하게 표현되어 있다. 각각의 원과 타원은 모형에서 처리의 마디를 묘사한다. 모형에서는 각각의 단어, 철자, 세부특징마다 별개의 다른 마디가 있는 것으로 가정한다. 마디들은 주어진 순간에 특정한 활성화 수준을 갖는다. 마디가 일정 수준

의 활성화에 도달하면 우리는 그 마디와 연합된 세부특징, 철자 또는 단어가 지각되었다고 말한다. 마디들 사이에 있는 모든 선들도 주의깊게 보라. 이 선들은 연결은 나타나는데, 이 연결은 흥분성일 수도 있고 억제성일 수도 있다. 두 마디가 흥분성으로 연결되어 있으면 그 마디들은 서로에게 활성화를 전파할 수 있다. 예를 들어 단어 *TRAP*과 철자 *T*에 대한 마디들을 생각해 보자. 가족 신문에 있는 낱말풀이에서 ___*RAP*와 같은 자극을 본다고 상상해 보자. 4개의 빈칸 중에서 뒤의 3칸은 각각 *R*, *A*, *P*로 채워졌다. 앞의 자극이 여러분에게 *TRAP*이라는 단어를 떠오르게 했다면 연결주의자들은 *TRAP*에 대한 마디가 활성화되었다고 말할 것이다.

일단 마디가 활성화되면 활성화는 그 마디의 흥분성 연결을 따라 다른 마디들로 확산된다. 만약 *TRAP* 마디가 *T* 마디와 흥분성 연결을 맺고 있다면, *TRAP* 마디가 더 많이 활발해졌을 때 *T* 마디도 더 많이 활발해지고, 그 역도 마찬가지다. 흥분성 연결은 그림 3.21에 파란색 화살표로 표현되어 있다. 그림 3.21에서 *TRAP* 마디와 *ABLE* 마디 사이에 있는 선처럼 끝에 동그

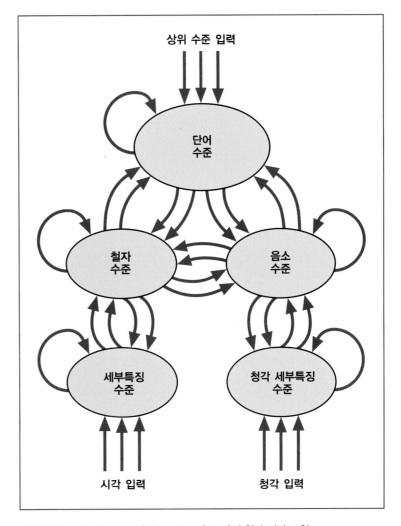

그림 3.20 McClelland와 Rumelhart(1981)의 철자 지각 모형

란 점이 달린 짙은 갈색 선은 억제성 연결을 나타낸다. 따라서 만약 *TRAP* 마디가 활성화되면 *ABLE* 마디는 덜 활발해진다. 만약 *TRAP*이라는 단어를 지각하게 되면 바로 그 순간에 *ABLE*이라는 단어는 덜 지각될 것이다. 가정에 따르면 우리는 어떤 주어진 순간에 단지 하나의 단어만 지각할 수 있다.

이 모형에 대해 말할 수 있는 것이 더 많지만 여기서는 연결주의 모형이 어떻게 단어 우월효과를 설명할 수 있는지에 초점을 맞추기로 한다. 왜 철자는 단어 맥락 속에서 더 쉽게 지각되는가? 이 모형에 따르면 단어의 지각은, 즉 그 단어와 관련된 마디의 활성화는 그 단어에 있는 모든 철자에 대응하는 마디들을 활성화시키고, 따라서 그들의 지각을 촉진한다. 단어 맥락이 없을 때는 개별 철자에 대한 마디가 덜 활성화되고 따라서 철자의 지각이 더 오래 걸린다.

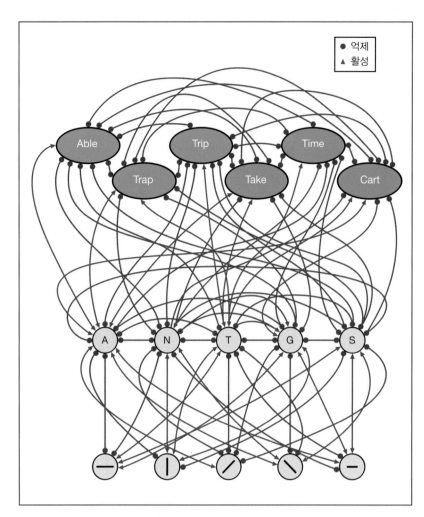

그림 3.21 McClelland와 Rumelhart(1981)의 단어 지각 모형에서 마디와 연결

직접 지각

지금까지 살펴보았던 지각에 대한 모형들은 모두 공통적인 가정을 공유한다. 그림 3.1에서 보았듯이 지각자는 가정컨대, 근접자극(시지각의 경우 망막 상)에 대한 해석에 의해 원격자극에 대한 정보를 획득해야만 한다는 사실을 기억하라. 우리가 고찰하였던 지각 모형들(특히 하향 모형들)의 기저에 있는 공통 가정은 지각자가 근접자극에 어떤 것을 한다는 것이다. 아마도 근접자극은 물체를 식별하기 위해 필요한 정보를 모두 포함하고 있지는 않기 때문에(예 : 망막 상은 3차원이 아닌 2차원이고 물체들이 흐릿하거나 다른 물체에 의해 가려지기 때문에), 관찰자로서 우리는 이러한 간격을 채우기 위해 우리의 지식을 이용해야만 한다.

간단히 말해서 이러한 모형들은 지각이라는 행위를 물체에 대한 정신적 표상을 구성하는 것으로 묘사한다. 우리는 어쨌든 우리가 지각하는 정보로부터 어떤 묘사를 만들어 내는데, 이 묘사는 지각되는 물체나 사건들을 물리적으로는 닮을 수도 있고 닮지 않을 수도 있지만 인지적, 신경생리적 처리들은 이 묘사를 지각된 정보에 대응되는 것으로서 인식한다. 우리는 이러한 정신적 표상을 구성하기 위해 근접자극에 있는 정보와 우리의 장기기억에 있는 정보를 모두 사용한다.

이러한 생각을 지각에 대한 구성주의 접근(constructivist approach to perception)(Hochberg, 1978)이라고 부르는데, 이렇게 부르는 데는 몇 가지 분명한 이유가 있다. 이 접근에서는 사람들이 지각, 즉 입력 정보에 대한 의미 있는 해석을 얻기 위해 근접자극에 있는 정보를 변형시키거나 정보를 추가하는 것으로 기술한다. 가용한 모든 정보를 수동적으로 얻는 존재가 아니라 오히려 사람들을 능동적인 정보의 선택자, 통합자, 구성자로 본다.

제임스 깁슨과 그의 동료들(J. J. Gibson, 1979; Michaels & Carello, 1981)은 반대의 입장

을 취한다. 깁슨은 지각자가 과거에 마주쳤던 유사한 물체나 사건에 대한 기억으로부터 정신적 표상을 구성한다는 생각을 거부한다. 대신 깁슨은 지각자가 거의 아무 일도 하지 않는다고 믿는다. 그 가장 큰 이유는 추론을 이끌어 내거나 표상을 구성할 필요가 거의 없을 만큼 세상이 너무 많은 정보를 주기 때문이라는 것이다. 그는 지각이 환경으로부터 정보의 직접적 획득으로 구성된다고 제안한다.

직접 지각(direct perception)이라는 이 관점에 따르면 망막에 떨어진 빛은 거의 또는 전혀 해석이 필요하지 않을 만큼 매우 체계적인 정보를 포함하고 있다. 우리가 살고 있는 세상에서 자극의 어떤 측면들은 시간에 걸친, 또는 자극과 우리의 물리적인 관계에서의 변화에도 불구하고 불변한다. 여러분은 어쩌면 불변성의 개념이 이미 친숙할지도 모른다. 예를 들어 C장조로 연주되는 피아노 멜로디를 생각해 보자. 이제 동일한 멜로디가 G장조로 조옮김되었다고 상상해 보자. 멜로디에 있는 개별 음표들은 모두 변했을지라도 그 멜로디는 여전히 쉽게 인식된다. 만약 연주 사이에 충분한 시간 경과가 있다면 많은 감상자들은 심지어 조가 변했다는 것조차 인식하지 못할 것이다. 그 요소들(음표

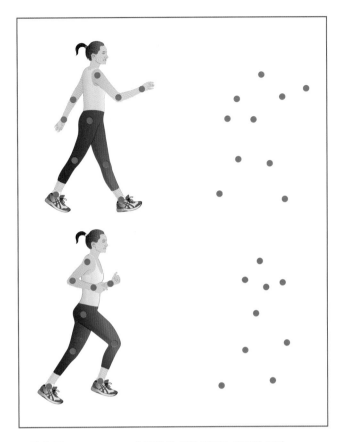

그림 3.22 Johansson(1973)의 실험 자극을 묘사한 그림.

들)은 변했지만 음표들 사이의 관계는 일정하게 불변으로 남아 있다.

지각적 불변성에 대한 시각의 예가 Johansson(1973)의 연구에서 제시되었다. 연구자들은 검은 옷을 입은 모델의 어깨, 팔꿈치, 손목, 엉덩이, 무릎, 그리고 발목에 전구를 부착하였다. 그리고 전구만 볼 수 있을 만큼 아주 어두운 곳에서 사진을 찍었다(그림 3.22 참조). 모델의 정지 사진을 보여주면 참가자들은 단지 무선적인 광점 집단만을 보았다고 보고한다. 걷기, 춤추기, 등산하기 등의 친숙한 활동을 하고 있는 모델의 비디오 장면을 본 참가자들은 특정한 활동을 수행하고 있는 사람을 즉각적으로 인식하였다.*

이 후의 연구(Kozlowski & Cutting, 1977)는 관찰자들이 광점들의 움직임만으로 심지어 모델의 성별까지도 구별할 수 있음을 보여주었다! 분명히 서로서로에게 상대적인 전구의 운동은 관찰자에게 운동 중인 사람을 지각하는 데 충분한 정보를 제공하였다. 이 예에서 관찰자들은 사람의 형태나 머리, 눈, 손, 발 같은 개별 특징을 보지 못했다는 것에 주목하라. 이처럼 제한적인 보기 조건에서 사람의 형태가 재빠르게 인식될 수 있다면 정상적인

* 역주 : 단 이 경우에도 참가자들은 점들의 움직임만을 볼 수 있었다.

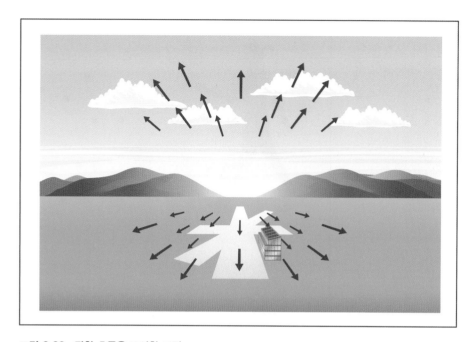

그림 3.23 광학 흐름을 묘사한 그림

조건에서는 얼마나 많은 정보들이 활용될 수 있는지를 상상해 보라. 여기에 덧붙여 이 현상에 대한 최근 연구는 아주 적은 자극들에도 불구하고 보통의 사람들이 수행하는 더 놀라운 지각적 성취가 많다는 것을 보여주었고, 이러한 지각이 일어날 때 마루엽이나 관자엽의 특정 영역에서의 뇌활성화 패턴에 대해서도 조사하였다(Blake & Shiffrar, 2007).

깁슨(1950)은 운동 패턴은 광대한 양의 정보를 지각자에게 제공한다고 확신하였다. 제2차 세계대전 중 비행기 조종사를 선발하고 훈련시키는 일을 하면서 그는 비행기를 착륙시킬 때 조종사들이 활용 가능한 정보들에 대해 생각하게 되었다. 그는 착륙을 위해 활주로에 접근할 때 조종사에게 나타나는 시각적 배열로 그림 3.23에 묘사된 광학 흐름(optic flow)이라는 개념을 개발하였다. 화살표는 지각된 운동, 즉 조종사에게 상대적인 땅, 구름, 다른 물체들의 외현적 운동을 나타낸다. 이 운동에는 결(texture)이 있어서 가까이 있는 물체는 멀리 있는 물체보다 더 빨리 움직이는 것으로 보이고, 비행기 움직임과의 상대적인 관계에 따라 물체가 움직이는 것처럼 보이는 방향도 달라진다. 조종사는 활주로로 비행기를 운전하기 위해 이 모든 정보를 사용할 수 있다.

Turvey, Shaw, Reed와 Mace(1981)는 지각에 대한 깁슨의 입장을 따르지 않는 모형들에서는 사람들이 어떻게 지각적 신념이나 판단에 이르게 되는지를 설명하기 위해 노력하는 반면, 깁슨은 사람들이 환경에 물리적으로나 기타 다른 식으로 어떻게 '맞추어 가는지'를 설명하기 위해 노력한다고 주장하였다. 깁슨에게 지각에 대한 중심적인 질문은 우리가 자극 배열을 어떻게 능동적으로 보고(look) 해석하는가가 아니라 우리가 어떻게 세상에 있는 실제 사물들을 수동적으로 보고(see) 그것들 사이에서 항행해 나가는가 하는 것이다. 우리는 어떻게 벽과 곧 충돌할 것이라고 겁내지 않고 벽 사이를 정상적으로 걸어가는 걸까?

깁슨의 이론에서 중요한 생각은 유기체에게 유용한 정보가 단지 환경에만 존재하는 것이 아니라 동물 환경 생태체계에도 존재한다는 것이다(Michaels & Carello, 1981). 동물들이 움직일 때 그들은 끊임없이 자신의 환경을 경험한다. 유기체가 다르면 환경도 다르고, 환경과의 관계도 달라지기 때문에 다른 생물들은 다른 지각적 경험을 하게 된다. 유기체는 전체 물체나 그 모양뿐 아니라 각 물체의 가용성(affordances) — 물체, 장소, 사건에 의해 허용된 행동이나 행위(Michaels & Carello, p. 42) — 다시 말해 환경에 의해 유기체에 제공된 것도 직접적으로 지각한다. 따라서 인간에게 의자는 앉기가 가용(afford)하고, 손잡이는 쥐기가 가용하고 창문은 밖을 내다보기가 가용하다. 깁슨(1979)은 물체의 가용성도 직접적으로 지각된다고 주장하였다. 즉, 의자에 대해 60cm 정도 떨어져 있고 나무로 만들어졌다는 것을 쉽게 '볼' 수 있는 것처럼 앉기를 위한 것이라는 것을 '본다'.

깁슨에 따르면 우리는 벽이나 닫힌 문과의 충돌을 피하는데, 이는 그 표면이 통과해 지나가기가 가용하지 않고 우리가 그쪽으로 움직일 때 이를 지각하기 때문이다. 우리는 의자나 탁자나 바닥에는 앉지만 수면 위에 앉지는 않는데, 이는 전자의 경우 앉기가 가용한 반면 후자는 그렇지 않기 때문이다. 주위의 여러 물체에 대한 우리의 활동 덕분으로 우리는 이러한 가용성을 알아채고 그에 맞게 행동한다. 깁슨의 생각에는 지각과 행동이 밀접하게 묶여 있다.

깁슨의 이론은 충실한 찬사와 날카로운 비판을 함께 받는다. 예를 들어 Fodor와 Pylyshyn(1981)은 깁슨의 제안이 흥미롭지만 잘 정의되어 있지 않다고 주장한다. 그들의 주장에 따르면 가용성이 무엇인지 분명한 정의가 없기 때문에 그 이론은 지각을 설명하는 데 별 도움이 되지 않는다. 깁슨은 사물의 불변성에는 어떤 종류가 있고 그렇지 않은 것에는 어떤 종류가 있는지 특정화하는 데 실패했다고 생각한다. 이러한 특정화가 없기 때문에 다음과 같은 종류의 순환론적인 설명을 하게 된다.

> 어떤 물건이 구두라는 것을 사람들은 어떻게 지각하는가? 모든 사물이 가지고 있는 특정한 (불변의) 속성이 있고 오로지 구두만이 가지고 있는 속성, 즉 구두이게 하는 속성이 있다. 어떤 것을 구두라고 지각하는 것은 이러한 속성을 알아채는 것으로 이루어진다.(Fodor & Pylyshyn, p. 142)

깁슨에 대한 지지와 비판에 대한 논쟁이 결국 어떻게 결론 나든지 간에, 그는 실험실 밖에서 인지가 작동하는 방식에 주의를 기울일 필요가 있다는 것과 정보가 처리되는 방식과 처리를 하는 유기체의 목적과 요구 사이의 관계를 모든 인지심리학자에게 상기시켰다. 이 책 전체를 통해 이 주제에 대해 다시 생각해 볼 것이다.

지각 손상 : 시각 실인증

앞에서 지각은 우리가 받는 감각 정보에 의미를 부여하는 과정이라고 언급하였다. 그 정의는 감각(예 : 시각, 청각, 후각)과 지각, 즉 감각 정보의 수용과 감각 정보를 이해하는 과정을 구분한다.

감각과 지각이 별개의 과정이라는 것을 보여주는 가장 좋은 보기는 시각 실인증(visual

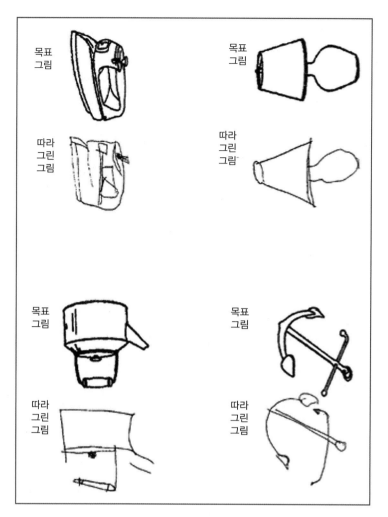

목표
그림

따라
그린
그림

목표
그림

따라
그린
그림

목표
그림

따라
그린
그림

목표
그림

따라
그린
그림

그림 3.24 여러 목표 그림을 실인증 환자들이 따라 그린 그림

agnosia)에 대한 인지신경심리학적 연구에서 찾을 수 있다. 시각 실인증이란 시각 정보를 볼 수는 있지만 해석하는 능력에 손상을 입은 경우를 말한다(Banich, 1997). 예를 들어 그림 3.24를 생각해 보자. 이것은 실인증 환자가 친숙한 물체들을 그린 것이다. 그림을 보면 알 수 있듯이 이 환자들은 원본 그림을 똑똑히 보았고 몇몇 상세한 세부사항까지 자신이 그린 그림에 표현해 냈다. 그렇지만 환자들이 그린 그림을 보면 자신이 그린 물체가 무엇인지 모르는 것이 분명하다. Rubens와 Benson(1971)은 유사한 사례 연구를 보고하였는데, 이 연구의 실인증 환자들은 자신들이 보고 그린 물체의 이름을 정확하게 말하지 못하였다. 예를 들면 돼지를 '개나 다른 동물' 같다고 말하거나, 새를 '너도밤나무 그루터기'라고 말하는 식이었다(p. 310).

시각 실인증 환자들은 단순히 언어 문제를 갖고 있는 것이 아니다. 왜냐하면 그들은 친숙한 물체들을 비언어적 수단(일상적인 사용법을 팬터마임으로 표현하는 것 같은)을 사용하여 인식하는 것도 비슷한 정도로 하지 못했다. 환자들이 돼지나 열쇠가 무엇인지 말할 수 있는 것을 보면 기억의 문제도 아니었다. 그보다는 그들에게 제시된 물체나 시각 패턴이 무엇인지를 이해하는 데 문제가 있었다(Farah, 1990). 결함은 양식 특정적인 것으로 보인다. 시각 실인증 환자는 보는 것을 통해 물체를 인식할 수는 없지만 소리나 촉감, 냄새로 사물을 인식할 수 있다. 앞에서의 용어로 표현하자면 문제는 근접자극으로부터 지각을 만들어 내는 데 있는 것 같다.

연구자들은 시각 실인증을 몇 가지 다른 유형으로 분류한다. 첫 번째는 **지각성 실인증**(apperceptive agnosia)이라고 부르는 것이다. 이 문제가 있는 환자들은 시각 정보의 아주 제한된 양만을 처리할 수 있다. 그들은 그림이나 물체의 윤곽선, 또는 외곽선을 볼 수 있지만 한 물체를 다른 물체와 대응시키거나 물체를 범주화하는 데 어려움을 겪는다. 어떤 사람들은 물체의 이름을 전혀 말하지 못하고, 종이에 인쇄된 O들 중에서 X를 구별해 내지 못하는 경우도 있다(Banich, 1997). 다른 환자들은 이러한 것들을 할 수 있지만, 그림 3.25(A)에서 보이는 의자 그림처럼 외곽선의 부분부분이 빠져 있는 선 그림이나 그림 3.25(B)의 위에서 본 의자 그림처럼 일상적이지 않은 방위로 보이는 물체를 인식하는 데 어려움을 겪는다.

두 번째 유형의 실인증은 **연합성 실인증**(associative agnosia)이라고 부른다. 이러한 결함을 보이는 환자들은 같은 물체나 그림의 짝 맞추기를 할 수 있고 그림들을 따라 그릴 수 있지만 아주 많이 느리고 매우매우 조심스럽게, 거의 점 하나하나씩 그리는 경향이 있다(Banich, 1997). 이들은 큰 특징을 먼저 그리고 자세한 것들을 나중에 채워 넣는 더 일반적인 기법을 사용하지 않는다. 연합성 실인증 환자는 그림에 빗나간 선 하나나 점 하나 추가하는 작은 것들에 의해서도 혼란을 겪는다. 연합성 실인증 환자는 자신이 보고 그린 사물들의 이름을 쉽게 말하지 못한다.

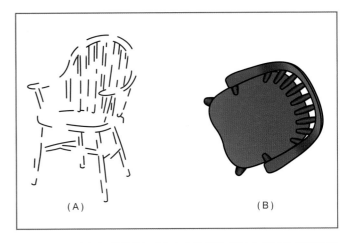

그림 3.25 지각성 실인증인 사람의 경우 윤곽 정보가 인식에 어떻게 영향을 주는지 보여주는 예. (A) 지각성 실인증 환자는 빠져 있는 윤곽들을 채워 넣을 수 없기 때문에 이 물체를 의자로 인식하는 데 어려움을 겪는다. (B) 지각성 실인증 환자는 일상적이지 않은 각도로 제시된 의자를 인식하는 데 어려움을 보인다.

두 가지 다른 유형의 시각 실인증은 두 가지 다른 뇌 영역의 손상과 관련되는 것 같다. 지각성 실인증은 전형적으로 한쪽 반구(보통은 우반구)와 관련되는 반면, 연합성 실인증은 뇌의 특정 영역에 대한 양쪽 반구의 손상과 상관이 있다.

얼굴 실인증(prosopagnosia)이라고 하는 또 다른 종류의 시각 실인증은 얼굴에 대한 매우 특수한 시각 실인증이다. 얼굴 실인증 환자는 전형적으로 우반구의 특정 영역 손상(약간의 좌반구 손상이 관련된 경우도 있을 수 있음)으로 발생하는데, 이들은 물체 인식 능력에는 손상이 없지만 그들의 가족, 정치 지도자, 심지어 자신의 얼굴 사진의 얼굴을 인식하지 못한다. 이들은 코, 눈썹, 점 같은 상세한 것들을 볼 수 있지만, 시각적인 세부사항들로부터 일관적인 지각을 만들어 내지 못하는 것 같다. 올리버 색스(1985)의 책은 얼굴 실인증에 대한 생생한 세부적인 내용을 이야기해 준다.

시각 실인증은 지각과 패턴 인식의 인지적 처리와 관련된 유일한 종류의 신경학적인 손상은 아니다. **편측 무시증**(unilateral neglect)이라는 잘 알려진 또 다른 장애는 마루엽 손상의 결과로 발생하며 손상 반대쪽에 제시된 자극을 실질적으로 무시하도록 만든다(Mozer, 2002). 예를 들어 우반구 마루엽이 손상된 환자는 자신의 몸 왼쪽을 씻거나 왼쪽 머리를 빗질하지 못하며 몸의 왼쪽 편에 나타난 자극에 반응하지 않는다.

지각에서의 신경학적인 손상에 대한 이러한 아주 간략한 개관은 지각이 단순히 정보를 받아들이는 것 이상이라는 것을 보여준다. '보는 것이 믿는 것이다'라는 말이 사실이든 아니든, 틀림 없이 보는 것은 지각하는 것과 다르다.

제3장

요약 ....

연구자들은 지각 연구를 위한 독특한 접근법을 많이 제안하였다. 각 접근법에서의 이론적 가정이나 사용된 실험적 방법에서의 차이에도 불구하고 연구자들은 적어도 두 가지 일반적인 원리에 대해 동의하는데, 그 두 가지는 아래 목록에 있는 요점 1과 2이다.

1. 지각은 정적인, 개별 감각 입력을 단순히 합한 것 이상이다. 지각은 우리가 수용하는 감각의 어떠한 통합을 포함하는 것이 분명하며 아마도 어느 정도의 해석도 포함한다. 지각은 세상으로부터 단순히 정보를 취하는 문제가 아니라 그것으로부터 내적 표상의 복사본을 창조하는 것이다.

2. 지각은 때때로 존재하지 않는 것을 '보거나'(주관적 윤곽의 경우에서처럼), 있는 그대로가 아닌 왜곡되게 보는 것(다른 맥락 효과들의 경우에서처럼)을 포함한다. 지각은 상향처리와 하향처리 과정 둘 모두를 포함하는데, 상향처리는 환경에서 아주 적은 양의 정보를 큰 조각으로 결합하는 것이고, 하향처리는 자극이 무엇인지에 대한 지각자의 기대나 이론에 의해 이끌어지는 과정이다.

3. 중요한 지각적 과제 가운데 하나는 배경으로부터 전경 도형을 구분해 내는 것이다. 형태심리학자들은 우리가 이 과제를 어떻게 달성하는지에 대한 많은 원리를 제공하였다. 이러한 원리들에는 근접성, 유사성, 좋은 연속, 완결성, 공통 운명의 원리들이 있다. 그 원리들 모두는 간결성의 법칙을 따른다. 간결성의 법칙이란 자극에 대해 지각자가 내릴 수 있는 모든 가능한 해석 중에서 가장 단순하고 안정적인 형태를 만드는 것을 선택한다는 것이다.

4. 지각에 대한 상향처리 모형에는 형판 대응, 원형 대응, 세부특징 분석 등이 있다. 형판 대응은 패턴이 지각자의 저장된 정신적 표상과 대응될 때 인식된다고 설명한다. 원형 대응에서는 저장된 정신적 표상이 자극의 정확한 복사본이 아니라 이상화된 표상이라고 가정한다. 세부특징 분석 모형에서는 우리가 먼저 패턴의 세부특징이나 구성 성분을 먼저 인식하고 나서 통합된 해석을 형성하기 위해 그 정보들을 합친다고 주장한다.

5. 지각에 대한 하향처리 모형은 우리가 감각 정보를 어떻게 해석하는지에 대한 모형에 지각자의 기대를 포함시킨다. 예를 들어 단어 우월효과에 대한 연구는 맥락이 자극에 대한 우리의 지각을 변화시킨다는 것을 보여준다.

6. 철자 지각에 대한 연결주의 모형은 낱자(단순한 글꼴로 인쇄된 모든 낱자) 하나를 인식하는 과제가 얼마나 복잡할 수 있는지를 잘 보여준다.

7. 지각은 지각자 측에서 많은 양의 능동적 활동을 포함한다. 우리는 우리를 둘러싼 시각 세계를 단순히 기록하는 것 이상의 일을 한다. 우리는 사진기가 아니다. 지각에 대한 직접 지각 접근이나 구성주의자 모두, 지각을 정신적·물리적 활동의 결과라고 가정한다. 우리는 세계를 항행하면서 당연한 과정처럼 관심을 가진 물체에 대한 더 많은 정보를 찾고 수집한다. 궁극적으로 지각에 대한 어떤 이론이든지 일상의 지각에서 우리 자신의 활동을 설명에 포함시켜야만 한다.

8. 지각의 붕괴(얼굴 실인증을 포함한 시각 실인증에서처럼)는 본 것을 인식하지 못하거나 이해하지 못하는 것과 관련된다. 지각성 실인증은 윤곽의 인식은 손상되지 않았지만 물체가 무엇인지 인식하지 못하는 것을 말한다. 연합성 실인증 환자는 물체의 정체를 (때에 따라 느리게) 인식할 수 있지만 작은 세부 사항에 몰두하여 집중한다. 얼굴 실인증의 경우 사람들의 얼굴, 친척이나 유명인 얼굴, 심지어 거울이나 사진에서의 자기 얼굴을 인식할 수 없다.

지각은 인지 연구의 기본이 되고 이 책의 후반에 논의되는 많은 주제들과 관련이 있다. 지각은 이 책의 제4장 주제인 주의와 직접적으로 관련된다. 예를 들어 우리의 주의 수준은 우리가 어떤 것을 지각하고 기억하는 데 영향을 준다. 제8장에서 심상에 대해 다룰 때 사람들이 시각 정보를 어떻게 처리하는지에 대해 다시 살펴볼 것이다. 더욱이 '지각된 것'은 그것을 기록하고 저장하고, 그것에 대해 생각하고, 그것으로부터 추론을 이끌어 내는 것에 의해 지각자가 그 정보를 가지고 할 수 있는 그 밖의 것을 만들어 낸다. 따라서 우리는 지각과 관련된 주제들을 이 후의 장에서 계속 마주치게 될 것이다.

복습 문제

1. (a) 선통석인 성보저리 패러나임, (b) 언걸주의 패러나임, (c) 깁슨의 생태학적 패러다임에서의 지각에 대한 가정에 어떤 차이점들이 있는지 기술하라.

2. 지각적 조직화에 대한 형태주의 법칙 두 가지를 각각에 대한 예시와 함께 기술하라.

3. 상향처리와 하향처리가 어떻게 다른지 설명하라.

4. 세부특징 분석과 원형 대응은 어떤 점에서 형판 대응 모형보다 향상된 모형인가? 어떤 점에서 그렇지 못한가?

5. 지각적 조직화에 대한 형태주의 이론과 Biederman의 지온 이론 사이에 어떤 일치점이 있는지 평가하라.

6. 지각에서의 맥락 효과에 대한 일상생활의 예를 몇 가지 기술하라.

7. 철자 지각에 대한 McClelland와 Rumelhart의 연결주의 모형을 생각하면서 다음 질문들에 답해 보자. 형태주의 심리학자는 이 모형을 어떻게 생긱힐까? 무잇을 모형의 깅점과 약점이라고 볼까? 인지신경심리학자는 이 모형을 어떻게 생각하며 무엇이 모형의 강점과 약점이라고 볼까?

8. 다음에 대해 토론해 보자. "제임스 깁슨의 지지자들과 비판자들이 그렇게 열띤 논쟁을 벌이는 이유 중의 일부는 서로 다른 이야기를 하고 있기 때문이다. 깁슨은 지각에 대한 모형을 제시한 것이 아니다. 지각의 과제가 무엇인지를 그저 재정의한 것이다."

9. 다양한 시각 실인증은 지각에 대해 우리에게 무엇을 알려 주는가? 좀 더 도전적인 질문으로 바꾸어 말한다면, '정상적인' 인지 기능에 대한 이론들을 이해하기 위해 뇌손상을 입은 개인들에 대한 사례연구를 사용하는 것의 이론적 · 경험적 한계는 무엇인가?

핵심 용어

가용성(affordance)
근접자극(proximal stimulus)
단어 우월효과(word superiority effect)
망막(retina)
망막 상(retinal image)
맥락 효과(context effects)
범주적 지각(categorical perception)
상향처리(bottom-up process)
세부특징(feature)
시각 실인증(visual agnosia)
시각탐색과제(visual search task)
얼굴 실인증(prosopagnosia)

원격자극(distal stimulus)
원형(prototype)
음소(phoneme)
전경-배경 조직화(figure-ground organization)
지각(perception)
지각 학습(perceptual learning)
지각에 대한 구성주의 접근 (constructivist approach to perception)
지각적 조직화의 형태주의 원리 (Gestalt principles of perceptual

organization)
지온(geon)
직접 지각(direct perception)
주관적 윤곽(subjective contours)
창발 특성(property of emergence)
크기 항등성(size constancy)
하향처리(top-down process)
형태 우월효과(configural superiority effect, CSE)
형태 재인(pattern recognition)
형판(template)

학습 사이트

부가적인 학습 도구와 관련해서는 www.sagepub.com/galotticp5e의 학습 사이트(Student Study Site)를 방문하라.

4

주의
인지 자원 전개하기

....

장의 개요

자동차를 운전하는 일을 생각해 보자. 여기에는 여러 신체적인 기술뿐만 아니라―핸들 조정, 브레이크 밟기, 만일 수동 기어 차라면 기어 변환하기―인지적인 과정도 많이 포함되어 있다. 지각은 분명히 그중의 하나이다. 여러분은 정지신호, 보행자, 주행 중인 자동차 등 관련된 대상들을 재빨리 재인할 수 있어야 한다. 운전하기는 또한 심적 노력 또는 집중―인지심리학자들이 주의라 부르는―이 요구된다. 주어진 어떤 시간에 요구되는 주의의 양은 부분적으로는 주변의 복잡성에 따른다. 정체가 없는 넓은 길에서 운전하는 것이 복잡한 국도에서 혼잡 시간에 운전하는 것보다는 쉽다. 집중 수준 또한 운전하기의 전문성 수준에 따라 달라진다(Crundall, Underwood, & Chapman, 2002).

여러분이 처음으로 운전을 했던 경험을 회상해 보자. 대부분 사람들은 처음으로 자동차 핸들을 잡게 되면 엄청난 집중력을 보인다. 핸들을 꽉 잡고, 눈은 앞에 보이는 도로와 주차장에 꽂히며, 초보 운전자는 대화를 나누는 것이 무척 어렵고, 좋아하는 방송을 맞추어 듣는 일이나 햄버거를 먹는 일도 어렵다. 반 년 정도 지나면 그동안에 운전을 충분히 했다면 정상적인 조건에서 똑같은 운전자는 아마도 대화도 하고, 방송국을 선택하고, 먹고, 운전하는 일 모두 동시에 할 수 있을 것이다.

주의를 연구하는 인지심리학자들은 주로 인지 자원과 그 한계에 관심을 가지고 있다. 이들 생각에는 사람들은 단지 한정된 양의 심적 에너지만을 가지고 있어서 주어진 시간에 가능한 과제 모두와 다가오는 입력 정보 모두에 이 에너지를 다 쏟을 수는 없다. 만일 사람들이 이 자원의 일부를 한 가지 과제에 쏟는다면 다른 과제에는 쓸 자원이 줄어든다. 과제가 복잡하거나 친숙하지 않을수록, 이 과제를 성공적으로 수행하기 위해 할당되는 심적 자원이 더 많이 필요하다.

다시 한 번 운전하기 예를 생각해 보자. 초보 운전자는 정말 여러 복잡한 과제에 마주친다. 그는 많은 기제들을 작동시키는 법을 배워야 한다. 가속 페달, 브레이크, 기어 변환, 클러치, 전조등, 하이빔 스위치, 회전 신호 등. 자동차가 움직이고 있는 동안 운전자는 자동차의 전방을 보고 있어야 하며(도로, 나무, 방어벽 같은 것들) 또 때로 속도계를 검토해야 하고 백미러도 가끔 보아야 한다. 모두 숙달해야 하는 정말 많은 일들이고, 따라서 이런 복잡한 일을 한 다발 요구하는 과제를 하면서 다른 종류의 과제, 즉 대화하기, 라디오 켜기, 손가방이나 배낭에서 껌 꺼내기, 화장 고치기 등을 해낼 인지 자원이 남아 있지 않은 것이 당연하다.

하지만 연습을 거듭하다 보면 운전자는 이들 모든 기제들을 언제 어떻게 작동해야 할지를 알게 된다. 예컨대 경험 있는 운전자는 별 노력 없이 브레이크 페달을 '찾을' 수 있다. 숙련된 운전자는 자동차를 운전하면서 도로를 주시하고, 거의 동시에 관련된 기구들을 검토할 수 있다. 다른 과제에 쓸 수 있는 인지 자원이 점차 더 늘어나면서 경험 있는 운전자는 운전을 하면서 모든 종류의 다른 일을 다 할 수 있다. 라디오를 듣고, 자동차 전화기로 대화를 하고, 그날 할 일을 계획하며, 강연을 연습하는 등이 가능하다는 말이다.

복잡한 기구를 작동시키는 사람이나 동시에 많은 도구를 점검해야 하는 이들이라면 누구든 비슷한 어려움에 마주치게 된다. 항공관제소, 주식 중개자, 또 중환자실이나 응급실에서 일하는 의료진도 여러 모니터와 도구에서 오는 많은 정보 ─ 이들 중 대부분이 동시에 전해지는데 ─ 를 모두 처리해야 하고 재빨리 그리고 적절하게 반응

사진 4.1 운전 배우기에는 인지처리가 상당히 포함된다.

해야 한다. 이런 직업들에서의 실수는 일이 아주 커진다. 다음 예는 항공기 조종석에서 들리는 경고음 설계에 대한 연구에서 인용된 것인데(Patterson, 1990), 너무 많은 정보가 입력되면 과제 수행을 파괴할 수도 있음을 잘 보여준다.

나는 밤에 제트기류 속에서 비행 중이었는데, 오디오 경보와 흔들리는 손잡이와 경보등이 몇 개 켜지면서 내 달콤한 공상이 깨어졌다. 그 영향은 내가 원하던 바와 완전 반대 방향이었다. 나는 몇 초간 공포로 얼어붙었고 본능적인 행위를 취하는 대신 청각/시각으로 오는 공격을 어떻게 꺼버릴지 애쓰는 동안 몇 가지 도구를 떨어뜨렸다. 시청각으로 엄습해 오는 조합된 공격이 너무나 시끄러워서 나는 다른 승무원에게 말도 꺼내지 못하였고, 행위는 실제 문제에 대처하기 전에 그 불협화음을 없애는 방향으로만 계속 행해졌다.(p. 37)

기구나 도구를 설계하는 사람들이라면 누구나 사람들이 여러 정보를 어떻게 처리하고 동시에 얼마나 많은 정보를 처리할 수 있는지 알고 있어야만 한다는 점은 분명하다. 시스템 설계자는 바로 이런 종류의 주제들을 연구하는 인간 요인 전공 심리학자들에게 상담을 받는 경우가 많다(Wickens, 1987).

이 장의 목표는 위에 든 예에서 무슨 일이 일어나고 있는 것인지를 인지심리학적으로 설명해 보려는 것이다. 좀 더 구체적으로 우리는 심적 자원이라는 주제를 검토해 볼 것이고, 이 자원이 여러 인지 과제에 어떻게 할당되는지를 검토해 볼 것이다. 우리는 우선 정신 집중이라는 개념을 살펴볼 것이다. 특히 어떤 사람 또는 어떤 대상에 '주의 기울이기'라는 것이 무슨 의미인지를 설명해 보고자 한다.

'주의 기울이기' 중 적어도 일부는 집중하기 — 다른 행위 또는 정보를 끊어버리고 집중하기 원하는 대상에 심적 자원에 더 몰두하는 것 — 라는 점을 여러분은 알게 될 것이다.

다음으로는 인지신경심리학에서 이루어진 최근 연구들이 사람들이 '주의 기울이기'에 관여하는 동안 일어나는 뇌 기제에 대해 이야기해 주는 바에 대해 살펴볼 것이다. 주의를 기울이거나 주의에 재집중할 때 뇌의 특정 영역이 활성화되는 것을 살펴볼 것이고, 주의가 기울여지는 정보가 일으키는 여러 뇌 반응이 주의가 기울여지지 않는 정보가 일으키는 반응과 다르다는 사실을 알게 될 것이다.

우리는 또한 연습에 따라 집중 수준이 어떻게 변화하는지도 검토할 것이다. 많은 과제에서 집중적 연습을 하면 과제가 아주 쉽고 힘들지 않게 되어서 주의를 별로 요구하지 않게 된다. 이런 일이 일어나면 수행이 자동적이 되었다고 말한다. 이는 다른 무엇보다 한 사람으로 하여금 다른 과제를 자동화된 과제와 동시에 할 수 있는 자유를 준다는 의미가 된다. 이 주제는 분리 주의(divided attention)라 알려져 있는데, 인지심리학자들의 관심을 끌었으며, 이 장의 끝부분에 가서 탐구될 것이다. 마지막으로 주의와 자동처리 사이의 관련성에 대한 최근의 제안들을 몇 가지 검토해 볼 것이다.

1800년대 후반에 윌리엄 제임스는 주의라는 주제에 사로잡혔는데, 그는 심리학의 여러 다른 주제들에도 깊은 관심이 있었다. 제임스(1890/1983)가 한 번에 쉽게 처리될 수 있는 개념의 체계나 과정은 단 하나뿐이라고 했던 주장은 주의 연구자들이 쓴 최근 글을 예언하였던 것 같다. 한 번에 두 가지 이상을 한다면 그 과정이 습관적이어야 한다고 제임스는 믿었다. 주의에 관한 제임스의 묘사는 100년 전과 마찬가지로 오늘날에도 분명하며, 심리학자들이 주의를 연구할 때 관찰하는 현상들을 잘 요약하고 있다.

> 주의가 무엇인지는 누구나 알고 있다. 이는 일련의 사고 흐름에서 동시에 가능하게 보이는 몇 가지 대상들 중에서 어떤 것 하나가 마음에 사로잡히는 것이며, 분명하고 생생한 형태이다. 의식 초점화하기, 집중하기가 그 본질이다. 다른 이를 효율적으로 대하기 위해서 어떤 것들을 철수해 버리는 것이며, 이와 정반대의 조건으로는 혼란스럽고, 어지럽고, 분산된 상태를 뜻하는 용어로, 프랑스어로는 'distraction', 독일어로는 'Zerstreutheit'라는 상태를 들 수 있다.(p. 381-382)

선택 주의

선택 주의(selective attention)라는 용어는 우리가 주의를 많은 과제가 아니라 단 하나 또는 두세 가지의 과제나 사건에 초점을 기울인다는 사실을 가리킨다. 우리가 우리의 자원을 심적으로 초점을 맞춘다고 말할 때 우리는 다른 것, 경합이 되는 것들을 닫아버린다(또는 적어도 거기서 정보를 덜 처리한다)는 뜻을 암시한다. 주의 연구자인 Hal Pashler(1998)가 말했듯이, "어떤 주어진 순간에 [사람들의] 자각은 그들의 감각 체계에 침범하는 자극 중 아주 적은 비율의 자극에만 관여한다."(p. 2)

여러분의 직관도 이와 같은가? 다음 실험을 간단히 해보자. 잠깐 멈추고 되새겨 보자. 여러분은 환경에서 소음을 들을 수 있는가? 아마도 이 소음 중 일부 또는 전부가 앞의 문구를 읽는 동안 바로 1초 전에 있었을 것이다. 하지만 이 소음들에 주의를 기울이지 않고 있었을 것이다. 다른 자극들도 마찬가지다. 여러분은 주의를 기울이면 옷이나 시계 또는 장신구가 피부에 닿는 느낌을 느낄 수 있는가? 바로 1초 전에는 전혀 자각하지 못하였을 것이지만 이제 할 수 있을 것이다. 아마 하나의 자극에 적극적으로 초점을 기울이는지 아니면 기울이지 않는지에 따라 정보를 처리하는 방식이 다를 것이다.

인지심리학자들은 사람들이 주의를 기울이지 않는 정보 중 처리되는 것은 어떤 정보인지 어떻게 알 수 있었을까? 이에 관해 생각을 해보는 것은 아주 어려운 일이다. 여러분이라면 사람들에게 그들이 주의하지 않고 있다는 것을 분명히 확신하면서 정보를 어떻게 제시할 수 있겠는가? 주의를 기울이지 말라고 말로만 지시하는 것은 거의 정반대의 효과로 나타날 가능성이 크다. (한번 시도해 보자. 다음 25초간 손가락의 느낌에 대해 아무런 주의도 기울이지 말아 보자.)

이 문제에 대한 해결은 인지심리학자들에게 잘 알려진 연구방법이다. 그림 4.1에 묘사되어 있는 것처럼, 이는 양분 청취 과제(dichotic listening task)라는 것이다. 이 과제는 다음과 같이 이루어진다. 한 사람이 헤드폰을 끼고 오디오 테이프를 듣는다. 테이프에는 여러 메시

"17세기의 여성들은 많은 물리적인 도전들에 직면했습니다."

"논리학자들의 생각에 따르면 형식적인 규칙의 체계는……"

그림 4.1 양분 청취 과제. 청취자는 두 가지 메시지를 듣는데, 그중 한 메시지를 따라 말하도록(검영, shadow) 한다.

지가 기록되어 있는데, 반대편 귀에 다른 메시지가 동시에 들리도록 되어 있다. 양분 청취 과제 참가자들은 대개 두 가지 이상의 메시지가 재생되는 것을 듣는데(대개 문헌이나 신문 기사 또는 강의록에서 빌려온 글), 들으면서 그중 한 가지를 '따라 말하기'(소리 내어 반복하기) 하라고 요구한다. 정보는 대개 빠른 속도로 제시되는데(분당 150단어), 그래야 따라 말하기 과제의 효과가 있다. 과제의 말미에 참가자들에게 어느 쪽 메시지에서 어떤 것을 기억하는지 물어본다—주의를 기울인 메시지 또는 주의하지 않은 메시지. [때로 두 귀에 두 메시지가 다 들리게 녹음되는 경우도 있는데, 양이 제시(binaural presentation)라 한다. 이 기법을 양분 청취 과제와 함께 사용하는 연구자도 있다.]

이러한 실험 설정은 다음과 같은 논리에 따른다. 실험 참가자는 따라 말하는 메시지에 집중하여야 한다. 정보가 제시되는 속도가 상당히 빠르므로, 따라 말하기 과제는 꽤 어렵고 심적 자원을 많이 요구한다. 따라서 따라 말하지 않는, 주의 기울이지 않은 메시지에서 오는 정보를 처리할 자원은 아주 적다.

Cherry(1953)의 연구는 고전적인 연구가 되었는데, 그는 사람들이 정상적인 빠르기로 말한 메시지를 따라 말하는 데는 거의 오류가 없음을 보여주었다. 나중에 연구자들이 참가자들에게 주의를 기울이지 않은 메시지에 나온 소리에 관해 물어보면, 이들은 그 소리가 말소리였는지 소음이었는지를 거의 항상 정확하게 보고하였고, 말소리인 경우 그 목소리가 남자였는지 여자였는지도 정확하게 보고하였다. 주의하지 않은 메시지가 거꾸로 재생된 말소리인 경우 참가자들 중 일부는 그 메시지의 양상을 눈치채 보고했지만, 이들은 대개 정상적인 말소리인데 조금 이상한 것이었다고 추정하였다.

반면에 주의하지 않은 메시지의 내용은 회상하지 못했는데, 말소리의 언어도 구분하지 못하였다. 이 절차를 변형한 한 연구에서는 주의하지 않은 쪽의 언어가 영어에서 독일어로 바뀌었지만, 참가자들은 이러한 변화를 눈치채지 못하였다. 다른 실험에서의 참가자들은 (Moray, 1959) 주의를 기울인 메시지에서 산문을 듣고 주의하지 않은 메시지로 간단한 단어 목록을 들었다. 이들은 주의하지 않은 메시지에서 대부분의 단어는 알아차리지 못했는데, 심지어 그 목록이 35번이나 반복되어도 알아채지 못했다!

병목 이론

이상의 결과들을 설명하고자 Broadbent(1958)는 주의의 여과기 이론(filter theory)을 제안하였다. 이는 한 사람이 주어진 시간에 주의를 기울일 수 있는 정보의 양에는 제한이 있음을 보여주는 이론이다. 따라서 만일 주어진 시간에 쓰이는 정보의 양이 용량을 초과하면, 그 사람은 어떤 정보는 통과하도록 하고 다른 정보는 차단하는 방식으로 주의 여과기를 사용한다는 것이다. 이 여과기는 몇 가지 물리적(예 : 청각적 기초 정보) 측면을 근거로 한다. 이 예에서는 소리의 위치나 전형적인 높이 또는 크기 등이다. 여과기를 통과하는 재료만 나중에 의미 분석된다.

이 이론은 주의하지 않은 메시지에서 회상되는 의미가 왜 그렇게 적은지를 설명한다. 주의하지 않은 메시지의 의미는 단지 처리되지 않았을 뿐이다. 달리 말한다면 Broadbent의 여과기 이론은 주의 여과기는 어떤 메시지를 처리할 것인지를 초기에 선택하도록 설정되어 있으며, 대개는 그 메시지가 무엇인지 확인되기 전에 선택이 이루어지게 되어 있다고 주장한다(Pashler, 1998).

이 사실이 의미하는 바는 인간이 동시에 메시지 2개에 주의를 기울이는 것은 불가능하다는 말인가? Broadbent(1958)는 그렇지 않다고 생각하였는데, 그는 한정된 것은 우리가 주어진 시간에 처리할 수 있는 정보의 양이라고 보았다. 2개의 메시지가 전하는 정보가 거의 없거나, 또는 아주 천천히 정보를 제시한다면 동시에 처리될 수도 있는 것이다. 이를테면 같은 단어를 반복 제시하는 메시지라면 포함된 정보가 별로 없기 때문에 한 가지 이상의 메시지에 동시에 주의할 수가 있다. 이와는 반대로 많은 정보가 들어 있는 메시지는 심적 용량을 빨리 또 더 많이 차지하기 때문에 동시에 주의할 수 있는 것이 적을 수밖에 없다. 여과기는 따라서 한 번에 처리하기에는 너무 많은 정보를 들을 때 메시지들을 차단하여 '정보 과부하'에서 우리를 보호하려는 것이다.

이내 이 여과기 이론을 반박하는 연구결과들이 보고되었다. Moray(1959)는 가장 유명한 현상 중의 하나인 '칵테일 파티 효과'를 생각해 냈다. 주의를 기울인 쪽이거나 기울이지 않은 쪽의 메시지에 자신의 이름이 들어가면 따라 말하기 수행 방식이 붕괴되어 버린다. 게다가 그 사람은 자신의 이름을 들을 수 있을 뿐만 아니라 들었다는 사실을 기억하기도 한다. 사람이 많은 사회적 장면에 있을 때 여러분도 비슷한 경험을 한 적이 있을 것이다. 여러분이 한두 사람과 대화를 나누고 있는 동안, 뒤에 있는 어떤 이가 여러분의 이름을 말하는 소리를 듣는다. 여러분의 이름이 들리기 바로 전까지는 그 사람이 무슨 말을 하고 있었는지 전혀 '듣지' 못하였을 것이지만, 자기 이름을 말하는 소리는 여러분의 주의를 향해 뻗어 나와 그것을 움켜잡는 것처럼 보인다.

칵테일 파티 효과가 여과기 이론에 왜 문제가 되는가? 여과기 이론은 주의를 기울이지 않은 모든 메시지가 여과되어 걸러진다—사실상 재인되거나 의미 파악되도록 처리되지 않는다—고 예언하는데, 바로 이것이 양분 청취 과제에서 참가자들이 주의하지 않은 메시지를 거의 기억할 수 없는 이유가 된다. 칵테일 파티 효과는 이와는 완전히 다른 현상을 보여준다. 사람들은 때로 주의하지 않은 메시지나 대화에서도 자기 이름을 들을 때도 있으며, 자기 이름을 들으면 이전에 주의하지 않았던 메시지에 주의를 기울이게 될 것이다.

Moray(1959)는 '중요한' 재료만 주의하지 않는 메시지를 차단하고자 설정된 여과기를 뚫고 나갈 수 있는 것이라고 결론지었다. 아마도 사람 이름이 포함된 메시지는 여과기를 통과하여 의미로 분석되기에 충분할 정도로 중요할 것이다. 이제 설명되지 않는 부분은 어떤 메시지가 통과시켜야 할 정도로 중요한 것인지 여과기가 어떻게 '아느냐' 하는 점이다.

참가자들이 항상 주의하지 않은 메시지에서 자기 이름을 듣는 것은 아니라는 점에 주목하여야 한다. 경계하라는 단서를 미리 주지 않으면 33%의 참가자들만이 자기 이름을 알아차렸다(Pashler, 1998). 따라서 따라 말하기 과제가 주의를 100% 차지하게 만들지는 못한다는 사실이 이름 재인에 대한 대안적 설명으로 제시되었다. 그러므로 주의는 때로 주의하지 않은 메시지로 길을 바꾸거나 그에 빠져든다는 것이다. 이러한 길 빠짐(lapses) 동안에 이름 재인이 일어나는 것이다.

Treisman(1960)은 칵테일 파티 효과를 해석하면서 이와 같은 대안적 해석에 반대 주장을 펼쳤다. 그녀는 참가자들에게 두 가지 메시지를 들려주었는데, 각 메시지를 다른 귀에 들려주었고, 참가자들에게 그중 한 가지를 따라 말하기 하라는 지시를 주었다. 메시지 중간의 어떤 시점에서, 첫 번째 메시지와 두 번째 메시지가 자리를 바꾸어 둘째 메시지가 첫째 메시지 내용을 따라 가고, 그 반대의 경우도 함께 생겼다. 두 메시지가 '귀 바꿈(switched ears)'을 한 직후, '주의하지 않은 귀'에서 한두 개 단어를 따라 말하는 참가자들이 많았다. 만일 참가자들이 주의하지 않은 메시지를 그들의 주의 여과기가 '길 빠짐' 할 때만 처리되는 것이라면, 메시지가 바뀌어진 귀에서 들리기 시작하는 시점에서 이러한 길 빠짐이 생기는 이유를 설명하기란 아주 힘들다.

이 결과를 설명하기 위해 Treisman(1960)은 참가자들이 적어도 일부는 메시지의 의미에 의거하여, 어떤 메시지에 주의를 기울일 것인지 선택한다고 추리하였는데, 이는 여과기 이론으로는 그 가능성이 허용되지 않는 것이다. 흥미롭게도 참가자들은 대부분 들리는 글의 내용이 귀를 바꾸어 이어지거나 '다른 귀'에서 들리는 단어를 따라 말했다는 사실을 의식하지 못하고 있었다. 다시 한 번 이 연구결과는 주의하지 않은 통로에서 오는 정보가 완전 차단된다고 보는 여과기 이론이 지닌 문제점을 제기하였다.

주의하지 않은 통로에서 오는 정보가 재인 가능한가라는 주제에 대한 연구는 Wood와

Cowan(1995)이 이어갔다. 한 연구에서 이들은 168명의 학부 학생을 대상으로 양분 청취 과제를 시행하였다. 두 집단이 분노의 포도(*Grapes of Wrath*)(분당 175단어의 속도로 아주 빨리 읽히는 글)를 주의를 기울인 귀에서 들으며 따라 말하기 하는 동안(항상 오른쪽 귀에 제시), 2001: 스페이스 오딧세이(*2001: A Space Odyssey*)가 주의를 두지 않은 왼쪽 귀로 제시되었다. 과제를 시작하고 5분 후에 주의하지 않은 통로에서의 말소리가 30초 동안 거꾸로 돌아가는 말소리로 바뀌었다. 이런 조건을 연구한 이전 실험에서는 대략 절반 정도의 참가자들이 이러한 바뀜을 눈치채었고, 나머지 절반은 눈치채지 못하였다. 두 집단은 거꾸로 말소리가 들린 후에 '정상' 말소리가 얼마나 오래 제시되었는지에 따라서만 서로 달랐다. 한 집단에서는 2.5분이었고 다른 집단에서는 1.5분이었다. 세 번째의 통제 집단 참가자들은 거꾸로 말소리 없이 주의 받지 않는 메시지를 들었다.

Wood와 Cowan(1995)은 처음에는 사람들이 주의하지 않은 메시지에 들리는 거꾸로 말소리가 주의를 기울인 메시지를 따라 말하는 데 지장을 주는지를 살펴보았다. 만일 이들이 주의하지 않은 메시지의 정보를 처리하였다면, 이 정보처리가 주된 과제의 수행에 손실을 끼칠 것인가? 답은 명백히 '그렇다'였다. Wood와 Cowan은 따라 말하기에서 나타난 오류의 비율을 계산하여 보았는데, 그 비율이 거꾸로 말소리가 제시되고 30초 동안에 정점을 찍는다는 사실에 주목하였다. 이 효과는 특히 거꾸로 말소리를 눈치채었다고 보고한 사람들에게서 극적으로 나타났다. 통제 집단 참가자들은 거꾸로 말소리를 제시 받지 않았는데, 이러한 따라 말하기 오류에서 상승선을 나타내지 않았으며, 대부분이 거꾸로 말소리를 보고하지도 않았다.

거꾸로 말소리로 주의를 바꾸게 되는 이유는 무엇인가? 참가자들(또는 그들 중 일부라도)은 두 메시지 사이를 오락가락하면서 주기적으로 주의를 바꾸고 있었던 것일까? 아니면 거꾸로 말소리가 주의 여과기로 하여금 자동적으로(자각이나 의도, 노력 없이) 재설정하게 만든 것일까? 이 의문들을 풀기 위해 Wood와 Cowan(1995)은 거꾸로 말소리 부분을 중심으로 그 전의 30초, 중간 30초, 그 후의 30초 동안에 나온 따라 말하기 오류를 5초 간격으로 분석해 보았다. 결과는 그림 4.2에 제시되어 있는데, 통제 참가자들과 거꾸로 말소리를 알아차리지 못했던 참가자들은 세 가지 시간 동안 오류가 더 증가하지 않았다. 하지만 거꾸로 말소리를 들었다고 보고한 참가자들은 눈에 띄게 더 많은 오류를 보였으며, 거꾸로 말소리가 시작되고 난 다음 10초에서 20초 사이에 정점에 달했다.

Wood와 Cowan(1995)은 주의를 기울인 메시지에서 기울이지 않은 메시지로의 변경은 비의도적이고 완전히 자각 없이 이루어진다고 결론지었다. 이들의 이 결론은 거꾸로 말소리의 탐지가 따라 말하기에 끼어들어 방해하였으며 거꾸로 말소리를 알아차린 모든 참가자에게서 그 오류율이 똑같은 시간에 정점에 달한다는 사실에 근거한다고 하였다. 달리 말하자면 Wood와 Cowan은 거꾸로 말소리를 알아차린 참가자들은 이 거꾸로 말소리가 그들의 주의를 '포획'하여, 주 과제인 따라 말하기 과제 수행을 떨어뜨렸다고 보았다.

사실상 A. R. A. Conway, Cowan과 Bunting(2001)은 주의하지 않은 메시지에서 자기 이

름을 탐지한 연구 참가자들
은 작업기억 폭이 낮은 사람
들이라는 것을 보여주었다.
(다음 장에서 작업기억에 대
해 공부하게 될 것이다. 여기
에서는 즉각적으로 마음에
지니고 있을 수 있는 기억의
'공간' 또는 용량이라고 생각
하면 된다.) 실제로 작업기억
폭이 높은 참가자들 중 20%
가 주의하지 않은 메시지에
서 나오는 자기 이름을 탐지
하였으며, 이는 작업기억 폭
이 낮은 참가자들 중에서는
65%가 탐지하였다는 사실
과 비교된다. 저자들은 이 결
과에 대해 다음과 같이 해석
하였다. 작업기억 용량이 낮
다는 것은 주의하지 않은 메
시지를 적극적으로 차단하는
능력이 낮다는 의미다. 즉,

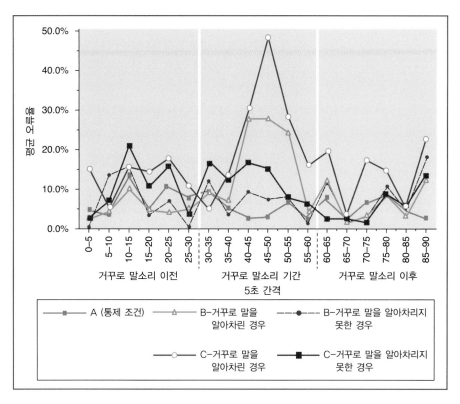

작업기억 폭이 낮은 이들은 초점에 집중하기가 더 어렵다.

그림 4.2 거꾸로 말소리가 들리기 전후와 중간 30초 동안 5초 간격으로 따라 말하기 오류를 평균 백분율로 본 그림이며, 거꾸로 말소리를 알아차린 참가자와 알아차리지 못한 참가자를 나누어 제시하였다. A = 통제 조건, B = 6분 지속되는 거꾸로 말소리 동안 첫 번째 중간, C = B와 마찬가지 시간이지만 6분 후에 끝나는 경우이며 8.5분이 아니다.

자신의 연구결과를 바탕으로 Anne Treisman(1960)은 수정된 여과기 이론을 제안하고, 이를 약화 이론(attenuation theory)이라 불렀다. 주의하지 않은 메시지는 의미처리가 되기 이전에 완전 차단(여과기 이론에서 말하는 바대로)되는 대신에 그 '강도'가 '약화된다'고 Treisman은 주장하였다. 곧 주의하지 않은 메시지에 있던 의미 있는 정보 일부는 아직 쓸 수 있지만, 회복하는 데 좀 어려울 뿐이라는 것이다. Treisman은 이 아이디어를 다음과 같이 설명하였다.

입력 메시지가 분석되는 방식은 세 가지 종류로 나뉜다. 첫째, 소리의 높이나 크기와 같은 물리적인 속성이 먼저 분석된다. 두 번째 분석은 언어적인 것으로 메시지를 음절과 단어로 해석하는 과정이다. 세 번째 분석은 의미적이어서 메시지의 의미가 처리된다.

의미 있는 단위 중 일부(단어나 구절 같은)는 쉽게 처리되는 것이 있다. 주관적으로 중요한 단어(자기 이름 같은) 또는 위험을 알리는 단어("불이야!", "조심해!")는 항상 역치가 낮을 것이다. 곧 약한 소리로 들려도 재인될 수 있다. 여러분 등 뒤에서 속삭이는 소리를 알아듣기 힘들다는 것은 알고 있지만, 속삭임의 내용이 무엇이었든 그 안에 있는 여러분의 이름은 알아차릴 수 있을 것이다. 영구적으로 역치가 낮은 단어나 구절을 재인하는 데는 심적 노력이 별로 필요하지 않다. 따라서 Treisman 이론에 따른다면, Moray 실험에서의 참가자들이 자기 이름을 들을 수 있었던 것은 자기 이름의 재인에 요구되는 심적 노력은 아주 적기 때문이다.

영구적으로 역치가 낮은 단어는 몇 개 되지 않는다. 하지만 메시지 안에 있는 단어의 맥락도 역치를 일시적으로 낮출 수 있다. 만일 "개가 쫓고 있는 ……"이라는 말을 들으면 단어 고양이가 점화(priming), 즉 잘 재인될 수 있도록 특별히 준비된다. 단어 고양이가 주의하지 않은 통로에 있다 하더라도, 이 단어를 듣고 처리하는 데는 노력이 별로 안 든다. Treisman(1960)의 실험에서 '귀 바꿈'이 일어나는 이유를 이 논리가 설명해 준다. 이전에 문장 안에서 그 단어를 들으면 참가자들은 그다음에 나오는 단어를 탐지하고 재인하고자 점화되는데, 심지어 이 단어들이 주의하지 않은 메시지에 나올 때도 그렇다.

Treisman(1964)에 따르면 사람들은 주의를 기울이는 메시지와 주의하지 않은 메시지를 구별해 내는 데 필요한 정도만큼만 처리한다. 만일 두 메시지가 물리적 특징에서 다르다면, 단지 이 수준에서만 두 메시지를 처리하여 주의하지 않은 메시지를 쉽게 거부하는 것이다. 만일 두 메시지가 의미에서 서로 다른 것이라면, 우리는 두 메시지를 모두 의미 수준까지 처리하고 난 뒤 이 분석에 근거하여 어떤 메시지에 주의할 것인지를 선택한다. 하지만 의미 처리에는 노력이 더 들기 때문에 이러한 분석은 필요할 때만 수행한다. 주의를 기울이지 않은 메시지는 완전히 차단되는 것이 아니라 스테레오에서 강도를 줄여 청각 신호를 약하게 하는 것처럼 약화되는 것이다. 영구적으로 역치가 낮은 메시지 부분('중요한' 자극)은 주의하지 않은 메시지에서 들려올지라도 이는 회복될 수 있다.

여기서 약화 이론과 여과기 이론이 서로 대조되는 부분에 주목해 보자. 약화 이론은 모든 메시지에 여러 종류 분석이 가능하다고 보며, 여과기 이론은 단지 한 종류의 분석만 가능하다고 본다. 여과기 이론은 주의하지 않은 메시지가 일단 물리적 특성으로 처리되고 나면 기각되고 완전히 차단된다고 본다. 약화 이론은 주의 않은 메시지는 약해지지만 담고 있는 정보는 아직 사용 가능하다고 본다.

Broadbent(1958)는 원래 주의란 어떤 정보를 짜내어 처리 영역으로 빼내는 병목과 같은 것이라고 묘사하였다. 이 비유를 이해하려면 병이 생긴 모양을 생각하면 된다. 병목의 지름이 병의 바닥에 비해 작으면 작을수록 흘러 나오는 속도가 늦어질 것이다. 병목이 넓으면 정보가 더 많이 '흘러 나와' 어떤 시점에 더 많이 처리될 것이다.

스포트라이트 접근

현대 인지심리학자들은 주의에 관해 논할 때면 여러 가지 은유를 사용한다. 이를테면 어떤 이들은 주의를 그 체계가 지금 초점을 맞추고 있는 정보가 무엇이든 바로 그것을 강조하여 스포트라이트를 비추는 것으로 비유한다(W. A. Johnson & Dark, 1986). 따라서 심리학자들은 이제 어떤 정보가 처리되지 못하는지를 결정하는 것보다는 선택하여 집중하는 정보가 어떤 종류인지에 대해 더 관심이 있다(스포트라이트 비유가 가리키는 바대로).

이를 살펴보려면 스포트라이트 은유를 조금 더 자세히 생각해 보라. 스포트라이트에서 초점을 맞추는 지점이 무대의 한 곳에서 다른 곳으로 옮겨갈 수 있는 것처럼, 주의도 방향이 정해지고 다시 정해지면서 다양한 종류의 입력 정보로 옮겨 다닌다. 중심에 있을 때 스포트라이트가 가장 잘 비추어지는 것처럼, 인지처리도 주의가 한 가지 과제에 향해 있을 때 증진되는 법이다.

주의는 스포트라이트처럼 경계면이 흐릿하다. 스포트라이트는 한 번에 한 가지 이상의 대상에 비추어질 수 있는데, 이는 대상의 크기에 따라 달라진다. 주의 역시 한 번에 한 가지 과제 이상에 주어질 수 있지만, 각 과제에서 요구되는 용량에 따라 달라진다. 물론 스포트라이트 비유는 그리 완전한 것은 아니라서 일부 연구자들은 이 관점에 문제점이 많다고 본다(Cave & Bichot, 1999). 예컨대 스포트라이트 은유에서는 주의가 항상 어떤 특정 지점을 향한다고 가정하지만, 이는 사실이 아니다.

대니얼 카네만(Daniel Kahneman, 1973)은 주의가 무엇인지에 관해 약간 다른 모형을 제시하였다. 그는 주의란 자극을 범주화하고 재인하기 위한 인지처리들의 한 집합이라 보았다. 자극이 복잡하면 복잡할수록 처리가 어려워지고, 따라서 더 많은 자원이 개입된다. 하지만 사람들은 자기 심적 자원을 어디로 향하게 할지에 대해 어느 정도 통제를 할 수 있다. 사람들은 때로는 어디에 초점을 기울일 것인지를 선택하고 자신의 심적 노력을 거기에 쏟을 수도 있다.

은행 계좌를 하나 이상 가지고 몇 군데에 돈을 투자하는 투자가에 비유해 볼 수 있다. 카네만의 모형에서는 개인은 심적 용량을 하나 이상의 몇 가지 다른 과제에 '투자'한다. 용량의 할당에 영향을 미치는 요인을 몇 가지 들 수 있는데, 이 요인들을 심적 자원의 가용성 정도와 유형에 따라 나누어 볼 수 있다. 심적 자원의 가용성은 다시 각성이나 경계 상태 정도의 전반적 수준에 의해 영향을 받는다.

카네만(1973)은 각성의 한 가지 효과는 더 많은 인지 자원이 여러 과제에 쓸 수 있을 정도로 가용되는 것이라고 주장하였다. 하지만 역설적으로 각성 수준은 또한 과제의 난이도에 따라 달라진다. 이는 2+2 같은 쉬운 과제를 할 때는 주민등록번호를 파이로 곱하기 하는 것 같은 더 어려운 과제를 수행할 때보다 각성이 덜 되어 있다는 점을 뜻한다. 우리는 따라서 쉬운 과제에는 인지 자원을 덜 쓰는데, 이는 다행히도 완수하는 데 자원을 덜 요구하는 것이기도 하다.

각성은 따라서 우리의 과제 수행 용량(심적 자원의 총량)에 영향을 미친다. 그러나 이 모형은 우리가 마주하는 모든 인지 과제에 자원을 할당하는 방식을 보여주기 위해서는 더 명세화되어야 한다. 카네만(1973)은 각 개인은 서로 다른 '할당 정책'을 가지고 있어, 이는 지속적인 성향(예 : 다른 것보다 특정 종류의 과제를 더 좋아하는 선호성), 일시적인 의도(다른 것을 하기 전에 우선 지금 식권을 찾아야 한다!), 자신의 용량에 미치는 요구에 대한 평가(지금 당장 해야 하는 과제가 주의를 얼마나 요구할 것인지에 대한 지식) 영향을 받는다

그림 4.2 흥미를 느끼는 청중은 덜 느끼는 다른 사람들보다 공연 중에 훨씬 더 많은 주의를 기울인다.

고 한다.

본질적으로 이 모형은 우리는 흥미를 느끼거나, 기분이 좋아지는 것, 또는 중요하다고 판단하는 것에 더 많은 주의를 기울인다는 것이다. 이를테면 오페라를 좋아하는 사람들은 오페라 공연 동안에 주의 깊게 들으면서 공연이 주는 느낌에 집중한다. 오페라에 별 취미가 없는 이들은 아마도 깨어 있기조차도 힘들지 모른다. 카네만(1973)의 관점에서 주의란 보통 사람들이 '심적 노력(mental effort)'이라 부르는 것의 한 부분이다. 더 많은 노력이 쓰일수록 우리가 사용하는 주의는 더 많은 것이다.

카네만의 관점으로 본다면 동시에 몇 가지 일을 하는 능력에 제약을 가하는 요인은 어떤 것인지 의문이 생긴다. 각성에 대해서는 이미 논하였다. 관련된 고려 사항으로 경계를 들 수 있는데, 이는 지금이 하루 중 어떤 시점인지, 바로 전날 수면 시간이 얼마나 되었는지 등을 들 수 있다. 때로는 우리는 더 많이 집중하여 더 많은 과제에 주의하기도 한다. 또 다른 경우 피곤하거나 졸릴 때는 집중하기가 힘들다.

노력은 과제 수행에 영향을 미치는 단 한 가지 요인이다. 노력을 더 하거나 집중을 더하면 수행이 나아지는 과제가 있는데, 과제에 할당된 심적 자원이나 용량에 의해 수행이 제약되는 자원 제약적(resource-limited) 처리가 요구되는 과제들이 그렇다(Norman & Bobrow, 1975). 중간고사가 한 가지 이런 과제가 될 것이다. 다른 과제들에서는 아무리 애를 써도 더 이상 나아지지 않는 경우가 있다. 한 가지 예는 밝은 방에서 희미한 불빛을 찾아내는 과제, 또는 시끄러운 방에서 부드러운 소리를 탐지해 내는 과제가 있을 것이다. 아무리 힘들게 집중하여 이를 수행하려 해도, 여러분의 경계 주의(vigilance)로는 그 자극을 탐지할 수가 없을 수 있다. 이런 과제의 수행을 **자료 제약적**(data limited)이라고 하는데, 과제 수행이 입력 자료의 질에 따라 결정이 되며, 심적 노력이나 집중과는 상관이 없는 경우다. Norman과 Bobrow는 이 두 가지 제약이 모두 어떤 인지 과제를 수행하는 우리의 능력에 영향을 미친다고 지적하였다.

도식 이론

Ulric Neisser(1976)는 주의를 전혀 다르게 개념화할 것을 제안하였는데, 이를 도식 이론 (schema theory)이라 한다. 그는 우리가 원치 않는 재료를 여과하거나, 약화시키거나 잊어

버리는 것이 아니라고 주장하였다. 대신에 우리는 이를 처음부터 아예 받아들이지 않는다는 것이다. Neisser는 주의를 사과 집기에 비유하였다. 우리가 주의하는 재료는 우리가 나무에서 따는 사과 같은 것이다. 우리는 그것을 포획한다. 주의하지 않은 재료는 우리가 따지 않은 사과와 같다. 따지 않은 사과가 우리의 포획에서 '여과'된다는 생각은 우습다. 더 잘 묘사한다면 이들은 그냥 나무에 남아 있는 것일 뿐이다. Neisser는 주의하지 않은 정보에 대해서도 마찬가지로 생각했다. 주의하지 않은 정보는 인지처리되지 않고 남아 있을 뿐이다.

Neisser와 Becklen(1975)은 시각적 주의에서 이와 관련된 연구를 수행하였다. 이들은 '선택적 보기' 과제를 만들어서 참가자들로 하여금 두 가지 겹쳐 보이는 영상 중 한 가지에 주의해서 보라고 하였다. 그림 4.3은 이 연구에서 참가자들이 무엇을 하였는지를 보여주는 그림이다. 한 영상에서는 '손놀이'로 두 쌍의 손이 서로 치고 잡는 어릴 적에 잘했던 손뼉치기 놀이를 보여준다. 두 번째 영상은 세 사람이 농구공을 패스하거나 바닥에 치거나 또는 두 가지를 모두 하는 장면을 보여준다. 이 연구의 참가자들은 두 영상 중의 하나를 바라보라고(주의하기) 하고 표적 사건(첫째 영상에서는 손바닥을 칠 때, 둘째 영상에서는 패스할 때)이 일어날 때마다 단추를 누르라고 한다.

Neisser와 Becklen(1975) 이 연구에서 발견한 것은 첫째, 참가자들은 옳은 영상을 쉽사리 바라보았으며, 표적 사건이 주의한 영상에서 1분에 40번이나 제시되어도 잘 수행했다. 참가자들은 주의하지 않은 영상에서의 표적 사건 발생을 무시할 수 있었다.

참가자들은 또한 주의하지 않은 영상에서 예상치 못한 사건이 일어나는 것도 알아차리지 못했다. 예를 들어 공놀이에 주의했던 참가자들은 손놀이에서

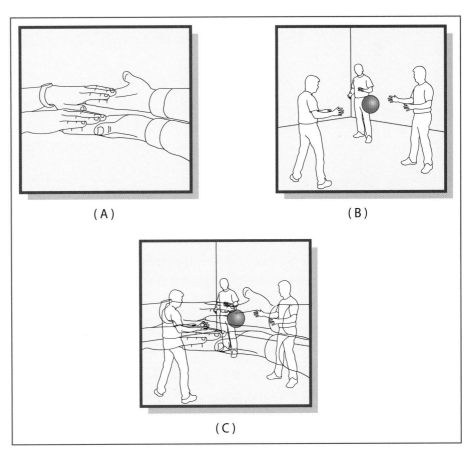

그림 4.3 Neisser와 Becklen(1975)이 사용했던 전형적인 영상 이미지 중에서 (A) 손놀이만 보여줌, (B) 공놀이만 보여줌, (C) 손놀이와 공놀이가 겹쳐짐

한 참가자가 손을 멈추고 다른 쪽에게 공을 던지기 시작하였다. Neisser(1976)는 여과된 주의라기보다는 숙련된 지각(skilled perceiving)이 이런 수행의 패턴을 잘 설명한다고 보았다. Neisser와 Becklen(1975)은 다음과 같이 주장하였다.

일단 한번 주의를 잡아채면 공놀이(또는 손놀이)의 연속적이고 응집력 있는 움직임이 다음의 잡아챔을 이끌어 간다. 무엇을 보았느냐가 다음에 볼 것을 이끈다. 이런 새로운 상황에서 '처리 체계' 안으로 깊숙이 침투하는 무관련 재료를 차단하고자 특별한 '여과기'나 '관문'을 상정하는 것은 그럴듯하지 않다. 시각적으로 주어지는 사건을 따라 가는 일상적인 지각 기술은 '주의하는 사건에 적용되고 다른 것에는 적용되지 않을 뿐이다.' (pp. 491–492)

부주의 맹

주의에 관한 최근 연구 영역은 부주의 맹(inattentional blindness)이라 알려진 현상에 관심을 두고 있다(Bressan & Pizzighello, 2008; Rensink, 2002; Simons & Ambinder, 2005; Simons, Nevarez, & Boot, 2005). 이 현상은 바로 눈앞에서 벌어지는 자극이나 자극에서의 변화를 거기에 주의를 기울이지 않으면 지각하지 않는다는 것이다.

Mack(2003)은 부주의 맹에 대해 다음과 같은 일상적인 예를 제시하였다.

번잡한 활주로에 항공기를 착륙시키려 하는 숙련된 조종사를 상상해 보자. 그는 자신의 앞에 보이는 여러 가지 조종장치를 면밀히 주의를 기울여야 하며, 비행기가 꼼짝 못하게 되는 일을 막으려 방풍유리판에 있는 대기속도 지시계를 잘 지켜보지만, 그런데도 다른 비행기가 자기가 가려는 활주로를 막고 있다는 것을 보지 못할 수가 있다!(p. 180)

아마 여러분은 이런 현상이 정말 일어날 수 있는지 의심스러울 것이다. 도대체 실제로 (정신병이 아닌 멀쩡한) 사람이 어떤 대상을 보면서 실제로 이를 보지 못할 수가 있는가? 이에 대한 한 가지 답을 앞서 보았던 Neisser와 Becklen(1975) 실험, 즉 예기치 못한 사건을 '볼' 수 없었던 연구 참가자들에서 발견할 수 있다. 좀 더 극적인 (또 재미있는) 예시가 Daniel Simons의 실험실에서 다시 전개되는데, 그는 더 수준 높은 비디오 기술을 사용하여 Neisser와 Becklen 연구를 반복 검증하였다(Simons & Chabris, 1999). Christopher Chabris 는 Simons와 이 연구를 같이한 대학원생이었는데, 대중을 위한 최근 책에서 그 연구가 시작된 기원을 이야기하고 있다(Chabris & Simons, 2010).

그림 4.4는 네 가지 조건을 묘사하고 있다(각 연구 참가자는 이 중 한 가지 조건에 할당됨). Neisser와 Becklen(1975) 연구에서처럼 참가자들은 '흰옷 팀'이나 '검정옷 팀 중 어느한 팀을 따라보면서 그 팀이 농구공을 패스하는 횟수를 세어 보라 하거나(쉬운 조건) 또는 공을 튀기는 수와 표적 팀에 공중에서 패스되는 횟수를 세어 보라고 한다(어려운 조건).

영상을 제시하고 1분 이내에 예기치 못한 사건이 일어난다.

이 행동이 시작되고 44~48초 후에 예기치 못한 사건 두 가지 중 한 가지 사건이 발생한다. 우산 쓴 여인 조건에서는 키가 큰 한 여자가 펼친 우산을 들고 카메라의 한쪽에서 다른 쪽까지 왼쪽에서 오른쪽으로 걸어간다. 공놀이를 하는 사람들의 움직임과 이 예기치 못한 사건은 Neisser와 동료들이 사용했던 자극을 본떠서 설계한 것이었다. 고릴라 조건에서는 작은 여자가 몸 전체를 감싼 고릴라 복장을 입고 같은 방식으로 걸어간다. 두 경우에서 모두 예기치 못한 사건은 5초 지속되었고, 경기자들은 그 사건 이전과 이후에 계속 공놀이를 하였다.(Simons & Chabris, 1999, p. 1066)

그림 4.4 사용된 제시 테이프 각각에서 나온 한 프레임. 투명 조건(윗)은 디지털 동영상 편집으로 세 가지 별도로 제작된 필름을 겹쳐서 만들어 제시하였다. 불투명 조건(아래)은 7명의 배우가 하는 단일한 행위 연속이 찍힌 것이다. 이 그림은 각 조건에서 예기치 못한 사건이 일어난 지 반정도 지나서 찍은 것이고, 75초짜리 동영상에서 5초 동안 예기치 못한 사건이 지속되었다.

영상을 모두 보고 난 다음 학생들에게 우선 세었던 숫자를 적으라고 하고 나서, 영상을 보면서 무언가 이상한 것이 있었느냐고 물었다. 질문을 조금씩 더 구체적으로 했는데, 우선 "횟수를 세고 있을 때, 영상에서 무언가 이상한 것을 알아차렸나요?"에서 시작하여 "고릴라(또는 우산 쓴 여인)가 화면을 지나가는 것을 보았나요?"라고 물었다.

전반적으로 참가자 46%가 우산 여인이나 고릴라 어느 쪽이든 알아차리지 못하였다. 44%의 참가자들이 고릴라를 보았다고 보고하였으나 이 숫자는 검정옷 팀을 주의해 본 사람들에게서 더 크게 나타났는데, 이는 아마도 검정옷 팀이 흰옷 팀에 비해 고릴라(어두운 색)와 시각적 특징이 더 비슷해서 그런 것 같았다(결과를 전체적으로 보려면 표 4.1 참조). Simons와 Chabris(1999)는 예기치 못한 사건은 간과될 수 있다고 결론을 내렸다. 아마도 우리는 예기치 못한 사건이 주의를 기울이는 것과 비슷하지 않거나, 특히 주의가 어딘가 다른 곳에 완전히 묶여 있을 때, 우리가 주의하는 사건만을 보는 것인지 모른다.

이 현상은 다양한 자극으로 반복 검증되었다(예 : Bressan & Pizzighello, 2008; Chabris & Simons, 2010; Chabris, Weinberger, Fontaine, & Simons, 2011; Graham & Burke, 2011; Hyman, Boss, Wise, McKenzie, & Caggiano, 2010; Simons, 2010; Simons & Jensen, 2009). 아마 여러분은 이 현상이 영화나 동영상을 볼 때만 일어나는 것이 아닌지 의심스러울 것이다. Simons와 Levin(1998)이 수행한 또 다른 연구에서는 실제 상호작용 속에서 실제 사람

표 4.1 각 조건에서 예기치 못한 사건을 알아차린 참가자의 백분율. 각 줄은 네 가지 동영상 조건 유형 중의 하나에 해당된다. 각 행은 과제를 점검하고 주의를 기울이는 팀(흰옷 팀 또는 검정옷 팀)에 따라 묶어 놓았다. 쉬운 과제에서는 참가자들이 주의하는 팀에서 이루어지는 패스의 횟수를 세었다. 어려운 과제에서는 참가자들이 주의하는 팀에 의해 만들어진 공 띄우기와 공 튀기기 횟수를 동시에 별도로 세어야 했다.

	쉬운 과제		어려운 과제	
	흰옷 팀	검정옷 팀	흰옷 팀	검정옷 팀
투명				
우산 여인	58	92	33	42
고릴라	8	67	8	25
불투명				
우산 여인	100	58	83	58
고릴라	42	83	50	58

들 사이에서도 때로 일어난다고 시사하였다(두 번째 예를 보고 싶으면 Chabris와 동료들의 연구 참조). Simons와 Levin은 자신들이 연구했던 시나리오를 다음과 같이 묘사하였다(그림 4.5에 이 연구가 묘사됨).

어떤 사람이 여러분에게 다가와서 길을 묻는다고 상상해 보자. 여러분은 친절하게 인사하고 나서 길을 가르쳐 주기 시작한다. 이야기를 하고 있는 동안에 무례한 두 사람이 여러분을 방해하고 문짝을 오른쪽으로 들고서 바로 여러분과 말을 하고 있던 상대방 사이를 지나갔다. 말을 하고 있던 그 사람이 완전히 다른 사람으로 바뀌었다면 여러분은 당연히 알아차릴 것이라고 확신할 것이다.(Simon & Levin, 1997, p. 266)

하지만 사실상으로는 이들 연구 '참가자'의 50% 정도만이 대화하고 있던 그 사람이 두 번째 사람으로 대치되었다는 것을 알아차렸다. (대치는 두 번째 '면담자'가 문짝의 반 정도를 짊어지고 왔을 때 행해졌다. 첫 번째 '면담자'는 이때 대치되었다. 이는 몰래 카메라에서 설정하는 장면을 생각나게 하였다.) 그림의 마지막 부분에서 보이듯이 두 면담자는 키도 체격도 달랐고, 음성도 확연히 달랐고, 머리 모습도 달랐고, 옷도 다른 것을 입었지만 사람이 바뀐 것을 알아차리지 못한 것이다!

흥미로운 점은 실험 참가자가 학생들일 때 나이 든 참가자들보다 변화를 더 잘 알아차렸다는 점이다(이 연구는 코넬대학교 교정에서 수행). 하지만 면담자 두 사람이 모두 건설 노동자 복장을 하고 있으면, 학생들 중에서도 변화를 알아차린 비율은 절반 이하로 떨어졌다. Simons와 Levin(1997)은 참가자들이 면담자의 사회적 지위(나이나 직업을 포함하여)를 요점만 부호화한다고 생각했는데, 다시 말하자면 일단 학생들이 그 사람이 노동자라고 결정하면, 나머지 그 사람이 어떤 생김새인지 자세한 부분은 무시해 버린다는 것이다. 이와는 대조적으로, 면담자가 다른 학생들인 것처럼 보이면, 학생들이 이들에 더 많은 주의를 기울였다.

연구자들은 또한 혼합된 결과들을 살펴보면 부주의 맹에 의해 영향을 받는 사람과 영향을 받지 않는 사람을 미리 알 수 있을 것이라고 생각했다. Chabris 와 Simons(2010)는 부주의 맹에 영향을 미치는 주의력 또는 다른 능력에서의 개인차가 있다는 증거는 거의 없다고 주장하였다. Simons와 Jensen(2009) 은 실험 과제로 이러한 결론을 지지하는 증거를 제시하였다. 흥미로운 점은 Graham과 Burke(2011)가 나이 든 참가자들이 이 현상에 더 잘 넘어간다고 보고한 것이다. Hannon과 Richards(2010) 는 작업기억 용량이 낮으면 부주의 맹에 대한 피암시성이 더 크다고 보고하였는데, 이는 이 장에서 앞서 살펴본 Wood와 Cowan(1995) 연구를 상기시킨다. Seegmiller, Watson, 그리고 Strayer(2011)는 비슷한 연구 결과를 출판하면서 사람들에게 '우리 한가운데 있는 고릴라'를 알아차리도록 하는 것은 주의 통제라고 말하고 있는데, 이는 작업기억의 일부이며 제5장에서 논의할 것이다.

그림 4.5 Simons와 Levin(1998) 연구에서 참가자들을 찍은 동영상에서 나온 사진들

출처 : Simons, D. J., & Levin, D. T. (1998). Failure to detect changes to people during a real-world interaction. *Psychonomic Bulletin and Review*, 5, Fig. 1, p. 646. Copyright ⓒ 1998, Psychonomic Society, Inc. Reprinted with permission.

주의의 신경 기반

인지신경과학자들은 사람이 어떤 자극이나 사건에 주의를 기울일 때 뇌의 어떤 영역이 활성화되는지에 관심이 있다. 연구자들은 뇌의 마루엽이 이러한 장소일 것이라 오랫동안 생각해 왔다(이 엽의 위치는 그림 2.3 참조).

임상신경학자들은 마루엽에 손상을 입은 환자들이 보이는 감각 무시증(반구 무시증이라고도 부르는)이라는 현상에 대한 보고들을 알고 있다(제3장에 나왔던 반구 무시증에 관한 논의를 회상해 볼 수 있을 것이다). 이 환자들은 손상된 반구의 반대편 시각장에 위치한 감각 정보를 무시하거나 소홀히 한다. 따라서 만일 오른쪽 마루엽이 손상 영역이라면(대부분의 반구 무시증 사례에 해당함), 환자는 왼쪽 시야에 있는 정보를 지나쳐 버린다. 이 환자들은 자기 얼굴이나 신체의 한쪽은 씻지 않을 수도 있고, 양치질을 해도 한쪽만 하고, 접시에 놓인 음식을 먹을 때도 한쪽에 있는 것만 먹을 것이다.

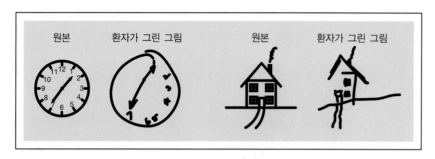

그림 4.6 오른쪽 마루엽에 손상이 있는 환자에게 시계나 집 같은 단순한 그림을 베껴 그리라고 하면 왼쪽의 자세한 정보를 빠뜨린다.

반구 무시증을 보이는 환자들을 임상 연구에서 좀 더 자세히 연구되었다. 대개는 자극을 제시하고 베껴서 그려 보라는 과제이다. 그림 4.6은 오른쪽 마루엽 손상이 있는 환자에게 제시한 자극과 환자의 그림을 예시한 것이다. 두 경우 모두 그림의 왼쪽 부분이 생략된 점에 주목해 보자. 이 부분은 환자가 알아차리지 못하는 것으로 보인다.

임상 연구들에서 반구 무시증은 감각적인 문제가 아니라 주의의 문제임이 분명하게 밝혀졌다(Banich, 1997). 만일 단순히 감각적 결함이라면 우리는 환자들이 빠뜨리고 있는 시야로 시선을 옮기기만 하면 될 것이라고, 곧 자신의 시각 정보가 완전하지 않다는 점을 인식하게 될 것이라 예상할 수 있다. 실제로 일부 환자들은 바로 이런 종류의 결함만 가지고 있는 경우도 있어서, 이들에게는 이렇게 시선을 돌리는 책략으로 보상을 하게 할 수 있다. 반대로 반구 무시증이 있는 환자들은 자신의 신체 한쪽을 인식하지 못하고 있는 것으로 보이며, 그쪽에서 오는 정보에 대한 주의를 피하려는 것으로 보인다. 극단적인 경우에는 반구 무시증 환자가 자신의 사지 중 한쪽이 자신의 것이라는 사실마저 부인하는 사례도 있다. 한 사례연구에서 환자는 병원 직원 중 한 사람이 잔혹하게 잘린 사지 한쪽을 자기 침대에 가져다 놓았다고 생각하였다. 그는 이를 바닥에 던져 버리려고 애썼지만 자신의 신체 나머지 부분이 그 다리(아직 붙어 있는)에 딸려가 넘어지고는 했다.

마루엽이 주의와 관련된 한 가지 뇌 영역이라는 점은 잘 알려졌지만 관련 영역이 한 군데만은 아니다. 이마엽 영역(그림 2.3 참조)도 사람들이 운동 반응을 선택하고 계획을 짜는 능력에 중요 역할을 한다(Milham et al., 2001). 그렇다면 다양한 뇌 부위들이 서로 통신하여 주의 수행을 산출하게 만드는 방식은 어떤 것인가? 이 질문은 분명히 아주 중요한 것이고, 이 책에서는 주의의 한 종류에만 특히 초점을 맞추어 짤막하게 대답할 수 있을 뿐이다.

시각 주의의 그물망

주의의 뇌 과정에 관한 많은 연구들이 시각적 주의에 집중되어 있다. 연구자들은 주의하는 자극을 시각처리할 때 활성화되는 32곳 이상의 영역을 뇌에서 찾아냈다(LaBerge, 1995). 이 책에서는 이 각 영역을 자세히 들여다볼 시간도 공간도 부족하다. 대신에 시각 주의의 몇 가지 '그물망' 또는 체계에 초점을 맞추어 보고자 하는데, Posner와 Raichle이 처음 제안하였던 바부터 시작하겠다.

이러한 그물망은 연산적(operational), 또는 처리 증진적(enhancing-of-processing) 그물망이다(Kastner, McMains, & Beck, 2009). Luck과 Mangun(2009)은 이를 '주의의 이행

(implementation of attention)'이라 하였고, 한 사람이 이미 어디 어떤 것에 주의를 집중할 것인지 이미 결정하였을 때 사용된다고 주장하였다. 이 그물망은 초점이 맞추어질 자극이 인지처리를 실제로 받을 수 있도록, 또 필요한 자원을 확보해 놓도록 한다. Kastner와 동료들(2009)은 이 주의 그물망이 이마엽과 마루엽 양쪽에 걸쳐 분포되어 있다고 보았다. 이 영역들은 시각 체계가 관련 자극에 집중하도록 유도하기 위해 하향적 지시를 생성해 낸다.

이와는 별도의 그물망이 역시 이마엽, 마루엽, 그리고 겉질하 영역들(대뇌겉질 아래)에 펼쳐 있는데, 이는 주의를 통제하는 데 사용된다. 예를 들어 여러분이 교실 앞에 있는 칠판을 보고자 마음으로 결정하거나 그렇게 지시를 받으면, 여러분은 이 주의 시스템을 소집하여 이전에 주의하고 있던 것이 무엇이든 간에 거기서 주의를 철회하고 새로운 자극 또는 위치에 초점을 맞추도록 재설정하게 된다. 이 그물망에 관여하는 뇌 영역 역시 이마엽의 일부 영역, 마루엽의 특정 부위, 또한 관자엽의 일부 영역에 특히 우반구 쪽에 위치해 있다(Karnath, 2009; Luck & Mangun, 2009).

주의가 서로 독립적으로 작동하는 몇 가지 서로 다른 과정들로 이루어져 있다는 생각은 주의력결핍 과잉행동장애(attention-deficit/hyperactivity disorder, ADHD) 어린이와 성인들에 대한 임상심리학 연구에서 지지된다(Barkley, 1998; Rubia & Smith, 2001; Woods & Ploof, 1997). 학령기 아동 전체 중에서 3%에서 5% 정도가 ADHD의 어떤 형태를 지니고 있다고 추정되며(Casat, Pearson, & Casat, 2001), 이 장애는 여자아이들에 비해 남자아이들에게 3배 정도 더 많다. Barkley의 고전적 연구에서는 ADHD 내담자는 어떤 과제에 대해 심적 자원을 쏟거나 각성해 있기 힘든 문제보다는 '학교에서 하는 작업들, 숙제, 또는 소소한 일들'(Barkley, p. 57)처럼 지루하고, 따분한, 반복적인 과제에 지속적인 경계를 하지 못해서 생기는 문제에 더 시달린다고 한다. Logan, Schachar, 그리고 Tannock(2000)은 ADHD 어린이의 주요 결손은 진행 중인 반응(예 : 숙제를 하기 위해 말하거나 게임하기)을 억제하지 못하는 점에 있을 것이라고 하였다.

사건관련전위와 선택 주의

인지신경심리학자들은 주의를 기울인 통로와 주의를 기울이지 않은 통로의 정보가 아주 다르게 처리된다는 사실을 시사하는 상당히 극적인 발견을 보고하였다. 이러한 연구들은 연구 참가자의 두피에서 측정한 일련의 전위 기록(electroencephalogram, EEG)에 의거한다. 기술상의 이유로 연구자들은 EEG 기록에서 소음을 줄이기 위해 몇 가지 시도를 하는데, 그 결과 자극 제시 후 1밀리초 후의 전위 평균, 자극 제시 후 2밀리초 후의 평균 등을 산출한다. 이러한 절차로 우리가 제2장에서 간략하게 소개하였던 측정치가 나오게 되는데, 이를 사건관련전위(event-related potential, ERP)라 한다.

Banich(1997)는 전형적인 한 연구의 방법을 묘사하였다. 참가자들에게 한 통로에 주의해서 들으라고 하면서 지속시간이 긴 음조를 세라고 하였다. 짧은 기간의 음조와 긴 기간 음조는 주의한 통로에서나 주의하지 않은 통로에서 모두 나올 수 있었다. 연구자들은 각

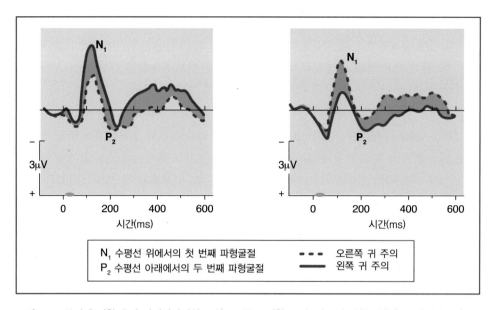

그림 4.7 주의에 의한 초기 사건관련전위 구성요소를 조정한 그림. 자극에 대한 반응은 주의하지 않은 위치에서 올 때에 비해 주의한 위치에서 올 때 증진된다. (왼쪽) 예컨대 왼쪽 귀에 주의하고 있을 때 왼쪽 귀에서 들린다면(실선) 똑같은 소리가 오른쪽 귀에 주의하고 있을 때(점선)보다 N_1 진폭이 더 크다. (오른쪽) 마찬가지로 오른쪽 귀에 대한 반응은 오른쪽 귀에 주의를 기울일 때(점선) 왼쪽 귀에 주의할 때(실선)보다 더 크게 나타난다. 이 두 반응 사이의 차이(음영 표시 부분)가 N_d 구성요소이다. 이 효과는 자극이 제시되고 난 다음 비교적 즉시, 100밀리초 이내에 일어난다.

출처 : Banich, M. T. (1997). *Neuropsychology: The neural bases of mental function* (1st ed.), p. 239. Copyright ⓒ 1997 Wadsworth, a part of Cengage Learning, Inc. Reproduced by permission. http://www.cengage.com/permissions/.

자극에 대한 ERP를 계속 측정하였다. 많은 연구에서 나온 결과를 보면 ERP가 자극에 주의를 하는지 아닌지에 따라 서로 다르게 나타난다는 사실을 보여주었다(Pashler, 1998). 그림 4.7은 파장 형태의 진폭이 대개 주의를 기울인 경우에 주의하지 않은 자극에 비해 훨씬 더 크게 나타났다. 이러한 차이는 대개 자극이 제시되고 나서 80밀리초 후에 시작되었으며, 이는 정보가 귀의 감각 수용기에서 대뇌반구에까지 가는 데 충분한 시간이었으며, 이 효과가 귀가 아니라 뇌에서 일어나는 것임을 시사한다(Banich).

자동성과 연습 효과

무언가를 연습하여 잘하게 되면 그것을 수행하는 데 주의가 덜 필요하게 된다. 타자 치기가 좋은 예다. 여러분이 타자에 익숙하다면, 아마도 아주 빠르고 정확하게 타자를 치면서 동시에 대화를 하거나 또는 창밖을 내다보기도 할 것이다. 그리 익숙하지 않다면 더 느리게 타자를 칠 것이고, 오류도 더 많이 낼 것이며, 다른 입력 정보도 처리할 수 없을 것이다. 좀 더 공식적으로 말한다면 우리가 동시에 할 수 있는 일의 수는 주어진 과제가 소비하는 용량에 따른다. 2 더하기 3을 하는 데는 내 용량이 별로 들지 않아, 다른 과제(오늘 저녁식사를 계획하면서 집에 있는 음식 재료가 무엇이 있는지 생각하기)를 할 수 있는 용량을 남겨준다.

주어진 과제가 요구하는 용량에 영향을 미치는 변인에는 어떤 것이 있는가? 한 가지 분명한 요인은 과제의 난이도일 것이다. 또 다른 요인은 그 과제에 그 사람이 얼마나 익숙한가 하는 점이다. 내게는 아주 쉬운 과제인 2 더하기 3도 다섯 살짜리 아이에게는 도전적인 과제가 될 것이다. 이 과제에서 우리의 차이를 낳는 것은 바로 연습이다. 나는 아마도 2 더하기 3을 다섯 살짜리 아이에 비해 훨씬 더 자주 하였을 것이다. 연습은 한 과제가 요구하는 심적 노력의 양을 감소시키는 것으로 보인다.

앞서 들었던 자동차 초보 운전자 예를 기억해 보자. 움직이고 있는 자동차를 통제하는 과제를 연습하지 않은 경우 심적 노력을 많이 요하기 때문에, 라디오 방송국 맞추기나 대화에 반응하기 같은 다른 과제에 쓸 만한 용량이 거의 없을 것이다. 초보 운전자의 심적 에너지는 상당히 집중되어 있는 상태이므로 계기판 조작도 운전과 함께하기는 힘들 것이다. 하지만 단지 몇 달만 연습을 하면 운전 과제 자체에 그렇게 많은 노력을 기울이지 않아도 된다. 이제 심적 용량이 다른 과제를 할 수 있을 정도로 여유가 있어서 운전자는 핸들을 돌리면서 대화를 할 수도 있다. 그러다가 복잡한 상황(교통 혼잡시간 동안 사고가 나는 것 같은)이 되어 숙련된 운전자도 주의를 기울여야 하는 상황이면, 자신의 대화 능력이나 라디오에 따라 노래하는 능력을 잠시 꺼두게 된다.

스트룹 과제

인지 과제 수행에서 연습의 효과를 보여주는 유명한 예를 존 리들리 스트룹(John Ridley Stroop, 1935)이 제시하였다. 스트룹은 참가자들에게 일련의 색깔 막대(빨강, 파랑, 녹색, 갈색, 보라) 또는 색깔 단어(빨강, 파랑, 녹색, 갈색, 보라)를 단어와는 상충되는 다른 색으로 인쇄하여 제시하였다(예 : 단어 빨강을 녹색 잉크로 쓰는 식). 그림 4.8은 이런 과제에서 사용되는 자극의 한 예이다.

참가자들에게 가능하면 빨리 일련으로 제시되는 각 항목의 잉크색 이름을 말하도록 지시한다. 막대를 보면 참가자들은 아주 빨리 답을 하고, 실수도 거의 없고 별 노력이 드는 것 같지도 않다. 하지만 쓰인 글자의 잉크색과는 다른 단어가 쓰인 항목을 보고 잉크색 이름을 말하게 하면 상황이 아주 극적으로 달라진다. 참가자들은 목록 내내 더

빨강	노랑	파랑	주황
파랑	보라	초록	노랑
초록	주황	빨강	보라

그림 4.8 유명한 '스트룹' 과제에서 사용된 것과 비슷한 자극. 단어가 인쇄된 잉크색을 가능한 한 빨리 말해 보라.

사진 4.3 읽기 기술을 습득할 때 아이들은 스트룹 과제에서 간섭을 보이기 시작한다.

듬으면서, 글자로 구성된 단어를 읽지 않기가 어렵다는 것을 알아차린다.

스트룹(1935)에 의하면 이러한 어려움은 다음과 같은 이유로 생긴다. 성인이고, 문자 해독 능력이 있는 참가자들은 읽기 연습을 이미 정말 많이 했던 사람들이어서, 읽기에는 별 주의를 기울이지 않고 재빨리 수행할 수 있다. 스트룹에 의하면 사실상 문해 능력이 있는 성인은 너무나 빨리 그리고 노력 없이 읽기를 하기 때문에 단어를 읽지 않기가 어려운 것이다. 따라서 단어로 구성된 항목을 만나면, 참가자들은 이를 읽지 않을 수 없다. 이러한 종류의 반응을 ─주의와 노력을 거의 기울이지 않고 억제하기가 힘든─자동적이라 한다.

색깔 이름을 말하기와 같은 실제 주어진 과제는 참가자들이 별로 연습도 하지 않았던 것이다. 이후 스트룹의 후속 연구에 참여했던 참가자들은 8일 정도를 이름 말하기 과제를 연습하여, 소위 말하는 스트룹 과제(Stroop task)를 수행하는 데 간섭을 덜 받게 되었다. 더구나 문헌을 요약해 보면 스트룹 간섭이 어린이가 읽기를 배울 때 시작하며, 2학년이나 3학년(읽기 기술이 발달하는) 정도에서 정점을 보이고 이후 성인기 전반에 걸쳐 60세까지 계속 감소한다는 사실을 시사한다(MacLeod, 1991). 사실상 유창하게 읽기를 할 수 있는 이라면 누구든 아주 어린 나이부터 견고한 스트룹 효과를 보인다.

자동처리 대 주의(통제)처리

어떤 과제를 '자동적으로' 수행한다는 것은 정확하게 어떤 의미인가? 때로 무언가를 의식도 하지 않고 있을 때 우리는 '자동조정 장치'를 타고 있다고 말하고는 한다. 하지만 이럴 때 실제 인지적으로 진행되고 있는 일은 무엇인가? Posner와 Snyder(1975)는 자동처리(automatic processing)라 부를 수 있는 인지처리에 세 가지 기준을 제안하였다. (1) 의도 없이 일어나야 한다, (2) 의식적 자극을 포함하지 않은 채 발생해야 한다, (3) 다른 심적 활동에 간섭을 일으키지 않아야 한다.

다시 운전 예로 돌아가 보자. 숙련된 운전자가 정상적이고 스트레스 없는 조건에서 친숙한 길을 운전하고 있을 때에는 자동차를 아주 자동적으로 조작할 것이다. 예를 들어 집으로 운전해 갈 때, 나는 때로 실제 의도도 하지 않은 채 회전을 하고 있는 나 자신을 알아차린다. 내 손이 회전 깜박이를 누르고 핸들을 잡고 팔로 돌리고 있는데, 그렇게 하겠다는 의식적 판단도 없이 하고 있는 것이다. 사실상 때로 나는 내가 다른 길로 가겠다고 생각해 놓고서도 항상 가는 길로 가고 있는 나 자신을 발견하고는 한다. 예를 들어 세탁소에 들러야겠다고 생각해 놓고 다른 생각을 시작하다 보면, 어느새 나도 모르게 당황스럽게도, 집 앞

길로 들어서고 있는 것이다. 단지 내가 자동 설정된 길을 바꾸기를 잊었다는 이유만으로!

Schneider와 Shifflin(1977)은 잘 통제된 실험실 조건에서 정보를 자동적으로 처리하는 과정을 검토하였다. 이들은 인지심리학자들이 시각 탐색 과제(visual search task)라 부르는 과제를 사용하였는데, 이는 참가자들에게 여러 방식으로 배열된 철자나 숫자를 보게 하고, 그중 하나 또는 그 이상의 표적을 찾아내도록 하는 것이다. 그림 4.9에 일반적인 시각 탐색 자극의 예가 제시되어 있다. 참가자들이 찾는 표적이 하나인지 여럿인 지에 따라 이 과제가 달라질 수 있으며, 또 표적자극과 다른 자극들이 동일한 범주나 유형(예 : 철자)인지 아닌지에 따라 다르다는 것을 알 수 있을 것이다.

선행 연구들에서는 사람들이 한 가지 유형의 표적(예 : 숫자)을 다른 유형(예 : 철자)의 배열 속에서 찾을 때 과제가 더 쉽다고 시사하였다. 이를테면 그

표적자극 : 3	표적자극 : B
R T E U	S D C X
I O P M	M R E A
Q 3 V Z	Z F G L
E N C A	N Q W O
(a) 단일표적-있는 경우	(b) 단일표적-없는 경우

표적자극 : B	표적자극 3 or 9 or 1
2 5 4 9	T R P Q
0 3 4 B	G 9 H J
7 1 5 8	X M C E
4 2 7 0	W V L N
(c) 단일표적-있는 경우	(d) 중다표적-있는 경우

그림 4.9 시각 탐색 자극의 예

림 4.9(a), (c), 또는 (d)에서 요구하는 탐색이 그림 4.9(b)에서 요구하는 것보다 더 쉽다고 하였다. 철자 배경 속에 있는 숫자(또는 숫자 배경 속의 철자)는 자동적으로 '튀어 올라' 보인다. 사실상 만일 방해자극이 표적과 다른 유형이라면 배열 속에 있는 비표적 항목—방해자극이라 하는데—이 얼마나 많은가에 따른 차이는 거의 없다. 따라서 *1 6 3 J 2* 배열 속에서 *J*를 찾는 것은 *1 J 3* 속에서 *J*를 찾는 것만큼 쉽다. 다른 철자들 속에서 특정 철자를 찾는 것은 더 어려워 보인다. 따라서 *R J T* 속에서 *J*를 찾는 것이 *G K J L T* 속에서 *J*를 찾는 것보다 더 쉽다. 곧 표적과 방해자극이 동일한 유형인 경우 방해자극의 수에 따른 차이가 생긴다.

Schneider와 Shifflin(1977)은 실험에서 두 조건을 설정하였다. **변화-대응 조건**(varied-mapping condition)에서는 표적 철자나 숫자 집합인 기억 집합이 하나 이상의 철자 또는 숫자로 구성되었고, 각 자극 틀에 나오는 자극 역시 철자 또는 숫자였다. 한 시행에서의 표적은 이후 시행에서 방해자극이 될 수 있었다. 따라서 한 시행에서 *J*를 찾았던 참가자는 두 번째 시행에서는 *J*가 방해자극으로 포함된 틀 속에서 *M*을 찾아야 했다. 이 조건에서는 과제가 더 어려울 것이고 집중과 노력이 요구될 것이다.

일관-대응 조건(consistent-mapping condition)에서는 표적기억 집합이 숫자로 되어 있고, 자극 틀이 철자로 구성되어 있거나 그 반대였다. 한 시행에서 표적이 되는 자극은 다른 시행에서 절대 방해자극이 되지는 않았다. 이 조건에서 과제에 요구되는 용량은 적을 것이라 예상된다. 그림 4.10은 Schneider와 Shifflin(1977)이 사용했던 자극 중 일부를 보여준다.

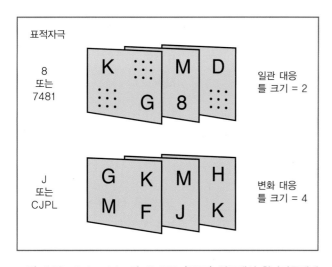

그림 4.10 Schneider와 Shifflin(1977) 연구에서 참가자들에게 제시한 자극의 묘사

또한 Schneider와 Shifflin(1977)은 과제의 주의 요구를 조작하기 위해 다른 요인들도 세 가지 변화시켰다. 첫째는 틀의 크기(frame size)였는데, 곧 각 화면에서 제시되는 철자와 숫자의 수였다. 이 수는 항상 1에서 4까지였다. 철자나 숫자가 들어 있지 않은 공간은 무선 점 패턴으로 메워졌다. 둘째, 틀의 지속시간(frame time)이 있었다. 다시 말해 각 배열이 제시되는 시간이었다. 이는 대략 20밀리초에서부터 800밀리초까지 변화하였다. 마지막 조작 변인은 기억 집합(memory set)이었다. 즉, 각 시행에서 참가자가 찾아야 하는 표적의 수였다(예 : *J, M, T, R* 찾기 대 *J* 찾기).

그림 4.11은 Schneider와 Shifflin(1977) 연구에서 나온 결과를 보여준다. 그래프를 따라 보기가 조금 어렵기는 하지만 다른 몇 단락에서 읽는 내용을 따라 연결해서 보자. 일관-대응 조건에서는 자동처리만 요구되었을 것이며(표적과 방해자극이 같은 자극 유형이 아니기 때문에), 참가자들의 수행은 틀 지속시간에 따라서만 달라질 것이고, 표적의 숫자(기억 집합)나 방해자극의 수(틀의 크기)에 따른 변화는 없을 것이다. 이는 참가자들이 하나의 표적을 찾거나 4개의 표적을 찾는 수행이 비슷할 것이고, 마찬가지로 1, 2, 3, 4개의 항목 속에서 찾는 수행이 비슷할 것이라는 의미다. 정확도는 단지 자극 틀의 지속시간에 따라서만 달라질 것이다.

변화-대응 조건은 자동처리 이상을 요구할 것이라 보이는데(왜냐하면 표적과 방해자극이 모두 철자가 되거나 모두 숫자가 될 수도 있기 때문에) 또 한 시행에서 표적이었던 것이 기억 집합 크기(탐색하는 표적의 수), 틀 크기(제시된 방해자극의 수), 그리고 틀의 지속시간이라는 세 가지 변인에 따라 달라지기 때문이다.

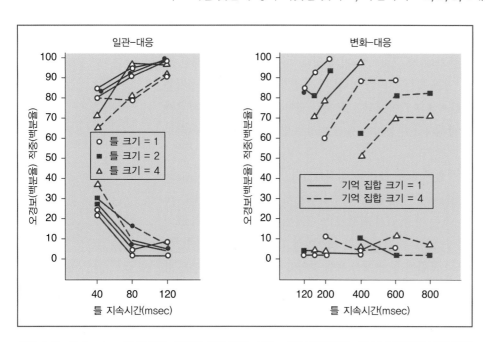

그림 4.11 Schneider와 Shifflin(1977) 실험 결과. 일관-대응 조건에서는 틀 지속시간만이 반응시간에 영향을 미쳤음에 주목하라. 변화-대응 조건에서는 틀의 크기와 기억 집합 크기에 의해서도 영향을 받았다.

여러분은 이를 그림 4.11의 오른쪽 그림에서 찾아볼 수 있을 것이며, 여기서는 모든 선이 다 떨어져 있어, 참가자들이 기억 집합 크기 그리고/또는 틀 크기에 따라 반응이 달라졌음을 보여준다.

Schneider와 Shifflin(1977)은 이러한 결과를 두 가지 종류의 처리가 있음을 구분하여 설명하였다. 그들의 주장에 따르면 **자동처리**(automatic processing)는 쉬운 과제나 익숙한 항목일 때 사용된다. 이는 병렬적으로 작동하며(다른 과정과 함께 동시적으로 작동할 수 있다는 의미), 용량 제약이 문제가 되지 않는다. 이러한 종류의 처리는 일관–대응 조건에서 수행된다. 표적이 배경에서 '튀어 올라' 나와서 노력이 별로 들지도 않고 집중할 필요도 없다. 4개의 표적을 찾는 것도 하나를 찾는 것처럼 쉽다는 사실은 이런 종류 처리가 본질적으로 병렬처리임을 증명해 준다. 몇 가지 탐색이 동시에 행해지는 것이다.

Schneider와 Shifflin(1977)은 두 번째 종류는 통제처리(controlled processing)라 이름하였다. 통제처리는 어려운 과제와 친숙하지 않은 과정이 포함된 과제에서 사용되는 것이다. 이는 대개 순차적으로(일단의 정보가 한 번에 하나씩) 작동하며, 주의를 요하고, 용량이 제한되어 있으며, 의식적인 통제 아래 있다. 통제처리는(표적과 방해자극이 시행에 걸쳐 서로 바뀔 수 있는) 변화–대응 조건에서 일어난다. 좀 더 일반적으로 말한다면 통제처리는 우리가 의례적이지 않은 경우나 친숙하지 않은 과제를 할 때 사용되는 것이다.

우리는 한 과제에서 통제처리 대신에 자동처리를 사용하도록 학습할 수 있는가? 많은 연구들에서 만일 집중적으로 과제를 연습한다면 가능하다고 시사한다. Bryan과 Harter (1899)는 전보 메시지를 수신하고 송신하는 능력의 발달에 관한 연구에서 이러한 점을 처음 지적한 연구를 발표하였다. 이들은 처음에는 연습을 계속하면 사람들이 전보 메시지를 더 잘 보낼 수 있게 된다는 것을 발견하였다. 두 번째로 연구 참가자들이 그 과제에 익숙해질수록 이들은 다른 곳에 주의를 옮길 수 있었다고 보고하였다. 두세 달 후, 이들은 개별 철자보다는 단어에 집중하였다. 더 지나자 그들의 주의가 집중하는 바가 다시 바뀌었는데, 이번에는 단어에서 구절 또는 단어 집단으로 옮겨갔다. 연습은 분명히 개별적인 반응 (철자의 탐색)을 자동적으로, 또는 Bryan과 Harter가 부르는 '습관'으로 만들어, 주의를 벗어나 더 상위의 반응(철자 대신에 단어, 단어 대신에 구절)으로 옮겨가게 한 것이다.

만일 비디오 게임을 한다면 이와 비슷한 학습 효과를 볼 수 있다. 새로운 게임을 처음 할 때면, 비디오에 나오는 인물을 화면에서 움직이게 하는 법을 배우는 데 시간이 꽤 걸릴 것이다. 예를 들어 나는 처음 마리오 게임을 배울 때 15초 정도 걸렸다. 처음에는 언제, 어디서, 어떻게 인물을 움직이게 할 것인지 주의를 완전히 집중해야 할 것이다. 바로 옆에서 다가오는 위험도 알아차릴 여유가 없을 것이다.

연습을 거듭함에 따라서 게임에는 노력이 훨씬 덜 든다. 마리오 게임에 '전문가'인 친구를 한 명 아는데(나의 자아에게는 유감스럽지만 그 친구는 나이도 내 절반밖에 안 되고, 교육 수준도 절반 수준인데), 그는 30분짜리 게임을 하면서 나와 집중적인 토론을 할 수 있을 정도로 인지적 자원을 충분히 남기고 있었다! 마리오 게임을 하는 동안 나의 정보처리는 아직 통제처리 종류이다. 내 어린 친구는 집중적인 연습 덕분에 이제는 정보의 많은 것을 자동적으로 처리할 수 있는 것이다.

세부특징 통합 이론

이제까지 지각과 주의에 관한 연구들을 보면서 유사성이 무척 많다는 것을 알아차렸을 것이다. 사실상 인지심리학에서 이들 두 영역은 상당히 서로 엮여 있으며, 이 주제 중의 어느 하나를 연구하는 연구자들은 다른 쪽 연구에도 무척 많은 정보를 가지고 있다. 아마도 지각에서 주의와 자동성이 하는 역할에 대해서, 또는 그 거꾸로 과정에 대해서 궁금할 수도 있는데, 이제까지 이 장에서 이야기해 온 많은 실험들에서는 지각과 친숙한 자극에 대한 재인이 확실히 들어가 있었기 때문이다. Anne Treisman은 Schneider와 Shiffrin의 연구에서 영감을 받아, 이 질문에 대해 탐구하면서 세부특징 통합 이론(feature integration theory)이라는 모델을 전개했다. 이 이론의 전반적인 개념은 우리가 대상을 지각할 때 두 가지 구분되는 단계를 거친다는 것이다. 첫째 단계는 전주의적(preattentive) 또는 자동적이라 보이는데, 이때 우리는 색깔이나 모양 같은 대상의 세부특징을 등록한다. 두 번째 단계에서 주의는 하나의 단일한 대상으로 세부특징들을 '결합'하도록 한다(Tsal, 1989a).

　Treisman은 세부특징 통합 이론을 지지하는 몇 가지 실험 결과들을 보고하였다. 한 실험에서(Treisman & Gelade, 1980), 연구자들은 참가자들에게 일련의 단순한 대상들(철자 같은)을 제시해 주었는데, 이 대상들은 몇 가지 특징에서 서로 달랐다(색깔 또는 형태 같은 점에서). 참가자들에게 특정한 대상을 찾도록 하였는데, 이를테면 분홍색 철자 또는 철자 *T*를 찾으라고 하였다. 찾고 있는 항목이 배경 항목과 결정적인 특징에서 서로 다르면(녹색이나 갈색 항목들 속에 있는 분홍색 항목, 또는 *O*가 있는 배경에서 *T* 찾기), 표적 항목은 화면에서 튀어나와 보이며, 이때 배경에 있는 항목들의 수는 참가자들의 반응시간에 영향을 미치지 않는다. Treisman과 Gelade는 이러한 결과 패턴을 개별 세부특징들에 대한 탐지가 자동적으로 이루어진다는 증거로 해석하였다. 즉, 주의나 집중을 거의 요구하지 않으며 병렬적으로 일어날 수 있다. 결과적으로 동그라미나 파란색, 또는 또 다른 어떤 세부특징 하나를 찾는 일은 상대적으로 쉽다. 이러한 현상을 스스로 경험하고 싶

사진 4.4 주의 자원이 적은 아주 어린아이들도 숙련된 비디오 게임을 할 수 있다.

다면 그림 4.12에 나온 자극을 검토해 보자.

다른 조건에서는 참가자들에게 세부특징이 조합된 대상을 찾으라고 하였다. 예컨대 분홍색 *T*를 찾는데, 그 배경에 이 특징 중 하나 이상이 들어 있게 만든다(이 예에서는 *T*가 아닌 다른 분홍색 항목들과 분홍색이 아닌 다른 *T*가 있음) 이러한 조건에서는 참가자들의 반응시간은 배경 항목의 수에 따라 달라진다. Treisman과 Gelade(1980)는 이러한 세부특징들이 접속·조합된 것을 찾기 위해서는 통제되고, 비자동적인 처리가 요구된다고 주장하였다.

재미있는 점은 이후 연구에서 Treisman과 Schmidt(1982)는 주의가 분산되거나 '과부하'(overloaded)될 때면, 참가자들은 통합 오류를 보여, Treisman이 착각적 결합(illusory conjunctions)이라 부르는 현상을 경험한다는 점을 보여준 것이다. 별 주의를 기울이지 않고 재빨리 창밖을 내다보면서 빨간색 혼다 시빅과 파란색 캐딜락을 보았다고 생각해 보자. 나중에 무엇을 보았느냐고 물어보면, '파란색 혼다 시빅'을 보았다고 말할 수가 있다. 이러한 두 자극의 조합은 오류다. 이러한 결합은 착각적이라 보고된다.

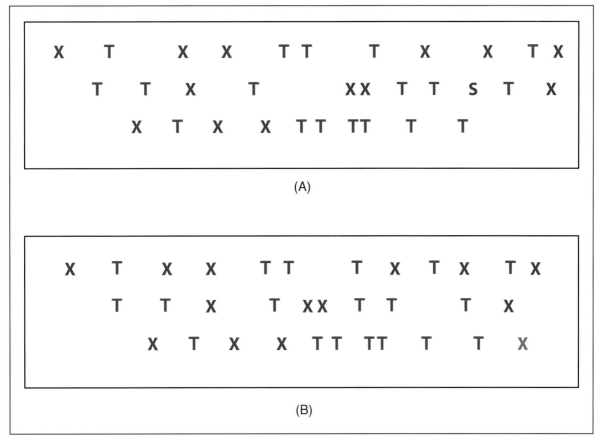

그림 4.12 세부특징 통합 이론 연구에서 사용된 자극의 예. (B)에서 초록색 X를 찾는 것에 비해 (A)에서 파란색 S를 찾는 것이 얼마나 쉬운지 주목하라.

이 현상에 대한 실험적 예시에서(Treisman & Schmidt, 1982), 참가자들은 3개의 큰 색 철자가 아주 잠깐(200밀리초) 제시되는 열의 어느 한쪽에 2개의 까만색 숫자를 보았다. 그들에게 숫자에 주의하고 그것을 암송해 보라고 하면서 실험자는 정확하게 해야 한다고 강조하였다. 또한 참가자들에게 숫자를 보고하고 난 다음, 숫자가 어느 쪽(왼쪽, 오른쪽, 중간)에서 나왔는지, 색깔은 무엇인지, 그들이 보았던 철자 중에서 어떤 것이든 보고해 보라고 하였다. 참가자들은 철자에 대해 정확한 보고는 52% 정도 할 수 있었으나, 39%의 시행에서 착각적 결합을 보고하였다(예 : 파란색 X 또는 빨간색 T 라고 말하지 않고 빨간색 X 라고 보고하기). 달리 말한다면 심적으로 부담을 지우면 사람들은 세부특징들을 잘못 조합하여 착각적 결합을 경험한다.

이러한 생각들을 한데 묶어 Treisman은 개별적인 세부특징은 별 심적 노력 없이, 자동적으로 재인될 수 있다고 주장하였다. 심적 용량을 요구하는 것으로 보이는 것은 세부특징들을 통합하는 과정이며, 이때 정보 조각들을 한데 묶어 복잡한 대상을 재인하게 되는 것이다. 따라서 Treisman에 따르면 개별적인 세부특징을 지각하는 데는 별다른 노력이나 주의가 거의 필요 없지만, 세부특징들을 한데 '묶어내기'하는 데는 노력이 더 요구된다는 것이다. 많은 연구자들(Briand & Klein, 1989; Quinlan, 2003; Tsal, 1989a, 1989b)이 이 이론이 예언하는 바와 더 세련된 정리와 비판을 검증했다.

주의 포획

시각적 탐색 과제로 개관하였던 연구들에서는 어떤 자극이 보고 있는 쪽이나 화면에서 튀어 올라오는 것처럼 보이는 '튀어 오름' 현상이 포함되는 경우가 많았다. 실험심리학자들은 이러한 현상을 주의 포획(attentional capture)이라 한다. 이들은 이 용어는 어떤 자극이 '주의의 불수의적 변환을 야기함'을 시사하는 의미라 본다(Pashler, Johnston, & Ruthruff, 2001, p. 634). 많은 이들이 이 현상을 상향처리 과정(bottom-up process)으로 묘사하여 왔으며, 거의 전적으로 자극의 속성에 의해서 유도되며 지각자의 목표나 목적과는 상관이 없다고 생각해 왔다. 따라서 주의 포획이라는 용어는 자극이 어쨌든 지각자의 주의를 자동적으로 잡아채는 것을 의미하게 되었다(Yantis, 2000; Yantis & Egeth, 1999).

예를 든다면 Theeuwes, Kramer, Hahn, Irwin(1998)의 연구에서 참가자들은 그림 4.13에 제시된 것과 같은 화면을 보았다. 처음에는 참가자들에게 그 안에 8자가 적힌 6개의 회색 원이 제시되었다(그림의 왼편에 묘사된 것 같은). 1000밀리초 후에 6개 원 중 하나만 제외하고는 모두 빨간색으로 바뀌었고, 안의 글자도 모두 8자에서 철자로 변했다. 원 하나만 회색으로 남아 있었다. 참가자들에게 남은 단 하나의 회색 원으로 눈을 따라가 보라고 지시하였고, 그 안에 들어 있는 철자가 C인지 거꾸로 된 C인지를 판단하게 하였다.

시행의 절반에서 회색 원이 빨간색으로 바뀌었을 때, 다른(일곱 번째) 빨간 원이 갑자기 나타나서는 예고도 없이, 화면의 어디엔가에 자리를 잡았다. 이 새로운 대상은 과제와는 관련이 없었지만 참가자의 눈을 거기로 끌리게 만들었으며, 판단 내리는 시간을 더 연장하

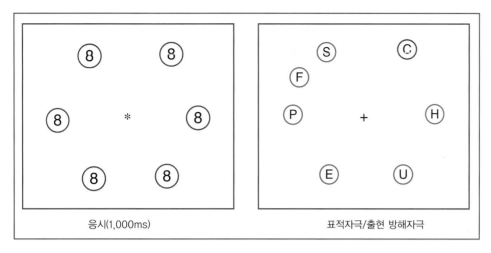

그림 4.13 Theeuwes와 동료들(1998)이 주의 포획 연구에서 사용한 자극

였다. 하지만 후속 연구(Theeuwes, Atchley, & Kramer, 2000)에서 참가자들에게 특정 위치에 주의하라고 먼저 경고를 해주고 나면(나머지 한 개 회색으로 남아 있던 원이 있을 곳), 그들은 새롭고 무관련한 자극의 출현에 주의를 '포획'당하지 않았다. 이는 시간만 충분하다면 하향처리 과정이 참가자들에 의해 의도적으로 통제될 수 있으며, 수동적이고 반응적인 주의 포획을 압도할 수 있다는 점을 보여준다(Eimer & Kiss, 2010; Liao & Yeh, 2011 참조).

Fukuda와 Vogel(2011)은 주의 포획에서 작업기억 용량이 하는 역할에 대해 검토하였다. 이들은 작업기억 용량이 높거나 낮은 학생들을 소집하여 연구한 결과 두 집단 모두 주의 포획에 민감하다는 사실을 발견하였다. 이 두 집단의 차이는 높은 용량 집단의 학생들은 낮은 용량 집단에 비해서 애초의 주의 포획에서 좀 더 빨리 벗어난다는 점이었다. 이 점은 다시 낮은 작업기억 용량이 주의 통제와 관련되어 있으며, 특히 주의 방해자에서 주의를 이탈하는 능력과 관련되어 있다는 점을 시사한다. 이 점을 제5장에서 다시 다루게 될 것인데, 제5장에서는 중앙 집행기라는 작업기억의 구성요소를 논의할 것이다.

분리 주의

주의가 자원을 할당하는 융통성 있는 체계라면, 또 각 과제가 요구하는 주의의 양이 서로 다르다면, 사람들은 한 번에 두 가지 과제를 수행할 수 있도록 배울 수도 있을 것이다. 예를 들면 10대 자녀를 둔 부모들은 자녀들이 음악을 들으면서 친구와 전화 통화도 하고, 또 공부도 동시에 할 수 있는 것처럼 보일 때 놀라는 경우를 들 수 있다. 어떻게 한 번에 두 가지 이상의 과제를 수행할 수 있으며, 이러한 능력을 결정하는 것은 어떤 요인인가?

이중과제 수행

Spelke, Hirst, 그리고 Neisser(1976)는 이 문제를 명료하고도 많은 노력이 요구되는 실험실 연구로 검토하였다. 두 명의 코넬대학교 학생 참가자를 소집하였다. 17주 동안 일주일에 닷새를 1시간 회기로, 학생들에게 짧은 이야기를 읽으면서 들리는 단어를 적는 훈련을 시켰다. 이들의 읽기 이해력을 주기적으로 검사하였다. 6주의 연습 이후에 이들의 읽기 속도는 정상 속도에 접근하였다(그림 4.14 참조). 또한 6주가 끝날 때쯤에 비교해 보면 이야기 읽기만 하는 경우나(따라서 주의를 모두 읽기 과제에 부여함), 들리는 단어를 적으면서 읽거나 간에 읽기 이해 점수가 비슷해졌다. 후속 연구에서 참가자들은 또한 읽기 속도와 이해를 희생하지 않고도 들리는 단어를 의미에 따라 범주화도 할 수 있고 단어들 간의 관련성도 알아차릴 수 있는 것으로 보였다.

이 연구의 참가자들이 의식적 주의 없이도 의미에 관한 정보를 처리할 수 있었다는 점에 대해서 놀랐던 심리학자들이 많았으며, 일부는 이 결과에 대해 대안적 설명을 제시하기도 하였다. 그중 한 가설은 참가자들이 두 과제를 동시에 하는 동안 주의를 바꾸어 가면서, 처음에는 이야기에 주의하고, 다음에는 받아쓰기에, 다시 또 이야기에 하는 식으로 진행했다고 보았다. 이러한 가능성을 직접 검증해 볼 수는 없었지만, 이들은 참가자들의 읽기 속도가 받아쓰기를 하든 안 하든 비슷했다는 것은 주의 바꾸기에 든 시간 간격이 측정할 수 없을 정도였다는 사실을 시사한다고 주장하였다(Spelke et al., 1976).

Hirst, Spelke, Reaves, Caharack, Neisser(1980)는 이 주의 바꾸기 가설(alternation hypothesis)에 반대되는 증거를 발견하였다. 이들 연구의 참가자들에게는 Spelke와 동료들 (1976)의 실험과 비슷한 훈련 과제가 주어졌다. 모든 참가자들은 읽기를 하는 동안 받아쓰기를 하였다. 일부 참가자들은 짧은 이야기를 읽었는데, 이 이야기는 반복되는 재료들이 있어 비교적 주의를 많이 요하지 않는 것들이었다. 다른 참가자들은 백과사전에 나오는 기사를 읽었으며, 여기에는 재료가 반복되는 정도가 덜했으며 따라서 더 집중해야 하는 것이었다. 정상적인 읽기 속도와 읽기 이해에 도달하고 난 다음, 참가자들의 과제가 바뀌었다. 짧은 이야기를 읽었던 이들에게는 백과사전 기사를 읽게 하였고, 백과사전 기사로 훈련되었던 이들에게는

사진 4.5 특히 10대들은 주의를 여러 활동에 동시적으로 분리시키는 멀티 태스킹을 하려는 경향이 있다.

짧은 이야기를 읽게 하였다. 7명의 참가자 중에서 6명이 새로운 재료에 대해 비슷한 정도로 수행하였는데, 이는 참가자들이 아마도 그들의 주의를 두 과제에 바꾸어 가며 진행하지 않았을 것임을 보여준다. 만일 주의 바꾸기를 했더라면, 짧은 이야

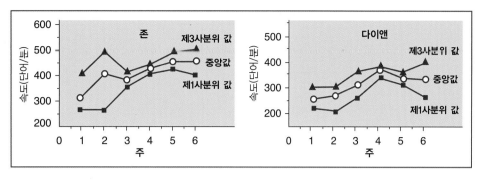

그림 4.14 두 과제를 한 번에 하는 것을 학습하는 연습 기간에 보인 읽기 속도. 두 명의 참가자, 존과 다이앤의 매주 평균과 읽기 속도의 사분위 점수를 점으로 표시하였다.

기를 읽으면서 받아쓰기를 학습하는 것은 백과사전 기사를 읽는 동안 받아쓰기 하는 과제에 그렇게 잘 전이되지 못했을 것이기 때문이다.

두 번째의 가능한 설명은 참가자가 두 과제를 동시에 하기를 배우는 능력은 두 과제 중 하나(예 : 받아쓰기 과제)가 자동적으로 수행되기 때문이라는 것이다. Posner와 Snyder(1975)의 자동성에 대한 기준에 따른다면 — 처리가 다른 심적 활동을 방해하지 않는다 — 이 연구에서 받아쓰기는 자동적이라고 간주될 수 있다. 하지만 참가자들은 단어가 들리는 것을 분명히 의식하고 있었으며, 이들은 대개 들린 단어의 80%를 직후 시행에서 재인하였다. 더구나 참가자들은 받아쓴 단어를 분명히 의도적으로 적었다. 따라서 받아쓰기는 Posner와 Snyder의 두 가지 기준 — 의도의 결여와 의식적 자각의 결여 — 에 맞지 않는다.

Hirst와 동료들(1980)은 한 가지 과제가 자동화된다는 가능성에 대해 반박 증거를 제시하였다. 읽기를 하는 동안 완전한 문장을 받아쓰도록 훈련된 참가자들은 이 문장을 이해하고 회상할 수 있었으며, 이는 참가자들이 받아쓰기 과제를 의미로 처리했다는 사실을 시사한다. 대부분의 심리학자들은 자동적인 처리가 이해 과정 없이 일어난다고 믿는다는 것을 고려할 때, 이는 역으로 참가자들이 받아쓰기 과제에 적어도 약간의 주의는 기울이고 있었다는 것을 의미한다.

참가자들이 어떻게 한꺼번에 두 가지 과제를 수행할 수 있는가에 관한 세 번째 설명은 Hirst와 동료들(1980)이 선호하는 것인데, 참가자들에게 읽기와 받아쓰기라는 두 별도 과제를 조합할 것을 배운다는 것이다. 다시 말해 이 두 특정 과제에 대한 연습은 참가자들로 하여금 처음 했던 것과는 다른 방식으로 두 과제를 수행하도록 한다는 것이다. 이는 만일 이 과제 중 하나가 세 번째 과제(시구를 따라 읽기 같은)와 조합된다면, 이 두 과제가 효율적으로 합쳐지기까지 추가적인 연습이 요구된다는 점을 암시한다.

따라서 연습은 수행에 엄청난 역할을 하며 어떤 과제가 요구하는 주의가 얼마나 되는지를 결정하는 데 중요한 결정 요인이 된다. Hirst와 동료들(1980)의 연구에 비판이 없었던 것은 아니다(Shiffrin, 1988 참조). 하지만 이 연구와 관련 연구들은 우리가 연습이 인지적 과제에 하는 역할을 이해하는 관점을 바꾸기 시작하였다(Pashler et al., 2001).

자동화에 대한 주의 가설

Gordon Logan과 Joseph Etherton(Logan & Etherton, 1994; Logan, Taylor, & Etherton, 1996)은 이 장에서 논의해 온 개념들을 한데 묶는 많은 개념들을 연구해 왔다. 이들은 자동화에 대한 주의 가설(attention hypothesis of automatization)이라고 이름을 붙인 개념을 제안하였는데, 이는 과제를 연습하는 국면에서 주의가 요구되며, 연습을 하는 동안 학습되는 것이 무엇인지를 주의가 결정한다는 사실을 말하는 것이다. 주의는 또한 연습에서 기억하는 것이 무엇이 될지도 결정한다. Logan과 동료들(1996)은 이를 다음과 같이 말한다. "학습은 주의하기의 부산물이다. 사람들은 그들이 주의하는 바에서 학습을 할 것이고 주의하지 않는 것은 학습하지 못할 것이다."(p. 620) 특히 Logan과 동료들은 기억에 부호화될 정보는 어떤 것인지, 나중에 인출될 정보는 어떤 것인지에 영향을 미치는 것이 바로 주의라고 주장하였다(이 주제는 제5, 6장에서 더 자세히 다룸).

일련의 실험에서 Logan과 Etherton(1994)은 대학생 참가자들에게 두 단어 쌍을 연속해서 제시하고 특정 표적 단어를 탐지하게 했는데, 가능한 한 빨리 반응하라고 하였다(예 : 금속 이름인 단어). 일부 참가자들에게는 시행에 걸쳐 단어 쌍이 일정했다. 예를 들어 한 시행에서 철과 캐나다가 짝지어져 나왔으면 이후 시행에서도 이 단어들 중 어느 것도 바뀌지 않았다. 다른 참가자들은 시행마다 달라지는 단어 쌍을 보았는데, 예컨대 한 시행에서 철과 캐나다가 짝지어져 나왔으면 다른 시행에서는 철과 브로콜리가 함께 나오는 식이었다. 문제는 첫 번째 조건의 참가자들이 단어들이 일관성 있게 짝지어진 덕에 수행에 이점을 얻는가 하는 것이었다.

대답은 그렇다였다. 하지만 표적-탐색 과제가 참가자로 하여금 제시된 단어 2개에 모두 주의를 기울이게 강제하였을 경우에만 그러했다. 만일 실험자가 두 단어 중에 하나에 녹색을 칠하고 참가자들에게 자극판에 제시된 것 중 녹색 단어가 각 시행에서 표적인지 아닌지 판단하기만 하라고 한다면 참가자들의 수행은 단어 쌍이 일관성이 있는지에 상관이 없어졌다. 또한 나중에 회상하라고 요구하면 방해 단어들은 거의 회상하지 못했다. 분명히 색깔 단서가 참가자로 하여금 자극판의 두 번째 단어의 의미를 무시하기 쉽게 만든 것으로 보인다. 어떤 것을 무시한다는 것은 주의를 기울이지 않는다는 뜻이며, 따라서 이에 관해 학습하게 되는 것은 거의 없다고 볼 수 있다. 집중적인 연습을 하는 경우라도(5번의 회기), 일관성 있는 단어 쌍 조건의 참가자들은 방해 단어에 주의를 기울일 이유가 없어진다면 어떤 단어가 서로 짝지어졌는지를 학습하지 못했다.

실험실 바깥의 분리 주의 : 운전 중의 휴대전화 사용

이제까지 개관해 온 이론적 개념들이 실세계의 이중과제 수행(dual-task performance)의 실제 예에 적용되는지 알아볼 수 있는지 살펴보기로 하자. 최근에 많은 주에서 운전 중에 휴대전화 통화를 금지해야 하는 법안을 시행 중이거나 법안 상정을 고려하고 있다. 운전 중 휴대전화 사용은 점차 더 흔한 일이 되고 있으며 또한 사고 위험이 4배에서 6배로 증가하는 주요 요인이 되고 있다고 한다(Maciej, Nitsch, & Vollrath, 2011). 운전 중 휴대전화 사용 금지 주장은 휴대전화 통화가 현재 주요 과제인 길 위에서 차를 운전해 가기라는 과제에서 운전자의 주의를 분산시킨다는 것이다.

Strayer와 Johnstom(2001)은 아주 잘 고안된 본뜨기 과제로 이러한 간섭을 연구하였다. 첫 번째 실험에서 이들은 연구 참가자들에게 추적 과제를 수행하도록 하였다. 참가자들은 조이스틱을 가지고 컴퓨터의 커서를 따라 가야 했다. 이들의 목표는 움직이는 표적에 커서가 계속 머무르도록 하는 것이었다. (실제 고속도로에서 실제 운전자가 하는 연구는 윤리적인 이유로 배제되었음은 당연하다!) 여러 변화된 간격으로 표적이 빨간색 또는 녹색으로 번쩍였는데, 이는 '운전자'로 하여금 조이스틱의 '정지' 단추(빨간색)를 누르거나 불빛을 무시(녹색)하라는 신호였다. 참가자들은 처음에는 추적하기('운전') 과제만 수행하다가, 이후 이 연구의 이중과제 부분에 들어갔다. 라디오 방송을 청취하거나 휴대전화로 실험자의 공모자에게서 오는 전화를 받는 것이었다. 공모자는 여러 위치에 있으면서 참가자와 이야기를 하였는데, 그 때 당시에 화제가 되었던 클린턴 대통령 탄핵에 관한 이야기나 솔트레이크 시 올림픽 위원회의 뇌물 스캔들에 관한 것이었고, 참가자와 거의 비슷한 비율로 말하고 듣게 하였다. 라디오 방송을 듣는 것은 빨간 불빛을 놓치거나 추적 과제만 하고 있을 때(단일과제 조건)보다 수행을 더 느리게 만들지 않았다. 하지만 휴대전화로 통화를 할 때는 두 가지 문제가 다 생겼는데, 이는 그림 4.15에서 볼 수 있다.

두 번째 실험에서 연구자들은 참가자들에게 휴대전화로 대화를 하게 하였는데, 실험 공모자가 읽어주는 단어 목록을 '따라 말하기' 하게 하거나 단어생성 과

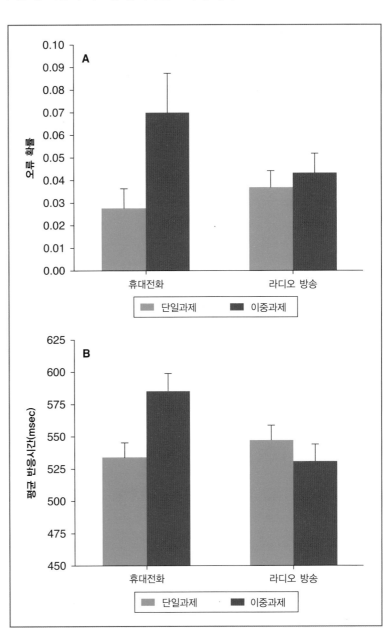

그림 4.15 Strayer와 Johnstom(2001)의 연구결과

제를 수행하도록 하였다. 단어생성 과제에서 참가자는 공모자가 읽어주는 단어를 듣고(그 단어가 *cream*이라고 하자) 그 단어의 마지막 철자로 시작되는 새 단어를 생성해 내야 하는 것이었다(아까 든 예로 본다면 참가자들은 철자 *m*으로 시작되는 단어를 말해야 한다). 일부 참가자들에게는 추적 과제가 수월해서 예측 불가능한 변화를 거의 보이지 않았지만, 다른 사람들에게는 더 어려워서 이런 변화가 많이 생겼다. 단어 따라 말하기는 수행 감퇴를 확실하게 보이지 않았다. 하지만 단어 생성하기에서는 그 과제가 어려울 때 수행 감퇴가 특히 심해졌다.

차에 타고 있는 동승자와 말하는 것은 괜찮은데 휴대전화로 통화하는 것은 왜 그렇게 위험한 것인지 이상하게 여겨질 수도 있을 것이다. 사실상 차에 동승자가 있으면 혼자 운전하는 것보다 사고 위험을 줄인다고 한다. Maciej와 동료들(2011)은 이 역설에 대해서 동승자는 운전자가 조정하고 있는 것을 볼 수 있거나, 운전자의 주의 요구에 맞추어 자신의 대화 스타일을 적응시킬 수 있다. 운전자가 운전 체증이나 사고, 또는 악천후와 같은 어려운 상황에 처하면 동승자는 대화 방식을 바꾼다. 이를테면 복잡한 방식으로 말하지 않는다. 운전자가 도로 조건에 적응할 때 — 말을 덜 하고, 짧게 말하며, 자주 쉰다 — 동승자도 이와 같은 적응을 같이 해준다. 따라서 사실상 운전자가 직면하고 있는 시각적 정보를 가지고 있는 휴대전화 상대방도 그럴 수 있을 것이다(이 연구는 본뜨기 장치에서 다시 수행되었다).

문자하기와 동시에 운전하기는 어떠한가? F. A. Wilson과 Stimpson(2010)은 운전을 하거나 차에 타고 있는 이들에게 휴식을 주어야 한다는 자료를 보고하였다. 2008년에 대략 6건의 치명사고 중에서 1건의 충돌이 '분산된' 운전이었다(여기에 휴대전화 사용과 문자하기가 포함됨). 연구자들은 회귀분석을 포함하는 통계 기법들을 사용하여, 2001~2007년 동안 문자메시지를 하지 않았더라면 발생되었을 치명적인 교통사고의 수를 추정하고 이를 실제 치명사고와 비교하였다. 결과는 그림 4.16에 나와 있다.

운전하면서 문자하기가 일으키는 위험성에도 불구하고 이러한 일이 흔히 발생하는데, 특히 비교적 젊고 비숙련 운전자들 사이에서 더

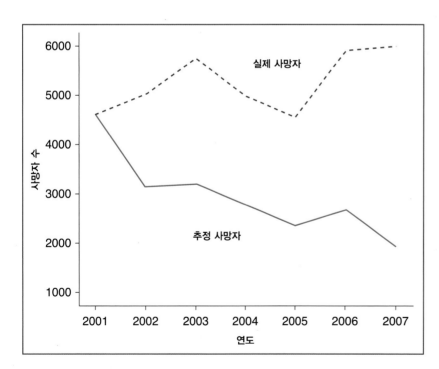

그림 4.16 교통사고의 추정치와 실제 사고 비율

잘 일어난다. Harrison(2011)은 최근 조사에서 91%의 연구 참가자 학생들이 운전을 하면서 문자를 한 경험이 있다고 보고하였으며, 이는 동승자(어린이 포함)가 차에 있을 경우에도 그랬는데, 이들은 문자하기가 위험하고 불법적이라는 사실에 동의하면서도 그러했다. Atchley, Atwood, 그리고 Boulton(2011)은 70%의 학부 학생들이 운전하면서 문자를 보냈었다고 보고하였으며, 81%는 문자에 답을 하였으며, 문자를 읽었다고 보고한 이는 92%에 달했다. 정지 불빛이나 정지 신호에서만 문자를 했다고 보고한 추가적인 반응자들이 있어, 전체 표본의 2%만이 운전 중에는 어떤 형태로든 문자를 절대 하지 않는다고 보고하였다.

요약하면 분리 주의에 관한 연구는 우리가 한꺼번에 성공적으로 할 수 있는 일의 수에는 심각한 한계가 있음을 시사한다. 우리는 몇 가지 일을 동시에 처리할 수 있는 것처럼 보일 수도 있지만, 많은 경우에 우리는 우리의 주의를 두 가지 일을 앞뒤로 재빨리 변환시키면서 하는 것 같다. 당연히 이러한 개별적인 과제가 더 요구적인 것이 될수록 과제를 동시에 하기는 점차 더 어려워진다.

사진 4.6 연구결과 운전하면서 휴대전화로 통화를 하거나 더 최악의 상태로 문자를 보내는 것은 아주 위험한 일이라는 강력한 증거가 제시되었다.

제4장

요약

이 장에서 개관한 주의에 관한 여러 이론적 접근을 보면 심리학자들이 주의 현상이 일어나는 기제에 대해 일치된 견해를 제시하지는 못한다는 점을 알 수 있다.

그럼에도 불구하고 몇 가지 일반적인 주제가 나왔다.

1. 주의는 인지에서 융통성 있는 측면이라는 점을 보았다. 우리는 주의가 고정되고 기계적 제약이 있는 것으로 보지 않고 좀 더 융통성이 있어 연습, 수행 과제의 종류, 의도 등에 의해 영향을 받는 것임을 알게 되었다.

2. 우리가 한꺼번에 주의를 기울일 수 있는 일에는 한계가 있다는 사실은 선택 주의로 알려져 있다. 일화적, 실험적, 또는 신경과학적 증거로 보면 능동적으로 주의를 기울이는 정보는 주의를 기울이지 않는 정보처리와는 다른 방식으로 처리한다는 사실을 시사하는 것으로 보인다.

3. 주의를 병목에 비교했던 적이 있었지만 오늘날에는 더 적절한 은유가 스포트라이트(일부는 이 은유가 얼마나 확장될 수 있는지에 대해 동의하지 않지만) 은유인 것으로 보인다. 여기서 이 생각은 주의란 그 효율성에서 변화 가능한 것인데, 마치 한 지점에 보낸 스포트라이트가 그 크기와 강도에 따라 주변 영역에도 다소 비추어지는 것과 유사하다는 것이다.

4. 인지신경심리학자들은 주의에 관여하는 여러 신경(뇌)에서의 특정 부위와 연결망을 확인했다. 이들은 또한 주의를 기울인 정보와 주의하지 않은 정보의 사건관련전위가 서로 다른 형태로 나타남을 보여주었다.

5. 신체적인 과제나 인지 과제를 연습하면 그 과제를 수행하는 데 필요한 주의의 양이 변화하는 것으로 보인다. 수행하는 데 심적 용량이 별로 들지 않는 과제를 자동적이라 한다.

6. 특정 과제나 처리를 '자동적'이라고 말할 수 있기 위한 몇 가지 기준이 제안되었다. (a) 의도 없이 일어난다, (b) 의식적 자각 없이 일어난다, (c) 다른 심적 활동에 간섭을 일으키지 않는다. 그러나 최근에는 이러한 기준이 비판을 받고 있다.

7. 주의에 관한 실험실 연구와 관련된 실세계의 예들은 운전을 하는 동안 휴대전화로 통화를 하거나 문자를 하는 것에 관한 연구들에서 찾아볼 수 있다.

복습 문제

1. 인지심리학자들은 주의라는 용어에 관한 몇 가지 정의를 제시하였다. 어떤 것이 가장 유용한 것으로 보이는가? 여러분의 의견을 서술하고 기준을 정해 보라.

2. 양분 청취 과제를 서술하고 왜 인지심리학자들이 이 과제가 주의 연구에 유용하다고 보았는지 설명하라.

3. 여과기 이론과 약화 이론, 그리고 도식 이론의 차이와 유사성을 서술하라.

4. 주의에 관한 카네만의 용량 모형을 묘사하고 평가하라. 용량 모형으로 실세계 현상에서는 어떤 것을 예측하고 설명할 수 있는가?

5. 주의의 신경학적 기반에 관한 연구로 답할 수 있는 질문은 어떤 것인가? 어떤 질문이 제기되었는가?

6. Posner와 Snyder가 제시한 인지과정의 자동성 결정 기준을 평가하여 보라. 어떤 기준이 가장 강력하며, 왜 그런가?

7. 분리 주의에 관한 연구를 고려해 보자. 이 연구결과들이 여러 자극 근원에서 오는 많은 정보를 동시에 처리해야 하는 노동자를 훈련시키는 데 사용될 수 있다고 보는가? 왜 그런가, 또는 왜 아닌가?

핵심 용어

도식 이론(schema theory)

부주의 맹(inattentional blindness)

분리 주의(divided attention)

사건관련전위(event-related potential, ERP)

선택 주의(selective attention)

세부특징 통합 이론(feature integration theory)

스트룹 과제(Stroop task)

약화 이론(attenuation theory)

양분 청취 과제(dichotic listening task)

여과기 이론(filter theory)

이중과제 수행(dual-task performance)

자동처리(automatic processing)

자동화의 주의 가설(attention hypothesis of automatization)

점화(priming)

주의 포획(attentional capture)

통제처리(controlled processing)

학습 사이트

부가적인 학습 도구와 관련해서는 www.sagepub.com/galotticp5e의 학습 사이트(Student Study Site)를 방문하라.

5

작업기억
새로운 기억 흔적을 만들고 사용하기

인지심리학자들은 대부분 기억을 인지과정 중 가장 기본적인 것이라 생각한다. 자신에게 있었던 개인적인 사건들을 되돌려 생각해 볼 때, 가령 학교에 처음 가던 날, 만 10세가 되던 생일날, 디즈니랜드로 갔던 여행을 회상해 낼 때면 언제든 기억에 의존한다. 기억은 또한 우리가 9/11 사건이나 오사마 빈 라덴의 갑작스러운 죽음 같은 역사적 사건에 관한 정보를 회상해 낼 때도 분명히 작용한다. 이 모든 경우는 인출의 예를 보여주는 것인데, 인출(retrieval)이란 이전에 저장된 정보를 마음에 불러내는 것이다. 우리가 이런 일을 하는 과정이 이 장과 다음 두 장에서 다룰 주제이다.

어떤 방식으로든 기억은 일상적인 인지활동에 거의 모두 들어가 있다. 시험을 치른다든지 3학년 때 선생님의 이름을 회상해 내는 인지활동에 기억이 요구된다는 것은 분명하다. 하지만 계좌 입출금액을 맞춘다든지 문장 이해하기와 같은 활동에도 기억의 어떤 측면들이 포함된다. 계좌 입출금액을 맞추기 위해 계산을 해야 할 때 우리는 어떤 숫자를 적어도 일정 순간 동안 마음속에 간직해야 한다. 문장을 듣거나 읽을 때에도 문장의 중간이나 끝을 처리하는 동안 문장의 시작 부분을 마음속에 지니고 있어야 한다. 우리는 기억을 다른 인지과정과 함께 너무나 자주 사용하고 있기 때문에 당연한 것으로 여기는 경향이 있다.

예컨대 대학 입학 첫날을 회상해 보도록 하자. 그날에 관해 어떤 것이 떠오르는가? 이제 이러한 기억들을 어떻게 회상할 수 있었는지 스스로에게 물어보라(할 수 있기만 하다면). 완전 백지 상태라면 왜 그런가? 기억을 회상하려 할 때 정확히 어떤 일이 일어나는 것인가? 왜 어떤 정보는 기억할 만하고 다른 것은 회상이 어려운가?(예 : 두 강좌 전에 인지심리학 강사가 입은 옷을 묘사할 수 있겠는가?)

우리는 특정 능력이 얼마나 예외적인 것인지를 그런 능력이 없는 어떤 이를 만나기 전까지는 알아차리지 못한다. Baddeley(1990)는 음악가이면서 방송인인 클라이브 웨어링(Clive Wearing)의 비극적 사례를 들고 있는데, 그는 뇌염 후 뇌손상으로 인한 심각한 기억상실증이 있었다. 기억상실증이 있는 이들은 많지만 웨어링 사례는 기록된 것들 중에서 가장 비극적 경우에 속한다. Baddeley 다음과 같이 서술했다.

> 그의 기억상실증은 너무 심해서 바로 몇 분 전에 일어난 일을 아무것도 기억하지 못하였으며, 방금 의식을 회복한 상태로 보였다. 필기 도구만 가지고 있으면, 그는 때로 현재 시간을, 예컨대 3 : 0이라 적고는 "나는 방금 의식을 회복했다."라고 노트하고 3 : 10에 선을 긋고 3 : 15라 추가하였으며, 이후 또 3 : 20이라 적고는 하였다. 아내가 몇 분간 방을 떠났다가 돌아오면, 그는 무척 반가워하며 아내를 맞고는 몇 달 동안 보지 못했다고 하면서 의식 없이 누워 있었던 기간이 얼마나 되었는지 묻고는 했다. 처음 이런 장면을 보면 아주 신기하고 감동적이기도 하지만, 매일 매번 반복적으로 이런 일이 일어나면, 감동은 금새 사라져 버리기 마련이다.(pp. 4–5)

흥미로운 점은 웨어링의 기억 능력 중 몇 가지는 남아 있었다는 점이다. 그는 성가대에서 복잡한 음악을 지휘할 수 있었으며, 하프시코드와 피아노를 연주할 수 있었다. 이러한 능력은 하지만 예외적인 경우에 속했다. 웨어링은 혼자 외출을 할 수 없었는데, 혼자 나가면 금새 길을 잃고 되돌아올 수 없었다. 그는 잘 알고 있던 장소의 사진을 알아보지 못했고, 그 자신의 삶에 대한 기억들은 아주 단편적으로만 남아 있었다.

이번 장과 다음 장에서 필자는 이러한 현상들을 설명해 보고자 한다. 이를 위해서 우리는 사람들이 정보를 만들어 내고, 저장하고, 인출하는 과정을 자세히 살펴볼 것이다. 우리는 몇 시간이나 몇 주일, 또는 수 년 동안 지속되는 기억뿐만 아니라 잠시만 지속되는 기억도 고려하는 기억 연구에 대한 이론적 접근법을 검토할 것이다. 제5~6장에서 서술되는 연구들은 대부분 실험실에서 나온 것들인데, 실험실에서는 대개 대학생 실험 자원자들을 대상으로 일련의 단어, 음절, 또는 그림을 아주 잘 통제된 조건에서 제시한다. 제6장의 일부에서는 실험실에 기반한 모형이 실험실 바깥의 기억 현상들, 대부분 사람들 자신의 인생 이야기에서 나오는 일화들에 대한 기억들에는 얼마나 잘 들어맞는지를 고려하여 볼 것이다.

이 장에서는 이전 두 장(지각과 주의)에서 이야기했던 주제와 깊은 관련이 있는 주제를 택할 것이다. 예를 들어 우리는 이미 작업기억 용량이 주의 초점과 통제의 정도와 관련되어 있다는 사실을 미리 보았다. 여기서 우리는 이 **작업기억**(working memory)이라는 용어가 지칭하는 바가 무엇인지를 탐구할 것이다. 지금 중요한 점은 이전 장에서 나왔던 주제 중 몇 가지는 여기서 아주 쉽게 제시될 수 있는 반면, 이 장의 몇 가지 주제는 제3장이나 제4장에 잘 들어맞을 것이라는 점이다. 필자는 독자들이 앞선 두 장을 주의 깊게 읽어 본다면, 이 모든 상호 관련성을 분명히 알아볼 것이라 믿는다.

용어에 관한 간략한 개관을 시작하기 전에 용어를 먼저 살펴보자. 우리는 부호화(encoding)란 정보가 처음 들어와 다른 인지과정이 이를 사용하는 형식으로 번역될 때 생기는 것이라 본다. 이를 우리는 기억 흔적(memory trace)의 형성이라 부를 것이다. 이러한 흔적은 한 가지 이상의 형식으로 저장(storage)되었다가 이후 인출된다. 우리는 정보를 인출할 수 없는 경우에 일어나는 것을 망각(forgetting)이라 칭한다.

기억 연구에서 전통적인 접근법

심리학 연구 이전에 철학에서 기억이라는 주제에 대해 매혹되었던 기나긴 전통이 있었다. Neath와 Surprenant(2003)는 그리스 철학자 플라톤이 기억을 새를 가두어 놓는 새장과 인상이 만들어지는 밀랍 서자판과 비교하였음에 주목하였다. 중세와 르네상스를 거치면서 기억을 동굴, 빈 옷장, 운동이 필요한 신체로 보는 비유가 생겼다.

1950년대, 기억은 전화 체계와 비교되었는데, 이후 이는 컴퓨터와의 비교로 발전되었다. 기억 연구에 대한 한 가지 이론적 접근으로 1960년대와 1970년대에 인지심리학을 지배했던 것은 정보가 저장되는 기간에 따라 기억을 구분한 접근법이다.

이 기억의 양상 모형(modal model of memory)에서는 각 기억의 종류에 따라 정보가 수용, 처리, 저장되는 방식이 각기 다르다고 가정한다(Atkinson & Shiffrin, 1968; Waugh & Norman, 1965). 주의를 기울이지 않은 정보가 아주 빨리 제시되면 아주 잠깐 동안만 감각기억(senory memory)에 저장된다. 주의를 기울인 정보는 단기기억(short-term memory, STM)에 20~30초 동안 유지되는데, 이는 일차 기억(primary memory) 또는 단기 저장(short-term storage)이라고도 한다. 더 긴 기간 저장되어야 하는 정보(예 : 내일 시험을 위한 단어의 정확한 철자, 또는 4학년 때 선생님 이름)는 장기기억(long-term memory, LTM)으로 전이되는데, 이는 때로 이차 기억(secondary memory) 또는 장기 저장(long-term storage)이라고도 한다. 이들 연구가 인지심리학이라는 분야에 미친 방대한 영향과 광범한 범위의 기억에 의미를 부여한 점을 고려하여 우리는 이러한 은유를 사용한 기억에 관한 심리학 연구들을 살펴볼 것이다.

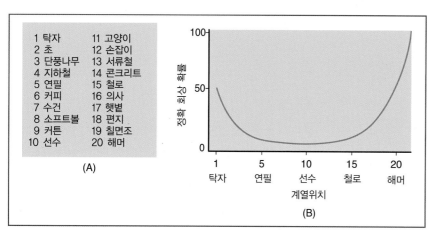

그림 5.1 계열위치 효과 실험에 제시된 단어 목록(A), 전형적인 결과(B)

많은 경험적 연구들에서 서로 다른 기억 체계라는 생각을 지지해 온 것으로 보인다. 한 가지 잘 알려진 연구는 자유회상 실험에서 나온 것인데, 자유회상에서는 사람들에게 그림 5.1(A)에 보이는 것 같은 주어진 목록의 단어들을 기억하고, 나중에 이 단어들을 순서에 관계없이 회상하라고 하는 것이다. 이후 실험자는 모든 실험 참가자들의 자료를 계산하여 각 단어의 회상 확률을 원래 목록에서 어떤 위치에 있었는지에 따라 계산해 낸다. 우리의 예에서 본다면 탁자가 목록에서 첫 번째 위치에 있으므로 계열위치 1이라 할 수 있고, 초는 두번 째로 나왔으므로 계열위치 2라고 매김할 수 있다. 그림 5.1(B)는 전형적인 결과의 이상화된 그림을 보여준다(Murdock, 1962).

그림에서 곡선의 양끝이 중간보다 높은 것이 눈에 띄는데, 이는 사람들이 목록의 처음 부분과 끝부분을 중간에 나온 단어보다 더 잘 회상했다는 사실을 뜻한다. 이를 계열위치 효과(serial position effect)라 한다. 목록의 시작 부분에서 증진된 단어 회상은 초두 효과(primacy effect), 목록의 끝부분의 회상 증진은 최신 효과(recency effect)라 한다.

이들 두 효과는 무엇으로 설명되는가? 실험 참가자들은 실험이 시작되면 소리 내기를 속으로 하는데 다음과 같다.

실험자(고정된 속도로 목록을 읽는다):   탁자

참가자(혼잣말로)	탁자-탁자-탁자-탁자
실험자	초
참가자(좀 더 빨리)	탁초-초-탁자-초
실험자	단풍나무
참가자(아주 빨리)	탁자-초-단풍나무-탁자-초
실험자	지하철
참가자(이전 단어 되뇌기를 포기)	지하철

이러한 항목들의 반복, 또는 되뇌기(rehearsal)가 장기 저장에 항목을 집어넣는 데 도움이 되는 것으로 보인다는 점을 이후에 살펴볼 것이다. 사실상 실험자가 목록을 빨리 읽어서 참가자로 하여금 되뇌기를 할 시간을 주지 않으면 최신 효과는 남아 있지만, 초두 효과는 사라진다(Murdock, 1962).

최신 효과는 참가자들이 감각기억이나 단기기억을 사용하기 때문에 생기는 결과로 생각된다. 참가자들은 회상할 때 아직도 마지막 두세 단어가 들리는 것 같다고 보고하며, 이 단어들을 가장 먼저 재빨리 보고한다. 만일 실험자가 관련 없는 숫자 빼기 과제를 시킨다든지 해서 참가자로 하여금 금새 보고하지 못하게 한다면 최신 효과는 사라지지만 초두 효과는 사라지지 않는다(Postman & Phillips, 1965).

초두 효과와 최신 효과가 별도로 영향을 미친다는 사실은 이 효과가 두 종류의 기억을 반영하는 것이라는 사실을 시사한다. 또한 세 번째 종류의 기억인 감각기억을 주장하는 심리학자들도 있는데, 이 감각기억은 다른 두 기억체계와는 다른 방식으로 작동하는 것으로 보인다. 감각기억이라는 개념을 지지하는 이들은 정보가 입력되면 우선 이 아주 빠르게 쇠퇴해 버리는 저장 체계를 거친다고 믿는다. 만일 이 정보가 주의를 받으면 그다음 단계인 STM으로 이동한다. 1~2분 이상 유지되었다가 이 정보는 그다음 단계인 LTM으로 다시 전이된다.

우리는 이 장에서 두 가지로 가정되는 기억의 종류를 먼저 취하여 감각기억과 STM을 살펴볼 것이다. 가장 표준적인 기억 모형과 그에 따른 예측과 설명을 살펴본 후 심리학자 Alan Baddeley가 제안하는 작업기억(working memory)이라는 개념에 초점을 맞추어 보고자 한다. 그다음에 제4장에서 시작되었던 논의를 다시 전개하여 다른 인지과정의 작동을 지배하고 방향을 잡는 집행과정의 존재와 그 중요성에 관해서 최근 어떻게 논의되는지에도 주의를 기울여 볼 것이다. 능동적으로 처리되는 재료에 대한 기억의 신경심리적 증거들을 살펴보는 것으로 이 장은 일단 마무리할 것이다. 제6장에서 좀 더 긴 기간 동안 저장되는 기억에 관한 논의로 내용을 이어갈 것이다.

감각기억

감각적인 '기억'이란 우리가 '지각'이라 부르는 것과 밀접하게 관련되어 있다. 이 종류의 기억은 지각체의 기록이라 묘사되어 왔는데(Baddeley, 1990), 이는 감각 정보가 첫 번째로 아주 잠깐 저장되는 것을 말하기 때문이며, 여기서 감각 정보란 칠판을 잠깐 쳐다보고 다른 곳으로 시선을 돌릴 때 여러분이 지니고 있는 것이다. 사실상 인지심리학에서는 전형적인 감각기억 연구에서 나온 발견이 그 본질상 지각적인 것인지 기억에 관련된 것인지에 관한 논쟁이 있었다(Neath & Surprenant, 2003). 오늘날 좀 더 공통적인 견해는 이 현상이 사실상 지각보다는 기억에 더 비슷하다는 쪽이다.

많은 인지심리학자들은 감각 양상에 대한 감각기억이 별도로 존재한다고 가정한다. 곧 시각적인 감각기억, 청각적인 감각기억과 후각적(냄새와 관련된) 감각기억, 미각(맛과 관련된) 감각기억, 그리고 촉각(만지기와 관련된) 감각기억이 있다는 식이다. 최근까지의 감각기억에 관한 압도적인 연구는 처음 두 가지 감각기억에 집중되어 있는데, 이들을 각각 영상기억(iconic memory)과 반향기억(echoic memory)이라고 부른다.

영상기억

우선 영상기억에 관해 이야기를 시작하자. 오버헤드 프로젝터가 구비된 강의실에 앉아 있다고 상상해 보자. 강사가 들어와서 프로젝터에 강의록을 먼저 띄운다. 프로젝터가 잘 작동하는지 검토하려고 강사는 잠깐 틀었다가 끈다(강사는 다른 사람이 미리 훔쳐보기를 너무 많이 하지는 않기를 바란다). 강사가 프로젝터를 켜고 끄는 동안 영사막을 보고 있었다면, 여러분은 재빨리 꺼지는 시각 사건을 경험하게 될 것이고, 이것이 자극이 물리적으로 사라져 버리기 때문이라고 생각할 것이다—아마도 프로젝터의 전구가 천천히 꺼지는 것이라고. 한 통제된 연구에서 이 효과가 심적 경험임을 증명해 보였는데(Massaro & Loftus, 1996), 이제 이 연구를 살펴볼 것이다.

Sperling(1960)은 아주 멋진 실험을 수행하였는데, 이제는 고전적인 실험이라 간주되는 이 실험으로 시각 감각기억의 속성을 연구하였다. 그는 실험 참가자들에게 철자가 들어 있는 자극화면을 제시하였는데, 예컨대 그림 5.2에 나오는 것 같은 것이다. 그리고 그는 참가자들이 보았던 철자를 보고하라고 시켰다. 자극화면은 단지 50밀리초 동안 제시되었다. Sperling은 사람들은 평균적으로 12개 철자 중에서 4~5개를 보고한다는 것을 발견하였다. 자극화면의 제시 시간을 한 500밀리초 정도로 늘려도 수행이 나아지지는 않았다. 이 문제는 지각에 관한 것이 아니었다. 500밀리초, 1초의 절반은 모든 철자를 다 지각하기에 충분한 시간이다(Klatzky, 1980).

Sperling(1960)은 참가자들의 수행을 증진시킬 방법을 찾아내었는데, 이는 **부분보고 기법**(partial-report technique)이라고 알려져 있다. 자극화면을 보고 난 다음 참가자들은 낮은, 중간의, 높은 주파수의 음을 듣게 되었다. 낮은 음은 화면의 맨 아래 줄에 나왔던 철자만 보고하라는 지시였다. 높은 음은 맨 위 줄을 보고하는 것이었고, 중간 음은 가운데 줄이었다. 어떤 음이 소리나든지 간에 참가자들의 보고는 거의 완벽하게 정확했다. 이 발견은 참가자들이 제시된 자극 전체를 저장했음에 틀림없다는 사실을 보여주는데, 왜냐하면 그들은 어

그림 5.2 Sperling(1960)이 사용한 자극화면 종류의 한 예

S D F G
P W H J
X C V N

떤 음이 나올 것인지 미리 예상하지는 못했기 때문이었다. 무선적으로 선택된 줄에 대한 회상 정확도가 90%라면, 그 참가자의 다른 줄에 대한 정확도도 90%였다. 사실상 Sperling 은 이 부분보고 기법을 사용하여 참가자들이 주어진 줄의 어떤 철자든지 평균 3~4개를 정확하게 회상하였음을 보여주었던 것이며, 이는 75% 이상의 평균 회상을 말하는 것이다.

수행이 나아진 이유는 무엇일까? Sperling(1960)은 원래 조건[참가자들이 제시된 자극화면 전체를 모두 보고해야 했으므로 전체보고 조건(whole-report condition)이라 부름]에서 참가자들은 처음 두세 철자를 집어내어 보고하는 동안 그 정보를 잊어버린 것이라 믿었다. 달리 말하자면 참가자들이 자극화면을 회상하고 있는 당시에도 그것이 어디에 저장되어 있었든 간에 정보는 꺼져가고 있었다는 것이다. 이 사실은 이 기억 체계에서는 정보가 아주 잠깐만 지속된다는 의미이다. 사실상 Sperling은 만일 음이 1초 정도 지연되고 나서 나오는 경우에는 부분보고를 하라고 해도 참가자들은 전체보고 상황보다 수행이 더 낫지 않았다고 보고하였다.

Neisser(1967)는 이렇게 아주 잠깐 지속되는 시각기억을 영상(icon)이라 불렀다. 영상은 시각 재료에 대한 감각기억 저장 체계로 기껏해야 1초 정도만 정보를 유지하는 것이다. 영상기억에서 유지되는 정보는 비교적 미처리 형식인데, 이 사실은 Sperling(1960)의 또 다른 실험에서 보여주었다. 제시자극에 자음과 모음이 모두 포함되어 있고, 두 가지 서로 다른 음이 모음 모두 또는 자음 모두를 보고하라는 단서로 작용하였다면, 참가자들의 수행은 전체보고를 하게 하였을 때와 거의 비슷하였다. 이는 사람들이 범주(모음 또는 자음)에 따라 하는 보고에는 물리적 위치(예 : 맨 위 줄, 아래 줄)에 따른 부분보고처럼 잘하지 못한다는 것을 보여준다. 따라서 Sperling은 영상에는 아직 범주화되지 않은 정보가 있는 것이라고 추정하였다.

Averbach와 Coriell(1961)은 이 영상이 그 영상 직후에 제시되는 다른 자극에 의해 '지워질' 수 있다는 것을 보여주었는데, 이 현상은 차폐(masking)라 알려졌다. 예컨대 만일 철자가 나오는 자극화면 직후에 동그라미로 채워진 자극화면을 보여주면, 참가자들은 동그라미들이 원래 보였던 철자들의 기억 흔적을 '지운다'고 보고하였다.

또 다른 연구에서는 참가자들이 부분보고 단서를 얼마나 다양하게 사용할 수 있는가를 탐구하였다(개관해 보려면 Coltheart, 1980 참조). 여러 연구자들이 제시되는 철자의 색이나 밝기 같은 특징이 부분보고 단서로 사용될 수 있는지 검토해 보았다. 흥미로운 점은 범주나 음운론적 소리(예 : "B와 운이 같은 철자를 모두 보고하시오.")는 모두 불가능하였다는 점이다. 이 사실은 영상에서 사용되는 정보는 단지 시각적인 것에만 한정되며 청각적이거나 다른 종류의 관련 자극은 아니라는 것을 시사한다.

좀 더 최근의 연구들을 보면 이렇게 그려온 영상이라는 그림이 좀 복잡해진다. Neath와 Surprenant(2003)는 연구 참가자들이 범주 단서를 사용하여 보고할 수 있다는 증거를 발견하였다. 이들은 또한 자극 매트릭스의 특정 위치에서의 정보가 시간이 지남에 따라 꺼져가기는 하지만, 어떤 철자가 제시되었는지에 관한 정보는 꺼지지 않는다는 사실을 보여준

다른 연구들도 서술하고 있다. 결과적으로 인지심리학에서는 이제 영상이라고 하는 것이 150~200밀리초 동안만 유지되는 심적 표상으로 자극을 다른 좀 더 의미 있는 부호로 재부호화하는 과정이 뒤따르는 것이라 보고 있다.

반향기억

청각 재료에 대한 감각기억도 있는데, Neisser(1967)는 이를 반향(echo)이라 하였다. Moray, Bates와 Barnett(1965)는 반향에 대한 기발한 증명을 보여주었다. 참가자들에게 '네 귀(four-eared)'로 듣기 과제를 제시하였는데, 이는 양분 청취(dichotic listening)(제4장 참조) 과제와 비슷한 것이다. 참가자들은 헤드폰에서 동시에 제시되는 4개 채널의 입력 정보를 듣는데, 각 정보는 서로 다른 위치에서 나오는 것이었다. 각 채널은 무선적인 철자의 열로 구성되어 있었다. (4개 채널은 스테레오 믹싱 기법으로 제작되었다.)

한 조건은 Sperling(1960)의 전체보고 조건과 비슷하였는데, 참가자들에게 들었던 철자를 모두 보고하도록 하였다. 또 다른 조건에서는 각 참가자가 특정 채널을 가리키는 네 가지 빛이 비추어지는 자극판을 보고 그 특정 채널에서 나온 철자들만 보고하도록 하였다. Sperling처럼 Moray 등(1965)도 부분보고를 하는 참가자들이 더 많은 철자를 보고한다는 것을 발견하였다. 이는 영상과 같은 반향을 시사하는 것이며, 여기에도 정보는 아주 잠깐만 저장된다.

Darwin, Turvey와 Crowder(1972)는 Moray 등(1965)의 결과와 비슷한 실험결과를 보여주었는데, 이들의 실험 통제는 좀 더 개선된 것이었지만 부분보고의 이점은 훨씬 적었다. Darwin 등은 또한 회상에서 적어도 어느 정도는 범주 단서가 사용될 수 있음을 발견하였는데, 이는 반향이 영상과는 조금 다르게 작동한다는 의미를 시사한다. Crowder(1976)는 반향기억에 관한 문헌들을 개관하면서 반향기억은 영상기억에 비해 용량이 더 크다고 제안하였다. 또 다른 연구자들(Watkins & Watkins, 1980)은 반향이 영상보다 더 오래 지속된다는 증거를 제시하였는데, 아마 적어도 20초 정도는 지속된다고 하였지만 다른 연구자들은 이 결론에 동의하지 않았다(Massaro & Loftus, 1996).

'접미사 효과(suffix effect)'라는 것도 반향기억의 본질에 대해 무언가를 보여준다. 기억 실험의 참가자가 되었다고 상상해 보자. 일련의 무선 숫자, 철자, 또는 그런 비슷한 목록이 제시된다. 그 목록이 (시각적이 아니라) 청각적으로 제시되고, 단어나 특정 항목이 청각 회상의 단서로 들리면 목록의 마지막 몇 개 항목은 심각하게 방해를 받는다(Crowder, 1972).

연구자들은 그들이 접미사라 부른 이 회상 단서가 일종의 청각적 차폐로 작용한다고 생각하였는데, 왜냐하면 이 접미사가 단순한 삐 소리나 음 또는 시각 자극이었을 경우 이러한 효과는 별로 없었기 때문이었다. 또한 목록에 있는 항목들이 컴퓨터 화면에 시각적으로 제시되어도 이런 효과는 나타나지 않았다. 마지막으로 접미사와 목록에 있는 항목들 간에 청각적 유사성이 클수록 접미사 효과가 더 컸다.

이어진 연구들에서 영상과 반향에 관한 우리의 이해가 정교해져 갔지만, 요즘은 감각

기억을 몇 가지 속성으로 가장 잘 묘사하고는 한다. 우선 감각기억은 양상 특수적(modality specific)이다. 시각적 감각기억에는 시각 정보가 포함되어 있다. 청각적 감각기억에는 청각 정보가 포함되어 있다. 둘째, 감각기억 용량은 비교적 크지만 정보가 저장되는 지속시간은 아주 짧아서 1초도 안 된다. 셋째, 저장될 수 있는 정보는 비교적 처리되지 않은 것으로 보이는데, 이는 대부분의 정보가 의미 있는 정보라기보다는 자극의 물리적 측면과 관련되어 있다는 의미이다.

일부 연구자들은(Haber, 1983; Neisser, 1983) 영상과 반향이 지각이나 기억에 필수적인 역할을 한다는 생각에 대해 반박하고 있다. Sperling(1960)과 다른 연구자들이 보고한 발견을 반박하는 사람은 없어도 일부는 이 발견에 대한 해석에서 문제점이 있다고 주장한다. 특히 아주 짧은(대개 1초 이하의) 자극 제시로 참가자들에게 인공적인 과제를 만들어 낸 것이라 주장하는 연구자들이 있는데, 이러한 인공과제는 실험실 바깥에서는 필요하지도 원하지도 않는 것이라는 것이다. 이와는 반대로 Neath와 Surprenant(2003)는 감각기억 연구는 실험실 바깥에서도 아주 실용적으로 사용된다고 주장한다. 전화교환원이 전화번호를 알려주고 나서 "즐거운 하루 보내세요."라고 말하면 이러한 인사말이 접미사로 작용하여 전화번호 회상을 방해한다는 것이다!

감각기억이 단지 실험실 현상일 뿐이라는 생각에 대한 또 다른 반박은 감각기억에 최소한의 시간경과를 보장하고 있어 그동안 제시 정보(대개는 주의를 기울인)가 처리될 수 있다는 것이다(Baddeley, 1990). 이 주장을 달리 말하면 감각기억은 정상기억의 일상적 작용에 중요한 역할을 한다는 것이다. 감각기억은 실제 눈이나 귀로 하는 것이 아니라면 마음의 눈이나 마음의 귀로 우리가 입력되는 자료를 '재검토' 할 수 있게 보장해 준다. 이제 보게 되겠지만 감각기억이 이후 정보처리에서 하는 역할에 대해서 아주 많은 논쟁들이 있다.

단기기억

대부분 사람들이 기억에 관해 생각할 때는 1~2초보다는 더 긴 시간 동안 정보를 유지하는 것에 대한 것이다. 이 장 나머지와 다음 장에서는 심리학자가 아닌 이들에게 좀 더 친숙한 이러한 종류의 기억에 대해 이야기할 것이다.

우선 우리는 단기기억(STM)을 살펴볼 것이다. 여러분은 전화번호를 찾고, 전화기 쪽으로 방을 가로질러 걸어가서는 번호를 누른다. 만일 동료 중 한 사람에게 전화를 거는데, 그의 전화번호가 555-4362라고 가정해 보자. 또한 가까운 전화기로 가서 전화를 걸기까지 전화번호부를 들고 가지는 못한다고 가정해 보자. 여러분은 이 과제를 어떻게 실천하겠는가? 아마도 방을 가로지를 때 그 번호를 몇 번 소리 내어 되뇌기 시작할 것이다. 번호를 누른 후 대화가 시작되자마자 아마도 방금 누른 번호는 잊어버리고 말았을 것이다. 이 예가 STM의 한 측면을 잘 보여준다. STM은 단지 짧은 시간 동안만 지속될 뿐이다. (인지심리학자들은 대부분 되뇌기를 막지 않는다면 1~2분 정도 지속된다고 본다. 하지만 신경심리학자들은 때로 하루 정도 지속된다고 보기도 하는데, 이는 좀 혼란스럽기도 하다. 저자가

STM에 관해 이야기할 때는 약 1분 정도 저장되는 것을 이야기할 것이다.)

정보의 저장 기간 이외에 STM을 LTM과 구분해 주는 다른 특성은 없는가? 두 기억 체계를 구분하는 심리학자들은 이런 특성이 몇 가지 있다고 믿는데, 이 중에는 저장될 수 있는 정보의 양(용량), 정보가 저장되는 형식(부호화), 정보가 유지되고 망각되는 방식, 그리고 정보가 인출되는 방식이 있다.

정보처리 패러다임에서 연구하는 심리학자들이 개념화해 온 STM은 지난 20년 동안 상당히 변화해 왔다. 우리는 STM에 관한 전통적인 묘사를 살펴보고 나서 혼동을 피하기 위해 새로운 제안을 작업기억(working memory)이라 이름하여 살펴볼 것이다.

용량과 부호화

만일 여러분이 정보를 아주 잠시 동안만 저장해 두려고 한다면(예 : 전화번호) 얼마큼의 공간이 필요할까? 다른 말로 잠시 동안만 기억해 둘 수 있는 정보의 양은 어느 정도인가? George Miller(1956)의 고전적인 논문은 이러한 희귀한 고백으로 시작되는데 다음과 같다.

> 내 문제는 내가 정수에 시달려 왔다는 것이다. 7년 동안 이 숫자는 나를 따라다녔고, 내 사적인 자료 대부분에 끼어들었으며, 우리의 가장 공적인 학회지 페이지에서도 나를 괴롭혔다. 이 숫자는 여러 종류로 위장을 하여, 때로는 더 큰 숫자로 때로는 보통보다 약간 작은 숫자로 나타났지만, 인지하지 못할 정도로 변화하는 일은 없었다.
>
> 이 숫자가 나에게 출몰해 온 지속성을 보면 이는 절대 우연한 사고에 그치는 것이 아니었다. 유명한 상원의원의 말을 인용하자면 그 배후에 계획이 있으며, 그 출현 방식에는 어떤 패턴이 있었다. 그 수에는 정말 희귀한 어떤 것이 있든지 아니면 내가 피해망상이든지 둘 중 하나였다.(p. 81)

Miller를 따라다녔던 그 숫자는 7(더하기 또는 빼기 2)이었다. 다른 어떤 것보다도 7(더하기 또는 빼기 2, 개인이나 재료 또는 다른 상황 요인들에 따라)은 우리가 STM에 지니고 있을 수 있는 독립적 단위의 최대한 숫자로 보였다. 우리는 이를 STM의 용량(capacity)이라 부른다.

G. Miller(1956)는 증거들을 개관하면서 무선적인 숫자의 한 열이 제시된다면, 그 일련의 열에서 회상할 수 있는 숫자는 대략 7개 남짓일 것이라는 예를 증거로 보였다. 다른 종류의 단위, 즉 철자, 단어, 약어 등이 제시되는 경우도 마찬가지다. 이 제약을 극복할 수 있는 유일한 방법은 어떻게든 개별 단위를 좀 더 큰 단위로 묶어내기(chunking) 하는 것이다. 예를 들어 *N F L C B S F B I M T V* 철자가 제시된다고 가정해 보자. 이 12개 철자열은 정상적으로는 모든 사람의 STM 용량을 넘어서는 것이다. 하지만 철자를 면밀히 살펴본다면 잘 알고 있는 약어가 4개 제시되었음을 눈치채게 된다: NFL(National Football League), CBS(미국 주요 방송국 중 하나), FBI(Federal Bureau of Investigation), MTV(록 뮤직 케이블

텔레비전 방송국). 만일 이 12개 철자가 실제로는 4개의 조직화된 집합이라는 것을 눈치챘다면 전체 열을 회상할 가능성이 높아진다. 철자 3개의 약어가 실제로 '함께 가기'를 한다는 것을 깨닫고 이를 하나의 단위로 만들었다면 묶어내기를 한 것이다.

묶어내기는 지식에 따라 달라진다. 미국 문화에 익숙하지 않은 이라면 MTV를 무선 제시된 철자 3개로만 볼 것이다. G. Miller(1956)는 묶음을 만들어 내는 과정[이를 '재부호화(recoding)'라 부름]이 기억의 기본적 과정, 곧 우리가 일상생활에서 끊임없이 사용하며 언제든지 처리하는 정보의 양을 늘리기 위한 매우 강력한 수단이라 보았다. 묶어내기의 과정은 7개 정도의 끼움새(slot)만 가지고 있고 잠시 동안만 정보를 저장한다는 심각한 제약을 극복하게 하는 중요한 책략으로 볼 수 있다.

부호화(coding)라는 용어는 정보가 심적으로 표상되는 방식을 가리킨다. 곧 정보가 유지되는 형식을 말한다. 앞서 제시한 예에서처럼 여러분이 전화번호를 외우려고 할 때 이를 어떻게 표상하는가? R. Conrad(1964)는 한 연구에서 이 문제를 소개하였다. 그는 나중에 회상하게 될 자음 목록을 참가자들에게 제시하였다. 철자들이 시각적으로 제시되었음에도 불구하고 참가자들은 회상할 때 원래 자극과 소리가 비슷한 철자를 잘못 보고하는 오류를 저지르는 경우가 많았다. 그러니까 P가 제시될 경우 나중에 참가자들이 보고를 할 때 모양이 비슷한 철자(F 같은 것)를 보고하는 경우보다는 P와 소리가 비슷한 철자(예 : G 또는 C)를 잘못 보고하는 경우가 더 많았다. 다시 말하지만 원래 제시를 시각적으로 했지만 참가자들은 소리에 의해 혼동을 일으킨 것이다. 참가자들은 자극에 대한 심적 표상을 시각적 속성보다는 청각적 속성이 포함되는 것으로 형성한 것으로 보인다.

Baddeley(1966a, 1966b)가 한 이후의 연구로 이 효과는 철자가 아니라 단어 자극을 제시하여도 나타난다는 것이 증명되었다. 비슷한 소리가 나는 단어들이 즉시 회상에서 수행이 더 나빴으며, 비슷한 의미 단어들은 수행에 지장을 주지 않았다. 하지만 지연 회상의 경우에는 반대 결과가 나왔다. 청각 부호가 STM에서 사용되는 유일한 부호는 아니지만 연구자들은 청각 부호가 지배적인 부호라고 보고 있으며, 적어도 청력이 정상인 성인이나 나이든 어린이의 경우에는 그렇다고 한다(Neath & Surprenant, 2003).

파지 기간과 망각

우리는 STM을 짧은 기간 동안 정보가 저장되는 것이라 간주한다. 하지만 짧다면 얼마나 짧은 것일까? John Brown(1958), 그리고 Peterson과 Peterson(1959)은 각자 독립적으로 연구했는데 동일한 결론에 이르렀다. 되뇌기를 하지 않는다면 STM에서 정보는 20초 정도면 사라진다. 이 시간을 기억의 파지 기간(retention duration)이라 부른다.

Brown-Peterson의 과제는 다음과 같다. 참가자들에게 BKG와 같은 자음으로 된 세 철자를 제시한다. 또 347 같은 숫자도 함께 제시하고 이 숫자에서 3씩 뺀 수를 1초에 두 번씩 소리 내어 메트로놈에 맞추어 답하게 한다. 수세기 과제의 목적은 참가자들로 하여금 제시된 세 철자를 되뇌지 못하게 하려는 것이다. 참가자가 수세기를 하는 시간을 여러 가지로 제시하였다. 만일 수세기 과제가 3초 동안 지속되었다면 대략 80%의 참가자가 그 세 철자를 회상할 수 있었다. 만일 18초 동안 과제를 하게 하면 이 비율이 7%까지 떨어졌다. Brown과 Peterson은 모두 이 결과는 기억해야 할 정보가 심적으로 부호화되고 되뇌지 않는 경우 기억 흔적이 20초 내에 쇠잔(decay) 또는 부서져 버린다는 것을 뜻한다고 해석하였다. 이 해석을 우리의 전화번호 예에 적용해 본다면 다음과 같다. 만일 내가 내 전화번호를 여러분에게 말해 주고 여러분이 이를 기억하기 위해 무언가 하지 못했다면(예컨대 적어 놓는다든지), 여러분은 기껏해야 겨우 30초 정도밖에 이를 기억하지 못한다는 것이다. 이 시간이 지나면 기억 흔적은 그냥 쇠잔해 버리고 정보는 없어질 것이다.

하지만 이 망각에 관한 쇠잔이라는 설명은 곧 다른 인지심리학자들의 도전을 받았다. 이 도전자들은 다른 기제를 제안하였는데, 간섭(interference)이라는 것으로, 이는 다음과 같이 작동한다. 어떤 정보는 다른 정보로 '대치'될 수 있으며, 대치된 이전 정보는 인출하기 힘들게 된다는 것이다. 내 책상에서 논문을 하나 찾는 작업에 비유하여 간섭이라는 설명을 해볼 수 있겠다. 학기 초에 내 책상은 (비교적) 그렇게 어수선하지 않다. 컴퓨터 위에 놓인 논문을 쉽게 찾을 수 있다. 하지만 학기가 계속되어 시간에 쫓기게 되면 나는 모든 종류의 메모, 논문, 학술지 등을 쌓아놓는 경향이 있어, 학기 말이면 사진 5.1과 같은 상태가 되어버린다. 학기 초에 쉽게 찾을 수 있었던 논문은 묻혀 버린다. 논문은 분명 거기에 있다. 그건 틀림없다. 하지만 주어진 순간에 찾아내기는 아주 힘들다. 나중에 도착한 논문이 초기의 논문을 '대치'해 버렸다.

Brown-Peterson 과제의 결과를 간섭이라는 면에서 설명할 수 있을까? 수세기 과제를 다시 한 번 생각해 보자. 이 과제는 참가자들이 세 철자를 되뇌지 못하게 하려고 방해하려는 것 말고는 다른 목적은 거의 없다. 하지만 수세기 과제가 참가자들이 되뇌기를 방해하는 것 외에 다른 무언가를 했을 가능성이 있다. 이는 실제로 세 철자에 대한 단기기억 저장소에 간섭을 가져온 것일 수 있다. 참가자들이 소리 내어 수세기를 하는 동안, 이들은 그 수를 계산하고 말해야 했다. 이렇게 계산하고 말하는 동안, 이 수들을 STM에 집어넣어야 했던 것이다. 따라서 소리 내어 말한 숫자들이 원래 정보를 대치했을 것이다.

Waugh와 Norman(1965)의 한 연구는 STM에서 간섭이 하는 역할을 증명해 준다. 이들은 탐사 숫자 과제(probe digit task)를 고안해 냈는데, 이 과제는 다음과 같다. 참가자들에게 1596234789024815와 같은 16개의 숫자를 준다. 마지막 숫자는 참가자들에게 처음에 그 숫자 다음에 제시된 숫자가 무엇이었는지 보고해야 하는 단서가 된다. (이 지시를

사진 5.1 기억 간섭에 대한 은유로 제공된 필자의 책상 사진

따르는 것이 좀 복잡하기는 하지만 참가자들은 수행할 수 있다. 잠시 멈추고 실제 이 작업을 해보도록 하라.) 우리의 이 예에서는 단서가 5이고(마지막 숫자), 처음 5가 나온 경우에 뒤따르는 숫자는 9였으므로, 반응은 9여야 한다.

Waugh와 Norman(1965)은 숫자들을 아주 빠르게, 1초에 4개의 숫자 비율로 제시하거나 또는 느리게, 1초에 1개 숫자 비율로 제시하였다. 이들은 만일 쇠잔이 STM에서의 망각을 설명하는 것이라면, 느린 비율로 숫자를 제시 받은 참가자들은 처음에 나온 숫자를 회상해 내는 데 더 불리할 것이라고 추론하였다. 왜냐하면 느린 비율 제시 시행에는 시간이 더 걸리고, 따라서 숫자가 시작되었을 때부터 쇠잔도 더 많이 일어났을 것이기 때문이다. 그림 5.3(간섭 항목의 수에 따른 함수로 회상 비율을 그린 그림)에

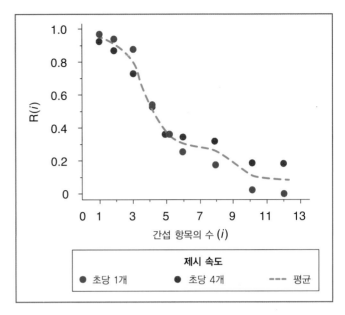

그림 5.3 Waugh와 Norman(1965)의 탐사 숫자 과제 연구의 결과

서 보여주듯이 이런 일은 일어나지 않았다. 참가자들은 숫자 회상에서 제시 비율과는 상관없이 비슷한 수행을 보여주었다. 모든 시행에서 참가자들은 나중에 나온 숫자보다는 처음에 나온 숫자 회상이 떨어졌으며, 이는 쇠잔보다는 간섭이 STM에서의 정보 망각을 잘 설명한다는 사실을 시사한다.

이 모든 증거로 보면 인지심리학자들이 모두 간섭만 STM에서의 망각에 원인이 된다는 생각에 동의하고 있는 것으로 보인다. 이러한 생각은 하지만 그리 명쾌한 것은 아니다. Reitman(1971, 1974)은 처음에는 STM에서의 망각을 설명하는 간섭을 지지하는 증거들을 제시했다. Reitman은 참가자들에게 Brown-Peterson 과제를 수행하게 하면서 비간섭 과제라 가정되는 작업을 동시에 하게 하였다. '도'와 같은 음절을 탐지하는 과제였는데, 비슷한 음절들('토')이 반복되는 말소리 흐름 안에서 탐지하는 것이었다. 이러한 청각 탐지 과제는 참가자들이 세 철자를 되뇌기 하지는 못하게 하지만, 재료가 STM에 저장되는 데 간섭을 일으키지도 않는 것이다. STM 망각에 대한 간섭 설명은 파지 기간 동안 세 철자가 손실되지 않아야 한다고 예언하는데, 바로 이것이 실제로 Reitman(1971)이 발견한 것이다. 하지만 이후 추수연구에서 Reitman(1974)은 참가자들이 '컨닝'을 했다는 고백을 듣게 되었다. 탐지 과제를 하는 동안 이들은 은밀하게 철자를 되뇌었던 것이다. 전혀 되뇌기를 하지 않았다는 참가자들의 수행만을 정리해 보고, Reitman은 쇠잔의 분명한 증거를 찾아냈다. 15초의 지연시간 이후에는 제시된 세 철자 중에서 65%만 파지되고 있었다. 이러한 증거에서 Reitman은 STM에서 정보가 되뇌기 되지 않는다면 실제로 쇠잔하는 것이라 결론지었다.

Reitman의 연구는 우리에게 다음과 같은 미해결 주제를 던져준다. STM에서 망각을 일

으키는 원인은 무엇인가? 쇠잔인가, 간섭인가? 적어도 아직까지는 둘 중 어느 것도 배제할 수 없다. 한 가지 문제는 간섭이 일어나지 않는 과제를 생각해 내기 어렵다는 것이다. 따라서 결정적인 실험(또는 일련의 결정적 실험)을 고안하는 작업은 우리의 현재 능력을 벗어나는 것이다.

또한 "이건 쇠잔인가, 아니면 간섭인가?" 하는 질문이 좋지 않은 방식으로 제기될 수 있는데, 왜냐하면 두 가지 모두가 개입될 수 있다는 가능성을 배제할 수 없기 때문이다. Baddeley(1990)는 간섭이 일어나고 있는 동안 STM에서 일부(아주 조금이기는 하지만) 기억 흔적이 쇠잔되고 있다고 주장하였다. E. M. Altmann과 Gray(2002)는 쇠잔이 실제 일어나고 있으며 사실상 아주 심한 간섭에서는 쇠잔이 필수적이라고 제안하였다. 이들은 정보는 기억에서 자주 갱신되어야 하며(예 : 운전을 하고 있는 동안 새로 접어들고 있는 길의 제한 속도를 상기해야 하는 것처럼), 지금 현재의 값(예 : 주 경계 도로에 있으므로 시속 70마일)은 나중에 나오는 값(예 : 고속도로를 벗어나고 있으면 이제 제한 속도는 시속 55마일)과 간섭을 일으키지 않기 위해 쇠잔되어야 한다.

정보의 인출

우리는 사람들이 짧은 기간 동안 정보를 유지하는 방식에 대해 이야기해 왔다. 어떻게 부호화를 하는지, 얼마나 많이 부호화할 수 있는지, 또 얼마나 오랫동안 이를 보유할 수 있는지. 여기서 우리는 다음과 같은 질문을 하게 된다. "STM에 들어간 정보가 다시 필요하여 이를 이끌어 내는 일은 어떻게 하는가?" Saul Sternberg(1966, 1969)는 일련의 실험에서 STM에서 정보를 인출해 내는 방식에 대해 몇 가지 놀라운 사실을 발견하였다. 그의 실험을 살펴보기 전에 먼저 정보가 어떻게 인출될 수 있는지에 대해 여러 가능한 가설을 고려해 보자.

S. Sternberg의 첫 번째 질문은 우리가 STM에서 정보를 검색할 때 이를 병렬적으로 하는가 아니면 순차적으로 하는가 하는 방식에 관한 문제였다. 예를 들어 STM에 영화 제목이 몇 가지 들어 있다고 생각해 보자. 방금 내가 여러분께 말해 주어서 나의 애호 영화 목록을 STM에 유지하고 있다고 하자. 영화 제목이 몇 개나 들어가 있는지 하는 것은 기억 집합 크기(memory set size)에 해당된다. 만일 누군가가 여러분에게 그 목록 중에 토이 스토리 3가 있었는지를 물었고, 그에 대해 답하려 한다면 여러분은 목록을 검색하게 된다.

만일 여러분이 목록 전체에 있는 제목과 토이 스토리 3를 동시에 비교해 본다면, 여러분은 병렬적 탐색(parallel search)을 하는 것이다. 본질적으로 목록의 제목이 몇 개가 되든 간에 이 검색을 한꺼번에 해내는 것이며, 토이 스토리 3를 1개의 제목과 비교하든 10개의 제목과 비교하든 시간상 차이가 없어야 한다. 그림 5.4(A)는 병렬적 탐색을 할 때 결과 자료가 어떻게 나올 것인지를 묘사하고 있는 것으로 기억 집합 크기에 대해서 걸리는 시간을 표시한 것이다.

대신에 만일 여러분이 순차적 탐색(serial search)을 한다고 가정해 보자. 영화 제목 예를 다시 들면, 이는 토이 스토리 3를 목록의 첫 번째 제목과 비교하고 나서, 그다음 두 번째 제목과 비교하는 식으로 마침내 그 제목을 찾아낼 때까지 진행될 것이다. 이러한 비교는 한 번에 하나씩 진행된다. 이 모형에서는 목록이 길면 길수록 그 목록에 토이 스토리 3와 일치하는 항목이 있는지 결정하는 데 시간

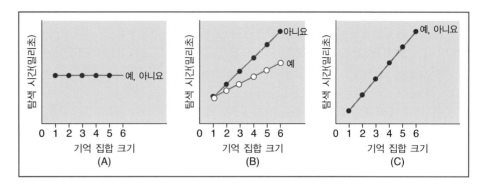

그림 5.4 Sternberg(1966)의 단기기억 탐색 실험에서 나올 수 있는 결과를 이론적으로 예언한 그림. '예'와 '아니요'는 참가자가 탐사 철자가 기억 집합에 있다고 보고하는지 여부를 가리킨다. (A) 병렬적 탐색, (B) 순차적·자기종결적 탐색, (C) 순차적·완결적 처리. Sternberg가 보고한 결과는 (C)와 가장 비슷하다.

이 더 걸릴 것이다. 탐색이 성공하는 경우를 '예' 선분으로, 실패하는 경우(일치하는 제목이 없는 경우)를 '아니요' 선분으로 표시하였다.

우리는 또한 이 탐색이 자기종결적(self-terminating)인지, 완결적(exhaustive)인지를 물어볼 수 있다. 자기종결적 탐색(self-terminating search)은 일치 항목을 찾아내면 종료하는 것이다. 만일 일련의 영화 제목이 시민 케인, 타이타닉, 토이 스토리 3, 새로운 탄생이라고 가정해 보자. 만일 여러분이 자기종결적 탐색을 한다면, 세 번째의 비교에서 일치를 발견하였으므로 멈출 것이다. 평균적으로 성공적 탐색에는(일치 항목이 있으면 더 이상 탐색하지 않으므로) 실패 탐색보다(끝까지 모든 항목을 비교해야 하므로) 시간이 덜 걸릴 것이다. 그림 5.4(B)는 기억에서의 인출에서 순차적·자기종결적 탐색이 사용된다면 나올 결과를 보여준다.

또 다른 종류의 순차적 탐색은 완결적 탐색(exhaustive search)인데, 이는 일치되는 항목을 찾았다고 하더라도 그 집합의 항목을 모두 탐색한다는 의미이다. 우리 예에서는 여러분이 토이 스토리 3를 찾고 난 다음에도 목록의 나머지 제목들을 모두 검토한다는 것이다. 이런 종류의 검색을 하면 성공적 탐색이나 실패 탐색에 걸리는 시간이 비슷해진다. 그림 5.4(C)는 이럴 경우를 보여준다.

S. Sternberg(1966)의 실험 과제는 다음과 같다. 우선 참가자들에게 7개 이하로 한 집합이 이루어진 철자들을 제시한다. 이 철자들이 부호화되고 STM에 유지되는데, 이를 '기억 집합'이라 부를 수 있다. 참가자들이 기억에 그 집합을 집어넣고 나면, 실험 시행을 할 준비가 되었다고 표시한다. 이후 탐사자극(probe)이라는 하나의 철자가 제시되는데 참가자들이 해야 할 과제는 가능한 한 빨리 그 탐사 철자가 기억 집합에 들어 있는지 여부를 판단하는 것이다. 예컨대 기억 집합이 *B K F Q*로 이루어져 있고, 탐사 자극은 *K*(예 : 기억 집합에 있습니다) 또는 *D*(아니요, 집합에 없습니다)가 될 수 있다.

우리의 직관과는 반대로 S. Sternberg(1966)의 실험 결과는 STM에서 우리가 정보를 인

출하는 방식이 순차적 · 완결적 탐색이라고 주장하였다. Sternberg의 설명은 탐색 과정 자체가 아주 빠른 과정이라 일단 시작하고 나면 탄력을 받아 가기 때문에 멈추는 것이 더 힘들다는 것이다. 정보처리의 관점에서 본다면 각 항목이 기억 집합에서 비교되고 난 다음에 매번 판단을 하는 몇 번씩의 과정을 거치느니, 모든 과정을 다 거치고 난 다음에 끝에서 한 번 판단을 내리는 것이 더 효율적이라는 것이다. Hunt(1978)는 다양한 집단의 사람들(대학생, 노년층, 기억력이 뛰어난 사람, 지적장애인)에서 모두 STM에서의 인출이 일관적으로 순차적이고 완결적으로 나타났으며, 단지 집단에 따라 탐색 속도는 달라 기억력이 뛰어난 이들이 더 빨랐고 노년층에서 더 느렸다고 하였다.

과학적 제안이라면 어떤 것이든 이후 다른 연구자들이 반복 연구가 계속 이루어지는데, 이들 연구에서는 STM에서의 인출이 오로지 순차적이고 완결적인 탐색만 있다는 S. Sternberg의 주장에는 문제가 있다고 지적되었다. Baddeley(1976)는 Sternberg의 결과에 대한 대안적 설명과 문제점들을 개관하였다. Sternberg 실험을 재미있게 뒤틀어 본 연구는 DeRosa와 Tkacz(1976)에서 나왔는데, 이들은 어떤 종류의 그림 자극에 대해서는 STM에서의 탐색이 병렬적 방식으로 보인다는 것을 예증하였다. 이 결과는 중요한 논점을 제시한다. 기억 과정은 기억되어야 할 재료(자극)에 따라 서로 다르게 작용하는 것으로 보인다. 따라서 실험실에서 나온 결과를 일상생활에 자동적으로 일반화할 수는 없다. 그보다는 특정 실험실 모형이 설명하는 현상이 어떤 종류인지를 고려하여 특정 종류의 정보가 어떤 방식으로 처리되는지를 정리할 필요가 있겠다.

이제까지의 STM 체계에 대한 개관을 요약해 보자. 1960년대와 1970년대에 출현한 모형에서 STM이 단기간의, 한정된 용량의 저장고로 정보가 청각적으로 부호화되고 되뇌기를 통해 유지된다는 것이 일반적인 그림이다. 이 저장고에서 인출되는 정보는 고속도의, 순차적이고 완결적인 탐색을 사용할 수 있다. 하지만 STM 정보의 성질이 저장된 정보의 용량과 처리에 영향을 미칠 수 있다.

작업기억

기억이 몇 개의 정보처리 저장소로 이루어져 있다는 생각은 Atkinson과 Shiffrin(1968)에서 가장 완전하게 묘사되었다. 이들은 저장되는 정보를 구분하여 이들을 '기억(memory)'(예 : STM, LTM)이라 불렀으며, 이 저장을 하는 구조를 말할 때는 '저장소(store)'(예 : STS, LTS)라 하였다. 이들의 개념에서 단기 저장소(STS)는 일곱 개 또는 그보다 적은 수의 정보 조각들을 몇 초 유지한다는 의미 이상의 것이 있었다. 이 외에 STS에서의 정보는 어쨌든 장기 저장소(LTS)에 있는 관련 정보를 활성화시키고, 이 정보들을 STS에 수집한다. 이들은 STS를 의식과 같은 것이라고 하였으며, 여러 정보의 흐름을 지배하는 통제 과정이 이루어지는 장소로 보았는데, 이러한 통제 과정에는 되뇌기, 부호화, 통합, 의사결정이 있다. STS는 정보를 LTS에 전이시키는 작업에 관여하며, 여러 조각의 정보를 통합하고, 특정 정보를 사용할 수 있게 유지시킨다.

Baddeley와 Hitch(1974)는 이 모형을 검증하기 위한 일련의 실험을 수행하였다. 일반적 실험 설계는 참가자들에게 몇 개의 숫자를 잠시 저장해 놓게 하고(그래서 STS의 저장 용량을 일부 흡수시킴) 동시에 다른 과제, 추리나 언어이해 과제 같은 것을 시키는 것이다. 이들 과제 또한 STS의 자원을 요구하는 것인데, 특히 앞서 말했던 통제 과정이 요구되는 것이다. 가설은 STS 용량이 숫자 저장에 사용되었다면, 다른 과제를 할 자원이 적게 남았을 것이고 따라서 다른 과제 수행이 어려울 것이라는 것이다.

이제 Baddeley와 Hitch(1974)의 연구를 좀 더 자세히 살펴보자. 참가자들에게 두 개 철자의 출현 순서를 묘사하는 문장, 예를 들어 "A가 B 앞에 나옵니다." 같은 문장과 함께, "B A"처럼 특정 순서로 두 개 철자를 제시하는 자극을 제시한다. 과제는 문장이 두 철자를 잘 묘사하고 있는지를 가능한 한 빨리 판단하는 것이다. 참가자들은 하나에서 여섯 개까지 숫자를 기억하면서 이 문장 검증과제를 하였다. 결과를 보면 참가자들은 하나 또는 두 개의 숫자를 기억하고 있을 때는 하나도 기억하려고 하지 않을 때만큼이나 문장 검증을 잘했다. 하지만 여섯 개 숫자를 기억해야 하는 부담을 가지고 있는 경우에는 수행에 악영향을 미쳤다. 문장 검증에 시간이 더 걸렸다. 만일 문장이 부정문이거나 수동문일 경우(예 : "B가 A 보다 앞에 나오지 않습니다.")에는 이 영향의 효과가 더 커졌는데, 두 경우 모두 문장 처리를 더 힘들어했다. 수행 점수는 여섯 개 숫자로 인하여 나쁜 영향을 받았지만, 그 효과가 그리 재앙적이지는 않았다(Baddeley, 1990). 곧 숫자 여섯 개를 되뇌기 하고 있을 때에는 문장 검증에 훨씬 시간이 더 걸렸지만 과제를 할 수는 있었다. Atkinson과 Shiffrin(1968) 모형에서 예언을 해본다면 과제를 할 수 없어야 한다. 1974년 논문에 서술된 관련 실험에서는 기억에 숫자를 저장하는 일이 읽기 이해와 최근 학습한 재료를 회상하는 과제에도 간섭을 일으킨다는 것이 제시된 적이 있었다.

Baddeley와 Hitch(1974) 그리고 Baddeley(1981)는 다음과 같은 여러 연구로 이 결과를 해석하였다. 우선 일시적으로 정보를 저장하기, 추리하기, 언어 이해하기와 같은 인지과정에는 동일한 체계가 역할을 하고 있는 것으로 보인다. 여섯 개 숫자로 STM을 채우면 다른 여러 인지 과제 수행에 악영향을 미치는데, 이는 이 체계가 이들 과제에 사용되고 있음을 시사하는 것이다. 하지만 STM 용량의 한계에 가까운 정도의 기억 부하가 있어도 과제 수행을 완전히 망치는 것은 아니다. STM의 용량이 일곱 항목에서 두 개 더하거나 빼기 정도라고 한다면, 여섯 개 숫자 기억 부하는 다른 인지활동을 전혀 못하게 하였을 것이다. Baddeley와 Hitch는 따라서 그들이 작업기억(working memory, WM)이라 부르는 체계의 존재를 주장하였다. Baddeley(2007)는 작업기억(WM)을 "복잡한 인간 사고를 보강하는 제한된 용량의 임시 저장고"라 정의하였다(pp. 6-7).

Baddeley(1981, 1986, 1990, 2000, 2007)는 WM을 세 가지 다중 요소로 이루어진 것으로 생각했는데, 이는 그림 5.5에 그려져 있다. 첫 번째 것은 중앙 집행기(central executive)이다. 이 요소는 정보의 흐름에 방향을 잡아주는데, 어떤 정보가 언제 어떻게 작동될 것인지

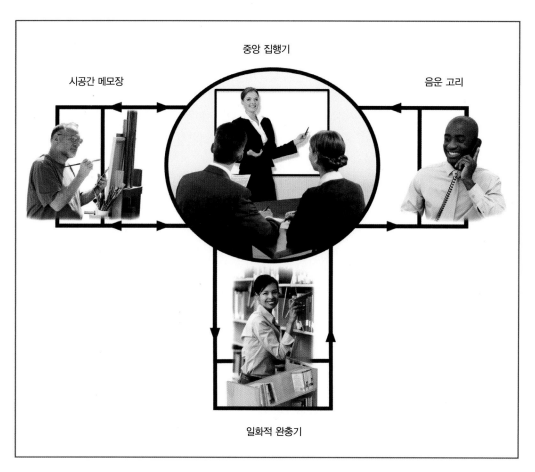

그림 5.5 Baddeley의 작업기억 모형

선택해 준다. 연구자들은 이 요소에는 자원의 양과 과제를 수행할 용량이 한정되어 있다고 본다. 이 용량 중의 일부는 정보를 저장하는 데 사용될 수 있다. 중앙 집행기는 저장 창고라기보다는 주의 체계로 기능하는 것으로 보이는데(Baddeley, 1990), 이는 정보의 저장과 인출을 다룬다기보다는 인지적인 과제에 자원이 할당되는 방식을 다룬다는 의미이다. 따라서 중앙 집행기는 제4장에서 개관하였던 많은 현상들을 통제하는 체계라고 할 것이다. 중앙 집행기는 또한 현재 환경에서 오는 정보를 과거에 관한 인출 정보와 협응하는 역할을 하여, 사람들이 선택을 하거나 책략을 짜는 데 이 정보를 사용할 수 있도록 해준다. Baddeley(1993a)는 이 협응 과정을 의식적 자각과 같은 것이라고 본다.

Baddeley 모형의 또 다른 구성요소들은 저장과 정보의 일시적 유지에 관여하는 것들이다. 음운 고리(phonological loop)는 하위발성 되뇌기를 언어재료로 유지하며, 시공간 메모장(visuospatial sketch pad)은 시각 재료를 시각화를 통해 유지하는 데 사용된다. 연구자들은 음운 고리가 읽기 학습, 언어 이해, 어휘 획득과 같은 과제에서 중요한 역할을 한다고 생각한다. 시공간 메모장은 심적 이미지를 만들어 내고 사용하는 데 관여한다. 마지막으로 일화적 완충기(episodic buffer)는 여러 원천에서 오는 정보를 통합할 수 있는 일시적 체계라 생각된다(Baddeley, 2000).

음운 고리가 별도로 존재한다고 생각해 보면, 제시된 숫자를 기억하고 있으면서도(음운 고리에 부담이 되었을) 작업기억이 요구되는 다른 과제의 수행도 그런대로 할 수 있었던 이유를 설명할 수 있다. 연구자들은 숫자 기억과는 다른 부분의 작업기억이 다른 과제를 할 때 쓰인 것이라 생각한다.

연구자들은 음운 고리가 단기 음운 완충기와 하위발성 되뇌기 두 가지 구조로 이루어져 있다고 믿는다. 단기 음운 완충기는 되뇌기가 금지되었을 경우 언어 정보를 몇 분 정도의 짧은 기간 유지하는 것이고, 하위발성 되뇌기 음운 완충기에서 정보가 재빨리 쇠잔되는 것을 보상하기 위해 사용되는 것이다(Demetriou, Christou, Spanoudis, & Platsidou, 2002). 여기서는 사람들이 처음 정보에 마주칠 때, 특히 그것이 언어 정보일 때는 이를 일종의 청각 부호로 변환하고 음운 고리를 통해 처리한다는 생각이다. 음운 완충기에서 오는 정보는 재빨리 쇠잔해 버리므로 하위발성 되뇌기로 그 정보를 되뇌어야만, 또 이 되뇌기를 빨리 할수록 유지되는 정보도 더 많을 수 있다. 만일 음운 완충기가 '가득 채워져' 있다면 ― 말하자면 하나의 음절 반복하기나 소리 내어 수세기를 하게 하면 ― 이 체계에서 용량이 줄어들어 적은 용량만이 다른 과제에 사용될 수 있을 것이다.

연구자들은 음운 고리를 포함하는 다양한 작업기억 폭 과제를 고안해 왔다. 그중 가장 잘 알려진 것이 Daneman과 Carpenter(1980)가 고안한 과제인데, 다음과 같다. 문장 한 세트를 제시하고 읽게(대개는 소리를 내어서) 하지만, 동시에 나중에 회상하기 위해 각 문장의 마지막 단어를 기억해 두라고 지시한다. 예를 들어 참가자들은 다음 세 문장을 제시 받는다.

The leaves on the trees turn various hues in autumn.

A group of students congregated outside the front entrance of the delicatessen.

Although lying and fabrication are generally not acceptable, they are sometimes necessary.

이 문장들을 소리 내어 읽은 후 참가자들은 각 문장의 마지막 단어를 회상하였다. 이 예에서 정확한 답은 *autumn, delicatessen, necessary*였다. 한 참가자가 처리하고 신뢰할 만큼 회상해 내는 단어의 수가 그의 기억 폭이라고 측정할 수 있다. 이 측정치는 읽기 이해나 다른 복잡한 인지 과제 같은 다른 인지적 측정치와 유의미하게 상관되어 있음이 밝혀졌다(Miyake, 2001).

시공간 메모장은 시각 재료를, 음운 고리는 청각 그리고/또는 언어적 재료를 다룬다. 연구자들은 시공간 메모장이 시각 정보와 심상의 조작에 관여하고 이를 유지한다고 본다(Baddeley & Andrade, 2000). 제8장에서 시각적 심상이라는 주제를 다룰 것이므로 그때까지 자세한 논의는 유보하기로 하자.

2000년에 Baddeley는 그의 원래 작업기억 모형을 수정하여 네 번째 구성요소로 일화 완충기(episodic buffer)를 포함시켰다. 이 역시 또 다른 일시적인 저장 체계이지만 LTM은 물론이고, 음운 고리와 시공간 메모장과도 상호작용을 한다. 이 체계는 또한 중앙 집행기에 의해 통제되며, 여러 양상에 걸친 정보를 통합하는 데 사용되고 LTM과 정보를 주고받는 일을 촉진한다.

Teasdale과 동료들(1995)은 Baddeley의 작업기억에 대한 개념을 적용한 흥미로운 보고를 발표하였다. 이들은 자극독립적 사고(stimulus-independent thoughts, SITs)에 초점을 맞추었는데, 이를 정의하기를 "즉각적인 감각 입력과는 그 내용이 전혀 관련이 없는 생각이나 심상들의 흐름"이라고 하였다(p. 551). 자극독립적 사고(SITs)에는 백일몽이나 어떤 문제나 근심거리에 대해 걱정하거나 관조할 때와 같은 침입적인 사고(intrusive thoughts)까지 포함된다.

Teasdale과 동료들(1995)은 SITs 산출이 실험 참가자들이 수행하는 다른 과제에 의해 방해받는지 궁금해하였다. 이때 수행하게 한 과제는 언어적인 과제였으므로 작업기억의 음운 고리가 관여되는 것이었다. 예를 들자면 '웃기는 문장(silly sentence)' 과제인데, 사람들에게 문장을 보게 하고(예 : "Bishops can be bought in shops") 이 문장이 참인지 거짓인지를 가능한 한 빨리 판단하라고 하는 것이었다. 다른 과제는 좀 더 시각적이거나 공간적인 것이었다. 예를 들어 복잡한 그림을 보여주고 거기에서 '숨은' 기하학적 모양을 찾게 하거나 특정 방식으로 서로 다른 키보드의 키를 누르게 하는 것이었다.

실험 회기 동안 참가자들을 여러 시점에서 중단시키고 참가자에게 "실험자가 '그만'이라고 하는 말을 했을 때 그들의 마음에 스쳐 지나가고 있는 것이 정확하게 무엇이었는지" 말해 달라고 하였다. 실험자들은 이를 옮겨 적고 나중에 이 생각들을 지금 수행하고 있는 과제와의 관련 여부, 또는 과제와 무관한 생각(SITs)인지에 따라 분류하였다. Teasdale과 동료들(1995)은 청각적 과제와 시공간적 과제가 모두 SIT 산출을 유의미하게 방해한다는 것을 발견하였다. 따라서 SIT 산출에 책임을 지고 있는 것은 음운 고리나 시공간 메모장 중 어느 하나만은 아니다.

이후 이어진 실험에서 Teasdale과 동료들(1995)은 이런 침입적 사고를 만드는 데에 중앙 집행기가 관여한다고 보았다. 이들은 참가자들에게 공간적인 과제[추적 회전 과제(pursuit rotor task)라 부르는 과제로 회전하고 있는 원을 연필처럼 생긴 기구에서 비치는 빛의 초점을 계속 맞추어 놓는 과제] 또는 기억 과제(특정 숫자가 4초에 한 번씩 바뀌는 동안 그 숫자를 계속 지니고 있기) 중 하나를 연습하게 하였다. 다음에 모든 참가자에게 두 과제 중 하나씩을 모두 수행하게 하면서 여러 시점에서 방해를 하고 그들의 사고 내용을 보고하게 하였다. 연구자들은 어떤 과제가 연습되고 있었든 간에 연습되지 않았던 과제보다는 SIT 간섭을 훨씬 덜 만들어 냈다는 사실을 발견하였다. 다시 말하면 여러분이나 내가 새롭고 도전적인 과제를 수행하고 있을 때에는 잘 연습했던 과제를 하고 있을 경우에 비해 침입적이고 관련 없는 사고(예 : 파트너와 방금 싸웠던 일이나 언젠가 이루고 싶은 꿈 같은 휴가에 관해)를 경험할 가능성이 훨씬 줄어든다.

이러한 설명은 제4장에서 논의했던 주제와 잘 들어맞는다. 아마도 잘 연습된 과제는 주의를 덜 요구한다. Baddeley의 용어로 하자면 작업기억의 중앙 집행기에서 요구되는 자원이 더 적다. 그러므로 중앙 집행기 용량에 다른 일들—예컨대 관련 없는 일에 관해 생각하기와 같은—을 할 수 있는 여유가 생긴다. 반면에 연습이 되어 있지 않은 요구적인 과제는 중앙 집행기의 자원을 더 많이 '빨아들이고' 관련 없는 침입적인 사고를 만들어 낼 수 없도록 한다.

Teasdale과 동료들(1995)은 그들 연구에서 실제적으로 시사되는 점을 지적하였다. 여러분이 어떤 주제에 대해 걱정을 그만하고 싶다고 가정하자. 잘 기억하고 있는 구절을 반복한다든가 똑같은 단어나 구절을 다시 또 다시 되뇌는 것은 그다지 효과적이지 않은데, 왜냐하면 이런 일은 중앙 집행기에 지금 하고 있는 근심스러운 생각들을 차단시키기에 충분한 정도의 자원을 요구하지 않기 때문이다. 그보다는 Teasdale과 동료들은 "중앙 집행기의 자원을 끊임없이 요구하고 통제하며 협응하게 만드는"(p. 558) 과제에 집중할 것을 추천한다. 한 가지 제안은 무선적 간격으로 단어나 구절을 만들어 내려고 해보는 것인데, 이런 과제는 자신의 수행성적을 계속 모니터하고 과거 반응과 현재 반응을 협응해 내는 것을 여러분에게 요구하는 것이다.

Baddeley(1992)는 작업기억(WM)에 관한 자신의 제안을 STM 개념에서 진화된 형태로 생각하며 그와 경쟁적인 것으로 보지는 않는다. 수동적이며, 일시적이고, 한정된 용량의 저장고로서의 STM에 대한 견해에서 떨어져 나와, Baddeley나 또 다른 연구자들은 이제 현재의 정보에 작동하는 처리 체계에 의해 이루어지는 능동적인 역할에 관해 탐구하고 있으며, 이 기능을 정보의 일시적 저장이라는 것과 분리시킨다. 작업기억은 시각 정보를 청각 부호로 옮기는 데 관여하며, 청크를 형성하고, 기억해야 할 재료(앞서 예를 든 전화번호 같은)에 주의초점을 유지하고자 되뇌기에 관여하며, 때로는 LTM에서 관련 지식을 불러와서 입력 정보를 정교화시키기도 한다. 따라서 **작업기억**이라는 용어는 일시적인 저장고라는 의미 이상을 전달한다. 이 용어는 한 사람이 재료에 대해 주의를 기울이고, 때로는 변형하는 데 사용하는 능동적인 심적 노력을 기울이는 장소를 의미하는 것이다.

집행기능

제4장에서 양분 청취 과제를 실시하여 알아낸 결과를 상기해 본다면, 작업기억 용량이 큰 사람들은 따라 말하지 않은 메시지에 나오는 자신의 이름을 탐지해 낼 가능성이 적었으며 (A.R.A. Conway et al., 2001) 또한 부주의 맹(inattentional blindness)에 취약하지 않았다 (Hannon & Richards, 2010). 또 다른 여러 연구들 Baddeley(2007), 그리고 Engle과 동료들 (Barrett, Tugade, & Engle, 2004; Engle, 2002; Unsworth & Engle, 2005)이 개관한 바에 따르면 아주 다른 과제들에서 작업기억 용량의 함수로 여러 개인차가 보인다. 이들 결과에서

나오는 일반적인 그림은 작업기억 용량 수준이 높으면 그 사람이 자신의 인지적 초점을 더 잘 통제할 수 있다는 것이다.

Kane, Bleckley, Conway와 Engle(2001)의 연구에서 시행한 한 과제는 '반도약안구운동(antisaccade)' 과제라 한다. 연구 참가자들은 시각 제시판 앞에 앉아서 눈을 화면의 가운데에 고정시킨다. 그런 후에 자극(확인해야 하는 철자 하나)이 화면의 어느 한쪽 면에 짧게 제시되고, 참가자들에게 그 자극에 주의하여 나중에 가능한 한 빨리 적당한 반응을 하도록 하게 한다. 이제 그 자극이 제시되기 바로 직전에 실험자가 일종의 단서를 반짝하고 비추어 준다. 때로는 이 단서가 자극이 나타나는 화면과 같은 쪽에 제시된다. 저자들은 이를 '향도약안구운동(prosaccade)'이라 하였는데, 단서가 참가자들로 하여금 시각 제시판의 정답쪽 면을 자동적으로 보게 할 것이기 때문이다. 이런 조건에서 보면 WM 용량 수준이 아주 높은 이들과 아주 낮은 이들 사이에서 표적 철자를 확인하는 데 걸리는 반응시간에 차이가 없었다.

하지만 WM 용량 수준이 높은 이들보다 낮은 이들은 반도약안구 과제의 수행 점수에서 커다란 차이를 보였는데, 이 과제에서 단서는 표적이 나타나는 화면의 반대쪽 편에 나타났다. 이 과제를 적절히 잘 수행하기 위해서는 참가자들은 단서가 반대로 유도하고 있을 때 이에 주의가 자동적으로 이끌리는 유혹에 저항하여야 한다. 이는 아주 거친 유혹이므로 모든 이는 이런 조건에서 향도약안구운동 조건에 비해 반응시간이 더 느려진다. 하지만 WM 용량 수준이 낮은 참가자들은 수준이 높은 참가자들에 비해 더 많은 영향을 받는다.

또 다른 연구자들은 WM 용량 수준과 다음 능력들 사이에 상관관계가 있음을 발견하였다: 전제에서 추리해 내는 능력이나 일관성 있는 판단 내리기 능력. 이 두 가지 능력에 관해서는 앞으로 살펴볼 것이며(Del Missier, Mäntylä, & Bruine de Bruin, 2010; Markovits, Doyohn, & SiImoneau, 2002), 사건 후 오도 정보 효과에 대한 극복 능력은 제6장에서(Jaschinski & Wentura, 2002), 문제해결의 여러 종류에서 집행기능이 하는 역할은 제10장에서(Gilhooly & Floratou, 2009) 살펴볼 것이다. 사실상 어떤 저자들은 WM 용량 수준을 일반적인 유동 지능과 연결하기도 하는데, 이 주제는 제11장에서 좀 더 깊게 탐구할 것이다(Baddeley, 2007; Suess, Oberauer, Wittmann, Wilhelm, & Schulze, 2002).

우리는 STM에서 WM으로 개념이 성장하고 진화해 온 과정을 살펴보았다. 여기서 잠깐 쉬면서 두 개념 사이의 핵심적인 차이를 생각해 보면 좋겠다. 여러 연구자 중에서 Cowan(1995), Engle(2002), 그리고 Kail과 Hall(2001)은 STM과 WM이 구분된다는 이론적 주장에 강력한 증거를 제시하였다. STM은 정보가 능동적으로 처리되는 과정으로 생각할 수 있고, 아마도 LTM에서 현재 나와 있는 정보까지도 처리될 것이다. WM은 이들 능동적인 기억 흔적뿐만 아니라 주어진 현재 주요 인지 과제에 집중하도록 이러한 활성화를 유지하는 데 사용되는 주의 과정도 포함한다.

그림 5.5에서 보이는 도식으로 설명한다면 우리는 WM 개념의 발달을 여러 가지 STM 구성요소의 명료화로 서술할 수도 있겠다. STM을 단일한 하나의 실체로 간주하기보다는

이를 새로운 방식으로 개념화하고 여기에 새로운 이름을 붙여 몇 가지 구성요소가 포함되며 인지처리의 다양한 형태에 관련되는 것을 보일 수 있다.

기억 과정에 관한 신경과학적 연구

기억 과정은 결국 뇌의 과정으로 예시되는 것이 당연하므로 이제 잠시 숨을 돌리고 신경심리학 연구에서 나온 관련 배경지식과 발견들을 살펴보겠다. 기억에 관한 '저장소(stores)' 또는 '구성요소(components)'라는 개념으로의 논의는 마치 기억이 뇌의 어느 한 장소 — 저장 정보의 기억 흔적을 지니고 있는 일종의 '파일 캐비닛' — 에 위치하고 있는 것처럼 보이게 하였다.

사실상 실제 신경심리 연구에서 나온 결과들이 그린 그림은 이런 생각과는 아주 다르고 훨씬 더 복잡하다. 기억은 한 장소에 '저장'되는 것이 절대 아닌 것으로 보인다. Desimone (1992)는 인간과 동물은 운동 조절 구조인 소뇌(cerebellum)가 손상되면 고전적 조건형성된 운동 반응 습득에 해를 입는다는 점에 주목하였다. 정상적으로는 감각운동 통합기능을 하는 선조체(striatum)의 일부분에 손상을 입거나 질병이 생기면 습관의 자극-반응 학습을 방해한다. 시각 변별의 중요 영역인 아래관자겉질(inferior temporal cortex)의 손상은 재인과 연상기억에 해를 미친다. 또한 청각 변별에 중요 영역인 위관자겉질(superior temporal cortex)의 손상은 청각 재인 기억을 방해한다.

뇌에 기억을 '자리잡기(localizing)' 하기에 관한 관심은 유명한 사례연구로 거슬러 올라간다. 1953년에 신경외과 의사 윌리엄 비처 스토버(William Beecher Stover)는 H.M.에게 수술을 하였는데, 그는 27세의 뇌전증 환자였다. 수술 집도 전에 H.M.의 지능은 정상이었다. 스토버는 H.M.의 뇌에서 관자엽 구조의 많은 부분을 제거하였는데, 여기에는 해마, 편도체의 대부분이 포함되었고, 주변 영역들도 포함되어 있었다(그림 2.2에 이 영역이 표시되어 있음). 이 수술은 H.M.의 발작을 확실하게 줄여주었으며, 수술 이후 H.M.의 IQ는 10점 정도 올라갔다(Schacter, 1996).

하지만 불행히도 H.M.은 다른 고통을 겪어야 했다. 그는 새로운 일화기억을 장기기억에 전이하는 능력을 잃어버렸으며, 이로 인해 문헌상 존재하는 가장 유명한 신경심리 사례연구 대상이 되었다. H.M.은 의미론적 정보는 기억해 낼 수 있었으며(제6~7장에서 좀더 자세히 논의됨) 수술 몇 년 전에 겪었던 일들에 대해서는 기억을 할 수 있었다. 하지만 H.M.은 새로운 사건에서 새 기억을 만들어 낼 수 없었다. 방해를 받지만 않는다면 그는 일곱 개 정도의 숫자를 기억해 낼 수 있었으나 새 과제에 주의를 돌리게 되면, 그 정보를 (또 다른 많은 것도) 저장하지 못하였다. 이러한 **순행성 기억상실(anterograde amnesia)**(새로운 사건에 대한 기억상실)에 덧붙여, H.M.은 수술 이전 바로 몇 해 동안의 **역행성 기억상실**(retrograde amnesia)(옛 사건에 대한 기억상실)도 보였다.

H.M.의 사례에 대해서는 이렇게 광범한 외과수술을 금지하려는 의도로 심리학자

Brenda Milner가 널리 발표하였는데, 이 사례는 뇌에서 제거된 구조들이, 특히 코의 겉질과 그 아래 내재된 구조들이 새로운 기억을 형성하는 데 주요한 역할을 하고 있음을 강력히 시사해 주는 것이었다. 또 다른 사례연구와 동물 연구에서 확증 증거를 제공하는 다른 연구들도 보고되었다.

　H.M.의 사례는 또한 수술 이전에 몇 년이 지난 사건에 관해서는 접근할 수 있었던 장기기억(아마도 아주 오래된 장기기억)과 저장할 수 없었던 단기기억의 구분을 지지해 주는 증거로도 채택되었다. 제 6~7장에서 또 다루겠지만 이러한 주장은 특정 종류의 기억에만 작용하는 것으로 보이므로 그림은 조금 더 복잡해진다.

　다른 뇌손상 환자들에서 밝혀진 결과들은 작업기억에는 이마엽 영역이 더 많이 관련되어 있음을 시사하는데, 이는 아마도 이마엽 손상은 주의, 계획하기, 문제해결에 손해를 끼치는 것으로 보고되기 때문일 것이다(Baddeley 모형에 따르면 집행기능; Gathercole, 1994 참조). Shimamura(1995)는 이들 문제는 주의와 계획하기가 이마엽에 자리잡고 있기 때문에 생기는 것이라기보다는 이마엽 영역들이 뇌의 후측 부위의 활동을 억제하기 때문이라고 보았다. 이마엽 손상을 입은 사람들은 좀 더 산만하고 무관련 자극을 무시하지 못하는 것으로 보인다.

　PET 촬영 연구는 기억의 신경 구조에 관해 좀 더 많은 정보를 제공해 주었다. 제2장에서 보았던 PET 연구를 기억해 보면 환자들은 방사성 복합물질을 주입 받은 후, 도넛 모양의 촬영기에 머리를 넣고 조용히 누워 있는다(Posner & Raichle, 1994). 그러면 촬영기가 뇌의 여러 영역의 뇌 혈류를 측정한다. 이 원리는 뇌의 특정 부위가 인지활동에 사용되면 그 영역의 혈류가 늘어난다는 것에 착안한 것이다. E. E. Smith와 Jonides(1997)는 PET 연구 결과가 Baddeley 모형의 작업기억의 많은 측면을 확증해 주었다고 보고하였는데, 특히 언어적 작업기억(주로 좌반구 이마엽과 좌반구 마루엽에 위치; 이 연구결과를 보려면 그림 2.3 참조)과 공간적 작업기억(주로 우반구 마루엽, 관자엽, 이마엽에 위치)이 서로 다른 활성화 패턴을 보여주었다. Nyberg와 Cabeza(2000)는 여러 실험실에서 수행된 기억에 관한 뇌영상 연구와 이와 비슷한 연구들을 개관하였다. Baddeley(2007) 또한 이러한 연구 작업을 많이 개관하였다.

　여러 뇌 영역의 활동이 어떻게 기억의 형성을 변화시키는가? 이 문제에 관해 완전한 해답을 얻기에는 아직 많이 멀었다. 하지만 기초적인 답이 몇 가지 나오고 있다. Neil Carlson(2013)은 새로운 정보의 학습에 관한 기본적인 생리적 기제를 묘사하였다. 한 가지 기본 기제는 헵의 법칙(Hebb rule)으로 이를 제시한 캐나다 심리학자 도널드 헵(Donald Hebb)의 이름을 따른 것이다. 헵의 법칙은 두 개 뉴런 사이의 시냅스는 시냅스 후 뉴런이 발화되는 것과 거의 동시에 반복적으로 활성화되며, 이때 시냅스의 구조 또는 화학 반응이 변화한다는 것이다. 좀 더 일반적으로 또 복잡하게 말한다면, 이 기제는 장기 강화(long-term potentiation)라 부른다. 이 과정에서 반복적이고 강한 전기 자극을 받는 해마의 신경 회로는 그 자극에 더 민감해진 해마 세포를 발달시킨다. 이 증진된 반응 효과는 몇 주 또는 그 이상 지속되는데, 이 기제가 장기 학습과 파지를 설명하는 기제가 될 수 있음을 상당히 시사한다(Baddeley, 1993b). 여러분이 생각하듯이 장기 강화 과정에 방해를 끼치면(예 : 어떤 약물로) 학습과 기억도 손상된다.

　신경심리 연구에서 나온 매력적인 결과에도 불구하고 우리는 뇌에서 기억 현상이 어떻게 드러나는지에 대한 완결적인, 또는 많은 것을 설명하는 완전한 그림에 도달하기에는 아직 너무나 멀리 있다. 기억의 어떤 측면이 뇌의 한 장소에 위치해 있는지 분명하지 않으며, 또 어떤 측면이 겉질 영역의 서로 다른 부위에 걸쳐 분포되어 있는지 명확하지 않다. 어떤 특정한 복합적 인지활동에 관여하고 있는 기본적인 신경 과정에는 어떤 종류가 있는지 분명하지 않다. Tulving(1995)은 이 점을 아주 명확하게 지적하였다.

> "기억은 생물학적 추상화이다. 뇌에서 이곳에 기억이 있다."라고 집어 말할 수 있는 장소는 없다. 이 용어가 가리키는 개념으로 확인될 수 있는 유기체의 어떤 활동 또는 활동의 유목은 없다. 기억에 해당되는 분자적 변화로 알려진 어떤 것도 없으며, 기억이라고 하는 생명체의 행동 반응도 없다. 그렇지만 기억이라는 용어는 이 모든 변화와 활동을 포괄한다.(p. 751)

　Tulving은 더 나아가서 오늘날의 신경과학자들은 기억을 한 가지 과정으로 생각하는 관점을 거부한다는 데 주목한다. 그보다는 이들은 부호화 또는 인출 같은 과정인 더 세부적인 수준에서 신경학적 기저구조를 보고자 한다.

제5장

요약

1. 기억이란 거의 모든 인지활동에 사용되는 아주 기본적인 인지과정이다. 여기에는 정보를 부호화하고, 저장하고, 저장소에서 나중에 인출해 내는 과정까지 포함된다. 이는 정보가 저장소에 '가만히 앉아서' 나중에 인출되기를 기다리고 있다는 뜻은 아니고, 그보다는 정교화되고, 때로는 왜곡되거나 구성되는 것이라는 의미이다.

2. 기억 연구를 하는 한 가지 접근법은 양식 접근이라 부르는데, 기억을 몇 가지 유형으로 구분한다. 감각기억은 정보를 양상에 따라 1초도 안 되는 시간 동안이나 몇 초간 특정 양상으로 유지한다. STM은 제한된 양의 정보를 몇 초나 몇 분이라는 짧은 시간 동안 유지한다. 그리고 LTM은 더욱 긴 시간 동안 정보를 기억에 유지시킨다.

3. 짧은 시간(되뇌기나 재부호화 없이) 동안 유지될 수 있는 서로 관련이 없는 정보들의 수는 7 더하기 또는 빼기 2이다. 이 한계는 의미 묶어내기, 곧 청킹과 같은 기법으로 극복될 수 있는데, 청킹에는 정보 조각과 정보 사이의 관련성에 대한 지식이 필요하다.

4. '왜 우리는 잊어버리는가' 하는 질문에 대해 제안된 설명에는 모순이 있다. 이 질문은 기억 저장소의 정보가 쇠잔되거나 '해체' 되는지 아니면 모든 '잊혀진' 정보가 실제로 다른 정보에서 오는 간섭으로 인해 대치된 정보 속에 묻혀버린 것인지 하는 것이다. 실제로 두 가지 가능성은 아주 다르지만, 둘 중 하나를 배제시킬 수 있는 결정적인 실험을 고안해 내는 일은 아주 힘들다. 아마도 두 종류의 과정이 모두 망각에 어떤 역할을 할 것이다.

5. Saul Sternberg의 연구에서 보면 STM에서의 인출은 순차적이며 완결적이다. 이후 연구에서 STM의 특성은 제시된 자극의 특성에 따르는 것임이 시사되었다.

6. Alan Baddely에 의해 제안된 새로운 STM 개념은 작업기억(WM)이라고 한다. 작업기억은 다음 구성요소로 이루어져 있다: 중앙 집행기는 입력 정보를 조정하고 통제하는 일에 관여하며, 음운 고리는 내적인 '귀'로 활동한다. 그리고 시공간 메모장은 내적인 '눈'으로 사용되며, 일화적 완충기는 작업기억과 장기기억 사이에서 정보의 전이에 사용되는 일시적 저장소이다.

7. 최근 연구에서 보면 WM의 용량은 정보의 분산이나 왜곡에 저항하는 능력, 추상적이거나 구체적인 전제에서 추리하는 능력, 또는 일반적으로 주의 통제력을 유지하는 능력과 관련된 강력한 변인임을 시사한다.

8. 기억에 관한 신경심리학 연구에서는 아주 흥미진진한 최신의 연구에 대해 잠시 훑어보았다. 연구자들은 부호화와 인출에 관여하는 뇌 부위를 자리 잡으려는 시도뿐만 아니라 해마다 안쪽관자겉질과 같은 특정 뇌 구조가 기억 형성에서 하는 역할을 검토하고 있다.

복습 문제

1. 심리학자들로 하여금 서로 다른 기억 저장소(감각기억, 단기기억, 장기기억 같이)의 존재를 설정하게 한 증거들을 개관하라.

2. 영상기억과 반향기억에 관한 연구가 입력 정보의 처리 방식을 이해하는 데 얼마나 중요한지 논의하라. 실험 통제와 생태적 타당성에 관한 문제에 대해 생각해 보라.

3. 심리학자들은 망각의 두 가지 기제를 쇠잔과 간섭으로 정리하여 왔다. 각각을 지지하는 실험적 증거를 간단히 개관하고, 두 가지를 구분하는 데 따르는 문제를 서술하라.

4. S. Sternberg의 기억 스캔 실험에서 사용된 방법을 묘사하라. 이 실험의 결과는 STM에서의 정보 인출에 대해 무엇을 말해 주고 있는가?

5. Baddeley의 작업기억 개념은 전통적인 STM 묘사와는 어떻게 다른가?

6. STM 용량이 아니라 WM 용량이 그 많은 다른 인지 과제들(양분 청취, 부주의 맹, 문제해결, 추리 등)의 수행에 관

련이 되는 이유를 설명하라.

7. WM 연구에서 발견한 결과가 우리의 지식이 일상적인 과제와 문제에 대처하는 실제 세계에서의 책략을 고안하는 데 얼마나 효과적으로 도움을 줄 수 있는지 서술하라.

8. 기억을 뇌에 위치시키는 신경심리 연구에서의 발견들을 요약하라.

핵심 용어 ···

간섭(interference)
감각기억(senory memory)
계열위치 효과(serial position effect)
기억의 양상 모형(modal model of memory)
기억 흔적(memory trace)
단기기억(short-term memory, STM)
되뇌기(rehearsal)
망각(forgetting)
묶어내기(chunking)
반향(echo)
병렬적 탐색(parallel search)

부호화(coding)
부호화(encoding)
쇠잔(decay)
순차적 탐색(serial search)
시공간 메모장(visuospatial sketch pad)
영상(icon)
완결적 탐색(exhaustive search)
용량(capacity)
음운 고리(phonological loop)
인출(retrieval)
일화적 완충기(episodic buffer)

자기종결적 탐색(self-terminating search)
작업기억(working memory, WM)
장기 강화(long-term potentiation)
장기기억(long-term memory, LTM)
저장(storage)
중앙 집행기(central executive)
초두 효과(primacy effect)
최신 효과(recency effect)
파지 기간(retention duration)

학습 사이트 ···

부가적인 학습 도구와 관련해서는 www.sagepub.com/galotticp5e의 학습 사이트(Student Study Site)를 방문하라.

6

장기기억에서
기억 인출하기

앞선 장에서 우리는 새로운 기억의 형성과 잠시 동안—1초의 몇 분의 1, 몇 초, 또는 1분 정도—지속되는 기억들에 초점을 맞추어 보았다. 이 장에서는 좀 더 긴 시간—몇 분, 몇 시간, 몇 주, 몇 년, 심지어 몇십 년 동안—유지되는 기억들에 초점을 맞출 것이다. 우리가 이야기하고 있는 종류의 이 기억은 STM보다는 일반적인 기억에 관한 정의, 즉 어느 정도 긴 시간 저장된 이후에 인출되는 정보에 더 잘 들어맞는다.

우리는 장기기억에 관한 전통적인 견해를 먼저 살펴보는 작업으로 시작할 것인데, 이는 바로 기억의 양상 모형이다. 이 기억 모형은 서로 다른 기억 저장소를 강조하고 있음을 상기해 보자: 감각기억, 단기기억, 장기기억. 그 후에 LTM을 여러 다른 체계로 하위 구분하는 제안들을 검토해 볼 것이다. 그다음에 기억에 관한 다른 모형들에 주의를 옮겨서 기억 저장소의 유형보다는 부호화를 하는 시점과 인출 시점 모두에 정보가 어떻게 처리되는지에 초점을 기울여 볼 것이다. 그러면서 여러 다양한 단서가 기억해야 하는 정보와 어떻게 연합이 되는지를, 그 연합이 의도적이든 비의도적이든 살펴볼 것이고, 이들 단서가 정보를 인출할 기회를 최대화하는 데 사용될 수 있는 방법을 찾아볼 것이다.

네 번째 주요 주제로 기억의 유연성을 살펴볼 것이다. 이 단원에서는 사건에 대한 기억을 개관할 것이고, 이 기억들이 의식하지 못하는 사이에 왜곡될 수 있는 것인지 볼 것이다. 마지막으로 우리는 기억상실증이라는 주제를 더 자세히 살펴보고자 하는데, 기억상실증의 여러 유형을 개관해 볼 것이다. 기억의 조직화에 관한 실험 근거의 이론이 우리에게 얼마나 설득력 있는지를 임상 자료로 검토해 볼 것이다.

장기기억의 여러 측면

양상 모형에서 장기기억(LTM)은 많은 면에서 단기기억(STM)과 다르다. LTM은 무한한 시간 동안 많은 양의 정보를 저장하는 장소로 묘사된다. 양상 모형에서 대비가 되는 STM은 아주 제한된 양의 정보(7 더하기 빼기 2, 무관련 정보 조각의 경우)를 아주 짧은 시간 동안(몇 초 또는 기껏해야 몇 분) 보관하는 것으로 묘사한다. 달리 말한다면 LTM은 일종의 심적인 '보물 창고' 또는 '스크랩북'으로 생각되는 것이 일반적이다. 여러분의 일생 동안 인지적으로 수집된 재료가 거기에 어떤 형식으로 저장되는 것이다. 이 단원에서 우리는 장기 저장소의 용량, 부호화, 저장, 인출에 관해 검토할 것이고, 또한 망각된 재료에 대한 증거도 개관할 것이다.

용량

LTM의 용량은 어떻게 되는가? 이 질문은 하나의 숫자로 답할 수 없는 것이다. 여러분이 LTM에 저장한 정보에 대해 생각해 보라. 여기에는 여러분이 알고 있는 모든 단어의 의미가 포함될 것이고(아마도 50,000에서 100,000 사이), 계산에 관한 모든 사실, 또 모든 역사적, 지리적, 정치적, 그리고 여러분이 학습한 또 다른 모든 종류의 정보가 포함된다. 여러분은 아마도 모든 종류의 사람들 이름과 그 얼굴도 언젠가 LTM에 저장해 두었을 것이다: 가족, 중요한 선생님, 이웃, 친구, 적, 그리고 또 다른 이들. 여러분은 아마도 틀림없이 이들 각자에 대한 또 다른 정보들도 저장해 두었을 것이다: 신체적 특징, 생일, 좋아하는 색깔이나 연주 단체 등. 여러분이 친숙하게 하고 있는 일들에 대한 여러 가지 행동 방식에 관한 모든 정보—교무과에서 문서 교부 받기, 도서관에서 책 대출 받기, 데이트를 신청하고·받고·거절하기, 전화번호 찾기, 편지 전달하기—등이 LTM에 있을 것이다. 사실상 여러분이 어느 한순간에 LTM에 집어넣고 있는 정보 목록은 아주 길 것이다. 이러한 사실을 감안하여 심리학자들은 LTM의 용량이 사실상 무제한이라고 평가하게 되었다.

Thomas Landauer(1986)는 장기기억 용량을 좀 더 양적으로 평가해 보고자 하였다. 그는 이전 두 평정치에서 시작하였다. 첫 번째는 인간 기억의 크기는 뇌의 대뇌겉질에서의 시냅스 수와 같다는 것이다. 심리학개론에서 배웠겠지만 시냅스란 두 뉴런, 또는 신경세포 사이의 틈으로 신경전달물질이 화학적 메시지를 전달하는 곳이다. 대뇌겉질에는 10^{13}개의 시냅스가 있으며, 인간의 기억도 10^{13}개 구분되는 비트(이진법에 따른 정보)를 지닐 수 있다고 믿는 이들이 있다.

다른 평정치는 10^{20}비트 정보라 하는데, 이는 한 사람의 평생 동안 뇌에서 전달되는 신경 충동, 또는 전기적 메시지이다. Landauer는 이 두 평정치가 모두 너무 높은 추정치라 주장한다. 신경 충동이나 시냅스 연결 모두가 기억이라는 결과를 내는 것은 아니다. 그는 다양한 분석을 통하여 새로운 정보를 학습하는 속도와 정보가 망각되거나 소실되는 속도를 측정하고자 했으며, 성인 중기(말하자면 35세 정도)에 약 10억 비트 정도라는 결론에 이르렀다.

LTM에 저장되는 정보의 비트 수가 실제로 얼마가 되든 간에 주어진 한순간에 모든 정보를 다 인출할 수 있는 것은 아니다. 정보를 인출하지 못하는 예는 일상에 널려 있다. 내가 알고 있다고 생각하는 사람을 만났는데 어디서 본 사람인지 기억이 나지 않거나, 알고 있는 단어인데 이름이 생각나지 않는 경우를 흔히 겪는다. 이들 정보는 아마도 장기 저장소 어딘가에 들어 있지만 거기에 접근할 수가 없는 것이다. 나중에 인출과 망각이라는 주제에 대해 다시 돌아가 살펴보기로 하자.

부호화

LTM에서의 회상에 관한 많은 연구들에서 보고하는 한 가지 공통적인 발견이 있다. LTM에서 회상하는 동안 생긴 오류는 의미론적 혼동일 가능성이 크다. 다시 말해 회상 오류가 생기는 경우 실제 제시된 단어 또는 구절과 비슷한 것이 잘못 '회상'될 가능성이 높다. Baddeley(1966a)는 이 현상을 실험적으로 증명해 보였다. 그는 비슷한 소리가 나는 청각적 유사 단어들의 목록(예 : *mad*, *map*, *man*)을 참가자들에게 제시하거나 또는 첫 목록과 단어 길이는 일치하지만 소리가 비슷하지 않은 단어 목록(예 : *pen*, *day*, *rig*)을 제시하였다. 다른 참가자에게는 의미가 비슷한 일련의 단어 목록(예 : *huge*, *big*, *great*; 이 단어들은 '의미적 유사성'이라 함)과 통제 단어들로 세 번째 목록과 길이는 일치하지만 의미가 비슷하지 않은 단어들(예 : *foul*, *old*, *deep*)을 제시하였다. 20분 후에 회상 검사를 실시하였는데, 그 사이에 참가자들은 되뇌기를 방해하는 다른 과제를 수행하여 STM이 아니라 LTM에서 인출된 검사를 받게 하였다. 결과를 보면 청각적 유사성은 수행에 별 영향을 미치지 않았지만 의미적으로 유사한 단어들은 학습하기가 더 힘들었다. Baddeley(1976)는 이 결과와 다른 연구결과들을 개관하면서 다음과 같이 일반화하여 결론을 내렸는데, 이는 절대적으로 참이라고 말할 수는 없지만 전반적으로 참이다: 청각적 유사성은 STM에 영향을 미치고 의미적 유사성은 LTM에 영향을 미친다.

파지 기간과 망각

정보는 LTM에 얼마나 오래 저장되는가? 실험실에서 하는 실험에서는 회상 검사를 몇 시간 또는 며칠 후에 하는 것이 대부분이지만, 정보에 따라서는 몇십 년 또는 평생 지속되는 정보들이 있다는 증거가 많다. Harry Bahrick(1983, 1984)은 학습 정도와 기간을 여러 가지로 변화시킨 재료에 대한 기억이 얼마나 유지되는지 연구해 왔는데, 여기에는 졸업 후 20년이나 30년 또는 50년까지 지난 급우들의 얼굴에 대한 기억이 포함되었다.

그중 한 연구에서 Bahrick(1984)은 고등학교 또는 대학교에서 스페인어 강좌를 들은 733명의 성인을 대상으로 검사를 실시하였다. 현재 스페인어 강좌에 등록하지 않았고, 1년에서 50년 동안 스페인어를 공부한 적이 없는 참가자들을 대상으로 하였다. 이들은 스페인어 학습을 얼마나 하였는지 그 정도가 원래 달랐다. Bahrick은 스페인어 지식의 여러 측면에서 '망각 곡선'을 작성하였다. 예를 들어 문법 회상과 관용어구 재인이다. 망각은 측정치에 따라 조금씩 다르게 나타났지만 결과 패턴은 놀랄 만큼 일치하였다. 스페인어 공부를 끝내고 처음 3년에서 6년 동안 참가자들의 회상은 쇠퇴하였다. 하지만 그다음 30년 정도 동안 망각 곡선은 평편해졌는데, 이는 더 이상의 정보 손실이 없다는 것을 시사한다. 30년에서 35년 이후에 마지막 파지 감소가 보였다.

Bahrick(1984)은 이 결과를 다음과 같이 해석하였다.

> 원래 습득된 정보의 많은 부분이 50년이 지난 후에도 접근 가능한 것으로 남아 있는데, 이는 그 정보가 더 이상 사용되지도 되뇌어지지도 않은 경우에도 그렇다. '영구저장 상태'인 정보의 이런 부분은 원래 훈련의 수준, 스페인 강좌에서 받은 점수, 그리고 검사 방법(회상 대 재인)에 따른 함수로 나타나지만, 일상적인 조건에서의 간섭에 의해서는 영향 받지 않는 것으로 보인다. (p. 1)

여러분은 기말고사를 치르고 나서 인지심리학을 몽땅 잊어버렸다고 생각했는가? 만일 교수가 20년쯤 후에 여러분을 만난다면, 여러분은 양쪽 모두를 놀라게 할 수 있다. 아마 여러분은 적어도 강좌 교재에서 몇 가지는 기억해 낼 것이다!

또 다른 연구에서 Bahrick(1983)은 1년에서 50년이 지난 시점에서 회상한 한 도시의 공간적 지도를 검토하였다. Bahrick의 연구 참가자들은 그가 교수로 있었던 오하이오 주 웨슬리언대학교의 학생과 졸업생들이었다. Bahrick은 참가자들에게 대학 교정을 묘사하고 교정 주변인 오하이오 주 델라웨어 도시를 묘사하라고 하였다. 다른 것보다 그는 참가자들에게 델라웨어에 있는 모든 거리의 이름을 회상할 수 있는 한 나열해 보라 하고, 이를 남-북 축 또는 동-서 축에서 분류하라고 하였다. 또 교정과 도시에서 건물의 이름과 이정표를 회상해 내고, 지도를 제시하여 거기에 거리, 건물, 이정표 이름을 표시해 보라고 하였다.

Bahrick(1983)은 또한 델라웨어에서 얼마나 오래 살았는지(학부생 이전이나 그 이후에 2년 이상 살았던 동문들은 제외), 동문으로서 델라웨어에 다시 방문한 횟수, 운전을 하다가 델라웨어 근처를 지나거나 지도로 사용했던 빈도를 참가자들에게 물었다. Bahrick은 이 자료들을 사용하여 참가자들 일부가 그 도시에 대해 다른 도시보다 더 많이 경험한 것인지 그리고/또는 색다르게 한 것인지를 분석하는 데 적용하여 보았다.

재학 중인 학생들에서 나온 자료들을 사용하여, Bahrick(1983)은 델라웨어에서 보낸 시간에 따른 정보 획득을 그려 보았다. 결과는 36개월 남짓 되는 거주기간에 따라 일정한 비율로 거리 이름 학습이 이루어짐을 보여주었다. 반면에 건물과 이정표 이름의 학습은 더 가파른 곡선으로 나타났는데, 가장 많은 학습이 첫해에 일어났다. Bahrick은 학생들에게는 거리 이름보다 교정에서 건물의 위치가 훨씬 더 중요한 것이었기 때문이었다고 생각하였으며, 또 학생들은 도시의 거리들을 운전하고 보내는 시간보다는 도시의 작은 영역과 교정을 거니는 데 훨씬 더 많은 시간을 보내기 때문이라고 보았다.

Bahrick(1983)은 졸업한 지 1년에서 46년이 지난 동문들을 조사하여 정보의 파지를 평가하였다. 이 결과들은 학습 자료와는 어떤 점에서 거꾸로 되어 있었다. 거리 이름(느리고 꾸준히 학습된 것)은 빨리 잊혀졌다. 대부분의 거리 이름은 `10년 이후면 모두 손실되었다. 이정표와 건물에 대한 이름은 좀 더 느리게 사라졌다. 졸업 46년 후에 동문들은 4학년 재학생들이 지니고 있는 정보의 40%를 파지하고 있었다(검사에는 50년 이상 존재하였던 이정표와 건물만 포함).

정보가 LTM에 무한히 지속될 수 있다면 이렇게 많은 정보가 심지어는 일주일만 지나도 사용할 수 없게 되는 이유는 무엇인가? 여기에는 몇 가지 친숙한 예들이 있다. 시험을 보면서 출제된 문제에 대한 답을 '알고 있음'을 알지만 정말 기억해 낼 수 없을 때, 거리에서 아주 친숙한 이를 만났는데 어디서 만난 사람인지 알 수 없을 때! 이런 경우에는 기억에 무슨 일이 생기는 것일까? 어떻게든 지워져 버린 것이 아닐까?

망각 또는 '잘못된 기억'은 실험심리학의 초창기로 거슬러 올라가는 주제이다. 프러시아의 심리학자였던 Hermann Ebbinghaus는 기억에 대하여 통제된 조건에서 경험적으로 연구하였던 선구자였다(Hoffman, Bamberg, Bringmann, & Klein, 1987). 그의 전체 작업(Ebbinghaus, 1885/1913)에서 그는 19개의 연구를 보고하는데, 그 자신을 피험자로 연구한 것이다.

Ebbinghaus는 신중하게 통제되고 이전 학습에서 영향을 받지 않아 다른 오염 변인이 들어가지 않은 자극을 만들어 내었다. 그는 이를 무의미 음절(nonsense syllables)(예 : *rur*, *hal*, *beis* 같은 것)이라 이름하였다. 그는 이 음절들을 한 명의 헌신적인 피험자인 자기 자신에게 신중하고 정확하게, 통제된 속도로, 수백 개의 목록을 제시하였다. 매일매일 Ebbinghaus는 기억 과제를 하였고, 스스로 검사를 하였으며, 그 결과를 기록하였고, 또 새로운 자극을 준비하였다. 모두 합하면 그는 85,000음절을 6,600개 목록에서 기억하느라 830시간 정도를 보냈다(Hoffman et al., 1987). 그의 기본 질문은 완전한 회상을 위해서 요구되는 반복의 횟수에 관한 것이었고, 망각의 본질, 학습에서 피로의 효과, 그리고 연습에서 드문드문 띄우는 것과 빽빽하게 채우는 간격의 효과에 관한 것이었다.

Ebbinghaus가 발견하였던 결과 중 하나가 그림 6.1에 제시되었다. '망각 곡선'이라 일컬어지는 이 곡선 그림표는 그가 애초 학습 이후 다양한 시간 간격에서의 파지에 따라(파지 간격을 X축에 표시) 재학습에 걸린 시간을 표시한 것이다. Ebbinghaus는 망각이 많을수록 목록을 재학습하는 데 더 많은 노력이 필요하다고 가정하였다. 반대로 망각이 적을수록 재학습에는 노력이 덜

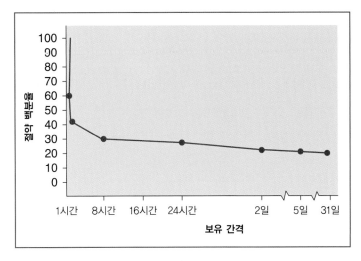

그림 6.1 Ebbinghaus(1885/1913)의 망각 곡선

든다. 이 곡선은 망각이라는 것이 시간에 따른 직선 함수가 아님을 시사한다. 그보다는 망각이란 처음에는 빠르고 나중에는 평편해지는 것이다. 이 실험실에서 발견한 것이 Bahrick이 한 실세계의 기억 연구를 얼마나 잘 예측해 주고 있는지 주목해 보라.

STM과 함께 쇠잔이 아니라 간섭이 LTM에서의 '망각'을 설명해 준다고 믿는 심리학자들이 많다(McGeoch, 1932). 이들은 LTM에서 성공적으로 인출되지 못하는 재료들은 거기에 있지만 '묻혀' 있거나 어떤 방식으로 인하여 사용할 수 없는 상태라고 믿는다(망각에 대한 쇠잔 대 간섭에 관한 논의는 제5장 참조).

간섭에 관한 많은 문헌들에서는 쌍대 연합 학습(paired associates learning)이라는 과제를 사용해 왔다. 참가자들은 깃발－숟가락(flag-spoon), 서랍－스위치(drawer-switch)와 같이 쌍이 지어진 단어들의 목록을 듣는다. 목록을 한두 번 제시하고 난 다음 실험자는 각 쌍의 첫 번째 단어(예：깃발)를 제시하고 참가자들에게 그와 짝지어졌던 단어(예：숟가락)를 회상하도록 하는 것이다.

연구자들은 이 과제를 사용하여 두 가지 방식으로 간섭에 대해 연구해 왔다(표 6.1 참조). 첫 번째는 순행 간섭(proactive interference, PI)이다. 순행 간섭은 이전에 했던 학습이 이후 학습을 더 어렵게 만든다는 사실을 가리키는 말이다. 따라서 실험 참가자 한 집단이 쌍대 연합 목록을 하나 학습하고(표에는 '목록 A－B'로 표시), 그리고 나서 단어 쌍의 처음 항목은 같으면서 두 번째 항목은 다른 두 번째 목록(표에는 '목록 A－C'로 표시)을 학습해야 한다면, 두 번째 목록에서 배운 것을 회상하는 것이 더 어려워진다는 것이다.

순행 간섭으로 친숙한 예는 외국어 어휘 학습에서 찾을 수 있다. 여러분이 프랑스와 독일어의 초급반 강좌를 동시에 듣고 있는데, 어떤 이유에선가 이 두 언어의 어휘를 순차적으로 공부하게 되었다고 상상해 보자. 여러분은 영어와 짝지어진 프랑스어 단어 목록(예：dog-chien)(예：dog-Hund)을 먼저 학습한다. 그리고 나서 독일어를 영어 단어와 짝지어

표 6.1 순행 간섭과 역행 간섭을 측정하는 데 사용된 실험 패러다임

국면	실험 집단	통제 집단
순행 간섭		
I	목록 A–B 학습	(무관련 행동)
II	목록 A–C 학습	목록 A–C 학습
검사	목록 A–C	목록 A–C
역행 간섭		
I	목록 A–B 학습	목록 A–B 학습
II	목록 A–C 학습	(무관련 행동)
검사	목록 A–B	목록 A–B

외우는 것이다. 만일 친구(독일어만 배우고 프랑스어는 학습하지 않는)와 독일어 단어를 얼마나 잘 외우고 있는지 비교해 보려고 하면(다른 요인이 같다고 한다면) 여러분은 친구만큼 회상을 잘하지 못할 것이다. 이런 경우 여러분이 경험하는 간섭의 종류가 순행 간섭인데, 이는 앞선 재료가 이후 재료의 학습에 간섭을 미친다는 것을 나타내기 위한 것이다.

또 다른 종류의 간섭은 역행 간섭(retroactive interference)이다. 여러분과 또 다른 친구가 영어 단어와 그에 해당되는 프랑스어 단어 목록을 공부하고 있다고 상상해 보자. 여러분이 독일어 공부를 하는 동안 친구는 물리학 문제를 풀고 있었다고 하자. 다음 날 여러분과 친구가 프랑스어 시간에 퀴즈 문제를 받는다. 다른 조건이 동일한 경우 여러분의 프랑스어 회상은 친구보다 더 나쁠 것인데, 이는 역행 (또는 거꾸로) 간섭 때문이다. 아마도 여러분의 프랑스어 회상은 독일어 회상이 끼어들어 오염되었을 것이다.

어떤 연구자들은 간섭이 장기 저장 체계에서 정보를 망각하는 데 모두는 아니라 하더라도 가장 큰 책임을 지닌다고 주장한다(Barnes & Underwood, 1959; Briggs, 1954; Postman & Stark, 1969). 물론 쇠잔이 일어났을 가능성을 배제할 수는 없는데, 쇠잔이 일어날 수 없는 실험 설계를 하는 것이 불가능하기 때문이다.

간섭은 정확하게 어떻게 작용하는가? M.C. Anderson과 Neely(1996)는 몇 가지 가능성을 제시하였다. 이들은 인출 단서(retrieval cue)가 표적기억을 가리키고 회복을 유도하는 것이라는 가정에서 시작하였다. 하지만 인출 단서가 다른 표적과 연합이 되는 경우 인출하는 동안 두 번째 표적이 첫 번째 것과 '경쟁'을 하게 된다. Anderson과 Neely는 다음과 같은 예를 제시한다.

예를 들어 동네 쇼핑 센터에서 어디에 주차했는지 회상해야 하는 단순해 보이는 과제를 생각해 보자. 여러분이 그 쇼핑 센터에 가본 적이 없다면 차의 위치는 상당히 쉽게 회상할 수 있을 것이다. 하지만 거기에 주차하는 일이 잦다면 지난 번 주차하였던 장소와 다시 엮이

고 있음을 알게 될 것이고, 저자 중 한 사람과 비슷하다면 주차장 변두리에 당황한 채 서 있을 수도 있다. 또한 이전에 방문했을 때 어디에 주차했었는지 누군가 묻는다면, 여러분은 분명히 그 장소를 회상하지 못할 것인데, 마치 과거의 측면들에 여러 주차 경험이 끼어들고 있는 것처럼 여겨질 것이다.(p. 237)

이들이 주장하는 바는 특정 주차장에 더 자주 주차하면 할수록 인출 단서(가게를 떠나려고 할 때 자신에게 물어보는 질문으로, "자, 내가 주차한 곳이 어디였더라?"라는 질문)와 연합되는 '표적'(실제 주차한 장소)이 많은 것이다. 단서와 연합된 가능한 표적이 많으면 많을수록 그중 특정한 것 하나를 찾아낼 가능성이 더 적은 것이다. 문제를 더 복잡하게 만드는 것은 주어진 인출 단서 하나가 여러 표적과 (또는 다른 단서들) 연합이 될 수 있으며, 이는 더 복잡하고 단서에서 정확한 표적에 이르는 경로를 잇는 일을 훨씬 더 어렵게 만든다는 것이다.

이들 결과를 설명하기 위해 심리학자 John Anderson(1974; Anderson & Reder, 1999)은 부채 효과(fan effect)라 알려진 현상을 묘사하였다. Anderson의 아이디어는 연구 참가자들이 특정 개념에 대한 사실에 대해 더 많은 학습을 하면 할수록, 그 개념에 대해 특정 사실을 인출하는 데 요구되는 시간이 더 길어진다는 것이다. 따라서 여러분이 망각에 대한 사실(예 : 망각은 간섭 때문에 초래되는 것이라고 믿는 심리학자들이 많다)을 더 많이 공부할수록 이에 관한 특정한 어떤 사실을 회상하는 능력은 늦추어진다는 것이다.

M.C. Anderson과 Neely(1996)는 망각이란 기억을 유도하는 우리 능력의 한 부수현상일 뿐이지 그 이상으로 기억의 어떤 결함으로써 더 문제가 되지는 않는다고 생각한다. 특히 이들은 의도적으로 잊어버리는 능력이 얼마나 좋은 것인지 놀랍다고 한다. 예컨대 여러분이 여름 휴가 동안 즉석 식품 요리사로 일하고 있다고 하자. 점원들은 여러분에게 소리쳐 주문하는 것으로 시간을 보낸다 : "밀, 상추, 마요네즈 없이 달걀 샐러드!" 샌드위치를 만드는 동안에는 즉시 기억에 이 정보를 유지하여야 하지만, 동시에 그 작업을 하고 난 다음에는 이 정보를 지워버려야 새로운 주문과 간섭을 일으키지 않는다. Anderson과 Neely가 개관한 실험실 연구들에서는 사람들이 '유도된'(수의적 또는 의도적) 망각을 통해 정보를 잃어버리는 경우에는 순행 간섭을 훨씬 덜 겪는다는 점을 시사하고 있다. 따라서 망각은 해야만 하는 유용한 일이다!

이 단원에서 우리는 망각, 아니면 적어도 이전에 저장한 정보를 인출할 수 없음에 대해 그 기제를 탐구하였다. 이제 다음과 같은 질문을 해볼 의미가 있다. 망각되는 대신에 보유되는 정보에서는 무슨 일이 일어나는가? LTM에서 성공적으로 인출되는 정보에는 무슨 일이 일어나는지 살펴보자.

정보의 인출
만일 나중에 만날 약속(예 : 인지심리학 중간고사 준비로 만나기)에 대한 정보를 잘 회상할 수 있도록 그 확률을 높이기를 원한다고 하자. 인지심리학에서 배운 지식이 도움이 될까? 기억을 돕는 몇 가지 특수한 기법들을 사용할 수 있는데, 이들을 한데 묶어서 기억술 (mnemonics)이라 한다.

기억술의 사용

기원전 500년경 그리스 시인 시모니데스는 한 연회에서 참석자들을 즐겁게 해주기 위해 부름을 받았다. 그가 자리를 떠나 있는 동안 지붕이 무너져 연회 손님들을 심하게 덮쳐서 가족들이 누가 자기 가족인지 확인해 내지를 못하였다. 시모니데스는 손님이 앉았던 자리를 회상하면서 친척들에게 가족이 어디에 있는지를 찾아낼 수 있게 도와줄 수 있었다 (Paivio, 1971). 이에 따라서 최초의 기억술이 만들어졌는데, 이를 장소법(method of loci)이라 부른다.

장소법은 그 이름이 시사하듯이 학습자에게 어느 정도 순서로 정렬된 일련의 장소(위치)를 상상하도록 한다. 이를테면 나는 연구실에서 교정의 간이 음식점이 있는 곳까지 지나가는 길에 있는 일련의 이정표를 사용할 수 있다. 그러고 나서 나는 이 이정표 각각에 내가 기억하고자 하는 재료들의 조각을 넣어 마음속으로 그림을 그린다.

내가 회의에 가지고 가야 할 것들을 기억하고자 한다고 가정해 보자. 예컨대 태블릿, 펜, 컴퓨터 출력지 조금, 책 한 권, 계산기를 챙겨야 한다. 나는 장소법을 사용하여 이 재료들을 다음과 같은 방식으로 기억할 수 있다. 우선 연구실 문(첫 번째 장소)을 걸어나가는 나 자신을 상상하면서 첫 번째 물건인 태블릿을 문 고정장치로 기대놓는다. 다음에는 행정 조교의 책상을 지나가는 나 자신을 보면서 내 펜을 책상 위나 편지 또는 노트 위에 올려놓는다. 그 후 나 자신이 홀을 지나 가까운 계단을 내려가는 것을 보는데, 출력지를 계단이 시작되는 꼭대기에 올려놓는다. 이제 나는 건물을 나가는 심상을 떠올리는데 왼쪽에 커다란 참나무를 지나가게 되며, 나무의 가지에 책을 놓아둔다. 마지막으로 학생회관을 들어서게 되며, 나는 이제 문 앞에 걸려 있는 계산기를 그려낸다. 내가 이 다섯 항목을 기억하고자 할 때면 내가 할 일은 마음속에서 그 길로 '거닐기'를 하면서 지나는 길에 놓인 물건들에 주목하면 된다. 기본적으로 같은 길을 다시 걷는 것인데, 이번에는 내가 심상에서 만들었던 방식으로 쳐다보면서 걷는 것이다.

기억 증진을 위한 또 다른 기법은 상호작용 심상(interacting images)이라고 할 수 있다. 1894년에 보고된 한 연구가 이 기법의 유용성을 예기해 주었다. 연구결과 참가자들에게 단어의 심상을 만들어 학습하라고 한 경우에 이런 지시를 주지 않았던 경우에 비해 목록에 있었던 구체적인 명시를 더 잘 회상하였음을 보여주었다(Kirkpatrick, 1894). Bower(1970)는 쌍대 연합 학습에서 이와 비슷한 결과를 찾아내었다. 말하자면 만일 참가자들에게 염소-파이프 (goat-pipe)와 같은 짝지어진 단어들을 제시하면 참가자들은 단어들로 심상을 만들어서, 염소가 파이프 담배를 피우는 것을 상상하는 것이다. 그 결과 이런 심상 지시를 받지 않은 통제 집단에 비해 심상 지시를 받은 참가자들은 2배 정도나 더 잘 회상하였다. 이러한 숫자는 이 효과를 오히려 과소평가하는 것인데, 왜냐하면 통제 집단의 일부 참가자들은 지시가 없었는데도 자발적으로 심상을 사용하였기 때문이다.

Bower(1970)의 연구에서는 특히 쌍대 연합 학습에서 최대한으로 효과가 있는 심상은 참가자들이 상호작용하고 있는 심상을 만들려고 하였을 때임이 드러났는데, 염소가 파이프를 피우고 있는 것이 염소 옆에 파이프가 떨어져 있는 그림보다 더 효과적이었다. 상호작용 심상의 원리는 장소법에도 똑같이 적용이 된다. 기억해야 할 항목이 여러 장소와 어떤 방식으로든 상호작용하고 있는 것으로 묘사되는 것이다.

세 번째의 기억술 기법은 이도 역시 심상을 이용하는 것인데, 걸개단어법(pegword method)이라 부르는 것이다. 장소법과 마찬가지로 여기에는 외울 항목을 다른 질서의 '단서들'과 함께 그려놓는 작업 — 단서에 걸어놓기 — 이 포함된다. 이 경우에 단서는 위치가 아니라 외워야 할 각운 목록에서 나오는 명사들에 가깝다. "One is a bun, two is a shoe, three is a tree, four is a door, five is a hive, six is sticks, seven is heaven, eight is a gate, nine is wine, and ten is a hen." 이 방식은 참가자들로 하여금 첫 번째 항목을 *bun*과, 두 번째 항목을 *shoe*, 세 번째 항목은 *tree*, 기타 등으로 엮어서 그림을 그려놓는 방식을 요구한다(주목할 것은 이 방법은 목록에 든 항목 수가 10개 이하여야 한다는 점이다).[1] Bugelski, Kidd, Segmen(1968)은 이 방법으로 참가자들에게 항목당 4초 이상 시간을 주어 심상을 만들게 하는 경우에 쌍대 연합 학습 과제에서의 회상을 증진시킨다는 것을 보여주었다.

기억술 기법이 모두 심상과 관련된 것은 아니다. 시각적 심상 자체가 포함되지 않는 일군의 기법에는 회상해야 하는 재료의 **재부호화**가 포함되고, 가외의 단어나 문장을 첨가하여 **중재**하게 하거나, 또는 여러분의 기억과 재료의 가운데 놓이는 것이 있다. 한 예로 대부분 학령기 아동들에게는 친숙한 것인데, 기억하고자 하는 단어들의 첫 글자를 따서 이 글자들로 단어나 문장을 만드는 것이다. 이 기법은 5대 호수의 이름 외우기(HOMES: Huron, Ontario, Michigan, Erie, Superior), 또는 음악 오선지의 각 선 음표를 외우는 데 ("Every good boy deserves fudge") 사용된다. 이 기법은 잘 알려져 있지만 그 유용성에 대한 한 연구를 보면 뒤섞인 결과를 보고한다(L.Carlson, Zimmer, & Glover, 1981). 여기서 단어와 문장이 앞서 묘사한 기법에서의 심상과 비슷한 기능을 하고 있음에 주목하라. 이 모든 것이 **중재자**(mediators), 즉 기억해야 할 항목과 여러분의 (이후) 외현적 반응을 연결시켜 주는 내적 부호(Klatzky, 1980)이다.

---

[1] 영어로 제시된 예문을 우리말의 예로 옮겨보면, 다음과 같은 10가지 두운으로 이루어진 노래를 떠올려보면 된다: "하나 하면 할머니가, 둘 하면 두부장수, 셋 하면 새색시가, 넷 하면 냇가에서, 다섯 하면 다람쥐가, 여섯 하면 여학생이, 일곱 하면 일본놈이, 여덟 하면 열무장수, 아홉 하면 아이들이, 열 하면 엿장수……" 하고 뒤에 " — 하고 달달달"이라는 후렴을 붙이는 노래를 기억할 것이다. 외워야 할 첫 번째 항목은 할머니와, 두 번째 항목은 두부장수, 세 번째 항목은 새색시와 연결하여 외우면 된다.

다른 인출 원리

회상을 도울 수 있는 몇 가지 인출의 원리를 생각해 보자.

첫 번째는 범주화의 원리이다. 이는 범주나 또 다른 단위로 조직화된 재료는 이런 조직화가 없어 보이는 정보보다 더 쉽게 회상된다는 것이다. 이 효과는 조직화된 재료가 애초에 무선적으로 제시되었더라도 생겨난다.

Bousfield(1953)는 참가자들에게 60개 단어의 목록을 제시하였다. 단어들은 네 가지 범주 동물, 이름, 직업, 채소에서 나온 것이지만 뒤섞인 순서로 제시되었다. 그런데도 참가자들은 단어들을 묶음으로 회상하는 경향을 보였다. 예를 들어 동물을 먼저 같이 말하고, 다음에 채소 몇 가지를 말하고 하는 식이었다. 재료 자체가 눈에 띄는 조직화가 없는 경우에도 사람들에게 자기 나름대로 주관적인 범주를 만들어 조직화하라고 하면 회상이 증진되는 것으로 밝혀졌다(G. Mandler, 1967).

우리는 중간고사 공부에 범주화 원리를 어떻게 적용해 볼 수 있을까? 가장 좋은 충고는 여러분이 지닌 정보를 범주화하고 조직화하라는 것이다! 예를 들자면 망각에 관한 이론을 목록으로 만들어 보고, 기억 현상에 관한 사실을 노트로 이 목록 주변에 적어놓는 것이다. 이런 방식으로 공부하면 나중에 망각에 대해 논술하라는 문제를 받았을 때 여러분은 관련 정보를 좀 더 많이 회상해 낼 수 있을 것이다.

두 번째 인출 원리는 Thomson과 Tulving(1970)이 발견한 부호화 특수성(encoding specificity)이라는 것이다. 이들의 생각은 재료가 처음 LTM에 들어갈 때 부호화는 그 재료가 학습되는 맥락에 따른다는 것이다. 정보가 부호화되는 방식은 맥락에 따라 특수하다. 회상 때 동일한 맥락 정보를 사용할 수 있으면 커다란 이점이 된다. 맥락의 측면이 인출에 단서로 기능하는 것이다.

Roediger와 Guynn(1996)은 부호화 특수성 가설을 약간 다르게 요약하였다.

> 인출 단서는 기억해야 할 사건의 원래 부호화를 다시 재개할 수 있는 경우에만 효과적일 수 있다. 검정과 같은 단어가 맥락 없이 제시되면, 그 단어의 지배적인 의미('하양'과 연합된)로 부호화될 것이다. 그러므로 '하양'이 효과적인 인출 단서로 기능하며, 그와 약하게 연합된 '기차' 같은 단어는 효과적이지 않다. 하지만 '검정'이 '기차'처럼 약한 연합어 맥락에서 부호화되면, 피험자들은 표적 단어를 좀 더 색다른 부호화를 할 가능성이 크다(예 : '검정 기차'를 상상). 이런 경우 약한 연합어가 좋은 인출 단서로 사용될 수 있으며, 이제 강한 연합어는 완전히 비효율적이 된다. (p. 208)

재료와 관련이 없는 정보까지도, 부호화할 때 있었던 환경적 자극 같은 것도 인출 단서가 될 수 있다는 사실은 분명하다. 내가 좋아하는 연구 중 하나는 Godden과 Baddeley(1975)인데, 이들은 스쿠버 기구를 모두 착용한 16명의 스쿠버 잠수부에게 40개의 무관련 단어를 제시하였다. 잠수부들은 해변가에서 단어 목록 일부를 학습하고 다른 단어는 20피트 물속에서 학습하였다. 나중에 이들에게 학습할 때의 환경과 동일한 환경 또는 다른 환경에서 단어를 회상해 보라고 하였다. 결과를 보면 회상은 학습과 동일한 환경에서 가장 좋았다. 물속에서 학습한 것은 물속에서 가장 잘 회상되었으며, 해변가에서 학습한 것은 해변가에서 가장 잘 회상되었다. 회상은 원래 환경에서 수행될 때 가장 잘 된다는 것을 맥락 효과(context effect)라 부른다.

재미있는 것은 나중에 연구해 보니 재인기억은 이러한 맥락 효과를 나타내지 않는다는 사실인데(Godden & Baddeley, 1980), 이 결과는 재인과 회상이 달리 작용한다는 사실을 시사한다. 특히 이 결과는 물리적인 맥락이 회상에는 영향을 미치지만 재인에는 영향을 미치지 않는다고 시사하고 있다(Roediger & Guynn, 1996). 아마도 전자의 과제에서는 참가자들이 그 자신의 인출 단서─여기에는 학습 환경의 어떤 특성이 포함될 수 있다─를 생성해 내기 위해 작업을 더 하지만, 후자의 과제에서는 검사 자체에서 인출 단서를 제공해 주는 것이다(질문과 가능한 답의 모습으로).

또 다른 연구들에서 비슷한 효과[상태의존 학습(state-dependent learning)이라는]를 약물 상태로 보여주었다. 어떤 화학적 약물(예 : 알코올이나 마리화나)에 중독된 동안 학습된 재료는 그 사람에게 그 상태를 다시 만들어 주었을 때 더 잘 회상하기 마련이다(J. E. Eich, 1980). 그렇다고 이러한 과학적 연구결과를 파티에 대한 변명으로 사용하지 말아야 할 것이다. 여기서 꼭 지적하건대 맑은 정신으로 학습하고 회상한 참가자들이 전반적으로 성적이 가장 좋다! 하지만 흥미로운 것은 화학적 약물 복용 상태에서 학습한 참가자들이 회상을 할 때 똑같은 중독 상태에 있으면 수행이 낮다는 결과이다. 나중에 이를 상태의존 기억(state-dependent memory) 효과라고 제안했는데, 맥락 효과와 마찬가지로 회상에서만 발견되고 재인 과제에서는 나타나지 않는다는 것이 시사되었다(Roediger & Guynn, 1996).

Bower(1981)는 심지어 회상할 때 부호화 때와 같은 기분 상태에 있으면 더 많은 정보를 회상할 것이라 주장하였다. Bower에 따르면 여러분이 행복할 때 정보를 학습하였으면, 그 정보를 다시 행복한 기분일 때 더 잘 회상한다는 것이다. 하지만 시간이 흐르면서 이 기분 의존적 기억 효과(mood-dependent memory effect)는 좀 복잡한 것으로 밝혀졌으며, 최근 연구에서는 어떤 조건 아래서는 이 현상이 일어난다고 시사된다(E. Eich, 1995).

부호화 특수성 가설에 대한 더 나아간 지지는 간격 효과(spacing effect)라 알려진 현상에서 나온다(B.H. Ross & Landauer, 1978). 여러분은 이미 이 효과에 대해 잘 알고 있을 것인데, 이는 교사들이 자주 하는 충고이기 때문이다. 만일 같은 재료(material)를 반복해서 공부해야 한다면, 이를 짧은 학습 회기로 어느 정도 시간을 두고 하는 편이 긴 회기 시간 동안 공부하는 편보다 나을 것이다(다시 말해 벼락치기 하지 마라!). Ross와 Landauer는 "대부분의 경우 [정보 한 조각의] 두 번 연속적인 제시는 한 번의 제시보다 더 효과적일 리가 없지만, 간격을 적당히 두고 두 번 제시하면 한 번보다 두 배 정도 효과를 본다."(p. 669)라고 적고 있다.

많은 이론들이 간격 효과를 설명하고자 했다(Glenberg, 1977; B.H. Ross & Landauer,

1978). 한 가지 공통적인 것은 **부호화 다양성**(encoding variability)이다. 간격은 부호화 맥락을 변화시키며, 그러면 다양성의 범위가 좀 더 넓은 단서가 과제에 부착될 수 있다. 단서의 수가 클수록 하나 또는 그 이상의 단서가 인출할 때 활성화될 가능성이 커진다. 따라서 간격 효과는 주로 부호화 특수성 원리라는 면에서 설명된다.

장기기억에서의 인출과 관련된 또 다른 개념은 **단서 과부하**(cue overload)이다(Roediger & Guynn, 1996). 여기서 기본 원리는 인출 단서가 다른 것과 아주 다를 때 그리고 다른 표적 기억들과 관련되지 않을 때 가장 효과적이라는 것이다. 이를테면 우리는 모두 의례적이고 일상적인 사건보다는 극적이고 희귀한 사건을 더 잘 기억한다.

검사 효과

심리학자 Henry Roediger와 동료들은 최근 일련의 연구에서 **검사 효과**(testing effect)를 탐구하여 보고하였다. 이는 재료에 대해 검사를 하는 것이 실제로 학습을 증진시킨다는 발견인데, 심지어 그 재료를 단순히 반복하여 공부하는 경우와 비교해 보아도 더 낫다는 것이다(Butler & Roediger, 2008; Roediger, Agarwal, McDaniel, & McDermott, 2011; Roediger & Butler, 2010).

Roediger와 동료들(2011)은 6학년 학생들을 대상으로 사회과목 수업에 적용해 본 일련의 연구에서 검사 효과를 증명하였다. 연구자들은 학생들이 이전에 시험을 본 적이 없는 것을 공부하게 하고, 이전에 이 학습에 대해 시험을 보았던 학생들의 성적과 비교해 보았다. 시험 2일 후에 검사를 하든 또는 거의 2주나 지난 후에 하든 상관없이, 또 검사의 형식이 시험과 같은 다중선택 방식이든 자유회상 방식(예 : 고대 중국에 대해 공부한 사실들을 회상하라)이든 간에 학생들은 이전에 시험을 치른 재료를 더 잘 수행하였다. 이후 실험에서는 시험을 보았던 재료와 반복해 읽었던 재료에 대한 수행을 비교하였는데, 검사 효과는 그래도 나타났다.

또 다른 집단(성인, 대학생)을 대상으로 한 다른 종류의 학습 과제에서도 검사 효과는 나타났다. Roediger와 동료들(2011)은 다음 두 가지 중 하나(또는 둘 다)가 이 검사 효과를 설명해 준다고 생각했다. 첫째, 시험을 보면 학습 재료를 그냥 읽거나 다시 읽는 것보다 더 많은 노력이 든다. 이 노력은 재료를 정교화하게 하거나, 또는 이후 검사에 유용하다고 증명된 인출 책략을 만들어 내게 한다. 둘째, 시험 보기는 학생들이 교재를 다시 읽을 때(또는 강조하거나 밑줄을 칠 때) 발달할 수 있는 어떤 종류의 '과잉 확신', 다시 말해 그 의미를 충분히 알고 있다는 생각을 반박하게 해준다는 것이다. 그 기제가 어떤 것이든 간에 다가오는 검사에 대비한 공부를 하는 방식은 분명해졌다(아마 여러분 자신에게 해당될 것이다). 가장 효율적으로 대비하기 위해서는 색연필을 던져버리고 대신 스스로 시험을 쳐 보라.

장기기억의 하위범주

우리는 제5장에서 Alan Baddeley가 작업기억의 여러 구성요소, 또는 부분들의 존재를 가정했던 제안을 살펴보았다. 비슷한 방식으로 인지심리학자들은 LTM을 여러 체계로 '하위분류'하는 제안을 내놓았다. 이 경우 이 체계들이 독립적으로, 그리고/또는 서로 다른 규칙과 과정에 따라서 작동한다는 주장이다. 이 단원에서 우리는 이러한 제안을 세 가지 살펴볼 것이다.

의미기억 대 일화기억

Endel Tulving(1972, 1983, 1989)은 일반적인 지식에 대한 기억과 사건에 대한 기억 사이를 구분하였다. 그는 장기기억은 두 개의 별도의 구분되는 그러나 상호작용하고 있는 체계로 이루어져 있다고 주장하였다. 한 체계는 일화기억(episodic memory)으로 여러분이 어떤 방식으로든 참여하였던 특정 사건에 대한 기억을 보유하고 있다. 다른 체계는 의미기억(semantic memory)으로 일반적 지식기반에 들어오는 정보를 보유하고 있다. 여러분은 이 기반의 일부를 회상할 수 있지만 회상되는 정보는 포괄적인 것이다. 개인적인 경험과는 별 상관이 없다. 예를 들면 여러분의 프로이트에 대한 정보 중 정신분석 창시자라는 기억은 아마도 일반적 지식기반에 있는 것이며 특정 시간에 무슨 일이 있었는가 하는 여러분의 개인적인 기억과는 별도로 존재할 것이다. 사실상 프로이트에 대한 사실이 기억 속에 들어올 때가 언제였는지도 기억할 수 없을 것이다.

이 상황을 여러분의 첫 데이트 경험이나 세계무역센터와 펜타곤이 공격받은 9/11이 기억 속에 들어온 경우와 대조해 보라. 이런 예들에서는 여러분은 정보 그 자체만 기억할 뿐만 아니라 그 정보를 얻게 된 상황들(그 정보를 어디서, 언제, 왜, 어떻게 들었는지, 보았는지, 또는 다른 방식으로 획득했는지)까지도 기억할 것이며, 이는 우리가 잠시 후에 섬광기억(flashbulb memory)이라는 이름으로 잠시 살펴볼 것이다.

여러분이 어느 한순간 추적할 수 있는 기억 중의 어느 것이라도 일화기억이라고 간주할 수 있다. 만일 고등학교 졸업식, 1학년 때 기숙사 룸메이트와의 첫 만남, 중요한 사건을 처음 학습한 시점을 회상한다면 여러분은 일화기억을 회상하는 것이다. 정확한 날짜와 연도를 기억하지 못할지라도 여러분은 그 정보가 처음 제시되었던 특정 시간과 장소에 대해 알고 있고, 그 정보 제시에 대한 기억을 가지고 있는 것이다.

이와는 대조적으로 의미기억은 언어와 세상 지식에 관한 일반적인 정보를 저장하는 것으로 생각된다. 산수에 관한 사실(예 : 2+2=4), 역사적 날짜("1492년 콜럼버스가 푸른 바다를 항해하였다."), 또는 여러 동사의 과거시제 형태(*run, ran/walk, walked/am, was*)를 회상해 낼 때 여러분은 의미기억을 불러내고 있는 것이다.

이 예 중에 2+2=4에 대해서 생각해 보면, 9/11 공격에 관해 회상하는 것처럼 이 사실을 배운 특정 순간을 떠올릴 수가 없을 것이다. 2+2=4에 대해서는 이 사실을 '기억한다 '

기보다는 대부분 이를 '알고 있다'고 말할 것이다. 이러한 특정 순간에 대한 기억과 일반 지식에서의 회상에 대한 구분은 의미기억과 일화기억 사이의 주요 차이를 나타낸다. 이러한 구분은 왜 짓는가? 이렇게 함으로써 어떤 일에 대한 회상은 다른 것에 대한 회상과 다르다는 우리의 직관을 파악할 수 있다. 졸업식을 회상하는 것은 2 더하기 2의 합을 회상하는 것과는 다른 '느낌'인 것이다.

Tulving(1972, 1983, 1989)은 일화기억과 의미기억이 서로 다른 원리에 의해 작동하고 종류가 다른 정보를 보유하고 있는 기억 체계(memory systems)라 묘사하였다. Tulving (1983)은 일화기억과 의미기억이 작동하는 것으로 보이는 방식에서 몇 가지 차이를 짚어 주었는데, 여기서는 이 중 주요한 차이를 두세 가지 살펴보겠다.

일화기억의 조직화는 시간적이다. 곧, 하나의 사건은 다른 사건과 이전, 이후 또는 동시에 일어난 것으로 기록될 것이다. 의미기억의 조직화는 정보들의 의미와 여러 조각의 다른 정보들 속의 의미 관련성에 기반하여 정렬된다.

Schacter(1996)는 일화·의미기억의 구분을 지지하는 증거가 되는 여러 종류의 기억상실증 환자들에 대한 사례연구를 제시하고 있다. 예를 들어 진이라는 환자는 1981년(당시 30세) 오토바이 사고에서 살아남았는데, 이 사고로 그는 이마엽과 좌반구 해마를 포함하는 관자엽을 심각하게 손상당하였다. 진은 순행성 기억상실증과 역행성 기억상실증을 모두 보였다. 특히 진은 아무리 광범하고 세부적인 단서를 제공해 주어도 특정 과거 사건을 전혀 기억하지 못하였다. 진은 생일파티, 학창시절, 대화 어떤 것이든 회상하지 못하였다. Schacter는 다음과 같이 썼다.

> 그의 삶 중에서 극적이었던 사건에 대해 자세히 묘사해 주어도, 즉 그의 동생이 물에 빠졌던 일이나, 치명적 화학 독극물을 싣고 가던 기차가 그의 집 근처에서 탈선하여 마을 주민 24,000명이 모두 일주일간 집을 비워야 했던 사건 등, 그는 어떤 일화기억도 떠올리지 못하였다.(p. 149)

이와는 대조적으로 진은 그의 과거 삶에 관한 사실들(일화적 사건이 아니라)에 관해서는 회상을 해냈다. 그는 어디서 학교를 다녔는지를 알고 있었다. 그는 자신의 직장도 알고 있었다. 그는 이전 동료들의 이름을 댈 수 있었다. 또한 사고 전에 일했던 공장에서 사용하였던 기술 용어를 정의할 수 있었다. 진의 기억은 마치 다른 사람의 삶에 대해 우리가 가지고 있는 지식과 비슷하였다. 가령 여러분이 태어나기 전에 어머님이나 아버님의 삶에서 일어난 사건에 대해서 알고 있다. 그들이 어디서 만났는지, 또는 그들의 어떤 기억할 만한 어린시절에 대해서! 여러분은 이들 사건에 관하여 알고 있지만, 이 사건들에 대한 특정한 회상(recall)을 하는 것은 아니다. 이와 비슷하게 Schacter에 따르면, 진은 그의 과거에서 어떤 측면에 관한 지식(의미기억)은 가지고 있었지만, 특정 사건이 일어났음(일화기억)에 대한 회상을 한다는 증거는 전혀 없었다.

Schacter(1996)는 진의 '거울상' 결함을 지닌 사람들에 대한 신경심리학적 사례도 묘사하였다. 예를 들어 한 사례에서는 뇌염을 앓고 난 뒤 앞쪽 관자엽에 손상을 입은 한 여성이 일상적 단어의 의미를 더 이상 알고 있지 못하고 역사적 사건과 유명한 사람들의 이름을 잊어버린 보고가 있었다.

이상의 두 사례와 또 이와 같은 사례들(일부는 Schacter, 1996에 묘사됨; Riby, Perfect, & Stollery, 2004 역시 참조)에서 보면 임상신경심리적 증거로 일화기억과 의미기억이 서로 독립적으로 작용한다는 생각이 지지된다. 곧, 한 유형의 기억이 심각하게 손상되었으면서 다른 것은 괜찮은 사람들이 있다는 사실은 두 가지 별도의 기억 체계가 존재한다는 구체적 증거로 보인다.

Tulving(1989)은 또한 실험에 자원한 참가자들에게 조용히 누워서 어떤 일화기억 또는 의미기억을 인출해 내라고 하였을 때 뇌혈류 패턴이 서로 다름을 보고하였다. 일화기억의 인출은 의미기억에 비해 이마엽 활성화와 좀 더 연합되는 경향이 있었다. 불행히도 모든 참가자가 이런 효과를 보인 것은 아니다. 일부는 구분할 만한 차이를 보이지 않았으므로 이 결과에 대한 직접적인 해석은 아직 불가능해 보인다. 또 다른 연구들에서는 일화기억과 의미기억에서 인출을 하는 동안 활성화되는 신경 영역이 서로 다르다는 사실을 보여주었는데, 이들 연구에서는 서로 다른 종류의 기억 인출에 내재된 신경 활동 패턴은 서로 비슷하여 완전히 구분되지 않았다(Menon, Boyett-Anderson, Schatzberg, & Reiss, 2002; Nyberg, Forkstam, Petersson, Cabeza, & Ingvar, 2002).

Tulving(1972, 1983, 1989)의 제안은 인지심리학 분야에서 심각한 논쟁을 불러일으켰다. McKoon, Ratcliff와 Dell(1986)은 일화기억과 의미기억을 별도의 기억 체계로 간주하는 것이 유용하며, 이 구분을 지지하는 증거를 제시하는 데 집중한 일련의 주장을 펼쳤다. 어떤 정보를 처음 접하게 된 시점을 포함하는 지식과 좀 더 '포괄적(generic)' 종류의 지식을 구분하는 경계선을 긋기가 아주 어렵다고 보는 심리학자들이 많다. 하지만 거의 대부분은 적어도 이 두 종류의 의미기억과 일화기억이 비록 하나의 체계 안에 저장되어 있을지라도 구분되는 것으로 보인다는 점에는 동의하고 있다.

암묵기억 대 외현기억

또 다른 인지심리학자들이 기억의 종류에 관하여 또 다른 중요한 구분을 제안하였다. 그 것은 바로 암묵기억과 외현기억(Roediger, 1990; Schacter, 1987)이다. 외현기억(explicit memories)은 의식적으로 회상되는 것이다. 가령 지난 휴가를 회상할 때 여러분은 특정 시간(지난 여름)과 특정 사건 또는 일련의 사건들을 드러내며 말한다. 여러분의 회상은 여러분이 의식하고 있는 것이고 심지어 의도적인 것일 수도 있다. 암묵기억(implicit memory)은 이와는 대조적으로 의도적이거나 의식적이지 않지만 이전에 학습, 저장된 것이라는 증거를 보여준다. Schacter(1996)는 암묵기억을 "무의식적 기억과 지각의 지하 세계이며, 정상적으로는 의식적 마음에서 가려져 있는 것"(pp. 164-165)이라고 시적으로 묘사하였다.

암묵기억에 관한 실험실 연구는 주로 반복점화라 알려진 현상에 관한 것이었다. 반복점화(repetition priming)는 같은 정보를 최근에 접한 후에는 그 정보에 대한 인지처리가 촉진된다는 것이다(Schacter, 1987). 예를 들어 참가자들에게 아주 짧은 시간 동안(30밀리초 또는 그 이하) 단어 하나(예 : button)를 보여주고 나서 단어완성 과제를 하게 한다(예 : 마음에 떠오르는 단어로 다음 단어를 완성하라: "_U_TO_"). 이런 과제를 어간완성(word stem completion) 과제라 한다. 반복점화 효과는 단어완성 과제에서 주어진 자극에 'button'으로 반응하는 확률이 그 단어 button를 제시 받은 적이 없었던 참가자들의 수행과 비교하여 얼마나 증가되었는지 그 정도로 예시될 수 있다. (이 과제에 답할 수 있는 다른 단어들 mutton, suitor 같은 것도 있음에 주목하라.)

암묵기억에 관한 실험실 연구결과가 실제 세계와도 연관성이 있을까? 암묵기억을 연구하는 학자들은 그렇다고 믿는다. 암묵기억에 관한 한 가지 실세계적 예는 세르게이 코르사코프(Sergei Korsakoff)가 보고한 것으로, 그는 1889년에 코르사코프 증후군(Korsakoff's syndrome)이라 알려진 기억상실 증상을 보이는 환자들을 묘사하였다. 그가 전기 충격을 주었던 한 환자는 그 전기충격 자체는 기억하지 못했지만, 충격 생성기가 들어 있는 상자를 보고는, 코르사코프에게 과학자들이 무섭고 그들이 자신을 감전사시킬 것 같다고 말하였다(Schacter, 1987).

기억상실 환자들에 관한 다른 연구들에서도 암묵기억과 외현기억의 해리가 존재한다는 생각이 지지되는 증거들이 나왔다. 예를 들어 Warrington과 Weiskrantz(1970)는 좀 더 통제된 연구를 시행하였다. 이들은 4명의 기억상실 환자에게 다양한 기억 과제를 시행하였는데, 동시에 뇌손상이 없는 8명을 통제 집단으로 이들과 비교하였다. 한 실험에서(실험 2), 참가자들은 '외현기억' 과제를 두 가지 받았는데(인용 표시는 저자들이 과제를 묘사할 때 이 용어를 사용하지 않았음을 표시함), 자유회상 과제와 재인 과제였다.

참가자들은 또한 '암묵기억' 과제도 두 가지 하였다. 하나는 앞서 묘사하였던 것과 비슷한 단어완성 과제였다. 또 하나는 참가자들에게 시각적으로 흐릿하게 만든 철자들로 된 단어를 제시하는 것이었다. 네 가지 과제에는 모두 여러 가지 단어의 사전 제시가 포함되었다. 두 가지 '외현' 과제에서는 참가자들에게 이전에 제시되었던 단어를 의식적으로 회상하거나 재인하도록 하였다. 두 가지 '암묵' 과제에서는 참가자들에게 단어가 이전에 제시되었는지 상기시키지 않았고 다만 제시되는 단어가 무엇인지 추측해 보도록 했을 뿐이었다(흐릿한 철자나 어간의 부분에서).

그림 6.2에 결과가 제시되었다. 기억상실 참가자들은 기억상실이 아닌 참가자들에 비해 외현기억 과제에서는 잘 못하였지만, 암묵기억 과제에서는 이들과 상당히 비슷하였다. 달리 말하자면 이들의 기억상실은 외현기억 과제에만 선택적으로 손상을 입은 것으로 보였다. 이러한 결과들은 여러 과제에서 몇 번 반복하여 증명되었다(Shimamura, 1986).

그림 6.2에 묘사된 바와 같은 현상을 '해리적(dissociative)'이라고 부르는데, 왜냐하면 한 과제에서의 수행이 다른 과제에서의 수행과 독립적인 것으로(또는 해리되어 있는 것으로)

보이기 때문이다. 해리 현상은 기억상실 참가자들에게서만 나타나는 것은 아니다. 많은 연구들에서(Roediger, 1990에서 개관함) 정상 참가자들에게서도 암묵기억 과제와 외현기억 과제에서의 수행에서 놀랄 만한 차이가 나타나는 것이 증명되었다. Schacter(1996)에 의하면 반복점화 효과는 1주 정도 지속될 수 있으며, 이는 실험 참가자들이 점화 단어를 이전에 실험실에서 본 적이 없었다고 말하는 경우에도 마찬가지다!

이러한 해리 현상을 어떻게 설명하면 가장 좋을까? Roediger(1990)는 두 가지 서로 다른 가능성을 제시하였다. 하나는 두 가지 기억 체계를 상정하는 것이다. Schacter (1996)는 심지어 두 가지 서로 다른 뇌 구조가 두 기억 체계와 연합되

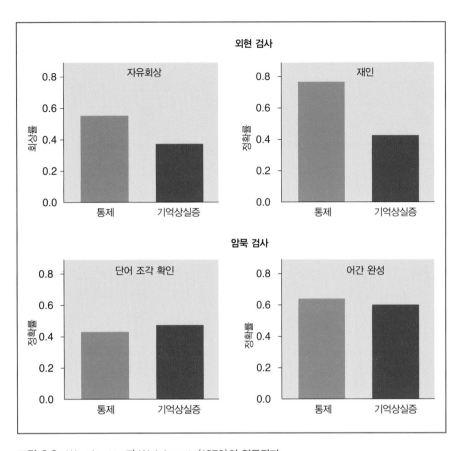

그림 6.2 Warrington과 Weiskrantz(1970)의 연구결과

출처 : Figure created by Roediger (1990). In Warrington, E. K., & Weiskrantz, L. (1970). Amnesic syndrome: Consolidation or retrieval? *Nature*, 228, p. 630. Copyright ⓒ 1970, Nature Publishing Group. Reprinted with permission.

어 있을 것이라 본다. 두 가지 과제에서 수행의 해리 현상은 서로 다른 방식으로 작동하는 두 가지 기억 체계를 반영하는 것이라 생각할 수 있다.

두 번째 가능성은 두 종류의 기억 과제에 공통적인 기억 체계가 개입하지만, 두 과제가 요구하는 인지 절차가 다르다는 것이다(Roediger, 1990). 이 제안과 일치하는 한 가지 생각은 대부분의 암묵기억 과제에서는 지각적(perceptual) 처리가 요구되며(감각 정보를 의미 있게 해석하기), 또한 외현기억 과제에서는 개념적(conceptual) 처리가 요구된다(달리 말하면 기억과 지식 바탕 속의 정보를 이끌어 내어야 함)는 것이다. 이 견해로 본다면 두 종류의 과제에서 요구되는 처리의 유형이 해리 현상을 설명해 준다. 이 두 접근법이 조정될 수 있는지에 관해서는 많은 논쟁이 집중되었다(Schacter, 1989; Whittlesea & Price, 2001). 본질적으로 이 논쟁은 기억에 다중적이고 서로 구분되는 기억 체계가 있는지, 각자가 서로 다른 원리로 작동하거나 또는 서로 다른 종류의 처리를 지원하는 하나의 기억 체계로 되어 있는지에 관한 것이다.

서술기억 대 절차기억

LTM의 하위분류에 관한 또 다른 제안이 있는데, 이는 서술기억(declarative memory)과 절차기억(procedural memory)의 분류에 관한 것이다. 서술기억에는 지식, 사실, 정보, 생각들이 포함된다. 기본적으로 단어, 그림 또는 상징으로 묘사할 수 있고 회상될 수 있는 모든 것이다. 이와는 대조적으로 절차기억에는 행위와 행위의 계열에 관한 정보가 들어 있다. Sun, Merrill과 Peterson(2001)은 서술기억은 외현적으로 표상되며 의식적으로 접근할 수 있는 반면, 절차기억은 암묵적으로 표상되어 있고 따라서 아마도 의식적으로 접근 불가능할 것이라고 두 가지를 어느 정도 다르게 구분하였다.

예를 들어 자전거를 타거나, 수영을 하거나, 또는 골프채를 휘두를 때 여러분은 절차기억을 이끌어 내고 있는 것이라 생각할 수 있다. 또 다른 절차기억의 한 예가 있다. 요즘은 거의 대부분의 전화기가 전화를 걸 때 번호를 누르는 단추판으로 되어 있다. 필자는 이 단추판에서 찍어가는 일련의 움직임으로만 '알고' 있는 번호가 많이 있다. 만일 누군가 필자에게 이 번호 중의 하나를 묻는다면(그 정보를 말로 표현하라고 요구하는 과제) 나는 우선 당황할 것이다. 그리고 나서 상상의 단추판에서 '전화 걸기'를 시작할 것이고, 그러면서 내 손가락이 움직이는 모양을 바라보면서 내 손가락 움직임에 근거하여 전화 번호를 '읽어내기' 할 것이다. 이때 나의 전화번호에 관한 지식은 절차적이며 서술적이 아니다. 번호를 물어보았을 때 나는 그 지식을 말로 옮기는 것으로 쉽지 않지만 수행할 수는 있다. 또 다른 절차기억의 예는 신발끈 묶기, 자전거 타기, 기타 연주, 또는 자동차의 기어 바꾸기 등에 관한 지식이 될 것이다. 서술기억과 절차기억에 관한 이러한 구분은 현재 미국의 대통령이 누구인지에 대한 기억이 특정 댄스 스텝을 어떻게 밟는지에 관한 지식과 어떻게 질적으로 다른지를 설명하는 데 도움이 될 수 있다.

처리수준 견해

기억에 관한 양상 접근법(modal approach)에서는 기억의 여러 유형을 감각기억, STM, 그리고 LTM 저장소 같은 것으로 구분하고 있다. 많은 인지심리학자들은 이러한 구성요소에서 이루어지는 정보처리가 서로 다르다고 보며, 저장하는 정보도 다르고, 정보 보유 시간도 다르다고 본다. 주어진 어떤 시점에서 사용되는 구성요소는 주로 그 정보가 얼마나 오래 저장되느냐에 따라 다르다고 본다.

이 양상 접근법은 그러나 보편적이라고 받아들여지는 것은 아니다. 일부 심리학자들은 기억 저장소는 단지 하나의 유형만 있을 뿐이라고 주장하며(Melton, 1963), 다만 그 저장소에서 일어나는 정보처리의 종류가 다른 것이라고 한다. 또 다른 심리학자들은 이 주제를 양상 접근법에서 묘사하는 STM 같은 특정 유형의 기억 저장소를 다루는 방식으로 다룬다.

Crowder(1993)를 예로 들자면 그는 실험 결과 중 많은 발견이 STM에 대한 양상 모형과는 일치하지 않는다는 사실을 지적한다. 한 가지 예만 들어보자. 만일 대학생들에게 회상할 수 있는 만큼 미국 대통령 이름을 모두 말해 보라고 한다면 그림 6.3과 같은 곡선을 얻을 수 있을 것이다. 여기서 전반적인 모양은 전형적인 계열 위치 곡선과 아주 비슷해 보인다는 사실에 주목하라. 초두 효과와 최신 효과를 모두 보이고 있다. 하지만 최신 효과의 존재가 가장 최신의 대통령을 회상해 내는 데 STM에서 이끌어 내서 그런 것이라 볼 수는 없다. 최신 효과의 크기가 일반적으로 발견되는 경우보다 더 크게 나타난다고 주장하거나(Healy &

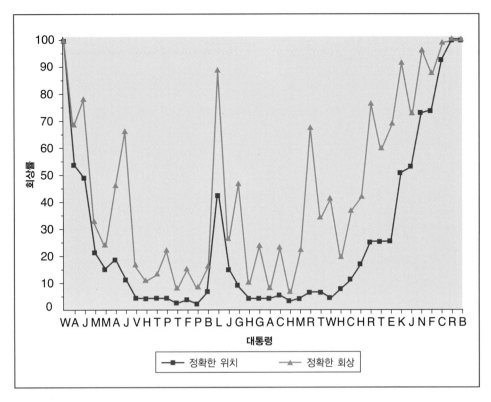

그림 6.3 원래 위치에 따라 본 미국 대통령 이름의 회상

출처 : Crowder, R. G. (1993). Short-term memory: Where do we stand? 21, p. 143. Copyright ⓒ 1993, Psychonomic Society Inc. Reprinted with permission.

McNamara, 1996) 또는 STM에 관한 고전적인 개념이 이러한 결과들을 설명하는 데 확장되고 정교화될 수 있다고 주장하고 싶겠지만(Shiffrin, 1993), 이러한 결과들을 설명하는 데 있어서 양상 모형이 기억 작동 방식에 대한 설명에서 살아남을 수 있는 단 한 가지가 될 수는 없다는 사실은 인정하여야 할 것이다.

기억에 대한 양상 견해에 대한 한 가지 대안이 기억의 처리수준 이론(levels-of-processing theory of memory)이다. 이 모형에서는 기억을 재료가 얼마나 오래 저장되어 있는가 또는 유지되는 기억 재료의 종류에 따라 다르다고 보는 것이 아니고, 기억해야 할 정보가 처음에 어떻게 부호화되느냐에 따르는 것이라 생각한다(Craik & Lockhart, 1972). 곧, 처리수준 접근에서는 서로 다른 기억 저장소(STM과 LTM 같은)를 설정하지 않고 그보다는 사람들이 정보를 부호화할 때 수행하는 인지처리의 종류에 대해 설정한다.

기본적인 가정은 정보의 보유와 부호는 부호화할 때에 행해지는 지각적 분석의 종류에 따른다는 것이다. 어떤 종류의 처리, 곧 표면적이고 '얕은' 수준에서 이루어지는 처리는 잘 보유되지 않는다. 다른 종류의 '깊은'(더 의미 있거나 의미론적인) 처리가 보유를 증진시킨다. 처리수준 견해에 따르면 기억 증진은 되뇌기와 반복에서 생기는 것이 아니라 재료에 대한 더 깊은 분석에서 이루어진다.

　Craik와 Tulving(1975)은 전형적인 처리수준 연구를 하였다. 참가자들에게 특정 단어에 대한 일련의 질문을 제시하였다. 각 단어는 질문이 먼저 나오고 제시되었으며, 참가자들은 가능한 한 빨리 그 질문에 답하도록 하였다. 기억이나 학습에 대해서는 언급하지 않았다. 참가자들의 목적과 일치하지 않는 이러한 학습을 우연 학습(incidental learning)이라 부른다.

　한 실험에서는 세 종류의 질문을 사용하였다. 한 종류는 참가자들에게 그 단어가 대문자로 인쇄되어 있는지를 묻는 것이었다. 다른 질문에서는 표적 단어가 다른 단어와 각운이 같은지를 물었다. 세 번째 질문은 그 단어가 특정 문장에 잘 들어맞는지를 묻는 것이었다 [예 : "소녀는 ____을 식탁 위에 놓았다(The girl placed the ____ on the table)."] 세 종류의 질문은 처리 종류를 다르게 유도하기 위한 것이었다. 처음 종류의 질문에 답하기 위해서는 단지 글꼴만 보면 된다(물리적 처리). 둘째 질문 유형에는 단어를 읽고 그 단어가 소리 나는 방식을 생각하면 된다(청각적 처리). 셋째 질문에 답하려면 그 단어의 의미를 인출하고 평가하여야 한다(의미적 처리). 이러한 처리의 '깊이'는 아마도 세 번째 종류의 질문에서 가장 크게 요구될 것이고 첫째 질문에서 가장 덜 요구될 것이다.

　예언한 대로 Craik와 Tulving(1975)은 이후 깜짝 기억 검사에서 의미적으로 처리된 단어가 가장 잘 기억되었으며, 그다음이 청각처리 단어임을 발견하였다. 하지만 이 실험은 또 다른 방식으로 설명될 수도 있다. 참가자들이 대문자인지에 관한 질문에 대해서보다 문장 완성 질문에 대해서 더 많은 시간을 보냈을 수도 있다. 이 대안적 설명에 대한 답으로 연구자들은 물리적 처리가 늦추어지게 하는 경우에도(참가자들에게 "이 단어가 자음-모음-자음-모음-자음-모음의 패턴을 따르고 있는가?"를 묻는다) 기억은 더 깊은 처리를 한 정보에 대해서 가장 잘 되었음을 보여주었다.

　처음에 Craik와 Tulving(1975)은 처리의 깊이를 의미처리의 정도와 같이 보았다. 하지만 얼굴에 대한 기억을 연구하였던 Bower와 Karlin(1974)이 이와 비슷한 결과를 비언어적 자극에서도 발견하였다. '정직성'으로 얼굴을 평정하였던 참가자들은 성에 따라 얼굴을 평정하였던 이들보다 더 나은 기억을 보여주었다. 이 접근법에서의 한 가지 문제는 수준을 정의하는 것이 무엇인지를 꼭 집어 말할 수 없으며, '깊이'를 만드는 것은 또 무엇인가 분명히 말할 수 없다는 점에 있다(Baddeley, 1978).

　예를 들어 Craik와 Tulving(1975)은 처음에 했던 과제에서 '의미충만성(meaningfulness)'이 더 나은 보유를 설명할 수 있는 단 한 가지 요인은 아니라는 사실을 발견하였다. 단어가 문장에 맞는지 결정해야 했던 참가자들은 단순 문장[예 : "그녀는 ____을 요리하였다(She cooked the ____.")]에 대해서는 복잡한 문장[(예 : "커다란 새가 내려 앉아서 몸부림 치는 ____을 낚아채었다(The great bird swooped down and carried off the struggling ____.").]에 비해 회상이 저조하였다. 따라서 Craik와 Tulving은 처리수준이라는 생각을 확장하여 학습 재료의 정교화도 회상에 도움이 된다고 주장하였다. 아마도 두 번째의 좀 더 복잡한 문장이 더 풍부한 생각들을 마음에 떠올리게 하는 것으로 보였다. 문장 그 자체에 내재된 명제가 첫 번째 문장(여성이 있고, 그녀는 무언가를 요리한다)에 비해 두 번째 문장에 더 많았다(새가 있고, 그 새는 매우 크고, 그 새가 내려 앉았으며, 그 새가 무언가를 낚아챘다). 표적 단어와 맥락과의 관계가 더 자세하게 명세화된 문장들이 특히 그 표적 단어를 회상해 내는 확률을 높이는 것으로 밝혀졌다(Stein & Bransford, 1979).

Craik와 Lockhart(1972)는 기억을 연속적인 과정으로 "감각 분석의 일시적인 산물에서부터 상당히 견고한 의미적 작용의 산물까지"(p. 676) 이어진다고 보았다. 이 견해로는 기억이 다른 인지 체계와 아주 멋지게 연결된다. 예를 들어 제4장에서 개관한 양분 청취 과제 연구를 떠올려 보자. 주의를 기울이지 않은 통로에서 온 재료는 과제를 끝낸 후에 기억되지 않는 것이 전형적이다. 처리수준 접근법으로 이 결과를 설명할 수 있는데, 의미 분석이 되지 않았던 재료는 단지 '얕은' 처리만 받는 것이며, 따라서 보유도 좋지 않은 결과를 가져온다.

Baddeley(1978)는 처리수준 접근법에 대해 철저한 비판을 제기하였다. 우선 그는 처리의 깊이(depth of processing)라는 개념에 대한 더 정확하고 독립적인 정의 없이는 이 이론의 유용성이 아주 한정되어 버린다고 주장하였다. 둘째, 그는 특정 조건에서 의미적이라기보다는 청각적으로 처리되는 정보가 더 잘 회상된다는 것을 보여주는 연구들을 개관하였다. 마지막으로 그는 기억에 관한 양식적인 견해로 처리수준에 대한 전형적인 결과들을 설명하는 방식들을 서술하였다.

그렇지만 처리수준 접근법은 기억 연구자들의 사고 방식의 방향을 다시 정리하는 데 도움이 되어, 재료가 부호화되는 방식(way)의 중요성에 주의를 기울이게 되었다. 이 접근법은 인지심리학자들로 하여금 사람들이 학습 과제에 접근하는 방식에 대해 생각해 보도록 하였다. 한 항목에 다른 정보 조각들(인출 단서와 같은)과의 더 많은 '연결'이 있으면 있을수록 기억하기가 더 쉬울 것이며, 이는 앞서 논의하였던 부호화 특수성이라는 생각과 멋지게 맞아떨어진다. 또한 이 개념 틀이 최근까지도 연구에 영감을 주고 있다(예 : Rose, Myerson, Roediger, & Hale, 2010).

심리학자들로 하여금 부호화가 제시되는 재료의 유형에 따라 어떻게 변화하는지에 대해 주의를 기울이게 한 다른 기억 연구들도 있다. 예를 들어 정보의 어떤 측면은 그리 노력을 하지 않고서도 또는 의도 없이도 부호화되는 것으로 보인다. 발생 빈도가 이러한 측면 중의 하나다(Hasher & Zacks, 1984). 예컨대 만일 여러분이 영화광이라면 영화를 엄청나게 보았을 것이며, 어떤 것은 한 번 이상 보았을 것이다. 특정 영화를 몇 번이나 보았는지를 추적해 보지는 않았어도 그중 어떤 영화는 다른 것보다 더 자주 보았다는 느낌은 분명하게 가질 수 있다. 이런 느낌이 정확할 것이라는 확률은 상당히 높다. Hasher와 Zacks에 따르면 여러분의 그 인상은 자동적 부호화(automatic encoding)의 한 예라고 설명한다. 발생 빈도와 같은 경험의 어떤 측면에는 특수한 표상이 있으며, 노력이나 의도 없이도 기억에서 추적되는 것이다.

여러 실험실에서 해온 또 다른 연구에서는 소위 기억의 단일 모형이라는 것을 설명하고자 하는데, 이는 단기기억과 장기기억의 상이한 과정을 상정하는 것이 아니다. Craik와 Tulving과 마찬가지로 James Nairne(2002)이라는 심리학자는 단기기억과 장기기억을 따로 구분하는 주장에 반대한다. 몇 초 후에 회상하는 기억과 몇 년 후의 회상기억이 무엇이 다른가 하면 Nairne 생각에는 효과적인 인출 단서가 다른 것이다. 따라서 부호화 과정을 강조했던 Craik와 Tulving과는 달리 Nairne은 인출에 초점을 둔다.

기억의 재구성적 특성

이제까지 우리는 기억에 관한 실험실 연구에 집중해 왔다. 이러한 전통은 적어도 Ebbinghaus까지 거슬러 올라가 유래되는 것이다. 누구든 Ebbinghaus의 헌신적 연구와 기억에 관한 수많은 그의 통찰에 대해 감사하지 않을 수 없을 것이다. 하지만 한 가지 비슷한 공통적인 반응은 그의 노력이 좀 재미있다는 것이다. 결국 그의 영웅적인 연구는 '실생활'에서의 기억과는 어떤 관련성이 있는가? 무의미 음절에 대한 연구가 다가오는 중간고사를 준비하는 데, 현관 열쇠를 어디에 두었는지 기억해 내는 데, 또는 유치원 첫날의 기억을 회상하는 데 (실제 이에 관해 무언가를 우리가 기억해 낼 수 있다면) 무슨 말을 제대로 해줄 수 있겠는가?

기억에 관한 또 다른 선구적인 연구자인 Frederick Bartlett은 기억에 관한 연구에서 실험실 연구가 강조되는 것을 거부한다. Bartlett(1932)은 실세계에서는 (실험실과는 반대로) 기억은 세상사 지식과 도식(schemata) — 정보를 조직화하는 틀 — 을 주로 사용한다고 믿는다. Bartlett에 따르면 인출할 때 이 지식과 조직적 정보가 재료를 재구성하는 데 사용된다. Bartlett은 친구와 학생들에게 글상자 6.1에 있는 것과 같은 이야기를 제시하여 이를 검증하였다.

Bartlett은 순차적 재생이라는 연구 방법을 사용하였는데, 이는 참가자들에게 한 번 이상 이야기를 회상하도록 하는 방법이다. 참가자들은 그 이야기를 여러 시간 간격을 두고 회상하였는데, 길게는 몇 년까지도 이어졌다. Bartlett은 참가자들의 회상에서 어떤 정보가 기억되고 어떤 정보가 '잘못 기억'(왜곡되거나 순서가 바뀌는 등) 되는지에 관심이 있었다. 글상자 6.2에 '유령들의 전쟁'이 한 참가자에 의해 다시 이야기된 반복된 회상의 예들이 제시되었다. 이렇게 다시 이야기하기를 시켜 보면 시간이 지남에 따라서 동일한 사람의 회상도 점차 더 왜곡된다는 것을 구체적으로 알 수 있다.

Bartlett은 이 증거를 이용하여 장기기억(LTM)의 재구성적 견해를 주장하였다. 그는 참가자들이 재료를 좀 더 합리적으로 또 그들 견해에서 더 일관성 있게 만들기 위해 의도하지 않으면서도 이야기를 변형한다고 믿었다. 재미있는 것은 원래 이야기인 미국 원주민 설화를 때로 사람들의 문화적인 관습에 잘 들어맞는 방식으로 '잘못 회상'하는 경우가 잦았다. 따라서 "안개 자욱하고 조용한" 날씨는 "어둡고 비바람 치는 밤"으로 바뀌었다. 이는 서양에서 불길한 사건의 징조로 보는 날씨이다. Bartlett은 따라서 LTM을 재료가 인출될

'유령들의 전쟁' : Bartlett이 장기기억을 연구하기 위해 사용한 이야기

어느 날 밤 에굴랙 마을에 사는 청년 둘이 바다표범을 사냥하려고 강을 따라 내려왔는데, 그곳에 도착했을 때 주위는 안개가 자욱하고 고요했다. 이때 이들은 전쟁 중의 함성을 들었고, "아마도 전쟁이 일어났나보다." 하고 생각하였다. 그들은 해변으로 도망가서 통나무 뒤에 숨었다.

카누들이 다가왔고 노 젓는 소리도 들렸는데, 그중 한 카누가 그들에게 가까이 오는 것이 보였다. 그 카누에는 다섯 남자가 타고 있었고, 그들은 말했다: "어떻게 생각하시오? 우리는 당신들과 같이 가고 싶은데. 우리는 전쟁을 하려고 강을 올라가는 길이오." 한 청년이 말했다: "내겐 화살이 없소." 그들은 "화살은 카누에 있소."라고 말했다.

"나는 같이 가지 않겠소. 죽게 될지도 모르는 일이오. 친척들은 내가 어디로 갔는지도 모를 것이오. 하지만 자네는……" 하고 친구를 돌아보더니, "이들과 함께 가도 되겠지."라고 말했다. 그래서 한 청년은 가고, 다른 청년은 집으로 돌아갔다.

전사들은 강을 거슬러 올라가 칼라마 마을의 다른 쪽으로 갔다. 사람들이 물가로 내려와 싸우기 시작하였고, 많은 사람이 죽었다. 그 청년은 전사들 중 한 사람이 하는 말을 들었다: "빨리 집으로 가자. 그 인디언이 화살에 맞았어." 그러자 그는 생각했다: "아, 이들은 유령이로구나." 그는 아프지 않았지만, 그들은 그가 화살에 맞았다고 했다.

그래서 카누는 다시 에굴랙으로 돌아갔고, 청년은 해변가의 자기 집으로 가서는 불을 지폈다. 그리고 그는 모든 이들에게 "나는 유령들과 함께 갔었고, 우리는 싸우러 갔었소. 우리 편 중 많은 이들이 죽었고, 우리를 공격한 이들도 많이 죽었소. 그들은 내가 화살에 맞았다고 하는데 나는 아프지 않소."라고 이야기하였다. 그는 이 모든 이야기를 하고는 잠잠해졌다. 해가 떠오르자 그는 쓰러졌다. 무언가 검은 것이 그의 입에서 나왔다. 그의 얼굴이 일그러졌다. 사람들이 벌떡 일어나 외쳤다.

"그는 죽었다!"

때까지 변치 않고 저장되어 있는 저장소 개념을 거부하였다. 그보다 그는 기억이란 정보를 부호화하고 인출할 때 이를 '의미 있게' 만들기 위해 능동적이며 부정확한 처리를 하는 과정으로 보았다.

기억에 관한 연구에서 주요 인물인 심리학자 Ulric Neisser는 자연적인 상황에서의 기억 연구에 관한 관련 주장들을 제안하였다(1982a). Neisser는 기억에 관한 실험실 연구가 자연적인 상황에서의 기억과 꼭 관련되어야 한다는 가정에 대해서는 회의적이었다. 그보다 그는 우리 일상생활에서 기억을 사용하는 데 실험실 연구는 제한된 가치를 가지는 것이라고 믿었다. Neisser는 사람들이 자신의 과거 경험에 대한 기억을 재구성하고 사용하는 데, 그들이 일상적인 일들을 계획하고 수행하는 데 기억을 어떻게 사용하는지 등에 관한 연구들이 요구된다고 하였다. 이 단원에서 우리는 이 질문 중 일부를 살펴볼 것이다.

자서전적 기억

Marigold Linton(1982)은 이 원리를 멋지게 보여주는 연구를 하나 수행하였다. Herman

한 참가자가 회상한 '유령들의 전쟁' 이야기

이야기를 듣고 15분 후에 회상

유령들

에굴랙 근처의 강둑에 두 남자가 있었다. 그들은 노젓는 소리를 들었고, 다섯 남자가 탄 카누가 나타났고, 그들을 불러 이렇게 말했다. "우리는 사람들과 싸우러 가요. 같이 갈래요?" 그 둘 중 한 사람이 답했다. "우리 친척들은 우리가 어디에 있는지 모르고, 우리는 화살도 가지고 있지 않소." 그들이 답했다. "카누에 화살이 있소." 그래서 그 사람이 갔고, 사람들과 싸웠고, 이들이 하는 말을 들었다. "인디언이 살해되었어, 우리 돌아가자." 그래서 그는 에굴랙으로 돌아왔고, 그들에게 그가 유령들임을 알았다고 이야기하였다.

그는 에굴랙 사람들에게 말을 하였고 그들에게 그가 유령들과 싸웠으며, 양쪽에서 많은 사람이 죽었고, 그는 상처를 입었지만 아무것도 느끼지 못하겠다고 하였다. 그는 누웠고 조용해졌으며, 밤이 되자 그는 발작을 일으켰고, 무언가 검은 것이 그의 입에서 나왔다.

사람들이 말하였다. "그는 죽었다!"

2주 후에 회상:

유령들

에티추(?) 마을 근처의 강둑에 두 남자가 있었다. 그들은 시내 위에서 들려오는 노 젓는 소리를 들었고, 잠시 후에 카누가 하나 나타났다. 카누에 있던 사람이 말했다. "우리는 사람들과 싸우러 가요. 같이 갈래요?"

두 청년 중의 한 사람이 답했다. "우리 친척들은 우리가 어디 있는지 몰라요. 하지만 내 친구는 같이 갈 수 있을 거요. 게다가 우리는 화살이 없어요."

그래서 그 청년은 그들과 함께 갔고, 그들은 사람들과 싸웠고, 많은 사람들이 양편에서 죽었다. 그러고 나서 그는 소리지르는 말을 들었다. "그들은 유령이다." 그는 자신이 다쳤는지 알지 못했고, 에티추(?)에 돌아왔다. 사람들이 그를 둘러쌌고 그의 상처를 씻어주었고, 그는 유령들과 싸웠다고 말했다. 그러고 나서 그는 잠잠해졌다. 하지만 밤이 되자 그는 발작을 일으켰고, 무언가 검은 것이 그의 입에서 나왔다.

그러자 사람들이 소리쳤다. "그는 죽었다!"

Ebbinghaus와 마찬가지로 그녀는 자기 자신의 기억을 연구하였다. Ebbinghaus의 연구방법처럼 그녀의 자료수집 방법도 영웅적인 자질이 있는 것이었다. 매일매일 6년 동안(!) 그녀는 그날 일어난 두 가지(이상)의 사건을 간단히 글로 묘사해 놓았다. 매달 그녀는 자기 기억을 검사하였다.

기억 검사는 다음과 같이 진행되었다: 한 달에 한 번 축적된 사건 전체에서 반쯤 무선적으로 항목들을 인출하였다. 무선적으로 짝지어진 사건에 대한 묘사를 읽고 나서, 나는 각 항목의 연대기적 순서를 평가하고 일자를 재구성해 보고자 시도하였다. 다음으로 나는 내 기억 탐색을 간단히 분류하였는데(예 : 학교 학기, 심리학회 모임 등과 같은) 비슷한 일련의 사건들을 통해서 분류하였고, 각 항목의 현저성을 재평가하였다. 실험을 여섯 해 동안 시행하다 보니 아주 인상적인 차원이 생겨났다. 나는 5,500개 이상의 항목을 적었으며(매일 최소 두 번 이상) 11,000개의 항목(매달 150항목 정도)을 검사(또는 재검사)하였다. 항목의 생성은 하루 2~3분밖에 걸리지 않았지만 매월 하는 검사는 아주 힘든 것이어서 6~12시간 이나 걸렸다.(pp. 78-79)

Linton(1982)은 어떤 항목들은 쉽게 끄집어 낼 수 있었다. "나는 X를 처음 해보았어."(예 : 뉴욕에 갔다, 유명한 심리학자를 만났다.)라는 일은 쉽게 기억할 수 있었다. 다른 항목들은 점차 회상하기 어려워졌는데, 특히 쓰인 묘사가 유일하거나 눈에 띄는 사건을 지니고 있지 않을 경우에 더 그러했다.

이는 자서전적 기억(autobiographical memory)에 대한 고전적인 연구의 좋은 예이다. 자서전적 기억이란 기억을 하는 사람이 기억하는 사건의 일부가 되는 사건에 대한 기억을 말한다. 이 주제에 관한 연구를 시작하고 20개월 동안 Linton은 2,003개의 사건을 기록하고 3,006번의 검사를 했다(이 중 1,468번은 이전에 검사한 항목을 재검사한 것). 연구를 시작하기 전에는 Linton은 항목의 많은 것을 빨리 잊어버릴 것이라 예상하였지만 사실상 그런 일은 일어나지 않았는데, 이는 아마도 그녀가 이 사건들을 재인(회상이 아니라)하고 날짜를 기억하는 것이지, 이 사건들에 대해 상세한 질문을 하지는 않았기 때문일 것이다. 사실상 Linton의 결과는 실세계 기억이 대부분의 실험실 연구보다 훨씬 더 견고한 것임을 시사하였다.

Linton은 또한 항목들의 날짜를 기억해 내려 할 때 소리 내어 생각하기(제9장에서 논의될 연구기법)로 녹음하여 기록하였다. Linton은 그 사건에 대해 정확한 회상을 못하면서도 날짜를 기억해 내기 위해 때로는 문제해결 책략을 쓰게 된다는 것을 깨달았다. 여러분은 아마도 이러한 현상을 다음과 같은 질문에 답해 보려 하면서 다시 만들어 볼 수 있을 것이다. 여러분은 2012년 6월 28일 아침 9시 20분에 어디에 있었는가? 여러분이 처음 하는 반응은 아마도 웃으면서 그런 질문에 어떻게 답하겠느냐고 주장할 가능성이 높다. 하지만 그래도 생각을 해보라. 분명히 일종의 답변에 가까이 갈 수 있는 어떤 지점이 되는 몇 가지 '표지들'을 찾아낼 수 있을 것이다. 예를 들어 여러분은 6월은 여름이라는 데 주목할 것이다. 여러분은 그다음에 6월 28일이면 아마 목요일이었을 것이라고, 왜냐하면 어머니 생일이 6월 25일인데, 그게 월요일이었던 기억이 난다고 할 것이다. 그리고 나서 여러분은 지역 백화점에서 시간제 근무를 한 것을 기억하고 6월 28일 9시 20분이면 일을 하고 있었을 것이며, 아마도 물류 선반에 있었을 것이라 생각할 것이다. 여러분이 한 작업이 다른 표지를 가지고 찾아낸 것이라면 날짜와 시간에서 완전 잘못되었을 수도 있음에 주목해 보자. 여러분은 무엇을 하였는가를 상기해 낸 것이 아니다. 그보다는 이를 재구성한 것이다.

Linton(1982)은 또한 '회상되지 않은' 항목들에 관한 보고를 하면서 이들은 (적어도) 두 유형 중에 하나라는 것을 발견하였다. 어떤 것은 단지 회상되지 못한 것이다. 즉, 원래 보고했던 묘사가 검사할 때 아무것도 떠올리게 하지 못하였던 것이었다. 하지만 적어도 그 정도의 '잊혀진' 항목들은 비슷한 다른 기억들과 구분이 되지 않는 것들이었다.

Robinson과 Swanson(1990)은 '회상되지 않은' 항목들에 대한 Linton의 결과를 설명해 보고자 제안하였다. 이들은 비슷한 사건이 반복되면 비슷한 측면이 사건 도식을 형성하기 시작한다고 제안한다. 곧 Linton이 어떤 사건, 예컨대 자기는 이제 책의 '최종' 원고라고 믿지만 사실은 이후에도 계속 다시 쓰고 출판사에 보내는 일을 반복적으로 경험하다 보면, 여러 사건에서 있었던 특정 예들에 대한 기억 흔적이 함께 융합되고 구분할 수 없게 된다. Linton(1982) 자신도 일화기억에서 의미기억으로의 변환을 이야기한 적이 있었다.

Barsalou(1988)는 Robinson과 Swanson(1990)의 제안과 일치하는 결과를 보고하였다. 그와 공동 연구자들은 에모리대학교의 교정에서 가을 학기에 사람들을 멈추게 하고 동의하는 참가자에게 바로 앞의 여름에 그들에게 일어났던 사건에 대해 묘사하도록 부탁하였다. 특정 사건에 대해 보고하고 묘사하라는 요청을 한 경우에도 수집된 회상기억 중 21%만 그 특정 회상에 해당되는 것으로 분류되었을 뿐이었다. 그렇지만 사람들은 '요약된 사건'을 제시하려는 경향이 더 많았는데, 이는 특정 종류의 한두 사건을 언급하는 것으로, "나는 일주일 동안 매일 해변에 갔다." 같은 것이었다. 이렇게 요약된 사건이 수집된 회상기억 중 1/3 정도나 되었다. 사람들은 Barsalou가 '확장된 사건'이라 부르는 것을 보고하기도 하였는데, 이는 한 사건이 하루 이상 계속되는 것으로, "나는 장애 아동들과 함께하는 야영지에서 일했다." 같은 것이었다. Barsalou와 동료들이 특정 사건에 대한 회상만을 불러일으키려고 초점을 맞추어 보아도 참가자들은 확장된 또는 요약된 사건을 보고하는 경향이 있었다.

Brewer(1988)는 일상적인 사건들에 대한 회상을 연구하는 데 조금 다른 방법론적 접근을 하였다. 그는 8명의 아주 협조적인 학부생들을 찾아내어 꽤 힘든 몇 주간의 실험에 참여해 달라고 하였다. 자료 수집 기간 동안 참가자들은 평균 2시간마다 무선적으로 울리게 만든 삐삐를 몸에 차고 다니게 하였다. 삐삐가 울리면 참가자들은 그때 일어나고 있는 사건에 관한 정보를 카드에 적어 넣도록 하였다. 특히 참가자들이 보고해야 하는 것은 그들의 시간과 장소, 행위, 생각들이었고, 평가 척도에서 점수를 매기도록 하였다(이런 종류의 사건이 얼마나 자주 일어나는 것인지, 그 사건이 얼마나 유쾌한 것인지, 그리고 그 사건이 얼마나 중요하거나 사소한 것인지에 관한 평가 점수). 다행스럽게도 참가자들은 이렇게 자세한 설명을 적지 않고, '개인적'이라는 단어를 카드에 적어 넣을 수도 있었는데, 만일 그들이 하고 있었던 행위가 어떤 이유에서든 보고하고 싶지 않을 경우에 해당되었다. Brewer는 대부분의 참가자들이 이러한 선택지를 적어도 가끔씩은 선택하였음에 주목하였는데, 이에 따라 데이트나 파티와 같은 종류의 특정 사건이 체계적으로 누락되었음은 의심할 여지가 없다.

Brewer의 주장에 따르면 이러한 연구방법은 Linton의 방법에 비해 몇 가지 이점이 있었다. 분명한 것은 이 방법은 실험자를 참가자와 떼어 놓았는데, 이는 방법론적으로 많은 이

점이 있었다. 더 중요한 점은 Brewer 주장으로는 Linton이 매일매일 가장 '기억할 만한' 사건들을 적어 내려갔으며, 이는 기억해야 할 항목들을 편파시키는 경향이 있었다는 것이다. Brewer는 Linton의 기법을 참가자가 실험실에서 매일 수백 개의 단어를 제시받고 매일 그중 한 단어를 선택하여 나중에 검사하게 하는 것과 마찬가지라고 비유하였다. 이러한 기법들과 비교하고자 Brewer는 참가자들에게 매일 가장 기억할 만한 사건이 무엇인지 기록하도록 하였다.

사진 6.1 대학 때문에 떠난 후 처음 귀향해서 맞는 추수감사절에 대한 기억은 특히 잘 기억된다.

Brewer(1988)는 나중에 참가자들이 카드에 적어 놓은 사건들에 대한 회상을 검사하였다. 각 참가자들은 세 번 검사를 받았다. 한 번은 자료 수집 기간이 끝나고 난 다음, 한 번은 21.2개월 이후에, 또 한 번은 자료 수집 41.2개월 이후. 검사 항목은 참가자들이 애초 묘사하였던 모든 항목 중에서 무선적으로 선택한 것이었다.

Brewer(1988)는 사건의 60% 이상을 재인한 참가자들이 전반적 기억을 아주 잘 보유하고 있다고 보고하였다. 행위에 대한 기억이 생각에 대한 것보다 나았으며, 삐삐 소리로 무선적으로 보고한 사건보다 '기억할 만한' 사건에 대한 기억이 더 나았다. Brewer는 독특하거나 희귀한 장소에서 일어난 사건이 자주 가는 장소에서 일어난 사건보다 더 잘 기억된다는 것을 발견하였는데, 이는 Linton(1975, 1982)의 결과와 일치하는 것이다. 이와 비슷하게 자주 하지 않는 행위가 자주 하는 행위보다 회상될 가능성이 더 높았다. 재미있는 것은 Brewer의 실험 기간 중에 추수감사절이 있었던 것이다. 이 짧은 휴가 동안의 기억은 특히 잘 기억되었다. Brewer는 그 이유를 이러한 여행은 참가자들이 대학에서 집으로 가는 첫 번째 여행이었기 때문이었다고 주장하였다(참가자들은 모두 대학 1학년생들이었다). 이러한 여행은 아주 특별한 것이라고 그는 생각했는데, 특히 방학 전후에 있었던 의례적인 학교 생활로 교실에 가거나 공부하기 같은 것에 비하면 더욱 특별했다. Brewer는 어떤 사건에 대한 심적 표상이 특별하면 할수록 회상될 가능성이 더 높다고 결론지었는데, 이는 Linton이 이른 결론과 비슷한 것이다.

요약하면 Brewer(1988)는 자서전적인 기억은 실험실 연구에서 보였던 현상들을 많이 보이고는 있지만 중요한 점에서 차이도 있다고 결론지었다. 명시적인 회상 오류는 거의 보이지 않는데, 이에 대해 Brewer는 "개인적 기억은 개인의 원래 현상적 경험에 대한 상당히 정확한 복사본이다."(p. 87)라고 해석하였다.

섬광기억

2001년 9월 11일, 세계무역센터가 테러리스트의 공격을 받았다는 것을 알게 되었을 때 여러분은 어디에 있었는가? 우리 중 많은 이들이 비극적 재난 그 자체뿐만 아니라 그때 우리가 어디에 있었고, 처음 그 이야기를 들었을 때 무엇을 하고 있었는지를 기억할 수 있다. 예를 들어 필자는 우리 동네의 커피전문점인 'Goodbye, Blue Monday'에서 줄을 서 있었다. 필자는 방금 머리 손질을 마치고 그날 해야 할 모든 일에 대해서 생각을 하고 있는데, 분홍색 원피스를 입은 내 뒤에 있던 여인이 내게 그 소식을 들었느냐고 물었다. 차에 가서 필자는 라디오를 틀었고, 컴퓨터로 인터넷에서 소식을 살펴보고자 학교로 서둘러 갔다. 그날 대부분의 시간을 라디오를 듣고, 인터넷에서 소식을 살피고 다녔으며, 동료들과 질린 목소리로 이야기를 나누었다. 그날 저녁 8살짜리 아들을 데리고 학교에 있는 추모의 장소에 갔다. 그날은 내 기억 속에 영원히 새겨진 것 같다.

    R. Brown과 Kulick(1977)은 섬광기억(flashbulb memory)이라는 말을 만들어 이런 현상을 묘사하였다. 다른 예로는 여러분의 부모나 친척들이 모여 예전에 존 F. 케네디나 마틴 루터 킹 주니어가 암살당했다는 소식을 들었을 때 그들이 무얼 하고 있었는지에 대해 기억해 내는 것을 들어보는 것이다. 최근 한 연구에서 덴마크의 제2차 세계대전 참전군인들에게서 덴마크의 침입과 해방에 관한 섬광기억을 조사하여 보고하였다(Berntsen & Thomsen, 2005). 이런 사건들이 지닌 역사적 중요성과 놀라운 특성을 고려한다면, 대부분이 이런 사건들을 충분히 경험하고 기억하고 있다는 것은 당연해 보인다. 그렇지만 왜 우리는 우리가 처음 그 소식을 접한 상황을 그리 세부적인 것까지 기억하는 것일까? 어떤 이들은 이 현상을 일부 설명해 주는 것은 우리가 그런 소식을 들었을 때의 생리적인 반응이라고 한다. 정서적 반응에 관여하는 뇌의 일부가 활성화되고, 이러한 활성화의 인지적 효과로 주요 정보와 간접적으로만 관련된 것까지 많은 정보를 저장할 수 있게 된다는 것이다(R. Brown & Kulik, 1977). 예를 들어 Pillemer(1984)는 레이건 대통령의 암살 시도에 관한 소식에 더욱 강한 정서적 반응을 보고한 사람일수록 그 사건에 대해 더 강하고 따라서 더 자세한 섬광기억을 가지고 있다는 것을 발견하였다.

    Neisser(1982b)는 섬광기억이 생기는 원인에 대해 좀 다른

사진 6.2 9/11 사건을 이해하는 사람들이라면 대부분 그 뉴스를 언제 어디서 알게 되었는지를 오래 기억한다.

설명을 제시하였다. 사람들은 그 자신을 역사와 연관시키려는 방법을 찾고 있다. 섬광기억은 그 사건에 의해 일어난 강력한 정서가 사람들에게 그 소식을 들었을 때는 언제고 자신이 어디에 있었는지에 대해 자기 자신의 이야기를 다시 말하도록 점화시키면서 생겨난다는 것이다. 따라서 섬광기억은 그 이야기를 다시 말함으로써 생기는 것이다. 시간이 지나면서 기억은 왜곡될 수 있는데, 이는 Bartlett(1932) 연구에서 참가자들이 '유령들의 전쟁' 이야기를 다시 말하면서 왜곡시킨 것과 같은 방식이다. 사람들은 그들의 이야기에서 간극을 메우고 정교화하여, 이야기를 표준적인 이야기 형식에 가깝게 만든다.

Stephen Schmidt(2004)는 9/11에 대한 사람들의 섬광기억을 연구한 결과를 제시하였다. 그가 재직하는 대학 학생들에게 바로 그다음 날짜(2001년 9월 12일)에 시작하여 9/11 사건에 대한 회상을 하여 조사지를 채우도록 하였다. 이 학생들은 2개월 후에 다시 조사에 답하였다. 이런 방식으로 Schmidt는 2개월 걸쳐 계속 상기한 것을 비교할 수 있었다. 참가자들 대부분은 기본적인 '섬광' 정보를 보고할 수 있었다. 그들에게 9/11을 이야기해 준 이가 누구였는지, 그 소식을 처음 들었을 때 어디에 있었는지, 처음 들었을 때 무엇을 하고 있었는지, 어떤 옷을 입고 있었는지, 날씨는 어떠했는지 등. 학생들은 Schmidt가 '중심적'이라 불렀던 질문에 대한 답변은 상당히 일관성이 있었는데, 예를 들어 위에서 제시된 것 중 앞의 세 가지가 중심적인 질문이었고, '말초적'인 질문에 대해서는 일관성이 적었는데, 예를 들어 그때 어떤 옷을 입고 있었는지 같은 것이었다. 하지만 예언과는 반대로 처음에 9/11에 대한 정서적 반응을 가장 강하게 보고한 참가자들이 기억에서 가장 큰 손상을 보여주었음을 Schmidt는 발견하였다. 흥미로운 점은 Daniel Greenberg(2004)는 뉴스 보고의 분석에서 조지 W. 부시가 그날의 사건에 대한 그 자신의 섬광기억에서 상당한 정도로 부정확하였음을 보여준 것이다. 9/11 당시 대통령으로서 그의 반응은 극도로 정서적인 것이었을 것이라는 점은 틀림이 없을 것이다.

섬광기억이 다른 기억과 다른 종류인지에 대한 문제에 대해서는 이제껏 논쟁이 많았다(예 : N.J. Cohen, McCloskey, & Wible, 1993; McCloskey, Wible, & Cohen, 1988; Pillemer, 1990). 일례로 McCloskey는 섬광기억 중 일부는 정확하지 않으며 섬광기억에서 드러나는 망각과 왜곡은 일상적 기억에 관한 전통적 연구의 기반에서 예측할 수 있다는 증거를 찾아냈다.

Weaver(1993)는 섬광기억에 관련된 시의적절한 연구를 보고하였다. 1991년 1월, Weaver는 심리학 고급과정을 수강하는 학생들에게 그들의 룸메이트(또는 혼자 사는 경우 다른 친구)와 가질 바로 다음의 만남을 자세히 기억해 줄 것을 부탁하였다. 특히 학생들에게 그 만남에서 '주변 환경의 모든 것'을 가능하면 잘 기억해 달라고 부탁하였다(기억해야 할 종류들을 따로 예로 들어 주지는 않고). Weaver의 의도는 이러한 의례적인 만남에서 형성되는 기억이 섬광기억과 비슷한 방식으로 기능하는지를 보려고 하는 것이었고, 그래서 그는 그 만남 이후에 가능한 한 얼른 봉인된 질문지를 주어 채워 넣도록 하였다.

이런 작업을 하고 있는 중에 첫 번째 부시 대통령이 페르시아만 전쟁으로 이라크에 대한 첫 번째 공격을 발표하였다. 예상하고 있던 일이라 그리 무시무시한 놀람은 아니었지만 이는 엄청난 결과를 몰고 오는 사건이었고, 특히 친구나 친척이 포함된 이들에게는 특히 그러했다. 따라서 이 사건은 섬광기억이 형성될 수 있는 사건 중의 하나일 것으로 보였다. Weaver는 재빠르게 반응하여 부시의 발표 청취에 관한 기억을 질문에 끼워 넣었다. 학생들은 이 두 번째 질문지를 2일 후에 채워 넣었다. Weaver(1993)는 이 두 가지(이라크 폭격과 룸메이트/친구와의 만남)에 관한 비슷한 질문지로 학생들의 기억을 1991년 4월(원래 사건에서 3개월 이후)과 1992년 1월(원래 사건에서 1년 이후에) 조사하였다.

Weaver(1993)는 두 기억에서의 정확도에는 거의 차이가 없음을 발견하였다(1991년 묘사와 두 번의 이후 묘사 사이의 일치성 정도로 측정하였을 때). Weaver는 두 가지 기억의 정확도는 Ebbinghouse 같은 방식으로 떨어진다고 보고하였다. 3개월 후에는 정확도가 떨어졌지만 3개월에서 12개월까지는 비교적 변화가 없었다. 다른 점이 있다면 학생들의 기억에 관한 확신도에서 차이가 났다. 학생들은 페르시아만 폭격에 대한 그들의 기억에 대해 친구나 룸메이트를 만난 기억보다는 더 확신을 가지고 있었다. 하지만 확신성이 높아진 것이 정확성도 높다고 볼 수는 없었다.

Weaver(1993)는 섬광기억을 형성하는 '섬광'이란 없다고 결론지었다. 특정 만남이나 사건을 기억하려는 의도를 가지고 있으면 이에 관한 기억을 형성하기에 충분하다. '섬광'이란 우리 기억에 관한 확신도에 영향을 미칠 뿐이다. 섬광기억을 특수하게 만드는 것은 부분적으로 '이들 기억의 정확도에 자리잡은 부당한 확신감'이라고 그는 주장한다(p. 45). 이 마지막 주장은 모순적인 것 같지만 아마도 인지심리학자는 다음과 같은 또 다른 Weaver의 결론에 대해서는 동의하지 않을 수 없을 것이다. "분명하고 흥미로운 이유로 특수한 사건에 대한 섬광기억은 앞으로도 계속 연구될 것이다. 이는 드물고, 독특하고, 그리고 보편적인 것이다."(p. 45). 하지만 Weaver와 또 다른 이들은 섬광기억이 특수한 기억 기제에 의존한다는 생각은 거부한다.

목격자 기억

여러분이 강도/살인 사건에 할당된 배심원이라 상상해 보라. 피고인인 젊은이는 밤 11시경 편의점 점원을 총격을 가하여 살인하고 절도를 한 혐의를 받고 있다. 물리적인 증거(지문이나 섬유 샘플 등)로 피고인을 그 범죄와 연결할 것은 전혀 없다. 대신에 이 사건은 문제가 되는 그날 밤에 편의점 고객 한 사람이 보았다고 주장하는 증언에 의거하고 있다. 교차 검토를 통하여 피고측 변호인은 그때 조명이 좋지 않았으며, 강도가 얼굴에 스타킹을 뒤집어 쓰고 있었으며, 고객이었던 증인은 강도의 얼굴보다 총에 더 주의를 기울이고 있었다는 사실에 증인의 동의를 얻어내었다. 그렇지만 증인은 피고인이 그날 점원을 살인하고 강도를 저지른 바로 그 사람이라고 확신하고 있었다.

목격자 증언은 피고인의 유죄를 얼마나 확신해 줄 수 있는가? 인지심리학자로서 목격자 기억(eyewitness memory)에 관한 연구를 전공으로 연구하는 Elizabeth Loftus는 증언은 행동에 대해 편파적인 효과를 미칠 수 있다고 주장하였다. 그녀는 "목격자 증언은 배심원들이 믿을 가능성이 높은데, 특히 확신을 가지고 제공될 때는 더욱 그러하다."고 하면서 확신을 가진 증인도 부정확할 수 있다고 하였다. 사실상 그는 "생존자 한 사람이 증언석에 자리잡고 피고인을 손가락으로 가리키며 '저 사람입니다'라고 말하는 것 외에는 확신할 만한 것이 거의 아무것도 없는 경우에도 모든 증거가 결론을 가리키는 것이다(1979, p. 19)."라고 믿었다. 그렇지만 Loftus가 개관한 몇 가지 연구에서는 목격자 증언의 확신성은 그렇게 강할 수는 없음을 시사한다.

사진 6.3   목격자 증언은 배심원들의 판단에 극적인 영향을 미치지만 연구결과로 보면 이는 항상 정확하지 않음이 시사된다.

　예를 들어 한 연구에서 참가자들에게 (조작된) 자동차 사고를 묘사하는 일련의 슬라이드를 보여주었다. 보행자를 치는 사고가 일어나기 전에 빨간 닷선 자동차가 사고현장에 들어올 때 있었던 신호가 (참가자 반에게는) 정지 신호이거나 (나머지 반에게는) 양보 신호였다. 실험 조작은 슬라이드 제시 이후에 한 질문으로 시행되었다. 참가자들 반에게 (정지 신호를 본 사람들 중 반, 양보 신호를 본 사람들 중 반), "빨간 닷선이 정지 신호에 정지하려 했을 때 다른 차가 그 차를 지나쳐 갔는가?"라고 물었다. 나머지 반의 참가자에게는 "빨간 닷선이 양보 신호에 정지하려 했을 때 다른 차가 그 차를 지나쳐 갔는가?"라고 물었다. 이런 질문과 또 다른 의례적인 질문 후에 참가자들에게 20분 동안 관련 없는 다른 활동을 하도록 하였다. 그러고 나서 몇 개의 슬라이드에 재인 검사를 실시하였다. 검사에는 닷선이 '정지(stop)' 신호 앞에서 정지하는 슬라이드와 '양보(yield)' 신호 앞에서 정지하는 슬라이드, 결정적인 두 쌍이 제시되었다. 참가자들에게 두 슬라이드 중 어떤 것이 원래 본 것인지 판단하도록 하였다. 원래 보았던 것과 일치하는 질문을 받았던 이들(예 : 양보 신호가 아니라 정지 신호가 있었던 슬라이드를 보고 정지 신호에 대한 질문을 받은 경우)은 전체 75%의 정확도로 슬라이드를 정확히 재인하였다. 반면에 불일치하는 질문을 받은 참가자들은 전체 정확도가 41%에 불과하였는데, 이는 단지 우연에 의한 정확도가 50%일 것이라는 점에 비추어 본다면 극적인 감소라 볼 수 있다.

　Loftus(1975)의 다른 연구들에서는 사람들의 기억이 유도 질문에 의해 분명히 바뀔 수 있음을 보여주었다. 이를테면 참가자들에게 동영상을 보여주고 나중에 질문으로, "하얀색 스포츠카가 벌판의 도로를 따라 여행하면서 그 창고를 지나쳤을 때 얼마나 빠른 속도로 달리고 있었는가?"라고 물었다. 다른 참가자들에게는 단지 "하얀색 스포츠카가 벌판의 도로를 따라 여행하면서 얼마나 빠른 속도로 달리고 있었는가?"라고 물었다. 사실상 영상에 창고는 없었다. 두 번째 질문 조건에서 창고를 보았다고 한 참가자들은 3% 이하였지만, 유도 질문을 받은 참가자 중에서는 17%가 창고를 보았다고 보고하였다. Lane, Mather, Villa,

그리고 Morita(2001)는 범죄 장면이 나오는 동영상을 보면서 세부사항에 집중하여 보았던 '증인' 역할의 실험 참가자들은 같은 범죄 동영상을 보면서 범죄의 주요 측면을 요약하기만 한 '증인' 역할의 참가자들에 비해 자신의 증언 내용과 질문에서 제시된 정보를 더 많이 혼동한다는 사실을 발견하였다.

'기억의 유연성(memory malleability)'은 문장 회상에 관한 실험실 연구와 일치된다. 두 가지는 모두 Bartlett의 구성적 과정으로서의 기억이라는 개념을 지지한다. Bransford, Barclay와 Franks(1971)의 고전적인 연구가 이 아이디어를 잘 보여준다. 이들은 참가자들에게 일련의 문장을 보여주었는데, 문장은 모두 네 가지 기본 문장에서 나온 것이었다. "개미가 부엌에 있다.", "젤리가 식탁 위에 있다.", "젤리는 달콤하다.", 그리고 "개미가 젤리를 먹었다."라는 문장이다. 참가자들이 본 문장 중에는 2개의 선행문장이 포함되어 2개의 단순 문장이 조합된 문장(예 : "달콤한 젤리가 식탁 위에 있다.")과 3개의 단순문이 조합된 문장(예 : "개미가 식탁 위의 달콤한 젤리를 먹었다.")이 있었다. 재인 검사에서 참가자들은 각 문장이 제시되었던 것인지, 바로 그 문장을 본 것인지, 얼마나 확신을 하는지를 평가하도록 하였다. 이들은 단순문 네 가지 모두를 조합한 문장("부엌에 있는 개미가 식탁 위의 달콤한 젤리를 먹었다.")에 대해서 가장 확신을 가지고 재인을 하였는데, 이는 절대 제시되지 않았던 것이다.

Bransford와 동료들(1971)은 참가자들이 실제 제시된 문장을 기억에 복사해 저장하는 것이 아니라고 설명하였다. 대신에 참가자들은 문장에 있는 정보를 추상화하고 재조직화하여서, 아이디어를 통합하여 그 통합된 정보를 저장하는 것이다. 참가자들은 나중에 제시된 문장과 그들이 통합한 문장을 구분하지 못하였다. 이것이 Loftus의 실험 참가자들이 했던 바로 그것이라 주장할 수 있다: 원래 기억과 나중의 질문을 통합하기. 만일 나중 질문이 잘못 유도하는 것이었다면, 그 부정확한 정보가 원래 기억과 통합되어 왜곡된 기억을 만들어 내는 것이다.

최근 인지심리학 실험실에서 수행되었던 연구들은 목격자 확인의 정확성의 확률을 어떻게 증진시킬 수 있는가에 초점을 맞추고 있었다. Wells(1993)는 이 연구들을 개관하고 경찰이 목격자의 오류 가능성을 줄이기 위해 라인업과 사진 제시 라인업을 어떻게 설정할 것인지에 대해 특수한 제안을 하고 있다. 예를 들어 그는 범죄 현장에는 있지 않았지만 그 범죄에 대해 제한적인 정보를 준 '가짜' 증인을 포함시킬 것을 제안하였다. 이 논리는 가짜 증인은 라인업에서 어떤 사람이든 선택할 확률이 동일하다고 보는 것이다. 하지만 만일 가짜 증인들 모두가 실제 용의자를 '확인'한다면, 이는 라인업이 편향된 방식으로 제시되었다는 증거가 된다. 또 다른 연구자들은 목격자 피암시성을 줄일 수 있는 방법을 제안하기도 했는데(K. L. Chambers & Zaragoza, 2001), 가령 교묘한 질문에 의해 오도되지 않도록 경고하기 같은 것이다.

하지만 실험실 연구가 실제 환경에 얼마나 잘 확장될 수 있는지에 대해서는 아주 활발하고도 예리한 논쟁이 남아 있다. 대개 연구 참가자들은 설정된 사건이나 영화 또는 사건의 슬라이드를 보게 된다. 이러한 경험은 실제 강도, 폭행, 살인, 테러 공격, 또는 다른 종류의 범행을 지켜보는 이들의 경험과 그리 비슷하지 않다. 더구나 범죄 피해자나 피해당할 가능성이 있는 이들은 지켜보는 이들과는 또 다른 측면의 상황에 주목하게 된다. Yuille(1993)는 연구 참가자들이 실제 범죄의 증인(또는 피해자)과 사실상 같은 방식으로 그 범죄의 영향을 받게 된다는 점을 좀 더 확실히 정당화할 필요가 있다고 주장한다.

회복된 기억과 거짓기억 논쟁

최근 인지심리학에서 가장 폭발적인 큰 반향을 일으켰던 논쟁 중의 하나는 자서전적 기억의 망각, 인출, 창조에 관한 것이었다. 이 논쟁은 실험실 연구의 경계를 훨씬 벗어나는 광범한 시사점을 가지고 있다. 이 주제는 실존하는 인간의 삶을 건드리고 찢어놓기도 하는 위험한 것이다. 이 논쟁이 관심을 보이는 것은 폭행의 피해자가 폭행의 순간에 대한 기억을 억압하고, 이를 나중에 치료 장면에서 소위 회복된 기억(recovered memories)이라는 방식으로 인출해 내거나, 또는 일부 치료자들(사실상은 소수)이 내담자의 기억 작업에 잘못된 정보를 제공하여 내담자들에게는 의도치 않게 사실 일어나지 않았던 일들에 관한 거짓기억(false memories)을 만들어 내도록 부추기는 것인지, 또 이런 일이 가능한 것인지에 관한 것이다.

목격자 증언과 거짓기억 대 회복된 기억에 대한 주제에 유사한 점이 많다는 사실에 주목하라. 두 가지 모두 어떤 사건, 때로는 외상적이기도 한 사건에 대한 목격을 하였다고 추정되며, 때로는 새로운, 왜곡된 정보가 뒤따라 온다는 것이다. 하지만 주제 사이의 차이 또한 유념해야 할 것이다. 목격자 증언의 경우에는 이 주제가 지난 며칠, 또는 몇 주나 몇 달 동안 습득된 정보에 대한 회상에 초점을 맞추는 것이 전형적이다. 거짓기억 또는 회복된 기억의 경우에는, 이는 어떤 사람이 수 년 또는 수십 년 전에 있었던 일에 대한 정보를 회상할 수 있는지 하는 것이다.

Elizabeth Loftus는 이러한 '회상'이 회복된 또는 거짓기억을 대표하는 것인지에 관한 논쟁에 다시 적극적으로 참여하였다. 그는 한 가지 개인 진술로 이 현상에 대해 소개하면서 개관논문(Loftus, 1993)을 시작한다.

> 1990년, 캘리포니아 레드우드 시에서 한 가지 이례적인 사례가 들어왔다. 51세의 피고인 조지 프랭클린 경은 20년 전에 발생한 살인사건에 대한 재판으로 법정에 섰다. 피해자인 8세 수잔 케이 네이슨은 1969년 9월 22일 살해되었다. 프랭클린의 딸 에일린도 당시 8세였는데, 자기 아버지에 대한 주요 증언을 제공하였다. 이 사례에서 희귀한 점은 살인 목격에 대한 에일린의 기억이 20년 이상 억압되어 있었다는 것이다.
>
> 에일린의 기억이 한꺼번에 돌아온 것은 아니었다. 그녀는 자신의 두 살짜리 아들 아론과 다섯 살 난 딸 제시카와 놀고 있던 1989년 1월 오후에 첫 번째 플래시백이 찾아왔다고 주장하였다. 어느 순간 제시카가 엄마를 올려다 보며, "그래야 되지, 엄마?"라고 질문을 하였

다. 이때 갑자기 수잔 네이슨에 대한 기억이 돌아왔다. 에일린은 살해당하기 전 수잔의 눈에서 배신의 표정을 보았다고 회상하였다. 나중에 더 많은 조각들이 회상되어 마침내 풍부하고 자세한 기억이 형성되었다. 그녀는 자기 아버지가 밴의 뒷자석에서 수잔을 성폭행하고 있었다는 것을 기억해 냈다. 그녀는 수잔이 몸부림치면서 "아니야, 안 돼!", "그만!"이라고 말하는 것을 기억해 냈다. 그녀는 아버지가 "자, 수지야" 하고 말하는 것을 심지어 그의 정확한 억양까지 모방하면서 기억해 냈다. 다음으로 그녀의 기억은 밴 바깥에 셋이 있는 것으로 건너뛰었고, 거기서 그녀는 아버지가 손을 들어 흔드는 것을 보았다. 그녀는 또한 비명 소리를 기억하였다. 그녀는 수잔이 누워 있는 곳으로 되돌아 갔는데, 수잔은 피로 뒤덮여 있었고, 손가락의 은반지가 부서져 있었다.

에일린의 기억은 신뢰성 있는 것으로 판단되었는데, 그녀의 말을 믿은 사람들은 그녀의 치료사, 가족의 몇몇 구성원, 그 아버지를 기소하기로 한 산 마테오 지방검사, 그리고 배심원들도 조지 프랭클린 경을 살인혐의가 있다고 믿었다. 배심원 회의는 1990년 11월 29일에 시작되었고, 그다음 날 평결을 내렸다. 에일린의 자세하고도 확신감 있는 기억에 감명을 받은 배심원들은 그녀의 아버지 프랭클린 경을 1급 살인죄로 평결하였다.(p. 518)

Loftus 논문은 여러 질문을 검토하는 것으로 계속되었다. 그중에는 회복된 기억이 얼마나 믿을 만한지 하는 것도 들어 있었다. 외상적인 사건에 대한 기억은 억압되기도 한다는 생각—긴 기간, 심지어는 영원히 무의식적 마음에 묻혀 버리기도 하는—은 프로이트 시절로 거슬러 올라가는 오래된 정신분석 치료 중 하나였다. 하지만 인지심리학의 관점에서 본다면 이 질문은 이러한 억압된 기억(repressed memories)이 신중하게 묘사되거나, 서류화하거나, 설명될 수 있는지 하는 것이었다.

Loftus(1993)와 Lindsay와 Read(1994)는 이와는 다른 자기계발서에서 이 점을 지적했는데, 이 중 하나는 *Courage to Heal*이라는 유명한 책이다. 이 책은 아동기에 성학대를 당한 것이 아닌지 의심하는 피해자들에게 현재의 여러 증상을 잘 살펴야 하며, 여기에는 낮은 자존감, 우울, 자기파괴적이거나 자살하려는 사고, 또는 성적인 기능불능 등이 있다고 하였다. Loftus(1993)와 Read가 주목한 문제는 이러한 증상이 학대 피해자가 아닌 사람들에게도 생길 수 있다는 점이었다. 이 증상들은 특별히 진단을 받아야 할 만큼 구체적인 것이 아니다. *Courage to Heal*이라는 책에서 배스와 데이비스는 더 나아가 아주 강력한 주장을 한다. "만일 당신이 앞서 언급된 사람들처럼 (학대에 관한) 구체적인 어떤 예를 기억할 수 없더라도 무언가 성학대 같은 일이 당신에게 일어났었다는 느낌이 있다면, 그건 아마도 일어난 일일 것이다."(p. 21) 그리고 "만일 당신이 학대를 당했다고 생각하고 당신의 삶이 그 증상을 보여주는 것이라면, 그건 정말 그런 것이다."(p. 22) 이 책은 더 나아가 그들의 과거에서 헤매고 있는 독자들에게 그들이 학대받았을 가능성을 탐구하는 시간을 보내라고 추천한다. 이 책은 구체적인 기억을 회상하기 위한 기법들도 제시하고 있는데, 옛 가족 사진을 보거나 상상력을 자유롭게 해주고, 또는 회상된 어릴 적 사건을 출발점으로 삼아서 마음대로 그 사건과 연결된 학대 기억을 해보라고 조언한다.

우리는 앞에서 사람들의 자서전적 기억의 정확성을 의심해 볼 여지가 충분히 있다는 사실을 보았는데, 이는 사람들이 상당히 확신을 하는 것처럼 보여도 그렇다. 목격자 기억에 관한 연구는 감염되기 쉬운 사람들이 사건 후 암시에 어떻게 반응하는지를 보여주고 있다. 하지만 한 번도 일어나지 않았던 사건에 관한 거짓 '기억'이 심어질 수 있는 것일까? Loftus와 Pickrell(1995; Loftus, 2000; Loftus & Ketcham, 1994 참조)은 이러한 가능성을 보여주는 한 연구를 보고하였다.

24명의 사람이 표적 연구 참가자가 되었다. 실험자들은 처음에는 참가자들의 친척들을 면담하였고(연구에 포함된 친척들은 참가자의 어린 시절을 잘 알고 있는 사람들) 이 면담에서 연구 참가자들이 4세에서 6세 사이에 실제로 일어났던 진짜 사건을 세 가지 추출해냈다. 친척들은 이 사건이 '가족 사이의 전설'이거나 너무 외상적(traumatic)이라서 회상하는 데 너무 힘들지 않은 것임을 확인하였다. 친척들은 또한 쇼핑몰과 연구 참가자가 5세였을 때 좋아했던 것들에 관한 자세한 정보를 제공해 주었다.

친척들과의 면담에서 실험자들은 실제로는 전혀 일어나지 않았던 사건에 대한 거짓 이야기를 꾸며냈는데, 그 이야기에서 표적 참가자는 5세 때 쇼핑몰에서 길을 잃어버린 적이 있다는 것이었다. 그 이야기에는 참가자와 가장 가까웠던 쇼핑몰의 이름과 거기 갈 때 같이 갔으리라 생각되는 가족의 이름도 집어넣었다. 여기 '거짓기억'의 한 예가 제시되었는데, 20세의 베트남계 미국인 여성에게 꾸며준 이야기이다.

> 당신과 어머니, 티엔과 투안이 모두 브레머턴 K-마트에 갔다. 당신은 그때 5세 정도였을
> 것이다. 당신 어머니는 당신에게 돈을 좀 주고 블루베리 냉음료를 사오라고 시켰다. 당신
> 은 달려가서 줄 맨 앞에 섰는데, 어찌되었는지 그 가게에서 길을 잃었다. 티엔은 당신이 어
> 떤 중국 할머니와 함께 울고 있는 것을 찾아냈다. 세 사람은 함께 냉음료를 가지러 갔다.
> (Loftus & Pickrell, 1995, p. 721)

참가자들에게 네 가지 이야기와 지시문이 담긴 소책자를 주었다. 세 가지 이야기에는 실제 있었던 사건이 서술되어 있었고, 네 번째 이야기는 거짓 사건을 서술해 놓았다. 각 사건은 한 문단 정도로 묘사되었는데, 참가자가 자기 스스로 그 사건에 대한 회상을 집어넣을 수 있도록 여지를 남겨둔 것이었다. 2주 후에 참가자들을 개인적으로 면담하여 그들이 다시 기억해 낸 것을 물어보았다(가능하면 네 가지 '사건'에 대해서 많은 것을 기억해 보라고 요청). 참가자들은 그 후 2주 후에 다시 면담을 하였다.

전체 집단으로 본다면 연구 참가자들은 실제 일어났던 사건에 대해 68%가 회상을 하였다. 하지만 소책자를 다 읽고 답을 써넣고 나서는 29%(24명 중 7명)가 쇼핑몰에서 길을 잃은 거짓 사건에 대해 '회상'을 해냈다. 7명 중 한 사람은 나중에 첫 번째 면담에서는 거짓기억을 회상하지 못하였다고 하였지만, 나머지(6명, 25%)는 이전 면담과 이후 면담에서 모두 거짓 사건의 일부는 회상해 냈다고 주장하였다. 참가자들의 회상 길이(그들이 사건을 묘사

하는 데 사용한 단어의 수로 측정)는 거짓기억보다는 진짜 사건에서 더 길었고, 거짓기억에 대해서는 진짜기억보다는 그들 기억의 선명도가 떨어졌다.

Loftus와 Pickrell(1995)은 거짓기억을 유도하는 것이 얼마나 쉬운지, 또는 이런 기억들이 얼마나 널리 퍼져 있는 현상인지에 대해 드러내놓고 주장하지는 않았다. 이들은 연구결과를 가지고 거짓기억은 암시적인 질문으로 형성될 수도 있다는 증거와 이런 결과를 만들어내는 기제들에 대해 사변적인 설명을 제시하였다.

> 길을 잃었던 사건에 대한 거짓기억은 우선 길을 잃어버린 사건이 뇌에 어떤 흔적을 남겼을 것이라는 단순한 암시에서부터 전개되기 시작한다. 원래 그 정보는 역사적인 사실이라기보다는 어떤 암시로 꼬리표가 붙은 것이었다 하더라도, 이 암시는 길 잃은 사건에 관한 다른 지식들과 점차 엮이기 시작할 수 있으며, 시간이 지날수록 쇼핑몰에서 길을 잃었다는 그 꼬리표가 단지 암시에 불과했다는 사실이 시들어 간다. 쇼핑몰에 갔던 실제 사건에 관한 기억은 몰에서 길을 잃은 암시와 혼동되어 간다. 마침내 쇼핑몰에서 길을 잃은 적이 있는가라고 물어보면, 당신의 뇌는 쇼핑몰과 길을 잃은 이미지를 활성화시킨다. 결과적으로 만들어지는 기억은 실제 있었던 사건에서 나온 사소한 자투리들로 장식될 수도 있다. 이제 당신은 어릴 적 쇼핑몰에서 길 잃은 일을 '상기'할 수 있게 된다. 이러한 기제에 의해 기억 오류가 생기는 것이며, 이는 경험된 사건들이나 상상된 사건들의 씨앗들이 추론과 직접 경험을 넘어서는 정교화들과 융합되어 버린 것이다. (p. 724)

또 다른 연구자들은 실제 전혀 일어나지 않았던 일에 대한 '회상(recollections)'까지도 유도해 낼 수 있었다. Hyman, Husband와 Billings(1995)는 학부생 참가자의 25% 정도에서 아동기 사건에 대한 다른 거짓 '회상(recall)'을 유도해 낼 수 있었다. 이들은 귀의 감염으로 인한 입원, 피자와 광대가 나오는 5세 때의 생일잔치, 결혼식 연회장에서 펀치를 쏟은 일, 식품점에 갔는데 스프링쿨러가 쏟아진 일, 주차된 차에 혼자 남겨졌는데 브레이크가 풀려서 어디론가 굴러가던 일 등을 회상했다. Garry와 Wade(2005)는 설화(narratives)와 (꾸며진) 사진들을 가지고 거짓기억을 유도한 결과 설화가 좀 더 효과가 있음을 발견하였다.

Clancy, Schacter, McNally와 Pitman(2000)은 거짓기억에 대한 실험실에 기반한 모형이 유도된 것이라는 보고를 하였다. 이들은 소위 Deese/Roediger-McDermott 패러다임이라는 것을 이용하였는데, 이 실험에서는 우선 참가자에게 서로 관련된 일련의 단어들 낮잠, 침대, 조용, 어두움, 코골기, 꿈, 베개, 밤(*nap*, *bed*, *quiet*, *dark*, *snore*, *dream*, *pillow*, *night*)을 제시하였다. 이후 먼저 보였던 목록에 있었던 '기존' 단어들에 목록에 있지 않았던 몇 가지 '새로운' 단어를 함께 제시하여 재인 검사를 하였다. 결과를 보면 잠과 같은 의미적으로 관련된 단어들은 참가 대학생들의 80% 정도가 잘못 재인하는 것으로 나타났다(Roediger & McDermott, 1995).

Clancy와 동료들(2000)은 실험 참가자들을 네 집단으로 소집하였다. 여성 통제 집단은 아동기 성적 학대(childhood sexual abuse, CSA)를 당한 경험이 전혀 없는 사람들, 한 여성 집단은 CSA를 경험한 적이 있고 이에 대한 기억을 계속 가지고 있었던 사람들, 또 한 여성 집단은 CSA를 경험하였다고 믿고 있지만 그에 대한 구체적인 기억이 없는 사람들('억압된 기억' 집단), 마지막으로 CSA 경험에 대한 기억을 억압하였었고 나중에 회복된 기억을 갖게 되었다고 주장하는 사람들. 회복된 기억 집단은 다른 집단들보다 의미 관련 단어들에 대한 거짓 재인을 하는 비율이 훨씬 더 높았다. 저자들은 이 결과를 해석할 때 무척 조심스럽게 하였지만, 적어도 회복된 기억을 가진 여성들은 특정 종류에 대한 거짓기억이 없는 사람들에 비해 단어에 대한 거짓 재인을 보일 가능성이 더 높다는 사실은 일관성 있게 나왔다고 결론지었다.

하지만 인지심리학자 모두가 환영하는 분위기로 이상의 거짓기억에 관한 연구들을 받아들인 것은 아니다. 예를 들어 Pezdek(1994)은 거짓기억이 어떻게 만들어질 수 있는지에 대한 설명이 존재한다고 해서 거짓기억, 특히 아동기 학대와 같이 외상적인 기억들이 실제 이런 방식으로 만들어진다는 것은 아니라고 주장하였다. Pezdek은 이를 호박벌이 날아다닐 수 없는 이유를 밝히기 위해 항공 기술적 설명이 존재하는 것(사실 호박벌은 분명히 날수 있는데도 불구하고)에 비유하였다. Pezdek은 '기억 회복 치료'가 매우 광범하게 퍼져 있다는 추정에 반대하면서 치료자에 의해 심어진 기억에 대한 증거는 아주 미약하다고 주장하였다.

거짓 정보가 실제로 한 사람의 기억의 일부로 만들어지는지, 어떻게, 언제 만들어지는지라는 주제에 관해 더 연구해야 할 것이 많다는 것은 분명하다. Loftus와 Pickrell(1995), Hyman과 동료들(1995)의 연구는 암시적이면서 도발적이지만, 어느 정도로 일반화될 수 있는 것인지는 아직 답변의 여지가 열려 있다. 단어재인에서 활성화되는 뇌 영역을 살펴본 한 fMRI 연구에서는(Cabeza, Rao, Wagner, Mayer, & Schacter, 2001) '거짓' 단어(실제로 제시되었던 '참' 단어와 의미적으로 관련되었지만 실제로는 제시되지 않았던)에 대한 단어재인에서는 뇌의 다른 영역이 활성화되었음을 보여주었다. 그렇지만 단어재인 과제에서 나온 결과들을 실세계의 설화 기억 회상에 확장시키는 것은 그리 직접적이지 않을 수 있다.

인지심리학자들의 입장에서 본다면 자서전적 기억은 세부 정보를 충실하게 기록하여 이를 나중에 볼 수 있도록 장기 보관소에 보존해 주는 비디오 카메라처럼 기능하지는 않는다는 사실이 점차 더 분명하게 밝혀지고 있다는 생각이다. 그보다는 인간 기억은 유동적이며 나중에 주어지는 질문이나 정보에 의해 '조형(shaping)'될 수 있다. 이러한 조형이 얼마나 자주 일어나는지, 어떤 기제에 의한 것인지는 아직 열려 있는 질문이며 실세계에 중요한 시사점과 결과를 제시하는 것이다.

기억상실증

앞 단원에서 우리는 장기기억에서 잊혀진 재료에 대해 논하였다. 여기서는 자신의 LTM에 심각한 손상을 입은 이들, 집합적으로 기억상실증(amnesia)으로 알려진 기억장애를 겪고 있는 이들의 사례들을 좀 더 자세히 살펴보고자 한다. 가장 많이 연구된 임상 사례는 H.M.인데, 그는 1953년 수술로 뇌 구조의 많은 부분이 제거된 환자로, 이때 제거된 구조에는 해마 대부분, 편도체, 그리고 인접 영역이 포함되어 있었다. 수술 결과 H.M.은 그날부터 심각한 기억상실증에 걸렸는데, 수술 이후의 사건에 대한 기억상실(순행성 기억상실증)과 수술 이전 몇 년 동안에 있었던 사건에 대한 기억상실이 모두 포함되었다(Schacter, 1996).

H.M.이 기억상실에 걸렸던 유일한 사람은 물론 아니었고, 오랜 세월 동안 신경학자들과 심리학자들은 임상 사례를 많이 모을 수 있었으며, 이러한 자료에서 일반화를 할 수도 있었으며 원리를 찾아낼 수도 있었다. 기억상실증은 해마 체계의 손상에서 생길 수도 있고(해마와 편도체를 포함하는 뇌 구조의 위치들을 개관해 보려면 그림 2.2 참조), 또는 이와 인접한 중앙선 근처의 간뇌 영역의 손상 때문에 생길 수도 있다.

이러한 손상은 산소 결핍이나 뇌졸중으로 인한 혈관 막힘, 포진상 뇌염 바이러스 감염으로 주로 오토바이 사고에서 생기는 폐쇄성 두부 손상, 알츠하이머성 치매, 코르사코프 증후군(만성 알코올 중독에서 생기는 병), 특정 종양이나 단기간으로는 양반구의 전기충격 치료(ECT; Cohen, 1997) 등 때문에 생길 수도 있다.

기억상실증이 얼마나 심각한가 하는 정도는 사례마다 다르다. H.M.의 경우에는 가장 심각한 기억장애를 보였던 사례 중 하나이다. 어떤 환자들은 시간이 지나면서 어느 정도 기억을 회복하기도 하는데, ECT 치료(최근에는 우울증이 심각한 경우 이 치료를 받음)를 받았던 이들은 2~3개월이면 완전히 회복되며, 폐쇄성 두부 손상이 있었던 환자들도 이와 비슷하게 기억을 어느 정도 또는 완전히 회복하는 경우가 많다. 교통사고나 뇌졸중으로 인한 기억상실증은 아주 갑작스럽게 시작된다. 뇌종양이나 질병으로 인한 것과 같은 다른 경우에는 좀 더 점진적으로 나타난다(Cohen, 1997). 신경심리학자들은 대부분 순행성과 역행성 기억상실증을 기능의 관점에서 구분하므로 우리는 이들 각각을 잠시 개관해 볼 것이다.

순행성 기억상실증

N. J. Cohen(1997)은 순행성 기억상실증(anterograde amnesia)에 주목하였는데, 이는 기억손실이 처음 생긴 시점에서 시간적으로 앞으로 진행되는 기억 결함이며, 다섯 가지 주요 특징을 나타낸다. 첫 번째, 순행성 기억상실증은 작업기억에 영향을 미치지만 장기기억에는 영향이 없다. Cohen은 그가 H.M.과 나누었던 대화에 관한 일화를 예로 들어 제시하였다.

> 어느 날 MIT 임상연구센터로 검사를 받으러 가는 긴 운전 길에서, H.M.은 내게 자기 집에 있는 총 몇 개에 대해 이야기하기 시작하였다(실제로는 어린 시절에만 그의 집에 총이 있었다). 그는 내게 라이플 소총이 2개 있는데, 하나는 들여다볼 수 있는 구경과 또 몇 가지 특징이 있으며, 다른 것은 그냥 내다보아야 한다고 말했다.
> 　그는 내게 국립 라이플 연합회에서 나온 잡지를 가지고 있는데(사실상 그의 어린 시절 생활에 대한 기억 속에서만 있었다), 모두 라이플에 대한 기사로 채워져 있다고 하였다. 그는

이야기를 이어갔는데, 자기는 라이플만 있는 것이 아니라 권총도 가지고 있다고 하였다. 그는 a.22, a.32, a.44를 가지고 있었다. 그는 자기가 때때로 이것들을 꺼내어 청소를 한다고 하였으며, 때로는 쏘아 보기 위해 가지고 나가기도 한다고 하였다. 이야기를 계속 이어가면서 그는 권총만 가지고 있는 것이 아니라 라이플도 가지고 있다고 하였다. 그는 2개의 라이플이 있는데, 하나는 구경이 있는 것이고 하나는 내다보는 것이라 하였다. 이야기는 이렇게 이어져서, 뒤로 돌아갔다가 다시 앞으로 오면서 라이플과 권총에 대한 묘사가 계속되었으며, 마침내 내가 그 대화를 끝내고자 주의를 돌리자 벗어나게 되었다.(p. 323)

N. J. Cohen은 H.M.의 라이플과 권총에 대한 기억이 모두 완벽한 이유는 수술을 받기 몇 해 전인 아주 먼 과거의 기억이기 때문이라고 하였다. 이 기억은 H.M.의 LTM과 관련된 것들이었다. 당시의 연구자들이 일반적 지식에 대한 기억에 대해 알고 있는 바에 비교해 본다면 이런 연결은 놀랍지 않다(제7장에서 더 자세히 이 주제를 다시 다룰 것이다). 따라서 한 조각의 지식이 마음에 떠오르면 다른 지식도 불러온다고 논의하였다. 하지만 각 조각은 작업기억 용량을 채워버리고, H.M.이 한 조각에 관한 이야기를 끝낼 때, 그는 다른 조각에 관해 이미 이야기했다는 사실을 잊어버린다.

두 번째, 순행성 기억상실증은 양상에 상관없이 기억에 영향을 미친다. 곧 그 정보가 시각적, 청각적, 체감각적, 후각적, 미각적, 촉각적이든 상관이 없다. N. J. Cohen(1997)은 전반적 순행성 기억상실증은 안쪽관자엽과 중앙선 간뇌 구조의 양측 손상이 있을 때 발생한다는 사실에 주목하였다. 이 영역들이 일측성(한쪽 뇌반구만)으로 손상된 경우에는 대개 한 종류의 기억만 손상을 입는데, 언어적 또는 공간적 기억이 이에 해당되었다. 또한 기억검사의 양상이 자유회상, 단서회상, 재인 중 어느 것이든 간에 순행성 기억상실증이 있는 이들의 기억은 비슷한 방식으로 장애를 보였다.

세 번째, N. J. Cohen(1997)에 따른다면 H.M.과 총에 관한 이야기에서 드러나듯, 순행성 기억상실증은 일반적인 지식(기억상실증이 시작되기 훨씬 전에 습득한)에 관한 기억은 보존되지만, 새로운 사실이나 사건에 관한 회상은 크게 방해한다는 것이다. 따라서 H.M.은 수술 이후에 자신에게 생긴 일에 대해서는 전혀 보고하지 못했고, 일련의 단어 목록을 받고 몇 분 후에 회상하라고 하면 아주 형편없는 수행을 보였다. H.M.은 또한 새로운 어휘(*jacuzzi, granola* 같은 단어로 1953년 그가 수술 받은 해 이후에 사용되기 시작한 단어들)의 학습 같은 새로운 학습 쌍을 보유하는 데에서도 어려움을 겪었다.

네 번째, 순행성 기억상실증은 기술 관련 수행은 보유할 수 있다는 기본적 특징이 있다. 제5장에서 묘사했던 음악가 클라이브 웨어링의 이야기를 회상해 보면, 그는 자신의 인생과 부인의 방문에 대해서는 대부분 기억하지 못하였지만 하프시코드와 피아노를 연주할 수 있었으며 복잡한 악보를 보면서 합창단을 지휘할 수도 있었다. 다른 연구들에서는 기억상실증 환자들이 거울상 추적하기(거울 속에서만 보이는 기하 도형의 윤곽 따라 그리기) 또는 회전추적 과제(원을 그리면서 제멋대로 움직이는 표적 따라가기)와 같은 기술 수행을 배울 수 있다는 것을 보여주었다. H.M.은 앞의 과제를 학습하고 이에 대한 정상적인 학습 곡선을 보여주었는데, 회기마다 자신은 그 과제를 해본 적이 없다고 하였다. N. J. Cohen 과 Squire(1980)는 기억상실증 환자들과 기억상실증이 아닌 통제 집단에게 거울상 읽기 과제를 수행하게 하여 비슷한 결과를 보여주었다. 기억상실증 환자들의 수행은 많은 경우에 여러 면에서 통제 참가자들과 사실상 동일하였다.

다섯 번째, 순행성 기억상실증은 기억상실증 환자가 기술을 학습할 수 있다고 하더라도 이들은 **최상특수**(hyperspecific) 기억을 보인다. 이들은 이러한 학습을 부호화 당시의 조건과 극단적으로 비슷한 맥락에서만 드러낼 수 있었다. 어떤 점에서 이는 부호화 특수성 원리가 극단으로 치달은 판으로 보인다.

역행성 기억상실증

기억상실증이 생기기 이전에 습득 · 저장한 정보를 기억에서 잃어버리는 경우를 역행성 기억상실증(retrograde amnesia)이라 한다. 이러한 경우의 손실은 순행성 기억상실증과 비슷한 점도 있지만 중요한 차이점이 나타난다. 흥미로운 점은 기억상실증 환자들은 모두 약간씩의 역행성 기억상실 증상을 보인다는 것이다. 순행성 기억상실증은 보일 수도 있고 안 보일 수도 있다. N.J. Cohen(1997)은 역행성 기억상실증의 증상을 네 가지 기본 특징으로 묘사한다.

첫 번째 특징은 역행성 기억상실증에서 시간적 확장—기억이 손실된 시간 폭—이 상당히 다양할 수 있다는 것이다. 코르사코프, 알츠하이머, 파킨슨병, 또는 헌팅턴병을 앓고 있는 환자들은 일시적으로 확장적 기억상실증을 보이는데, 지난 몇십 년간에 획득 · 저장된 기억을 잃어버린다. 양측성 ECT를 받았거나 폐쇄성 상해를 앓고 있는 환자들도 일시적인 역행성 기억상실증으로 단 몇 개월 또는 몇 주에 걸친 시간 폭의 정보를 잃어버리는 증상을 보인다. 많은 경우 시간이 지남에 따라 환자들은 모두(ECT의 경우) 또는 부분적으로 잃었던 기억을 회복한다. 해마 영역에 손상을 입어도 역행성 기억상실증이 생길 수 있다. H.M.의 역행성 기억상실증은 11년까지 걸쳐 있다는 것이 발견되었는데, 이는 문헌에서 보고된 다른 사례들보다는 적은 것이다.

두 번째 특징은 역행성 기억상실증은 연구자들이 손실된 기억이 어떤 것인지 검사해 보면 관찰할 수 있다는 것이다. ECT 치료를 받은 환자들에게 한 시즌 동안만 방영된 텔레비전 쇼에 관해 아는 바를 회상해 보라고 하였다(이 경우에는 실험자들이 그 기억이 언제 형성된 것인지를 확인할 수 있는 것이었으며, 이 연구는 케이블 채널이 확산되기 훨씬 전에 수행된 것이다!). 그림 6.4에 보이는 것처럼 ECT 치료 이전에는 환자들은 가장 최근의 방송 쇼를 제일 잘 기억하였는데, 이는 여러분과 마찬가지다. 하지만 ECT 치료 이후에는 바로 이 환자들이 시간적 기울기를 보여, 가장 최근의 기억이 가장 잘 손실되었던 것으로 보였다(N.J. Cohen, 1997).

세 번째 특징을 N.J. Cohen(1997)은 다음과 같이 묘사한다. 역행성 기억상실증에서는 처음부터 '과잉 학습'되었던 정보는 대개 보존되는 것으로 보인다. 마지막 네 번째 특징으로는 순행성 기억상실증과 마찬가지로 역행성 기억상실증은 거울상 추적과 같은 기술 학습에는 영향을 미치지 않는다. 환자들이 그 기술을 연습했었다는 사실을 기억할 수는 없어도, 수행은 정상적인 속도의 학습 곡선을 보인다.

McGaugh(2000)는 기억상실증 환자들에 대한 연구는 한 세기 전에 제안되었었던 기억 공고화(memory consolidation)에 관해 알려주는 바가 있다고 한다. 이 생각은 새로운 정보는 "처음에는 깨지기 쉬운 상태로 있다가 시간이 지나면서 공고화된다."(p. 248)는 것이다. 머리 쪽에 일격을 받으면 새로 학습된 정보가 손실된다. McGaugh의 연구 중에는 우리가 앞에서 논의하였던 편도체가 기억 공고화 과정에서 중요한 역할을 한다는 사실을 시사해 준다.

이 장 전체에 걸쳐서 우리는 특정 사건(특정한 단어 목록 듣기 또는 범죄 목격하기와 같은)에 초점을 맞추어 왔다. 하지만 특정 사건에 대한 우리의 기억은 일반적 지식에 관한 우리의 기억에 의존하기 마련이다. 예를 들어 내가 가장 최근에 했던 강의에 관해 회상하려 한다면, 나는 일반적인 강의에 관한 지식(학생들이 어디

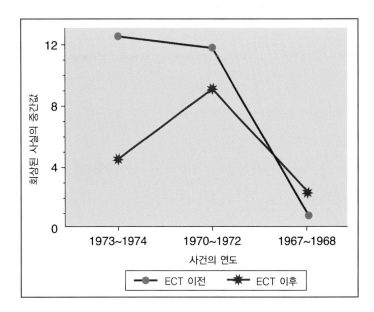

그림 6.4 전기충격 치료(ECT)를 받은 환자들에게서 보이는 일시적으로 한정된 역행성 기억상실증의 증거. 일련의 ECT 치료 전후에 20명에게 한 시즌 동안만 방영되었던 이전 텔레비전 프로그램에 관해서 회상해 보라고 하였다. 여기 보인 그래프는 회상된 사실의 중앙값이다. ECT 이전에는 환자들은 정상적인 망각 곡선을 보였다. 가장 최근의 쇼에 관한 회상이 가장 좋았고, 가장 먼 과거의 쇼에 대한 회상이 가장 떨어졌다. ECT 이후에는 가장 최근의 쇼에 대한 회상에서 선택적 장애가 나타났다.

출처 : Banich, M. T. *Neuropsychology: The neural bases of mental function* (1st ed.), p. 337. Copyright ⓒ 1997 Wadsworth, a part of Cengage Learning, Inc. Reproduced by permission. http://www.cengage.com/permissions/.

에 앉는지 또는 내가 보통 사용하는 마커나 프로젝터와 같은 강의용 도구의 종류)을 사용하여 그 특정 수업에 관한 나의 기억을 재구성할 것이다. 다음 장에서 우리는 이 일반적 지식이 저장되고 조직화되는 방식에 대해 좀 더 자세히 검토해 볼 것이다.

앞서 말한 것처럼 기억은 우리가 생각할 수 있는 모든 인지활동을 건드린다. 따라서 이 책의 다른 많은 장에서도 기억이 나온다는 사실은 놀랄 일이 아니다. 특히 제7장에서는 일반적 지식에 관한 기억이 조직되고 저장되는 방식과 새로운 개념을 형성하는 방식에 관한 문제를 다룰 것이다. 제8장에서 시각적 심상에 관해 논의하고 나서 다시 정보가 부호화되고 심적으로 표상되는 방식에 관한 주제로 또 돌아올 것이다. 다른 장에서도 기억은 인지처리의 거의 모든 경우에 중요한 역할을 하고 있음을 알게 될 것이다. 따라서 기억이라는 주제에 관한 새로운 연구가 기억이 어떻게 작동하는지에 관한 우리의 생각을 변화시킴에 따라서, 우리는 인지에 관한 거의 모든 학문 영역에서 새로운 발전을 기대할 수 있는 것이다.

제6장

요약 ···

1. 이 장에서 우리는 제5장에 이어 인지심리학자들이 기억에 관하여 수행하는 다양한 방식의 연구를 살펴보았고, 이 다양성이 Ebbinghaus와 Bartlett 같은 인지심리학의 선구자들부터 시작되었음을 알게 되었다. 이러한 다양성 중 일부는 이론적 방향성에서 생겨난다. 일부 심리학자들은 서로 다른 기억 저장소(예 : 감각기억, 단기기억, 장기기억 같은)로 되어 있다는 명제에 대한 증거를 찾으며, 반면 다른 이들은 기억되어야 할 정보에 대해서 행해지는 처리 방식의 종류에 초점을 맞추기도 한다.

2. 기억에 대한 양식 모형에서 장기기억은 아주 광범한 정보를 저장한다고 묘사되는데, 대부분 의미로 부호화되며, 저장 기간은 영원하지는 않더라도 수십 년 동안 지속된다고 한다.

3. 장기기억에서의 망각에 관한 이론은 간섭을 아주 중요한 기제로 강조한다. 이 생각을 다듬어 보면 인출 단서가 여러 표적과 연결되는 경우에는 특정 표적을 정확히 집어낼 수 있게 해주는 믿을 만한 보조장치로서의 기능이 감소된다고 할 수 있다.

4. 기억술이라 알려진 기법들은 사람들에게 장기기억에서 정보를 인출할 수 있게 도와주는 것이다. 가장 잘 사용되는 기억술로는 장소법, 걸개단어법, 상호작용 심상법, 재부호화법이 있다.

5. 정보의 인출은 그 정보가 범주화되는 경우 더 쉬워지는데, 이는 인출 단서가 부호화 당시에 가용했던 단서와 일치하는 경우이며(부호화 특수성 원리), 또한 그 인출 단서가 아주 독특할 경우이다.

6. 연구자들은 회상 맥락이 학습 맥락과 일치하는 경우(맥락 효과), 부호화 때의 약리적 상태와 회상 때의 약리적 상태가 일치하는 경우(상태의존적 학습 효과), 또한 어떤 조건에서는 학습 당시의 기분과 회상 시의 기분이 일치하는 경우(기분의존적 기억 효과)에도 회상(재인이 아니라)이 더 쉬워진다는 것을 발견하였는데, 이러한 결과는 부호화 특수성 원리와 일치하는 것이다. 회상은 또한 시간적으로 간격을 둔 회기에 걸쳐 학습할 때 한 번의 긴 학습 회기 동안 학습하는 경우보다 더 증진된다(간격 효과).

7. 시험을 반복해 보는 것과 같은 인출 연습은 회상이나 재인기억을 증진시키는 것으로 증명되었는데, 이는 검사 효과라 알려진 현상이다.

8. 장기기억 안에 여러 구분되는 체계들을 제시해 온 이론적 제안이 다수 있었다. 여기에는 일화기억 대 의미기억, 암묵기억 대 외현기억, 그리고 서술기억 대 절차기억에 관한 제안이 포함된다.

9. 처리수준 이론에 관한 연구에서는 원래 정보가 더 능동적으로 의미 있게 처리되면 처리될수록 정보에 대한 기억이 더 잘 된다는 것을 증명해 보였다. 이 생각은 학생들에게 분명히 보이고 또 실용적인 것이기도 하다. 만일 여러분이 나중 시험(중간고사나 기말고사)에 대비하여 학습 내용을 더 잘 회상하고 싶다면, 단지 읽고, 밑줄 긋고, 단어에 강조색을 칠하는 정도(얕은 처리)를 넘어서, 내용을 조직화하고 그 의미를 생각하도록(깊은 처리) 하라.

10. 여기에 보고되었던 사람들의 인생 사건에 대한 회상을 보면 여러 면에서 이 장과 앞 장에서 소개해 왔던 실험실에서 연구한 기억에 대한 연구결과와 잘 들어맞는다. 예를 들어 회상의 구성적 성질에 관한 것과 같은 어떤 연구결과들은 실험실 연구와 잘 들어맞는다. 하지만 실험실 기반의 연구와 일상생활 기반 연구에서 서로 다른 결과가 나오는 경우도 있다. 자서전적 회상은 실험실 자극의 회상보다는 더 잘되는 것으로 보이지만 여기에 개입하는 인지 기제들이 서로 다른 것인지는 아직 풀어야 할 문제로 남아 있다.

11. 섬광기억과 목격자 기억에 대한 연구들에서 보면 사람들이 과거에 겪었던 일에 대한 기억은 잘못될 수도 있다는 사실이 시사되는데, 이는 사람들이 자기 기억이 정확하다고 절대적으로 확신하는 경우에도 그러한 것으로 보인다. 이 사실은 우리 자신의 기억에 대한 자신감이 아마도 너무 높은 것이라고 시사한다. 적어도 우리가 우리 기억에 관해 그리 확신하지 않거나 아주 틀렸다고 여기는 경우도 아주 가끔씩은 있다. 목격자 증언에 관한 연구들에서는 목격 사건에 대한 기억 흔적은 아주 유연하고 사건 이후의 유도 질문에 의해 파괴될 수도 있는 것임을 시사한다.

12. 기억 흔적이 오랫동안 억압되어 있다가 회상될 수도 있는 것인지에 대한 논쟁이 최근 몇 년간 뜨겁게 달아올랐다. 일부 연구들에서는 기억을 반복해 강요받다 보면, 전혀 일어나지 않았던 정서적 사건을 '회상'하도록 유도될 수도 있음을 보여준다. 한 연구에서는 이렇게 심어진 '거짓'기억의 유형에는 한계가 있다고 시사하지만, 아직 우리는 이러한 한계가 어떤 것인지 확실히 이해하지 못하고 있다.

13. 기억의 결함에 관해 연구했던 신경심리학자들은 두 종류의 기억상실증이 있음을 알아냈다. 두 가지 모두 해마 체계 또는 중앙 간뇌 영역에서의 손상이 포함된다. 이러한 손상은 몇 가지 방식으로 일어날 수 있다: 폐쇄성 두부 손상, 뇌졸중, 뇌의 산소 결핍, 양측 뇌의 전기충격 치료, 뇌염 같은 바이러스, 또는 알츠하이머나 코르사코프 같은 다른 질병들.

14. 순행성 기억상실증은 기억상실증이 시작되는 시점부터 앞으로 확장되는 것인데, 장기기억(작업기억은 아니고)에만 선택적으로 영향을 미치며, 일반적 지식과 숙련된 기술 수행(숙련된 기술은 명시적으로 기억되지는 않지만)은 보존된다. 하지만 순행성 기억상실증은 원래 학습 맥락에 지나치게 특수적이어서 다른 비슷한 맥락의 학습에 전이되지 못할 수도 있다.

15. 역행성 기억상실증은 시작 시점 이전에 습득되고 저장된 기억이 손실되는 현상인데, 거의 항상 기억상실증의 한 구성요소가 된다. 기억상실증의 시간적인 폭은 환자마다 다르다. 시작 시점에 가까운 시간에 습득된 정보에 대한 기억이 가장 나쁘다. 상실된 역행성 기억은 때로 회복될 수 있다. 역행성 기억상실증은 또한 시작 시점에서 '과잉 학습'되었던 재료는 보존되는데, 여기에는 언어, 일반적 지식, 또 지각적이고 사회적인 기술 학습이 들어간다. 순행성 기억상실증과 마찬가지로 역행성 기억상실증도 기술 학습을 보존하는 것으로 보인다.

복습 문제

1. 처리수준 이론의 기본 가정과 양식 모형의 기본 가정은 어떤 방식에서 서로 다른가?

2. 간섭의 종류와 이들이 작동하는 방법이 이론화되는 방식을 서술하라.

3. 정보 인출의 원리로서 부호화 특수성 원리를 서술하고 평가하라. 이 원리는 인출에서 간격 효과, 상태의존 학습, 맥락 효과 같은 현상과 어떻게 관련되는가?

4. 맥락 효과, 상태의존 학습 효과, 기분의존 기억 효과, 그리고 간격 효과 사이의 상호 관련성을 탐색하라.

5. 기억에 관한 인지심리학 연구를 실제로 대학생들에게 다가오는 중간고사 공부를 위한 충고를 주는 문제에 적용해 보라. 여러분은 어떤 충고를 줄 것이며, 이 충고를 이끌어 낸 원리는 어떤 것인가?

6. 두 가지 기억술을 묘사하고, 각 방식의 효율성을 설명하는 내재된 기제를 대조하라.

7. 의미기억과 일화기억을 구분하고 이 두 가지를 구분하는 학자들도 있지만 구분하지 않는 이들도 있는 이유를 논의하라.

8. 서술기억과 절차기억, 암묵기억과 외현기억을 구분하는 근거를 서술하라. 이 두 가지의 구분이 잘 들어맞는가? 왜 그렇게 생각하는지 설명하라.

9. Linton과 Brewer 연구결과는 일상적 사건에 관한 자서전적 기억 연구에 대해 어떤 시사를 주는가?

10. 목격자 증언과 섬광기억에 대한 발견을 제시한 문헌들이 이전에 보고되었던 실험실 근거의 연구결과들과 잘 들어맞는가? 차이가 있다면 어떤 것인가?

11. 섬광기억에 대한 특수 기제를 설정할 필요가 있는가? 여러분의 견해를 옹호하라.

12. 외상적 사건에 대한 '회복된' 기억 대 '거짓'기억에 관한 논쟁을 묘사하라. 인지심리학자들이 이에 접근하고자 할 때 가장 중요한 주제는 무엇이며, 연구를 할 때 맞닥뜨리게 될 주제(실용적, 윤리적, 이론적)는 어떤 것인가?

13. 순행성 기억상실증과 역행성 기억상실증 사이에는 어떤 유사점과 차이점이 있는가?

14. 기억상실증 환자들에 대한 기억 연구에서 나온 결과가 기억상실증이 아닌 사람들의 기억이 작동하는 방식에 대해 알려주는 바는 정확히 무엇인가?

핵심 용어

간격 효과(spacing effect)

거짓기억(false memories)

검사 효과(testing effect)

기분의존적 기억 효과(mood-
dependent memory effect)

기억 공고화(memory consolidation)

기억상실증(amnesia)

기억술(mnemonics)

기억의 처리수준 이론(levels-of-
processing theory of memory)

기억 체계(memory systems)

단서 과부하(cue overload)

도식(schemata)

목격자 기억(eyewitness memory)

반복점화(repetition priming)

부채 효과(fan effect)

부호화 다양성(encoding variability)

부호화 특수성 (encoding specificity)

상태의존 기억(state-dependent
memory)

상태의존 학습(state-dependent
learning)

서술기억(declarative memory)

섬광기억(flashbulb memory)

순행성(anterograde)

순행성 기억상실증(anterograde
amnesia)

쌍대 연합 학습(paired associates

learning)

암묵기억(implicit memory)

억압된 기억(repressed memories)

역행 간섭(retroactive interference)

외현기억(explicit memories)

우연 학습(incidental learning)

의미기억 (semantic memory)

인출 단서(retrieval cue)

일화기억(episodic memory)

자서전적 기억(autobiographical
memory)

장소법(method of loci)

절차기억(procedural memory)

회복된 기억(recovered memories)

학습 사이트

부가적인 학습 도구와 관련해서는 www.sagepub.com/galotticp5e의 학습 사이트(Student Study Site)를 방문하라.

7

지식 표상
장기기억에 정보를 저장하고 조직하기

심리학자이며, 교사이자, 아마추어 개 훈련자로서 나는 여러 주제에 관해 많은 정보를 머릿속에 저장해 놓고 있다. 나는 때로 어떤 논문을 기억하면서 비교적 비슷한 제목과 저자, 학회지와 그들의 독립적 연구 계획을 완성한 출판년도를 떠올려 학생들을 (때로는 나 자신도) 놀라게 한다. 그보다는 덜 잦은 경우지만, 나는 개 훈련 교실에서 강의를 하는데, 간단한 과제도 배울 수 없을 것 같은 개를 마주치면, 몇 년 전 개 훈련 세미나에서 들었던 아이디어를 기억해 내고는 한다. 이런 종류의 정보를 회상할 때 내가 내 기억을 사용하고 있음은 분명하다.

내가 정보를 이렇게 보유하고 있다가 때로는 몇 년 후에도 찾아낼 수 있는 방식은 무엇일까? 모든 이들이 영구기억에 저장해야 하는 정보의 범위는 아주 광범하다는 사실을 고려해 보자. 여러분은 자신의 삶에서 일어났던 사건들에 관한 정보(여섯 살 때 생일 잔치, 팔이 부러졌을 때, 서커스 공연에 갔을 때, 고등학생이 되었던 첫날) 말고도, 엄청나게 많은 지식들을 저장해 두었다: 여러분이 알고 있는 단어에 관한 정의들, 역사·과학·지리지식, (원컨대) 인지심리학의 원리에 관한 어느 정도의 지식. 이 장에서 우리는 이러한 영구적 지식(지식과 정보에 관한 기억)이라는 종류를 좀 더 자세히 들여다볼 것이다.

우리의 첫 번째 질문은 저장된 지식이 어떻게 조직화되는가 하는 것이다. 정보를 정리하고 저장하는 데는 몇 가지 방식이 있고, 각 방식은 인출과 접근 용이성에서 서로 다른 시사점을 제시한다. 서재에 관한 유추가 도움이 될 것이다. 여러분이 가지고 있는 책들을 생각해 보고, 이들을 어떻게 정리하는지 생각해 보라. 여러분은 교과서를 따로 구획해 놓을 수 있고, 비소설류를 분류해 놓고, 추리 소설류, 또 쓸데없는 로맨스 소설도 구분해 놓을 수 있다. 또는 모든 책을 저자의 이름순으로 정리해 둘 수도 있다. 아니면 한 서가에는 큰 책들을, 다른 서가에는 가벼운 표지의 책들을 정리할 수도 있다. 어떤 정리 방식이든 각자 다른 조직화 방식을 가지고 있으며, 각 가능성에는 여러분이 특정한 책을 어떻게 찾을 것이며, 얼마나 찾기 쉬울지에 대한 시사점들이 있다. 예컨대 **바람과 함께 사라지다**를 찾고 싶은데, 저자의 이름을 잊어버렸다고 하자. 만일 서가에 책을 저자 이름순으로 정리해 두었다면, 책 제목이나 또 다른 방식으로 정리해 둔 경우에 비해 찾기가 더 어려울 것이다.

지식이 어떻게 마음에 표상, 조직화되었는지에 관해 제안된 모형은 상당히 다양하다. 각 모형에서는 우리가 정보의 특정 조각을 어떻게 찾아내는지에 대해 여러 가지 예언을 내놓는다. 여기서는 특히 지식기반이 조직화되어 있는 몇 가지 방식과 그 조직이 정보 접근 방식에 시사하는 바를 살펴볼 것이다. 우리는 의미(일화와 대조되는 뜻에서)기억에 관해 자세히 살펴볼 것인데, 이는 제6장에서 소개되었던 주제이다.

다음으로 개념과 범주화에 주의를 돌릴 것이다. 우리는 범주의 심적 표상을 개념(concepts)이라 부르며, 개념에 개별적 사례를 할당할 때 사용하는 과정을 범주화(categorization)라는 것을 알게 될 것이다. Medin(1989)은 "개념과 범주는 인간 사고와 행동을 만드는 건축 자재로 사용된다."(p. 1469)라고 주장하였다. Lamberts와 Shanks(1997)는 개념 같은 것이 심적으로 표상되는 방식이 인지심리학의 중심 관심사임을 주장하였다.

예를 들자면 의료 진단을 받는 실생활의 예를 생각해 보자. 어느 날 아침에 일어나 보니 어딘가 아프고, 늘어지고, 체한 것 같고, 열도 난다고 느낀다. 여러분의 증상은 감기보다 심각한 질병일 것으로 보인다. 또는 여러분의 증상은 훨씬 더 심각한 질병의 초기 증세일 수도 있다. 진단을 해야 하는 것은 의사의 일인데, 이는 본질적으로 알려진 질병 또는 의학적 문제에 따라서 그 증상들을 범주화하는 것이다. 범주화를 해보면 의사가 적당한 처방을 내릴 수 있고, 회복되려면 어떤 과정을 거치는지 예측을 할 수도 있다. 진단을 내리기 위해 의사는 고려해 볼 여러 범주(의학적 문제들까지)를 생각해 내야 할 것이고, 아마도 이들 범주(개념)에 대해 저장해 놓은 심적 표상을 불러내야 할 것이다. 일반적으로 정신병 형태를 범주화하는 방식에 관한 최근 연구에서 볼 수 있듯이 의사만 이렇게 범주화를 하는 것이 아님을 알 수 있다(Kim & Ahn, 2002).

지식의 조직화

의미론적 기억에 관한 모형들은 인공지능이라는 분야에 관심이 있는 심리학자와 컴퓨터 과학자들이 대부분 사람들이 '상식'이라고 지칭하는 지식의 체계를 구축하고자 하여 만들어진 것이 많다. 여기서 전제는 명시적인 사실에 관한 여러분의 지식과 암묵 지식, 여러분이 당연하다고 간주해 버리는 정보들이 연합되어 있다는 것이다.

일상적인 의례 절차에 대해서 우리가 지니고 있는 암묵적인 지식이 여기서 한 예가 될 것이다. 샴푸 병에 쓰인 전형적인 지시문을 생각해 보자. "머리카락을 물에 적시세요. 샴푸를 바르세요. 거품을 내세요. 헹굽니다. 반복하세요." 만일 여러분이 이 지시문을 문자 그대로 따라 한다면, 병이 바닥이 나거나 물이 끊겼을 때야 욕조에서 나올 수 있을 것이다! 하지만 우리는 대부분 우리 머리카락을 잘 씻을 수 있고, 심지어 커피를 한 잔 마시면서도 이런 일을 수행할 수 있다. 우리가 의존하는 것은 지시문이 아니라 세상사 지식 또는 상식으로, 거품을 내고 헹구는 것은 한두 번 정도 반복하면 충분하다(Galotti & Ganong, 1985).

우리의 방대한 지식과 언어, 그리고 개념들도 역시 상당히 많은 암묵 지식과 연합되어 있다. 예컨대 만일 내가 여러분에게, "버니즈마운틴 도그(털이 길고 힘센 스위스종 큰 개)는 새끼를 낳는가?"라고 묻는다면, 여러분은 이에 그렇다고 (정확하게) 답할 것이다. 여러분의 답은 (추측하건대) 버니즈마운틴 도그를 오래 관찰 연구한 결과로 나온 것이 아니라 버니즈마운틴 도그는 개고, 개는 포유동물이며, 포유동물은 새끼를 낳는다는 지식에서 나왔을 것이다. 이 단원에서 우리는 이러한 추론을 가능하게 하고 상식을 드러내 보이는 지식이 의미기억으로 표상되는 방식에 대한 모형을 살펴볼 것이다.

이러한 모형을 구축하려면 정보에 관한 심적 표상을 특수 과제에 대한 실험 수행에 기반하여 만들어 나가야 할 것이다. 예를 들어, 우리가 어떤 정보를 다른 정보에 비해(말하자면 철자 L이 단어의 네 번째 철자로 쓰인 단어를 생각해 보라) 아주 빠르게 인출해낼 수 있다면 (말하자면 L로 시작되는 단어를 생각해 보라), 이는 지식의 조직화에 관해 무언가를 시사하는 것이다. 이 예에서는 우리의 어휘집(lexicon) 또는 심적 사전이 단어의 첫 번째 철자에 의거해 조직화되어 있으며 네 번째 철자로 조직되어 있지는 않다는 것이다. 다음에 제시될 특수 모형에서는 제시된 과제들이 정보의 심적 조직화의 본질에 관한 아주 특수한 질문들에 답하기 위해 고안된 것임을 알 수 있을 것이다.

그물망 모형

우리가 지닌 세상사 지식과 언어 지식은 참으로 방대하기 때문에 이에 대한 표상을 저장해 놓는 공간은 엄청 커야 한다. 컴퓨터 과학자들은 지식의 데이터베이스를 만들어 보려고 수십 년 전부터 시도해 왔지만 당시의 컴퓨터로 쓸 수 있는 아주 한정된 기억 공간에 제약되어 왔으므로, 의미기억 모형도 이 제약을 반영하여 만들어졌다. 기억 공간을 절약하는 한 가지 방법은 가능하면 어디에든지 반복되는 정보는 별도로 저장하지 않는 방식으로 하는 것이다. 따라서 "간을 가지고 있다."라는 정보는 버니즈마운틴 도그의 표상에도 적용이 되지만, 인간, 사자, 호랑이, 곰의 표상에도 적용이 되는 것이므로 이는 한 번만 포유동물의 상위수준 표상에 저장해 놓는 편이 좋을 것이다. 이는 인지적 경제성(cognitive economy) 원리를 보여주는 예이다. 인지적 경제성은 모든 속성과 사실을 가능하면 가장 상위에 저장한다는 것이다. 정보를 회복하기 위해서는 추론을 사용하여야 하며, 그래서 버니즈마운틴 도그가 간을 가지고 있는지라는 앞의 질문에 답할 수 있을 때까지 추론을 진행하여야 한다.

의미기억에 관한 이정표적인 연구는 Collins와 Quillian(1969)이 수행하였다. 이들은 의미기억은 생각들이 서로 연결된 그물망에 비유할 수 있다는 생각을 검증하였다. 이후에 나올 연결주의 그물망 모형과 마찬가지로 이 모형은 마디들(nodes)로 구성되어 있는데, 마디란 이 경우에 단어 또는 개념과 대충 일치하는 것이다. 각 마디는 화살표들(pointers), 또는 한 마디에서 다른 마디로 연결되는 고리들(links)로 서로 접속되어 있다. 따라서 주어진 단어 또는 개념에 해당되는 마디는, 그 마디를 다른 마디와 연결하고 있는 화살표와 함께 그 단어 또는 개념의 의미기억을 구성한다. 이러한 한 사람이 알고 있는 단어와 개념 모두와 연합된 마디의 집합을 의미 그물망(semantic network)이라 한다. 그림 7.1에는 이러한 그물망의 일부가 묘사되어 있는데, 버니즈마운틴 도그에 대해 상당히 많이 알고 있는 어떤 한 사람(예 : 저자)이 지니고 있는 의미 그물망이다. 컴퓨터 과학에 익숙한 독자들은 고리로 연결된 목록과 화살표를 보고 Collins와 Quillian이 의도했던 은유를 기억할 수 있을 것이다.

Collins와 Quillian(1969)은 또한 인지적 경제성 원리도 검증하였다. 이들은 만일 의미기억이 마디와 화살표의 그물망과 비슷하고, 또 의미기억이 인지적 경제성 원리에 따르는 것이라면, 특정 마디에 저장된 사실이나 속성이 그 마디에 가까이 저장되어 있으면 가까울수록 그 사실이나 속성에 대한 판단 시간이 빠를 것이라고 추론하였다. Collins와 Quillian의 추론은 다음과 같은 예측을 하게 한다. 만일 버니즈마운틴 도그에 대한 한 사람의 지식이 그림 7.1과 같은 선을 따라 조직화되어 있다면, 그는 "버니즈마운틴 도그는 활기찬 성향을 지녔다."는 문장은 "버니즈마운틴 도그는 새끼를 낳는다."보다 더 빨리 판단할 수 있다. 여기서 "활기찬 성향을 지녔다."는 속성이란 버니즈마운틴 도그 마디 바로 오른쪽에 저장되어 있어, 이 속성이 바로 이 종류의 동물에 특수한 속성임을 알려준다. "새끼를 낳는다."는 버니즈마운틴 도그에게만 특수한 것이 아니며, 따라서 이 위계에서 더 높은 곳에 위치한다.

이들의 연구에서(그림 7.2 참조), Collins와 Quillian은 사람들에게 비슷한 문장을 제시하고, 예언했던 대로 표상이 두 수준 위로 올라가야 하는 문장(예 : "카나리아는 새다.")에 대한 반응시간은 세 수준 위로 올라가야 하는 문장(예 : "카나리아는 동물이다.")에 비해서 덜 걸렸다는 것을 발견하였다.

이 모형은 의미기억의 위계적 의미 그물망 모형 (hierarchical semantic network model of semantic memory)이라 부르는데, 연구자들은 이 마디들이

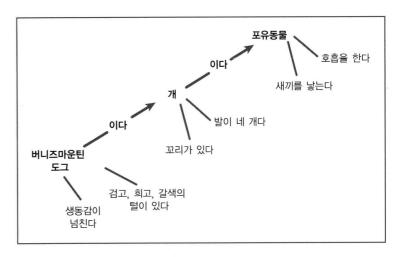

그림 7.1 버니즈마운틴 도그에 대한 의미 그물망 표상 일부분

사진 7.1 두 마리의 실제 버니즈마운틴 도그

위계로 조직화되어 있다고 생각하였기 때문이다. 그물망에 있는 마디들은 대부분 상위수준(superordinate)과 하위수준(subordinate)의 마디들을 가지고 있다. 상위수준 마디는 그 범주의 이름에 해당되고 하위수준 마디는 그 구성원에 해당된다. 따라서 '고양이' 마디에는 '동

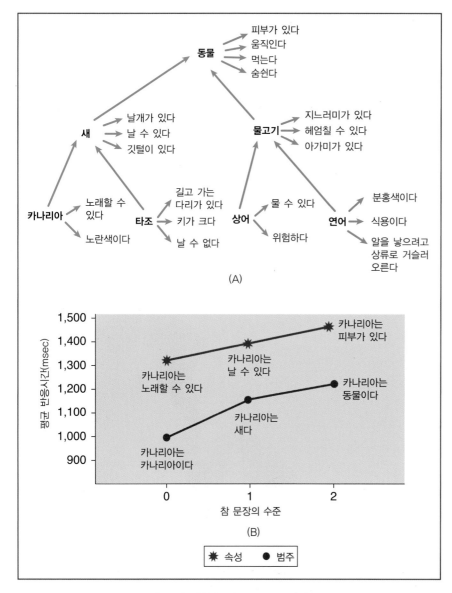

물'이라는 상위수준 마디가 있고, 아마도 하위수준 마디로 '페르시안 고양이', '얼룩 고양이', 또 '캘리코 고양이' 같은 것이 있을 것이다.

Meyer와 Schvanevelt(1971)는 일련의 실험에서 의미 그물망 가설을 정교화하여 왔다. 이들은 만일 관련 단어들이 서로 가까이 저장되어 있으면서 의미 그물망에서 서로 연결되어 있거나 한 마디가 활성화되어 에너지를 받는다면, 이 에너지는 그림 7.3에서 보는 것처럼 관련 마디에 확산될 것이라고 추론하였다.

Meyer와 Schvaneveldt(1971)는 흥미로운 현상을 발견하였다. 이들의 연구에서 실험 참가자들에게 두 개의 철자열을 한꺼번에 보여주었는데, 하나는 다른 것 위에 제시되었고, 두 개의 철자열이 모두 단어인지 아닌지를 판단하게 하였다. 만일 철자열 두 개 중에 하나가 실제 단어(예 : 빵)라면, 참가자들은 다른 철자열이 의미적으로 연합된 단어인 경우(예 : 버터)에 무관련

그림 7.2 Collins와 Quillian(1969) 실험에 대한 도판 해석. (A) 도판은 내재적 의미 그물망을 보여주며, (B) 도판은 의미 그물망 정보에 관한 문장을 검증하는 데 걸린 반응시간을 보여준다.

단어인 경우(예 : 의자)나 비단어(예 : 렌클)에 비해 반응을 더 빨리 하였다. 이 발견에 대한 해석은 활성화 확산(spreading activation)이라는 개념을 만들어 냈는데, 이는 의미 그물망의 마디들 연결을 따라서 흥분이 확산된다는 생각이다. 누군가 빵이라는 단어를 읽는다면, 그는 의미기억에 있는 해당 마디를 활성화시킨 것이라 생각할 수 있다. 이 활동이 점화된다는 것은 빵에 관련된 해당 마디들의 활성화 수준을 변화시켰다는 것이다. 따라서 단어 버터의 처리가 시작되는 시점에는 해당 마디는 이미 흥분되어 있어 결과적으로 처리가 빨라진다. 이 점화 효과는 원래 Meyer와 Schvaneveldt가 발견한 것인데, 그 이후 몇 년간 광범위하게 반

복되었으며(Neely, 1990 참조), 나중에 설명할 연결주의 그물망을 이해하는 데 아주 중요한 개념이다.

여러분은 여기서 제3장에서 공부하였던 단어 우월 효과(word superiority effect)에 관한 연구와 연결된다는 점을 주목할 것이다. 사람들이 일반적으로 특정 철자(D 또는 K)를 재인하는 것이 단어 맥락에서 할 때(WOR_) 맥락이 없거나 비단어 맥락에서 재인하는 경우(OWR_)에 비해 더 빠르다는 사실을 회상해 보라. 이에 관해 제공되었던 설명은 대충 다음과 같았다. 그 단어의 해당 마디가 단어 맥락일 경우에는 그 단어가 활성화되기 때문에 단어 맥락은 철자 재인에 도움이 된다. 이러한 자동적인 활성화는 단어 전체 부분의 재인을 촉진시키므로 철자 재인도 촉진시킨다. Meyer와 Schvaneveldt(1971)의 결과는 이 생각을 조금 더 확장하는 것이다. 개별 마디들이 외부 자극에 의해 직접적으로 자극되는 것만이 아니라, 이는 관련 마디에서 오는 활성화 확산을 통해 간접적으로 자극될 수도 있다.

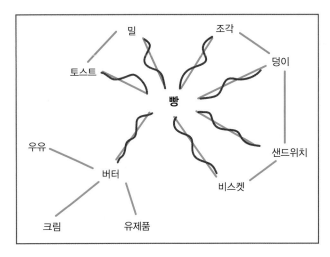

그림 7.3 활성화 확산의 묘사. '빵'이라는 마디가 일단 흥분되면, 이 활성화는 관련 마디들로 나아간다.

Collins와 Quillian(1969)이 그들의 모형을 제시하고 난 바로 다음 다른 이들은 이 모형의 예측을 반박하는 증거들을 발견하기 시작하였다. 한 가지 계열의 증거는 인지적 경제성에 관한 것으로, 인지적 경제성이란 사실과 속성들이 위계적 마디 중에서 가능한 한 가장 높은 일반적인 마디에 저장된다는 것이다. Carol Conrad(1972)는 이 가정에 모순되는 증거를 발견하였다. Conrad가 제시한 문장 판단 과제 실험에서 참가자들은 "상어는 움직일 수 있다."와 같은 문장에 대해 "물고기는 움직일 수 있다." 또는 "동물은 움직일 수 있다"를 판단하는 시간과 비슷하게 대답했다. 하지만 인지적 경제성 원리에 의하면, '움직일 수 있다'는 '동물' 마디에 가까이 저장되어 있으므로 세 문장에 대한 검증 시간은 동물, 물고기, 상어 순으로 더 길어져야 한다. Conrad는 '움직일 수 있다'라는 속성은 동물, 상어, 물고기에 모두 빈번하게 연합되어 있는 것이라 주장하면서 반응시간을 예측하는 것은 인지적 경제성이 아니라 연합 빈도라고 주장하였다.

Collins와 Quillian(1969) 모형의 두 번째 예언은 위계적 구조와 관련되어 있다. 아마도 그물망에 동물, 포유류, 돼지 같은 단어들이 표상되어 있다면(이는 다시 개념을 표상하는 것), 포유류 마디는 동물 마디 아래에, 또 돼지 마디는 포유류 마디 아래에 저장되어 있다고 보아야 할 것이다. 하지만 Rips, Shoben, 그리고 Smith(1973)는 참가자들이 "돼지는 동물이다."라는 문장을 "돼지는 포유류다."라는 문장보다 더 빨리 검증한다는 것을 보여주면서, 이들 모형에서 예언된 위계 구조가 위반되는 증거라고 하였다.

위계적 그물망 모형의 세 번째 문제는 다른 일관성 있는 연구결과들을 설명하지 못한다는 것이다. 그중 한 가지는 전형성 효과(typicality effect)이다. Rips와 동료들(1973)은 "참새는 새다."에 대한 반응이 "칠면조는 새다."에 대한 시간보다 빠른 것을 발견하였는데, 위계 모형에 따르면 이 문장들에 대한 판단시간이 같아야 한다. 일반적으로 한 개념의 전형적 예들에 대해서는 비전형적인 예들보다 더 빨리 반응한다. 대부분의 사람들에게 참새는 전형적인 새이지만 칠면조는 그렇지 않다. 이 위계적 그물망 모형은 전형성 효과를 설명하지 못한다. 이 모형은 한 개념의 모든 예가 비슷하게 처리된다고 예언한다.

Collins와 Loftus(1975)는 Collins와 Quillian(1969)의 위계적 그물망 모형을 정교화하여 **활성화 확산 이론**(spreading activation theory)이라는 모형을 제시하였다. 일반적으로 이들은 사람들이 의미 정보를 처리하는 방식에 관한 가정들을 명료화하고 확장하고자 하였다. 이들은 또 그물망의 마디가 개념들에 해당되는 의미기억의 그물망이라고 생각하였다. 또한 관련 개념들은 그물망의 통로로 연결되는 것으로 보았다. 더 나아가 이들은 한 마디가 활성화되면 그 마디의 흥분이 통로 또는 연결고리를 통하여 관련 개념으로 확산되는 것이라 주장하였다. 이들은 활성화는 바깥으로 확산되면서 강도가 줄어들어, 밀접하게 관련된 개념은 많이 활성화시키지만, 관련이 먼 마디는 아주 조금 활성화시키는 것이라 생각하였다.

그림 7.4에 Collins와 Loftus(1975)가 고안한 바와 같은 의미 그물망의 일부가 표상되어 있다. 이 모형에서 아주 비슷한 개념들—예컨대 '자동차'와 '트럭' 같은 것—은 연결 고리가 많으며 서로 가까이 놓여 있음에 주목하라. 좀 덜 비슷한 개념들인 '집'이나 '해넘이' 같은 것은(두 가지 다 빨간색이지만 아닐 수도 있음) 직접 연결이 없으며 따라서 멀리 떨어져 놓는다. 두 개 개념 사이의 고리 또는 연결은 연관된 특정한 가중치 또는 가중치 집합을 가지고 있다. 가중치는 한 개념이 이와 연결된 다른 개념의 의미에 비추어 얼마나 중요한 것인지를 지시한다. 가중치는 이들 연결에 따라 서로 다를 수

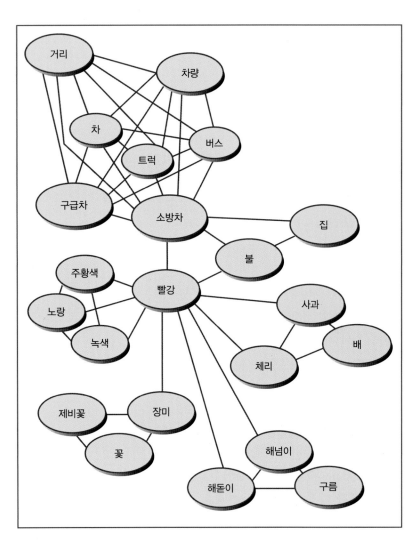

그림 7.4 관련 개념들에 대한 그물망 표상의 일부. 마디들 사이의 거리는 두 개념 사이의 연결 또는 관련성의 정도를 나타낸다.

있다. 따라서 트럭의 의미에는 '탈 것'의 하나라는 사실이 아주 중요한 의미이지만, 탈 것의 의미에는 트럭이 한 예라는 사실이 그리 중요하지 않을 수 있다.

Collins와 Loftus(1975)는 이 모형이 다른 실험연구에서 나온 자료를 설명하는 방식을 포괄하고자 제시하는 몇 가지 다른 가정을 서술하고 있다. 이들은 인지적 경제성과 위계적 조직화라는 가정을 버림으로써 Collins와 Quillian(1969) 모형의 문제점을 피하고자 한다. 하지만 대부분의 심리학자들은 이 모형의 포괄성과 주요 강점은 또한 주요 약점이 될 수도 있다고 보는데, 왜냐하면 경험적 연구결과에 관한 모형에서 분명하고도 강력한 예언을 만들기는 어렵기 때문이다. 따라서 이 모형이 전형성 효과와 범주 크기 효과와 같은 결과들과 일치한다 하더라도, 이 모형을 위증하는 자료를 생각하기란 힘들기 때문이다. 이 제안은 따라서 특정 모형이라기보다는 서술적 개념 틀이라 간주된다.

ACT 모형

기억에 관한 또 다른 그물망 모형은 John Anderson(1976, 1983, 1993, 2005; Anderson, Budiu, & Reder, 2001)이 수년간 발전시키고 정제해 왔다. 이는 기억에 관한 사고의 적응통제 모형(adaptive control of thought model of memory)이라고 하며, 거의 40년 이상 개발되어 왔으며, 여러 버전(ACT-*, ACT-R)이 있다. 컴퓨터 유추에 기반하여 ACT는 여러 다른 과제들의 인지처리를 컴퓨터 시뮬레이션으로 만들기도 했다. ACT 모형에서는 제6장에서 이야기되었던 의미/일화기억을 구분하지는 않지만 작업기억, 서술기억, 절차기억의 기억 체계 세 가지는 구분한다.

J.R. Anderson(1983)은 서술기억은 마디를 포함하는 그물망으로 정보가 저장되어 있다고 생각했다. 마디에는 여러 종류가 있는데, 그중에는 공간적 심상에 해당되는 것과 추상적 명제에 해당되는 것들이 있다. 다른 그물망 모형과 마찬가지로 ACT 모형에서도 어떤 마디든 활성화되며, 연결된 마디로의 활성화 확산도 허용하고 있다. Anderson은 또한 절차 기억의 존재도 상정하고 있다. 이 기억은 산출 규칙(production rules)의 형태로 정보를 저장한다. 산출 규칙은 성취하려는 목표(goal), 규칙이 적용되기 위해 참이어야 하는 하나 이상의 조건들(conditions), 그리고 그 규칙을 적용한 결과로 생기는 하나 이상의 행위들(actions)을 명세화한다.

예를 들자면 전형적인 대학생 한 사람이 이 산출 규칙을 사용할 수 있다. "만일(if) 목표가 적극적으로 그리고 주의 집중하여 공부하는 것이고(목표), 그리고(and) 기숙사의 소음 수준이 높다면(조건), 또한(and) 학교 도서관이 열려 있다면(조건), 그렇다면(then) 공부할 거리들을 챙겨서(행위) 그리고(and) 이것들을 도서관에 가지고 가고(행위) 그리고(and) 거기서 공부를 한다(행위)." 좋다, 이 예는 일부러 고안된 느낌이 나기는 한다. 하지만 심리학자, 컴퓨터 과학자, 그리고 또 다른 이들도 산출 규칙을 사용하여 인간 문제 해결을 본뜨기(simulation)하는 컴퓨터 프로그램을 만들어 왔다. 글상자 7.1은 J.R. Anderson(1995)에서 나온 것인데, 다단 뺄셈에 적용되는 산출 규칙의 예를 제시하고 있다.

다단 뺄셈을 위한 산출 규칙

만일 목표가 뺄셈 문제를 푸는 것이라면,
그렇다면 하위목표를 가장 오른쪽 단의 처리에 둔다.

만일 현재 단에 답이 있으며
    그리고 왼쪽에 단이 있다면,
그렇다면 하위목표를 그 단을 왼쪽으로 진행하는 것으로 한다.

만일 목표가 단을 처리하는 것이고
    그리고 바닥 숫자가 없다면,
그렇다면 꼭대기 숫자를 답으로 적는다.

만일 목표가 단을 처리하는 것이고
    그리고 꼭대기 숫자가 바닥 숫자보다 작다면,
그렇다면 꼭대기 숫자에 10을 더한다.
    그리고 왼쪽 단에서 빌려온 것을 하위목표로 설정한다.

만일 목표가 단에서 빌려오는 것이고
    그리고 꼭대기 숫자가 영이 아니라면,
그렇다면 그 숫자는 1이 덜어진다.

만일 목표가 단에서 빌려오는 것이고
    그리고 꼭대기 숫자가 영이라면,
그렇다면 영을 9로 대치한다
    그리고 그보다 왼쪽 단에서 빌려오는 것을 하위목표로 설정한다.

J.R. Anderson(1983)의 제안은 지식 표상의 문제에 들어가려는 의도만이 아니었다. 그보다 그는 인지적 구조물에 관한 이론을 구축하려 하였으며, 이는 인간 인지가 실제로 작동하는 방식을 설명하려는 것이었다. 그는 기억 저장과 특정 처리 구조를 모두 포함하는 체계를 제안하였다. 흥미로운 것은 이 광범한 목표가 그를 지식 표상에 집중하였던 연구자들에게 잘 들어맞는 모형을 전개하도록 이끌었다는 사실이다.

ACT 모형들에서 작업기억은 사실상 서술기억의 한 부분으로 특정 순간 언제든지 매우 높게 활성화되어 있다. 관련 산출 규칙의 조건에 해당되는 서술기억의 마디가 활성화될 때 산출 규칙 또한 활성화된다. 산출 규칙이 실행될 때 이들은 서술기억 내부에 새로운 마디를 만들어 낼 수 있다. 따라서 ACT 모형은 인간 인지에 관한 확실한 '활성화 기반' 모형이라 묘사된다.

연결주의 모형

이 장의 앞에서 도서관 은유를 든 적이 있다. 이는 정보의 각 조각이 장기기억에 저장되는 방식이 특정 항목이 특정 장소에 저장되는 것이라는 생각으로 마치 도서관에 책이 저장되는 방식과 같다는 것이었다. 이 은유는 한 가지 이상으로 구분되는 기억 '저장소'가 있다고 가정하는 정보처리 개념 틀에서는 유용한 것이다.

연결주의 모형에서는 여러 가정을 하고 있으며, 따라서 도서관 은유를 그렇게 쉽게 받아들이지 못한다. 이해를 돕기 위해 잠깐 기억의 연결주의 모형을 살펴보도록 하자. James McClelland는 인지의 연결주의 모형에서 선구자인데, 기억의 연결주의 모형에 대해 다음과 같이 주장하였다.

> 항목들이 기억에 그렇게 저장된다는 생각에서 떠나 보자. 대신에 기억에 저장되는 것이란 뉴런이 서로에게 보내는 지시 변화의 한 집합이라는 것을 기본 아이디어로 하고, 이러한 지시 변화는 주어진 입력에서 구성될 수 있는 활동의 패턴 양상에 영향을 미치는 것이라 생각하자. 이 이론에 따른다면 어떤 한 사건이 경험될 때, 이는 일련의 처리 단위를 거쳐 활동의 한 패턴을 만들어 낸다. 이러한 활동 패턴은 사건의 표상으로 간주될 수 있다. 그렇다면 일련의 지시는 단위들 간의 연결로 저장되고, 여기서 후속 활동 패턴의 구성에 사용될 수 있는 것이다. 어떤 조건에서는—예를 들어 회상 단서에 대한 반응으로 구성 과정이 일어나는 경우—그 단서는 이전에 경험한 사건을 표상하는 패턴의 재구성 시도라 보이는 활성화의 패턴 구성을 결과할 것이다. 이러한 재구성된 표상은 재회상에 해당된다. 패턴 그 자체가 저장되는 것은 아니고, 따라서 말 그대로 '인출(retrieved)'되는 것이 아니다. 회상의 양은 인출에 따른 것이 아니라 '재구성(reconstruction)'에 따르는 것이다. (2000, p. 583)

의미기억에 대한 그물망 모형과 연결주의 모형을 비교하기 위하여 구체적인 예를 찾아보자. 그림 7.5(A)는 친근해 보이는 여러 개념의 의미망 모형을 제시한 것이다. 그림 7.5(B)는 같은 개념에 대한 연결주의 모형을 제시한 것이다. 개념 '참새'는 그림 7.5(A)에서는 다른 마디들과 관련된 여러 고리로 묘사되며, 그림 7.5(B)에서는 활성화된 특정 집합의 단위들로 묘사되어 있다. 한 단위는 특정 생명체가 지니고 있는 능력(예 : 날기)에 해당되거나 색깔 같은 특정 측면에 해당된다. 어둡게 칠해진 단위는 활성화된 단위이며, 시행이 계속되면서 연결주의 그물망은 단위 '참새'가 활성화되는 때가 언제인지를 학습하게 되며, 그러면 다른 단위들(예 : '할 수 있다'와 '자라다', '움직이다'와 '날다', 하지만 '헤엄치다'는 아니다)도 또한 활성화된다.

이는 어떻게 학습되는 것일까? 기본적으로 연결주의 그물망은 수많은 시행의 훈련 예문들을 통해 학습되어야 한다. 사용된 절차는 '역 전파(back propagation)'라 부르는데, 조금 복잡하기는 하지만 여기서는 아주 단순화된 도판을 같이 보자.

우선 단위 사이의 연결(그림 7.5(B)에서 단위 사이사이에 선으로 그려진)은 무선적이고

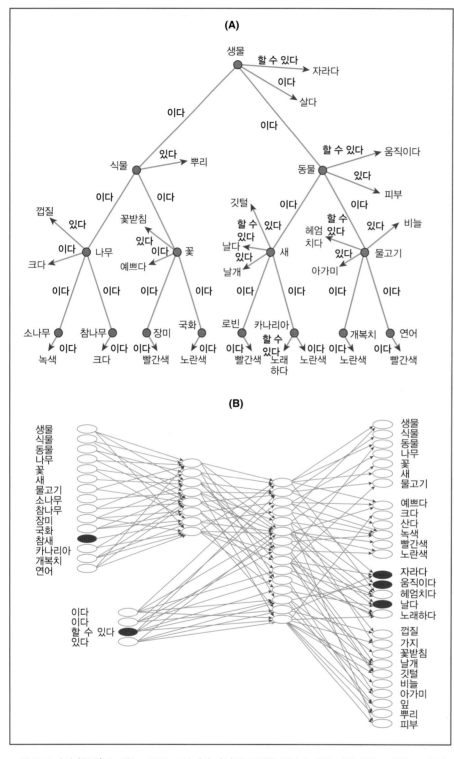

중립적인 값으로 설정된 가중치를 갖는다(예 : 최솟값이 0이고 최댓값이 1이라면, 0.5). 활성화 가중치는 연결된 단위들이 활성화될 것인지(아닌지)를 결정한다. 그물망에 특정 예문(입력 패턴)을 제시하는 것으로 훈련이 이루어지는데, 그물망은 이제 특정 출력을 만들어 낸다. 훈련 처음에는 단어 '참새'가 활성화되고, 다음에 '할 수 있다' 단위와 '예쁘다', '날다', '나뭇가지'가 활성화될 것이다. 이러한 출력은 표적(정확한)과 비교되는데 '할 수 있다', '자라다', '움직이다', '날다'는 모두 활성화되고, 다른 것은 활성화되지 않는다. 그물망 연결은 이 방향에서 조정되고(연결 값이 1에 가까워짐), 다른 연결들은 점차 감소되며(0에 가까워지는 값으로), 이러한 훈련 과정이 새로운 예들에서도 반복된다.

훈련은 대부분 연결주의 연구자들이 '세대(epochs)'라 부르는 학습 시행과 비슷한 일련의 절차로 진행된다. 각 세대는 방금 묘사된 절차를 따른다. 입력 패턴이 제시되고, 활성화의 출력 패턴이 생겨나며, 이후 정확한 표적 활성화 패턴과 비교된다. 이에 따라 단위들 사이의 연결 가중

그림 7.5 (A) '참새'에 대한 그물망 묘사. (B), (A)와 동일한 정보에 대한 대안적인 묘사를 보여주는 연결주의 그물망

치가 조정되고, 다음 세대를 시작하는 또 다른 입력 패턴이 제시된다. [이 훈련 절차가 작동하는 방식에 대한 더 자세하고 기술적인 논의는 McClelland(2000)나 A. Clark(2001)에서 제4장을 참조. 의미기억을 탐색하기 위해 계획된 연결주의 그물망의 또 다른 예를 보려면 McRae(2004) 참조]

잠시 쉬면서 이제껏 살펴본 의미기억에 관한 여러 모형을 생각해 보자. 우리는 지식이 표상되는 방식에 관한 몇 가지 제안을 검토하였다. 의미기억을 묘사하기 위한 그물망 모형의 상대적 이점을 다른 모형들과 비교하는 논쟁은 계속되고 있다[개관을 보려면 M. K. Johnson & Hasher(1987), Rumelhart & Norman(1988) 참조]. 하지만 아직도 활성화 확산이라는 아이디어인 의미점화(semantic priming) 현상에 대한 발견과 의미기억 모형을 검증하고자 시도된 실험적 개혁은 모두 지식이 저장되고 인출되는 원리에 대한 우리의 이해에 공헌하였다. 여기까지 개관한 작업은 인지심리학에서의 또 다른 주제를 직접 이야기해 주는데, 곧 정보를 분류하는 데 사용되는 개념의 형성과 사용이다. 이제 이 주제를 좀 더 자세히 검토할 것이다.

개념 형성과 새로운 예를 범주화하기

만일 여러분이 다니고 있는 대학이 내가 강의하고 있는 이곳과 같다면, 아마 여러분은 졸업에 필요한 학점을 충족시켜야 할 것이다. 그중에는 몇 가지 집단 중에서 일정한 수의 강좌를 수강해야 하는 분야별 요구강좌가 있을 것이다. 예를 든다면 칼턴대학에서는 네 가지 분야가 있다: 예술과 문학(미술 실습, 미술사, 영어, 번역 문학, 외국어 문학, 음악 등으로 이루어진 분야), 사회과학(교육 연구, 경제학, 정치학, 심리학, 사회학/인류학을 포함), 자연과학과 수학(천문학, 생물학, 전산과학, 화학, 지학, 수학, 물리학이 포함됨), 그리고 인문학(역사학, 철학, 종교학을 포함). 이 주제들을 더 큰 분야로 집단화하는 작업은 우리 학교의 범주화, 또는 과목의 분야 집단으로의 할당을 보여주는 예다.

물론 모든 대학에서 이와 같은 과목 집단이나 강좌 할당을 하는 것은 아니다. 다른 학교에서는 심리학이 자연과학 분과에 할당되기도 한다. 많은 학교에서 예술과 인문학이 함께 묶이기도 한다. 칼턴대학의 집단화가 어떻게 이루어졌는지 잘 모르겠지만, 내 생각에는 학장이나 위원들이 이러한 범주에 대한 어떤 심적 표상을 만들어 내었을 것이라 확신할 수 있는데, 이는 인지심리학자들이 개념(concept)이라고 부르는 것이다.

여기서 우리는 개념이 무엇이며 어떻게 형성이 되는지 살펴볼 것이다. 우선 개념이 구조화되는 방식에 대한 여러 이론적 설명을 검토해 보고 이론들이 시사하는 바를 통해서 심적 표상이 작동하는 방식에 대해 추론해 보고자 한다. 그리고 나서 새로운 대상, 형태, 또는 사건에 대해 범주화를 하는 데 개념이 접근되고 사용되는 방식에 초점을 기울일 것이다. 이 장의 앞부분에서 논의하였던 많은 아이디어들, 제3장에서 제시되었던 '지각 : 형태(패턴)와 대상 재인하기'(형태 재인과 유목화는 상당히 비슷한데, 이는 다음에 또 볼 것이다)

를 확장하고 정교화해 볼 것이며, 그리고 마지막 단원에서는 의미기억을 다룰 것이다. 이와 비슷하게 범주화를 검토하다 보면 나중에 언어, 사고, 추론, 그리고 판단하기(제10~11장)에 관해 논의할 수 있을 것이다.

개념과 범주는 무엇이며 어떻게 다른가? 이 두 가지는 좀 모호하지만 구분될 수 있다. Medin(1989)은 개념을 "그것과 특징적으로 관련된 모든 것을 포함하는 아이디어"(p. 1469)라 정의하였다. 곧 개념(concept)이란 어떤 대상, 사건, 또는 일반적으로 그 대상, 사건과 관련되어 있다고 보이는 지식으로 저장된 패턴이다. 대부분의 사람들이 가지고 있는 '개'에 대한 개념에는 개가 동물이며, 다리가 네 개이고, 꼬리가 있으며, '인간의 가장 좋은 친구'라는 평판을 받고 있다는 정보와 가장 일상적인 애완동물이라는 사실 등등이 포함된다.

범주(category)는 다음 중 어느 하나를 공유하는 비슷한 것들(대상이나 실체들)의 한 유목으로 정의할 수 있다: 본질적 핵심(예 : 모든 과학 과목이 '과학'이라고 간주되는 이유) 또는 지각적, 생물학적, 또는 기능적 속성에서의 어떤 유사성(Lin & Murphy, 2001). 어떤 심리학자가 범주가 무엇인지 생각하고 있다면, 아마 여러 사물이 한데 분류될 수 있는 것들을 몇 가지 생각할 것이다. 스무 고개 질문에서 일반적인 처음 질문은 "동물인가요, 아니면 식물, 또는 광물인가요?"이다. 이 질문은 지금 추측되고 있는 항목을 세 가지 범주 중 하나로 범주화하려는 것이다. 어떤 범주는 이 세상에 객관적으로 존재하는 것으로 묘사되며, 개념은 범주들의 심적 표상으로 묘사된다(Medin, 1989).

개념은 우리가 지니고 있는 지식 바탕에서 질서를 잡는 데 도움이 된다(Medin & Smith, 1984). 개념은 우리가 마주치는 것들을 분류하는 심적 '바구니'를 제공해 주고, 새롭고 이전에 본 적이 없는 것들을 같은 집합에 있는 친숙한 것들과 같은 방식으로 지각하게 함으로써 범주화를 할 수 있게 해준다(Neisser, 1987). 범주화는 또한 예언하고 그에 따라 행동할 수 있도록 해준다. 만일 내가 꼬리가 달린 네발짐승이 나를 향해 다가오고 있는 것을 본다면, 나는 이를 개 또는 늑대로 분류할 것이며, 이는 내가 그를 부를 것인지, 달아날 것인지, 쓰다듬어 줄 것인지, 또는 도움을 요청하는 소리를 지를 것인지를 알려준다.

이 단원에서 계속 우리는 대상과 명사인 개념에 초점을 맞추어 오고 있는데, 왜냐하면 현재 인지심리학에서 가장 흔히 연구되는 것들이기 때문이다. 하지만 연구되는 개념의 종류가 이후 만들어지는 이론에 영향을 미칠 수 있다는 사실을 앞으로 깨닫게 된다. 따라서 심리학자들이 사람들이 가지고 있는 개념의 전반적인 범위를 아직 충분히 탐구하지는 못하고 있다는 사실을 염두에 둘 필요가 있다.

앞서 개관했던 의미기억의 모형들은 여러 개념이 상호 관련된 표상 방식을 묘사하였다. 여기서는 개별 개념들의 표상과 조직화에 집중해 보려 한다. 우리는 개념이 표상되고 구조화되는 방식에 관한 제안을 다섯 가지로 나누어 살펴볼 것이다. 각 제안은 "특정 개념을 가지고 있다고 할 때 우리는 어떤 정보를 가지고 있는 것인가?"라는 질문에 서로 다른 답을 제공한다. 각 제안은 따라서 개념이 형성, 습득, 또는 학습되는 방식에 관한 질문에 서로 다른 시사점을 지닌다.

고전적 이론

개념에 관한 고전적 이론은 아리스토텔레스까지 거슬러 올라가는데, 이는 1970년대까지는 심리학에서 지배적인 이론이었다(Smith & Medin, 1981). 이는 어떤 개념의 모든 예가 기본적인 속성(characteristics), 또는 특징(features)을 공유하고 있다는 믿음에 근거하여 조직되어 있다(Medin, 1989). 특히 개념의 고전적 이론(classical view of concepts)에서는 표상되는 특징들이 개별적으로 필수적이고 집합적으로 충분한 것이라 본다(Medin). 어떤 특징이 개별적으로 필수적이라는 말은 각 예가 개념의 한 구성원(member)으로 간주된다면 바로 그 특징을 가지고 있다는 말이다. 가령 '3개의 각이 있다'는 삼각형이라는 개념의 필수적 특징이다. 각이 3개가 아닌 것은 삼각형이라는 자격을 자동적으로 잃는다. 특징들의 한 집합이 집합적으로 충분하다는 말은 그 집합에서 각 특징을 가지고 있는 것이라면 어떤 것이든 자동적으로 그 개념의 한 예가 된다는 뜻이다. 예컨대 '3개의 각이 있다'와 '폐쇄되어 있는 기하학적 도형'이라는 특징의 집단은 삼각형을 명세화하기에 충분하다. 두 가지에 모두 합당하다면 어떤 것이든 삼각형이다. 표 7.1은 개별적으로 필수적이고 집합적으로 충분한 개념 또는 특징 집합의 또 다른 예들을 보여준다.

개념의 고전적 이론에는 몇 가지 시사점이 있다. 우선 여기서는 개념이 일련의 특징들을 심적으로 표상한다고 가정한다. 곧 개념들은 특정 예들의 표상이 아니라 모든 예가 지니고 있어야 하는 속성과 특성에 관한 정보를 포함하는 추상화이다. 두 번째로 이 이론은 한 범주의 구성원성(membership)이 명백하다. 어떤 것은 필수적이고 충분한 특징을 모두 지니고 있거나[그 범주의 구성원(member)인 경우], 또는 하나 이상의 특징이 부족하다(구성원이 아닌 경우). 세 번째로 이 이론은 한 범주의 모든 구성원이 동등하다고 시사한다. 곧 '더 나은' 또는 '더 나쁜' 삼각형 같은 것은 없다.

표 7.1 개념과 그 특징의 예

개념	특징
독신남	남자
	성인
	미혼
	인간
짝수	정수
	2로 나누어짐
삼각형	평면도형
	폐쇄 기하도형
	3개의 각

Eleanor Rosch와 동료들이 한 연구들(Rosch, 1973; Rosch & Mervis, 1975)에서는 고전적 이론을 반박하면서 이 이론의 문제점을 드러냈다. Rosch는 사람들이 범주의 여러 구성원들을 '좋은 정도'에서 서로 다르게 판단한다는 사실을 발견하였다. 이를테면 북미에 사는 이들이라면 대부분 참새나 종달새가 새의 아주 좋은 예라고 생각하지만 닭, 펭귄, 또는 타조 같은 다른 예들은 그렇게 좋지 않은 예라고 볼 것이다. 이 결과로 나오는 문제는 바로 고전적 이론에 관한 문제이다. 고전적 이론은 범주의 구성원성을 실무율적으로 본다. 한 예(참새 또는 타조)는 한 범주에 속하든지 아니든지 둘 중의 하나다. 이 이론은 어떤 새는 더욱 '새 답다'는 사람들의 직관을 설명할 방법이 없다.

이후 실험에서 범주의 한 예에 대한 전형성(typicality)에 대한 판단, 곧 그 범주에서 '좋은 정도'는 여러 과제에서 수행 결과의 몇 가지 측면을 예언해 주는 것으로 나타났다. 이 장 앞부분에서 문장 검증 과제에서 참가자들이 문장 진위를 판단할 때, "참새는 새다."를 "닭은 새다."보다 더 빨리 반응한다는 사실을 보았다(McCloskey & Glucksberg, 1978; Rosch, 1973; E. E. Smith, Shoben, & Rips, 1974). 한 개념의 예를 들어 보라고 하면 전형적인 예를 비전형적인 예보다 들 가능성이 더 크다(Mervis, Catlin, & Rosch, 1976). 의미점화 연구에서 보면 대부분 아주 전형적인 예들은 점화가 더 잘 된다(Rosch & Mervis, 1975; Rosch, Simpson, & Miller, 1976).

이 연구결과들은 고전적 개념틀로는 쉽게 설명되지 않는다. 또한 다른 연구들에서도 사람들이 필수 특징 목록을 저장해 놓고 범주 구성원을 판단할 때 그 목록을 참조한다는 생각에 의혹을 던졌다. McCloskey와 Glucksberg(1978)는 참가자들에게 일련의 항목을 제시하고 그 항목들이 특정 범주에 속하는지 아닌지 물었다(예 : "'의자'는 '가구'의 범주에 속합니까?"). 고전적 이론에서는 사람들 사이에 확실한 일치가 보일 것이라 예언하겠지만, McCloskey와 Glucksberg의 실험 참가자들은 사실상 비전형적인 예에 대해서는 일치하지 않았다(예 : "'책꽂이'는 '가구' 범주에 속합니까?"). 여러 실험 회기에서 보면 참가자들은 사실 자기 자신의 반응 내에서도 일관적이지 않은 경우가 많았다. 이 결과는 범주에는 분명하게 정의되는 경계가 있다는 고전적 이론을 특히 강력하게 반박하였다. 마지막으로 한 범주의 구성원성을 들어보라고 특별히 지시받은 경우에도 개별적으로 필수적이고 집합적으로 충분한 특징 목록을 만들어 내지 못하는 사람이 대부분이었다(Ashcraft, 1978; Rosch & Mervis, 1975).

원형 이론

개념의 본질에 관한 두 번째의 이론적 견해는 원형 이론이라 알려진 것이며, 이는 1970년대에 제안되었다. 개념의 원형 이론(prototype view of concepts)에서는 필요 충분한 특징 목록이 있다는 사실을 부인하며(수학적인 것 몇 가지 외에는), 그보다는 개념이란 여러 종류의 추상화라고 본다(Medin & Smith, 1984). 지각 연구자들처럼(제3장 참조) 개념 연구자들은 심적 원형의 존재를 믿어, 대상 또는 사건들의 어떤 유목을 이상적으로 대표하는 것이 심적 원형이라 한다. 특히 개념의 원형 이론을 연구하는 이들은 개념의 원형에는 필요충분한 특징 대신에 범주 구성원의 속성(characteristic)이라고 하는 특징 또는 국면이 포함된다고 생각한다. 어떤 한 예가 한 범주의 구성원으로 간주되기 위해서 개별적인 특징이나 국면이 있어야 할 필요는 없지만('대상이다'라는 등의 아주 사소한 것 외에는), 속성 특징(characteristic feature)이나 국면(aspects)이 더 많을수록 그 예는 그 범주의 구성원으로 간주될 가능성이 커진다.

개념과 범주에 관한 원형 이론에서는 개념 구조의 가족적 유사성(family resemblance structure of concepts)(Wittgenstein, 1953)에 관한 언급을 자주 하는데, 이는 각 구성원이 몇 개의 특징을 지니고 있으며, 구성원 사이에 공유되는 특징이 각기 다르다는 것이다. 범주의 모든 구성원이 각기 모두 공유하고 있는 특징은 있다고 하더라도 아주 드물다. 하지만 그 구성원이 지니는 특징이 많으면 많을수록 그 구성원은 더 전형적인 예가 된다. 그림 7.6은 가족 유사성의 한 예를 보여준다. 스미스 집안의 형제들은(Smith Bros. Cough Drop boxes에 따라 모형화) 몇 가지 공유 특징들이 있다: 밝은 머리칼, 콧수염, 큰 눈, 그리고 안경. 스미스 집안 형제들 모두가 모든 특징을 다 가지고 있는 것은 아니지만, 스미스 집안 형제들의 친구들은 이 모든 특징을 가진 중간에 있는 형제가 이들 모두 중에서 가장 전형적이라고 판단하였다. 이 전형적인 형제는 밝은 머리칼, 콧수염, 큰 눈, 그리고 안경이라는 특징을 모두 가지고 있고, 10시 방향의 형제와는 큰 귀, 안경, 그리고 밝은 머리칼을 공유하고 있으며, 7시 방향의 형제와는 콧수염과 큰 귀를 공유하고 있음에 주목하자. 사실상 모든 한 쌍의 형제들을 비교해 보면 공유하고 있는 특징이 서로 다르다.

개념의 원형 이론에서는 전형성 효과를 가족 유사성을 참고하여 설명한다. 한 개념의 예가 지니고 있는 속성적 특징이 많을수록 가족 유사성이 강한 것이고, 따라서 더 전형적인 예가 된다는 생각이다. 아마도 그러니까 참새는 펭귄보다 더 전형적인 새라고 생각

그림 7.6 가족 유사성의 예

되는데, 이는 참새가 '작다', '난다', '벌레를 먹는다', 그리고 '나무에 산다'와 같은 새의 속성에 속하는 특징을 다 가지고 있기 때문이다. '총각'과 같은 잘 정의된 개념에서도 어떤 예는 다른 이들보다 더 총각답다. 이를테면 13살짜리 남자아이가 총각의 좋은 예가 되는가? 이 아이는 남성이며 미혼이다. 따라서 이 아이는 10년 전에 비해 더 좋은 예가 될 것이다. 교황은 어떤가? 여기서 초점은 13살짜리 남자아이나 교황은 모두 총각의 기술적 정의(technical definition)에 들어맞는다는 것이지만('성인'에 대한 정의를 포함하느냐에 대해서는 일치되지 않는 점이 있음), 두 예는 모두 요즘의 멋진 청년에 비해 더 좋은 예가 될 수 없다는 점이다.

Rosch와 Mervis(1975)는 일련의 연구에서 대학생 참가자들에게 여섯 가지 상위범주('가구', '탈 것', '과일', '입을 것', '무기', '채소' 같은)에서 나온 용어들(의자, 자동차, 오렌지, 셔츠, 총, 강낭콩 같은)을 제시하고 이들 대상의 '공통적이고 특성적인' 속성들을 목록으로 적으라고 하였다. 이를테면 '의자'라는 단어에 대해서 참가자는 "4개의 다리가 있다. 앉을 때 사용한다. 팔걸이가 있을 수도 있다. 집이나 사무실에서 사용한다."라고 목록을 적을 수 있다. 그리고 나서 Rosch와 Mervis는 상위범주에 속하는 모든 기본수준 용어들(basic-level terms)에 대해 참가자가 목록으로 적은 모든 속성(attributes)의 수를 세었다(예: 의자, 소파, 탁자, 옷장, 책상, 침대, 시계, 장롱, 화병, 전화기에 대해 적은 모든 속성). 그다음에 이들은 각 항목에 대해서 공통적으로 적힌 속성의 수를 계산하였다. 이들은 의자나 소파와 같은 항목들―'가구'라는 상위범주에서 비교적 전형적인 것으로 보이는 것들―은 시계나 전화기처럼 가구에 전형적이지 않은 항목들에 비해 더 많은 '가구'의 속성을 지니는 것을 발견하였다. 하지만 여섯 상위범주 중 어느 범주에서든 20개 항목 모두에 적용되는 속성은 아주 드물어 0개 또는 1개 정도였다(예: 모든 과일에 속하는 속성).

원형은 그러니까 한 범주의 모든 특성적 특징을 포함하는 일종의 추상화이다. 원형은 그 범주의 실제 예가 될 수도 있고 아닐 수도 있다. 원형은 때로 심적 '요약' 또는 모든 예의 '평균'이라 생각되지만 이 견해에도 몇 가지 문제점이 있다(Barsalou, 1985). 원형 이론의 일반적인 아이디어는 따라서 개념에는 한 가지 이상의 '핵심' 표상이 있으며, 이는 견고한 경계선이 있는 것이 아니라 가족 유사성 구조에 근거하고 있다는 것이다.

Rosch와 동료들(Rosch, Mervis, Gray, Johnson, & Boyes-Braem, 1976)은 개념에 대한 또 다른 중요한 사실을 발견하였다. 모든 개념이 몇 가지 수준의 위계로 이루어져 있는 것은 아니지만(예: '버니즈마운틴 도그', '개', '갯과', '포유동물', '동물'), 이들 추상화 중 한 수준이 심리적으로 기초적인 것으로 보인다는 사실이다. 연구자들은 이를 더 높은 수준(상위범주)과 더 낮은 수준(하위범주) 개념과는 구분되는 '기본'수준이라고 불렀다.

범주의 기본수준(basic level of categorization)과 다른 수준이 구분된다는 사실을 이해하려면 범주화의 목적을 고려해 보면 된다. 한편으로는 우리는 비슷한 사물, 사건, 인물, 생각 등을 한데 집단화하고자 한다. 또 다른 편으로는 우리는 사물, 사건, 인물, 생각 중 중요한 방식에서 서로 다른 것들을 구분해 내는 범주화를 원한다. 이 두 가지 목적 사이에는 어떤 타협안이 있어야만 한다. Rosch와 동료들은 기본수준이 가장 좋은 타협안이라 본다.

　'피아노'와 '기타'는 기본수준 범주의 예들이다. 이 범주에서는 서로가 최대한으로 비슷한 구성원들을 포함한다. 반면에 상위수준 범주(superordinate levels of category)(예 : '악기')에는 몇 가지 면에서 서로 다른 구성원들이 포함된다(예 : 피아노와 기타 같은). 동시에 기본수준 범주는 서로 가장 변별이 잘 되는 것인데, 특히 상위범주에 비교해 보면 그렇다. '그랜드 피아노'와 '수형 피아노'는 하위수준 범주(subordinate level of category)의 두 범주인데, '피아노'와 '기타' 같은 기본수준 범주의 두 가지에 비해 구분이 덜 된다. 이러한 목록이 표 7.2에 제시되어 있는데, 기본수준 범주를 관련 상위범주와 하위범주에 따라서 정리한 예들이다.

　원형 이론은 범주의 어떤 구성원이 다른 것보다 더 전형적으로 보이는 이유를 설명하는 작업을 훌륭히 해냈다. 이는 또한 우리가 개념의 정의를 엄격하게 내리기 힘든 이유를 설명해 준다. 엄격한 정의란 존재하지 않는다. 마지막으로 원형 이론은 어떤 방식의 분류는 특히 쉬울 수도 있고, 또 다른 것은 명확하지 않을 경우도 있다는 사실도 설명한다. 일부 사람들은 채소로, 또 다른 사람들은 과일로 분류하는 토마토를 예로 들어 보자. 생물학자에게 토마토는 식물의 꽃에서(기술적으로 말하면 암술에서) 발생하는 것이므로 과일이다. 채소는 이와 달리 식물의 생식기관에 속하지 않는 부분인 줄기나 뿌리 같은 것이 채소인 것이다. 원형 이론으로 토마토의 모호성을 설명할 수 있다. 이것은 채소 특징(채소로 분류하게 하는)과 과일 특징(과일로 분류하게 하는)을 모두 가지고 있다.

　원형 이론에 문제점이 없는 것은 아니다. 한 가지 이 이론은 개념 경계의 한계에 대해 지닌 지식을 파악하지 못한다. 이를테면 치와와는 그레이트 데인에 비해 고양이와 비슷한 점이 더 많지만, 치와와와 그레이트 데인은 모두 개로 분류된다. 원형 이론으로는 그 이유를 설명하기 쉽지 않다. 어떤 것이 한 범주에 속할 수 있는지 없는지에 대해 제한 또는 경계를 설정하는 고전적 견해와 달리 원형 이론은 명확한 제한을 명세화하지 않는다.

　Rosch와 동료들(Rosch, 1973; Rosch & Mervis, 1975; Rosch, Mervis, et al., 1976)은 서로 다른 범주를 둘러싸는 어떤 제한이 환경 그 자체에서 생겨난다고 주장한다. 예를 들자면 날개가 있고 날 수 있다는 것은 함께 일어나는 경향이 있고, 이런 특징을 지니는 대상을 우리는 새라고 부른다(하지만 비행기, 나비, 벌레도 있다). 따라서 범주 사이의 경계는 인지적인 정보처리기에서 나오는 것이 아니라 세상의 작동 방식에 관한 우리 지식에서 나오는 것이다. 특성 또는 특징의 어떤 패턴은 세상에서 생겨나기도 하고 다른 것들은 그렇지 않다(Komatsu, 1992; Neisser, 1987). 사람들이 하는 범주화의 주요 작업은 세상의 규칙성에 관한 정보를 집어내는 것이지, 고전적 견해에서 암시하듯이 임의적인 집단화를 부여하는 것은 아니다. (세상에 관한 '정보를 집어내는' 것이라는 개념은 제3장에서 논의하였던 지각에 관한 깁슨의 이론을 상기시킬 것이다.)

　원형 이론의 두 번째 문제점은 전형성 평정과 관련된다. Barsalou(1985, 1987)와 Roth와 Shoben(1983)은 한 예의 전형성은 어느 정도 맥락(context)에 의존한다는 사실을 보여주었

표 7.2 관련 상위범주와 하위범주와 함께 보는 기본수준 범주

상위수준 범주	기본수준 범주	하위수준 범주
악기	기타	클래식 기타
		포크 기타
	피아노	그랜드 피아노
		수형 피아노
	드럼	바스 드럼
		케틀 드럼
과일	사과	맛있는 사과
		맥킨토시 사과
	복숭아	천도 복숭아
		수밀도
	포도	캠벨 포도
		씨없는 청포도
도구	망치	장도리
		둥근머리 망치
	톱	켜는 톱
		자르는 톱
	드라이버	필립스 드라이버
		보통 드라이버
입을 것	바지	리바이스
		이중 뜨개 바지
	양말	뜨개 양말
		발목 양말
	셔츠	드레스 셔츠
		뜨개 셔츠
가구	탁자	부엌 탁자
		거실 탁자
	등	마루등
		책상등
	의자	부엌 의자
		거실 의자
탈 것	자동차	스포츠카
		4-도어 세단
	버스	시내 버스
		시외 버스
	트럭	픽업 트럭
		트레일러 트럭

다. 참새는 우리 주변에서 보는 새의 맥락에서는 전형적이지만 농장 마당에서라면 전형적인 새로 보이지 않는다. 이러한 결과들은 어떤 범주의 구성원에게는 전형성 수준이 있다는 생각과 상반되는 것이다. 대신에 전형성은 개념이 고려되는 맥락에 따라 달라지는 것으로 보인다.

Armstrong, Gleitman과 Gleitman(1983)은 전형성 평정에 수반되는 부가적인 문제들을 보여주었다. 이들의 연구에서 연구자들은 참가자들에게 Rosch와 동료들이 이전에 연구했던 자연 개념('탈 것' 또는 '과일')과 잘 정의된 개념('짝수', '여성', '기하 도형')의 예들을 제시하고 전형성을 평정해 보라고 하였다. Armstrong과 동료들은 참가자들이 잘 정의된 범주(well-defined concepts)의 구성원에 대해서도 전형성 평정을 즐겁게 하여, 이를테면 3은 57보다 더 전형적인 홀수라는 데 동의하였음을 발견하였다. 그러나 바로 이 참가자들은 '짝수'가 잘 정의된 범주이기는 해도 그 범주에서 구성

사진 7.2 겉모습은 아주 다르지만 할리퀸 그레이트 데인과 치와와는 모두 개로 분류된다.

원성의 정도를 말하는 것이 별 의미가 없다고 보았다. 숫자란 짝수이거나 아니거나 한 것이다. 연구자들은 전형성 평정 과제는 적어도 개념의 기저 표상을 발견하는 데 있어 문제가 있는 것이라고 결론지었다.

본보기 이론

개념에 관한 앞서 제시한 두 이론 모두 개념이란 일종의 심적 추상화 또는 요약이라 하였다. 곧 개별 예가 개별적으로 특수하게 저장되거나 심적으로 표상되는 것이 아니라 일종의 구성 표상(composite representation)으로 평균화된다. 개념의 본보기 이론(exemplar view of concepts)에서는 정반대의 가정을 한다. 이 이론은 개념에는 적어도 어떤 실제 개별 예에 대한 표상이 포함되는 것이라고 한다. 본보기 접근에서는 사람들이 새로운 예들을 이미 저장되어 있는 예의 표상, 곧 본보기들과 비교해 보면서 범주화한다고 본다. 말하자면 사람들은 실제 예들에 대한 표상을 저장한다(귀가 긴 골든 리트리버종 피도, 흑백의 셔틀랜드종이며, 오소리와 한 번 싸운 덕분에 꼬리가 잘려나간 로버, 꼬리와 귀를 염색해 다니는 요크셔테리어인 프레셔스).

원형 이론과 마찬가지로 본보기 이론에서도 일반적으로 사람들이 필요 충분한 정의 특징을 들지 못하는 이유를 설명할 수 있다. 이는 또한 왜 명확하지 않은 비전형적인 예들을 범주화하는 데 곤란을 겪는지도 설명해 주는데, 이런 예들은 다른 범주에서 나오는 예들과 비슷하기 때문이거나(예 : 토마토는 오렌지나 사과 같은 과일 예들과도 비슷하고, 비트나 호박 같은 과일과도 비슷하다) 또는 어떤 예들과도 충분히 유사하지 못하기 때문이다 (Medin & Smith, 1984). 전형적인 예는 덜 전형적인 예에 비해 저장될 가능성이 클 것으로

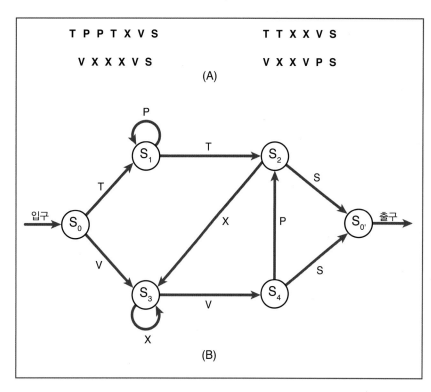

TPPTXVS   TTXXVS

VXXXVS   VXXVPS

(A)

(B)

그림 7.7 Reber(1967)가 사용하였던 가능한 자극들(A)과 이에 내재된 '문법'(B)

보이며(Mervis, 1980) 아니라면 저장된 예에 더 비슷할 것이고, 또는 두 가지 다일 수도 있다. 이는 왜 사람들이 전형적인 예에 대한 정보를 더 빨리 처리하는지를 설명해 준다. 전형적인 본보기 예들에 대한 정보를 인출하려 할 때, 아주 비슷한 저장 예를 찾는 것이 비교적 더 빠르다. 비전형적인 예는 이와 반대로 저장된 본보기 예와 유사하지 않으므로 처리하는 데 시간이 더 걸린다.

본보기 이론이 지닌 가장 큰 문제점은 원형 이론과 마찬가지로 한계가 너무 없다는 점이다. 이 이론으로는 궁극적으로 어떤 예가 저장되고 어떤 것이 되지 않을지 명세화할 수가 없다. 이 이론은 또한 서로 다른 본보기들로 범주화할 때 어떻게 다른 예들이 '마음에 떠오르는지'에 대해 설명하지 못한다. 하지만 대부분의 심리학자들은 사람들이 개념 표상에서 특정 범주 구성원에 대한 몇 가지 정보를 저장하는 것으로 보고 있다.

Arthur Reber(1967, 1976)는 이 주제에 관계된 일련의 연구를 수행하였다. 그의 실험에서 참가자들은 그림 7.7(A)와 같은 철자열을 제시받았다. 실험 집단에는 알리지 않았지만 이 철자열은 아무렇게나 배열된 것이 아니라 어떤 언어 문법을 공유하는 유사성 구조에서 생성된 것이었다.

그림 7.7(B)는 이런 문법 중의 한 가지를 보여주는 것이다. '합법적'인 철자열을 생성하려면―그 문법에 합치하는―여러분 스스로가 '입구'라고 표시된 곳에서 시작하여 '출구'라고 표시된 곳으로 나아가는 경로로 나아간다고 생각해 보라. 각 경로를 거치면서 철자열에 한 철자씩 덧붙여 간다. 첫 '합리적' 철자열이 항상 *T*나 *V*로 시작한다고 하자. 문법의 두 가지 루프가 있으며, 하나는 *P* 또 하나는 *X*라 이름표가 붙여진 것에 주목하라. 이들 루프는 몇 번이고 따라갈 수 있으며(매번 *P* 또는 *X*를 그 철자열에 덧붙인다), 이런 식으로 철자열은 무한히 길어질 수 있다.

Reber(1967, 1976)는 우선 참가자들이 무선적인 철자열을 학습한 통제 집단에 비해 문법에 따른 철자열을 학습한 집단에서 철자열의 문법성 판단에 오류가 적었음을 발견하였다. 좀 더 놀라운 일은 참가자들에게 철자열이 어떤 복잡한 규칙을 따르는 것이라고 미리 이야기해 주었을 때, 그런 구조에 대한 이야기 없이 철자열을 외워 보라고 한 참가자들에 비해 기억을 잘 하지 못했다. Reber는 복잡한 내재 구조(그가 만든 문법처럼)가 있을 때 사람들이 그 구조가 어떤 것인지 알아내려고 하는 경우에 비해 그저 예를 외우려고만 한 이들이 더 잘하는 것은 구조를 알아내려는 참가자들이 잘못된 규칙 또는 구조로 유도되거나 스스로 부정확하게 만들어 내기 때문이라고 하였다.

Brooks(1978, 1987)는 Reber (1967)가 발견해 낸 과정이 일상적인 인지에서 상당히 많은 경우에 작동하고 있다고 믿었다.

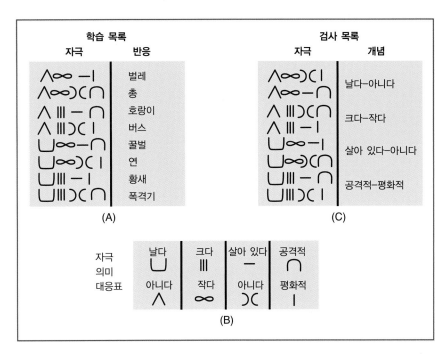

그림 7.8 Brooks(1978)의 실험에서 사용된 자극

Brooks는 이러한 과정을 비분석적 개념 형성(nonanalytic concept formation)이라 이름하여 개념 형성에 관한 초기 연구들에서 연구 참가자들이 보여주었던 분석적(논리적, 과학적, 초점적) 개념 형성과 대비하였다. 비분석적 개념 형성은 때로 암묵적 학습(implicit learning) 이라고도 하는데, 사람들이 개별 예에 주의를 기울이고, 이들에 대한 정보와 표상을 기억에 저장하도록 한다고 하였다. 새로운 예들을 표상과 비교하고, 새로운 예와 기존의 예 사이에서 유추를 이끌어 냄으로써 이후의 유목화가 이루어진다.

한 연구에서 Brooks(1978)는 참가자들에게 쌍대 연합 학습 과제를 수행하게 하였는데, 이는 상형문자 같은 상징 기호를 영어 단어와 연합하는 것을 학습하게 하는 것이었다. 그림 7.8(A)는 이러한 자극의 예들을 보여준다. 각 상징은 어떤 의미를 지니고 있는데, 그 예는 그림 7.8(B)에 나와 있다. 하지만 참가자들에게 이 사실을 주목하게 하지 않았다. 나중에 참가자들에게 그림 7.8(C)와 같은 새로운 철자열을 주고 네 가지 질문에 답을 하게 하였다. "이것은 날 수 있는가? 이것은 큰가? 이것은 살아 있는가? 이것은 공격을 하는가?" 대부분의 참가자들은 이전 예 중에서 비슷해 보이는 것을 생각해 내서 질문에 답하였다고 보고하였다. 하지만 일반적으로 철자열 중에서 특정 상징이 반응의 기초라 집어내지는 못하였다.

Brooks의 결과는 인지심리학자들에게 수수께끼를 던졌다. 겉보기로는 참가자들은 때로는 개념을 형성할 때 특정 가설을 드러내 놓고 검증하였다. 때로는 원형을 형성하였으며 (Posner & Keele, 1968에서와 마찬가지로 이는 제3장에서 서술함), 또 때로는 본보기를 기억하는 것으로 보였다(Reber, 1967, 1976; Brooks, 1978). 문제는 사람들이 이렇게 여러 가지 접근법을 언제 또 왜 사용하는가 하는 것이다.

Brooks(1978)는 이 질문에 대한 답은 개념 형성 과제 그 자체와 관련되어 있다고 생각했다. 단순한 실험실 과제는 참가자들로 하여금 분석적이고 가설 검증적인 개념 틀을 채택하도록 유도하는 것으로 보이기도 한다. 또 다른 과제에서 보면 자극이 더 복잡할수록 이 접근을 버리고 다른 방식을 택하는 것으로 보였다. 나아가 Brooks는 사람들에게 개별 본보기에 대한 정보를 저장하도록 만드는 다섯 가지 요인을 서술하였다.

첫 번째 요인에는 개별적인 예를 구분할 수 있게 하는 정보를 학습하기 위한 과제 요구가 포함된다. Brooks(1978)는 자연스러운 상황에서는 동일한 범주의 서로 다른 항목이 서로 다르게 취급되어야 한다는 점을 상기시켰다. 가족의 귀염둥이인 로버와 길 아래 전당포에서 공격을 하던 킬러는 모두 개이지만, 이 두 개를 똑같이 다루려고 한다면, 아이든 어른이든 놀라서 고통받는 경험을 하게 될 것이다.

두 번째 요인에는 원래의 학습 상황이 포함된다. 실생활의 많은 상황에서는(실험실에서의 실험 상황처럼) 예가 빠른 속도로 한 번에 하나씩 제시되는 것이 아니다. 그보다는 동일한 예(예 : 로버)가 반복적으로 나올 것이며(특히 식사 시간이라면!) 따라서 그 사람에게 특정 예를 제대로 알게 될 기회를 제공해 줄 것이다.

세 번째로 가설 검증이 다른 것들보다 더 잘되는 예들이 있다. 단순한 실험실 실험에서 자극은 아주 분명한 몇 가지 방식에서만 서로 다르다. 실생활에서는 사물이 아주 복잡한 방식으로 달라진다. 이러한 변이의 관련 차원을 초심자는 알아볼 수 없는 경우가 많은데, 이는 우리가 제3장에서 지각 학습에 관한 단원에서 논의하였던 것이다. 네 번째 요인은 실생활에서의 개념 학습에서는 예가 모두 한꺼번에 많은 수의 범주에 속할 수 있다는 것이다. 로버는 다음과 같은 범주의 어느 것에도 속할 수 있다. '개', '가족 애완견', '애견 복종 훈련 강좌를 듣는 반려견', '비 오는 날의 진흙덩이' 또는 심지어 '음식 값 때문에 빚지게 만드는 놈'이 될 수도 있다. 마지막으로 Brooks는 자연 상황에서는 우리가 예에 대해 학습을 할 때 우리가 이 정보들을 나중에 사용할 때 어떻게 부를지 알지 못하는 채로 배운다는 점을 지적했다.

도식/각본 이론

지식과 개념을 표상하는 방식에 대한 또 다른 제안에서는 도식이라는 개념을 제시한다. 이 접근법은 Frederick Bartlett 경(1932) 시대로 거슬러 올라가는데, 우리는 이에 관해 제6장에서 보았다. 도식이라는 용어는 일반적으로 개별적 개념보다 더 큰 것을 가리킨다. Schemata(*schema*의 복수형)는 세상에 대한 일반적인 지식과 특정 사건에 대한 정보를 모두 합친다. Bartlett은 도식을 "과거 반응들, 또는 과거 경험들을 능동적으로 조직화한 것으로 잘 적응된 유기체 반응에서라면 항상 작동하는 것이 틀림없는 것"이라고 정의하였다(p. 201). 여기서 핵심 용어는 조직화(organization)이다. 도식(schema)은 개념, 상황, 사건, 그리고 기억 행위를 표상하는 데 사용되는 조직화된 정보의 커다란 한 단위라고 생각할 수 있다(Rumelhart & Norman, 1988).

Rumelhart와 Ortony(1977)는 도식을 인지를 구축하는 기초 벽돌, 이론으로 유추될 수 있는 조직화된 지식의 단위라 보았다. 일반적으로 이들은 도식을 가변적인 변인들과 고정된 부분이 들어 있는 '정보의 꾸러미'라 보았다. '개'라는 개념의 도식을 생각해 보자. 고정된 부분에는 개가 포유류이며, (대개는) 네 다리를 가졌으며, 또 길들여진 동물이라는 것이다. 가변 변인들에는 어떤 종에 속하는지(푸들, 스파니엘, 버니즈마운틴 도그), 크기(장난감 크기, 중간, 아주 대형), 색깔(흰색, 갈색, 검은색, 세 가지 색), 기질(친근, 초연, 사나움), 또 이름(스폿, 로버, 텐디)가 있다. Just와 Carpenter(1987)는 도식을 한 사람이 채워 넣게 되는 괄호가 있는 질문지에 비유하였다. 괄호 옆의 이름표는 어떤 정보로 채울 것인지 —이를테면 이름, 주소, 생년월일—를 보여준다.

도식은 또한 여러 조각의 정보 사이의 관련성을 보여준다. 예컨대 개로 계속해 본다면, 개의 '부분들'(꼬리, 다리, 혀, 이빨)은 특정 방식으로 함께 묶여야 한다. 네 다리가 머리 앞에서 드러나오고, 꼬리는 코에서 튀어 나오며, 그 혀가 배 바깥으로 붙어 있다면 개에 포함된 모든 부분이 있다 하더라도 이 피조물은 개의 예가 되지 않는다.

게다가 도식은 여러 다양한 방식으로 다른 도식과 연결되어 있을 수 있다. 나의 개인 텐디를 예로 들어본다면, 텐디 도식은 내가 지닌 커다란 개 도식(텐디, 버시, 에스카, 플릿, 태클, 리지)의 일부이며, 이는 다시 버니즈마운틴 도그라는 큰 개 도식의 일부이면서 또 다른 더 큰 모든 개에 관한 도식의 일부 등이라는 식이다. 버니즈마운틴 도그에 대한 도식은 또한 이와 비슷한 다른 개 도식, 세인트 버니즈마운틴 도그(둘 다 스위스 베른 주 혈통) 또는 로트와일러 개(모두 미국 애견협회 같은 곳에 등록된 '일하는' 혈통으로 분류)와 연결될 수 있다.

도식은 모든 수준의 추상화에 존재하는 것으로 가정된다. 따라서 도식은 지식의 작은 부분으로 존재할 수 있으며(어떤 철자가 잉크 형태의 특정 형상으로 만들어지는가?) 또한 아주 커다란 부분으로 있을 수도 있다(상대성 이론이란 무엇인가?). 도식은 지식의 수동적 단위가 아니라 능동적인 단위이다. 곧 도식은 기억에서 떠올라 수동적으로 처리되는 존재만이 아니다. 그렇다기보다는 사람들은 현재 자기 상태의 상황과 관련된 수많은 도식 또는 하위 도식 사이의 적합성을 끊임없이 평가하고 값을 매긴다.

도식이 인지의 모든 측면에서 사용된다고 보는 연구자들도 있다. 도식은 우리가 앞에 있는 대상이 무엇인지 알아보려 할 때 지각과 형태 재인에서 중요한 역할을 하게 되어 있다. 도식은 우리가 주변에 일어나고 있는 일을 해석하고 그다음에 무엇을 할지 결정할 때, 이 일에 관한 관련 정보를 인출해 내어 제공해 줌으로써 기억에 중요한 역할을 하는 것으로 보인다. 도식은 또한 대화나 이야기를 따라가거나 교재를 읽으며 그 의미를 이해하고자 할 때, 덩이글(text)과 담화 이해(discourse comprehension)의 측면들을 설명해 주기도 한다는 사실을 언어 관련 연구에서 찾아볼 수 있다.

도식의 한 종류인 의례적 사건(routine events)에 관한 도식은 각본(script)이라 한다

(Schank & Abelson, 1977). 가장 잘 알려진 각본의 한 예로 식당에 가기를 들어 보자. 잠시 동안 여러분이 식당에 갈 때 어떤 일이 일어나는지를 생각해 보라(더 좋은 방법으로는 더 읽기 전에 우선 몇 가지를 노트해 보라). 이제 똑같은 작업을 다른 사건에 대해서도 한번 해보라: 강의 듣기, 아침에 일어나기, 장보기, 병원 방문하기. Schank와 Abelson은 식당 가기에 포함된 것이 무엇인지에 관한 사람들의 지식은 광범하게 공유되어 있으며 아주 비슷한 방식으로 구조화되어 있다는 사실을 알아냈다. 이들은 이러한 유사성을 사람들이 각본을 공유하기 때문이라고 설명한다.

각본은 아주 다양한 상황에서 사용되는 것으로 보인다. 예컨대 여러분이 한 번도 방문한 적이 없는 어떤 도시에서 새로운 식당에 가려고 한다면, 어떤 기대를 해야 할 것인지에 대해 각본을 불러낼 수 있을 것이다. 일반적으로 여러분은 입구에서 환영 인사를 하는 직원을 기대할 것이고, 남은 식탁이 있으면 그리로 안내될 것이며, 차림표를 받게 되는 것 등을 생각할 것이다. 이러한 지식은 여러분으로 하여금 적절한 방식으로 행동할 수 있게 단서를 준다. 따라서 만일 여러분이 환영 인사를 하지 않는 식당에 들어간다면, 자리에 앉기 전에 (적어도 얼마간은) 기다리는 편이 나을 것이다. 여러분의 각본이 이렇게 하라고 알려준다.

각본은 또한 우리에게 몇 가지 추론을 할 수 있게 한다(Rumelhart & Norman, 1988). 다음 이야기를 보자. "팀은 정말로 프라이드 치킨 스테이크를 먹고 싶었어. 그래서 그는 식당에 들어가서 이것을 주문했어. 마침내 그는 계산서를 달라고 했고, 이를 지불하고 떠났어." 다른 것들은 각본을 사용하여 빠진 정보를 분명히 추론해 낼 수 있다. 이를테면 우리는 팀이 식당에 들어가 앉았으며, 누군가가 그의 주문을 받고 요리를 가져다주었으며, 누군가 그의 스테이크를 요리했고, 그가 식당에 가기 전에 현금이나 신용카드를 가지고 있었을 것이라는 등을 추론할 수 있다. 이 이야기를 하면서 이 모든 것을 다 말할 필요는 없는데, 왜냐하면 적절한 각본('식당에 가다')을 불러일으키기에 충분했기 때문에 각본으로 나머지를 채우는 것이다.

Bower, Black, Turner(1979)는 사람들이 각본을 어떻게 사용하는지 연구하였다. 이들은 참가자들에게 몇 가지 특정 사건에 관해 그들이 지닌 각본을 써보라고 부탁하였다: 식당에 가기, 강의 듣기, 아침에 일어나기, 장보기, 병원 방문하기. 이들은 모든 참가자가 써낸 노트를 비교해 보고 사람들이 언급하는 것에 상당한 중첩이 있음을 발견하였다. 참가자들은 일반적으로 어떤 인물을 묘사할 것인지, 어떤 소품과 행동을 언급할 것인지, 행동이 일어나는 순서를 어떻게 말할 것인지 일치하고 있었다.

연구자들은 또한 묘사의 수준에서 상당한 일치가 있음을 발견했다. 따라서 사람들은 대부분 "음식을 먹는다."라고 하지 "숟가락을 집어, 수프에 집어넣고, 숟가락을 입술에 가져가고, 삼킨다."라고 말하지는 않는다. 또 다른 연구에서 Bower와 동료들(1979)은 만일 어떤 이야기에서 나오는 정보가 뒤섞인 순서로 제시된다면, 사람들은 이를 각본에 따른 순서로 회상하는 경향이 있음을 보여주었다. 후속 실험에서 연구자들은 전형적인 각본에서 일어나는 몇 가지 사건만을 언급하는 이야기를 제시하였다. 나중에 회상을 시키면 사람들은 이야기에 들어 있지 않았지만 관련 각본에 있는 정보를 '회상'해 내는 일이 잦다는 것을 알아내었다. Rizzella와 O'Brien(2002)은 사람들에게 설화 덩이글(narrative text)을 주고 이를 읽고 기억하라고 했을 때, 각본에 관련된 중심 개념들(예 : 식당 각본에서 음식 받기)은 각본에 중요성이 덜한 개념들(입구에서 자신의 이름을 말하기)에 비해 더 잘 기억되기 마련이라는 사실을 발견하였다.

Owens, Bower, 그리고 Black(1979)이 앞의 연구를 반복하였다. 이들은 참가자들에게 주인공이 커피 끓이기, 병원 방문, 강의 듣기 같은 의례적인 일들을 하는 이야기를 제시하였다. 실험 조건의 참가자들은 다음과 같은 세 가지 줄로 묘사된 문제를 읽었는데, "낸시는 아침에 일어나서 메슥거림을 느껴서, 정말 임신한 것이 아닌지 의심스러웠다. 그녀의 상태를 이제 교수에게 어떻게 말할 것인가? 돈은 또 다른 문제였다." 참가자들은 나중에 이 이야기를 가능하면 읽은 그대로 기억해 내도록 요구받았다. 문제에 대한 묘사를 들었던 참가자들은 이를 듣지 못하고 단지 '회상' 지시만 받은 통제 집단에 비해 이 이야기를 더 많이 기억하였다. 이러한 개입 효과는 내재된 각본(예 : 젊은 임신한 여인)에서 나오는 것이며, 파지 기간이 길어질수록 더 자주 발생하였다.

저자들은 각본이 회상을 조직화하는 데 중요한 역할을 하지만 여기에는 대가가 있다고 하였다. 각본에 관련된 다른 정보가 우리 기억에 끼어드는 것이다. 따라서 Bartlett(1932)의 참가자들이 '유령들의 전쟁'(제6장에서 이야기되었던)을 그렇게 왜곡하는 것은 이들이 도식이나 각본을 사용하여 원래 설화를 '정규화'하여, 이를 이야기가 어떻게 진행되는지에 관한 그들 자신의 문화적 기대에 맞추어 가기 때문이라 하였다.

어떤 이들(Komatsu, 1992)은 개념의 도식/각본 이론(schemata/scripts view of concepts)은 앞서 제시한 두 이론과 공통점을 지니는데, 원형 이론과는 도식과 원형 두 가지 모두 예 사이에서 추상화된 정보를 저장한다는 점에서, 본보기 이론과는 도식과 실례 모두 실제 예에 관한 정보를 저장한다는 점에서 특징을 공유한다. 도식 이론은 원형과 본보기 이론에서 부딪히는 문제점을 같이 공유하기도 한다. 이 이론은 개별 도식 사이의 경계를 충분히 그려내지 못한다. 또한 심리학자들은 도식의 틀은 현재까지는 경험적으로 검증 가능할 정도로 충분히 묘사되지 못하고 있다고 주장한다(Horton & Mills, 1984). 다음에 나오는 질문들에 대한 답이 요구되고 있다. 새로운 도식을 만들게 하는 경험의 종류는 무엇인가? 도식이 경험에 따라 수정되는 방식은 어떠한가? 사람들은 여러 상황에서 도식이 불러일으키는 것을 어떻게 아는가? 곧, 어떤 환경 단서가 사용되는가?

지식기반 이론

개념은 세상사 지식과 견해와 이전 생각보다 훨씬 더 많이 관련되어 있다고 주장하는 인지심리학자들이 상당히 많아졌다(Barsalou, 2008; Keil, 1989; Lin & Murphy, 2001; Murphy & Medin, 1985). Murphy와 Medin은 개념과 개념의 예들 사이의 관련성은 한 이론과 그 이론을 지지하는 자료들 사이의 관계와 비슷하다고 시사한다. 이 생각은 개념의 지식기반 이론(knowledge-based view of concepts)이라고 하는데, 이에 따르면 한 사람이 대상이나 사건을 분류하는 것은 그 대상이나 사건의 물리적 측면을 저장된 표상의 특징이나 측면과 비교하는 것만이 아니다. 그보다는 그 개념이 분류를 정당화시키는 방식으로 조직화된 방식에 대해 자신의 지식을 사용하고, 특정 예들을 같은 범주로 분류하는 이유에 대해 설명하는 작업이다. 지식기반 이론은 겉으로는 다르게 보이는 대상의 집합이 어떻게 특정 상황에서 일관된 범주를 형성하는지에 대해 설명하고자 한다.

Barsalou(1983)에서 한 예를 가져와서 어린이, 애완동물, 사진 앨범, 가보, 그리고 현금이 한데 묶이는 범주를 고려해 보자. 언뜻 보면 이 대상들은 한데 묶이기 힘들지만, 만일 화재가 집을 집어삼키고 있다는 시나리오 맥락에서라면, 이들은 '구해 내야 할 것'이라는 범주에 깔끔하게 떨어진다. 언급되었던 각 대상이 그 소유자 또는 부모에게 값진 것이며 대체 불가능한 것이라는 점을 잘 안다. 하지만 이 범주는 그 목적을 알고 있을 때만 일관성 있는 범주가 된다는 사실에 주목하자. 비슷한 맥락 효과가 개념들을 조합해 낼 때 생겨난다. 한 예를 들어 보자. 만일 내가 여러분에게 '애완동물'을 생각해 보라고 한다면 여러분은 아마 개나 고양이를 생각할 가능성이 크다. 만일 내가 '물고기'를 생각해 보라고 한다면, 여러분은 숭어나 연어를 생각할 것이다. 하지만 만일 내가 '애완용 물고기'를 생각해 보라고 한다면, 금붕어가 가장 좋은 예가 될 것이고 가장 전형적인 예일 것이다. 그렇지만 금붕어는 전형적인 애완동물도 아니고 전형적인 물고기도 아니라는 점에 주목하자(Hampton, 2007; Wu & Barsalou, 2009).

개념에 관한 원형, 본보기, 그리고 도식/각본 이론 모두 사물이 어떻게 한 범주에 묶이는지에 관한 질문에 충분한 답을 제공할 수 없었음을 기억하자. 지식기반 이론은 사람들의 세상에 대한 이론 또는 심적 설명은 개념과 서로 함께 직조되어 있고 범주화의 기반을 제공해 준다고 제안한다(Heit, 1997). 이 견해는 사람들에게 함께 묶이는 예들에 대해 왜 그런지, 특정 예에서 더 중요한 특징이나 측면은 무엇이고 왜 그런지 그 이유, 그리고 무관한 특징과 측면은 무엇이고 왜 그런지에 대해 설명하고자 한다.

Medin(1989)의 제안은 철학자 Hilary Putnam(1975)에서 시작되었는데, 많은 개념은 그 내재적 성질에 의존하여 기초되어 있다는 것이다. Medin은 심리적 본질(psychological essentialism)이라는 틀을 제안하고 여러 가정을 묘사하였다. 첫 번째는 사람들이 일반적으로 마치 어떤 대상, 사람, 사건이 그들을 그 자신으로 규정해 주는 어떤 본질이나 내재적 본질을 지니고 있는 것처럼 행동한다는 것이다. 인간 존재는 특정 분자 구조를 가지고 있는 덕분에 인간이 될 수 있다는 것이 한 예가 될 수 있을 것이다.

본질은 한 범주의 여러 예가 보이는 변이의 종류에 어떤 한계를 가하거나 제약을 둔다. 따라서 인간은 키, 무게, 머리칼 색, 눈 색깔, 골격 구조 등에서 서로 다를 수 있지만, 서로 공유하고 있는 내재적 본질 때문에 또 어떤 다른 속성을 공유하고 있음에 틀림없다. 사람들이 여러 범주의 본질에 대해 가지고 있는 이론은 표면적인 속성(눈의 색이나 머리칼 색)보다 더 깊은 속성들(DNA의 구조)에서 연결되게 한다. 이를테면 Medin(1989)은 우리는 대부분 '남성'과 '여성'이라는 범주는 유전적으로 결정된다고 믿고 있지만, 머리칼 색깔, 수염 등의 특성을 보는 것이지 유전 검사로 남성과 여성을 분류하지는 않는다. 때로는 표면적 특성으로 분류하여 오류를 범할 수도 있지만 대개는 옳게 분류한다.

범주의 본질에 대한 지식은 전문성에 따라 달라진다. 생물학자들은 일반적으로 일반인들에 비해 인간 존재의 유전 구조에 대해 더 많이 알고 있다. 이 때문에 전문가들은 분류를 조금 다르게 하고 더 정확하게 할 것이라고 일반적으로 기대되고 있는데, 특히 분류 기준이 미묘한 경우에 그렇다. Medin(1989)의 생각은 지각적이거나 또 다른 표면적인 유사성을 기초로 분류를 하는 것이 대부분의 경우에 꽤 효율적인 책략이라는 것이다. 그래도 상황에서 요구되는 경우나 전문성이 있는 경우에는 더 심층의 원리에 의거하여 분류한다. 이 제안이 시사하는 바는 사람들의 예에 대한 분류는 경험과 지식에 따라서 변화할 수 있다는 점이며, 이 생각은 현재 쉽게 사용할 수 있는 자료와 잘 맞을 뿐만 아니라 지각적 학습에 관한 우리의 논의에도 잘 부합된다.

개념을 습득하고 심적으로 표상하는 방식은 어떤 개념이냐에 따라 달라질 수도 있다 (Murphy, 2005). 심리학자 중에는 개념의 종류를 구분할 때 철학자들의 관점을 채택하기도 한다. 명목류 개념(nominal-kind concepts)에는 명백한 정의를 가진 개념들이 포함된다. 자연물 개념(natural-kind concepts)은 '황금', '호랑이' 같은 것인데, 어떤 환경에서 자연스럽게 발생하는 사물들을 일컫는다(Putnam, 1975). 세 번째 종류에 속하는 개념은 인공물 개념 (artificial concepts)인데, 이는 어떤 기능에 봉사하거나 특정 과제를 성취하기 위해 구성된 사물을 가리킨다(Keil, 1989; S. P. Schwartz, 1978, 1979, 1980). 다른 정보는 서로 다른 종류의 개념으로 표상된다.

이를테면 명목류 개념(총각이나 짝수 같은)에는 필요 충분적인 특징들에 관한 정보가 포함되는데, 왜냐하면 이들은 개념 정의의 일부로 존재하기 때문이다. 자연물 개념에는 정의 특징과 본질적 특징에 관한 정보가 더 많이 포함되는데, 특히 분자나 염색체 구조에 관한 것이 포함된다. 자연물 개념은 또한 가족 유사성 구조를 가질 가능성이 크지만 지식기반 접근에서도 그만큼 잘 설명된다.

이와는 반대로 인공물 개념은 대상의 목적 또는 기능에 관한 정보를 강조하며, 지식기반 접근 내에서만 잘 묘사될 수 있다. 한 연구에서 Barton과 Komatsu(1989)는 참가자들에게 다섯 가지의 자연물 개념(염소, 물, 황금 등)과 다섯 가지의 인공물 개념(TV, 연필, 거울 등)을 제시하였다. 각 개념에 대해 참가자들에게 여러 방식의 변형을 상상하도록 하였다. 어떤 변형은 기능 또는 목적에 따라 언급되었으며(예 : 암컷 염소에게서 젖을 짤낼 수 없다, 또는 TV에 영상이 보이지 않는다), 또 다른 언급은 물리적 특징에 관한 것이었다(예 : 황금은 색이 빨갛다, 또는 연필이 원통형이 아니다). 세 번째 유형의 변화는 분자적인 것이었다(예 : 물이 H_2O로 이루어지지 않았다, 또는 거울은 유리로 만들어지지 않았다). 연구자들은 자연물 용어에서 참가자들이 분자적인 데 가장 민감하였으며, 인공물의 경우에는 기능적 변화에 가장 민감하였음을 밝혔다. 그러니까 분명히 모든 개념은 동등하게 다루어지며, 또 적어도 어떤 조건에서는 사람들이 한 범주의 예가 왜 그와 관련된 표상으로 묶여지는지에 관한 지식을 사용한다는 것이다(Medin, Lynch, & Solomon, 2000).

방금 개관해 본 다섯 가지 접근은 유사성 근거와 설명 근거 두 가지 주요 유형으로 다시 범주화할 수 있다(Komatsu, 1992). 유사성 근거 범주(similarity-based category)는 고전 이론, 원형 이론, 본보기 이론(그리고 도식/각본 이론의 일부)으로 구성된다. 여기에는 예 하나를 유사성에 근거하여 범주화하면서 그 범주를 더 추상적으로 만든 것(정의 또는 원형 같은)과 비교하든가, 아니면 하나 또는 그 이상의 저장된 본보기와 비교하는 방식이 모두 포함된다.

하지만 대상이 유사성에 근거하여 범주화된다는 말은 몇 가지 문제점을 제기하는데, 그 중 일부를 Goodman(1972)이 지적한 바 있다. 숟가락과 포크, 2개의 대상을 고려해 보자. 우리는 이 두 가지가 비슷하다고 말하는데, 아마 이는 두 사물이 공유하는 속성이 많기 때문일 것이다. 두 가지 모두 금속으로 만들어지며, 두 가지 모두 기다란 발이 있으며, 두 가지 모두 식사 도구로 쓰인다. 이제 두 가지 다른 대상, 자두와 잔디깎기를 생각해 보자. 이 두 가지가 비슷한가? 두 가지는 몇 가지 속성을 공유한다. 두 가지 모두 100kg 이하의 무게이다(또한 두 가지는 101, 102, 103kg 이하이기도 하다). 사실상 이 두 가지가 서로 다르게 보이는 항목들은 수많은 속성을 공유하고 있다(Hahn & Chater, 1997). 하지만 무게가 100kg 이하라는 이 속성은 자두와 잔디깎기 사이의 유사성을 평가하는 데 어딘지 초점이 빗나가 있는 것으로 보인다. 핵심은 유사성이란 어떤 면에서만 의미 있는 것이라는 점이다. Goodman은 유사성이라는 이 용어가 관련된 면이 어떤 것인지에 대해 구체적으로 명세하지 않는 한 다소 공허한 것이라고 결론지었다.

Komatsu(1992)는 개념에 대해 좀 다른 유형의 접근법을 정의하면서, 설명 근거 범주(explanation-based category)라 불렀는데, 이는 도식/각본 일부와 지식기반 이론 일부로 이루어진다. 이 접근법에서는 사람들이 여러 예와 범주 사이의 의미 있는 관련성에 의거하여 분류화를 하는 것으로 본다. 유사성 근거와 설명 근거 접근이 대비되는 점은 사람들이 특정 대상이 지닌 표면적·지각적 정보에 얼마나 주의를 기울이는지 하는 정도와 대상의 기능이나 역할에 관한 더 심층적 지식에서 나온 정보에 주의하는 정도와 관련된다.

개념에 대한 이 다섯 가지 접근은 몇 차원에서 서로 다르다. 첫 번째 차원은 심적 표상의 인지적 경제성이다. 앞서 인지적 경제성에 대해 논하였던 바를 회상해 보자. 이는 우리가 저장해야 하는 정보의 양을 제한하여 심적 자원(저장 공간, 처리 시간 같은 것)을 절약한다는 생각이었다. 우리가 모든 단일 대상 또는 사건을 고유한 것으로 다룬다면, 그래서 각각에 대해 독특한 심적 표상을 형성한다면, 우리는 인지 자원을 경제적으로 사용하지 못할 것이다. 이와는 반대로 만일 우리가 모든 대상을 하나의 범주로 범주화한다면('사물들'이라고), 이 범주에는 아무런 정보가 없을 것이다. 따라서 개념과 범주화에 관한 이론이라면 모두 인지적 경제성과 정보성 사이의 균형이라는 점에 마주치게 된다(Komatsu, 1992). 동시에 개념에 관한 이론이라면 어떤 것이든 개념 또는 범주의 일관성에 관해 설명할 수 있어야 한다. 곧, 한 묶음의 사물을 자연스러운 집단으로 묶어놓는 것이 무엇인지 설명해야 한다. 고전적 이론과 같은 일부 접근법은 이 작업을 직접적으로 한다. 다른 것들은 개념 사이와 개념 주변에 모호한 경계를 둔다.

우리는 앞으로 지식과 개념 표상에 관한 이 분류에서 많은 연구가 이루어질 것을 기대한다. "심적 표상의 본질은 무엇인가?", "일반적 지식을 사용하여 추론하기 쉬운 것이 어떤 것이며, 어떤 추론이 더 힘든가?" 그리고 "지식 표상은 연습과 전문성에 따라 어떻게 변화하는가?"와 같은 질문들에 대한 답이 모두 나와야 할 것이다. 지식 표상과 조직화는 인지 심리학자들에게는 매우 중요한 주제이다. 한 가지 예를 든다면 지식이 심적으로 표상된 방식에 관한 주제에는 "상식이란 무엇인가?"라는 중요한 질문이 내재되어 있다. 인공지능에 관한 작업자는 정말 지적인 프로그램이나 시스템이라면 아주 넓고 깊은 지식기반이 있어야 하며 이를 저장할 뿐만 아니라 세상에 관한 많은 정보를 인출해 낼 수도 있어야 한다는 점을 반복해 발견한다. 그러므로 지식기반이란 효율적으로 조직화되어 있어야 한다. 아직까지는 이렇게 광범한 지식기반을 효율적으로 조직화하고 있는 것을 보여주는 유일한 피조물이 바로 인간이다. 지금부터 도전해야 할 것은 우리가 어떻게 이 기적 같은 업적을 성취해 내는가 하는 과정, 바로 그것을 찾아내는 일이다.

제7장

요약

1. 영구기억 안의 정보가 저장되고 조직화되는 방식에 관한 이론적 틀과 경험적 검사는 상당히 많다.

2. 의미기억의 그물망 모형은 여러 개념 또는 생각이 마디로 표상되고, 이들 사이는 서로 연결되며 이 연결을 통해서 심적 활성화가 확산된다는 입장이다.

3. ACT 모형 역시 개념 마디가 존재한다고 상정한다. 이들은 또한 절차기억에 정보를 표상하는데는 산출 규칙(만일-그렇다면)이 존재한다고 상정한다.

4. 연결주의 모형에서는 여러 단위들을 교차하는 활성화 패턴으로 개념 또는 생각을 표상한다.

5. 범주는 비슷한 대상, 사건, 또는 형태(패턴)의 유목이다. 개념은 이들 범주의 심적 표상이다. 개념은 우리가 지식에 질서를 주고 새로운 대상이나 형태를 이전에 마주했던 것들과 관련짓는 데 도움이 된다.

6. 개념에 대한 연구에 사용된 다섯 가지 접근법을 구분할 수 있다. 이 다섯 가지는 또한 두 가지 주요 유형으로 범주화할 수 있다: 유사성 근거 범주와 설명 근거 범주.

7. 유사성 근거 범주는 고전 이론, 원형 이론, 본보기 이론으로(그리고 도식/각본 이론의 일부) 구성되어 있으며, 범주화가 어떤 예와 그 범주의 추상적 명세화(예 : 정의 또는 원형)에 근거하여 유사한 것인지 아니면 하나 이상의 저장된 본보기와 비슷한 것인지 어떤 쪽에 근거하느냐에 따라 추정되는 것이다.

8. 설명 근거 범주는 도식/각본 이론과 지식기반 이론으로 이루어지는데, 사람들이 예를 분류할 때 예 또는 범주 사이의 의미 있는 관련성에 근거한다고 본다.

9. 개념에 관한 고전적 접근에서는 각 개념이 일련의 필요 충분한 특징들로 정의된다고 상정한다.

10. 개념에 관한 원형 접근에서는 우리가 대상을 그 심적 추상화인 원형에 비교하여 범주화한다고 보며, 이 원형이란 대상 또는 사건들의 이상화된 표상이다.

11. 개념에 관한 본보기 접근에서는 우리가 특정 개별 예를 저장하고 이 저장된 표상들을 사용하여 범주화한다고 가정한다.

12. 도식/각본 이론은 개념을 도식으로 보는데, 이는 특정 부분이 포함된 정보의 보따리이며, 상황의 측면에 따라 정보가 기본 값을 대체해 채운다.

13. 지식기반 이론을 따르는 이들은 사람들이 대상을 유목화할 때 자신의 이론을 사용한다고 본다. 전문가들은 좀 더 정교한 이론을 가지고 있으며 따라서 초심자와는 다른 심적 표상을 가지고 있다.

복습 문제

1. 활성화 확산이라는 개념을 설명하고 이것이 의미기억의 한 속성임을 주장하는 심리학자들이 들고 있는 증거는 무엇인지 설명하라.

2. 지식 표상에 관한 연구는 대개 실험실 연구로 참가자들이 다소 인공적 과제(예 : 어휘 판단, 문장 검증)에 참여하기 마련이다. 이러한 연구들이 실생활과 관련이 있는가? 여러분의 답을 옹호하고 여러분이 주장하는 초점을 보여주는 구체적 예들을 들어 보라.

3. 많은 인지심리학자들이 구분한 개념과 범주의 구분을 묘사하라. 개념을 가지고 있다는 것이 인지적으로 어떤 이득이 되는가? 설명하라.

4. 고전적 이론, 원형 이론, 본보기 이론이 개념이 심적으로 표상되는 방식에 대해 어떻게 보는지 대조해 보라. 각기 어떤 종류의 논란 그리고/또는 경험적 발견이 지지 증거인

가? 각각 어떤 종류의 논란과 경험적 자료가 골칫거리가 되는가?

5. 가족 유사성 구조가 무엇이며 이것이 개념에 관한 원형 이론과 어떻게 관련되어 있는지 서술하라.

6. 개념에 관한 도식 이론과 지식기반 이론을 비교·대조하라. 이 두 이론이 공존 가능한가? 왜 그런가 아니면 왜 그렇지 않은가?

7. Reber의 암묵적 학습에 관한 연구를 개관하고 이것이 개념 형성에 어떤 시사점을 지니는지 논하라.

8. 각본의 새로운 예를 들고 여러분이 지닌 예를 정당화하라.

9. 다음 진술에 대해 논의하라. "개념에 관한 어떤 접근이든 인지적 경제성과 정보성 사이의 균형이라는 문제에 마주친다."

핵심 용어

각본(script)

개념(concept)

개념 구조의 가족적 유사성(family resemblance structure of concepts)

개념의 고전적 이론(classical view of concepts)

개념의 도식/각본 이론(schemata/ scripts view of concepts)

개념의 본보기 이론(exemplar view of concepts)

개념의 원형 이론(prototype view of concepts)

개념의 지식기반 이론(knowledge-based view of concepts)

기억에 관한 사고의 적응통제 모형 (adaptive control of thought model of memory)

도식(schema)

명목류 개념(nominal-kind concepts)

범주(category)

범주의 기본수준(basic level of categorization)

비분석적 개념 형성(nonanalytic concept formation)

산출 규칙(production rules)

상위수준 범주(Superordinate levels of category)

심리적 본질(psychological essentialism)

암묵적 학습(implicit learning)

어휘집(lexicons)

의미 그물망(semantic network)

의미기억의 위계적 의미 그물망 모형 (hierarchical semantic network model of semantic memory)

의미점화(semantic priming)

인공물 개념(artificial concepts)

자연물 개념(natural-kind concepts)

전형성 효과(typicality effect)

하위수준 범주(subordinate level of category)

활성화 확산(spreading activation)

학습 사이트

부가적인 학습 도구와 관련해서는 www.sagepub.com/galotticp5e의 학습 사이트(Student Study Site)를 방문하라.

8

시각적 심상과 공간 인지

여러분에게 영구 주소라고 간주되는 집이나 아파트를 생각해 보자. 특히 그곳의 부엌에 관해 생각해 보자. 부엌에 찬장 문이 몇 개나 있는가? 분명히 이 질문은 기억에 관한 질문이다. 대부분은 심적 작업을 한 후에 이 질문에 답할 수 있을 것이다. 어떤 작업이 요구되는가? 내가 사용하는 과정을 말한다면 나는 우선 이 질문에 대한 정보가 미리 저장되어 있지 않다는 사실을 알아차린다. 곧 나는 '머리에 떠오른 대로 얼른' 답을 할 수가 없다. 따라서 나는 답을 다른 방식으로 결정해야 한다. 나는 기억에서 부엌을 떠올리고 이를 마음속에 그려본다. 그러고 나서 방의 한쪽 끝에서 시작하여 내 마음속 그림을 훑어보면서 찬장 문의 개수를 헤아린다. 내 작업 절차는 그리 어렵지도 않고 독창적인 것도 아니며(Shepard, 1966) 누구나 흔히 사용하는 방식일 것으로 보인다.

이러한 '마음속 그림' 또는 시각적 심상(visual images)이 이 장에서 집중하는 초점 중 하나이다. 우리는 기억에서 심상이 하는 역할을 살펴볼 것이다. 또한 사람들이 시각적 심상을 구성해 내는 방식을 탐구해 보고 이러한 연구결과가 인간의 인지에 대해 시사하는 바에 대해 생각해 볼 것이다. 마지막으로 시각적 심상의 본질로 주제를 돌려서, 이를 만들어 내고 저장해 두기 위해 사용되는 심적 표상이란 어떤 것인지 살펴볼 것이다.

이 장 전반에서 우리는 시각적 심상에 대한 논의에만 한정하도록 하겠다. 하지만 다른 종류의 심적 심상도 존재한다는 사실을 깨닫고 있기를 바란다. 예를 들자면 청각적 심상(우리 집 강아지가 짖는 소리에 관해 상상할 때), 후각적 심상(갓 구운 빵의 냄새를 떠올릴 때), 또한 체감각적 심상(발가락을 벽에 찧었을 때의 느낌을 생각할 때) 등이 있다. 시각적 심상은 시각적 지각과 마찬가지로 인지심리학에서 가장 주목받는 주제이다. 따라서 앞서(제3장) 지각을 검토하였을 때도 마찬가지로 시각적 지각에 초점을 맞추었으며, 이 장에서도 우리는 시각 심상에 집중할 것이다.

시각 심상에 관한 연구는 심리학의 역사에서 보면 이율배반적이다(Paivio, 1971). 심상에 관한 문헌들이 20세기 초반부터 제시되었지만, 행동주의가 시작되면서 심상이라는 개념조차도 본질적으로 거부되어 버렸다. 시각 심상은 과학적 질문의 대상으로는 문제가 많은 것이었다. 결국 시각 심상의 경험이란 단지 한 인간이 할 수 있는 것과 같은 사적인 경험일 뿐이었다. 만일 내가 부엌에 대한 시각 심상을 형성한다면, 바로 나 자신만이 내가 진짜 그 심상을 지니고 있는 것인지 아니면 그런 척하는 것인지를 말할 수 있다. 시각 심상은 행동과는 달리 관찰될 수 없고, 측정될 수 없으며, 다른 사람이 통제할 수도 없다. 시각 심상은 자기가 그런 것을 경험하고 있다고 주장하는 사람에 의해서만 보고될 수 있으며, 그 사람은 의식적으로든 아니면 부주의하게든 이를 왜곡하거나 편파시킬 수도 있다. 행동주의자들은 심상은 충분한 과학적 열정이나 통제력으로 연구될 수 있는 종류의 주제가 아니라고 주장하였다.

그럼에도 불구하고 시각 심상에 관한 관심은 완전히 사라지지는 않았고(Paivio, 1971), 사실상 1960년대 행동주의의 유행이 사그라질 무렵 더욱 강해졌다. 사람들이 어떤 인지적 과제를 어떻게 수행하는지 설명하기란 어려운데, 예를 들어 앞에서 묘사하였던 과제는 시각 심상을 사용하지 않는 경우를 말한다. 게다가 기억에 관한 연구에서는 심상을 사용하는 사람들이 사용하지 않는 사람들보다 정보를 더 잘 회상한다는 사실을 보여준다.

스포츠 심리학자들 역시 시각 심상에 관해 강한 흥미를 가지고 있다. 시합 전에 부드럽게 수행되고, 적절한 시간에, 우아한 동작을 심적으로 상상하는 체육인은 잠시 후 스포츠를 할 때 좀 더 낫다고 보고되었다(Martin, Moritz, & Hall, 1999). 연구 중에는 심상이 사람들에게 부정적 정서 사건들, 예컨대 거부당하거나, 버림받던, 또는 따돌림당하던 실제 순간에 대한 기억에 대처하는 데 사용될 수 있음을 시사하였다. 연구 참가자들은 자기 경험에서 소위 멋진 측면들 ―그 사건 동안 다른 사람들과 관련해서 자신이 서 있거나 앉아 있던 장소 ―을 시각화하도록 지시받았는데, 그렇게 하면 사건 동안의 자신의 내장 반응에 관해 심상을 형성하거나 아무 심상도 만들지 않았던 참가자들에 비해 자신의 적대적 느낌을 감소시키는 데 더 성공적이었다(Ayduk, Mischel, & Downey, 2002).

오늘날 심리학자들은 심상을 논의와 연구 주제에서 제외시키는 것은 인지의 기본적 측면이 될 수 있는 부분을 무시하는 것이라는 사실을 깨닫고 있다. 따라서 시각 심상은 대부분의 인지심리학자들 사이에서 가치 있는 주제로 신뢰를 받고 있다.

장기기억에서의 부호

제6장에서 이야기되었던 기억술 기법들을 회상한다면 여러분은 기억술이 사람들에게 어떤 정보를 상기하도록 도와주는 데 사용되는 것임을 상기할 것이다. 이 장에서 이루려는 목적을 위해 시각 심상이 포함되어 있는 기억술 기법을 몇 가지 상기하기 바란다. 장소법, 상호작용 심상법, 걸개단어법. 여러분은 왜 그렇게 많은 기억술 기법들이 시각 심상을 사용하는지, 또는 심상에 기반한 기억술이 심상기반이 아닌 기억술과 어떻게 다른지에 대해 궁금해질 것이다. 우리는 이에 관해 두 가지 상반되는 견해를 고려해 볼 것이다.

이중부호화 가설

Allan Paivio(1969, 1971, 1983)는 다양한 기억술의 작동 방식을 설명하기 위해 기억에 관한 이중부호화 가설(dual-coding hypothesis)을 처음으로 제시하였다. Paivio에 따르면 장기기억에는 저장될 정보를 표상하는 두 가지 서로 다른 부호화 체계(또는 부호들)가 들어 있다고 한다. 한 가지는 언어적인 것이며, 한 항목의 추상적이고 언어적인 의미에 관한 정보를 포함한다. 다른 것에는 심상이 포함된다. 그 항목이 어떻게 보이는지를 표상하는 종류의 마음속 그림이다. 기억해야 할 항목은 언어적 이름표(label)로, 또는 시각 심상으로, 또는 어떤 경우에는 양쪽으로 모두 부호화된다. Paivio의 생각은 그림과 구체적인 단어는 언어 이름표와 시각 심상을 모두 불러일으킨다. 이는 곧 심적 표상에 두 가지 가능한 내적 부호가 있다는 것이다. 추상 단어는 이와는 대조적으로 대개 한 가지 종류의 부호 또는 표상 방식만 가지고 있을 뿐이다: 언어적 이름표.

Paivio(1965)가 수행한 한 연구는 이 가설을 지지하는 증거를 제공한다. 실험 참가자들에게 명사가 짝지어 제시되는 4개의 목록 중 하나를 학습하도록 하였다. 첫 번째 목록(CC)은 두 명사가 모두 구체적인 대상을 가리키는 짝으로 되어 있었다[예 : 책-책상(book-table)]. 두 번째 목록(CA)에는 처음 명사가 구체적이고 두 번째 명사는 추상적이었다[예 : 의자-정의(chair-justice)]. 세 번째 목록(AC)은 두번째 목록과는 반대로 되어 있었다[예 : 자유-옷(freedom-dress)]. 네 번째 목록(AA)은 추상 명사 2개로 짝지어졌다[예 : 아름다움-진리(beauty-truth)]. 총점 16점이 만점이었는데, 참가자들은 CC, CA, AC, AA의 각 조건에서 평균 11.41, 10.01, 7.36, 6.05점을 받았다.

Paivio(1965)는 이 결과를 다음과 같이 설명하였다. 가능하면 언제나 참가자들은 자발적으로 명사 쌍의 시각 심상을 만들어 내려고 한다. 심상의 형성은 구체적 명사에서 가장 쉽다. Paivio(1969)는 언어적 이름 붙이기와는 달리 시각 심상은 구체성에 따른 함수이며, 더 구체적인 명사일수록 심상이 더 풍부하고 내적 부호가 더 정교화되어 있다고 한다. 이것이 그림(매우 구체적임)이 단어보다 더 잘 기억되는 이유라고 설명한다(예 : Kirkpatrick, 1894; Shepard, 1967 참조). 심상과 언어 이름표로 모두 부호화된 항목들(구체적 명사가 그렇듯이)의 경우에는 학습자가 이를 인출해 내는 확률도 더 나아진다. 학습자가 언어 이름표를 잊었다 하더라도 그는 시각 심상을 이용할 수 있고 거꾸로 해도 마찬가지다. 언어적 이름표로만 부호화된 항목들은 손해를 본다. 만일 언어적 이름표가 잊혀지거나 '잘못 놓인다면' 학습자는 더 진행할 수가 없다.

나아가 Paivio(1969)는 쌍으로 제시되는 명사 중 첫 번째 것('자극' 명사라 불리는)이 두 번째 명사('반응')를 걸고 있는 개념적 결개(conceptual peg)로 기능한다고 생각한다. 이런 의미에서 자극 명사는 '심적 닻'으로 기능하고 있으며, 여기에 반응 명사의 표상이 부착되는 것이다. 따라서 첫 번째 명사의 상상 가능성이 기억 가능성 증진에 특히 중요하며, 그래서 CA 조건에서 AC 조건보다 회상이 유의미하게 더 높은 것이다.

관계조직화 가설

Bower(1970)는 이중부호화 가설에 대안을 제시하면서, 이를 관계조직화 가설(relational-organizational hypothesis)이라 불렀다. 그는 심상이 기억을 증진시키는 것은 심상이 언어적 이름표보다 꼭 더 풍부해서 그런 것이 아니라 심상은 회상할 항목들 사이의 연합을 더 많이 만들기 때문이라고 하였다. 심상 형성하기(곧 두 단어 쌍 사이에, 또는 장소법처럼 단어와 장소 사이에)는 대개 그 사람이 기억해야 할 정보와 다른 정보 사이의 고리 또는 걸개를 얼마간 만들어 내야 하는 일이다. 제6장을 회상해 본다면 기억에서 어떤 정보가 인출 단서를 더 많이 가지고 있을수록 이를 회상할 기회는 더 컸다. 그렇다면 심상은 2개의 회상해야 할 정보들 사이를 연결하는 걸개를 더 많이 만들어 내도록 촉진시킴으로써 더 효율적인 것이라고 Bower는 주장하였다.

Bower(1970)는 이중부호화와 관계조직화 가설을 구분하는 실험을 수행하였다. 참가자들을 세 집단으로 나누어, 각 집단에게 쌍대 연합 학습 과제를 시키면서 서로 다른 지시문을 제시하였다. 한 집단에게는 '드러나는 기계적 반복'(소리 내어 되뇌기)을 하도록 하였다. 두 번째 집단에게는 두 심상이 서로 상호작용하지 않고 '상상 속 공간에서 분리되어 있는' 심상을 구성하도록 하였다. 세 번째 집단에게는 짝지어진 두 단어 사이의 상호작용 장면을 구성해 보도록 하였다(p. 530). 결과를 보면 모든 참가자가 이전에 제시된 단어 중에서 대략 85%를 재인하였음을 보여주었다. 하지만 단어들의 회상을 보면 상당히 달랐다. 기계적 암송을 사용하였던 이들은 쌍대 연합어 중 30% 정도를 회상하였다. 비상호작용 심상을 사용한 이들은 27% 정도였다. 마지막으로 상호작용 심상을 형성했던 이들은 53%를 회상하였다.

심상이 단지 쌍대 연합어들을 부호화하는 데 좀 더 정교한 방식을 사용하도록 했을 경우 이중부호화 가설로 예언해 본다면, 두 개 심상을 형성하도록 지시받은 두 집단의 참가자들이 비슷한 수행을 보였어야 했다. 실상은 상호작용적인 심상들을 형성한 이들만이 기계적 암송자들보다 나은 수행을 보여주었다. 분명히 기억을 돕는 것은 심상 그 자체만이 아니라 그 심상이 사용되는 방식이라고 하여야 할 것이다. 상호작용 심상들은 아마도 표적이 되는 정보와 다른 정보들 사이에 더 많은 연결고리들을 만들거나 시사하여, 표적 정보가 인출되기 쉽게 만드는 것이다.

이중부호화 가설을 지지하는 학자들의 연구가 계속되었지만(Yuille, 1983 참조), 아직 해결되지 않은 문제는 이 가설이 심상 기억술의 작동을 얼마나 잘 설명하고 있으며 비심상 기억술에 대해서는 어떤 종류의 설명을 해줄 수 있는지 하는 것이다. 하지만 심상 기억술 자체는 작동을 하며, 기억에 도움을 상당히 준다는 사실만은 의심할 여지가 없다. 이 기억술이 어떻게 작동하는지를 이해하려면 심상이란 것이 무엇이며, 이것이 어떻게 작동하는지에 대해 더 깊은 탐구가 필요할 것이며, 우리는 이제 이 주제로 진행해 보겠다.

심상에 대한 경험적 연구

Lee Brooks(1968)가 수행했던 일련의 연구는 심상이 언어재료와는 구분되는 것이며, 적어도 언어재료가 불러일으키는 것과는 다른 과정을 일으킨다는 사실을 보여주는 가장 좋은 증거를 제시하였다고 간주된다. 그림 8.1은 Brooks의 초기 실험의 여러 조건을 보여주는 것이다. 한 조건에서는 참가자가 윤곽선으로 그려진 대문자 F와 같은 그림 8.1(A)에 제시된 것과 같은 철자를 하나 상상하도록 하였고, 그러고 나서 특정한 모서리에서 시작하여(그림 8.1에 나온 별표 모양처럼) 시계방향으로 돌려보도록 하고 모서리를 만날 때마다 그곳이 철자의 맨 위나 맨 바닥에 있는지 아닌지를 알리도록 하였다. 이 예에서 정반응은 "네, 네, 네, 아니요, 아니요, 아니요, 아니요, 아니요, 아니요, 네"가 된다.

참가자들에게 자신의 반응을 표시하는 방법을 몇 가지로 변화시켰다. 한 양식의 반응은 언어적이었다. 참가자들은 "네" 또는 "아니요"를 말하면 되었다. 다른 반응은 공간적이었다. 참가자들은 불규칙하게 인쇄되어 있는 반응 종이를 받고 여기서 Y 또는 N을 가리키기로 반응하게 하는 것이었다. Brooks(1968)는 참가자들이 언어적으로 반응하는 데 비해 가리키기로 반응할 때 거의 2.5배나 시간이 더 걸린다는 것을 발견하였다.

두 번째 과제에서는 그림 8.1(B)에 제시된 것처럼 참가자들에게 "A bird in the hand is not in the bush." 같은 문장을 하나 기억하도록 한 다음 그 문장에서 각 단어가 구체적인 명사인지 아닌지를 반응하도록 하였다. 이 예에서는 정확한 반응은 "아니요, 예, 아니요, 아니요, 네, 아니요, 아니요, 아니요, 아니요, 네"가 된다. 이전 과제와 마찬가지로 참가자들은 언어적 반응을 하거나 또는 반응 종이에 인쇄된 Y 또는 N을 가리켰다. 이 과제에서는 언어적으로 반응하는 것보다 가리키기로 반응할 때 더 빠르게 반응하였다(반응시간에서의 차이는 앞의 실험만큼 크지는 않았다).

이 결과에 대한 한 가지 설명은 다음과 같다. 첫 번째 과제는 철자 F에 대한 시각적 심상을 형성하도록 요구한다. 시각 심상은 적어도 어느 정도는 그림 같은 성질(공간적이거나 시각적인)을 지니므로, 공간적 또는 시각적으로 유도되는 반응(가리키기)이 언어적 반응보다 더 많이 방해받을 것이다. 달리 말하면 시각 심상은 언어적 종류의 과제(말하기)보다는 공간적 또는 시각적 과제(가리키기)에 의해 더 잘 무너지거나 더 파괴적이라는 것이다. 반대 조건 역시 잘 들어맞는다. 기억에 문장 하나를 유지하기(언어적 과제)는 동시에 시각적·공간적 과제(예 : 가리키기)를 하는 것이 또 다른 언어적 과제를 하는 것보다 더 쉽다. 가리키기나 말하기가 전반적인 용이성에서는 다르지 않지만 참가자가 수행하고 있었던 과제에 따라 그 어려움이 달라졌음에 주목하라. Brooks(1968)의 연구는 심상과 단어가 서로 다른 종류의 내적 부호를 사용한다는 생각을 지지해 준다(이중부호화 가설에서 시사되는 것처럼).

Brooks(1968) 과제만 시각 심상을 만들어

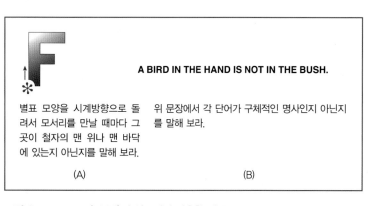

A BIRD IN THE HAND IS NOT IN THE BUSH.

별표 모양을 시계방향으로 돌려서 모서리를 만날 때마다 그곳이 철자의 맨 위나 맨 바닥에 있는지 아닌지를 말해 보라.

위 문장에서 각 단어가 구체적인 명사인지 아닌지를 말해 보라.

(A)   (B)

그림 8.1 Brooks(1968)의 연구에서 사용한 자극

내게 하였던 것으로 보이지는 않는다. 여기 다른 예가 있다. 다음 질문에 답하도록 해보라. 파인애플과 코코넛 중에서 어떤 것이 더 큰가(Finke, 1989)? 이 질문에 답하려면 코코넛과 파인애플의 시각 심상을 구성해야 할 것이고 이렇게 떠올린 심상에서 답을 '읽어' 내려 할 것이다.

Moyer(1973)는 비슷한 질문에서 두 대상(그의 연구에서는 동물)이 아주 많이 다를 때 더 빨리 반응한다는 사실을 발견하였다. 이 효과를 **상징 거리 효과**(symbolic-distance effect)라 부르는데 다음과 같이 작동한다. 다른 조건이 같다면 여러분은 "고래와 바퀴벌레 중 어떤 것이 더 큰가?"라는 질문에 대한 답을 "돼지와 고양이 중 어떤 것이 더 큰가?" 하는 질문에 대해서보다 더 빨리 할 것이다. 흥미로운 점은 사람들이 실제 대상을 볼 때에도 같은 반응 패턴을 보인다는 것이다(Paivio, 1975). 다시 말해 첫 번째 질문에 대해서는 심적 심상에 의거하지 않고, 마치 사진이나 실물을 실제 보는 것처럼 답을 하기 때문에 더 빠르다는 것이다. 이 결과는 심상이 적어도 어떤 면에서는 실제 그림처럼 작동한다는 사실을 시사한다. 만일 사람들이 언어적 정보만 인출한다면(예 : 제7장에서 묘사되었던 그물망과 같은 의미 그물망에서), 이런 패턴의 결과를 설명하기 어려울 것이다.

심상의 심적 회전

이전 연구들은 사람들이 어떤 질문에 대해 답을 하거나 특정 과제를 수행하기 위해 시각 심상을 만들어 낸다고 제안하였다. 또한 만들어진 심상은 어떤 점에서는 그림과 비슷하다고도 시사한다(이 결론에는 격렬한 논쟁이 있었고 이에 대해서는 이제 살펴볼 것이다). 이 결과들이 보고되던 시점에 다른 연구들에서는 사람들이 심상을 만들어 내기만 하는 것이 아니라는 점이 제시되었다. 사람들은 또한 심적으로 이 심상을 변형시킬 수도 있어 보인다.

이런 유형의 연구 중에서 가장 유명한 것이 Shepard와 Metzler(1971)의 연구이다. 이들은 참가자들에게 3차원의 대상을 선그림으로 그린 자극을 보여주었다(그림 8.2 참조). 각 시행에서 참가자들은 두 가지 그림을 보았다. 어떤 경우에 두 그림이 약간 회전된 형태의 똑같은 대상을 그린 것이었다. 또 다른 경우에는 두 그림이 서로 거울상인 그림이었다. 말하자면 두 대상은 비슷하기는 했어도 동일하지는 않았다. 거울상도 때로 회전된 것이었다. 두 가지 종류의 회전이 사용되었는데, 그림과 같은 평면(그림이 그 페이지에서 회전된 것)에서 또는 깊이(대상이 관찰자에게서 더 멀어지거나 가까이 오는 것)로 회전된 것이었다. Shepard와 Metzler는 참가자들이 두 그림이 동일한

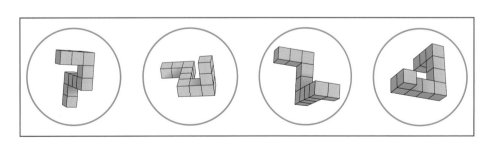

그림 8.2 Shepard와 Metzler(1971) 연구에서 사용한 자극

출처 : Shepard, R. N., & Metzler, J. (1971). Mental rotation of three-dimensional objects. *Science*, 171, p. 701. Copyright ⓒ 1971, American Association for the Advancement of Science. Reprinted with permission.

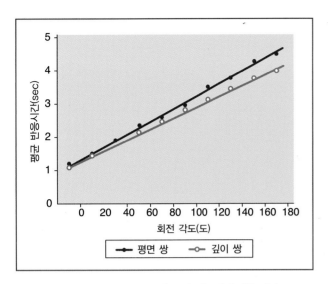

그림 8.3 Shepard와 Metzler(1971) 연구에서 나온 결과

출처 : Shepard, R. N., & Metzler, J. (1971). Mental rotation of three-dimensional objects. *Science*, 171, p. 701. Copyright ⓒ 1971, American Association for the Advancement of Science. Reprinted with permission.

대상을 가리키는지 아니면 거울상인지를 판단하는 동안에 시간이 얼마나 걸리는지를 측정하여 이를 두 그림 사이의 회전 각도에 따라 검토해 보았다.

그림 8.3이 이 결과를 보여준다. 2개 그림의 회전 각도와 참가자의 반응시간 사이의 밀접한 상관은 참가자들이 한 가지 그림을 심적 회전(mental rotation)하여 이 과제를 수행하였음을 강력히 시사해 준다. 또한 참가자들이 판단하는 데 걸린 시간은 그림이 평면에서 회전하든 깊이로 회전하든 간에 비슷했다. 이는 참가자들이 3차원 이미지를 심적으로 회전한 것이지, 2차원 이미지를 회전한 것은 아니라는 점을 시사해 준다. 참가자들이 2차원으로만 회전하였다면, 과제 수행은 평면이냐 깊이냐에 따라 달랐을 것이다.

이후에 나온 Cooper와 Shepard(1973, 1975)의 연구도 참가자들이 알파벳이나 손 그림 같은 좀 더 재인이 쉬운 자극들도 심적으로 회전한다는 사실을 보여주었다. 한 연구에서(Cooper & Shepard, 1973) 참가자들에게 때로는 검사 자극이 나오기 전에 회전될 방향을 단서로 제시해 주는 시행을 만들어 철자 그림을 제시하였다. 두 단서가 충분히 이른 시간 내에 제시되는 경우(검사 자극이 나타나기 1,000밀리초 이전), 참가자들의 수행은 모든 회전 각도에서 동일하게 나타났다. 그림 8.4는 실험 조건을 보여주고, 그림 8.5는 그 결과를 보여준다.

그림 8.5의 곡선 모양에 주목해 보면 참가자들이 어떤 방향으로 돌리면 각도를 작게 돌릴 수 있는지에 따라 시계방향으로나 반시계방향으로 심적 회전을 할 수 있음을 알 수 있다. 이 결과들은 Shepard와 Metzler(1971)에서 나온 결과와는 다른데 그림 8.3과 그림 8.5를 비교해 보면 아마도 이는 알파벳 철자는 주로 '수직' 위치로 알고 있고 Shepard와 Metzler(1971)의 자극은 그런 것이 아니기 때문일 것이라 추정할 수 있다. 180도에서 반응시간의 최정점이 나오는 이유 중의 하나는 참가자들이 어떤 방향으로 그 대상을 회전시킬지 다소 확실하지 않아 망설였기 때문이다.

참가자들이 자극 전체를 회전하였을까, 아

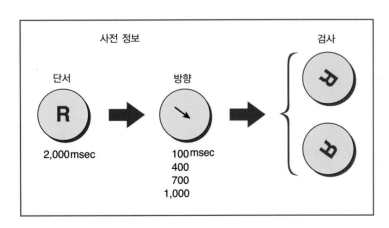

그림 8.4 Cooper와 Shepard(1973)의 실험 설계

출처 : Cooper, L. A., & Shepard, R. N. (1973). The time required to prepare for a rotated stimulus. *Memory and Cognition*, 1, p. 247. Copyright ⓒ 1973, Psychonomic Society, Inc. Reprinted with permission.

니면 어떤 한 부분만 보았을까? 이 질문에 답하기 위해 Lynn Cooper(1975)는 참가자들에게 불규칙한 다각형을 보여주는 연구를 수행하였는데, 자극은 그림 8.6에 나와 있다. 다각형은 무선적으로 뿌려진 점들을 연결시켜 만들었는데, 연결 점들이 많을수록 더 복잡한 모양이 나왔다. 참가자들은 우선 원래 이미지와 거울상 다각형 이미지를 구분하는 훈련을 받았다. 그다음에 원래 다각형이나 여러 각도로 회전된 모양을 보여주고 그 대상이 원래의 것인지 거울상인지를 판단하도록 지시하였다.

Cooper(1975)는 이번에도 반응시간은 회전 속도가 같다면 모양의 복잡도와 상관없이 회전 각도에 따라 직선적으로 증가한다는 것을 발견하였다. 참가자들이 다각형의 일부만 주목하였다면 다각형의 복잡도에 따라 수행이 달라졌을 것이다. 그러나 참가자들은 전체 다각형을 심적으로 회전하여, 가장 단순한 다각형도 아주 복잡한 것들과 정확하게 같은 방식으로 다루었던 것으로 보인다.

또 다른 연구에서 Cooper(1976)는 심적 회전이 실제 회전과 마찬가지로 그 본질상 연속적임을 보여주었다. Cooper가 제시한 예증은 다음과 같다. 각 참가자에 대해서 그들 각자의 심적 회전의 비율을 결정하였다. 이 작업을 하기 위해서는 참가자들에게 특정 방향에서 다각형을 보여주었다. 다각형이 제거되고 나면 참가자들에게 이를 시계방향으로 심적 회전하라고 지시하였다. 이 작업을 하는 동안 검사 도형(다각형 또는 그 거울상)이 어떤 방향으로 회전되어 제시되었다. 만일 검사 도형이 그 참가자들이 기대하고 있는 시각 심상의 방향과 부합하면 반응시간이 빨라졌다. 검사 도형의 실제 방향과 시각 심상의 기대 방향 사이의 불합치가 크면 클수록 반응시간이 더 길어졌다.

이러한 결과는 특히 심적 회전이 실제 회전과 비슷하

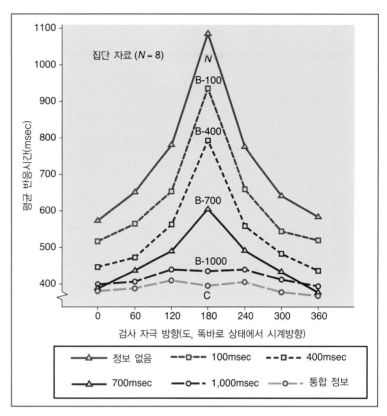

그림 8.5 Cooper와 Shepard(1973)의 실험에서 나온 결과

출처 : Cooper, L. A., & Shepard, R. N. (1973). The time required to prepare for a rotated stimulus. *Memory and Cognition*, 1, p. 248. Copyright ⓒ 1973, Psychonomic Society, Inc. Reprinted with permission.

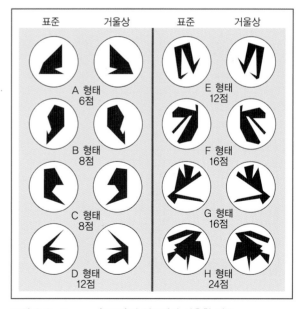

그림 8.6 Cooper(1975)의 연구에서 사용한 자극

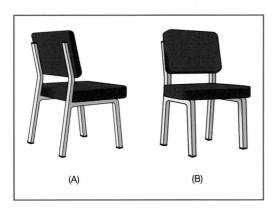

그림 8.7 시점을 달리한 의자

게 작동한다는 사실을 시사한다. 만일 여러분이 종잇조각에 도형을 하나 그리고 이를 천천히 180도 회전한다면, 그 그림은 10도, 20도 등의 중간 방향을 통과할 것이다. 이와 비슷하게 Cooper(1976)의 연구에서도 심상을 회전시키는 것이 중간 방향을 통과하는 것으로 나타났다.

　Cooper의 이정표적 연구로 인하여 다른 인지심리학자들도 사람들이 아주 이상한 각도에서 제시되는 대상 인식에서도 심적 회전을 사용하는지, 또 어떻게 사용하는지 연구해 왔다. 이를테면 그림 8.7(A)와 (B)에 묘사된 대상을 보자. 여러분은 이미지 (A)가 이미지 (B)와 같은 대상이라고 어떻게 인식하는가? 한 가지 가능성은 여러분이 이미지 (A)를 심적 회전하여, (B)와 같은 어떤 표준적인 모양으로 돌리는 것이다. Tarr와 Pinker(1989), Gauthier와 Tarr(1997a, 1997b)는 비대칭적인 것으로 보이는 2차원 모양을 인식할 때 심적 회전을 한다는 증거를 제시하였다. Biederman과 Gerhardstein(1993)은 이와 대조적으로 사람들이 3차원 대상(또는 이런 대상의 선그림)을 볼 때, 그 대상에서 구분되는 **지온**(geons)(그림 3.10에 나온 것 같은 기본 지형적 요소)이 눈에 띄는 한 사람들은 그 대상을 심적 회전 없이도 인식할 수 있다고 주장하였다. 이러한 논쟁은 아직도 한창 진전 중이다. 하지만 논쟁의 두 편 모두 지각 현상을 설명하는 데 개념과 모형을 사용하고 있음에 주목하라.

심상 훑어보기

이제까지 개관한 연구에서는 사람들이 스스로 시각 심상을 구성해 내고 변형할 수 있다는 사실을 시사하였다. 이러한 증거는 또한 심상이 많은 점에서 그림과 같다는 점을 시사하는 것으로 보인다. 심상에는 시각 정보가 들어 있고, 심상에 대한 변형들은 대부분 그림에 대한 비슷한 변형과 일치한다. 또 다른 일련의 연구에서 Stephen Kosslyn은 심상의 공간적 속성을 연구하였다. 이러한 일련의 연구는 참가자들로 하여금 심상을 형성하게 하고 이를 훑어보게 하는 것이었는데, 심상의 한 위치에서 다른 곳으로 움직이는 것으로, **심상 훑어보기**(imaginal scanning)라 알려진 과정이다. 기본 아이디어는 사람들이 무언가를 훑어보는 데 걸리는 시간이 심상의 위치나 거리 같은 공간적 속성을 표상하는 방식을 밝혀줄 것이라는 생각이었다(Finke, 1989).

그림 8.8 Kosslyn(1973)의 연구에서 사용한 자극

　한 연구에서 Kosslyn(1973)은 참가자들에게 그림 8.8에 보이는 것과 같은 대상의 그림을 학습하게 하였다. 이 그림들은 수직 또는 수평으로 뻗어 있으며, 각자 두 끝부분과 가운데 부분의 세 가지 부분으로 쉽게 묘사되는 것들임에 주목하라. 처음 학습 회기가 지난 후에 참가자들에게 그림 중의 한 가지에 대한 심상을 형성해 보라고 하고, 특정 부분을 '살펴보라'고 지시하였다(예 : 꽃의 꽃잎 부분).

참가자들 일부에게는 우선 그 심상의 한 부분(예 : 왼쪽 꼭대기)에 초점을 맞추도록 하였고 그리고 지시된 부분까지 훑어보도록 하였다. Kosslyn의 결과를 보면 지시된 구석과 그 부분의 위치 사이의 거리가 멀면 멀수록 사람들이 자기들이 보고 있는 부분이 그림에서 원하는 부분인지를 말하는 데 걸리는 시간이 더 길었다. 그러니까 참가자들은 꽃의 심상을 형성하고, 이를 맨 밑바닥부터 훑어보기 시작하면 꽃잎(그림의 맨 꼭대기)을 '찾아내기' 하는데, 잎사귀(그림의 중간)에서 '찾아내기'할 때보다 더 긴 시간이 걸렸다. 아마도 이는 형성된 시각 심상이 그림에서 공간적으로 떨어진 여러 부분을 심상에서도 공간적으로 분리된 것으로 표상하여, 그림에서와 같은 공간 특성들을 많이 보존하기 때문이라고 볼 수 있다.

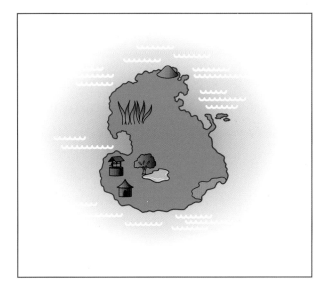

그림 8.9 Kosslyn과 동료들(1978)이 사용한 자극

하지만 이 연구의 결과는 그렇게 깔끔한 것만은 아니다. 예를 들자면 Lea(1975)는 심상에서 거리가 길어서 반응시간이 증가하는 것이 아니라, 훑어보는 항목의 수가 증가하기 때문에 증가하는 것이라고 주장하였다. 꽃을 예로 들어 본다면 맨 바닥에서부터 시작하였다면, 뿌리를 훑어보고 나서 잎사귀를 중간에 훑어보고 나서 꽃잎으로 가는 것이며 잎사귀로 가는 것은 뿌리에서부터 곧장이라는 것이다. Lea는 이렇게 해석되는 연구결과를 보고하였다.

이에 대한 답으로 Kosslyn, Ball, 그리고 Reiser(1978)는 또 다른 일련의 심상 훑어보기 연구를 수행하였다. 그중 한 연구에서 이들은 가상적인 섬에 대한 지도를 만들어 내어 참가자들로 하여금 그림 8.9의 지도에 있는 7개 대상의 위치를 기억해 두라고 하였다. 7개 대상은 21개의 길을 만들 수 있다. 예를 들어 나무에서부터 호수로, 또 나무에서부터 오두막으로. 이 길들은 길이가 각자 달라 2cm부터 19cm까지 있었다.

참가자들에게 마음속으로 여러 대상 중 한 가지에 초점을 맞추도록 지시하였다. 몇 초 후에 실험자가 그 섬에 있는 다른 대상의 이름을 말해 주면, 참가자들은 지도를 거쳐서 직선으로 나와 있는 작은 까만 점들을 상상하면서 두 번째 대상으로 훑어가는 상상을 하였다. 참가자들에게 그들이 두 번째 대상에 '도착'하였을 때 단추를 누르도록 하고, 반응시간을 기록하였다. 두 대상 사이를 훑어보는 반응시간은 대상들 사이의 거리와 상관되었다(Kosslyn et al., 1978). 이는 곧 참가자들이 멀리 떨어진 두 대상을 훑어볼 때는 가까이 있는 것들을 보는 것보다 시간이 더 많이 걸렸다는 것이다. 이 결과는 심상이 공간적 관계를 보존하고 있다는 생각을 지지해 주었다. Pinker(1980)는 3차원의 대상 배열(열린 상자 안에 걸려 있는 장난감들)을 자극으로 사용하여 비슷한 결과를 보여주었다.

Kosslyn의 연구 시각 심상 훑어보기는 실제 그림을 훑어보는 과정과 어떤 점에서 비슷하다는 것을 시사한다. 두 부분 사이의 거리가 멀면 둘 사이를 훑어보는 시간이 더 걸린다.

심상들은 적어도 어떤 공간 정보를 묘사하는 것으로 보이고, 사람들은 이 정보를 자기 심상에서 인출해 낼 수 있는 것 같다. 이러한 결론은 심상을 일종의 '심적 그림'으로 비유한 주장을 강화해 준다(Kosslyn, 1980).

Kosslyn의 결론에 재미있는 곁가지를 덧붙인 것은 Barbara Tversky(1981)가 제시한 연구로, 사람들이 지도에 대해 지니고 있는 체계적인 오류에 관한 것이다. 더 읽기 전에 이 책을 덮고, 미국 지도를 그려 보고, 다음 도시를 적어 넣어 보라. 시애틀, 포틀랜드(오리건주), 리노, 로스앤젤레스, 샌디에이고, 시카고, 보스턴, 포틀랜드(메인 주), 필라델피아, 뉴욕, 워싱턴 DC. 아마도 이 과제를 수행하는 동안 여러분은 초등학교 4학년 때 지리 수업시간에 저장해 둔 것이든 아니면 돗자리에 그려진 50개 주를 보여주는 것이든, 미국 지도에 대해 이전에 저장해 놓은 심적 심상을 이끌어 내었을 것이다.

자, 이제 여러분의 심상을 참조하면서 다음 질문에 답해 보라. (a) 보스턴과 시애틀 중 어떤 도시가 더 북쪽에 있는가? (b) 뉴욕과 필라델피아 중 어떤 도시가 더 서쪽에 있는가? (c) 리노와 샌디에이고 중 어떤 도시가 더 동쪽에 있는가? 답하고 나서 이제 실제 이 도시들의 위치를 그려 놓은 그림 8.10을 보라. 여러분이 B. Tversky의 스탠퍼드대학교 참가자들과 비슷하다면 여러분은 (a)와 (c) 질문에서 오류를 범했을 것이다. Tversky(1981)는 사람들이 지도 문제에서 오류를 범하는 것은 그들이 사용하는 발견법(heuristics) 또는 어림짐작 방식이 서로 달라 대륙이나 주들이 생긴 다양한 모습에 방향 잡기나 기준 정하기 방식이 다르기 때문이라고 주장하였다. 제3장에서 논의하였던 지각적 조직화 원리를 사용한다면, 사람들은 주어진 사물에 대해 좀 더 질서 있게 만들려고 사물을 '정리'하려고 한다. 따라서 남미는 북미의 바로 남쪽에 있다는 심상을 만들어 버리는데, 사실상은 약간 남동쪽에 있다.

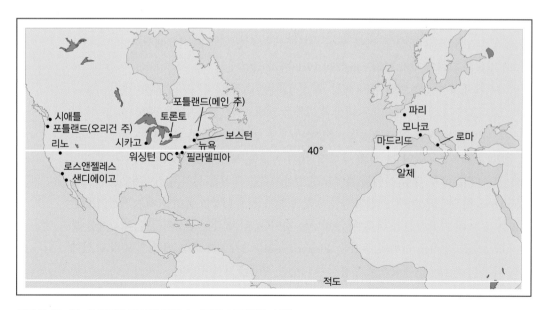

그림 8.10 몇 개 도시를 표시한 유럽과 미국의 지도(원통 도법)

비슷한 원리가 마음속의 지도에 여러 도시를 위치시켜 볼
때도 적용된다. 여러분은 아마도 캘리포니아 주의 서쪽에
네바다 주가 있다는 사실을 알 것이다. 하지만 네바다의 일
부는 캘리포니아의 서쪽 일부에도 위치한다. 사실 샌디에이
고는 리노의 동쪽에 있지 서쪽에 있지 않다. 시애틀은 보스턴
보다 분명히 더 북쪽에 있다. 하지만 여러분이 지니고 있는
각 주의 상대적인 위치에 대한 지식이 마음속 지도의 심상
과 좀 더 잘 정리되게 하려는 경향성과 조합되었을 때, 체계

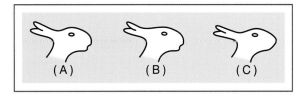

그림 8.11 Chambers와 Reisberg 실험에서 사용된 검사
자극 : (A) 수정되지 않은 그림 (B) 오리의 부리를 수정 (C) 토
끼의 코를 수정

적인 왜곡이 일어나게 만든다. 이러한 왜곡은 심상이 마음속 그림과는 다른 한 방식이다.

또 다른 방식이 Chambers와 Reisberg(1992) 연구에서 발견되었다. 이들은 우선 연구 참
가자들에게 그림 8.11(A)와 같은 창조물의 심상을 형성하도록 하였다. 여러분은 아마도 이
창조물이 모호한 '오리/토끼' 그림이며, 심리학개론 교과서에 자주 나오는 것이라는 사실
을 알 것이다. 실험자들은 어떤 때는 참가자들에게 이 창조물이 오리라고 말해 주었다. 또
다른 때에는 이를 토끼라 하였다. 실험자들은 실제 그림을 5초 정도만 제시하였다(그림에
대한 심상을 만들기에는 충분한 시간이지만 이를 '역전'시키기에는 충분하지 않은 시간).

일단 참가자들이 심상을 만들면, 그들에게 일련의 오리/토끼 쌍을 제시하는데, (A)와
(B), 또는 (A)와 (C)를 짝지었다. 여러분은 이 쌍의 어떤 구분이든지 아주 미묘하며 탐지하
기 힘들다는 것을 눈치챘을 것이다. Chambers와 Reisberg(1992)는 참가자들이 오리를 상
상했을 때는 (A)와 (B)의 차이를 탐지하는 데[(B)는 오리의 부리를 수정한 그림] 우연 이상
으로 잘했지만, (A)와 (C) 사이의 차이는 분명하게 구분해 내지 못했다[(C)는 토끼의 코를
수정한 그림]. 토끼의 심상을 처음 형성했던 이들에게서는 정확히 반대 현상이 나타났다.
Chambers와 Reisberg는 이러한 효과가 나타난 이유는 사람들이 그들이 그 창조물의 '얼굴'
이라 간주하는 영역들에 더 많은 주의를 기울이고 그 창조물의 뒷머리에 대해서는 주의를
덜 기울이기 때문이라 생각했다. 어떻든 간에 이 결과는 사람들이 똑같은 물리적 자극에
대해 심상을 만들지만, 그 자극에 대해 서로 다른 해석이나 의미를 제시받은 이는 사실상
서로 다른 심상을 만드는 것이라는 사실을 보여준다. 실제로 Chambers와 Reisberg는 그들
의 선행 연구에서 약간의 힌트나 점화 자극만 주어도 대부분의 오리/토끼 그림을 보는 참
가자들이 그들의 오리/토끼 심상을 뒤집지만, 자발적으로 그렇게 하는 이는 거의 없다고
보고한 적이 있다.

이제까지 개관한 바에 따르면 마음속 심상을 만들어 내고 사용할 수 있다는 것이 항상
이로운 일인 것처럼 들린다. 하지만 최근 한 연구에서 Knauff와 Johnson-Laird(2002)는 이
에 반하는 예들을 제시하였다. 이들은 이른바 세 항목 계열 문제(three-term series problem)
라는 문제에서 사람들의 추리방식을 연구하였는데 다음과 같다.

탠디는 부시보다 털이 많다.

부시는 애스키보다 털이 적다.

어떤 개가 가장 털이 많은가?

저자들은 문제에 사용된 용어들의 종류를 변화시켰다. 어떤 것은 시각적, 공간적으로 그려내기가 쉬운 것이었는데, 위-아래 또는 앞-뒤 같은 것이었다. 곧 어떤 사람이 다른 사람 앞이나 뒤에 있는 것은 마음속으로 상상하기가 쉽고, 또한 세 항목을 마음속으로 묘사하기도 쉽다. 말하자면 한 예로 다음과 같은 전제를 들어 보자.

탠디는 부시 뒤에 있다.

부시는 애스키 뒤에 있다.

그렇다면 세 마리 개의 상대적인 위치를 이들에 대한 시각 심상 없이도 그릴 수 있게 되어 다음과 같은 '지도'를 만들 수 있다.

(앞) 애스키, 부시, 탠디 (뒤)

이러한 표상은 개들에 대해서는 어떤 시각적 상세묘사도 보여주지 않음에 주목하라. Knauff와 Johnson-Laird(2002)는 내용이 다른 여러 문제를 만들어 내었는데, 심상을 만들어 내기는 쉽지만 공간 표상을 형성하기는 그렇게 쉽지는 않은 내용이었다(예 : 깔끔하다-더럽다, 뚱뚱하다-날씬하다. 이를테면 "탠디는 부시보다 더럽다."라는 표상을 만들려면 여러분은 진흙이 묻어 다른 개보다 더 더러운 개에 대한 시각 심상을 구성해 낼 것이다. 또 다른 통제 문제들로 심상이나 공간 표상이 모두 쉽지 않은 문제들도 있었다(예 : 낫다-못하다, 똑똑하다-둔하다).

연구결과를 보면 시각적 관련성(예 : 깔끔하다-더럽다) 문제에 대한 수행시간은 통제 문제(예 : 낫다-못하다) 또는 시공간 문제(뒤에-앞에)보다 늦었다. 아마도 시각 심상을 구성하는 데 들인 심적 노력이 논리적 결론을 이끌어 내기에 집중할 때 써야 할 심적 용량을 써 버린 탓이라 볼 수 있다. 따라서 심상이 항상 인지적 수행에 좋은 것만은 아니다. 지금 하고 있는 과제가 무엇인가에 따라 많이 다르다.

심상의 본질

이제껏 개관한 연구결과들은 심상이 그림과 어떤 속성들을 공유하고 있음을 시사한다. 사람들은 심상에 대한 그들의 경험을 마음속 그림을 보는 것으로 보고하며, 심상에 행해지는 심적 변형들은 그림에 행해지는 변형과 아주 비슷한 것으로 보인다. 그렇다면 다음과 같은 질문이 직접적으로 연결된다. 심상이란 정확히 무엇인가? 심상이 지니는 속성은 어떤 종류이며, 이들이 실제 그림이 지닌 속성과 어떻게 같거나 다른 것인가?

아마도 이 질문에 대한 답은 정보가 저장, 인출, 사용되는 방식에 시사점을 제시할 것이다. 시각 심상에 대한 연구들은 우리에게 정보가 마음속에서 표상되고 조직화되는 방식에 대해 많은 것을 이야기해 줄 것이다. 지식 표상과 개념에 관해 이 책에서 살펴본 개관(제7장)에서는 주로 언어적 정보에 초점을 맞추었다. 시각 심상에 관한 연구들은 정보가 저장되고 사용되는 방식에 또 다른 종류가 있음을 시사한다.

시각 심상의 본질에 관한 논쟁은 인지심리학에서 아주 격렬한 것이었다. 우리는 여기서 이 논쟁의 주요 논점들을 개관해 볼 것이며, 마음속 그림으로서의 심상에 대한 은유를 자세히 들여다보고자 한다. 이 논의를 조직화하기 위해서 우리는 우선 Ronald Finke(1989)의 시각 심상에 관한 원리들을 살펴볼 것이다. 그런 후에 이 연구와 심상−마음속 그림 은유에 관한 연구들에 대한 비판을 검토해 볼 것이다.

시각적 심상의 원리

Finke(1989)의 시각 심상에 관한 원리를 함께 묶어 보면 시각 심상의 기본적 본질을 묘사한 것이다. 다섯 가지 원리가 있으며 각 원리는 심상에 관한 별도의 측면 또는 특성을 보여준다.

암묵적 부호화

"마음속 심상은 대상의 물리적 속성 또는 이전 어떤 시점에서든 명시적으로 부호화되지 않은 대상 간의 물리적 관련성에 관한 정보를 이끌어 내는 도구(mental imagery is instrumental in retrieving information about the physical properties of objects, or about physical relationships among objects, that was not explicitly encoded at any previous time)"(1989, p. 7)라고 서술한다. 이 원리는 심상이 어떤 정보가 획득되는 장소이며, 그 정보가 의도적으로 저장된 적이 전혀 없는 경우라도 그렇다는 사실을 시사한다. 심상은 따라서 여러분이 직접 저장하지 않았던 질문에 대한 답을 이끌어 내는 데도 사용될 수 있다. 이 장 초두에서 인용하였던 과제—여러분 집에 있는 부엌에 찬장 문이 몇 개나 있는지에 대한 질문—가 좋은 사례가 된다. 추측건대 여러분이 대부분의 사람들과 같다면 부엌에서 찬장 문을 세어 볼 일은 아마도 전혀 없었을 것이다. 따라서 이 정보는 아마도 장기기억에 직접 저장된 것은 아닐 것이다. 하지만 이 정보는 암묵적 부호화(implicitly encoded)된 것인데, 이는 곧 여러분 부엌의 시각 심상을 구성하게 해주는 다른 정보들과 함께 비의도적으로 저장된 것이라는 의미이다. 이 질문에 답하기 위해 여러분은 모두 시각 심상을 만들어 내고, 이를 훑어보고, 찬장 문을 세어 보아야 한다.

Brooks(1968)의 과제는 윤곽선 그림 대문자 *F*에 관한 것이었는데, 또 다른 방식으로 심상의 존재를 증명해 준다. 대부분의 사람들은 각 모서리가 꼭대기인지 바닥인지를 귀찮게 체크하는 일을 이전에 했을 리가 없다. 그래도 사람들은 이 과제를 수행할 수가 있는데, 이는 F의 시각 심상을 형성하게 해주는 정보와 함께 요구되는 정보가 암묵적으로 부호화될 수 있기 때문이다.

지각적 동등성

Finke의 시각 심상에 관한 두 번째 원리는 시각 심상의 구성과 실제 대상이나 사건의 지각 사이의 유사성에 관한 것이다. 이는 "심상은 상상된 대상이나 사건이 실제 지각된 동일한 대상이나 사건과 시각 체계에서 활성화되는 기제가 유사한 정도에서 지각과 기능적으로 동등하다(imagery is functionally equivalent to perception to the extent that similar mechanisms in the visual system are activated when objects or events are imagined as when the same objects or events are actually perceived)."(1989, p. 41) 달리 말하자면 마음속 시각화에 사용되는 많은 종류의 내적 과정들이 시각 지각에도 사용된다는 것이다.

Perky(1910)의 초기 연구는 이 원리에 관한 것이다. Perky는 참가자들에게 빈 영사막을 보면서 어떤 대상(토마토, 바나나, 오렌지, 잎사귀 같은 것)을 보고 있다고 상상하라고 하였다. 참가자가 심상을 형성하였다고 보고하면, 실험자 한 사람은 짧은 시간 동안 이를 방해하고 다른 두 실험자는 참가자들이 상상하고 있는 그 대상의 흐릿한 그림을 투사해 주는 도구를 작동시켰다. Perky는 참가자들은 대부분 자기 심상과 흐릿한 그림 사이를 구분하지 못하였음을 발견하였다. 아마도 이는 심상이 실제 흐릿한 그림과 비슷한 점이 많기 때문일 것이다.

좀 더 잘 통제된 관련된 또 다른 연구들이 Martha Farah(1985)에 의해 보고되었다. 실험에서는 참가자들에게 H 또는 T 같은 어떤 철자의 심상을 만들라고 하였다. 바로 그다음에 참가자들에게 명도 대비가 아주 낮아 알아보기 아주 힘든 이 철자 중 하나를 보여주었다. 바로 그 철자를 먼저 상상하였던 이들은 다른 철자를 상상하였던 이들에 비해 실제 제시되었던 철자를 더 정확하게 탐지하였다. 이 결과는 심상이라는 것이 실제 자극을 탐지하는 데 사용되는 시각 경로를 '점화'할 수 있음을 시사한다(Finke, 1989). 어떤 연구자들은 시각 심상을 지각적 '예기'라고 간주하기도 한다. 곧 시각 체계가 무언가를 실제로 보는 작업을 '준비하기'(Neisser, 1976)이다.

공간적 동등성

Finke의 세 번째 시각 심상 원리는 위치, 거리, 크기와 같은 공간적 정보가 시각 심상으로 표상되는 방식과 관련되어 있다. 이 원리는 "심상 요소들의 공간적 배열은 실제 물리적 표면 또는 물리적 공간에서 대상이나 그 부분들이 배열된 방식과 부합(the spatial arrangement of the elements of a mental image corresponds to the way objects or their parts are arranged on actual physical surfaces or in an actual physical space)"(1989, p. 61)한다.

이 원리에 관한 많은 증거들이 앞서 보았던 Kosslyn과 동료들의 훑어보기 연구에서 나온다. 일반적인 연구결과는 사람들이 어떤 시각 심상에서 한 요소에서 다른 요소로 훑어보는데 걸리는 시간은 물리적 표상에서의 요소들의 거리와 일치한다는 것이다. 따라서 그림 또는 대상의 요소들 사이에서의 공간적 관계(예: 상대적 위치, 거리, 크기)는 모두 그 그림이나 대상에 대한 시각 심상에서 그대로 보존되는 것으로 보인다는 것이다.

심상(또는 대상이나 그림)의 공간적 특성과 시각적 특성을 분리하는 일은 아주 어려운 작업이다. 하지만 일련의 창의적 연구에서 Nancy Kerr(1983)는 이 과제에 성공하였다. 이 연구는 지도 훑어보기 연구였는데, Kosslyn과 동료들이 앞서 묘사했던 것과 아주 비슷한 것이었다. 하지만 여기에 참석한 참가자들 일부는 선천적으로 맹인이었고, 평면에 놓인 대상들(각기 구분되는 모양을 지닌)을 느낌으로써 '지도'를 학습하였다. 일단 참가자들이 위치를 학습하고 나면, 실험자가 대상들 한 쌍을 이름 붙여 주면서 한 대상에서 다른 대상으로 점이 움직여 간다고 상상해 보라고 하였다. Kerr는 대상들 간의 거리가 길면 길수록 맹인 참가자들이나 시력이 있는 참가자들 모두 시간이 더 걸렸다는 것을 발견하였다.

Kerr의 연구는 Kosslyn과 동료들(1978)의 연구결과를 반복하는 것이었으며, 시각 심상이 공간적 속성을 지닌다는 사실을 시사하였다. 공간적 속성은 시각 표상과 비슷하지만 시각적일 필요는 없다는 것이, 선천적 맹인들이 시각이 없어도 공간 심상을 만들 수 있음을 보여줌으로써 증명되었다.

변형 동등성

Finke의 시각 심상에 관한 네 번째 원리는 심상이 마음속에서 변형되는 방식에 관한 것이다. 이는 "상상된 변형과 물리적인 변형은 일치하는 역동적 특성을 보여주며 동일한 운동법칙에 지배된다(imagined transformations and physical transformations exhibit corresponding dynamic characteristics and are governed by the same laws of motion)."(1989, p. 93)라고 서술되었다.

이 원리에 관한 가장 좋은 증거는 심적 회전 연구에서 나온다. 이 연구에서 나온 결과로 보면 심적 회전은 물리적 회전과 동일한 방식으로 작용한다고 시사한다. 이는 연속적이어서 움직이는 대상은 목적하는 방향에 이르는 중간 방향들을 통과하면서 회전한다. 심적 회전을 수행하는 데 걸리는 시간은 실제 대상 회전과 마찬가지로 회전이 얼마나 이루어지느냐에 따른다. 또한 대상의 물리적 회전과 마찬가지로 회전되는 것은 대상의 일부분이 아니고 전체다. 변형 동등성 원리는 심적 회전 현상을 넘어서, 심상으로 하는 다른 종류의 변형도 실제 대상에 작용하는 것과 동일한 방식으로 작동한다는 사실을 주장한다.

구조적 동등성

시각 심상에 관한 Finke의 다섯 번째 원리는 심상이 조직화되고 조합되는 방식에 관한 것이다. "심상의 구조는 실제 지각되는 대상의 구조와 일치하는데, 이는 그 구조가 정합적이

그림 8.12 Kosslyn과 동료들(1983)의 연구에서 사용된 자극

며, 잘 조직화되어 있고, 또한 재조직화되고 재해석될 수 있다는 의미에서 그러하다(the structure of mental images corresponds to that of actual perceived objects, in the sense that the structure is coherent, well organized, and can be reorganized and reinterpreted)."(1989, p. 120)

어떤 대상에 대한 그림을 그려야 한다고 상상하거나 또는 (만일 여러분의 그림 그리기 기술이나 성향이 나처럼 형편 없다면) 어떤 대상을 면밀히 보아야 한다고 상상해 보라. 이 작업을 어떻게 하는가, 또 그 대상의 어떤 속성이 작업을 어렵게 만드는가? 일반적으로 말한다면 대상이 크면 클수록 살펴보거나 그리는 데 시간이 더 걸린다. 또한 대상이 복잡하면 할수록, 곧 그 대상에 서로 다른 부분이 많을수록 면밀히 살피거나 그리는 것이 더 힘들 것이다(시간도 더 걸림). 시각 심상의 구성도 같은 방식으로 작동하는 것으로 보인다. 시각 심상은 한꺼번에 만들어지는 것이 아니고, 조각조각이 맞추어지면서 최종 목표물이 조합되는 것이다(Finke, 1989).

Kosslyn, Reiser, Farah, 그리고 Fliegel(1983)은 시각 심상의 생성을 상상되는 대상의 복잡성과 관련하여 연구하였다. 참가자들에게 그림 8.12(A)에 제시된 것 같이 세부사항이 서로 다른 그림의 심상을 형성하라고 요구하였다. 윤곽선만 그려진 그림에 대한 심상을 형성하는 것에 비해서 세부사항이 그려진 그림을 상상하는 데 1.3배의 시간이 더 걸렸다. 이와 관련된 연구로 연구자들은 그림 8.12(B)에 제시된 것 같은 기하학적 모양을 자극으로 사용하였는데, 이들은 모두 서로 다른 방식으로 묘사될 수 있는 것이었다. 이를테면 그림 8.12(B)에 대해서 "십자 모양으로 만들어진 다섯 개의 정사각형" 또는 "두 개의 겹치는 긴 사각형"으로 묘사할 수 있다. 참가자들은 처음에 이 묘사를 읽었고, 다음에 묘사에 해당되는 그 그림을 보았으며, 그리고 나서 이를 덮고 그 그림에 대한 시각 심상을 만들었다. Kosslyn과 동료들은 두 개의 물리적 자극은 똑같은 것이 제시되었는데도 불구하고 첫 번째의 묘사가 주어진 경우에, 두 번째 묘사로 이 그림을 상상하여 심상을 만드는 데 걸린 시간에 비해 시간이 더 걸렸음을 발견하였다. 주목할 점은 다섯 개의 정사각형으로 생각하는 것보다 두 개의 긴 사각형으로 생각한다면 그림 8.12(B)를 그리거나 보는 데도 시간이 덜 걸릴 것이라는 점이다. 심상에 있어서는 대상에 대해 생각하는 구조의 복잡성이 클수록 그 심상을 조합하는 데 시간이 더 걸리는 것으로 보인다.

심상 연구와 이론에 대한 비판

이 장을 시작할 때 심상에 관한 연구가 심리학에서 논란이 많은 주제라 하였는데 이제 이 논란을 검토해 볼 시간이다. 거의 모든 심상 연구들이 논란거리가 되어 왔지만(Finke, 1989 에서 몇 가지 예를 제시), 여기서는 세 가지 일반적이고 상호 관련된 주제에 초점을 맞출 것이다. 첫 번째는 심상 연구의 비판에 관한 것이다. 특히 이 비판은 실험 그 자체에서 명 시적으로 또 암묵적으로 '힌트'를 충분히 주어서, 참가자들이 엄격하게 자신의 시각 심상 에 의존한다기보다는 자신의 믿음이나 지식에 따르게 한다는 것이다. 두 번째 비판적인 질 문은 심상을 그림으로 은유하는 것이다. 세 번째는 좀 더 이론적인 것으로 별도의 내적 부 호로 심상이라는 종류를 설정할 필요가 있는지에 대한 논의이다. 각 비판을 하나씩 살펴보 겠다.

암묵 지식과 요구 특성

Pylyshyn(1981)은 심상 연구에서 많은 결과들이 참가자들이 지니고 있는 내재적인 암묵 지 식(tacit knowledge)을 반영하는 것이며 시각 심상의 구성과 조작이라기보다는 과제에 대한 믿음이 드러나는 것이라고 주장하였다. 그는 특히 심상 훑기 실험에 주목하였다. 참가자들 의 훑어보기 시간은 훑어보는 거리와 비율적인데, Pylyshyn의 주장으로는 이는 참가자들이 시각적으로 제시된 장면에서 두 지점 사이를 훑어보는 데 걸리는 시간이 거리에 따라 달라 진다는 사실을 알고 있기 때문에, 또 이 실험이 이런 종류의 수행을 요구한다는 사실을 알 고 있기 때문에 나오는 결과라는 것이다.

　Finke(1989)는 이 지식과 기대가 결과를 어떻게 왜곡시키는지를 설명하였다. 여러분이 어떤 대상(예 : 커피 컵)을 한 장소(책상 오른편)에서 다른 장소(책상 왼편)로 옮기기를 원 한다고 상상해 보라. 여러분은 (서양의 바에서 술잔을 넘기는 영화 장면을 토대로) 그 컵을 책상을 거쳐 미끄러지게 할 수도 있지만, 대개는 손으로 컵을 잡고 이를 새 장소에 갖다 놓 는 방법이 안전할 것이다. 논쟁을 위해서라면 거리와는 상관없이 그 컵을 즉시 옮길 수 있 다고 상상해 보라(아마 영화 스타트렉에서처럼 한 좌표에서 다른 좌표로 '순간이동' 할 수도 있겠다). 하지만 여러분이 커피 컵을 새로운 장소로 옮기는 데 걸리는 시간이 이전 장소와 새 장소 사이의 전체 거리에 따라 달라지는 것이라고 여러분이 믿고 있거나 기대하고 있다 고 가정해 보자. 여러분은 시간을 잘 조정하여 잠시 멈추고 컵을 집어 들고 새로운 장소로 건너가는 데 약간의 시간을 들이고 책상에 그것을 놓을 것이다. 그렇게 보면 잠시 멈추기 위해 얼마나 걸리는가에 대해서는 임의적으로 달라진다 하더라도, 여러분이 그 컵을 옮기 는 데 걸리는 반응시간은 컵이 움직이는 거리의 비율이 될 것이다.

　Pylyshyn(1981)의 주장은 사람들이 심상 훑어보기 실험에서 '마음속으로 멈추기'를 하는 것이 실험자가 그들에게 원하는 바가 무엇인지에 대한 그들의 믿음이나 기대 때문이라는 것이다. 사람들의 믿음이나 기대에 따라 영향을 받는 과제들은 Pylyshyn에 의해 인지적으 로 투과 가능(cognitively penetrable)한 것이라 이름 지어졌다. 어떤 과제들은 참가자들이 그 과제를 어떻게 수행해야 하는지를 분명히 알려준다. 지시문이나 과제 그 자체 또는 상황에 서의 또 다른 어떤 것이 그 사람이 행동하는 방식에 대해 단서를 준다. 이러한 과제를 요구 특성(demand characteristics)을 가지고 있다고 한다(Orne, 1962). 달리 말하자면 과제가 그 사람이 어떤 방식으로 행동할 것을 '요구한다'는 것이다. 대부분의 경우 심리학 실험의 참가자들은 실험자를 기쁘게 하기 위해 또 실험자를 만족시킬 것이라 생각하는 방식으로 인위적인 행동을 수행하고자 하는 경향이 있다.

더구나 실험자들은 때로 무의식적으로 참가자들에게 미묘한 단서를 제시하기도 한다. Intons-Peterson(1983)은 이러한 실험자 기대 효과(experimenter expectancy effects)가 적어도 일부의 심상 연구에서 영향을 미친 것이라 주장하였다. 이 연구에서는 학부 학생들에게 몇 가지 심상 연구를 수행하도록 하였다. 실험자 중 일부는 결과가 어떤 방식으로 나올 것이라 믿도록 유도되었다. 다른 실험자들은 그 반대로 유도되었다. 모든 연구에서 참가자들은 실험자가 기대하는 대로 수행을 하였다.

한 연구에서 Intons-Peterson(1983)은 네 명의 학부생을 실험자로 하였는데, 모두 '지능, 신뢰성, 뛰어난 판단력, 성숙도'에서 잘 알려진 이들이었다(p. 396). 이 중 아무도 심상 연구에 대해 잘 알고 있지 못했다. 각 실험자는 세 조건의 심적 회전 연구에서 전체 18명의 참가자를 감독하도록 할당되었다. 어떤 참가자들은 각 시행 이전에 자극을 보거나 상상하도록 '점화'되었다. 통제 조건의 참가자들은 아무런 점화를 받지 않았다. 네 실험자 중의 두 명에게 지각 점화(참가자들에게 실제로 주어진 점화 자극)보다 심상 점화(참가자들이 상상하도록 한 점화 자극)가 더 효율적이라고 기대하도록 지시를 받았다. 다른 두 실험자는 그 반대로, 곧 지각 점화가 심상 점화보다 더 효과적이라는 지시를 받았다. 모든 자극이 마이크로컴퓨터로 제시되었으며, 맨 처음에 지시문을 읽어줄 때 말고는 실험자들은 참가자들과 같은 방에 있지 않았지만 결과는 실험자의 믿음을 그대로 반영했다. 심상 점화가 지각 점화보다 더 효과적이라고 믿었던 실험자가 감독한 참가자들은 그 믿음을 지지하는 결과 자료를 내놓았다. 다른 쪽 실험자에 의해 감독된 참가자들에게서는 정반대의 결과가 나왔다.

Intons-Peterson(1983)은 심상 훑어보기 실험에서도 비슷한 결과를 발견하였다. 심상 실험 참가자들은 실험자가 제공하는 미묘하고 비의도적인 단서에 민감하였는데, 여기에는 지시문을 읽을 때의 억양이나 쉼에서의 약간의 차이가 포함된다. 또한 심상 연구는 연구 중인 현상의 주관적 성질 때문에 요구 특성이나 실험자 기대에 특히 취약할 수 있다고 주장하였다. 비록 모든 시각 심상 실험의 결과가 실험자 효과와 요구 특성으로 인한 결과라고 주장하지는 않았지만, 시각 심상 연구자들은 이러한 효과를 최소화하기 위해 특별한 주의를 기울여야 한다고 Intons-Peterson은 경고하였다.

그림 은유

이제까지의 논의는 대부분 그림과 심상 사이의 유사성을 시사해 왔다. 일부 심리학자들은 시각 심상을 '심적 그림'이라고 편하게 말하기도 한다. 이제 질문은 "이 유사성이 어디까지 가는가?" 하는 것이다. Pylyshyn(1973)이 지적하였듯이 그림과 심상은 몇 가지 방식에서 서로 다르다. 아마도 가장 중요한 차이는 그림의 경우 그것이 무엇에 대한 그림인지 별 생각 없이 보게 된다는 것이고(곧, 만일 누군가 말 없이 어떤 사진을 주면 여러분은 "이게 뭔데?" 하고 물을 것이다), 반면에 그것이 무엇에 관한 것인지 모른다면 심상을 '볼' 수가 없다는 것이다. 결국 모든 심상은 마음속으로 어떤 의도가 들어가서 형성되는 내적 구성체인 것이다. 여러분은 무선적 심상을 자발적으로 만들어 내는 것이 아니라 특정 사물에 대한 심상을 형성해 내는 것이다.

두 번째로 그림과 심상은 파괴되거나 파괴될 수 있는 방식이 서로 다르다. 여러분은 사진을 반으로 잘라서 대상 중 한 부분을 사라지게 만들 수 있다. 심상은 좀 더 의미 있는 방식으로 조직화되어 있어 일부가 사라진다면 어떤 의미가 있는 부분만 사라지게 만들 수 있다(Finke, 1989).

마지막으로 심상은 그림이나 사진에 비해 관찰자의 해석에 의해 더 쉽게 왜곡된다. Bartlett의 이야기 회상에 관한 연구를 기억하는가?(제6장 참조) 사람들이 이야기에 대해 가지고 있는 기억은 시간이 지나면서 변화하고 때로는 원래 또는 이후의 해석에 따라 달라지기도 한다. 심상도 마찬가지이다. Carmichael, Hogan과 Walter(1932)는 실험 참가자들에게 그림 8.13에 나온 것 같은 그림을 제시하고 두 이름표 중에 한 가지를 같이 제시하였다(다른 이름표는 다른 참가자들에게 제시됨). 참가자들이 나중에 그 패턴을 재생한 것을 보면(아마도 심상에 근거하였을 것임), 원래 제시하였던 이름표에 따라 왜곡된 것을 그림에서처럼 볼 수 있다.

이와 비슷하게 Nickerson과 Adams(1979)는 사람들이 친숙한 대상의 심상을 재생하려 할 때에도 많은 오류를 보인다는 사실을 보여주었다. 미국 1페니 동전의 그림을 실제로 보지는 말고 그려 보고 나서, 이를 실제 동전과 비교해 보라. 링컨이 오른쪽을 보고 있는가? 금언이 제대로 된 위치에 적혀 있는가? 연도 표시는 어떤가? 이 경우에 여러분의 심상은 아마도 실제 동전의 사진에 비한다면 정보가 아주 적을 것인데, 이는 사진 8.1을 보면 알 수 있다. 동전을 그린 몇 개 그림을 가지고 다중선택 재인 검사를 해보아도 Nickerson과 Adams 실험의 참가자들은 제대로 된 표상을 골라내지 못하는 경우가 많았다.

인지과정이라는 내 강의를 듣는 한 학생인 Rebecca Plotnick(2012)은 Nickerson과 Adams(1979) 연구에 기반하였지만 친숙한 회사 로고를 자극으로 하는 아주 창의적인 연구를 수행하였다. 학부학생들에게 일련의 가짜가 섞인 것들 중에 진짜 로고를 찾아내도록 하였는데, 맥락 속에서 제시되거나(예 : 커피 컵이나 컴퓨터 화면으로, 그림 8.14(A)와 (B)에서 보듯이 일상적으로 접하는 경우), 따로 제시되는 조건(그림 8.14(C)와 (D)처럼)이었다. 전반적으로 참가자들은 로고가 맥락 속에서 제시될 때(정확률 58%)에 로고가 따로 제시될 때(48%)보다 더 정확하게 알아보았다.

심상과 그림 사이의 차이를 발견하는 것이 중요한 의미는 무엇일까? 시각 심상은 정보를 내적으로 부호화하고 표상하는 한 가지 방식이라 생각된다. 인지심리학자 중에는 시각 심상이 별도의 심적 부호라 믿는 사람들이 많지만, 또 이들은 이 부호가 시각적 그리고/또

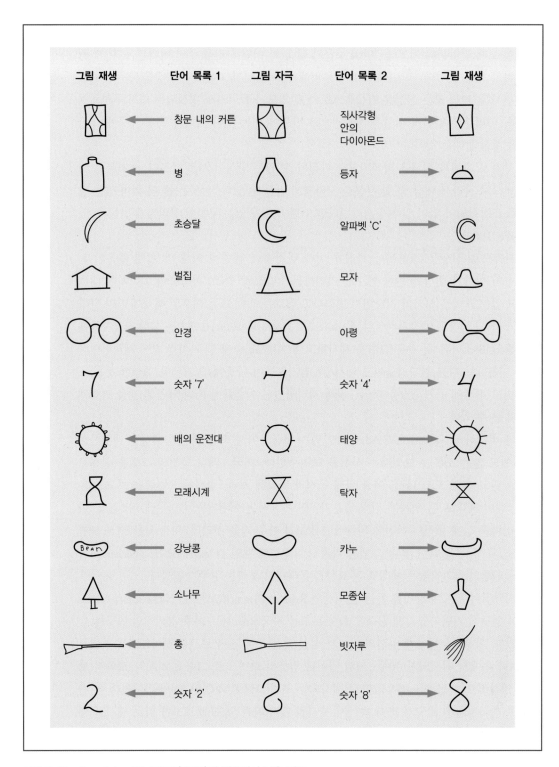

그림 8.13 Carmichael과 동료들(1932)의 연구에서 나온 재료

는 공간적 성질을 많이 지니고 있다고 믿지만, 이제까지의 증거로 보면 시각적인 심상에 대한 그림 은유는 대충만 맞는 것으로 보인다.

명제 이론

심상에 관한 더 광범한 비판적 연구는 이론적인 것이며 이 분야 뒤에 숨은 바로 그 전제를 겨냥하고 있다. **명제 이론**(propositional theory)의 주장자들은 심상이 정보를 표상하는 데 별도의 심적 부호로 작용한다는 생각을 거부한다. 명제 이론가들은 정보 표상은 한 가지 부호로, 시각적인 것도 아니고 언어적인 것도 아닌 본질상 명제적인 부호로 이루어지며(J.R. Anderson & Bower, 1973), 모든 정보를 저장하고 심적 표상하는 데 명제 부호가 사용된다고 믿는다.

사진 8.1 이 1페니 동전 사진을 여러분이 방금 그린 것과 비교해 보라.

제7장에서 보았듯이 명제는 서로 다른 개념 간의 관계성을 명세화하는 수단이다. 이를테면 뉴욕이 보스턴 서쪽에 위치한 도시라는 생각은 다음과 같은 명제로 표상된다: 도시(뉴욕), 서쪽(뉴욕, 보스턴). 명제들은 서로 연결될 수 있어, 두 가지 밀접하게 관련된 생각들이 몇 가지 명제를 공유할 수 있다.

Pylyshyn(1973)은 명제 이론이 심상 실험의 결과를 설명할 수 있다고 주장하였다. 그의 아이디어는 모든 정보가 명제에 의해 심적으로 표상되며 또 저장된다는 것이다. 심상 실험의 참가자들은 자신의 내적 시각 표상을 탐색하고 조작하는 것처럼 보이지만 실제로는 내적인 명제 표상을 사용하는 것이며, 이 표상은 문장이나 이야기 같은 언어재료의 처리과정에 내재되어 있는 것과 같은 종류의 표상이라는 것이다.

Kosslyn(1976)은 두 연구에서 이 주장을 검증하고자 시도하였다. Kosslyn은 우선 동물과 그 신체 속성 사이의 **연합 강도**(association strength)를 검사하였다. 가령 대부분의 사람들에게 '고양이' 하면 '발톱'이 '머리'보다 더 강하게 연합되어 있지만, 물론 두 가지 모두와 고양이는 다 연결되어 있다. Kosslyn은 사람들이 심상을 사용하지 **않을** 경우 고양이가 '발톱을 가지고 있다'(높은 연합강도, 작은 시각 부분)는 것을 검증하는 데 걸리는 시간이 '머리를 가지고 있다'(낮은 연합강도, 큰 시각 부분)는 것을 검증하는 시간보다 **빠르다**는 것을 발견하였다. 명제 이론은 연합강도가 높으면 높을수록, 두 항목을 관계 짓는 명제가 더 많으므로 검증 시간이 더 빠르다고 예언한다(Finke, 1989).

하지만 참가자들이 이 과제를 하는 데 심상을 사용했다고 보고하는 경우에는 이들의 반응시간은 반대 방향으로 나왔다. 이런 경우에는 연합강도가 낮고 시각적으로 큰 부분에 대해 검증하는 것이 연합강도가 높고 시각적으로 작은 부분보다 더 빨랐다. 분명히 심상을 사용하는 것이 명제 이론이 예측하지 못하는 수행을 결과하는 것으로 보인다.

실세계에서 사람들이 심상을 정보를 부호화하는 수단으로 사용하는지 아닌지 하는 것이 문제가 될까? 어떤 조건에서 어떻게 정보를 심적으로 표상하는가를 안다면 이들이 다양한 인지 과제를 수행하는 방식을 결정적으로 설명할 수 있을 것이다. 만일 서로 다른 과

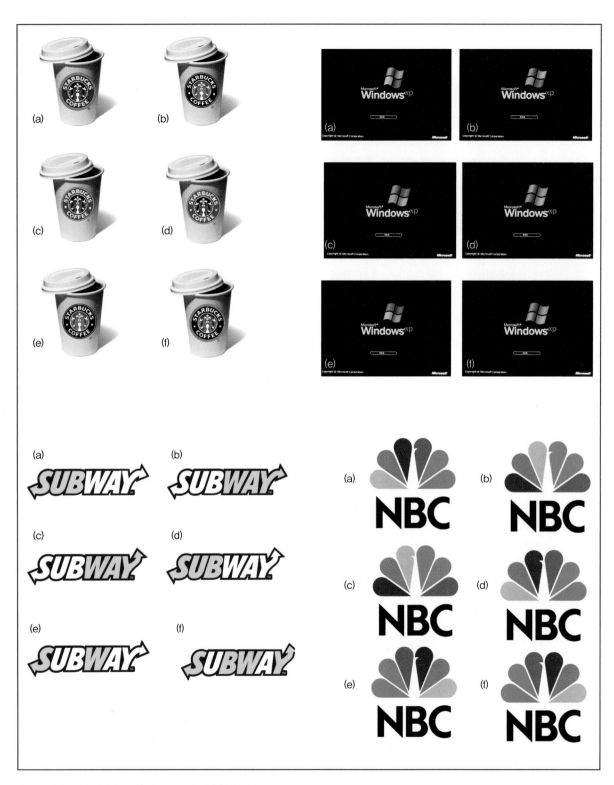

그림 8.14 Plotnick(2012)의 연구에서 사용한 상표 로고

제에서 서로 다른 부호를 사용하는 것이라면, 또 우리가 언제 어떤 부호를 사용하는지를 제대로 예측할 수 있다면, 우리는 아마도 언제 어떤 일들을 더 잘할 수 있을 것인지, 또 언제 과제에 대해 곤란을 겪을 것인지를 예측할 수 있을 것이다.

신경심리학 연구

Farah(1988)는 시각 심상의 신경심리학적 측면들을 검토하는 여러 연구에 대하여 보고하였다. 어떤 연구는 뇌의 혈류 흐름을 검토하였다. 뇌의 혈류는 특정 부위에서의 뇌 활동에 관한 상당히 정확한 측정치를 제공해 주는 것으로 알려졌다. Roland와 Friberg(1985)는 사람들에게 세 가지 인지 과제를 수행하게 하고 그동안 혈류 흐름을 모니터하였다. 과제는 암산, 청각 자극에 대한 기억 훑기, 시각적 심상(친숙한 동네 산책을 시각화하기)이었다. 실험자들은 이 과제들이 난이도에서 거의 비슷하다고 확신하였다. 이들은 검사를 받은 사람들이 심상 과제를 하는 동안 정보의 시각적 처리에 중요한 부분들(대개 뒤통수엽과 또 다른 뒤쪽 부위들)에서 강력한 활성화가 일어났음을 보여주었다. 다른 두 과제를 할 때에는 이러한 부분에서 뇌 혈류가 이만큼 증가하지 않았다. Farah와 동료들은 이 결과를 또 다른 신경심리학적 측정치들, 뇌에서의 전기 활동을 측정하는 사건관련전위(ERP)를 사용해서도 반복하여 보여주었다(Farah, Péronnet, Gonon, & Giard, 1988).

또 다른 연구자들도 시각 심상의 생성이 시각 처리에 관여하는 뇌 영역들을 활성화시킨다는 것을 보고하였다(Kosslyn & Ochsner, 1994; Miyashita, 1995). 이들 영역은 대개 시각 처리에 사용된다고 보이는 뇌겉질 부위인 뒤통수엽에 위치하는 경우가 많다. 예를 들면 한 연구에서 Kosslyn, Thompson, Kim, 그리고 Alpert(1995)는 12명의 자원자에게 이전에 기억해 둔 일상적 사물의 선그림을 기억하여 심상을 형성하라고 요청하였다. 이 과제를 하는 동안 이들의 뇌 혈류는 PET 촬영으로 모니터되었다. 결과를 보면 모든 심상 과제는 시각 겉질에서의 활성화를 만들어 냈는데, 이는 방금 서술하였던 것과 같은 이전 연구들을 반복하는 결과였다. 특히 흥미로운 점은 뒤통수엽에서 최대로 활성화되는 특정 부위는 만들어 낸 그 심상의 크기가 작거나 중간이거나 큰지에 따라 달랐다는 점이다.

Zatorre, Halpern, Perry, Meyer, 그리고 Evans(1996)는 기본적으로 비슷한 연구를 수행하였는데, 참가자들이 (a) 단어 두 개를 보고 어떤 것이 더 긴지를 판단하거나, (b) 한 노래에서 나오는 두 개의 단어를 보고 노래를 들으면서 두 단어 사이에서 높이 변화가 있는지를 판단하거나, (c) 그 노래에서 나온 두 개 단어를 보고 그 노래를 듣지 않으면서 두 단어 사이의 높이 변화 여부를 판단하도록 하였다. 과제 (b)와 (c)에서는 통제 조건 (a)에 비해 뇌 혈류의 변화가 비슷한 패턴을 보였다. 과제 (b)와 과제 (c)를 하는 동안에는 모두, 양쪽 뇌에서 관자엽에 있는 이차청각겉질에서 주목할 만한 활동이 관찰되었다. 노래를 상상하는 것은 실제로 그 노래를 듣는 경우보다는 조금 약한 활성화를 보였다.

O'Craven과 Kanwisher(2000)는 fMRI 연구에서 사람들이 얼굴에 대한 심적 심상을 만들

때 어떤 장소를 상상할 때와는 다른 뇌 영역이 활성화된다는 것을 보여주었다. 참가자들이 얼굴에 대한 심상을 만들 때는 뇌에서 **방추 얼굴 영역**(fusiform face area)이 활성화되었는데, 이는 사람들이 얼굴 사진을 볼 때 활성화되는 것과 같은 영역이다. (방추 얼굴 영역은 뒤통수–관자엽 영역에 위치해 있다). 반대로 사람들이 어떤 장소에 대한 심적 심상을 형성할 때는 뇌에서 **해마곁이랑 장소 영역**(parahippocampal place area)이 활성화되었으며, 이는 복잡한 장면의 사진을 볼 때와 같은 영역이다.

신경심리학적 발견은 시각 심상에 관한 문헌에 나오는 모순점을 어떻게 다루는가? Farah(1985)의 신경심리학 연구가 특히 요구 특성에 관한 주제를 소개하는 데 효과적이다. Farah는 시각 심상이 시각에서 사용되는 뇌 영역과 같은 부분의 활성화에 관련되어 있다는 자신의 실험실에서 나온 자료들은 다음과 같은 가정을 질문해야 할 상황이 아닌 한, 요구 특성에 취약하지 않다고 주장하였다.

> 시각 심상 활동을 하는 동안 시각겉질 영역을 사용한다는 사실을 시사하는 전기생리학적 자료와 혈류에 관한 자료들에 대한 설명에 한 가지 암묵적 지식은 다음과 같은 두 가지 가정을 포함해야 한다. (a) 참가자들이 정상적인 시각 활동을 하는 동안 그들의 뇌에서 어떤 부분이 활성화되는지를 알고, (b) 참가자들이 의도적으로 그들의 뇌 전기 활동을 변경하거나 조정하여서 자기 뇌의 특정 영역의 혈류 흐름을 증가시킬 수 있다.(1988, p. 314)

Kosslyn과 동료들(1995)은 자신들의 연구결과 자료가 시각 심상에 관한 명제적 설명에도 반대되는 증거가 된다고 주장하였다. 시각처리 영역이 시각 심상이 형성되는 동안 활성화된다는 사실은 심상이 시각적 그리고/또는 공간적으로 처리된다는 제안을 지지하는 강력한 사례를 보여주며, 또한 심상처리가 어떻게 기능하는지에 관한 암묵적 이론만으로는 순전히 인지적인 과제에서 나오는 결과를 만들어 낼 수 없는 것이라는 사실 역시 이러한 사례를 보여준다는 것이다.

공간 인지

시각 심상에 관한 연구를 좀 더 큰 그림의 한 부분으로 해석할 수 있다: 공간 인지(spatial cognition) 또는 사람들이 공간 안에서 또는 공간을 관통하여 표상하고 항해하는 방식 (Montello, 2005). 곧 공간적 실체에 대한 심적 표상을 어떻게 습득하고, 저장하며, 사용하는가, 또 이를 A 지점에서 B 지점으로 가는 데 어떻게 사용하는가? 공간적 실체에 대한 한 예는 '인지도(cognitive map)'—우리 환경 일부에 관한 심적 묘사, 대개 주요 이정표와 이들의 공간적 관계를 보여주는 것—라 할 것이다.

예를 들어 여러분이 앉아 있는(또는 서 있는, 또는 누워 있는) 바로 그곳에서 인지심리학 강의를 듣는 건물이 어떤 방향에 있는지를 가리켜 보라. 이 작업을 하려면 아마도 여러분은 현재 장소와 특정 장소 간의 관련성에 관하여 저장해 둔 지식을 끄집어 내어야 할 것이다. 인지도가 얼마나 실제 지도와 유사한지에 관한 의견은 다양하다. (여러분은 여기서 시각 심상이 얼마나 그림과 같은지에 관한 논쟁과 비슷하다는 점에 주목하게 될 것이다.) 어떤 경우든 대부분은 인지도가 사람들이 환경을 공간적으로 관통하여 항해할 때 사용하는 심적 구성체라는 사실에는 동의를 하는데, 특히 그 환경이 한눈에 지각될 수 없을 만큼 커다란 경우에는 더욱 그렇다(Kitchin, 1994).

Barbara Tversky(2005)는 공간 인지라는 영역에서는 구별해 보아야 할 서로 다른 공간의 종류가 있다는 사실에 주목하였다. 사람들이 공간에 대해 생각하는 방식은 고려 중인 공간이 어떤 종류인지에 따라 다르다. 각 종류의 공간이 서로 다른 속성과 조직을 가지고 있는 것으로 보인다.

첫 번째 종류의 공간은 신체 공간(space of the body)이다. 이 공간에는 자신의 신체에서 각 부분이 주어진 매 순간 어디에 놓여 있는지에 대해 아는 것(예 : 내 오른발은 지금 바닥에 평편하게 놓여 있지만 왼발은 책상 의자의 바닥 근처에서 돌아다니고 있다), 어떤 신체 부위와 상호작용하고 있는 대상들이 어떤 것인지 알고(내 손가락은 자판과 상호작용하며, 내 엉덩이는 의자 방석과 상호작용한다), 내적 감각을 느끼는 것(막혀 있는 콧구멍, 난방이 되지 않은 내 연구실에서 느끼는 약간의 추위)도 포함된다. 나는 나의 신체 공간에 대한 지식을 사용하여 내 신체에 지시를 내려 각기 다른 공간으로 무언가에 다가가게도 하고, 어떤 것을 피하려고 움츠리게도 하고, 어떤 것을 향하여 걷거나 뛰게도 한다.

두 번째 종류의 공간은 신체 주변 공간(space around the body)이다. 이 공간은 바로 여러분 근처의 영역을 가리킨다. 말하자면 여러분이 있는 방, 또는 쉽게 지각하고 물건에 작용할 수 있는 부위 말이다. Tversky의 연구에서 보면 이러한 공간에서 사람들은 자기 신체에 따라 확장된 세 축에서 대상을 위치화한다. 한 축은 앞-뒤 축이고, 또 하나는 위-아래 축이며, 세 번째는 왼쪽-오른쪽 축이다. Tversky와 동료들의 연구에서는 참가자들에게 자신이 특정한 공간에 있다고 상상하게 하고 그 공간에 상상의 대상을 하나 위치시켰다. 참가자는 자신이 호텔 로비나 박물관에 서 있으며, 그들 신체의 여섯 측면(앞, 뒤, 머리쪽, 발쪽, 오른쪽, 왼쪽), 모든 쪽을 둘러싸고 있는 대상이 있다고 묘사하는 서술문을 듣는다. 서술문을 학습한 다음, 참가자들에게 이제 자신이 다른 방향을 바라보고 있다고 상상하게 한 뒤, 대상을 기억에서 인출하여 새로운 방향에 맞게 위치시키라고 지시한다. 머리쪽과 발쪽에서 대상을 '인출'하는 것은 일관성 있게 가장 빨랐고, 왼쪽-오른쪽 축에서 끌어내는 시간은 일관성 있게 가장 늦었다(Tversky, 2005).

항행 공간(space of navigation)은 더 넓은 공간을 가리킨다. 우리가 걸어다니고, 탐색하고, 또 여행하여 통과하는 공간이다. Tversky의 말을 빌려 보자.

> 항행 공간의 구성 성분은 건축물이나 공원 또는 광장 또는 강 또는 산뿐만 아니라 국가 또는 행성 또는 별, 또는 더 광활한 척도가 될 수도 있는 장소들이 포함된다. 장소는 참조 틀

사진 8.2 이 도보여행 가족은 풍경을 탐색하면서 Tversky가 말한 '항행 공간'에 빠져든다.

에서 경로 또는 방향으로 서로 연결된다. 항행 공간은 한 장소에서 지각하기에는 너무 커서 즉각적으로는 비교될 수 없는 서로 다른 정보의 조각들에서 통합되기도 한다. 신체 주변 공간과 마찬가지로 이는 서술문이나 지도 같은 도판에서 습득될 수 있으며, 직접 경험에서 습득되기도 한다. 인간 마음에서 한 가지 눈에 띄는 특징은 한 장소에서 지각되기에는 너무나 큰 공간을 통합적인 전체로 생각해 내는 능력이다. 항행 공간을 전체로 생각해 내기 위해서 우리는 붙이기, 연결하기, 합치기, 덧붙이기, 또는 또 다른 방식으로 분리된 정보 조각을 통합한다. (p. 9)

다른 이에게 위치를 알려줄 때 우리는 항행 공간을 사용한다. '경로' 조망을 채택하여 이정표에 따라서 방향을 알려주거나("주유소가 있는 곳까지 두 블록을 직진하고, 그 다음에 오른쪽으로 돌아서 가면 빨간 창고 건물이 보이는데, 그때 왼쪽으로 도세요.") 또는 '전망' 조망을 채택하여 조감도로 보듯이 방향을 알려줄 때("왓슨 기숙사는 교회 두 블록 동쪽에 있는데 굿셀 관찰소에서는 한 블록 동남쪽입니다.") 우리는 공간 정보로 소통한다. 하지만 우리가 항행 공간에서 형성해 내는 표상이 항상 정확하거나 완전한 것은 아니다. 따라서 Tversky(2005)는 인지도(cognitive map)라는 용어 대신에 인지 콜라주(cognitive collage)라는 용어를 쓴다. 인지 콜라주는 체계적인 오류나 왜곡이 생기기도 하는데, 이는 앞서 사람들이 시애틀과 보스턴 두 도시 중 어느 쪽이 더 북쪽에 있는지에 관해 가지고 있다고 보았던 부정확한 믿음과 같은 방식이다.

이러한 생각들은 저자의 지도학생 중 하나였던 Drew Dara-Abrams(2005)가 학위 논문으로 연구하기 시작했다. Drew는 참가자들(칼턴대학 학생들)에게 캠퍼스 건물 모양을 오려낸 조각들을 보여주고 각 건물을 지도 위에 가능하면 정확하게 위치시켜 보라고 하였다. 그림 8.15는 오려낸 조각들을 정확하게 놓은 실제 지도이다. 그림 8.16은 연구 참가자에게 제시한 조각 놓기 과제이다.

참가자들이 보여준 결과를 보면 조각 맞추기 과제에서 더 깔끔한 지도를 만들어 내는 경향이 있었다(Drew Dara-Abrams, 2005). 참가자들은 대각선을 따라 체계적으로 조각들을 배열하여, 실제 배열된 것보다 남북과 동서를 가로지르는 선을 따라 더 깔끔하게 정렬시키는 방식으로 배열을 만들었다. 참가자들은 또한 수직 또는 수평 방향에 따라 직선으로 세워 놓고자 건물을 회전시키는 경향이 있었다. 즉, 우리 캠퍼스의 건물 몇 개는 '대

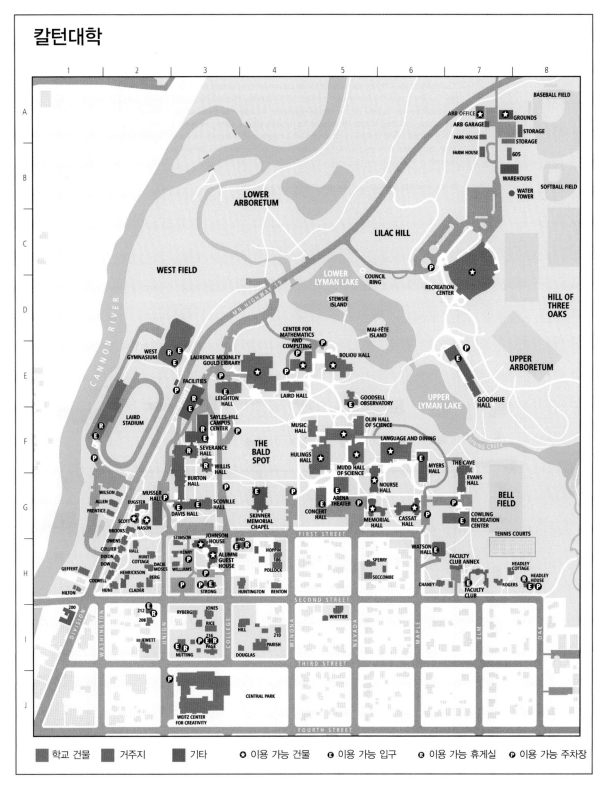

그림 8.15 칼턴대학 캠퍼스의 실제 지도

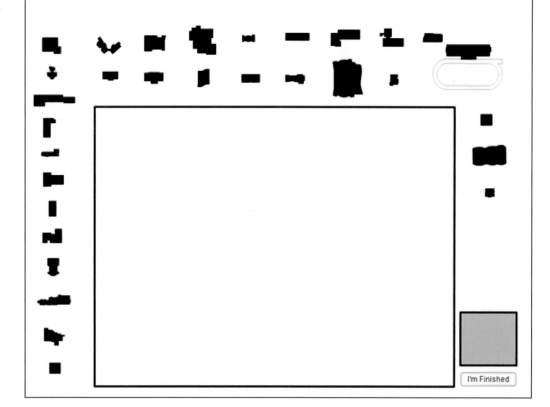

조각 배열 과제

On the following screen you will be provided with cutout pieces that represent buildings on the Carleton campus. When you place the mouse cursor on a cutout piece, its name will appear in the box located in the lower right corner of the screen. Please arrange the cutout pieces within the black border to best represent the respective locations of the buildings. To move a cutout piece, drag and drop it with the mouse. To rotate a cutout piece, place the cursor over the center of the cutout piece and press either the left or right arrow button on the keyboard. Once you have completed arranging all of the cutout pieces within the black border, press the Continue button.

If you have any questions, please ask the experimenter now.

Continue

I'm Finished

그림 8.16 Dara-Abrams(2005)의 연구에서 참가자들에게 제시되었던 건물조각 배열 과제

각선' 방향인데도 건물을 대각선으로 놓는 것을 피하는 경향이 있었다. 이러한 연구는 Tversky(1992)가 사람들이 가지고 있는 지도 기억에 대한 발견에서 반복 검증되었다. 예를 들자면 사람들은 남미를 북미의 바로 남쪽에 있는 것으로 생각하는 경향이 있는데, 사실은 조금 더 남동쪽으로 치우쳐 있다. Dara-Abrams 연구결과에서 보인 비틀림은 실험 참가자들의 항행 공간은 그들이 실제로 캠퍼스를 돌아다니면서 학습되는 것이지, 지도 학습 회기 동안에 습득된 것은 아니었다.

최근의 공간 인지에 관한 연구는 공간 갱신(spatial updating)(Sargent, Dopkins, Philbeck, & Chichka, 2010; Wang et al., 2006)에 관심을 가진다. 이는 유기체가 공간을 지나 움직이면서 이들은 지금 자신의 위치에 비추어서 환경의 어떤 곳에 어떤 것들이 있는지에 대한 자신의 심적 표상을 계속 갱신해야 한다는 것이다. Zhang, Mou, 그리고 McNamara(2011)는 다음과 같은 예문을 제시하였다.

> 이를테면 여러분이 학과 사무실 주요 지점에 들어갔다고 가정하고 왼쪽 편에 어떤 동료를 본다고 하자. 여러분은 멈추어서 왼쪽을 돌아보고 대화를 할 것이다. 돌아본 다음에는 여러분은 이제 여러분 오른쪽에 과사무실 주요 지점이 있다는 사실을 알아야 한다.(p. 419)

중요한 주제는 공간을 지나 항해하면서 사람들이 구성해 내는 표상이 자기중심적인지(공간에서 관찰자 자신의 위치에 근거하여 만들어졌는지) 아니면 타인중심적인지(별도로 구성이 되었는지) 하는 것이다. 여기서 이 주제에 영향을 미치는 중요한 요인은 공간의 크기(예 : 실내는 작고 실외 영역은 넓다), 공간 내에서 서로 구분되고 알아볼 수 있는 대상의 수, 그리고 특정 갱신 과제이다.

Montello(2005)는 항해에는 이동(locomotion)(영역에 걸쳐 신체 움직이기)과 길 찾기(wayfinding)(어디로 갈지 또 어떻게 도착할지에 대해 계획하고 판단하기) 두 가지 구성요소가 있다고 주장하였다. 사람(동물)들이 어떻게 항해하는지에 관해 연구해 보면, 우리가 앞서 마주친 수많은 인지과정, 지각, 주의, 기억, 지식 표상과 아직 다루지 않은 또 다른 주제들(계획, 추리, 판단)의 통합이 이루어져야 한다는 사실을 알 수 있다.

제8장

요약

1. 시각 심상은 지각 경험의 심적 표상이다. 청각, 후각, 촉각, 그리고 또 다른 감각 심상도 있으며, 각각 지각 경험의 심적 표상으로 보인다.

2. 기억에 관한 이중부호화 가설에서는 정보가 언어적 이름표와 시각적 심상으로 모두 부호화될 수 있을 때, 그 정보를 기억할 가능성은 언어적 이름표로만 부호화될 수 있는 정보에 비해 더 증진된다고 한다.

3. 모든 심리학자들이 두 가지 구분되는 부호가 존재한다고 믿는 것은 아니다. 하지만 시각 심상 과제를 수행하는 데 단 한 가지 부호인 명제 부호가 사용된다는 이론적 가능성이 있기는 해도, 많은 심리학자들은 언어와는 구분되는 일종의 시각 공간 부호가 있다는 증거가 설득력이 있다고 본다.

4. 시각 심상에 관한 연구는 심상이 내적 그림과 같은 방식으로 기능하여 일종의 심적 조작이나 변형을 겪고 있다고 시사한다. 이러한 심적 조작과 변형은 상응하는 물리적 조작이나 변형과 비슷한 방식으로 작동하는 것으로 보인다.

5. 하지만 다른 연구자들 또는 이론가들은 그림(사진)과 같은 심상이라는 은유의 한계를 지적했다. 심상은 많은 점에서 그림(사진)과 다르다. 따라서 Farah(1988)와 같은 연구자들은 "심상은 시각적 감각 통로를 통해 습득된 정보를 표상한다는 의미에서 시각적인 것은 아니다. 그보다는 시각과 같은 신경 표상 기제를 사용한다는 의미에서 시각적인 것이다."(p. 315)라고 결론지었다.

6. Finke(1989)는 시각 심상에 관한 다섯 가지 원리를 제안하였다: (a) 암묵적 부호화, (b) 지각적 동등성, (c) 공간적 동등성, (d) 변형 동등성, (e) 구조적 동등성.

7. 예전 연구들에 접근하여 이루어진 신경심리적 연구들은 여러 제안이 구분되는 증거를 제시하여 도움이 되었다. 이 연구들은 심상을 형성할 때 활성화되는 시각겉질을 보면, 시각 심상처리와 시지각 정보처리에 사용되는 신경 기질이 공통적이라는 증거를 제공해 주었다.

8. 심상은 사적인 심적 경험이어야 한다. 이는 인지심리학과 신경심리학의 연구결과가 수렴될 때 더욱 흥미를 돋우는 일이다. 많은 연구자들이 심상의 경험적 연구가 사적인 심적 경험의 집합체인 인지가 기능하는 방식을 이해하는 과제에서 중요한 승리였다고 본다.

9. 시각 심상은 공간 인지라는 더 광범한 주제의 일부로 보인다. 공간 인지에는 항행을 위해 사람들이 공간 속성에 관한 정보를 습득하고, 저장하고, 사용하는 방식을 포괄한다.

복습 문제

1. 이중부호화 가설과 관계조직화 가설을 서술하고 이 둘을 구분하는 실험적 방법을 들어 보라.

2. 인지심리학자들이 심적 회전 연구 수행 결과(Shepard, Metzler, & Cooper)를 어떻게 해석하였는가? 이러한 해석이 Kosslyn이 그의 심상 훑어보기 실험에서 이끌어 낸 것과 일치하는 점은 무엇인가?

3. Finke의 심상에 관한 다섯 가지 원리를 들고 논하라.

4. Pylyshyn은 심상 실험의 많은 결과들이 암묵 지식과 요구 특성에 의한 것이라 주장하였다. 이 주장을 들고 비판하라.

5. Intons-Peterson이 심상 실험 결과에 대해 들었던 반론은 어떤 것인가? 여러분 생각으로는 이러한 반론은 얼마나 확실한가? 여러분이 가진 견해를 논리적으로 방어해 보자.

6. 어떤 방식에서 심상이 그림(사진)과 비슷한 것인가? 또 어떤 방식에서 다른가?

7. 일부 연구자들은 신경심리학 연구결과로 심상 연구 분야의 쟁점들을 해결하려 시도한다. 이러한 발견들이 얼마나 결정적인가? 설명하라.

8. Tversky가 제안한 여러 '공간'에 대한 사람들의 지식을 서술하라. 이런 구분이 왜 중요한가?

핵심 용어 ··

공간 갱신(spatial updating)

공간 인지(spatial cognition)

관계조직화 가설(relational-organizational hypothesis)

발견법(heuristics)

시각적 심상(visual images)

신체 공간(space of the body)

신체 주변 공간(space around the body)

실험자 기대 효과(experimenter expectancy effects)

심상 훑어보기(imaginal scanning)

심적 회전(mental rotation)

암묵적 부호화(implicitly encoded)

암묵 지식(tacit knowledge)

요구 특성(demand characteristics)

이중부호화 가설(dual-coding hypothesis)

항행 공간(space of navigation)

학습 사이트 ··

부가적인 학습 도구와 관련해서는 www.sagepub.com/galotticp5e의 학습 사이트(Student Study Site)를 방문하라.

9

사고와 문제해결

장의 개요

본 장은 다른 종류의 사고와 문제해결(problem solving), 즉 다음의 과제 각각에서 여러분이 한 정신적 과업들에 대한 것이다.

1. 가장 좋아하는 음식점을 생각하라. 이름이 무엇인가? 어디에 있는가? 최고의 요리는 무엇인가? 무엇 때문에 가장 좋아하는 음식점이 되었나?
2. 이 문제를 해결하라. 만약 10개의 사과가 2달러이면, 3개의 사과는 얼마인가?
3. 그림 9.1에 제시된 그림을 위한 색다르되 적절한 제목을 만들어 보라. 예를 들어 그림 9.1(a)에 대한 '거대 로봇 머리'라는 명명
4. 학교 정책 중 하나의 변화(예 : 모든 배분 이수제 철회하기)가 전반적으로 이롭거나 해로운 효과를 갖는지를 생각해 보라.

본 장에서 우리는 여러분이 방금 행한 정신적 과업에 대한 기술과 설명에 대해 조사해 볼 것이다. 과제를 어떻게 완수했는가? 어떤 과정을 이용했는가? 우리는 수없이 많은 다

른 사고 과제를 보고, 사고를 쉽거나 어렵게 만드는 것이 무엇인지를 논의할 것이다.

사고(thinking)는 광범위한 용어이다. 사고를 연구하는 심리학자들은 자주 매우 다른 과제처럼 보이는 것들을 연구한다. 사고를 정의하는 것은 힘든 일이고, 그 자체로 생각을 요하는 일임이 밝혀져 있다. 사고는 '주어진 정보를 넘어서는' 것으로(Bruner, 1957), '증거 간 간극을 채우는', '복잡하고 고차원적인 기술'이며(Bartlett, 1958, p. 20), 문제 공간을 관통하여 탐색하는 과정으로(Newell & Simon, 1972), 우리가 "어떻게 행동하는지, 무엇을 믿는지, 또는 무엇을 바라는지"에 대해 의문을 가질 때 하는 것으로(Baron, 2000, p. 6) 정의된다.

분명히 사고라는 용어는 하나의 특정 활동 이상을 언급하기 위해 사용되곤 한다. 이것은 다른 유형의 사고가 있음을 제안한다. 유용한 것으로 입증된 한 가지 구분은 초점화된 사고와 비초점화된 사고 간 구분이다. **초점화된 사고**는 분명한 시작점을 가지고 시작하고 특정 목적을 갖는다. (우리는 제11장에 있는 많은 자료에서뿐 아니라 본 장에서 초점화된 사고의 예를 살펴볼 것이다.) **비초점화된 사고**는 마음속에서 일어나는 서로 다르고 느슨하게 관련된 수많은 아이디어들을 신경 쓰지 않은 채 의도 없이 명명하기 또는 백일몽의 특징을 갖는다. 우리는 특히 문제해결을 다루는 장의 첫 부분에서 일차적으로 초점화된 사고를 탐색할 것이다. 그런 다음 비초점화된 사고의 측면을 포함하는 것으로 기술되기도 하는 창의적 사고로 넘어갈 것이다. 마지막으로 어떻게 사람들이 사고의 산물을 평가하는지를 조사해 볼 것이다. 특히 우리는 사람들이 자신의 아이디어를 평가하고, 자신이 내린 결론의 함의를 돌이켜 보고, 편견이나 충동성이 생기지 않도록 조심하는 방식들을 살펴볼 것이다.

심리학자들이 왜 (어떤 셔츠를 입을지, 음식점에서 무엇을 주문할지, 또는 일하러 가기 위해 어떤 길을 선택할지에 대해 생각할 때처럼) 일상에서 일어나는 사고를 반영하는 것으로 보이지 않는 문제와 수수께끼를 사용하여 사고를 연구하는지 궁금할 것이다. 한 가지 이유는 매일의 사고가 자주 빠르고 자동적으로 일어나서 연구하기 어렵다는 직관으로부터 기인한다. 게다가 사람들은 일상적인 사고로 처신하기 위해 많은 배경지식을 사용하는 것 같다. 여러분은 그날 해야 할 일에 근거하여 그리고 어쩌면 옷에 대한 외적 기준이나 기대에 근거하여 무엇을 입을지를 선택할 것이다. 사람들이 다양한 배경지식과 목표를 가지고 있기 때문에 개인별로 난이도 면에서 동등한 문제를 만들어 내는 것은 거의 불가능할 것이다. 표준화된 여러 벌의 문제를 제시함으로써 연구자들은 참가자들이 사용 가능한 정보에 대해 그리고 어떻게 참가자들에게 문제를 줄지에 대해 더 많은 통제력을 갖는다. 본 장을 통해 사고 현상을 연구할 기회로서 다양한 문제가 제시된다. 나는 이러한 일의 가치를 최대화시키기 위해

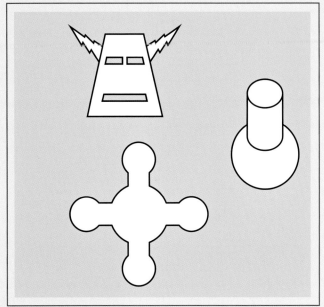

그림 9.1 모호한 그림들

여러분이 실험심리학에서 유서 깊은 방법인 내성에 의존하기를 제안한다. 제1장에서 논의했듯이 내성은 여러분이 문제를 다룰 때 일어나는 의식 내용의 상세하고 동시적이며 비판단적인 관찰이다. 비록 내성이 문제점과 비판점을 가지고 있을지라도[상세한 요약을 위해서는 Ericksson과 Simon(1984) 참조], 최소한 더 객관적인 측정치를 사용하여 가설과 검증을 위한 근거를 제시할 수 있다. 이 기법의 적절한 사용에 대한 열쇠는 요구받는 것 이상을 하는 것을 피하는 것이다: 그냥 보고하라. 글상자 9.1은 내성을 하는 방법에 대한 지시문을 제공한다. 더 깊이 읽기 전에 기록을 위해 종이와 펜 또는 연필을 준비하거나 여러분이 문제를 다루는 동안 여러분의 생각을 기록할 수 있는 녹음기를 준비하라. 여러분의 방에 혼자 있는 상태로 또는 다른 어떤 조용한 장소에서 작업하라. 여러분이 다른 사람에게 공책이나 테이프를 보여주진 않을 것이므로, 검열하거나 생각을 통제하려 하지 마라. 그냥 조심스러운 관찰자가 되어라. 이론이 여러분이 겪은 현상을 얼마나 잘 기술하는지를 평가하기 위해서 여러분은 제시된 이론에 대한 기술과 메모를 비교할 수 있다.

제시된 문제는 최소한 한 가지 점에서 비슷하다. 그것들은 잘 정의된 문제에 속한다. **잘 정의된 문제**(well-defined problems)란 분명한 목적을 가지고 있고(만약 여러분이 해법에 도달하면 바로 알게 되는), 거기서부터 출발하는 작은 정보 세트를 제시하고, 자주 (항상은 아니지만) 해법을 향해 애쓰는 동안 따라야 할 한 벌의 규칙이나 지침을 제시한다. 반면 **잘못 정의된 문제**(ill-defined problems)는 분명하게 간명화된 목적이나 시작 정보, 또는 단계를 갖지 않는다.

내성을 위한 지시

1. 마음속에 있는 것은 무엇이든 말하라. 예감, 추측, 손대지 않은 아이디어, 이미지, 의도를 막지 마라.

2. 가능한 한 지속적으로 말하라. 심지어 "내가 아무 결과도 얻지 못하고 있다." 같은 것뿐일지라도 5초마다 최소 한 번씩 뭔가를 말하라.

3. 들리도록 말하라. 여러분이 관여함에 따라 목소리가 작아지는 것을 조심하라.

4. 여러분이 하고 싶은 대로 전보식으로 말하라. 완벽한 문장과 능변에 대해 걱정하지 마라.

5. 과다설명하거나 정당화하지 마라. 여러분이 정상적으로 할 것만 분석하라.

6. 과거 사건을 정교화하지 마라. 잠시 동안 생각하고 그런 다음 생각을 묘사하는 것을 하지 말고, 여러분이 지금 생각하고 있는 것을 말하는 패턴에 익숙해져라.

출처 : Perkins (1981, p. 33).

잘 정의된 문제와 잘못 정의된 문제 간의 차이는 다음과 같이 묘사될 수 있다. 여러분이 구매하는 품목의 가격, 과세 여부, 과세율, 기본적인 곱셈 규칙을 안다고 생각하고, 구매 시 매출세(sales tax)를 계산하는 문제를 고려해 보라. 만약 여러분이 이런 배경 정보로 무장한다면, 대학생인 여러분이 세금을 알아내는 것은 상대적으로

사진 9.1 문제해결을 연구하는 심리학자들은 전형적으로 체스와 같은 잘 정의된 문제에 초점을 맞춘다.

쉬울 것이다. 이것을 때때로 직면하는 다른 문제와 대비시켜 보라: 어려운 메시지를 뚜렷하고 민감하게 전달하는 편지 작성하기[(예 : 좋아하는 누군가에게 쓰는("친애하는 존에게" 또는 "친애하는 제인에게") 편지, 또는 상사에게 승진에 대해 묻는 편지]. 잘못 정의된 문제의 경우에는 여러분이 어떤 정보에서 시작해야 할지가 분명하지 않다(얼마나 많은 교육과 얼마나 많은 자격증 및 과거의 성취에 대해 상사에게 말할 것인가). 여러분이 목표에 언제 도달할지나(현재의 초안이 충분히 좋은가 또는 더 낫게 만들 수 있는가?), (만약 있다면) 어떤 규칙을 적용할지도 분명하지 않다.

심리학자들은 몇 가지 이유로 잘 정의된 문제에 초점을 맞춘다. 그것들은 제시하기 쉽고, 해결하는 데 몇 주나 몇 달이 걸리지 않으며, 채점하기가 쉽고, 변화시키기 쉽다. 비록 다음의 가정이 널리 검증되진 않았더라도 잘못 정의된 문제를 위한 문제해결책은 잘 정의된 문제해결책과 유사한 방식으로 작동한다고 가정된다(Galotti, 1989). 한 연구에서 Schraw, Dunkle 및 Bendixen(1995)은 잘 정의된 문제에 대한 수행이 잘못 정의된 문제에 대한 수행과 상관없음을 입증해 보였다.

고전적인 문제와 일반적인 해법

문제를 해결하는 방법은 주로 문제에 달려 있다. 예를 들어 만약 여러분의 문제가 LA로 날아가는 것이라면, 다양한 항공사 또는 여행사에 전화하거나 심지어 관련 항공사 또는 '오비츠'나 '트레블로시티' 같은 일반 여행 웹 사이트의 웹 페이지를 탐색할 것이다. 반면 만약 여러분의 문제가 수표장의 수지를 맞추는 것이라면, 정상적으로는 여행사의 지원을 요하지 않고 은행가의 도움을 필요로 할 것이다. 이것들은 **영역-특정적인**(domain-specific) 문제해결 접근이다. 그것들은 제한된 부류의 문제에 대해서만 작동한다. 여기서 나는 어떤 종류의 일반적이고 영역-독립적인 기법만을 검토할 것이다. 이러한 방법은 원칙상, 어떤 유형이나 영역의 문제만이 아니라 다양한 문제에 사용될 수 있는 일반적인 충분 수준으로 진술된다.

생성 검증 기법

여기 여러분이 시도해 볼 첫 번째 문제가 있다. 먹거나 마시는 것 중 알파벳 'C'로 시작되는 10개의 단어를 생각하라. 비록 그것들이 기준을 만족하지 않더라도 떠오르는 모든 것을 써라. 여러분은 이 문제를 어떻게 해결하고 있는가?

나는 몇 년 전에 약간 이와 같은 실생활 문제에 직면했었다. 나는 미네소타에 있었고, 숙소 예약을 유지하기 위해 한 주 내로 스위스 베른에 있는 호텔로 보낼 100스위스 프랑을 구해야만 했다. 나는 국제 송금환을 구하기 위해 우체국에 갔지만, 호텔로 보낼 방안을 마련하는 주문에 약 한 달이 걸림을 알게 되었다. 문제를 해결할 방법에 대해 고민했고, 나보다 더 광범위하게 여행을 해온 많은 친구들에게 물었고, 수많은 아이디어를 찾아냈다. 나는 아메리칸 익스프레스 카드에 있는 사람들에게 전화하고 그들이 도울 수 있는지를 알아볼 수 있었다. 나는 우연히 친구 중 누군가가 다음 주에 베른으로 여행할 것임을 알 수 있었다. 나는 웨스턴 유니언 전보 회사에 전화를 하여 돈을 송금할 수 있었다. 나는 은행으로부터 출납원의 수표를 구할 수 있었다. 자동차 클럽에 가서 스위스 프랑으로 여행자 수표를 구매하고 그것을 우편 발송할 수 있었다. 처음 네 가지 선택지는 판명되었듯이 가능하지 않거나 너무 비쌌다. 다섯 번째가 가능하고, 한 주의 시간 내로 작동하며, (상대적으로) 알맞은 나의 기준을 만족시켰고, 그래서 그것이 내가 선택했던 것이었다.

내가 이 문제를 해결하기 위해 사용했던 과정이 생성 검증 기법(generate-and-test technique)의 좋은 사례이다. 표어가 제안하듯 그것은 가능한 해법을 생성하고(예 : "아메리칸 익스프레스 카드에 있는 사람에게 전화하고 그들이 도울 수 있는지 알아본다."), 그런 다음 그것들을 검증하는(예 : "안녕하세요, 아메리칸 익스프레스 카드인가요? 다음의 문제에 대해 나를 도울 수 있나요?") 것으로 구성된다. 검증은 처음 네 가지 가능성에 대해서는 작동하지 않았지만 다섯 번째에 대해서는 작동했다(검증이 작동하고, 비용이 합리적이어서 돈을 제때 구할 수 있었다).

사진 9.2 여기 문자 'C'로 시작하는 몇 가지 예시가 있다.

여러분은 'C'로 시작하고 먹거나 마시는 것을 명명하는 데 쓰이는 10개의 단어를 목록화하는 문제를 해결하기 위해 생성 검증 기법을 사용할 것이다. 내가 이 문제에 공을 들였을 때는, 'C'로 시작하는 것 같지만 그렇지 않은 소리들이 마음에 떠올랐고[예 : (여러분이 'catsup'으로 쓰지 않는다면) 케첩(ketchup)과 사르사(sarsaparilla)[1]], 'C'로 시작하지만 먹을 수 있거나 마실 수 없는 몇몇 단어들이 떠올랐다[전선(cable), 카누(canoe)]. 다시 말해 사용된 절차는 가능한 해법을 생각하고(생성하기) 그런 가능성이 모든 기준을 만족하는지 보는 것이다(검증하기).

생성 검증 기법은 많은 가능성이 있을 때 그리고 발생 과정에 대한 특별한 안내가 없을 때 매우 빠르게 효과성을 잃는 기법이다. 예를 들어 만약 여러분이 사물함(locker)의 비밀번호(combination)를 잊었다면, 그 기법이 결과적으로는 작동하겠지만, 그때까지 여러분의 좌절 수준은 그 과제를 하면서 기꺼이 인내할 수 있는 수준을 넘어설 것이다. 게다가 만약 여러분이 시도했던 가능성들의 궤적을 유지할 방법을 가지고 있지 않다면, 시도하지 않은 것과 마찬가지로 실질적인 어려움에 처할 것이다. 루빅 큐브 퍼즐(Rubik cube puzzle)에 공을 들이는 맹인이 앞이 보이는 사람 옆에 앉아 있는 영화 'UHF 전쟁'에 농담이 하나 있다. 맹인은 루빅 큐브를 특별한 패턴으로 비틀어 놓고 앞을 볼 수 있는 사람 앞에 그것을 내밀면서 묻는다. "이것이 그것[올바른 패턴]인가요?", "아니요."라고 앞을 볼 수 있는 사람이 말한다. 정보 교환이 몇 차례 반복된다. 농담은 많은 수의 가능한 배열과 그것들을 시도하는 체계적 방법이 결여되어 있음을 고려할 때 이 문제해결 방법이 결국 거의 실패할 것이라는 점을 보여준다.

그러나 추적할 만한 많은 가능성이 없을 때 생성 검증 기법은 유용할 수 있다. 만약 여러분이 카페와 방 사이 어딘가에서 열쇠를 잃어버리고 교실, 간이식당, 서점에 들렀다면 탐색에 이 기법을 사용할 수 있다.

수단-목적 분석

여러분이 뉴저지 주의 서밋에 살고 있는 친구를 방문하고자 하며, 여러분은 현재 캘리포니아 주의 퍼모나에 거주하고 있다고 가정해 보라. 몇 가지 가능한 교통 수단이 있다. 예컨대 걷거나 자전거, 택시, 버스, 기차, 자동차, 비행기나 헬리콥터 등을 이용할 수 있다. 가장 실용적인 수단은 상업적인 항공 교통으로 날아가는 것이다. 그것이 가장 빠르고 여러분

---

[1] 역주 : 생약으로 쓰는 식물 뿌리의 일종

의 예산에도 맞다. 그러나 항공편에 탑승하기 위해서 여러분은 거주지보다 5마일 동쪽에 있는 가장 가까운 공항에 가야 한다. 다시 여러분은 걷거나 자전거를 타거나 택시를 타는 등을 할 수 있다. 공항으로 가는 가장 효과적이고 비용-효율이 높은 수단은 차를 운전하는 것이다. 그러나 차는 주자장에 주차되어 있어서(여러분이 출발하려고 준비되었을 때는 앉아 있지 않은 상태), 당신은 차에 타야만 한다. 여러분은 아마도 이를 위해 걷기를 선택할 것이다(반대로 택시를 부르거나)

여기서 기술된 문제해결 기법은 수단-목적 분석(means-ends analysis)이다. 그것은 거리를 극복할 가능한 방법을 생각하고(걷기, 자전거 타기, 택시 타기 등) 가장 좋은 것을 선택하면서, 목표(뉴저지 주의 서밋)를 시작점(캘리포니아 주의 퍼모나)과 비교하는 것을 포함한다. 선택된 옵션(비행기 타기)은 어떤 선결 조건을 가질 것이다(예 : 항공권을 가지고 공항에 있기). 만약 선결 조건이 만족되지 않으면 하위 목표가 창출된다(예 : "어떻게 공항에 도착할 수 있을까?"). 하위 목표의 창출을 통해 과제는 완전한 해법이 구성되도록 만드는, 다룰 수 있는 단계들로 쪼개진다.

Newell과 Simon(1972) 및 동료들은 다음과 같은 임의의 산술 문제를 해결하는 수단-목표 분석을 연구했다.

$$\begin{array}{r} \text{DONALD} \\ + \text{GERALD} \\ \hline \text{ROBERT} \end{array}$$

$D=5$라고 할 때 다른 글자에 대한 값을 정하라. (글자가 숫자를 의미하는 문제는 복면산 (cryptarithmetic)[2] 문제라고 알려져 있다.)

연구자들은 수단-목표 분석을 사용하여 복면산이면서 논리적으로 문제를 해결하는 소위 GPS 또는 일반 문제해결자(General Problem Solver)라 불리는 컴퓨터 프로그램을 만들었다. GPS는 다음의 기본 전략을 사용한다. 우선 주어진 대상을 보고(앞서 나온 복면산 문제 같은), 그것을 바라는 대상과 비교한다(해법이 실제로 줄 위의 두 숫자의 더하기인 모두 글자로 대체된 숫자로 구성된 산술 문제). 그렇게 함으로써 GPS는 실제 대상과 바라는 대상 간의 어떤 차이를 탐지한다.

다음으로 GPS는 대상을 변화시키기 위해 가용한 연산을 고려한다. 여기서 가용한 연산은 어떤 글자를 어떤 숫자로 대체시키는 것을 포함한다(예 : $D=5$). 사용된 연산은 실제 대상과 바라는 대상 간의 차이를 줄일 목적을 가지고 선택된다. 가용한 연산 중 어느 것도 실제 대상에 적용되지 않는 경우에 GPS는 연산이 적용될 수 있도록 실제 대상을 수정하려 한다. GPS는 또한 바라는 대상과 실제 대상 간의 다양한 차이를 추적하고, 우선 가장 어려

---

[2] 역주 : 수학 퍼즐의 일종으로 수식의 전부, 또는 대부분을 다른 문자나 기호로 숨겨 놓고 각각의 기호에 맞는 숫자를 찾아내는 문제

운 차이에 공을 들이려 한다. 이렇게 하여 만약 몇 가지 가능한 연산이 발견되면(그것들 모두 실제 대상에 적용할 수 있는 것인), GPS는 어떤 것이 처음에 적용되는지처럼 서로 다른 연산을 순위 매길 수단을 갖추게 된다.

Newell과 Simon(1972)은 몇 가지 논리적이고 복면산인 문제를 인간 참가자와 GPS 양쪽에 주고 양쪽의 '사고(thinking)'를 비교했다. 인간 참가자는 여러분이 이 장을 읽을 때 발생시키도록 요구받는 것과 많이 닮은 언어적 프로토콜(verbal protocol)을 생성해 냈다. GPS는 이 목표의 출력물(printout), 하위 목표, 작동될 때 적용되는 연산을 생성해 낸다.

생성된 프로토콜을 비교하여 Newell과 Simon(1972)은 GPS의 수행과 참가자로 참여한 예일대학교 학생들의 수행 간에 많은 유사점이 있다고 결론지었다. 수단-목표 분석[GPS에 의한 일반 발견법(지름길 전략)]이 생성-검증보다 더 초점화된 해법임에 주목하라. 그것은 어떤 단계가 다음에 취해질지를 선택하는 데에서 문제해결자에게 더 많은 안내를 해준다.

수단-목표 분석은 또한 작업을 하고 해결을 위한 계획을 발생시키는 것을 시작하기 전에 문제해결자에게 문제의 측면들을 분석하도록 강요한다. 이것은 자주 하위 목표를 설정할 것을 요구한다. 여기서 문제해결자가 덜 '무작정'이고 어떤 생각을 한 후에만 행동함에 주목하라.

그러나 때때로 최적의 방법은 목적으로부터 더 깊이 또는 되돌아 임시 단계를 취하는 것을 포함하기 때문에 수단-목표 분석이 항상 해결책에 도달하는 최적의 방법은 아니다. 예를 들어 여러분이 LA의 동쪽 교외에 살고 있지만 LA에서 덴버로 가는 비행기를 타고자 한다고 상상하라. 그렇게 하기 위해 여러분은 처음에 공항으로 가야 하고, 그것은 일시적으로는 더 먼 쪽으로 움직이는 것을 의미한다. 수단-목표 분석은 목적으로 가는 가장 효율적인 경로가 항상 가장 직접적인 것은 아님을 보여주기 어렵게 만들 수 있다.

역행 작업

또 다른 일반 문제해결 기법으로 역행 작업(working backward)이 있다. 사용자는 문제해결을 하기 위해 필요한 마지막 단계를 결정하기 위해 목적을 분석하고, 그런 다음 끝에서 두 번째 단계로 가고, 이런 식으로 계속한다. 예를 들어 나의 고교 시절 친구의 집으로 가는 문제에서 맨 마지막 단계는 그녀의 집 바깥에 있는 정문에서 집으로 걸어가는 것이다. 뉴햄프셔 주의 맨체스터 공항에서부터 그녀의 집 정문으로 가는 문제는 그녀의 집으로 가는 택시를 탐으로써 해결될 수 있다. 역행 작업은 하위 목표를 설정하는 것을 포함하고, 그래서 그것은 수단-목표 분석과 비슷하게 기능한다.

역행 작업은 그림 9.2에 묘사된 유명한 하노이 탑 문제를 포함한 많은 문제를 해결하는 매우 중요한 기법이다. 성공적인 문제해결 사건은 다음과 같다. "처음에 나는 맨 아래쪽 원반을 움직여야 한다. 그러나 그렇게 하기 위해서 나는 위쪽 2개의 원반을 움직여야 한다. 만약 내가 두 번째 원반을 여분의 말뚝으로 움직이면 그렇게 할 수 있지만, 그렇게 하기 위해서는 맨 위쪽 원반을 치워야 한다. 나는 목표인 말뚝으로 그 원반을 임시로 움직여 두고, 두 번째 원반을 여분의 말뚝으로 옮긴 다음, 맨 위쪽 원반을 여분의 말뚝으로 돌려 움직여 놓고, 그런 다음 맨 아래쪽 원반을 움직임으로써 그렇게 할 수 있다." 해법과정이 일반적으로 움직임을 지시하

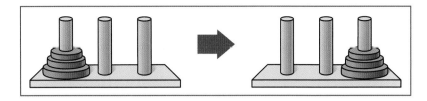

그림 9.2 하노이 탑 문제. 한 번에 하나의 원반만 움직이고 더 작은 원반 위에 더 큰 원반을 놓지 않으면서, 첫 번째 말뚝으로부터 세 번째 말뚝으로 3개의 원반을 옮기는 일련의 움직임을 정하라.

고 무엇이 일어나는지를 보는 문제해결자를 가지고 시작하지 않음에 주목하라. 대신에 일반적인 패턴은 단지 약간의 실습 후에 해결책을 따라 많은 중간 목표를 설정하면서 사전에 움직임을 계획하는 것이다(Egan & Greeno, 1974). 물론 그것은 문제해결자가 올바른 해법을 적용하기 전에 몇 번의 시행을 하게 한다. 만약 퍼즐이 3개 이상의 원반으로 구성되면 참가자들은 처음 몇 시행으로 된 최소의 움직임만으로 문제를 해결할 것 같지는 않다(Xu & Corkin, 2001).

역행 작업은 역행 경로가 독특해서 순행 작업보다 더 효율적으로 해결 과정을 만들 때 가장 효과적이다. 그리고 알아챘겠지만 역행 작업은 현재 상태와 목표 상태 간의 차이를 줄이는 기법을 수단-목표 분석과 공유한다.

역추적

이 다음 문제를 시도해 보라. 다섯 명의 여성이 있다고 상상하라. 캐시, 데비, 주디, 린다, 소냐, 이들 다섯 명의 여성 각각이 다른 품종의 개를 소유하고 있다(버니즈마운틴 도그, 골든 리트리버, 래브라도 리트리버, 아이리시 세터, 셔틀랜드 시프도그). 그리고 각각은 다른 직업을 가지고 있다(점원, 기업체 이사, 변호사, 외과의사, 교사). 또한 각각 다른 수의 자녀를 두고 있다(0, 1, 2, 3, 4). 글상자 9.2에 있는 정보를 고려하여 셔틀랜드 시프도그를 가지고 있는 사람이 얼마나 많은 자녀를 두고 있는지 계산해 보라.

문제를 해결하는 데 있어 여러분은 자주 어떤 잠정적인 가정을 만들어 둘 필요가 있다. 때로 그것들은 잘못된 것이라 판명되고, '정돈되지 않은' 것이어야 한다. 그런 사례에서는 언제 그리고 어떤 가정이 만들어지는지를 추적하는 어떤 방안을 가지고 있는 것이 유용하며, 이리하여 여러분은 임의의 선택 지점까지 되돌아 갈 수 있고 역추적(backtracking)이라 알려진 과정을 다시 시작할 수 있다. 글상자 9.2에 있는 여성, 개, 자녀, 직업 문제가 좋은 예다. 많은 사람이 그림 9.3에 제시된 것 같은 도표를 만듦으로써 이런 문제를 해결한다. 글상자 9.2의 첫 12줄만을 읽은 사람의 도표는 불완전하다. 이 지점에서 문제해결자는 골든 리트리버의 주인, 네 자녀를 둔 기업체 이사는 데비거나 린다라고 정할 수 있다. 문제해결자는 데비가 버니즈마운틴 도그를 기르고 있다는 글상자 9.2의 13번째 줄을 읽을 때라야만 판명이 되는 데비라고 일시적으로 가정한다. 그는 자신의 도표에 그 정보를 집어넣

여성, 개, 자녀, 직업 문제

다음의 정보로부터 셔틀랜드 시프도그의 견주가 얼마나 많은 자녀를 두고 있는지 정하라.

다섯 명의 여성이 있다 : 캐시, 데비, 주디, 린다, 소냐

다섯 가지 직업이 있다 : 점원, 기업체 이사, 변호사, 외과의사, 교사

모든 사람이 다른 수의 자녀를 두고 있다 : 0, 1, 2, 3, 4

캐시는 아이리시 세터를 기르고 있다.

교사는 자녀가 없다.

래브라도 리트리버의 견주는 외과의사이다.

린다는 셔틀랜드 시프도그를 기르고 있지 않다.

소냐는 변호사이다.

셔틀랜드 시프도그의 소유주는 세 명의 자녀를 두고 있지 않다.

골든 리트리버의 소유주는 네 명의 자녀를 두고 있다.

주디는 한 명의 자녀를 두고 있다.

기업체 이사는 골든 리트리버를 기르고 있다.

데비는 버니즈마운틴 도그를 기르고 있다.

캐시는 점원이다.

여성	캐시	데비	주디	린다	소냐
개	아이리시 세터				
자녀 수			1		
직업					변호사

골든 리트리버	래브라도 리트리버	셔틀랜드 시프도그	
4		≠3	0
기업체 이사	외과의사		교사

그림 9.3 여성, 개, 자녀, 직업 문제에 대한 부분적인 해법

을 것이다. 그러나 만약 문제해결자가 불완전한 가정을 했던 지점으로 돌아가면(즉, 데비 또는 린다가 골든 리트리버의 소유자이면서 네 자녀의 엄마인 기업체 이사임을 알았다), 그는 이제 그녀가 린다임을 알 것이고, 이 정보가 문제의 나머지 부분을 풀기 위해 필요할 것이다. 그러므로 역추적으로 가는 열쇠는 후속 작업이 막다른 길로 이끌게 되면 그녀가 선택 지점으로 '후진'할 수 있고 다른 가정을 할 수 있도록 문제해결자가 선택 지점들을 계속 잘 알고 있는 것이다.

유추에 의한 추리

'종양 문제'라 알려진 다음 문제는 문헌에서 유명하다.

수술로 치료할 수 없는 위암에 걸린 사람이 있고, 충분한 강도로 장기의 조직을 파괴시키는 광선이 있다면, 이런 광선에 의해 종양을 둘러싼 건강한 조직을 파괴하는 것을 피하면서 어떤 절차로 그를 낫게 할 수 있을까?

Duncker(1945, p. 1)에 의해 참가자들에게 원래 제기된 문제는 어려운 도전이다. Duncker는 몇몇 참가자의 수행을 연구한 것으로부터(글상자 9.3은 예시 프로토콜을 제시

글상자 9.3

Duncker(1945)의 실험 참가자 중 한 명으로부터 얻은 프로토콜

1. 식도를 통해 광선을 쏘아라.
2. 화학적 주입에 의해 건강한 조직을 둔감화시켜라.
3. 수술에 의해 종양을 노출시켜라.
4. 그러는 중에 광선의 강도를 감소시켜야 한다(예 : 이것이 작동할 것인가?). 종양에 도달된 후에만 완전 강도로 광선을 쬐어 주어라. (실험자 : 그릇된 유추, 어떤 주입도 문제시되지 않는다.)
5. 건강한 위벽을 보호하기 위해 무기질의 뭔가를(광선의 통과를 허용하지 않을) 삼킨다. (실험자 : 보호될 것은 위벽만이 아니다.)
6. 광선이 신체로 들어가거나 종양이 나와야 한다. 아마도 종양의 위치를 변화시킬 수 있을 것이다. 그러나 어떻게? 압력을 통해서? 아니다.
7. 캐뉼라(cannula)[3]를 도입하라. (실험자 : 일반적으로 어떤 에이전트를 가지고, 특정 장소로 가는 도중에 피하고자 하는 효과를 특정 장소에 생성해야 할 때 무엇을 하는가?)
8. (답변:) 도중에 효과를 중화시킨다. 그러나 그것은 내가 항상 시도하고 있던 것이다.
9. 외부로 종양을 이동시켜라(6과 비교). (실험자는 문제를 반복하고 "충분한 강도로 파괴하는……"을 강조한다.)
10. 강도는 변수여야 한다(4와 비교).
11. 이전의 약한 광선 적용에 의한 건강한 조직의 적응(실험자 : 광선이 종양 영역만을 파괴시키는 것을 어떻게 유발할 수 있는가?)
12. (답변:) 나는 두 가지 가능성만을 본다. 신체 보호하기 또는 광선이 해가 없게 하기(실험자 : 도중에 어떻게 광선의 강도를 감소시킬 수 있는가?)(4와 비교)
13. (답변:) 어떻게든 전환하라……, 광선을 분산시켜라……, 흩어라……, 멈춰라! 종양이 초점에 놓이면 강한 방사선을 받는 방식으로 렌즈를 통해 넓고 약한 광선 다발을 보내라(총시간의 약 30분).

출처 : Duncker(1945, pp. 2-3).

---

[3] 역주 : 체내로 약물을 주입하거나 체액을 뽑아내기 위해 꽂는 관

한 것임), 문제해결이 맹목적인 시행착오의 문제가 아니라고 주장했다. 오히려 그것은 문제의 요소와 그들 간 관계에 대한 깊은 이해를 포함한다. 해법을 찾기 위해서 해결자는 처음에 '해결의 기능적 가치'를 포착해야만 하고, 그런 다음 특수한 세부사항들을 배치해야 한다. 종양 문제에 대한 해법은 모든 광선이 종양에 수렴하는 식으로 몇몇 각도로 약한 방사선(충분히 약해서 개별 광선이 손상을 일으키지 않는)을 보내는 것이다. 비록 임의의 한 광선으로부터 나온 방사선은 종양(또는 그 경로 내의 건강한 조직)을 파괴할 만큼 충분히 강하지 않을지라도 광선들의 수렴은 충분히 강할 것이다.

　Gick과 Holyoak(1980)은 글상자 9.4에 있는 것과 같은 이야기를 읽게 한 후에 참가자들에게 Duncker의 종양 문제를 제시했다. 비록 이야기가 종양 문제와 별로 유사하지 않게 제시되었을지라도 기저의 해법은 같았다. Gick과 Holyoak은 장군의 이야기를 읽은 참가자들 그리고 그 이야기가 관련 힌트를 포함했다고 들은 참가자들이 단순히 이야기를 들었을 뿐 외현적으로 문제 간 유추를 받지는 못했던 참가자들보다 종양 문제를 더 잘 해결함을 발견했다. 전자의 참가자들은 유추에 의한 추리(reasoning by analogy) 문제해결 기법을 사용하였던 것으로 표현된다.

　종양 문제와 장군의 문제는 표면 특징에서는 다르지만 기저의 구조를 공유한다. 하나의 구성성분이 다른 것의 구성성분과 대충 상응한다. 군대는 광선에 유추되고, 적군의 포획은 종양의 파괴에 유추되며, 요새에서의 군대의 집결은 종양 지점에서의 광선의 수렴에 유추된다. 유추를 사용하기 위해서 참가자들은 세부사항을 넘어서 관련된 문제의 구조에 초점

글상자 9.4

장군의 이야기

작은 마을이 독재자가 지배하는 강력한 요새의 통치를 받고 있었다. 요새는 농장과 마을에 둘러싸인 채 마을 중앙에 놓여 있었다. 많은 길이 시골지역을 지나 요새로 가도록 되어 있었다. 반란군의 장군은 요새를 탈환하겠다고 맹세했다. 장군은 전군이 공격하면 요새를 탈환할 수 있다고 생각했다. 그는 총력적으로 직접 공격을 개시하기 위해 준비하면서, 길들 중 한 고갯마루에 군대를 집결시켰다.

　그러나 장군은 그 후에 독재자가 길마다 지뢰를 묻어 두었음을 알게 되었다. 독재자가 요새 안팎으로 군대와 작업자를 이동시켜야 했기 때문에 지뢰는 작은 남자는 온전히 지나갈 수 있을 정도로 설치되어 있었다. 그러나 커다란 힘은 지뢰를 폭발시킬 것이다. 이것은 길을 날려버릴 뿐 아니라 많은 이웃 마을을 파괴할 것이다. 따라서 요새를 탈환하는 것은 불가능할 것처럼 보였다.

　그러나 장군은 단순한 계획을 고안해 냈다. 그는 군대를 작은 무리로 나누고 각 무리를 서로 다른 길의 고갯마루에 파견했다. 모든 준비가 되었을 때 그는 신호를 내렸고, 각 무리는 다른 길로 행진했다. 각 무리가 계속 길 아래쪽으로 요새를 향해 내려가서 전군이 동시에 요새에 함께 도달했다. 이런 방식으로 장군은 요새를 탈환하고 독재자를 축출했다.

출처 : Gick and Holyoak (1980, pp. 351 – 353).

을 맞추면서 Duncker에 의해 기술된 '원칙 찾기(principle-finding)' 분석에 들어가야 한다. Gick과 Holyoak(1980)은 이 과정을 추상적 도식(schema)의 유도(induction)라고 언급했다 (제6~7장에서 정의된 방식의 용어를 사용하면서). 그들은 이런 표상을 구성하는 참가자가 유사한 문제에서의 작업으로부터 이점을 더 갖게 되는 것 같다는 증거를 제시했다.

참가자들이 자주 종양 문제를 해결하기 위해 장군의 이야기를 사용하도록 외부로부터 들었다는 것이 흥미롭다. 장군의 이야기가 해법을 구성하는 데 유용할 것이라 들은 경우에는 75%가 문제를 해결했을지라도 참가자 중 30%만이 자발적으로 유추를 눈치챘다(비교를 해보면 단지 약 10%만이 이야기 없이 문제를 해결). 이것은 Reed, Ernst, Banerji(1974)에 의해 보고된 발견과 비슷하다. 참가자들의 수행은 유사한 문제에 대한 이전 작업에 의해 촉진되었지만 유추가 그점을 지적할 때만 그러했다.

후속 연구에서 Gick과 Holyoak(1983)은 만약 그들이 1개보다는 2개의 유사한 이야기를 제공하면 외현적 힌트 제공을 없앨 수 있음을 발견했다. 참가자들은 장군의 이야기와 불을 에워싼 채 한 번에 물동이들을 던지는 소방관들을 데리고 소방서장이 불을 끄는 것에 대한 이야기를 들었다. 참가자들은 실험이 이야기 이해에 관한 것이라 들었고, 종양 문제를 해결하기 전에 각 이야기를 요약하고 두 이야기를 비교하여 쓰도록 요구받았다. 저자들은 다중 사례를 제공하는 것이 참가자가 나중에 새롭고 유사한 문제에 적용하는, 추상적인 도식을 형성하는 데 도움이 된다고 제안하였다[이 경우에 저자들이 '수렴(convergence)' 도식이라 불렀던 것]. Catrambone과 Holyoak(1989)은 만약 참가자들이 외부로부터 이야기를 비교하도록 요구받지 않으면, 문제를 해결하기 위한 필요 도식을 형성하지 않을 것이라고 주장하였다.

문제해결에 대한 방해

정의상 문제는 단일하고 분명한 단계로 해결될 수 없는 어떤 것이다. 예를 들어 우리는 문제해결의 사례로 머리를 빗질하는 것을 포함시키지는 않는데, 왜냐하면 빗을 사용하는 단계는 더 많은 생각을 요구하지 않고 특별한 장애물을 극복할 필요도 없기 때문이다.

반대로 문제해결은 어떤 장벽이나 제약이 있는 목적이라는 의미를 지니고 있다. 때때로 장벽과 제약은 강력해서 성공적인 해법을 막거나 최소한 성공적인 해법을 심각하게 방해한다. 이 절에서 우리는 다양한 문제를 해결하는 것을 확실히 방해하는 어떤 요인들을 검토할 것이다.

마음 갖춤새

그림 9.4는 같은 주제로 된 많은 문제를 제시한다: 세 가지 다른 크기의 물단지가 주어졌을 때 정확한 양의 물을 얻는 것. 문제를 읽기 전에 각 문제를 주어진 순서대로 수행하고 여러분이 각각을 완수하기 위해 걸린 시간을 써보라. 또한 문제의 상대적 난이도에 대한 생각

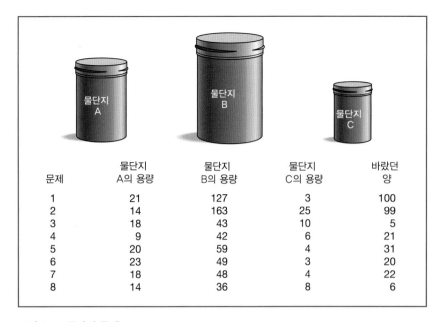

문제	물단지 A의 용량	물단지 B의 용량	물단지 C의 용량	바랐던 양
1	21	127	3	100
2	14	163	25	99
3	18	43	10	5
4	9	42	6	21
5	20	59	4	31
6	23	49	3	20
7	18	48	4	22
8	14	36	8	6

그림 9.4 물단지 문제

을 기록하라.

만약 여러분이 실제로 문제를 수행한다면 아마도 다음을 발견했을 것이다. 첫 번째 것은 상대적으로 긴 시간이 걸렸지만 후속 문제를 해결하면서 점점 더 빨라졌다. 여러분의 문제해결 속도는 이전에 작업했던 문제의 수에 상응했다. 여러분은 또한 문제에 대해 공통의 패턴을 알아챘을 것이다. 모든 것은 공식 B−A−2C에 의해 해결될 수 있었다. 이 공식을 두 번째 문제에서 마지막 문제까지를 해결하는 데 사용했나? 만약 그랬다면 그것은 흥미로운 일인데, 왜냐하면 분명히 더 직접적인 해결책은 A+C일 것이기 때문이다. 맨 마지막 문제도 결국 첫 번째 공식에는 맞지 않지만 매우 쉬운 공식 A−C를 가지고 빠르게 해결되었다. 이것을 깨닫는 데 약간의 시간이 걸렸나? 만약 그렇다면 여러분의 수행은 **마음 갖춤새**에 의해 제약받는 것으로 특징지어야 한다.

마음 갖춤새(mental set)는 어떤 틀, 전략, 또는 절차를 채택하는 경향이거나, 또는 더 일반적으로 말해서 또 다른 동등하게 그럴듯한 방식 대신에 어떤 방식으로 뭔가를 보는 경향이다. 마음 갖춤새는 지각적 마음 갖춤새(perceptual set), 즉 즉각적인 지각적 경험에 근거하여 어느 정도 대상이나 패턴을 지각하는 경향성과 비슷하다. 지각적 마음 갖춤새처럼 마음 갖춤새는 심지어 짧은 양의 연습에 의해서도 서로 유도되는 것 같다. 공통 패턴을 따르는 줄에서 일부 물단지 문제의 수행은 공식을 적용하기 쉽게 만들지만, 세 항(term) 간의 새로운 관계를 보기 어렵게 만든다.

Luchins(1942)는 그림 9.4와 같은 문제가 대학생에게 주어지는 실험을 보고했다. 공식 B−A−2C를 이용하여 처음 네 문제를 해결한 후에, 모든 학생들은 더 직접적인 A+C 방법 대신에 이 방법을 사용하여 다섯 번째 문제를 해결했다. 심지어 더 놀랍게도 B−A−2C 해법이 작동하지 않을 때 마음 갖춤새로 고생한 학생들은 작동시켜야 했던 더 분명한 A+C 해법을 알아볼 수조차 없었다.

마음 갖춤새는 하고 있음을 깨닫지도 못한 채 자주 보장되지 않는 어떤 가정을 만들게끔 한다. 그림 9.5는 유명한 사례를 보여준다. 대부분의 사람은 9개의 점 문제를 해결하도록 요구받을 때 4개의 선이 점들의 '경계' 내에 머물러야 한다는 가정을 한다. 이 제약은 그림 9.6에 제시된 해법을 찾아내는 것을 불가능하게 만든다.

마음 갖춤새와 관련된 또 다른 문제는 Perkins(1981)로부터 빌려왔다. 내가 상황을 묘사하면 여러분은 상황이 무엇인지 정하게 된다.

home[4]에 한 남자가 있다.
그 남자는 mask를 쓰고 있다.
home으로 오는 남자가 있다.
어떤 일이 일어날까?

여러분과 직접 상호작용할 수 없기 때문에 나는 내가 이것을 제시했을 때 학생들이 물었던 질문(예/아니요 유형으로 제한된)을 보고할 것이다. home에 있는 남자가 자신의 home에 있는가? (예). home에 있는 남자가 다른 남자를 아는가? (예). home에 있는 남자가 다른 남자를 기대하는가? (예). mask가 변장 도구인가? (아니요). home에 있는 남자가 거실에 있는가? (아니요). home에 있는 남자가 부엌에 있는가? (아니요).

학생들이 잘못 가기 시작하는 부분은 그 상황에서 home에 대한 가정을 하는 데 있다. 많은 이들은 문제에 대한 답이 야구 게임인데도 home을 house와 동일시한다. Perkins (1981)는 사람들이 문제를 해석하는 데서 하는 가정이 일종의 마음 갖춤새이고, 이 마음 갖춤새가 문제해결을 방해한다고 주장할 것이다.

마음 갖춤새의 또 다른 문제는 두 줄 문제로 알려진 문헌에 나오는 또 다른 유명한 문제에서 묘사된다(Maier, 1930, 1931). 여러분은 천장에 붙여둔 2개의 줄을 보게 된다. 줄은 꽤 떨어져 있어서 동시에 양쪽을 잡을 수 없다. 여러분의 과제는 이 줄을 어떻게든 함께 묶는 것이다. 방 안에 있는 것은 탁자, 성냥갑, 드라이

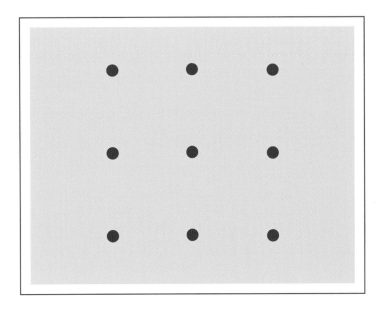

그림 9.5 9개의 점 문제

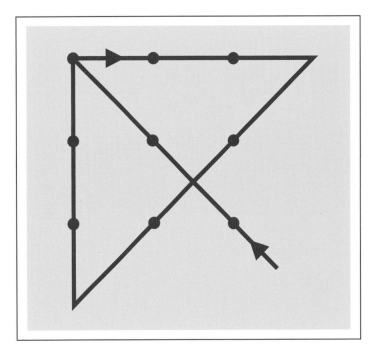

그림 9.6 9개의 점 문제에 대한 해법

---

[4] 역주 : 이해를 위해 home과 mask, house를 영문 그대로 둔다.

버, 몇 개의 솜이 전부이다. 여러분은 무엇을 할 수 있는가?

많은 사람들이 다른 형태로 발견한 해법은 줄 중 하나에 드라이버를 묶어 진자처럼 사용하는 것이다. 이 줄을 흔들고, 다른 줄까지 걸어가 그것을 잡고, 여러분에게 흔들리며 다가오는 진자를 기다렸다가 그것을 잡아 두 줄을 함께 묶는다. Maier의 실험에서 참가자 중 40% 이하만이 이 문제를 힌트 없이 해결했다. 어려움의 한 원인은 드라이버에 대해 다른 기능을 기꺼이 생각해 내지 못하는 것처럼 보였다는 점이다. 그들은 드라이버가 의도된 기능뿐 아니라 추로 사용될 수 있음을 알아채는 데 실패했다. 이 현상은 기능적 고착(functional fixedness)이라 불린다. 이는 기능적 고착에 종속된 사람이 분명하게 대상에 대한 엄격한 마음 갖춤새를 사용하고 있는 마음 갖춤새의 사례로 보인다.

불완전하거나 부정확한 표상 사용하기

문제해결에 관련된 어려움은 문제의 초기 해석과 관련된다. 만약 문제가 잘못 이해되거나 잘못된 정보에 초점이 맞춰지면 해결자는 난관에 봉착하게 된다. 서양 장기판(checkerboard) 문제는 문제해결에 대한 이러한 방해를 묘사한다.

문제는 사선 방향으로 반대쪽 모서리에서 잘린 2개의 사각형을 가지고 있는 표준적인 서양 장기판을 보여주는 그림 9.7에 묘사되어 있다. 서양 장기판 옆에는 각각이 정확하게 2개의 서양 장기판 사각형에 해당하는 수많은 도미노가 놓여 있다. 여러분이 회상할 온전한 서양 장기판은 64개의 사각형으로 이루어져 있다. 이 서양 장기판은 62개 사각형을 가지고 있다. 모든 서양 장기판의 사각형이 도미노에 의해 뒤덮이도록 31개의 도미노를 배열할 방법이 있는가?

해법에 대한 열쇠는 어떤 배열이든, 서양 장기판이 배열되는 방식을 고려하면 각 도미노가 정확하게 하나의 검은 사각형과 하나의 빨간 사각형을 덮을 것임을 깨닫는 것이다. 이제 2개의 잘린 사각형이 동일한 색임에 주목해 보라. 도미노가 2개의 다르게 채색된 사각형을 덮어야 하기 때문에 훼손된 서양 장기판을 덮도록 31개의 도미노를 배열할 방안이 없다.

대부분의 사람들이 부닥치는 어려움은 문제의 초기 표상에서 그들이 이러한 두 조각에 대한 결정적 정보를 포함시키는 데 실패한다는 것이다. 이리하여 표상은 불완전하다. 비슷하게 더 앞서 주어진 야구 게임(home에 있는 남자) 문제에서, house에 앉아 있는 사람으로 문제를 표상하는 것은 여러분을 잘못된 길로 이끌 것이다. 그것은 부정확한 표상을 사용하는 사례이다. 다시 말해 문제에 제시되지 않고 그리고 정확하지도 않은 정보를 포함시켰던 것이다.

표상의 선택은 자주 큰 차이를 만들 수 있다. 글상자 9.2의 여자-개-직업 같은 문제를 연구하면서 S. H. Schwartz(1971)는 그림 9.3에 있는 것과 같은 도표를 구성했던 사람들이 문제해결에서 이름, 개, 직업 등을 단지 그것들을 서로 연결하는 화살표와 선을 가지고 문제를 해결했던 사람들보다 훨씬 더 성공적이었음을 발견했다(예 : 캐시-아이리시 세터,

골든 리트리버 – 네 명의 자녀).

여기에 표상의 형태가 문제를 매우 쉽거나 매우 어렵게 만들 수 있는 경우에 대한 잘 알려진 사례가 있다. 이는 '숫자 게임'이라 불리고, 각 선수의 목적은 총 15가 되도록 한 벌의 숫자로부터 3개의 숫자를 선택하는 것이다. 두 선수는 1 2 3 4 5 6 7 8 9의 숫자 종이를 받는다. 그들은 교대로 목록에서 숫자 중 하나를 빼고 그것을 자기 목록에 더한다. 15를 만드는 3개의 숫자(예 : 4, 5, 6 또는 1, 6, 8)를 가진 첫 번째 선수가 이긴다.

만약 여러분이 이 게임을 한다면 여러분의 전략은 무엇인가? 만약 첫 번째로 플레이하면 어떤 숫자를 선택할 것인가? 만약 여러분이 두 번째이고 상대가 첫 번째로 선택한 게 5라면 무엇을 선택할 것인가? 이 게임을 하는 첫 번째나 두 번째에 여러분은 놀라울 정도로 도전적임을 발견할 것이다. 이제 이 게임을 표현하는 대안적 방식을 제시하는 그림 9.8을 보자. 이런 식으로 묘사되면 어려운 '숫자 게임'이 정확히 변형된 틱택토(tic-tac-toe) 게임임을 알 수 있을 것이다. 그림 9.8에 제공된 게임은 쉽지만 이런 표상이 없으면 문제는 해결하기 훨씬 더 어렵다.

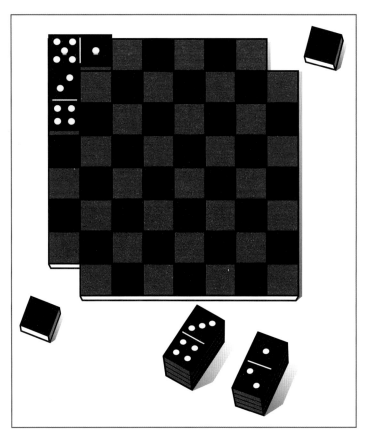

그림 9.7 훼손된 서양 장기판 문제. 31개의 도미노가 남아 있는 서양 장기판 사각형을 덮도록 배열할 수 있나? 각 도미노는 정확히 2개의 사각형을 덮는다.

문제 특정적 지식 또는 전문지식의 결여

지금까지 우리는 퍼즐 같은 특징을 지닌 문제로 일반 문제해결 능력을 논의해 왔다. 가정은 이러한 문제 대부분이 대략 동등하게 모든 사람에게 친숙하지 않다는 것이고, 사람들이 기본적으로 동일한 방식으로 문제를 해결하기 시작한다는 것이다. 다른 종류의 문제(예 : 체스나 다른 숙련된 게임에서의 문제, 물리학 · 기하학 · 전자공학에서의 교과서 문제, 컴퓨터 프로그래밍, 그리고 진단 시의 문제)는 우리가 말하고 있는 퍼즐과 종류 면에서 다른 것처럼 보인다. 특히 전문가 및 초심자는 대부분의 이런 문제를 다르게 접근한다(Chi, Glaser, & Farr, 1988).

우리는 제3장에서 초심자보다 더 지각적 정보를 '이해'할 수 있는

6	7	2
1	5	9
8	3	4

그림 9.8 숫자 게임의 틱택토 게임판 표상

전문가들을 보면서, 전문가와 초심자가 지각 능력에서 다름을 보았다. 그러나 전문지식의 효과는 지각 능력에 국한되지 않는다. 지식 영역에 대한 친숙성이 그 참조 틀 내에서 문제를 푸는 방식을 변화시키는 것 같다. 좋은 사례는 학부 심리학 전공자와 교수가 실험을 설계하는 능력을 비교하는 것이다. 전형적으로 교수들은 과제와 관련된 문제를 해결하는 것을 더 잘한다. 실험 설계에서의 그들의 능력은 무관련한 정보로부터 관련된 것을 정리하게 하고, 주목할 필요가 있는 다양한 상황을 상기하게 한다. 경험은 또한 참가자들의 수를 추정하는 데 사용되는 수많은 지름길 규칙, 수행될 수 있는 일종의 통계 분석, 실험의 지속 기간 등을 제공하기도 한다. 제한된 지식 베이스를 가지고 문제에 다가간 문제해결자는 분명히 불리한 입장에 있다.

전문가-초심자 차이의 고전적 연구는 Groot(1965)에 의해 수행되었다. 그는 고수는 같은 수의 가능성에 대해 고려하지만 어떻든 최선의 움직임을 더 쉽게 선택하는 것을 발견하면서 체스 명인과 초보 선수의 사고 과정을 조사했다. Chase와 Simon(1973)은 반복 연구에서 체스 선수가 전문지식이 많을수록, 그가 진행 중인 체스 게임을 비추기 위해 설치된 체스판에 대한 심지어 짧은 노출로부터도 더 많은 정보를 추출할 수 있음을 발견했다. 즉, 체스 명인과 체스 초보자가 5초 동안 체스판을 보았을 때 체스 명인은 조각이 놓인 곳에 대해 더 많이 기억할 것이다. 그러나 조각이 가능한 체스 게임을 묘사하도록 설정된 경우에만!

Gobet과 Simon(1996)은 모두 체스 명인이었던 4명에서 8명의 상대와 동시 게임을 했을 때 전문 체스 협회 세계 챔피언(Professional Chess Association world champion)인 게리 카스파로프의 세련된 경기 진행을 조사했다. 그의 상대들은 움직임당 3분을(평균적으로) 각각 허락받았던 반면, 카스파로프는 각 움직임에 대해 시간 양의 1/4에서 1/8을 허락받았다(왜냐하면 그가 동시에 다중 게임을 하고 있었기 때문에). 엄청난 시간 제약에도 불구하고 카스파로프는 단지 한 명의 상대와 대면해서 숙고하고 움직임을 계획하는 데 4~8배의 시간을 썼던 토너먼트 조건에서 했던 것만큼 해냈다. Gobet과 Simon은 카스파로프의 우월성이 미래의 움직임을 계획하는 그의 능력보다는 패턴을 인식하는 능력으로부터 더 많이 나온다고 결론지었다. 그들은 동시 게임의 시간 압력이 미리 생각하는 카스파로프의 능력을 심하게 방해할 것이라는 사실에 근거하여 결론을 내렸지만, 그의 플레이의 전반적 질은 악화되지 않았다.

Lesgold 등(1988)은 X-선 사진을 진단하는 경우에서 5명의 전문 방사선학자의 수행을 1년차, 2년차, 3년차, 4년차 수련의와 비교했다. 그들은 전문가들이 X-선 필름의 더 특수한 속성에 주목했고, 더 많은 원인과 더 많은 효과를 가설화했으며, 수련의인 비전문가 집단 중 누군가가 했던 것보다 더 많은 증후를 함께 묶어냈음을 발견했다.

Glaser와 Chi(1988)는 이것과 전문가-초심자 차이에 대한 다른 연구를 검토하면서, 두 집단 간의 몇 가지 질적 차이점에 대해 기술했다. 우선 전문가들은 자신의 영역에서 탁월하다. 즉, 그들의 지식은 영역 특정적이다. 예를 들어 최고수 체스 선수는 화학자가 하는 만큼 화학 문제를 해결하리라 기대되지는 않을 것이다. 우리는 이미 제3장에서 전문가들이 초심자보다 전문지식의 영역에서 더 크게 의미 있는 패턴을 지각함에 주목했다. 전문가들은 전문지식의 영역에서 기술을 구사하는 데 초보자보다 빠르고, 그 영역 내 정보에 대해 더 뛰어난 기억 능력을 보여준다.

문제해결에서 전문가는 정보를 표면적으로 표상하는 경향이 있는 초심자가 하는 것보다 더 깊고 더 원론적인 수준에서 그 영역 내의 문제를 표상한다(Chi, Feltovich, & Glaser, 1981). 예를 들어 물리학 문제를 해결할 때 전문가들은 뉴턴의 운동 제1법칙처럼 물리학 원리 측면에서 문제를 조직화하는 경향이 있다. 대신 초심자들은 기울어진 평면이나 마찰 없는 표면처럼 문제에서 언급된 대상에 초점을 맞추는 경향이 있다. 전문가들은 또한 문제를 질적으로 분석하는데, 해법을 찾거나 돌진하려는 초보자에 비해 문제를 파악하거나 이해하는 데 더 많은 시간을 쓰기도 한다. 마지막으로 문제해결 과정을 통해 전문가들은 그들의 사고에서의 오류에 대해 더 검토하는 것 같다.

오른쪽 이마앞겉질에 손상을 입은 노련한 건축가의 사례연구에서 극적으로 보이듯 문제를 해결함에 있어 전문지식만으로는 충분하지 않다(Goel & Grafman, 2000). 환자 P. F.는 대발작으로 고생하고 뇌졸중 치료를 받은 57세 건축가였다. 후속된 MRI 촬영은 이전에 문제를 계획하고 해결하는 능력에서의 결여를 시사했던 뇌의 일부인 이마앞겉질에 대해 뚜렷한 우반구 손상을 보여주었다. Goel과 Grafman은 P. F.(그리고 연령과 교육수준 면에서 맞춰진 통제 조건의 건축가)에게 실험실 공간에 대한 새로운 설계를 위해 실험실로 와 달라고 요청했다. P.F.와 통제 참가자 모두 이 과제를 상대적으로 쉬운 것으로 간주했다.

P.F.는 "수준 높은 건축 지식 베이스를 온전하게 지니고 있고, 문제 구성 단계 동안 지식을 꽤 기술적으로 사용하는 것으로 관찰되었다."(Goel & Grafman, 2000, p. 415) 그러나 P.F.는 이 단계에서 문제해결 단계로 이동할 수 없었고, 2시간의 회기를 통해 구역의 2/3까지 예비 설계를 만들어 낼 수 없었고, 결코 발전되거나 상세화될 수 없는 불규칙적이고 최소한의 예비 설계를 생성해 냈다. 이들 저자들은 예비 설계가 잘못 구조화된 문제해결을 표상하고, P.F.의 손상이 "잘못 구조화된 표상과 계산을 지지하게 하는 신경 체계의 선택적 손상을 낳았다."(p. 433)고 결론지었다.

문제 공간 가설

문제해결을 연구하는 연구자들은 문제 공간을 심적으로 탐색하는 데 있어 절차에 대해 자주 생각한다(Baron, 2008; Lesgold, 1988; Newell, 1980; Newell & Simon, 1972). 이 문제 공간 가설(problem space hypothesis) 뒤에 있는 주요한 아이디어는 문제 내에서 사건의 모든 가능한 상태가 심적 그래프에서 마디에 해당한다는 것이다. 마디의 전체 집합은 어떤 심적 영역을 점하고, 그래프를 가진 이 영역이 문제 공간이다.

그림 9.9는 포괄적인 문제 공간의 도식적 그림을 제시하고 있다. 각각의 원 또는 마디는

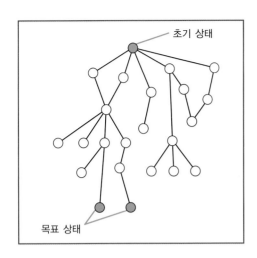

그림 9.9 포괄적인 문제 공간

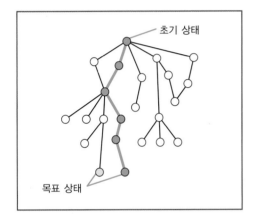

그림 9.10 문제 공간을 지나가는 해법 경로

문제해결 과정 동안 임의의 지점에서 사건의 어떤 상태에 해당한다. 예를 들어 만약 문제가 체스 게임을 이기는 것이라면, 각각의 마디는 게임상의 각 지점에서 가능한 체스판 배열 형태에 해당한다. '초기 상태'라 명명된 마디는 문제 시작의 조건에 해당한다(예 : 첫 번째 움직임 이전의 체스판). 목표 상태는 문제가 해결될 때의 조건에 해당한다 (예 : 게임에 이기게 되었을 때의 배열 형태). 중간 상태(이 그림에서 명명되지 않은)는 다른 마디들에 의해 묘사된다.

만약 어떤 조작에 의해 한 상태로부터 다른 상태로 움직이는 것이 가능하다면, 그 움직임은 두 마디를 연결하는 선에 의해 문제 공간의 종이와 연필 표상으로 묘사될 수 있다. '심적 움직임'의 순서는 한 마디에서 다른 마디로의 움직임의 순서로 보인다. 초기 상태에서 시작하여 마지막 목표에서 끝나는 움직임의 어떤 순서는 문제 공간을 지나가는 경로를 구성한다. 그림 9.10은 포괄적인 해법 경로를 묘사한다. 그림 9.11은 하노이 탑 문제에 대한 문제 공간의 일부를 묘사한다.

좋은 문제해결은 효율적인 경로의 생성이라 생각된다. 즉, 가능한 한 짧고, 초기 상태와 목표 상태 간에 가능한 한 적은 우회로를 취하는 것이다. 철저한 탐색이 해법을 더 찾게 만든다. 그러므로 가장 좋은 경로는 탐색을 통해 발견된다.

인공지능 분야의 연구자들은 문제 공간을 탐색하는 서로 다른 탐색 알고리즘을 생성해 왔다(Nilsson, 1998; Winston, 1992). 한 가지는 대안을 조사하기 위해 후진하기 전에 목표 상태를 탐색할 수 있도록 그래프 아래로 멀리 내려가는 깊이-우선 탐색이다. 다른 것은 그래프로 더 깊이 들어가기 전에 목표 상태에 대해 탐색하기 위해 주어진 수준에서 모든 마디를 조사하는 너비-우선 탐색이다. 물론 서로 다른 알고리즘은 그래프의 본질에 따라 다른 성공 확률을 갖는다.

Burns와 Vollmeyer(2002)에 의한 연구는 해법을 생성하기 위해 문제 공간을 탐색하는 아이디어와 관련된 비직관적인 발견을 내놓았다. 이들 저자들은 문제 공간의 탐사가 더 나은 수행을 내놓는다고 믿었다. 게다가 그들은 과정이 특수한 목적을 달성하고자 하는 사람의 열망에 의해 단축되지 않을 때 더 그럴 것 같다고 믿었다.

Burns와 Vollmeyer(2002)는 그림 9.12에 묘사된 과제를 사용했다. 참가자들은 그들이 실험실에서 일하고 어떤 수질 효과를 달성하기 위해 다양한 입력을 조절하는 법을 이해하려 애쓰고 있다고 상상하도록 요구받았다. 그들은 입력을 변화시키고(소금, 탄소, 라임), 출력으로 무엇이 일어났는지를 관찰함으로써(산화, 염소 농축물, 온도) 이 과제를 수행할 수 있었다. 실제로 입력은 그림에 제시된 선행 관계로 이루어지지만(예 : 소금 입력의 변화는 염소 농축물의 증가를 생성함) 참가자들은 입력과 출력 간의 관계가 무엇인지에 대해 듣지 않았다(즉, 그들은 그림에서 화살표 위에 있는 값을 보지는 못함).

모든 참가자는 최종적으로 출력에 대한 특정 값에 의해 어떤 목적을 달성하도록 요구받을 것이라 들었다. 참가자 중 일부는('특수 목적' 참가자라 불린) 과제의 도입부에서 특수 목적을 받았지만, 그들은 탐사 시기 후까지는 이 목적을 달성하지 않을 것이라 들었다. 다른 사람들은('특수하지 않은 목적' 참가자라 불린) 탐사 시기 이후까지 목적이 무엇인지를 듣지 못했다. 탐사 단계 이후에 모든 참가자는 그림 9.12와 유사한 도해를 받았지만 어떤 연결고리도 없이 제시받았고, 만약 그들이 알았다고 생각되면 방향과 가중치를 표시하면서 입력과 출력 간에 연결고리를 이끌어 내도록 요구받았다. 이로부터 연구자들은 연결고리의 방향과 가중치의 정확한 값에 관한 참가자의 지식 정도를 계산하기 위해서 '구조 점수'를 유도했다.

특수하지 않은 목적 참가자는 특수 목적 참가자보다 더 높은 구조 점수를 받았다. 양쪽 집단은 출력에 대해 특수 목적 값을 달성하도록 요구받았을 때 동등하게 수행했지만, 특수하지 않은 목적 참가자들은 새로운 목적 값을 가진, 전이 문제에서 특수 목적 참가자들이 했던 것보다 더 잘 수행했다. Burns와 Vollmeyer(2002)는 양쪽 조건에서 참가자들이 과제를 수행할 때 크게 말하기를 요구받은 후속 연구를 했다. 이들 결과는 탐사 단계 동안 특수하지 않은 목적 참가자들이 특수한 가설을 더 검증할 것 같음을 가리킨다.

Newell과 Simon의 용어로 말하면 비록 과제에 따라 대가를 치르더라도, 특수한 목적을 갖는 것은 문제 공간을 탐색하기 위해 기울인 노력의 양을 줄일 수 있을 것이다.

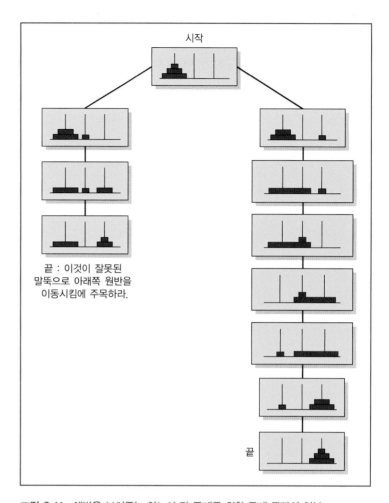

그림 9.11 해법을 보여주는 하노이 탑 문제를 위한 문제 공간의 일부

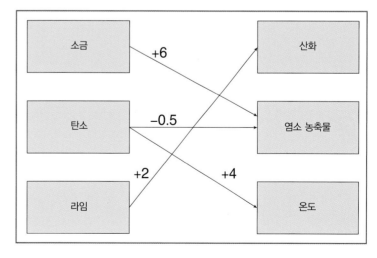

그림 9.12 물 탱크 시스템(염소 농축물은 염소 농축 산출임에 주목)

문제 공간 가설은 문제해결로 갈 때의 방해물이 어떻게 작동하는지를 이해하는 것을 돕도록 구성될 수도 있다. 해결책이 탐색되지 않은 공간의 일부에 놓여 있을 때, 공간의 일부를 탐색하는 데 실패한 탐색(예 : 마음 갖춤새 때문에)은 문제해결을 방해할 수 있다. 불완전하거나 부정확한 표상은 불완전하거나 부정확한, 다시 말해 문제해결을 방해하기도 하는 문제 공간의 구성을 이룬다.

전문지식의 획득은 문제 공간을 탐색하는 또 다른 방식이다. 전문지식은 아마도 사람들에게 문제 공간의 어떤 영역이 탐색하기에 가장 유용할지 그리고 탐사가 어떤 순서로 이뤄졌을 때 결과를 가장 잘 내놓을지에 대한 더 나은 예측을 발전시키도록 하는 것 같다.

전문가 체계

문제 공간 가설은 전문가 체계(expert systems), 즉 특별한 분야에서 한 명 이상의 전문가의 판단을 모형화하기 위해 설계된 컴퓨터 프로그램을 생성하는 데 사용되어 왔다. 전문가 체계는 분야 내에서 관련되는 사실을 저장하는 지식 베이스를 포함한다. 전문가 체계는 일련의 추론 규칙(inference rule)("만약 X가 사실이면, Y도 사실이다." 형태), 즉 프로그램이 추론 규칙을 사용하여 지식 베이스를 탐색하기 위해 사용하는 탐색 엔진, 그리고 전문가 체계를 자문하고 있는 질문이나 문제를 가진 사용자와 상호작용하는 수단이나 어떤 인터페이스도 포함하고 있다(Benfer, Brent, & Furbee, 1991).

전문가 체계의 한 가지 사례는 MUckraker, 즉 인터뷰를 위해 사람들에게 접근하고, 인터뷰를 위해 준비하고, 문제를 살펴보는 동안 공공문서를 조사하기 위한 가장 좋은 방법에 관해 조사 리포터에게 충고를 해주기 위해 설계된 전문가 체계이다(Benfer et al., 1991). 표 9.1은 인터뷰를 위해 사람에게 접근하는 방법에 대한 충고를 해주기 위해 MUckraker가 사용하는 몇몇 단순화된 규칙을 제시한다.

사용된 규칙의 구성방식은 몇몇 선행사건 또는 조건을 포함한다. 예를 들어 규칙 2는 세 가지 선행사건을 가지고 있다. (a) 개연성 있는 정보원은 리포터와 전화로 말하지 않을 것이다. (b) 인터뷰가 중요하다. 그리고 (c) 인터뷰를 얻어내기에 6일 이상이 남아 있다. 이들 선행사건은 활성화된 규칙을 만족시켜야 하는 조건을 명세화한다.

규칙들은 또한 단어 THEN[5]이 지칭하는 결과 부분을 가지고 있다. 이러한 결과들은 규칙이 적용되면 취해지는 행위이다. 예를 들어 규칙 2의 행위는 어떤 값(즉, 80)으로 변인(send_by_mail2)을 설정하는 것이다. 몇몇 규칙들은 단어 BECAUSE에 의해 앞에 놓인 설명이나 정당화를 포함하기도 한다. "send-by-mail1", "send_by_mail2" 등에 대한 참조에 주목하라. 이것들은 프로그램에 의해 사용된 변인들의 이름이다. 규칙 1부터 4는 각각 send-by-mail4를 통해 값을 send-by-mail1에 할당한다. 규칙 5는 이들 네 변인 중 어느 것이 79

---

[5] 역주 : 전문가 체계 안에 쓰인 용어는 영어를 그대로 사용함

표 9.1 MUckraker로부터 나온 단순화된 규칙의 예시

규칙 1 : 우편 선호

IF 정보원이 전화로 리포터와 이야기할지 알려
　지지 않았다면

AND 인터뷰가 중요하다면

AND 인터뷰를 얻어내기까지 6일 이상이
　있다면

THEN (send_by_mail)$_1$ 요청=60

ELSE 전화 요청=40

BECAUSE 공식적인 서면 요청으로 된 인터뷰
　를 얻을 것이므로

규칙 2 : 확실히 우편 선호

IF 개연성 있는 정보원은 전화로 리포터와 얘기
　하지 않을 것이라면

AND 인터뷰가 중요하다면

AND 인터뷰를 얻어내기까지 6일 이상이
　있다면

THEN (send_by_mail)$_2$ 요청=80

BECAUSE 규칙 1을 알기 때문에

규칙 3 : 어쨌든 전화

IF 개연성 있는 정보원은 전화로 리포터와 얘기
　하지 않을 것이고 AND 만약 인터뷰가 중요
　하지 않다면

OR 인터뷰를 얻어내기까지 6일 이하만 있다면

THEN (send_by_mail)$_3$ 요청=10

BECAUSE 우편을 보낼 시간이 없으므로

AND 전화 걸기는 시도할 가치가 있다.

규칙 4 : 더 나이든 정보원

IF 정보원의 나이가 49세가 넘으면

AND 인터뷰가 중요하다면

AND 인터뷰를 얻어내기까지 6일 이상이
　있다면

THEN (send_by_mail)$_4$ 요청=90

BECAUSE 더 나이든 사람들은 서면 요청에 더
　긍정적으로 반응하므로

규칙 5 : 우편 보내기 조합

IF(send_by_mail)의 최대치가 79를 넘는다면

THEN 서면 요청을 보내고 ASK: 표본 편지를
　보기 원하는가?

ELSE 전화 걸기는 시도할 가치가 있다.

BECAUSE 대부분의 정보원은 전화로 리포터
　와 이야기할 것이므로

출처 : Benfer et al. (1991, p. 6).

보다 큰 값으로 할당되는지 알아보기 위해 점검하는 것이다. 만약 그렇다면 규칙 5는 메일
에 의한 요청을 잠재적 인터뷰 대상자에게 보내도록 리포터에게 지시하게 된다

　전문가 체계를 생성하는 것은 복잡한 일이다. 전형적으로는 반복적으로 분야 내의 한
명 이상의 전문가를 인터뷰한다. 그들은 자주 언어적인 실시간 프로토콜(verbal online
protocol), 즉 그들이 사례를 분류하거나 문제를 해결할 때 크게 말하기를 하도록 요구받는
다(Stefik, 1995). 어려움의 일부는 어떤 전문가가 자신의 지식 전부를 언급하는 것은 어렵
다는 사실에서 나온다.

　예를 들어 여러분은 학교 시험을 연구하는 데에서 아마도 '전문가'일 것이다. 맞는가?
내가 여러분에게 시험에 대해 연구하는 활동과 관련된 여러분의 지식 전부를 언급하도록

요구했다고 가정하자. 하기 어렵다, 그렇지 않나? 따라서 전문가 체계 개발자는 인류학자로부터 나온 보다 나은 기법을 취하는 자신을 자주 발견하게 된다. 그들은 자주, 일어날 때마다 사고를 정교화하도록 요구받으면서 '뭔가를 할' 때의 전문가를 추적한다(Benfer et al., 1991). 반복된 인터뷰를 통해 개발자들은 표 9.1에 제시된 것과 같은 규칙을 공식화할 수 있다.

왜 누군가는 컴퓨터화된 전문가 체계를 개발하고 인간 전문가의 자리에 그것들을 사용하기를 원할까? 한 가지 이유는 고도로 훈련된 인간 전문가의 공급이 많은 영역에서 제한된다는 것이다. 일례로 모든 도시가 모든 영역에서 전문가를 보유하고 있는 것은 아니고, 만약 전문가가 소유한 지식이 소프트웨어를 통해 배포될 수 있다면 부가 확산된다.

두 번째 주장은 제10장에서 더 정교화될 것이다. 거기서 우리는 인간의 의사결정이 항상은 아니라도 꽤 자주 서서히 퍼지는 편향에 의해 오염된다는 사실에 대해 알아볼 것이다. 많은 요인을 가지고 있어서 문제가 특히 복잡할 때 문제에 직면한 사람에게 놓인 인지적 부담은 빠르게 과도해질 수 있다. 전문가 체계를 갖는다는 것은 복잡성에 대해 조종 손잡이를 얻는다는 것, 그리고 최상의 해법을 찾는 과정을 쭈그러뜨리는 것을 막는다는 것을 의미한다.

창의적 해법 발견하기

심리학자들이 해결하도록 사람들에게 요청하는 많은 문제는 통찰, 즉 문제의 요소가 해석되고 조직화되는 방식에서의 변화 또는 참조 틀에서의 변화를 요한다. 통찰이 일어나는 과정은 잘 이해되지 않는다. 통찰이 무엇이건, 그것은 일반적으로 창의성(creativity)에 필수적인 역할(vital role)을 하는 것으로 나타난다. 비록 그 용어가 정확하게 정의하기는 어려울지라도 많은 심리학자들은 창의성이 적절한 참신성을 가지고 있어야 함에 동의한다. 즉, 어떤 목적에 부합하는 독창성(Hennessey & Amabile, 1988; Nielson, Pickett, & Simonton, 2008; Runco, 2004; Simonton, 2011)을 말한다. 참신성이 결여된 적절한 아이디어는 재미없다. 역으로 어떤 문제를 유용한 방식으로 다루지 않는 독창적인 아이디어는 이상하다. 다른 인지과학자들은 창의성을 지식이나 정보, 즉 창작가가 '이미 가지고 있는', 알고 있는, 또는 묘사해 온 것, 즉 정신적 표상의 조합이나 재조합으로 구성된 것이라고 한다(Dartnall, 2002).

위대한 예술적, 음악적, 과학적, 또는 또 다른 발견은 자주 결정적인 순간, 즉 속담에 나오는 '전구'가 불이 들어올 때의 정신적 '유레카' 경험을 공유하는 것처럼 보인다. 작곡가, 예술가, 과학자, 그리고 다른 저명한 전문가들의 전기는 '유레카' 이야기로 시작한다(Perkins, 1981, 이들 중 일부의 리뷰를 제시함). 이런 이야기들은 창의적인 사람들이 덜 창의적인 사람들이 갖지 못한 것을 가지고 있다는 관념이나 그들의 인지처리가 매우 다른 방식으로 작동된다는(최소한 그들이 창의적인 동안에는) 관념으로 이끈다.

이 절에서 우리는 창의적 통찰에 대한 두 종류의 설명, 창의성을 특수한 인지처리로 기술하는 것과 정상적이고 일상적인 인지의 결과로 기술하는 것에 초점을 맞출 것이다.

무의식적 처리와 부화

대학 1학년 때 비록 매우 유용할지라도 나에게는 자주 극도로 좌절스러웠던 미적분학을 수강했다. 나는 문제 중 하나가 절대로 작동할 수 없음을 발견하기 위해서만 숙제를 했던 것 같다. 문제는 나에게 잔소리를 했을 것이고, 나는 생각할 수 있는 모든 기법을 시도했을 것이다. 좌절 속에서 나는 문제를 제쳐두고 다른 일을 시작했던 것 같다. 밤 늦게, 때로는 잠에서 깨어, 나는 새로운 들뜬 맘으로 문제를 보았던 것 같다. 때로는 자주 올바른 해법을 발견했던 것 같다.(가끔 올바르지 않은 해법이라는 것을 알았을 때 나의 좌절감은 재생되었을 것이며, 책은 가장 가까운 벽으로 날아갔던 것 같다. 그 책은 그 학기에 살아남지 못했다.)

내가 기술하고 있는 경험은 무의식적 처리(unconscious processing) 또는 부화(incubation)의 '교과서적 사례'이다. 아이디어는 내 마음이 실제로 다른 인지과정을 지나가고 있는 동안 다른 종류의 처리가 배경에서 일어나고 있다는 것이다(컴퓨터 은유를 좋아하는 여러분은 이것을 '상호작용적 처리(interactive processing)'와 반대로 '일괄 처리(batch processing)'라 기술할 것이다). 답이 발견될 때까지 심지어 내가 잘 때조차 무의식적 처리가 마구 일어난다. 그런 다음 비록 나를 깨워야 했더라도 답은 한 번에 모두 알게 되었다. 부화를 믿는 사람들은 전형적으로, 의식적 깨달음을 일으키지 않고 정보를 처리할 수 있는 마음의 무의식적 층위의 존재를 믿는다.

S. M. Smith와 Blakenship(1989)은 그림–글자 조합 수수께끼라 불리는 그림–단어 퍼즐에 의해 부화 효과의 경험적 증거를 제공했다. 참가자들이 15개의 그림–글자 조합 수수께끼를 해결하면 그들은 부정확한 해석에 초점을 맞추도록 유도하는 오도된 단서를 가지고 있는 16번째를 제시했다. 참가자들은 나중에 이런 결정적 그림–글자 조합 수수께끼를 단서 없이 두 번째로 받았고, 다시 퍼즐을 해결하고 단서를 회상할 것도 요구받았다. 통제 조건 참가자들은 즉각적으로 그림–글자 조합 수수께끼의 두 번째 제시를 보았지만, 실험 조건 참가자는 퍼즐 후 아무것도 하지 않거나 (몰래 그림–글자 조합 수수께끼 작업을 지속하는 것을 막는) 힘든 음악 지각 과제를 완성하도록 요구된 5분 또는 15분 '휴식'을 받았다. Smith와 Blakenship은 (음악 과제가 제시된) 더 긴 '채워진' 간격을 받은 사람들이 오도하는 단서를 더 잊을 것이고, 이리하여 그림–글자 조합 수수께끼를 해결할 것이라 예측했다. 사실상 그들이 보고했던 것이 정확히 이런 결과 패턴이다.

그러나 대부분의 경험적 연구는 긍정적인 부화 효과를 찾는 데 실패한다. 문제해결 중 신체적이고 정상적인 휴식을 취하고 그래서 부화에 대해 더 많은 기회가 있었던 참가자들이 더 철저하게 또는 더 빠르게 문제를 해결하는 참가자보다 부화 효과가 덜 일어났다(Olton, 1979). 게다가 부화 효과에 대한 또 다른 연구에서 참가자들은 '휴식' 시간 동안 문제에 대해 몰래 되뇌이기(think aloud)를 했음을 보고했다. 사실상 휴식 중에 문제에 대한 은밀한 사고(covert thinking)에 참여하는 것조차 차단당한[구절(text passage)을 기억하도록 하여] 또 다른 실험 조건의 참가자들이 부화 효과를 거의 보여주지 않았다(Browne & Cruse, 1988)

부화 가설의 결정적 검증 실험을 설계하는 것은 매우 어렵다. 실험은 부화 간격 동안 문제에 대해 의식적으로 사고하는 것을 정말로 막아야 했다. 즉, 마음을 읽을 수 없는 실험자들에게는 도전적인 과제였다.

일상 기제

창의적 통찰은 부화 같은 특수한 인지과정에 의존하는가? 대안적 관점은 그것이 사실상 모든 사람이 정상적인 삶의 과정에서 사용하는 보통의 인지과정으로부터 초래되는 것임을 주장한다(Perkins, 1981). Perkins의 아이디어는 창의성 연구에 대한 이런 접근의 일관성 있는 개관을 제공하며, 여기에서 상세하게 검토될 것이다. 다른 저자들은 약간 다른 제안을 했지만 창의성을 이끄는 과정이 비범하지 않다는 Perkins의 아이디어에 동의한다(Langley & Jones, 1988; Sternberg, 1988; Ward, Smith, & Finke, 1999; Weisberg, 1988).

Perkins(1981)는 창의적 발명뿐 아니라 정상적인 일상적 기능화에 기저하는 인지과정의 사례를 기술했다. 이런 과정 유도된 기억(directed remembering)이다. 이것은 다양한 제약을 만족시키는, 의식적인 일부 과거 경험이나 지식을 만들기 위해 여러분의 기억을 돌리는 능력이다. 이 장의 첫 과제, 즉 'C'로 시작하는 음식과 음료를 생각하도록 요구하는 것은 유도된 기억 과제이다. Perkins는 동일한 과정이 창의적 발명으로 가도록 할 수 있다고 주장했다. 예를 들어 다윈의 진화 이론의 구성은 기존의 과학적 지식과 일치하는 설명을 제공해야 했다. 그 지식은 그가 개발해 낼 수 있는 설명의 유형을 제약했다.

두 번째의 관련된 인지과정은 알아채기(noticing)이다. 예술가와 과학자가 주장하는 창조의 중요한 부분은 초안을 고쳐 쓰는 것이다. 고쳐 쓰기에서 사람은 문제가 어디 있는지를 알아채야 한다. Perkins에 따르면 알아채기는 또한 작자가 한 문제와 다른 문제 간 유사성을 알아내는 많은 '유레카' 또는 '아하' 경험에서 한 역할을 한다.

반대의 재인(contrary recognition), 또는 대상을 그것이 무엇인가가 아니라 그 밖의 어떤 것으로 인지하는 능력은, 또 다른 중요한 창발적 과정이다. 구름을 성으로 보는 것이 하나의 친숙한 사례이다. 이런 능력은 분명히 창작자에게 현실의 경계를 넘도록 그리고 다른 방식으로 현실을 상상하도록 요구하는 아날로그 사고와 관련된다.

창의성에 대한 이 접근은 창의적 개인이 소위 비창의적인 사람들이 사용하는 것과 동일한 인지과정을 사용한다고 가정한다. 이 접근의 지지자들은 '통찰의 번뜩임(flashes of insight)'이 단계적으로 실제로 일어난다고 주장한다. 이 계보의 주장에 따라 부화는 해결 과정에서 작동하지 않았던 낡은 접근을 버리면서 새 출발을 하는 것과 함께해야 한다. 이런 묘사는 마음 갖춤새를 깨뜨리는 것을 의미하는 묘사와 꽤 유사하다.

실제로 문제해결과 창의성에 대한 반대의 재인 접근 간의 관계는 강하다. 양쪽은 새로운 가능성, 그리고 다양한 요구나 제약을 만족할 가능성에 대한 정신적 탐색이라는 아이디어를 포함한다. 사람의 창의성은 기꺼이 다중 제약을 만족하는 해법에 대해 더 열심히 더 길게 탐색하는 것과 관련된다. 그러고 보면 창의성을 구성하는 것은 독창적이고 유용한 결과에 대한 창작자 자신의 가치, 성공 없이 잠재적으로 긴 기간을 견디는 능력, 그리고 계획과 재능이다.

창의성에 대한 설명은 대개 경험적으로 검증되지 않은 채 남아 있다. 연구자들이 창의성을 조사하기 위한 적절한 경험적 방법을 개발하기 위해 애쓰고 있지만, 창의성 행위가 특수 목적이나 규칙적인 인지과정을 사용할지에 대한 질문은 열린 채 남아 있다(Runco & Sakamoto, 1999). 방금 기술된 제안들은 엄격한 검증을 통해 살아남은 잘 개발된 이론이라기보다는 미래의 조사를 유도할 수 있는 아이디어인 것 같다.

사진 9.3 Perkins는 창의적인 사람들이 창조를 할 때 보통의 인지과정에 의존한다고 주장한다

비판적 사고

창의성은 대체로 처음에 '특이하거나', '이해하기 어려운' 것처럼 보이는 수많은 아이디어를 생성하는 능력에 달려 있다. 그러나 일단 참신한 아이디어가 발생되면 그것은 적절성 면에서 감정되고 평가된다. 제안된 해법이 정말로 모든 목표와 제약을 만족시키는가? 아이디어 속에 감춰지거나 미묘한 결함이 있는가? 제안의 함의는 무엇인가?

이런 종류의 질문을 하는 사람은 심리학자, 철학자, 교육자가 비판적 사고(critical thinking)라고 하는 것을 하는 사람으로 기술될 수 있다. 비판적 사고에 대한 많은 정의가 존재한다. 이것을 Dewey(1933)는 '사색적 사고(reflective thinking)'라 불렀는데 "사고를 지지하는 기반과 사고가 추구하는 더 심오한 결론을 고려하여 지식의 추정된 형태 또는 믿음에 대해 능동적이고 지속적이며 조심스럽게 고려하는 것"이라고 정의했다(p. 9). 또한 Dewey는 사색적 사고와 무작위 아이디어, 암기 회상, 또는 증거를 갖고 있지 않은 믿음 등을 구분해 사용했다.

게슈탈트 심리학자인 Wertheimer(1945)는 비판적 사고를 꽤 잘 묘사하고 있는 몇 가지 사례를 제시했다. 누군가 평행사변형의 면적을 찾는 법을 배우는 것에 관심을 둔다. 누군가에게 이것을 하도록 가르치는 한 가지 방법은 고교 기하학에서 나온 친숙한 공식을 가르

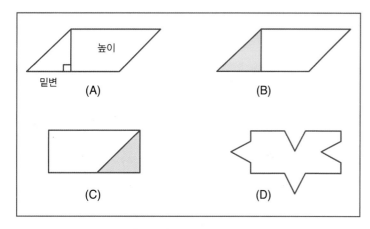

그림 9.13 평행사변형과 다른 기하학적 도형들

치는 것이다: 면적＝밑변×높이. 그림 9.13(A)는 밑변과 높이를 가진 평행사변형의 예시이다.

만약 학생이 공식을 기억한다면, 그는 문제 해결의 '암기' 수단 또는 Wertheimer(1945)가 '기계적으로 반복적인' 수단이라 부른 것을 가지게 되는 것이다. 그러나 암기 해법의 한 가지 문제는 만약 학생이 공식을 잊어버렸다면, 완전한 상실 상태에 놓일 것이라는 점이다. Wertheimer는 더 나은 접근은 학생에게 문제의 '본질적 구조'를 이해하게끔 가르치는 것이라 주장했다. 근본적인 문제를 확인하고 이해할 수 있도록!

칠해진 영역에 주의하면서 그림 9.13(B)에 제시된 평행사변형을 보자. 그림 9.13(C)에서 보듯이 이 영역을 평행사변형에서 잘라내고 다른 쪽에 붙인다고 가정하라. 대상의 변형은 친숙하고 단순한 기하학적 대상인 직사각형을 만들어 낸다. 직사각형의 면적을 알아내기 위한 공식은 잘 알려져 있다(밑변×높이). 변형은 정확하게 동일한 영역을 왼쪽에서 빼서 그림의 오른쪽에 붙여두는 것이다. 결과적으로 전체 면적은 변하지 않는다. 대신에 정확하게 동일한 면적을 가진 '규칙적인' 기하학적 그림이 만들어진다.

이 해법을 가르치는 이점은 무엇인가? 우선 한 가지 이유는 해법을 가르치면 더 일반화할 수 있다는 것이다. 그림 9.13(D)에 묘사되어 있는 것처럼 그 방법은 평행사변형에만이 아니라 많은 기하학적으로 불규칙적인 그림에도 적용된다. 또 다른 이유는 해법은 왜 공식이 작동하는지에 대한 더 깊은 이해를 보여준다. 이 예시에서 공식은 문제에 단순히 맹목적으로 적용되지 않고 오히려 기하학적 도형으로서의 평행사변형의 본질을 학생이 이해할 수 있도록 해준다.

비판적 사고에 대한 더 최신 연구에서 David Perkins와 동료들(Perkins, Allen, & Hafner, 1983)은 다양한 수준의 교육 배경을 가진 학생과 성인에게 다양한 논란거리를 제시하였다. 한 가지 사례는 "병과 깡통에 대해 5센트 보증금을 요구하는 법이 쓰레기를 감소시킬 수 있을 것인가?"였다(Perkins et al., p. 178). 저자들은 많은 시간 동안 참가자들이 다음의 예시에서 보듯 스스로 찬성/반론을 계속 반복하는 것을 바라봄으로써 비판적 사고를 측정했다. 연구자들이 좋은 비판적 사고라 고려하는 사례는 다음과 같다.

법은 사람들이 5센트를 얻기 위해 병을 버리는 대신 병을 반환하기를 원한다. 그러나 나는 5센트가 오늘날 사람들이 신경쓸 만큼 충분한 금액이라고 생각하지 않는다. 그러나 잠깐! 사람들은 지하실에 병이나 캔을 수거함에 모아둘 수 있고, 한 번에 그 모두를 반환할 수 있으며, 아마도 그렇게 할 것이기 때문에 한 번에 5센트만 얻는 것은 아니다. 따라서 집에서는 병이나 캔이 어떤 식으로든 버려지진 않을 것이다. 병이나 캔을 버리는 건 거리나 공원의 아이들이나 소풍 나온 사람들이고, 그들은 5센트를 얻자고 병이나 캔을 회수하는 데 신경을 쓰지는 않을 것이다. 그러나 그 밖의 다른 사람들은 반환을 할 것이다. (p. 178)

여기서 사고의 구조에 주목하라. 어떤 방식으로 각 문장은 이전 의견에 대한 반대를 나타낸다.

Perkins에 따르면 좋은 사고는 커다란 지식 베이스와 그것을 효율적으로 사용하는 어떤 수단을 요하는 것이다. 좋은 사고는 또한, 능동적으로 자신에게 질문하고 결론과 관련된 예시와 반례를 구성하려는 사색가의 모습을 보여주면서, 방금 묘사된 것처럼 계속되는 일종의 반대를 요한다. 비판적 사고를 방해하는 것은 일종의 정신적 게으름이다. 여러분은 어떤 답을 얻을 때마다 사고를 멈춰 버리는 것이다! 비판적이지 않은 사색가는 다음과 같이 병값에 대해 추론한다. "쓰레기를 줄이려는 것은 좋지만, 5센트가 사람들을 동기화시키진 않을 것이므로 그것이 작동하지는 않을 거야." 이런 경우에 사람들은 한 가지 정신적 시나리오를 구성하고 그런 다음 어떤 가정을 의문시하거나 다른 어떤 가능성을 생각하려 애쓰지 않고 멈춘다. Perkins 등(1983)은 사람들에게 피상적 이해를 할 때까지만 문제에 대해 생각하는 이런 경향을 극복하고, 대신에 다른 가능성과 해석에 대해 더 열심히 찾고 더 길게 보라고 충고한다.

제9장

요약

1. 사고, 즉 정보의 조작은 매우 다른 과제로 보이는 넓은 범위에 대해 일어난다. 심리학자들은 문제의 유형 간(예 : 잘 정의된 것과 잘못 정의된 것)에 그리고 사고의 유형 간(예 : 초점화된 것 대 초점화되지 않은 것)에 구분을 한다. 그러나 다른 과제에 사용된 인지과정이 그 자체로 종류 면에서 실제로 다른지는 분명하지 않다. 대안적 가능성은 다른 종류의 사고처럼 보이는 것이 실제로 동일한 인지과정의 다른 조합으로부터 나온다는 것이다.

2. 문제해결을 연구하는 일부 심리학자들은 사람들이 다양한 상황에서 사용한다고 학자들이 믿는 일반 전략(예 : 생성–검증, 수단–목적 분석, 유추에 의한 추리)을 발견했다. 심리학자들은 문제해결에 대한 다른 방해물을 탐색하기도 했다(마음 갖춤새, 기능적 고착, 부정확하거나 불완전한 문제 표상)

3. 또 다른 심리학자들은 주어진 문제를 해결하는 데 성공할지의 더 나은 예언자로서 영역 특정적인 지식과 전략의 중요성에 대해 주장한다. 이들 연구자들은 문제해결 전략이 자주 문제해결자의 전문지식과 배경지식에 따라 달라짐을 지적한다.

4. 사고의 종류 간 유사성도 확인할 수 있다. 어떤 심리학자들은 유사성이 공통적인 틀로 설명할 수 있다고 주장한다: 사고에 대한 모든 종류의 사례(문제해결, 발명, 심지어 추리와 의사결정을 포함하여)가 모두 심적 탐색의 일종이라는 아이디어(Baron, 2008). 이런 제안은 어떻게 사람들이 심적으로 정보를 조작하는가에 대한 좋은 설명으로서 문제 공간 가설이나 그에 가까운 어떤 것을 수용한다. 문제 공간 가설은 사고를 가능성의 '심적 그래프(mental graph)'를 통해 경로를 찾는 것으로 본다(문제 공간이 되는 심적 그래프). 때때로 경로에 대한 탐색은 매우 초점화되고 제약된다. 다른 경우(예 : 백일몽의 일화 중)에 결론에 대한 탐색은 확실한 목적 없이 배회한다.

5. 전문가 체계, 즉 특수한 분야에서 인간 전문가를 흉내 내기 위해 설계된 컴퓨터 프로그램이 문제 공간에 대한 일종의 사례이다. 전문가 체계는 지식 베이스, 추론 규칙, 지식 베이스를 통해 탐색하는 수단, 그리고 사람이 질문하고 더 많은 정보를 프로그램에 제공하기 위해 문의하도록 하는 사용자 인터페이스를 포함한다.

6. 창의성을 연구하는 심리학자들은 분야와 독립적인 하나의 일반적인 창의성이 있는지 또는 전문지식처럼 창의성이 영역에 특정적인지에 따라 서로 다르게 주장한다. 어떤 사람들은 부화와 무의식적 처리 같은 특수 목적 창의 인지과정을 주장한다. 다른 사람들은 창의성이 유도된 기억하기와 반대의 재인 같은 일상적인 보통의 인지과정을 사용하는 것이라 믿는다.

7. 어떤 심리학자들은 한 가지 유형의 사고 과제에서 좋은 수행을 촉진하는 것처럼 보이는 요소가 다른 것도 돕는 것처럼 보인다고 주장한다. 이러한 요인 중에는 열린 마음으로 남아 있기, 특이한 가능성 탐색하기, 여러분이 도달한 첫 결론 의심하기, 편견을 피하려 애쓰기, 새롭고 참신한 접근을 찾으려 애쓰기가 있다.

8. 비록 사고 기술이 넓고 깊은 지식 베이스를 대체할 수 있다고는 아무도 주장하지 않을지라도, 좋은 사고 기술은 여러분이 가지고 있는 지식으로부터 대부분을 얻어내는 데 도움이 된다. 이 제안은 교육자, 철학자, 심리학자로부터의 입증되지 않은 제안에 크게 의존하고 있으며, 모든 종류의 사고에 사용되는 과정에 대한 미래의 연구를 기다리고 있다.

복습 문제

1. 잘 정의된 과정과 잘못 정의된 과정은 동일한 인지과정을 사용하는가? 심리학자들은 어떻게 이런 질문에 답하려 애쓰고 있는가?

2. 문제해결에 대한 생성 검증, 수단-목적 분석, 유추에 의한 추리 접근을 비교하고 대비시켜 보아라.

3. 유추에 의한 추리에서 Gick과 Holyoak의 결과는 실세계 상황에서 이론적 원칙을 적용하는 사람에 대해 무엇을 제안하는가? 설명해 보라.

4. 마음 갖춤새가 어떤 방식으로 지각적 마음 갖춤새와 비슷한가(제3장에서 기술된)? 두 현상은 어떤 식으로 유사하지 않은가?

5. 문제해결에서 전문가-초심자 차이 중 몇 가지를 기술하라.

6. 문제 공간 가설을 논하라. 그것이 어떻게 문제해결에 대한 다양한 방해물을 설명하는가?

7. 이 장에서 검토된 다양하고 가능한 문제해결 전략 간의 연관성과 차이를 탐색해 보라.

8. 어떤 종류의 인지과정이 창의성을 설명하도록 제안되었는가? 실험심리학자들이 어떻게 이런 과정 중 하나의 역할을 검증하는가?

핵심 용어

기능적 고착(functional fixedness)

마음 갖춤새(mental set)

무의식적 처리(unconscious processing)

문제 공간 가설(problem space hypothesis)

문제해결(problem solving)

부화(incubation)

비판적 사고(critical thinking)

사고(thinking)

생성 검증 기법(generate-and-test technique)

수단-목적 분석(means-ends analysis)

역추적(backtracking)

역행 작업(working backward)

유추에 의한 추리(reasoning by analogy)

일반 문제해결자(General Problem Solver, GPS)

잘못 정의된 문제(ill-defined problem)

잘 정의된 문제(well-defined problem)

전문가 체계(expert system)

지각적 마음 갖춤새(perceptual set)

창의성(creativity)

추론 규칙(inference rule)

학습 사이트

부가적인 학습 도구와 관련해서는 www.sagepub.com/galotticp5e의 학습 사이트(Student Study Site)를 방문하라.

10

추리와 의사결정

정각 6시이고, 당신은 친구와 저녁식사를 하러 가려고 1시간 이상을 기다리고 있다. 그녀는 거의 항상 정각에 오고, 만약 늦을 것 같으면 전화를 할 사람이다. 당신은 그녀가 차를 운전해서 올 것이라고 말했음을 기억한다. 이 정보를 모두 함께 모아 당신은 그녀가 교통 체증에 묶여 있는 게 분명하다고 결론짓는다. 심리학자들은 추리란 용어를 "결론에 도달하기 위해 주어진 정보[한 벌의 전제(promises)라 불리는]를 [변형시키는]" 이러저러한 인지과정을 서술하기 위해 사용한다(Galotti, 1989, p. 333). 당신은 다른 뭔가를 하기 전에 그대로 앉아서 30분을 기다리기로 결정한다.

추리와 **의사결정**이라는 용어는 자주 **사고**라는 용어와 바꿔 사용되고, 따라서 이 장에서 다뤄진 주제와 제9장 '사고와 문제해결'에서

다뤄진 주제 간에 많은 중복이 있음을 알게 될 것이다. 이런 용어들을 구분하는 심리학자들은 처음 2개를 사고의 특수 사례라고 본다. 특별히 인지심리학자들이 추리를 말할 때, 그것들은 특수한 종류의 사고를 의미한다. 쉽게 말해 어떤 종류의 퍼즐이나 수수께끼를 해결하기 위해 행해지는 것들이다. 추리는 자주 어떤 논리 원칙의 사용을 포함한다. 다른 경우에 **추리**라는 용어는 사람들이 입력으로서 어떤 정보를 취하는 사고의 사례를 다루기 위해 더 넓게 사용되고, 다양한 추리를 함으로써 새로운 정보를 생성하거나 암묵적 정보를 외현적으로 만들어 내게 된다. 인지심리학자들은 의사결정이라는 용어를 대안 중에서 선택을 할 때 일어나는 정신적 활동을 언급하기 위해 사용한다. 우리는 이 과정 각각을 차례로 살펴볼 것이다.

추리

추리를 할 때 우리는 마음속에 하나 이상의 특별한 목적을 가지고 있다. 우리의 사고는 초점화되어 있다. 추리는 다른 정보로부터 추론이나 결론을 끌어내는 것을 포함한다. 우리가 끌어내는 결론 중 일부는 새로운 정보를 포함한다. 그러나 많은 추리는 일상적이어서 우리는 심지어 그것들을 도출하기 위해 어떤 정신적 작업을 했는지 알아채지도 못할 것이다. 예를 들어 친구가 여러분에게 "지난밤 소프트볼에서 내가 내야 플라이를 그럭저럭 잡아냈어."라고 말한다. 이로부터 여러분은 거의 자동적으로 친구가 그 볼을 잡으려 했음을 추론한다. 그녀의 표현은 그녀 입장에서의 애씀을 그럭저럭 추정하게 했고, 이 추정이 여러분의 추론에 단서를 제공한다. 이 모든 것은 너무 빠르고 자동적으로 일어나서 아마도 심지어 여러분이 추론을 끌어냈음을 알아채지도 못할 것이다. 사실상 여러분은 친구의 진술(전제)을 취했고, 전제와 추정에서 단어들을 이해한 데 근거하여 결론을 끌어냈다.

추리를 연구하는 심리학자들은 사람들에게 자주 해결할 논리 퍼즐을 제공한다. 내가 좋아하는 사례 중 하나(루이스 캐럴의 이상한 나라의 앨리스에 근거된)가 글상자 10.1에 제시되어 있다. 당신의 생각을 글상자 10.2(이 책의 322쪽)에 제시된 해답과 비교하기 전에 스스로 해결하려 해보라. 이런 류의 과제에서 사람들이 끌어내는 추론은 자주 형식 논리의 원칙을 따른다. 이러한 경향은 일부 인지심리학자들을 '심리논리' 또는 사람들이 추론을 끌어내기 위해 의지한다고 믿는 일련의 논리적 원칙을 개발하도록 이끌었다. 우리는 나중에 이런 체계의 사례들을 고려해 볼 것이다.

그러나 다른 심리학자들은 추론을 요하는 어떤 상황은 적용할 만한 논리적 원칙이 없음에 주목해 왔다. 예를 들어 다음의 유추 추리(analogical reasoning) 과제를 고려해 보자. 워싱턴이 1이면 제퍼슨은 몇일까? 어떤 일반 규칙이 이 문제에 적용될 것 같지는 않다. 오히려 올바른 추론을 끌어내는 것은 미국 대통령과 그들의 취임 순서(워싱턴은 첫 번째 대통령이고, 제퍼슨은 세 번째) 또는 미국 지폐 속 인물(1달러 지폐의 워싱턴, 2달러 지폐의 제퍼슨)

논리 퍼즐

"우리가 좋은 타르트를 만드는 건 어때요?" 어느 시원한 여름날 하트의 왕이 하트의 여왕에게 물었다.

"잼 없이 타르트를 만든다고요?" 여왕이 화가 나서 말했다. "잼이 가장 중요한 요소예요!"

"그러며 잼을 써요." 왕이 말했다.

"할 수가 없어요!" 여왕이 소리쳤다. "내 잼을 도둑 맞았다고요!"

"정말!" 왕이 말했다. "이건 꽤 심각하걸! 누가 그걸 훔쳐 갔소?"

"당신은 어떻게 누가 그걸 훔쳤는지 내가 알 거라 기대하죠? 만약 알았다면, 오래전에 되돌려 놓았을 거고, 덤으로 악당의 머리도 그렇게 했겠죠."

왕은 군대에 사라진 잼을 찾으라고 명령했고, 3월의 토끼(March Hare), 미친 모자장수(Mad Hatter), 겨울잠쥐(Dormouse)의 집에서 잼이 발견되었다. 셋 모두 즉시 체포되고 재판에 회부되었다.

"자, 자!" 왕이 재판에서 외쳤다. "나는 원인을 알고 싶어! 나는 내 부엌에 숨어들어 와서 내 잼을 훔치는 사람을 좋아하지 않아!"

"네가 혹시 잼을 훔쳤나?" 왕이 3월의 토끼에게 물었다.

"저는 잼을 훔친 적이 없습니다." 3월의 토끼가 항변했다.

"너는 어떠냐?" 왕이 나뭇잎처럼 떨고 있는 모자장수에게 고함을 질렀다. "네가 혹시 범인이냐?"

모자장수는 한마디도 할 수 없었다. 그는 자신의 찻잔을 쥐고 훌쩍이며 서 있을 뿐이었다.

"만약 할 말이 없으면 유죄라는 것이니" 여왕이 말했다. "즉각 머리를 베라!"

"아뇨, 아뇨!" 모자장수가 항변했다. "우리 중 하나가 그것을 훔쳤지만, 그 사람이 저는 아닙니다!"

"그러면 너는 어떠냐?" 왕이 계속해서 겨울잠쥐에게 물었다. "이 모든 것에 대해 네가 뭐라 말해야겠나? 3월의 토끼와 모자장수 모두 진실을 말했느냐?"

"최소한 그중 하나는 그랬습니다." 휴정 중 잠이 들었던 겨울잠쥐가 답변했다.

후속 조사에서 드러나듯이 3월의 토끼와 겨울잠쥐는 모두 진실을 말하지 않고 있었다.

누가 잼을 훔쳤는가?

(해답은 322쪽 참조)

에 대한 당신의 지식에 달려 있을 것이다.

우리는 다음 절에서 다양한 추리 과제를 조사할 것이다. 사람들의 수행을 서술하기 위해서 처음에는 논리적 원칙 및 주장과 일종의 추리 과제를 이해할 필요가 있을 것이다. 이것들은 다음 절에서 검토될 것이다. 그런 다음 우리는 추론과 결론을 이끌어 낼 때 사용하는 정신적 과정을 설명하기 위해 세 가지 일반적인 틀을 조사할 것이다.

추리의 유형

철학자들과 마찬가지로 인지심리학자들은 추리의 유형을 많이 구분하였다. 한 가지 공통된 구분은 추리를 연역적 및 귀납적 유형으로 나누는 것이다. 두 유형 간의 차이를 설명하기 위한 몇 가지 방안이 있다. 한 가지 방식은 연역 추리(deductive reasoning)는 일반적인 사례로부터 특수하거나 특별한 사례로 나간다고 말한다(예 : "모든 대학생은 피자를 좋아한다. 팀은 대학생이다. 그러므로 팀은 피자를 좋아한다."). 귀납 추리(inductive reasoning)는 특수한 것으로부터 일반적인 것으로 간다(예 : "게이지는 대학생이다. 게이지는 기숙사에 산다. 그러므로 모든 대학생은 기숙사에 산다.").

두 가지 유형의 추리 간 차이를 서술하는 또 다른 방식은 연역 추리에서는 새로운 정보가 더해지지 않는다고 말하는 것이다. 도출되는 결론은 명제에 이미 내재하는 정보를 보여주는 것이다. 반면에 귀납 추리는 새로운 정보를 포함하는 결론에 도달할 수 있다.

연역 추리 및 귀납 추리 간 차이에 대해 이야기하는 세 번째 방식은, 도출되는 결론을 만들 수 있는 논거와 관련된다. 연역 추리는 만약 올바르게 수행된다면 연역 타당성(deductive validity)을 갖는다고 말하게 되는 결론에 도달한다(Skyrms, 1975). 논거는 전제는 참이고 결론(또는 결론들)은 거짓이라는 명제는 불가능하고 그리고 그것이 불가능할 때만 연역적으로 타당하다는 것이다. 이리하여 연역 타당성은 추론자에게 타당한 보증을 해준다. 논리적 원칙에 따라서 참인 전제와 추리로 시작하라. 그러면 여러분이 도달할 결론은 거짓일수 없다. 팀과 피자에 대한 논거는 연역적 논거이다. 만약 모든 대학생이 피자를 좋아하는 것과 팀이 대학생이라는 것이 참이라면, 우리는 절대적 확신을 가지고 팀이 피자를 좋아한다는 것을 알게 된다.

여러 방식으로 모든 종류의 추리가 보장된 결론에 도달한다면 매우 좋을 것이다. 그러나 연역 타당성은 단지 연역 추리에 대해서만 유지되는 속성이다. 많은 종류의 추리는 연역적이기보다는 귀납적이고, 이러한 사례들에서 우리는 결론을 확신할 수 없다. 우리는 그 속에서 단지 더 강하거나 더 약한 확신만 가질 수 있다. 기숙사에서의 게이지의 생활에 대한 논거를 취해 보라. 비록 게이지가 대학생이고 기숙사에 살지라도, 그것은 어떤 식으로든 모든 대학생이 기숙사에서 산다는 결론을 보증하지는 않는다.

일반적으로 귀납 추리는 그럴듯하지만 보장되지 않는 참을 다룬다. 귀납 추리가 참전제와 뒤따르는 수용 가능한 원칙을 가지고 시작되었다고 가정하면, 그것은 귀납 강도(inductive strength)라는 속성을 갖는다. 논거는 만약 전제는 참이고 결론은 거짓이라는 명제가 그럴듯하지 않다면(그러나 불가능하지는 않다면) 귀납 강도를 갖는다(Skyrms, 1975). 다음 두 절에서 우리는 특수한 연역 추리 과제 및 귀납 추리 과제의 사례들을 검토할 것이다. 이러한 사례들은 논증이 서로 다른 평가 양식을 요하는 두 가지 유형의 추리 간 구분을 분명하게 해줄 것이다.

연역 추리

연역 추리는 최소한 아리스토텔레스 이후로 심리학자, 철학자, 논리학자의 관심거리였다(Adams, 1984). 다양한 논리 체계가 인간의 추리를 평가하기 위한 표준을 설정하기 위해 고안되어 왔다. 몇 가지 연역 추리 중에서 우리는 명제적 추리 및 삼단논법에 대해 논의할 것이다. 이러한 추리 과제에 대한 사람들의 수행을 조사하기 전에 우선 과제 자체를 이해할 필요가 있다. 이를 위해서 몇몇 논리 용어를 짧게 검토하자.

명제적 추리

명제적 추리(propositional reasoning)는 명제의 형태로 들어가 있는 전제에서 결론을 끌어낸다. 명제는 주장으로 생각될 수 있다. 예컨대 "존은 초콜릿 케이크를 좋아한다.", "미네소타주 노스필드의 인구는 약 19,000명이다." 또는 "오늘은 금요일이다." 명제는 참이거나 거짓이다. 다음에서 편의상 그것들은 낱자로 축약될 것이다. p를 명제 "메리는 철학 전공이다."를 나타내는 것으로 하는 것처럼!

방금 주어진 것 같은 단순 명제는 어떤 논리적 연결자(logic connective)를 사용함으로써 더 복잡한(복합적인) 명제가 될 수 있다. 이들 연결자들은 영어 단어 *and*를 대신하는 '&'(예 : "존은 초콜릿 케이크를 좋아한다. 그리고 메리는 루트 비어를 좋아한다."). *or*과 똑같지는 않지만 영어 단어 *or*의 의미로 기능하는 'V'(예 : "조지는 오마하에 살거나, 내 치마는 면으로 만들어졌다."). *not*과 유사한 부정 연산자, '¬'(예 : "달이 초록색 치즈로 되어 있다는 것은 사실이 아니다."). 그리고 영어의 구문 "만약 …… 그러면 …… (If ……, then ……)"처럼 작동하는 실질 함의 연결자(material implication connective)라 불리는 '→'(예 : "5분이 지나면, 나는 집에 갈 것이다.")를 포함한다.

이들 정의에서 나는 각각의 논리적 상징이 어느 정도 영어 단어처럼 기능한다고 말하였다. 내가 왜 이렇게 말하였을까? 영어 단어들과 달리 논리적 연결자는 진리 함수(truth-functionally)로 정의된다. p & q 같은 복합적인 명제의 참 또는 거짓은 p의 참 또는 거짓과 q의 참 또는 거짓에만 의존한다(Suppes, 1957). 진리 함수는 영어가 전형적으로 작동하는 방식과 달리 작동함에 주목하라. 두 문장을 고려해 보자. "존은 옷을 입었다. 그리고 존은 집을 떠났다."와 "존은 집을 떠났다 그리고 존은 옷을 입었다." 첫 번째 것은 존의 삶에서 전형적인 하루로 보고, 두 번째는 아마도 이상한 일화로 보면서, 우리는 이들 두 문장을 다르게 해석할 것이다. 그러나 만약 우리가 p를 "존이 옷을 입다."와 동등하게 두고, q를 "존이 집을 떠났다."라고 하면, 'p & q'는 'q & p'와 정확하게 논리적으로 동일한 해석을 갖는다. 우리는 이들 두 가지 복합적인 명제를 논리적으로 등가적이라고 한다. 표현 'p & q'는 p가 참이고 q가 참이어야만 진리값 '참'을 받는다.

심지어 연결자 'V'는 영어 단어 *or*에 덜 부합된다. 영어 단어는 전형적으로 양쪽 모두를 가질 수는 없음을 함의하면서 "당신은 과자 또는 초코바를 가질 수 있다."에서처럼 배타적인 의미로 사용된다. 반면에 'V'는 포괄적인 의미로 사용된다. 이리하여 이 진술을 듣고 그것을 엄격하게 논리적인 양식으로 해석했던 사람은 전형적인 방식으로 문장을 해석했던 사람보다 더 많이 먹을 수 없다. 표현 p V q는 p가 참이거나 q가 참이거나 양쪽 모두가 참일 때 참이다. 다른 방식으로 말해서 'p V q'는 p가 거짓이고 q가 거짓일 때만 거짓이다.

다음으로 연결자 '→'를 고려해 보자. 논리적 용어로 'p → q'는 '¬p V q'(읽는 법 : 'not-

p or q')와 등가적이다(동일한 진리값을 수반한다). 등가성은 직관적이지 않고, V가 정의되는 방식으로부터 야기된다. 우리는 표현 '$p \rightarrow q$'에서 p를 선행 사건, q를 결과 사건이라 부르고, '$p \rightarrow q$'가 선행 사건이 거짓이거나 결과 사건이 참일 때마다 참이라고 말한다. 대안적으로 '$p \rightarrow q$'가 p가 참이고 q가 거짓일 때만 거짓이라고 말할 수 있다. 이리하여 문장 "만약 외할머니가 569세까지 살았다면, 내 차는 메르세데스−벤츠이다."는 자동적으로 참인데(비록 나의 유일한 차가 토요타 시에나일지라도), 왜냐하면 선행 사건("나의 외할머니가 569세까지 살았다.")이 거짓이기 때문이다. 논리적으로 인과관계가 제시되거나 심지어 함축되지도 않음에 유의해야 한다. 우리가 표현 "만약 ……, 그러면 ……"을 사용할 때 정상적으로는 선행 사건(앞선 것)이 결과 사건(따르는 것)의 원인과 관련된다고 기대하기 때문에, 이는 영어와 대비된다. 또한 영어 표현을 사용할 때 우리는 "만약 p이면, q이다."를 만약 p가 거짓이고 q가 참이면 거짓이라고 생각한다(논리에서는 참이지만).

여기에 하나의 사례가 있다. 내가 "만약 당신이 튜바 연주를 연습하는 것을 멈추지 않는다면, 나는 비명을 지를 것이다."라고 말한다. 이에 대응하여 여러분은 짜증나는 연주를 중단한다. 나는 어쨌든 비명을 지른다. 비록 내가 당신의 기대를 저버렸을지라도, 나는 논리에 따라 완벽하게 합리적으로 행동했다. 왜 그런지를 알아보기 위해서, "만약 p이면, q이다."의 논리적 해석이 'not-p or q'의 논리적 해석과 등가적임을 기억하라. 우리의 예에 p와 q를 대체하면 "만약 당신이 튜바 연주 연습하기를 멈추지 않으면, (그러면) 나는 비명을 지를 것이다."는 "당신이 튜바 연주 연습하는 것을 멈춘다[멈출 것이다], [또는] 내가 비명을 지를 것이다[또는 양쪽 모두이다.]"와 (논리 면에서) 동일한 것이다. 복잡한 명제는 연결자에 의해 합쳐진 단순 명제로부터 형성될 수 있다. 이러한 복잡한 명제의 진리 상태를 평가하는 것은 어려울 수 있다. 복잡한 표현의 최종 진리값은 개별 명제의 진리값에만 의존한다. 논리학자들은 자주, 체계적인 방식으로 개별 명제의 진리값의 가능한 모든 조합을 고려하기 위해 진리표(truth table)를 사용하곤 한다. 진리표에는 개별 명제의 진리값의 가능한 모든 조합이 목록화되고, 연결자의 정의는 최종 표현의 전반적인 진리값을 채우기 위해 사용되곤 한다. 이런 해법은 복잡한 명제가 항상 참인지[항진명제(tautology)라 불리는 사례], 때로 참인지, 또는 항상 거짓인지[모순명제(contradiction)라 불리는 사례]를 드러내는 것을 보장한다는 의미에서 알고리즘적이다.

그러나 진리표에서 생기는 하나의 큰 문제는 그것이 개별 명제의 수가 증가함에 따라 매우 빠른 비율로 증가한다는 것이다. 만약 n개의 단순 명제가 있다면 그 표현에 대한 진리표는 $2n$ 선 길이일 것이다. 그래서 대부분 추론 규칙의 형태로 되어 있는 다양한 '단축'법이 발달되었다. 두 가지 잘 알려진 규칙이 긍정 논법(modus ponens)과 부정 논법(modus tollens)이다. 글상자 10.3은 타당한 추론 규칙의 예시들을 제시한다. 규칙이 타당하다고 말하는 것은 만약 전제가 참이고 규칙들이 뒤따르면 결론도 참일 것이라고 말하는 것이다.

글상자 10.3에는 또한 타당하지 않은 것으로 판명된 두 가지 다른 '규칙'도 보인다. 즉, 그것들은 비록 전제가 참일지라도 거짓인 결론을 낳을 수 있다. 이런 종류의 '규칙들'은

추론 규칙과 오류의 예시

선 위의 상징은 전제들이다. 선 아래의 상징은 결론이다.

긍정 논법 (타당한)	부정 논법 (타당한)	선행 사건을 거부하기(오류)	결과 사건을 단언하기(오류)
$p \rightarrow q$	$p \rightarrow q$	$p \rightarrow q$	$p \rightarrow q$
p	$\neg q$	$\neg p$	q
---	---	---	---
q	$\neg p$	$\neg q$	p

오류(fallacy)라고 한다. 왜 이러한 규칙들이 오류인지를 예시를 통해 알아보자.

다음의 예시들로 결과 사건 단언하기를 생각해 보라. "만약 어떤 남자가 넥타이를 매고 있다면, 그는 공화당원이다. 미트는 공화당원이다. 따라서 그는 넥타이를 매고 있다." 첫 번째 전제("만약 어떤 남자가 넥타이를 매고 있다면, 그는 공화당원이다.")가 반대 진술 ("만약 어떤 남자가 공화당원이면, 그는 넥타이를 맨다.")과 등가적이지 않음에 주목하라. 사실상 첫 번째 전제는 결론과 모순되는 티셔츠를 입은 공화당원의 가능성을 허용한다.

두 번째 오류, 선행 사건 거부하기는 논거 "$p \rightarrow q$; $\neg p$이므로 $\neg q$"에서 예시된다. 예를 이용하여 이런 명제는 "만약 어떤 남자가 넥타이를 매고 있다면, 그는 공화단원이다. 뉴트는 넥타이를 매지 않는다. 그러므로 그는 공화당원이 아니다."로 예시될 것이다. 방금 주어진 이유로(즉, 티셔츠를 입은 공화당원이라는 존재가 가능하다), 이 논거도 거짓이다.

명제적 추리의 본질을 논의하였으니 이제 사람들이 실제로 이런 과제에서 어떻게 수행하는지에 대한 심리학적 조사를 검토할 때이다. Wason(1968, 1969, 1983; Wason & Johnson-Laird, 1970)은 카드선별 과제 또는 네 카드 과제라 불리는 자신이 만든 과제로 사람들의 명제적 추리를 연구했다. 그림 10.1은 예시를 제시하고 있다. 참가자들은 네 장의 카드, 즉 글자로 된 두 장과 숫자로 된 두 장을 본다. 그들은 네 장의 카드가 전부 한쪽에는 글자, 다른 쪽에는 숫자가 적혀 있다고 듣는다. 그들은 "카드의 한쪽에 모음이 적혀 있으면, 다른 쪽에는 짝수가 적혀 있다." 같은 규칙을 받는다. 우리는 p를 "어떤 카드의 한쪽에 모음이 적혀 있다."와 등가로, q를 "어떤 카드의 다른 쪽에 짝수가 적혀 있다."와 등가로 놓음으로써 이 규칙을 명제적 용어로 재진술할 수 있다. 그러면 규칙은 '$p \rightarrow q$'로 쓰일 수 있다. 참가자에게 제시된 네 장의 카드는 'A(p를 예시하는 것)', 'D($\neg p$를 예시하는 것)', '4(q를 예시하는 것)', '7($\neg q$를 예시하는 것)' 같은 것이다. 참가자는 규칙이 참인지를 알아보기 위해 필요한 카드들만을 뒤집도록 요구받는다. 계속 읽기 전에 여러분이 뒤집을 하나 이상의 카드를 적어 보라. 또한 당신의 선택에 대한 이유를 적어 보라.

이 과제는 사람들이 많은 오류를 저지르는 과제이다. 올바른 답은 'A'와 '7'을 선택하는 것이다. 이유를 알아보기 위해 글상자 10.3을 참조하라. 카드 'A'는 규칙에 따라("카드의 한쪽에 모음이 적혀 있으면, 다른 쪽에는 짝수가 적혀 있다.") 긍정 논법, 즉 "$p \rightarrow q$ 이고 p"의 예를 형성한다. 카드 '7' 또한 유사하게 관련되는데, 왜냐하면 규칙에 따라 부정 논법의 예를 형성하기 때문이다. 'D' 카드는 관련이 없는데, 왜냐하면 ¬p를 예시하고,

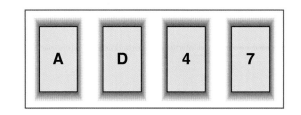

그림 10.1 Wason(1968)의 카드선별 과제

이리하여 선행 사건을 거부하는 사례이기 때문이다. 그리고 '4' 카드를 선택하는 것은 결과 사건 단언하기의 오류를 범하는 것과 등가적이다. 일반적으로 대부분의 사람은 'A'를 선택해야 함은 알지만 '7'을 선택하기를 무시하거나 실수로 '4'를 선택한다. 우리는 나중에 이런 수행 패턴에 대한 몇 개의 일반적인 설명에 대해 논할 것이다.

글상자 10.1에 제시된 퍼즐도 명제적 추리의 예이다. 이런 퍼즐은 자주, 모든 화자가 '참말쟁이(기사)이거나 거짓말쟁이(악당)'이고, 참말쟁이는 항상 참만 말하고 거짓말쟁이는 항상 거짓말만 한다고 가정하면서 화자가 참을 말하는지 거짓을 말하는지를 정하는 과제를 하는 '참말쟁이/거짓말쟁이' 또는 '기사/악당' 퍼즐이라는 일종의 퍼즐이다(Rips, 1989). 다시 한 번 우리는 p를 "3월의 토끼가 참말을 하고 있다."를 나타내는 것으로, q를 "미친 모자장수가 참말을 하고 있다."를 나타내는 것으로, r을 "겨울잠쥐가 참말을 하고 있다."를 나타내는 것으로 두면서 '도둑맞은 잼' 이야기를 명제로 전환할 수 있다(그러면 ¬p는 "3월의 토끼가 참말을 하고 있지 않다." 등이 될 것임에 주목하라).

명제적 추리는 자주 **내용 효과**(content effect)라 알려진 현상을 조건으로 한다. 'A', 'D', '4', '7'로 명명된 네 장의 카드가 여러분 앞에 놓여 있는, Wason의 네 장의 카드 과제를 회상해 보라. 과제는 모든 카드를 뒤집을 수 있되 "카드의 한쪽에 모음이 적혀 있으면, 다른 쪽에는 짝수가 적혀 있다."는 규칙을 검증할 수 있는 카드만을 뒤집는 것이다.

네 장의 카드가 다른 정보를 포함하면 수행이 극적으로 개선되는 것으로 판명되었다. 예컨대 한쪽에는 사람의 나이, 다른 쪽에는 그 사람이 마시고 있는 음료가 적힌 카드가 있다. 그런 다음 제시되는 네 장의 카드는 '맥주 마시기', '콜라 마시기', '16세', '22세'를 언급한다. 조사되어야 하는 규칙은 "어떤 사람이 맥주를 마시는 중이라면, 그 사람은 21세가 넘었다."이다. 이 실험은 음주 연령이었을 때는 대학생 참가자의 3/4이 문제를 올바르게 해결했지만 문자와 숫자에 대한 등가적 문제는 아무도 풀 수 없었음을 발견했던 Griggs와 Cox(1982, 실험 3)에 의해 수행되었다.

"이 효과는 어떻게 설명되는가?" Griggs(1983)는 '기억 단서 주기' 설명이라 부르는 것을 제안하였다. 아이디어는 문제 단서의 어떤 내용이 규칙과 관련한 사적 경험이거나 그것을 상기시킨다는 것이다. 이런 논거에 따라서 Griggs와 Cox(1982)의 실험에 참가한 대학생 참가자들은 음주 연령법(그리고 아마도 그러한 법의 위반)과 관련한 자신의 경험이 연령과 음료의 어떤 조합이 규칙을 위반하는지를 생각하는 것을 촉진하기 때문에 문제의 음주 연

사진 10.1 Griggs와 Cox(1982)의 연구는 가능한 음주 연령의 위반에 대한 사람들의 추리가 동일하게 구조화된 추상적인 추리 과제에서의 수행보다 훨씬 더 좋음을 보여준다.

령 버전에서 잘 수행했다. 그러나 모음과 숫자에 관한 다른 버전의 과제에서는 추리에 적용할 만한 관련 경험이 없었기 때문에 잘 수행하지 못했다.

흥미롭게도 Blanchette와 Richards(2004)에 의한 연구는 중립 단어로부터 정서 단어로 가는 조건 추리 과제에서 단순히 단어를 변화시키는 것(예 : "누가 도서관에 있다면, 그는 책을 보게 된다." vs "누가 벌을 받고 있다면, 그녀는 감정이 상할 것이다.")이 추리 수행을 감소시킨다는 것을 보여준다. 정서적 내용이 주어지면 사람들은 중립 단어를 가지고 하는 것보다 더 타당하지 않은 추론을 도출하는 것 같다.

Leda Cosmides와 동료들(Cosmides, 1989; Cosmides & Tooby, 2002; Fiddick, Cosmides, & Tooby, 2000)은 추론 규칙에 대해 진화적 설명을 제공한다. 그녀의 주장은 사람들(다른 유기체뿐 아니라)이 진화적 힘에 의해 형성되어 왔다는 아이디어에 근거한다.

> 비록 그들이 이 사실에 많은 주의를 기울이지는 않았다 하더라도, 인지심리학자들은 항상 인간의 정신이 현대 컴퓨터의 디자인 특성을 지닌 계산적 기제만이 아니라 진화의 구성력에 의해 '설계된' 생물학적 기제임을 알고 있었다. 이것은 인간의 정신을 구성하는 본유적 정보처리 기제가 임의의 과제가 아니라 적응 문제를 해결하기 위해 설계되었음을 의미한다. 쉽게 말해 인간 진화의 과정 동안 우리 조상이 직면한 신체적·생태학적·사회적 환경에 의해 제기된 특수한 생물학적 문제를 해결하기 위해 설계된 기제라는 것이다. 그러나 대부분의 인지심리학자들은 어떻게 유용한 이런 단순 사실이 인간 정보처리 기제의 실험 조사 속에 존재할 수 있는지를 완전히 깨닫지는 못했다.(Cosmides, 1989, p. 188)

Cosmides는 인지 중 많은 것이 영역-일반 또는 독립 기제, 규칙, 알고리즘에 의해 지지되지 않고, 대신에 매우 특수한 문제를 해결하기 위해 진화적으로 적응된, 매우 특수한 많은 기제에 의해 지지됨을 계속 주장한다. 예를 들어 그녀는 진화가 인간이 사회적 계약과 사회적 교환에 대한 추리에서 매우 능숙해지도록 압력을 가한다고 믿는다.

> 사회적 교환—상호 이익을 위한 둘 이상의 개인 간 협업—은 생물학적으로 드물다. 지구 상의 대부분의 종은 사회적 교환에 개입하기 위해 필요한 특수화된 능력을 거의 진화시키지 않는다. 그러나 인간은 특수화된 능력을 진화시킨 종 중 하나이고, 사회적 교환은 모든 인간 문화에 만연한 측면이다.
> 사회적 교환의 진화를 위해 필요한 생태적 및 생애-역사적 조건은 인류 진화 동안 분명

하다. 홍적세의 소집단 생존과 사냥 및 채집에서 협업의 장점은 생애 동안 개인이 상품, 서비스, 특권의 교환을 통해 적합성을 증가시킬 많은 기회를 제공해 왔다.(Cosmides, 1980, pp. 195–196)

Cosmides(1989)는 사회적 교환에 대해 추리하기 위한 진화적으로 적응적인 어떤 기제는 다음과 같은 두 가지 기준을 만족해야 한다고 주장한다. (a) 사회적 교환의 비용 및 이익과 관련되어야 한다, (b) 사회적 교환에서 속임수를 탐지할 수 있어야 한다. 비용과 이익 측면에서 생각할 수 없는 사람은 제안된 사회적 교환의 가치에 대해 성공적으로 추리할 수 없을 것이고, 속임수를 탐지할 수 없는 사람은 아마도 어떤 사회에서든 크게 불리할 것이다.

Cosmides(1989)는 과제의 내용이 사회적 비용과 이익으로 구성될 수 있을 때 사람들이 Wason 선택 과제에서 특히 능숙할 것이라 예상했다. 그래서 그녀는 사람들이 미성년–음주 버전 과제에서 잘할 것이라 추리했는데, 왜냐하면 이 버전이 사람들로 하여금 사회적 교환에 대해 특수 목적 추리 기제를 적용하도록 하기 때문이다. Wason 선택 과제의 음주 문제 버전은 추론자에게 법적 다수(이리하여 일종의 '비용'을 치르는)를 이루는 사람들만이 '이익'(알코올 음료를 소비하기)을 취할 권한이 있도록 규정하는 사회적 계약의 위반(속임수)을 찾도록 요구한다. 추리에서 내용 효과에 대한 문헌을 검토하여 Cosmides는 내용이 내재적이거나 외재적인 비용–이익 구조를 가지지 않으면 사람들의 추리가 향상되지 않았다고 결론지었다.

삼단논법 추리

추리를 연구하기 위해 공통적으로 사용된 퍼즐이나 또 다른 유형의 문제는 **삼단논법**(syllogism)이라 불린다. 이런 종류의 문제를 가지고 하는 추론을 삼단논법 추리(syllogistic reasoning)라고 한다. 이런 유형의 문제는 둘 이상의 전제를 제시하고, 추론자에게 전제가 참일 때마다 결론이 참인지를 알아보도록 문제가 제공하는 결론을 도출거나 결론을 평가하도록 요구한다. 비록 논리학자들이 다른 유형의 삼단논법을 인정하더라도 우리는 **범주적 삼단논법**만 다룰 것이다. 글상자 10.4는 몇몇 사례를 제시한다. 이것을 보면서 어떤 것이 어렵고 어떤 것이 쉬우며 왜 그런지 필기하면서 풀어 보려고 노력하라.

범주적 삼단논법(categorical syllogism)은 개체의 군집을 다루는 전제를 제시한다. 결과적으로 전제는 그 안에서 수량사라 불리는 단어들을 갖는다. 수량사는 집단의 얼마나 많은 구성원들(전부, 아무도 아닌, 또는 일부)이 고려되고 있는지에 대한 정보를 제공해 준다. 다음이 정량화된 전제의 예시들이다. "모든 고든 세터는 개이다.", "북극곰은 무생물이 아니다.", "일부 꽃은 파랗다.", "일부 발레리나는 크지 않다." 당신이 지금쯤은 기대하듯이 단어 전부와 일부는 정상적인 영어의 용법과 약간 다른 방식으로 사용된다. 여기서 전부는 '각 개인'을 의미한다. 일부는 '최소한 하나, 그리고 어쩌면 전부'를 의미한다.(논리적으로 말하면 비록 이런 추론이 자연스러워 보일지라도, 명제 "일부 X는 Y이다."가 "일부 X는 Y

범주적 삼단논법의 예시

전제들이 선 위에 제시되어 있다. 만약 존재한다면 유효한 결론들이 선 아래에 제시되어 있다.

모든 빨간 책은 천문학 책이다.
모든 천문학 책은 크다.

모든 빨간 책은 크다.

일부 비행사는 마술사다.
모든 마술사는 물고기 자리다.

일부 비행사는 물고기 자리다.

어떤 자유주의자도 공화당원이 아니다.
일부 부자는 공화당원이 아니다.

아무것도 뒤따르지 않는다.

일부 문서는 종이가 아니다.
일부 문서는 합법적이지 않다.

아무것도 뒤따르지 않는다.

모든 심리학 전공자는 호기심이 있다.
어떤 테니스 선수도 호기심이 있지 않다.

어떤 테니스 선수도 심리학 전공자가 아니다.

어떤 노조원도 두렵지 않다.
어떤 아이들도 두렵지 않다.

아무것도 뒤따르지 않는다.

가 아니다."임을 의미하는 것은 아님을 주목하는 것이 중요하다.)

범주적 삼단논법으로부터 타당한 결론을 끌어내기 위해 어떤 규칙들이 사용될 수 있다 (Damer, 1980). 예를 들어 2개의 부정적 전제를 가진 범주적 삼단논법("X는 Y가 아니다." 또는 "일부 X는 Y가 아니다.")은 필연적으로 뒤따르는 결론을 갖지 못한다. 유사하게 양쪽 전제가 '일부'에 의해 정량화되는 범주적 삼단논법은 타당한 결론을 갖지 못한다. 사실상 다수의 범주적 삼단논법은 타당한(모든 경우에 항상 참인) 결론을 갖지 못한다.

많은 범주적 삼단논법에서의 수행은 오류가 발생되기 쉽다(Ceraso & Provitera, 1971; Woodworth & Sells, 1935). 일반적으로 사람들은 하나 이상의 전제가 일부에 의해 정량화될 때나 하나 이상의 전제가 부정적일 때 더 느려지거나 더 많은 오류를 저지르는 경향이 있다. 그래서 "일부 사업가는 공화당원이다. 일부 공화당원은 보수적이다." 같은 삼단논법을 제시받았을 때, 대부분의 사람들은 "일부 사업가는 보수적이다."가 참이라는 잘못된 결론을 내린다. (왜 이것이 그렇지 않은지를 알아보기 위해 첫 번째 전제가 사업가가 아닌 일부 공화당원이 존재할 가능성을 허용함에 주목하라. 어쩌면 그들은 모두 변호사일 것이다. 어쩌면 이들 공화당원 변호사만이 보수적일 것이다.)

삼단논법은 최소한 네 유형의 오류에 빠지기 쉽다. 첫 번째로 명제적 추리(에 대해 일어나는 것과 유사한) 효과가 있다. 두 번째로 소위 신뢰가능성 효과(believability effect)가 있다. 결론이 전제로부터 따라 나오는지에 상관없이 사람들은 초기 가정을 강화시키는 타당한 임의의 결론으로 판단하는 것 같다(Evans, Barston, & Pollard, 1983). 다음 삼단논법을 고려해 보라. "일부 대학 교수들은 지성인이다. 일부 지성인들은 진보적이다." 이 삼단논법에 대한 올바른 반응은(이제 당신이 아는 대로), 그것으로부터 특별한 결론이 뒤따르지 않는다는 것이다. 일반적으로 (추리에 대한 장을 읽은 적이 없는) 대부분의 사람들은 이러한 전제가 필연적으로 "일부 대학 교수는 진보적이다."라는 결론을 이끈다고 결론짓는 경향이 있다. 이러한 결론은 대학 교수에 대한 이전의 믿음과 고정관념에 들어맞다. 교수들은 정신없고 이론적이다. 그들은 지적이지만 때로 비실용적이다. 그들은 돈에 대해 관심이 없지만 사회 정의에 대해 관심이 있다.

이런 삼단논법의 내용상의 변화가 왜 이런 결론이 항상 참이 아닌지 더 명료하게 함에 주목하라. "일부 남자는 교사다. 일부 교사는 여자다." 이런 삼단논법은 다른 심적 그림을 상기시킨다. 우리의 세계 지식은 우리에게 제안된 결론, "일부 남자는 여자이다."를 걸러내게 하는데, 왜냐하면 이것이 이 세계에서 거짓이라는 것을 알기 때문이다. 당신은 또한 이 오류가 제9장에서 논의된 문제 공간 가설 내에서의 제한된 탐색 면에서 서술될 수 있음을 알아챌 수 있을 것이다.

삼단논법 수행에 영향을 주는 세 번째 변수는 전제 표현(premise phrasing)과 관계있다. 부정어(그중 단어 *no* 또는 *not*)가 있는 전제는 일반적으로 작업하기 더 어렵고, 더 많은 오류로 귀결되고, 부정어 없는 전제보다 이해하는 데 더 오래 걸린다(Evans, 1972). 유사하게 대부분의 사람들에게 전부 또는 아무도 아닌 같은 수량사는 일부 같은 수량사를 다루는 것보다 더 쉽다(Neimrk & Chapman, 1975).

더 일반적으로 정보가 언급되는 방식이 추리 과제를 쉽거나 어렵게 만들 수 있는 것으로 나타난다. 짐작건대 설명의 일부는 구문적으로 복잡한 진술이 추론자가 이해하고, 부호화하고, 표상하고, 작업기억에 저장하기 위해 더 많은 처리 자원을 요한다는 것이다. 결과적으로 결론을 이끌거나 타당도를 살피기 위해 필요한 다른 추론 과정을 다루기 위해 더 적은 심적 자원이 이용될 수 있다.

마지막으로 삼단논법은 전제가 무엇을 의미하는지를 이해하는 데에서 수많은 오류를 일으킨다. 즉, 사람들은 자주 가정을 하거나, 전제가 무엇을 의미하는지를 해석하는 것이 문제가 실제로 진술하는 것과 별로 잘 맞지 않도록 어떤 용어의 의미를 변화시킨다. 예를 들어 "모든 dax들은 wug들이다."라고 들었을 때, dax들과 wug들이 무엇이건 간에, 사람들은 자동적으로 dax들과 wug들이 똑같은 것이고/이거나 모든 wug들이 dax들이라고 가정한다. 사실상 주어진 정확한 진술은 두 가지 가능성을 허용한다. 하나하나의 dax가 wug이고 모든 wug는 dax이다(흔한 해석). 또는 하나하나의 dax는 wug이고, dax들이 아닌 다른 wug들이 있다. 이에 대해서는 그림 10.2를 보라.

전제에서 수량사 일부는 어려움을 악화시킨다. "일부 ber들은 sab들이다."라고 말하는 것은 단지 다음을 말할 뿐이다. "최소한 하나의 ber는 sab이지만, sab들이 아닌 다른 ber들이 있거나 없고, ber들이 아닌 다른 sab들이 있거나 없다." 일반적으로 사람들은 진술을 마치 일부 ber들이 sab들이고 일부 ber들은 sab들이 아니라는 것만을 의미하는 것으로 잘못 해석한다. 사람들은 만약-그러면(if-then) 진술을 가지고 유사한 실수를 한다. 진술 "만약

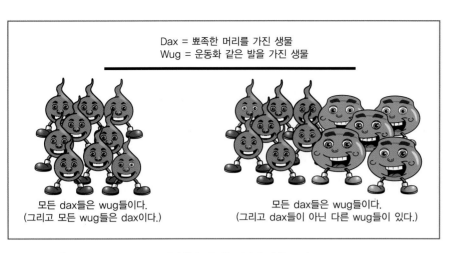

그림 10.2 "모든 dax들이 wug들이다."의 가능한 의미에 대한 그림

A이면, B이다."는 "만약 B이면, A이다."와 똑같은 것을 의미하지 않지만, 두 해석을 혼동하는 것은 흔하다. 일부란 용어를 가지고 있는 사례에서처럼 사람들은 그림 10.3에서 묘사된 전제의 가능한 해석을 간과했다.

연역적으로 타당한 결론을 이끌어 내는 데서 생기는 많은 오류는 전제의 오해석으로 추적될 수 있음이 주장되어 왔다(Revils, 1975). 게다가 사람들이 상세한 정의를 제공받고 이런 정의를 적용하기에서 심지어 꽤 많은 양의 실습을 했을 때조차 삼단논법에서 어려움을 겪는다는 문제가 지속된다는 것이다(Galotti, Baron, & Sabini, 1986). 아마도 '전부, 일부, 만약−그러면' 같은 단어의 통상적인 일상적 이해가 너무 강력해서 사람들은 추리 과제에 대한 용어의 약간 다른 정의를 무시하는 것을 어려워하는 것 같다.

귀납 추리

귀납 추리 또는 참일 것 같은(그러나 보장되지는 않는) 결론에 대한 추리는 평상시에도 몇 번이나 모든 사람의 사고에서 일어날 것이다. 비록 귀납적 결론이 참임을 보장하지 않을지라도 연역적 결론보다 더 유용한데, 왜냐하면 우리의 사고에 새로운 정보를 더해 주기 때문이다. 일반적으로 연역 추리의 실생활 사례를 생각하기보다 귀납 추리의 실생활 사례를 생각하는 것이 더 쉽다. Holyoak과 Nisbett(1988)은 평상시의 귀납에 대한 몇몇 사례를 제공했다.

> 불규칙 동사의 과거시제형을 들은 적이 없는 아이는 "I goed to bed"라고 외친다. 몇 년 동안 석유 주식에 대한 시장 가격이 그 해의 마지막 두 달에 꾸준히 올라가고 1월에 떨어졌음을 관찰한 주식 분석가는 고객에게 올해 10월 말에 석유 주식을 사고 12월 말에 팔라고 충고한다. 굴절과 회절을 겪을 때 빛에 의해 형성된 패턴을 관찰한 물리학자는 빛이 파동으로 전파된다고 가정한다. (p. 50)

Holyoak과 Nisbett(1988)은 귀납을 "불확실성에도 불구하고 지식을 확장시키는 추론 과정"으로 정의내렸다(p. 50). 그들은 귀납이 자주 범주화와 규칙이나 가설의 형성을 포함함에 주목했다. 이리하여 여러분은 아마도 귀납, 범주화(제7장), 사고(제9장) 간에 많

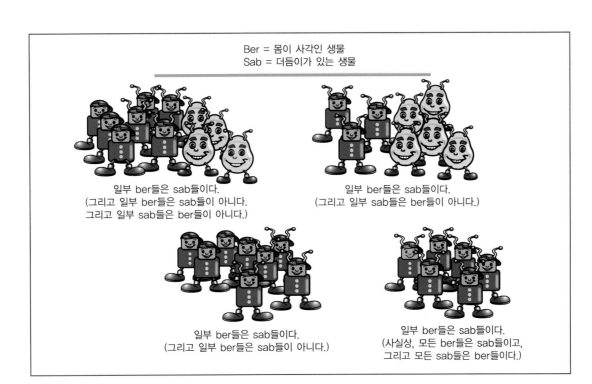

위 영역:
Ber = 몸이 사각인 생물
Sab = 더듬이가 있는 생물

일부 ber들은 sab들이다.
(그리고 일부 ber들은 sab들이 아니다.
그리고 일부 sab들은 ber들이 아니다.)

일부 ber들은 sab들이다.
(그리고 일부 sab들은 ber들이 아니다.)

일부 ber들은 sab들이다.
(그리고 일부 ber들은 sab들이 아니다.)

일부 ber들은 sab들이다.
(사실상, 모든 ber들은 sab들이고,
그리고 모든 sab들은 ber들이다.)

그림 10.3 "일부 ber들은 sab들이다."의 가능한 의미에 대한 그림

은 중첩을 관찰하게 될 것이다. 수많은 다른 귀납 추리 과제가 있지만 여기서는 유추 추리 (analogical reasoning)와 가설 검증에 초점을 맞출 것이다.

유추 추리

그림 10.4는 언어적 유추와 그림 유추 양자의 사례를 보여준다. 여러분은 표준화된 검사로부터 이런 유형의 문제에 친숙할 것이다. 이런 문제의 형식은 "C가 ___에 대한 것이듯, A가 B에 대한 것이다."이다. 일반적인 아이디어는 처음 두 항(A와 B)이 어떤 관계를 제안하고, 세 번째 항(C)이 또 다른 관계의 부분적 묘사를 제공한다는 것이다. 추론자의 일은 세 번째 항에 대한 관계가 첫 번째 항에 대한 두 번째 항의 관계와 동일한(또는 거의 그런) 네 번째 항(빈칸에 들어가는 것)이 무엇인지를 이해하는 것이다.

유추는 연쇄 완성(series completion)과 행렬 완성(matrix completion) 문제라 불리는 것으로도 확대될 수 있다. 그림 10.5는 예시를 보여준다. 비록 이 문제들이 더 많은 항을 포함할지라도 유추에 사용된 동일한 일반 심적 과정이 그것들을 해결하기 위해 사용될 것이다 (Sternberg & Gardner, 1983).

유추에 대한 추리의 용이성은 문제의 복잡성에 의존한다. 다시 말해 복잡성은 수많은 요인에 의존하는데, 그중에 다음의 것들이 있다. 개별 항들이 이해되기에 얼마나 복잡한가? 항에 대해 추론자가 얼마나 많이 아는가? 처음 두 항 간의 관계를 찾기가 얼마나 쉬운가?

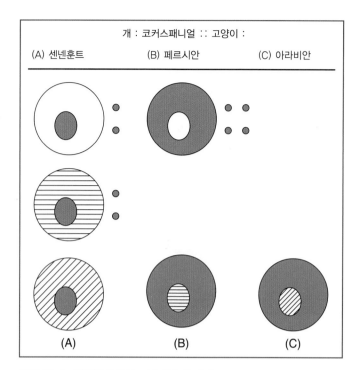

그림 10.4 언어적 유추와 그림 유추의 예시

비어 있는 항에 대해 얼마나 많은 가능성이 있는가? 그것들이 얼마나 쉽게 상기되는가?(Pellegrino & Glaser, 1980; Sternberg, 1977a)

여러분은 여기서 우리가 제9장에서 다루었던 주제와의 특수한 관련성에 주목했을 것이다. 즉, 문제해결 기법으로서의 유추에 의한 추리를 말이다. 유추 추리는 우리의 경험 속에 너무 흔해서 우리는 그것을 모든 종류의 관계에 사용할 것이다. 유추 문제에서 항의 관계를 찾기 위해 노력하듯이, 우리는 유사하지 않은 문제 간의 관계를 찾기 위해 노력한다(예 : 지난 장에서 종양 문제와 장군 문제 처럼). 양쪽 경우에 우리는 해법을 정하기 위해 발견된 관계를 적용하려고 노력한다.

가설 검증

귀납 추리는 또 다른 예는 Peter Wason(1960, 1977)에 의해 개발되었다. 과제는 다음과 같다. 여러분은 숫자 2, 4, 6을 받고, 이런 3개 1조의 숫자가 규칙을 따른다고 들었다. 여러분의 일은 규칙이 무엇인지를 정하는 것이지만 그렇게 하기 위해서는 어떤 지침을 관찰할 필요가 있다. 여러분은 규칙에 대한 직접적 질문을 하지 못할 것이다. 대신에 3개 1조에 대한 자신의 예를 제공해야 하고, 여러분이 제공한 각각에 대해 여러분은 그것이 규칙을 따르는지를 듣게 될 것이다 또한 여러분은 추측하려 노력해선 안 될 것이다. 여러분은 그것이 무엇인지 안다는 것을 확신할 때만 규칙을 알릴 것이다.

29명의 원래 참가자 중 단지 6명만이 처음에 부정확한 추측을 하지 않고 올바른 규칙을 발견했다. 13명의 다른 참가자는 하나의 잘못된 추측을 했고, 9명은 둘 이상의 부정확한 결론에 도달했으며, 1명은 결국 결론에 도달하지 못했다(Wason, 1960). 이러한 결과는 무엇보다도 이런 과제가 의외로 어려움을 보여준다. 대부분의 사람들이 잘못

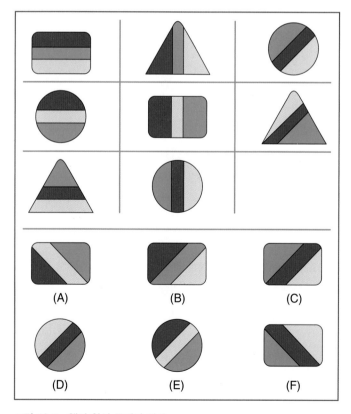

그림 10.5 행렬 완성 문제의 예시

가는 방식은 다음과 같다. 그들은 규칙의 일반적인 아이디어를 발전시키고, 규칙을 따르는 예시를 구성한다. 그들이 실패하는 것은 반례(규칙이 맞다면 실험자가 '이건 아닙니다.'라고 말하게 되는 3개 1조)를 구성함으로써 규칙을 검증하는 것이다. Wason은 이 접근을 확증 편향(confirmation bias)이라 불렀는데, 왜냐하면 참가자들이 규칙을 검증하려고 애쓰기보다 오히려 규칙이 참인지를 확인하려 애쓰는 것처럼 보였기 때문이다.

왜 이 접근이 문제가 있는지를 설명하기 위해서 Wason은 과학적 가설을 검증하고 있는 어떤 연구자가 직면하는 상황을 반영한 과제의 특징을 지적했다. 무한한 수의 가설이 임의의 자료 세트와 일치하여 구성될 수 있다(이 경우에 규칙을 따르는 것으로 실험자에 의해 판단된 3개 1조). 예를 들어 실험의 어떤 지점에서, 여러분이 다음의 3개 1조 모두가 규칙을 따르고 있음을 발견했다고 가정해 보자(그것이 무엇이든): 2, 4, 6; 8, 10, 12; 20, 22, 24; 100, 102, 104. 어떤 규칙이 이 세트와 일치하는가?

여기에 몇 가지만 예를 들어 보았다. "2씩 증가하는 임의의 세 짝수", "2씩 증가하지만 마지막 숫자가 500보다 크지 않은 임의의 세 짝수", "두 번째가 첫 번째와 세 번째의 산술 평균인 임의의 세 짝수", "두 번째가 첫 번째와 세 번째의 산술 평균이지만, 마지막 숫자가 500보다 크지 않은 임의의 세 짝수", "증가하는 임의의 세 짝수", "임의의 증가하는 세 숫자", "임의의 세 숫자", "임의의 세 개" 이런 목록은 임의로 주어진 세트의 숫자에 대해 약간의 생각만 가지고도 수백 가지 규칙을 생성할 수 있음을 보여준다.

이것은 어떤 과학적 가설도 참이라 입증될 수 없듯이 어떤 규칙도 참이라 '입증'될 수 없음을 의미한다. 이러한 논점을 알아보기 위해 여러분이 어떤 실험 결과를 예측하는 가설을 세운 과학자라고 해보자. 여러분은 "만약 내 가설이 참이면[p], 나는 이런 패턴의 결과를 얻을 것이다[q]."라고 생각한다. 그런 다음 여러분은 실험을 하고, 우연히 또는 자연스럽게 실제로 그 패턴의 결과를 얻는다. 여러분의 규칙($p \rightarrow q$)과 얻어진 결과 패턴(q)에 근거하여, 여러분의 가설이 참이라 입증된다고 결론지을 수 있는가? 그렇지 않다! 왜냐하면 만약 여러분이 그런 결론에 도달한다면 결과 사건을 단언하는 오류를 범하고 있는 것이기 때문이다.

심지어 분명히 규칙을 따르는 수많은 사례에 의해서도 세 숫자에 관한 규칙이 참임을 입증할 수 없듯이, 이론이 참임을 입증할 수 있는 (심지어 수백 개의 실험으로부터 나온) 결과 패턴은 없다. 대신에 할 수 있는 가장 좋은 것은 가능한 한 많은 맞지 않는 규칙(또는 만약 과학자라면 많은 대안적 가설)이 틀렸음을 입증하려 애쓰는 것이다. 그래서 만약 올바른 규칙이 '임의의 증가하는 세 짝수'라 생각한다면 규칙에 대한 반례(counterexample)가 되는 3개 1조(예: 3, 5, 7)를 가지고 규칙을 검증하는 게 낫다. 왜 그런가? 만약 이 3개 1조가 규칙을 따르면 즉시 가설이 틀렸음을 알게 된다. 대신에 규칙의 또 다른 예(14, 16, 18 같은)를 발생시킨다고 가정해 보자. 만약 여러분이 그것이 규칙을 따른다고 듣게 되면, 가설이 참임을 입증하기 위해 그것을 쓸 수 없을 것이고(어떤 가설도 참이라 입증될 수 없기 때문에), 여러분은 뭔가를 배제하지 못하게 된다.

일상 추리

지금까지 제시된 모든 추리 과제는 심리학자들이 실험에서 사용한 또는 교사가 학습에서 사용해 온 과제의 전형이다. 이러한 종류의 과제들은 형식적 추리(formal reasoning)라는 명명하에 함께 묶여 있다(Galotti, 1989). 철학자, 심리학자, 교육자들은 이러한 종류의 과제가 모든 종류의 추리, 심지어 우리가 일상생활에서 하는 추리 유형의 중심에 있다고 가정한다. 일상 추리(everyday reasoning)에 대한 다음의 예시를 보자. 여러분은 저녁을 준비하고 있고, 여러분이 따르고 있는 요리법은 모차렐라 치즈를 필요로 한다. 냉장고를 찾아보지만 어떤 것도 찾을 수 없다. 여러분은 어떤 모차렐라 치즈도 갖고 있지 않고 식료품 가게에 가야겠다고 결론짓는다.

우리는 여러분이 다음과 같이 도출했던 추론을 분석할 수 있다. 여러분이 모차렐라 치즈를 가지고 있지 않다는 추리는 연역 추리의 예, 더 특별하게는 부정 논법의 예로 볼 수 있다(예 : "만약 내가 모차렐라 치즈를 가지고 있다면, 냉장고에 있어야 했다. 냉장고에는 모차렐라 치즈가 없다. 그러므로 나는 모차렐라 치즈가 없다."). 여러분이 식료품 가게에 가야겠다고 추론하는 것은 귀납적 추리로 볼 수 있다(예 : "식료품 가게는 보통 모차렐라 치즈를 갖추고 있다. 그러므로 오늘 재고품 중에 모차렐라 치즈가 있을 것이다."). 이러한 분석은 당신이 모차렐라 치즈에 대한 추리를 하는 데 사용한 심적 과정이 기사/악당, 범주적 삼단논법, 또는 그림 유추 과제 같은 추리에 대한 실험실 조사에서 사용하는 것과 동일한 것이라 가정한다. 모차렐라 치즈 예시는 이러한 과제 중 일부의 더 친숙한 변형이다.

그러나 일상생활에서 여러분이 사용하는 추리가 실험실 과제에서 여러분이 사용하는 추리와 얼마나 유사한가라는 질문을 할 만한 어떤 이유가 있다(Galotti & Komatsu, 1993). Collins와 Michalski(1989)는 형식적 추리 과제에서 일어날 것 같지 않은 일상 추리에서 사람들이 도출해 낸 어떤 종류의 추리를 확인했다. 두 사람(질문자 Q와 응답자 R로 확인된)이 지리학에 대해 다음의 대화를 하고 있다(Collins & Michalski, p. 4).

Q : 우루과이가 안데스 산맥에 있던가?
R : 나는 많은 남미 국가가 뒤죽박죽되더라(잠시 멈춤). 심지어 확실하지 않아. 우루과이가 남미의 어디에 있는지를 모르겠어. 많은 국가가 안데스 산맥에 있기 때문에 우루과이가 안데스 산맥에 있다고 말하는 것은 좋은 추측이야.

이 예에서 응답자는 처음에 의문을 표하고, 그런 다음 (판명되듯이 부정확한) 추론을 도출해 낸다. 많은 남미 국가가 그들의 영토 내에 안데스 산맥의 일부를 포함하고 있기 때문에, 그리고 우루과이가 전형적인 남미 국가이기 때문에, 응답자는 우루과이도 안데스 산맥의 일부를 포함한다고 결론짓는다. Collins와 Michalski(1989)는 이것이 일종의 '그럴듯한 연역'이라고 명명한다(결론이 참임이 보장되지 않기 때문에 우리는 '그럴듯한 귀납'이라고 더 잘 부르는데).

일상 추리 과제와 형식 추리 과제 간에 수많은 구분이 제안되어 왔다(표 10.1 참조). 그 차이는 실험실 추리 과제의 유용성을 실생활 추리 수행의 모형으로 재평가하기 위해 추리를 연구하는 인지심리학자를 필요로 할 것이다. 사람들의 일상 추리에 대한 연구가 시작되고 있지만, 일상 추리와 형식 추리 간의 어울림을 평가하기 전에 더 많은 발견을 기다릴 필요가 있다.

일상 추리는 다양한 편향을 조건으로 두고 있는 것으로 나타났다. 사고에서의 편향(bias)은 제시되는 정보에도 불구하고 어떤 방식으로 수행하려는 경향성으로 정의된다. 여러분은 그것을 특별한 방식으로 사고를 자주 왜곡하는 오류로 생각해 왔을 것이다. 가령 가능한 한 가장 일반적인 결론 쪽으로 편향되고, 그런 다음 광범위한 일반화가 필연적으로 일련의 전제로부터 뒤따른다고 잘못 결정해 왔을 것이다.

연구자들은 추리와 관련된 몇몇 편향을 확인했다. Wason의 2-4-6 과제에 관해 앞서 언급된 것은 기존의 신념을 지지하는 정보만 찾으려는 경향성을 의미하는 확증 편향이다. 예컨대 만약 모든 대학 교수가 진보적이라고 믿는다면, 여러분은 결론을 '검증'하려 애쓰지만 적절하게 검증하는 것에 실패하는데, 왜냐하면 여러분이 보수적인 대학 교수에 대해서는 어느 정도 간과하거나 잊으면서 진보적인 대학 교수만 찾기 때문이다. 일반적으로 사람들은 자신의 잠정적인 결론에 대한 반례를 생각하는 것을 더 어려워한다(Baron, 1985, 2008). 따라서 자신의 추리나 다른 수행을 평가할 때 사람들은 전형적으로 예측과 반대인 정보를 생각하거나 모으는 것보다 예측과 일치하는 정보를 생각하거나 모으는 것이 훨씬 더 쉽다는 것을 발견하게 된다.

사고에는 의사결정과 더 관련되는 편향에 대한 많은 다른 예시가 있다. 그러므로 우리는

표 10.1 비교된 형식 추리 및 일상 추리 과제의 비교

형식	일상
모든 전제가 제공된다.	일부 전제는 암묵적이고, 일부는 결코 제공되지 않는다.
문제가 자족적이다.	문제는 자족적이지 않다.
전형적으로 하나의 정답이 있다.	전형적으로 품질 면에서 다양한, 몇몇 가능한 답이 있다.
자주 문제에 적용하는 인정된 추론 방법이 존재한다.	문제를 해결하기 위한 인정된 절차가 거의 존재하지 않는다.
전형적으로 문제가 해결될 때 모호하지 않다.	자주 현재의 '최선의' 해법이 충분히 좋은지 불분명하다.
문제의 내용이 자주 제한되고 학문적인 주제이다.	문제의 내용이 전형적으로 잠재적인 사적 관련성을 갖는다.
문제가 문제 자체를 위해 해결된다.	문제가 자주 다른 목적을 달성하는 수단으로써 해결된다.

그 절까지 편향에 대한 확장된 논의를 미룰 것이다. 우리의 현재 목적을 위한 중요한 요점은 사람들이 자주 사고나 추리가 실제로 그런 것보다 더 조심스럽거나 철저한 것처럼 보이게 만드는 방향으로 왜곡되는 사고를 드러냄에 주목하는 것이다.

의사결정

여러분은 대학 2학년이 되었고 곧 전공을 선택해야 한다. 그리고 아마도 부전공도 선택해야 할 것이다. 선택지를 고려하고 우선순위를 평가하고 선택을 하기 위해 여러분은 어떤 인지과정을 사용해야 하는가? 인지심리학자는 의사결정(decision making)을 대안들 사이에서 선택을 하는 데 일어나는 정신적 활동을 언급하기 위해 사용한다. 방금 주어진 예에서 전공에 대한 결정은 자주 직업과 미래 삶에 대한 더 큰 세트에 대한 결정의 일부이다. 전형적으로 결정은 어느 정도의 불확실성에도 불구하고 이뤄진다. 즉, 여러분이 다양한 전공에 대해 요구되는 강좌에서 얼마나 잘하게 될지 또는 여러분이 그것들을 얼마나 좋아할지 또는 얼마나 많은 전공이 졸업 후에 좋은 직업을 얻는 데 도움이 될지는 100% 확실하진 않다. 아직 이수한 적이 없는 강좌를 가르치는 교수진을 즐기게 될지 또는 주제가 관심이 있거나 유용할지 또는 그것들이 여러분의 장기 목표나 포부와 관련될지를 확실히 알지 못할 것이다.

그럼에도 불구하고 어느 지점에서는 결정을 해야만 한다. 내가 가르치는 대학에서 전공 선택에 대해 내 충고를 얻고자 하는 학생들은 동요, 불안, 혼란의 신호를 보여주면서 내 사무실에 들어온다. 그들은 결정해야 함을 알지만 어떻게 해야 할지는 알지 못한다. 그들은 불확실성을 뛰어넘고자 하지만, 선택지들을 미숙하게 차단하기를 원하지는 않는다. 그들은 결정과 관련된 많은 정보가 존재함을 깨닫지만, 할당된 시간 내에 그것을 수집하고, 조직하고, 사용하는 법을 알지는 못한다. 그들은 보장되지 않는다는 것을 알지만 불운한 선택을 하지 않기를 원한다.

딜레마는 중요하고 어려운 삶의 선택을 해야 하는 누구에게나 친숙하다. 불확실성의 정도는 성가시다. 갈등적인 목적과 목표의 수도 역시 그렇다. 2학년생은 전형적으로 관심 있는 전공을 원할 뿐 아니라 적성에 맞고 같은 분야에서 전공을 하는 다른 학생들과 교수진을 즐기고 미래 직업에 대한 관련성과 진로에 대해 유연성을 보이는 것을 원한다.

이용 가능한 선택지의 수도 작동하기 시작한다. 많은 학교들은 이용 가능한 25개 이상의 전공을 가지고 있다(일부는 더 많다). 결정의 복잡성에 더하여 이중 전공에 대해, 부전공을 선택하는 데 대해, 교외 연구 프로그램(off-campus study program)에 참여하는 등에 대한 선택지가 있다. 잠재적으로 관련되는 정보의 양은 믿기 어렵도록 커져서 어떤 경우에는 의사결정자가 그것을 조직하는 데 도움을 필요로 하게 된다.

결정이 자주 불확실한 조건하에서 이뤄지기 때문에 비록 조심스럽고 철저하게 검증하고 편향되지 않은 고려 후에 결정했다 해도 일부는 바라던 결과가 나타나지 않는다. 심리학자들은 일반적으로 의사결정의 좋은 정도가 개별 결정의 성공에 의해 측정될 수 없다고 주장한다. 예를 들면 운이 너무 자주 큰 역할을 한다. 대신에 성공의 기준은 자주 결정의 합리성(rationality)에 준한다. 다양한 사람들이 이 용어를 다르게 정의하지만 전형적인 정의는 von Winterfeldt와 Edwards(1986a)의 정의이다. 합리적 의사결정은 "그것들이 무엇이건 환경이 허용할 뿐 아니라 여러분의 목표나 목적이나 도덕적 긴요성에 기여하기 위해 사고와 행위의 방식을 선택하는 것과 관련된다."(p. 2) 다시 말해 합리적이라는 것은 떠오르는 첫 번째가 아니라, 관련 목적과 원칙 모두를 고려하는 것을 의미한다. 만약 여러분이 새로운 컴퓨터를 살 때 책상 위에서 빛나 보이지만 다른 목적(예 : 속도, 신뢰성, 소프트웨어의 유용성)을 무시한 것을 선택한다면, 그것은 자신의 의사결정을 악화시키고 있는 것이다. 합리적인 의사결정은 또한 정황하에서 가능한 한 공들여서 그리고 공정하게 정보를 모아야한다. 그것은 여러분의 초기 성향을 지지하는 증거뿐 아니라 그렇지 않은 증거까지 조사하기를 요구한다.

사진 10.2 의사결정의 인지과정은 선택지 가운데에서 선택하기를 포함한다.

우리는 어떻게 사람들이 의사결정 중 정보를 모으고 사용하는지에 대한 묘사를 볼 것이다. 이들 묘사 중 많은 것은 어떻게 의사결정이 최적성에 미치지 못하는지를 보여줄 것이다. 심리학자들은 최적성의 결여가 크게는 인지적 과부하(cognitive overload), 다시 말해 가용한 정보가 가용한 인지적 처리를 압도할 때 생겨난다고 주장해 왔다. 정보 과부하에 적응하기 위한 전략은 비록 자주 유용할지라도 오류와 불합리성을 이끌 수 있다. 다음으로 우리는 사람들이 증거를 모은 후에 무엇을 하는지 어떻게 모든 조각이 조립되는지를 조사할 것이다. 마지막으로 우리는 의사결정을 개선하는 방식을 짧게 살펴볼 것이다.

우리는 의사결정 과제를 5개 범주로 나눌 수 있다(Galotti, 2002). 그림 10.6은 도식적 관점을 제공한다. 이러한 과제들은 특별한 순서로 일어나지만, 그림에서 화살표가 묘사하듯 어떤 과제는 설정되고 다시 하게 되는 '순환(cycles)'이 발생할 수 있다. 나는 과제로 가는 순번이 있거나 없다는, 한 과제의 수행이 또 다른 과제의 수행과 중첩될 수 있다는, 일부 과제는 건너뛸 수 있다는, 그리고 과제들이 다른 순서로 행해질 수 있다는 아이디어를 전달하기 위해 의사결정의 단계라는 용어를 사용한다.

목표 설정

우리가 어떤 사람이 다른 결정이 아닌 바로 그 결정을 하는지를 이해하려 애쓸 때, 그 이유

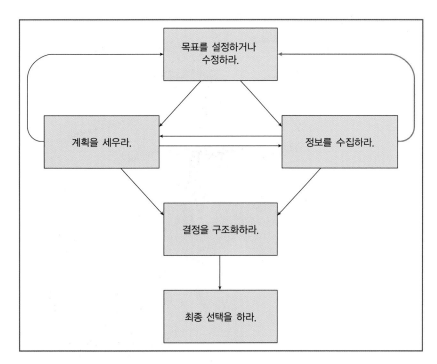

목표를 설정하거나 수정하라.

계획을 세우라.

정보를 수집하라.

결정을 구조화하라.

최종 선택을 하라.

그림 10.6 의사결정의 단계

는 자주 결정을 위한 의사결정자의 목적과 관련되는 것으로 판명된다(Bandura, 2001; Galotti, 2005). 내가 이야기를 나눈 많은 학생들은 그들의 목적이 의과대학에 진학하는 것이기 때문에 생물학 전공을 선택하려 한다고 말한다. 다른 학생들은 나에게 그들이 경쟁적인 기업 연수 프로그램에 들어가기를 원하기 때문에 경제학에 대해 생각하고 있다고 말한다. (판명되었듯이 이런 전공은 다양한 전공에 가치를 두는 논의 중인 많은 조직이 요구하거나 심지어 반드시 중요하게 여기지도 않는다. 우리는 그 문제를 우선은 제쳐 둘 것이다.)

목표 설정에서의 아이디어는 의사결정자가 미래를 위한 자신의 계획, 자신의 원칙과 가치, 자신의 우선순위를 검토한다는 것이다. 즉, 의사결정자는 질문 "내가 무엇을 달성하려 애쓰고 있나?"에 대한 답을 발전시킬 필요가 있다. 그러한 답들은 의사결정자의 목적이고, 그것들은 다양한 방식으로 의사결정에 영향을 준다.

정보 수집

결정을 하기 전에 의사결정자는 정보를 필요로 한다. 특별히 그는 다양한 선택지가 무엇인지 알 필요가 있다. 예를 들어 각 선택지, 단기 및 장기 모두의 공산이 있는 결과는 무엇인가? 각 선택지에서 누가 영향을 받는가? 그리고 어떻게 영향을 받는가? 효과가 시간에 걸쳐 변하는가? 행위의 특별한 과정을 취하거나 취하지 않는 것이 의사결정자에게 다른 결정이나 계획을 강요할 것인가? 다시 말해 각 선택지가 다른 선택지를 열거나 차단하는가?

어떤 결정은 고도로 복잡하다. 예를 들어 어떤 컴퓨터를 사야 할지에 대한 결정을 고려해 보라. 임의의 주어진 연도에 다양한 모델이 출시되어 만약 컴퓨터가 주문 제작될 수 있는 방식 모두를 고려한다면 선택지는 빠르게 증가한다. 어떻든 간에 의사결정자는 최소한 선택지 중 일부에 대해 어떤 정보를 모을 필요가 있다.

선택지에 대한 정보에 더해 의사결정자는 선택에 영향을 미치는 기준에 대해 정보를 모을 욕구가 있거나 모으기를 원할 것이다. 만약 이전에 컴퓨터를 산 적이 없다면, 어떤 특징을 중요하게 고려해서 사야 하는지에 대한 정보를 얻기 위해서 IT 부서에 근무하는 컴퓨터

상식이 풍부한 친구나 사람들과 이야기를 할 것이다. 또는 여러분의 목적에 근거하여 이상적인 컴퓨터가 갖추어야 할 특징에 대한 자신의 '희망 목록'을 만들려고 애쓸 것이다.

의사결정 구조화

복잡한 결정을 위해 의사결정자는 자신들이 가진 모든 정보를 조직화하는 방식을 필요로 한다. 이는 그들이 많은 수의 선택지와 고려사항에 직면할 때 특히 그렇다. 대학 전공을 선택하는 예를 다시 심사숙고해 보자. 내 연구 중 하나에서 나는 1년에 걸쳐 이 결정에 대해 생각했던 대학 1학년생을 조사했다(Galotti, 1999). 내가 조사했던 많은 학생들은 그들이 이 결정 시 고려했던 다양한 범위의 기준을 목록화했다: "내가 물질(material) 다루는 것을 즐기나?", "그것이 내가 관심 있어 하는 직업으로 이끌 것인가?", "그것이 많은 요구사항을 갖는가?" 그리고 "내가 수업을 가르치는 교수진을 좋아하는가?" 그 연구에서 학생들은 일곱 가지 다른 기준과 네 가지 다른 선택지, 또는 가능한 전공을 목록화했다. 모든 기준과 선택지를 철저히 고려하기 위해서 전형적인 의사결정자는 28조각의 정보에 대해 생각할 필요가 있다(예: "생물학이 내가 즐기는 과목인가?", "화학이 내가 즐기는 과목인가?", "심리학이 내가 즐기는 과목인가?").

28개의 다른 생각거리란 꽤 많은 것이다. 어떻든 의사결정자는 이 정보를 다룰 방식을 결정하거나 고안할 필요가 있다. 그나 그녀가 정보를 다루는 방식을 의사결정 구조화 (decision structuring)라 부른다.

최종 선택

원했던 모든 정보를 모은 후에 의사결정자는 최종 선택지 세트 중에서 선택을 해야 한다. 이것은 동전을 뒤집거나 다트를 벽에 던지는 것처럼 단순한 절차를 포함하거나 훨씬 더 복잡할 것이다. 이 과정은 과정 중 정보 수집 단계를 멈출 때를 결정하는 것이나 어떤 정보가 가장 관련되거나 신뢰할 만한지를 결정하는 것 같은 다른 결정을 포함할 것이다.

평가

도움이 되는(그리고 자주 누락되는) 의사결정의 마지막 단계는 전체 과정의 평가이다. 잘한 것인가? 무엇이 그렇게 잘되지 않았나? 여기서의 목적은 과정에 대해 심사숙고하고, 미래에 유사한 결정을 위해 다시 사용되어야 하는 것뿐 아니라 개선될 수 있는 측면을 확인하는 것이다.

이러한 개관과 더불어 의사결정에 포함되는 과정의 일부를 더 상세하게 보자. 나는 중간의 세 가지, 정보 수집, 의사결정 구조화, 최종 선택 단계에 집중할 것인데, 왜냐하면 크게는 인지심리학자들이 지금까지 대체로 이런 과정을 연구해 왔기 때문이다.

의사결정에서 인지적 착각

사람들은 의사결정을 위해 사용할 정보를 어떻게 모으는가? 정보는 종종 자신의 기억에서 나온다. 예를 들어 전공을 선택하는 학생들은 더 나이든 학생들이 다른 전공에서 겪었던 경험담을 들었던 것이나 다른 과정에서 느꼈던 자신들의 경험을 생각할 것이다. 일단 정보가 모아지면 의사결정자는 각 정보 조각의 중요성 그리고/또는 관련성을 결정해야 한다. 예로 생물학자가 되는 것에 관심이 없다면, 생물학과의 강좌 개설 정보는 여러분에게는 별로 중요해 보이지 않을 것이다. 사람들이 다른 정보 조각의 관련성을 모으고 평가하는 방식이 이 절의 주제이다.

사람들의 의사결정 기술과 스타일에 대한 연구는 지속적으로 어떤 체계적이고 흔한 발견법(heuristic)(지름길) 또는 편향, 즉 체계적인 오류를 이끄는 사고방식의 존재를 증명해 왔다(D. G. Goldstein & Gigerenzer, 2011; Kruglanski & Gigerenzer, 2011). 발견법과 편향은 대부분의 조건에서 이해할 만하고 정당화될 만한 사고방식이지만 잘못 적용되었을 때는 오류로 이끌 수 있다. 이러한 체계적 편향은 인지적 착각(cognitive illusion)이라 명명되었다(von Winterfeldt & Edwards, 1986b). 용어 그 자체는 지각적 착시에 대한 유추를 환기시키는 것을 의미한다. 다시 말해 이해할 만한 이유로 일어나는, 그리고 정상적인 기능화를 이해하는 것과 관련된 정보를 제공하는 인지의 오류이다. 우리는 이런 착시를 한 사람의 지각 표상이 실제로 거기에 무엇이 있는지와 상응하지 않는다는 의미에서 '오류'라 생각할 수 있고 실제로 그렇게 생각한다. 그러나 이러한 착시가 전체 지각 체계가 결함이 있고 신뢰할 수 없다는 증거로 사용되지는 않는다. 오히려 착시(어떤 특수 조건하에서의 지각)는 우리에게 지각 체계가 일반적으로 작동하는 방식에 대해, 즉 어떤 단서가 처리되는지, 어떻게 해석되는지 등에 대해 말해 준다.

비슷한 방식으로 의사결정에서의 오류는 우리에게 사람들이 의사결정을 위해 사용하는 정보를 모으고, 분류하고, 통합하는 방식에 대해 뭔가를 말해 준다. 다음에 서술되는 인지적 착각도, 도움 받지 않은 사람들의 의사결정이 언제 최적화될지 그리고 언제 그렇지 않을지에 대한 정보를 우리에게 준다. 마지막으로 이러한 서술은 사람들이 하는 결정과 계획의 품질을 개선하도록 우리가 교육 프로그램이나 개입 프로그램을 설계하고 구현할 수 있도록 도와줄 수 있다.

인지적 착각은 정확히 무엇인가? von Winterfeldt와 Edwards(1986b)는 질문에 답하거나 의사결정을 하는 '정확한' 방식이 있을 때만, 또한 직관적 추정이나 의사결정이 있을 때만, 그리고 항상 동일한 방향으로 가는 둘 간에 불일치가 있을 때만 뭔가가 인지적 착각이 일어난다고 명세화했다. 정확한 값 근처에서 무작위로 변동하는 답은 착각에 포함시키지 않는다.

유용성

글상자 10.5에 있는 문제를 고려해 보고 더 깊이 읽기 전에 각각에 대해 첫 번째의 직관적인 답을 내놓아라. Tversky와 Kahneman(1973)은 대학생에게 이와 같은 문제를 제시했다. 일반적인 발견은 사람들의 직관이 체계적으로 잘못되어 있다는 것이다. 예를 들어 문제 1에서, 문자 *L*은 첫 위치보다 세 번째 위치에서 더 자주 발생한다. 문제 2와 3에서 A와 B 선택지는 동일한 (전자의 경우에서 위원회의, 후자에서는 경로의) 수를 갖는다.

무엇이 오류를 설명하는가? Tversky와 Kahneman(1973)은 확률, 빈도, 또는 다수성을 추정하는 과제에 직면했을 때, 사람들이 이러한 판단을 더 쉽게 하기 위해 지름길이나 어림감정(발견법)에 의존한다고 주장한다. 이런 발견법 중 하나는 유용성 발견법(availability heuristic)으로 알려져 있다. 이는 "검색, 구축, 또는 연합의 관련된 정신적 조작이 수행될 수 있는 용이성을 평가하는 것"(Tversky & Kahneman, p. 208)을 말한다. 다시 말해서 더 쉽게 생각되거나 기억되거나 계산되는 예시(예 : 특별한 단어, 특별한 위원회, 또는 특별한 경로)는 누군가의 마음에서 더 많이 두드러진다. 그러한 예시들은 특히 두드러져서 더 잦

글상자 10.5

유용성을 증명하는 문제

1. 영어에서 문자 *L*을 생각하라. 이 문자가 단어의 첫 번째 위치나 세 번째 위치 중 어디에 더 자주 나타날 것인가? 당신의 직관이나 '직감적 반응(gut reaction)'을 내놓아라.

2. 근처 대학에서 온 10명의 학생이 교육과정위원회의 일원으로 기꺼이 참여하겠다고 했다. 그들의 이름은 앤, 밥, 댄, 엘리자베스, 게리, 하이디, 제니퍼, 로라, 테리, 발레리이다.

   a. 학장은 2인 위원회를 구성하고자 한다. 구성될 수 있는 별개의 위원회 수에 대한 당신의 추정치는 무엇인가? (공식을 사용하지 마라. 그냥 직관적으로 응답하라.)

   b. 학장은 8인 위원회를 구성하고자 한다. 구성될 수 있는 별개의 위원회 수에 대한 당신의 추정치는 무엇인가? (공식을 사용하지 마라. 그냥 직관적으로 응답하라.)

3. 아래에 제시된 두 구조를 고려해 보라.

   ```
   A                 B
   XX                XXXXXXXX
   XX                XXXXXXXX
   XX                XXXXXXXX
   XX
   XX
   XX
   XX
   XX
   XX
   ```

   구조에서 경로는 맨 위의 열에서 시작하여 맨 아래의 열에서 끝나면서, 각 열에 있는 하나의 'x'를 연결하는 선이다. 당신의 생각에 각 구조가 얼마나 많은 경로를 가지고 있는가? (다시 직관적인 추정치를 내놓아라.)

거나 그럴듯하게 여겨진다.

문제 1에서 l로 시작되는 단어(*lawn, leftover, licorice*처럼)를 생각하기가 세 번째 문자로 l을 가지고 있는 단어(*bell, wall, ill*)를 생각하기보다 더 쉬운 것으로 판명된다. 이에 대한 이유는 우리의 어휘집이나 '심적 사전'이 조직되는 방식 때문이거나 또는 우리가 단어를 어떻게 배우고 연습했는지에 따르기 때문이다. 예컨대 우리는 종이 또는 전자 사전을 가지고 알파벳순으로 찾듯이 내부 문자에 의해서보다 첫 번째 문자에 의해 단어를 탐색하는 것이 더 쉽다.

문제 2에서 구성될 수 있는 별개의 위원회의 수를 정하기 위한 적절한 공식은 아래와 같다.

$$\frac{10!}{(x!)(10-x)!}$$

여기서 x는 위원회의 크기이다. 동일한 수의 2인 위원회와 8인 위원회가 있음을 함축하면서(즉, 45), $x=2$에 대해, $10-x=8$, 그리고 $x=8$에 대해 $(10-x)=2$임에 주목하라. Tversky와 Kahneman(1973)은 2인 위원회가 더 구분이 된다고 주장했다. 구성원 내에 중첩이 없는 5개의 2인 위원회가 있지만, 임의의 두 8인 위원회는 최소한 어느 정도의 중첩이 될 것이다. **구분성**(distinctiveness)은 서로 다른 위원회를 생각하는 것을 더 쉽게 만든다. 그러므로 2인 위원회가 더 가용하고(그것들이 더 구분되기 때문에), 이리하여 더 많게 여겨진다. 그러나 여러분은 2인 위원회와 8인 위원회가 동등하다는 것을 쉽게 알 수 있다. 모든 2인 위원회는 8인 비위원회를 정의하고, 반대도 그러함을 고려해 보라.

동일한 종류의 분석이 문제 3에 적용된다. 어느 쪽의 구조에서든 경로의 수는, x는 열에서 x들의 수이고 y는 열의 수인 공식 x^y에 의해 주어진다. 그러면 구조 A에 있는 경로의 수는 $8^3=512$이다. 구조 B에서 경로의 수도 역시 512와 동등한 2^9이다. 그러나 다시 B에서보다 A에서 중첩되지 않은 경로를 보기가 더 쉽다. A에서 다른 경로는 B에서의 다른 경로보다 덜 혼란스러울 수 있다. A에서 경로는 더 짧고 그러므로 B에서의 경로보다 시각화하기가 더 쉽다. 시각화의 용이성은 경로를 더 유용하게 만들고, 이리하여 B에서보다 A에서 더 많다고 여겨지게 된다.

유용성 발견법의 사용을 포함하는 일상 유추(everyday analog)도 또한 보고되어 왔다. 예를 들어 Ross와 Sicoly(1979)는 아침식사 만들기, 식료품 사오기, 아이 돌보기 같은 다양한 가사 행위에 대한 책임감의 추정된 정도에 대해 37쌍의 결혼한 쌍들(남편과 아내를 분리하여 독립적으로)을 조사했다. 남편과 아내 모두 그들이 20가지 행위 중 16가지에 대해 배우자들이 했던 것보다 더 큰 책임감을 느낀다고 말하는 것으로 나타났다. 게다가 각각의 행위에 대한 자신과 배우자의 기여의 예를 제출하도록 요구받았을 때, 각각의 참가자는 배우자보다 자신의 행위를 더 많이 목록화했다.

Ross와 Sicoly(1979)는 유용성 발견법으로 이러한 발견들을 설명했다. 우리 자신의 노력과 행동은 다른 이들의 노력과 행동보다 우리에게 더 분명하고 유용하다. 결국 우리는 우리가 행위를 수행할 때는 목록을 제시하는 것이 확실하지만, 친구나 배우자가 할 때는 목록을 제시하거나 하지 않을 것이다. 우리 자신의 사고와 계획은 우리에게 중요하고, 그래서 우리는 마치 다른 사람이 뭔가를 하거나 말할 때 그것들을 공식화하고, 이런 식으로 다른 사람들의 기여를 무시하게 된다. 일반적으로 우리가 하거나, 생각하거나, 말하거나, 의도하는 것은 그 밖의 다른 이들보다 우리 자신이 더 접근하기 쉽고 다른 이의 행위나 사고나 말이나 의도보다 더 접근하기 쉽다. 그러면 합작 투자에서 각 파트너가 자주 그나 그녀가 더 큰 몫의 부담을 짊어지고 있다는 것도 당연하다.

유용성은 효율적인 발견법이자 효과적인 발견법일 수 있다. 만약 우리가 사례를 구성하거나 상기시키는 것의 용이성이 편향되지 않음을 확신할 수 있다면, 그것은 빈도나 확률을 판단할 때 사용할 최고의 또는 심지어 유일한 도구일 것이다. 만약 당신이 심리학이나 철학에 대한 논문을 어떤 강좌에서 더 많이 보는지를 결정하고자 애쓰고 있다면, 아마도 각 강좌에 대해 특수한 논문 과제를 회상하려 힘씀으로써 논문의 빈도를 판단하는 것이 공정할 것이다. 이런 경우에 심리학 논문이 철학 논문보다 더 기억하기 쉽다고 믿을 이유는 없을 것이다. 만약 있다면(예 : 당신이 3년 전에 철학을 이수했지만 심리학은 이번 학기에 이수한다면), 그 비교는 아마도 공정하지 않을 것이다.

그러나 만약 당신이 무엇, 즉 당신이 집단 프로젝트에 공들이는 데 소비한 시간이나 누군가 다른 사람이 동일한 프로젝트에 공들이느라 소비한 시간 중 어느 것이 더 자주 일어나는지를 결정하려 애쓰고 있다면, 판단을 위해 유용성을 사용하는 것은 불공정할 것이다. 여러분은 작업할 때마다 거기 있었겠지만, 다른 집단 구성원들이 작업할 때 항상 거기 있지는 않았을 것이다. 그리고 비록 여러분이 거기 있었다 할지라도, 아마도 파트너의 작업과 계획보다 자신의 작업과 계획에 더 주의를 기울이고 있었을 것이다. 이로 인해 자신의 작업은 그 밖의 다른 사람의 작업보다 더 기억하기 쉽고 더 유용할 것이다.

유용성 발견법을 보여주는 요점은 그것을 사용하지 않도록 경고하는 것이 아니다. 대신에 모든 다른 발견법처럼 그 아이디어는 당신이 끌어낸 예시의 범위가 동등하게 접근 가능한지에 대해 처음에 조심스럽게 생각할 것을 제안하고자 하는 것이다.

대표성

린다와 조는 학생 회관에서 지루한 토요일 오후를 보내고 있다. 할 만한 더 좋은 일이 없어서 그들은 오후 내내 동전이 떨어진 방식을 추적하면서 각각 25센트짜리 동전을 뒤집기 시작한다. 그런 다음 그들은 결과를 비교한다. 린다는 동전 뒤집기에 대한 그녀의 순서가 앞면, 앞면, 앞면, 뒷면, 뒷면, 뒷면이라 보고한다. 조의 결과는 뒷면, 뒷면, 앞면, 뒷면, 앞면, 앞면이다. 어떤 학생이 더 통계적으로 그럴듯한 일련의 결과를 얻었나?

이 질문에 답하는 대부분의 사람은 직관적으로 조가 그렇다고 믿는다. 결국 그의 반응 순서는 덜 패턴화되고 더 '무작위적으로 보인다.' 그러나 사실상 양쪽 결과는 동등하게 그럴듯하다. 문제는 사람들이 일반적으로 동전 뒤집기 같은 무작위 과정이 항상 무작위로 보이는 결과를 생성한다고 기대한다는 것이다. 즉, 그들은 그것들을 발생시켰던 과정의 대표가 되는 결과를 기대한다. 이런 식으로 판단하는 사람들은 대표성 발견법(representativeness heuristic)을 사용하고 있다고 언급된다.

Kahneman과 Tversky(1973)는 사람들이 대표성 발견법을 사용하는 것을 일련의 연구에서 증명했다. 한 연구에서 대학생 참가자들은 세 조건에 할당되었다. 기저율 조건에서 그들은 "오늘날 미국에 있는 모든 대학원 1년차를 고려해 보라. 다음의 아홉 가지 전공 분야 각각에서 지금 등록된 백분율에 대해 당신의 가장 좋은 추측을 써보시오."라는 요구를 받았다. 아홉 가지 분야는 글상자 10.6에 제시되어 있다. 유사성 조건에 있는 사람들은 글상자 10.6(A)에 제시된 성격 스케치를 제시받았고, 톰은 다음의 아홉 가지 대학원 전공 분야 각각에서 전형적인 대학원생에 '얼마나 유사한지'에 따라 아홉 가지 분야를 순위 매기도록 요구받았다. 예측 조건에서의 참가자들은 역시 성격 스케치를 받았지만, 그것은 투사 검사(로르샤흐 검사 같은)에 대한 그의 반응에 근거하여 톰의 고교 2학년 시절인 몇 년 전에 쓰였다고 들었다. 그런 다음 그들은 톰이 각 분야에서 현재 대학원생일 공산을 예측하도록 요구받았다.

다시 대표성 발견법의 사용을 제안하면서 글상자 10.6(B)는 평균 유사성 순위가 평균 공산 순위와 매우 유사하고 평균적으로 판단된 기저율과는 독립적임을 보여준다. 톰이 X 분야에서 대학원생일 공산을 추정하도록 요구받은 참가자들은, 기저율은 무시하면서 분명히 그의 성격에 대한 서술을 X 분야에서의 전형적인 대학원생이 어떨 거라는 자신들의 믿음과 비교함으로써 예측을 한다. 그러나 기저율은 중요한 정보이다. 확률 추정에서 기저율 정보를 포함하지 않는 것은 자주 계산 차수 이상의 오류가 있는 답으로 이끌 수 있다.

판단에 관련된 오류는 도박사의 오류(gambler's fallacy)라고 한다. 뉴저지 애틀랜틱시티에서 룰렛 휠 옆에 서 있는 자신을 상상해 보라. 여러분은 8번의 연속 시행에서 휠이 빨강에 다가가는 걸 본다. 여러분이 여전히 휠이 동등하게 검정이나 빨강에 다가갈 것이라 기꺼이 믿을 것이라 가정하면, 여러분은 다음 회전을 위해 판돈을 어디에 걸 것인가? 대부분의 사람들은 검정과 빨강이 동등하게 일어난다면, 이전의 결과가 과정을 다소 왜곡시켜서 이제 '검정의 차례'라고 추리하면서 판돈을 검정에 걸 것이다. 그러나 다음 시행에서 검정과 빨강의 확률은 정확하게 같다. 휠은 과거 결과 중 어느 쪽으로 '진로를 따르지' 않아서 과거 결과를 '교정하거나', '만회하지' 않을 것이다. 비록 장기적으로는 검정에 다가오는 횟수가 빨강에 다가오는 횟수와 동등할지라도, 이것이 단기적으로 비율이 균등할 것임을 의미하지는 않는다. 이 설명은 더 앞서 주어졌던 동전-뒤집기 예시에도 적용된다. 특히 단기적으로는 무작위적 과정(동전 뒤집기나 룰렛 휠 회전 같은)이 항상 무작위적으로 보이는 결과를 생성하지는 않을 것이다.

Tversky와 Kahneman(1971)은 작은 수의 법칙에서 사람들의 (잘못된) 믿음에 대해 서술했다. 아이디어는 사람들이 추출해 낸 전집을 모든 점에서 닮은 (사람들의, 동전 뒤집기의,

예측 연구로부터의 자료

(A) 톰의 성격 스케치

톰은 비록 진정한 창의성은 결여되었을지라도 지능이 높다. 그는 질서와 명료성에 대한 욕구와 모든 세부 사항이 적절한 위치에 있는 말쑥하고 깔끔한 체계에 대한 욕구를 가지고 있다. 그의 저술은 꽤 따분하고 기계적이지만, 약간 진부한 말장난이나 공상과학 소설류의 번뜩이는 상상력으로 때때로 생생하고 활기 차다. 그는 경쟁에 대한 강한 추동을 가지고 있다. 그는 다른 사람에 대해 거의 느끼지 않고 공감하지 않는 것처럼 보이고 다른 사람과의 상호작용을 즐기지 않는다. 자기 중심적이면서도 깊은 도덕관을 가지고 있다.

(B) 아홉 가지 대학 전공 분야에 대한 추정된 기저율, 그리고 톰을 위한 유사성 및 예측 자료의 요약

대학 전공 분야	평균 판단된 기저율(%)	평균 유사성 순위	평균 공산 순위
경영학	15	3.9	4.3
컴퓨터과학	7	2.1	2.5
공학	9	2.9	2.6
인문학과 교육학	20	7.2	7.6
법학	9	5.9	5.2
도서관학	3	4.2	4.7
약학	8	5.9	5.8
자연과학과 생명과학	12	4.5	4.3
사회과학과 사회사업학	17	8.2	8.0

실험 시행의) 작은 표본을 기대한다는 것이다. 실제로 작은 표본은 전집으로부터 훨씬 더 벗어나는 것 같고, 따라서 더 큰 표본보다 결론을 형성하는 데 신뢰가 떨어지는 근거이다. 도박사의 오류 문제는 작은 수의 법칙에서 믿음의 예시로 생각될 수 있다. 사람들은 룰렛 휠 회전의 작은 표본(8 같은)이 매우 큰 표본(100,000 같은)이 하는 것과 같은 동일한 비율의 빨강을 보여줄 것임을 기대한다. 그러나 기대된 비율로부터의 큰 편차를 발견할 기회는 작은 N 표본에서 훨씬 더 크다. 달리 말하면 매우 큰 표본만이 추출된 전집의 대표라 기대할 수 있다. 사람들이 때로는 표본 크기에 대한 올바른 직관을 가지지만 자주 그렇지 않음을 주장하면서, Sedlmeier와 Gigerenzer(2000)는 표본 크기에 관한 사람들의 직관 문제를 더 깊이 탐색했다.

틀짓기 효과

내리막길을 운전하면서 여러분은 휘발유가 모자람을 알아채고, 휘발유를 광고하고 있는

2개의 주유소를 본다. A주유소의 가격은 갤런당 4달러이다. B주유소의 가격은 3.95달러이다. A주유소에는 항상 "현금 결제 시 갤런당 5센트 할인!"이라는 표지판이 있다. B주유소의 표지판에는 "신용 카드 결제 시 갤런당 5센트 추가요금"이라고 적혀 있다. 다른 모든 요인이 동등하다면(예 : 주유소의 청결도, 휘발유 브랜드 선호도, 각각에서 대기 중인 차량의 수), 여러분은 어느 주유소를 선택하겠는가? 많은 사람들은 A주유소, 즉 현금 할인 제공에 대한 선호를 보고한다(Thaler, 1980).

양쪽 주유소가 실제로 동일한 거래를 제공하고 있기 때문에 사람들이 이런 선호를 갖는다는 것은 흥미롭다. 여러분이 현금을 사용하면 갤런당 3.95달러이고, 신용 카드를 사용하면 갤런당 4달러이다. Tversky와 Kahneman(1981)은 이 현상을 틀짓기 효과(framing effect)로 설명했다. 사람들은 결과를 참조점, 즉 그들의 현재 상태로부터의 변화로 평가한다(Keren, 2011; McCloy, Beaman, Frosch, & Goddard, 2010). 그들의 현재 상태가 어떻게 서술되는지에 의존하여 어떤 결과를 획득이나 손실로 지각한다. 그러므로 서술(description)은 결정을 '틀짓는' 것으로 또는 그것에 대한 어떤 맥락을 제공하는 것으로 언급된다. 우리는 벌써 맥락 효과가 인지적 수행에 영향을 주는 데 큰 역할을 할 수 있다는, 인지적 주제(지각, 사고, 추리 같은)를 보았다. 본질상 틀짓기 효과는 의사결정에서의 맥락 효과라 생각될 수 있다.

여기에 주유소 예시에 이어지는 것이 있다. '현금 할인'으로 서술되면 싸게 사는 것처럼 보인다. 여러분은 갤런당 4달러의 참조점으로부터 시작하고 있고, 그러면 5센트를 절약하거나 버는 것으로 가정한다. 그러나 B주유소의 경우에는 스스로에게 다음과 같이 상황을 서술한다. "그래, 그래서 3달러 95센트를 청구하고 있어. 괜찮게 들리네. 그렇지만 어이, 잠시 기다려 봐. 만약 내가 카드를 사용하게 되면 4달러로 올라가잖아. 그러면 갤런당 5센트를 잃게 될 거야. 사기꾼 같으니라고! B주유소는 됐어! 바로 A주유소로 갈 거야." Kahneman과 Tversky(1979)는 우리가 동일한 양의 획득을 다루는 것보다 손실을 더 심하게 다룬다고 주장했다(돈이든, 만족도에 대한 어떤 다른 측정치이든). 즉, 우리는 1달러를 얻는 것보다 1달러를 잃는 것에 대해 더 많이, 즉 5센트를 얻는 것보다 5센트를 잃는 것에 대해 더 많이 관심을 둔다.

문제는 상황에 대한 서술을 단순히 변화시키는 것이 우리에게 다른 참조점을 채택하게 이끌 수 있고, 따라서 동일한 결과를 한 상황에서는 획득으로, 다른 상황에서는 손실로 보게 할 것이라는 점이다. 다시 말해서 문제에 대한 어떤 사실이 변했기 때문이 아니라 단순히 우리가 스스로에게 상황을 서술하는 방식이 변했기 때문에 결정이 변화될 것이다.

닻 내리기

내가 여러분에게 추정치를 가지고 산술 문제에 답하라고 요구한다고 가정하라(여러분이 정확한 값을 알지 못한다고 가정하면서). 2000년 4월 중 필라델피아의 인구는 얼마인가? (나중에 당신에게 정답을 줄 것이다.) 내가 팀과 킴이라는 두 사람에게 이 질문을 하되, 각 사람에게 룰렛 휠을 회전시켜 얻어지는 '시작 값'을 준다고 상상해 보라. 킴과 팀은 내가 휠을 회전시키는 것을 보고, 그것이 순전히 우연에 의해 작동한다(그리고 멈춘다)는 것, 그리고 '시작 값'이 임의적이라는 것을 알게 된다. 킴의 시작 값은 1백만이고, 팀의 시작 값은 2백만이다. 만약 그들이 Tversky와 Kahneman(1973)의 연구에 참여했던 대부분의 연구 참가자 같다면 킴은 125만이라는 추정치에 도달할 것이고, 팀은 175만이라 할 것이다. 다시 말해서 닻 내리기(anchoring)라 알려진 현상의 증거를 보여주면서, 그들의 초기 시작점은 그들의 최종 추정치에 커다란 효과를 미칠 것이다.(2000년 4월 1일의 미국 인구 조사에 따르면 정확한 값은 1,517,550명이다.)

비슷하게 각각 복잡한 표현을 추정하기 위해 5초를 준 2개의 고교생 집단을 고려해 보라. 집단 1은 $8 \times 7 \times 6 \times 5 \times 4 \times 3 \times 2 \times 1$을 추정하고 2,250의 평균 추정치를 보고한다. 집단 2는 $1 \times 2 \times 3 \times 4 \times 5 \times 6 \times 7 \times 8$을 추정하고 답이 (평균적으로) 512라고 보고한다. 여러분도 바로 알 수 있듯이 두 문제는 동일하다. 여러분은 아마 잽싸게 답할 수는 없을 것인데, 양쪽 추정치는 너무 작다. 정확한 값은 40,320이다.

Tversky와 Kahneman(2000)은 이 결과를 이런 식으로 설명한다. 사람들은 곱셈의 처음 몇 단계를 수행하고 그런 다음에 외연하려 하는 경향이 있다. 외연은 너무 커지기보다는 너무 작아지는 경향이 있다. 이리하여 양쪽 집단의 참가자들은 답을 과소 추정했다. 게다가 $1 \times 2 \times 3$으로 시작했던 사람들은 $8 \times 7 \times 6$으로 시작했던 사람들보다 더 작은 값을 가지고 시작해서 첫 집단이 실제 값을 더 심하게 과소 추정했다.

잠긴 비용 효과

주요한 교육 계획이 여러분의 고향에서 시작된다. 학생들이 담배, 술, 기타 약물 사용을 피하도록 하는 4년짜리 프로그램에 3백만 달러가 투자되었다. 3년 동안 프로그램이 작동하지 않는다는 증거를 축적하기 시작한다. 예정된 날짜 이전에, 지방의원이 프로그램에 자금을 대는 것을 끝낼 것을 제안한다. 항의의 아우성이, 기금의 막대한 지출 후에 프로그램을 중지하는 것은 낭비라 주장하는 일부 개인들로부터 제기된다. 이러한 개인들은 Arkes와 Blumer(1985)가 잠긴 비용 효과(sunk cost effect)라 명명했던 것에 사로잡혀 있는 것이다. 잠긴 비용 효과란 "일단 돈이나, 노력이나, 시간에 투자가 이뤄지면 노력을 지속하려는 더 큰 경향"(p. 124)을 의미한다.

이것이 왜 오류인가? "써버린 돈은 이미 가버린 것이다." 얼마나 많은 돈(시간, 에너지, 정서)이 들어갔는지는 미래 성공의 공산에 영향을 주지 않는다. 그러한 자원은 어떤 선택지가 선택되어도 사용되었다. 그러므로 결정에 영향을 주는 모든 것은 각 선택지의 미래의 이익과 비용에 대한 기대이다.

착각적 상관

모두 심리학 수강생인(비록 전공은 아니더라도) 당신과 한 친구가 교정에서 동료 학생을 관찰하고 당신이 '머리카락 비틀기(hair twisting)'라 부르는 행동 양식을 발견한다. 그 사람은 엄지와 검지 사이에 머리카락 가닥을 집어서 검지 주위로 계속해서 비튼다. 여러분은 이런 행동이 많은 양의 스트레스를 겪는 사람들에서 특히 일어날 것이라고 믿는다. 심리학 수업을 위한 연구 논문이 필요해서 여러분은 친구와 연구에 착수한다. 여러분은 머리카락 비트는 사람과 아닌 사람으로 분류하면서 하루 동안 150명 학생의 무선 표본을 관찰한다. (당신과 친구는 관찰을 독립적으로 하고 평정자간 신뢰도, 즉 두 사람 간에 범주화의 일치가 매우 높다고 가정하라.) 나중에 각 참가자는 유의한 양의 스트레스하에 있는지를 정하기 위해 일련의 심리 검사를 받는다.

결과가 글상자 10.7에 제시되어 있다. 이런 자료가 주어지면 스트레스와 머리카락 비틀기 간의 관계에 대한 직관적인 추정치는 무엇인가? 만약 여러분이 통계학을 수강하면, 분할 통계치(contingency statistic)의 카이 자승 검증(chi square test)이나 상관 계수를 추정하려 시도할 수 있다. 만약 그렇지 않으면 관계가 얼마나 강한지에 대한 여러분의 믿음을 말로 나타내려 노력해 보라.

나는 이 질문을 인지심리학을 수강하는 30명의 학생에게 제기했다. 대부분은 두 변인 간에 최소한 약한 관계가 있다고 믿었다. 실제로는 전혀 관계가 없다. 스트레스를 받은 참가자와 스트레스를 받지 않은 참가자 모두에 대해 머리카락 비트는 사람의 비율은 .25(20/80과 10/40)임에 주목하라. 그럼에도 불구하고 학생들의 직관은 전형적이다. 사람들은 연합이 제시되지 않을 때조차 그럴듯해 보이는 자료 연합을 본다고 보고한다. 이런 사례에서 머리카락 비틀기가 신경학적 행동인 것처럼 들리기 때문에 그리고 신경 활동이 불안 조건하에서 생성되는 것 같기 때문에 머리카락 비틀기와 스트레스는 그럴듯하게 관련된다.

존재하지 않는 관계를 보는 현상을 착각적 상관(illusory correlation)이라 부른다. 주어진 예시에서 그것이 심지어 이상적인 조건하에서도 일어남에 주목하라(표에 모든 자료가 요약 제시되어서 여러분이 기억으로부터 관련된 사례를 회상할 필요가 없음). 개별 사례가 떨어지는 곳에 모호함이 없고(모든 사람이 머리카락 비트는 사람이거나 비틀지 않는 사람으로 그리고 스트레스하에 있거나 아닌 것으로 분류) 여러분의 추정치를 방해하도록 여러

글상자 10.7

착각적 상관의 예시

	스트레스를 받은	스트레스를 받지 않은
머리카락 비트는 사람	20	10
머리카락 비틀지 않는 사람	80	40

위의 자료가 주어지면 두 변인 간 상관에 대한 여러분의 직관적 추정치를 내놓아라(0부터 1까지).

분 쪽에서 사적인 편향을 기대할 이유가 없다. 자료는 양쪽 변인들에 대해 양분(예/아니요)되고, 따라서 작업하기 쉽다.

Chapman과 Chapman(1967a, 1967b, 1969)은 착각적 상관 현상의 훨씬 더 호소력 있는 증명을 제시하였다. 저자들은 인물 그리기 검사(Draw-a-Person Test)의 사용에 대한 임상 심리학 분야 내의 논란에 당황스러웠다. 심리진단(psychodiagnostic) 검사에서 환자는 "인물을 그리라."고 요구받고, 그림은 차원의 수에 따라 점수화되었다(예 : 그려진 인물이 남성적인지, 이례적인 눈을 가졌는지, 아이 같은지, 뚱뚱한지). 임상가들은 그림의 일부 특징과 환자의 특별한 증상 및 행동적 특징 사이에 강력한 상관을 보고했다(예 : 의심하는 환자에 의해 그려진 이례적인 눈, 지적인 환자에 의해 그려진 커다란 머리). 그러나 이러한 보고들은 검사 그 자체를 연구하는 연구자들에 의해 확인된 적이 없다.

한 연구에서 Chapman과 Chapman(1967a)은 인물 그리기 검사에 친숙하지 않은 대학생들에게 그린 사람들이 주장한 대로 나타난 증상들과 무작위로 짝지어진 일련의 45장 그림을 주었다. 이들 대학생은 임상가가 보고했던 동일한 상관을 '발견했다'. 그림과 증상이 무작위로 짝지어졌기 때문에 대학생들은 어떤 관계가 자료에서 발견될지에 대한 선재하는 편향을 임상가와 공유했던 것이다. 즉, 그들은 심지어 이런 관계가 존재하지 않을 때조차 자신들이 발견할 것으로 기대했던 관계를 '발견했다'.

전형적으로 잘못 연합되는 경향이 있는 변인은 사람들의 마음속에 어떤 사전 연합을 갖는 것처럼 보인다(Chapman & Chapman, 1967b). 표면적으로 의심하는 환자는 눈이 휘둥그렇게 인물을 그리는 것이 이치에 맞는 것처럼 보인다. 크게 치켜뜬 눈은 그들의 의심에 대한 예술적이거나 상징적인 표상일 것이다. 여기서 요점은 우리가 상황으로 가져오는 연합이 우리의 판단을 자주 심지어 그것들이 거기 없을 때조차 보는 것처럼 판단에 영향을 미친다는 것이다.

후견지명 편향

다음의 결정을 고려해 보라. 여러분은 심리학 또는 경제학 전공 사이에서 선택을 할 필요가 있다. 여러분은 자신의 수행, 목표, 호불호를 상담하고 양쪽 학과의 교수진, 양쪽 학과의 전공자, 여러분을 지도해 온 양쪽 분야의 교수님, 친구, 부모님, 관련된 다른 사람들과 긴 논의를 해야 한다. 여러분은 마침내 경제학을 전공하기로 결정하는데, 일차적으로는 수업 주제에 대해 관심이 있기 때문일 뿐 아니라 경제학 교수진을 매우 좋아하기 때문이다.

몇 달 후에 여러분은 경제학 수업이 점점 더 재미없어진다는 걸 알게 되고 심리학 강좌가 이전에 가졌던 것보다 더 흥미 있음을 발견한다. 여러분은 전공에 대한 결정을 재개하고, 목표와 흥미를 재고하는 몇 주를 보내고, 심리학으로 전과하기로 결정한다. 여러분이 가장 친한 친구에게 결정을 알릴 때, 그녀는 "음, 나는 이런 일이 일어날 줄 알았어. 그것이 매우 자명했거든. 너는 그 학과에서 다른 전공자들과 어울릴 유형으로 보이진 않았고, 지난 학기 과제에 대해 네가 말했던 것들도 고려해 보면, 네가 오랫동안 그걸 좋아할 것 같진 않았어."라고 말한다. 다른 친구들도 여러분이 전공을 바꿀 것임을 "진작부터 알았다."고 털어놓으면서 여러분의 최신 결정에 거의 놀라지 않는다.

그런데 여러분 스스로가 전공에서의 이러한 불가피한 변화를 예견하지 못했던 것은 어째서일까? 어떻게 친구들은 여러분의 미래를 본 반면에 여러분은 할 수 없었을까? 사실상 하나의 그럴듯한 답은 여러분의 친구들이 후견지명 편향(hindsight bias)이라는 오류에 빠져 있다는 것이다. Fischhoff(1982b)는 후견지명 편향을 "사건에 대해 되돌아보았을 때(후견으로) 선견에서 기대될 수 있는 것을 지속적으로 과장하는 경향"이라고 서술했다(p. 341). 풀어 쓰면 일단 어떻게 결정이 날지를 알면 사람들은 그것이 실제로 그러한 것보다 더 불가피한 것으로 결과에 선수를 쳐서 사건을 되돌아본다는 것이다.

후견지명 편향이 방금 서술된 가설적인 상황에서 친구들에게 어떻게 적용되는가? 그들이 경제학 전공에 대한 여러분의 결정이 계속되지 않을 것임을 "진작부터 알았다."고 말한다는 것을 회상하라. 그러나 친구들은 여러분의 원래 결정이 어떻게 나타날지를 알고 나서 후견지명으로 여러분의 결정을 보고 있는 중인 것 같고, 그러므로 이런 식으로 나타난 이유를 더 생각해 낼 수 있는 것이다. 선견으로 여러분의 결정이 어떻게 나타날지를 예측하는 친구들의 능력은 아마도 훨씬 더 약할 것이다. 요약하면 오래된 격언을 인용하여 "후견지명은 항상 20/20이다." 그런데 최근의 연구는 유로(euro)의 도입에 대한 경제적 효과(Hoelsl, Kirchler, & Rodler, 2002)나, 클린턴 대통령에 관한 고소 평결(Bryant & Guilbault, 2002), 그리고 O. J. 심슨의 재판 결과 같은 사건에 대한 참가자의 (잘못된) 재수집을 가지고 실생활 맥락에서 후견지명 편향의 발생을 증명하고 있다.

확증 편향

내 고향에서 부모들은 1학년 동안 공립학교 아이들을 약 여섯 가지 선택지 중 하나에 둘 수 있다. 그러므로 유치원생 부모들은 아이를 위한 '최상의' 선택지를 찾으려 노력하며 많은 시간과 에너지를 보낸다. 예를 들어 스페인어–몰입교육 선택지에 관심이 있었던 부모들은 몰입교육 프로그램에 등록된 아이들을 둔 다른 부모를 찾고 그 프로그램을 좋아하는지를 묻는다. 유능한 부모는 다섯 쌍의 행복한 스페인어–몰입교육 부모들에게 얘기를 들은 다음, 그 몰입교육 프로그램이 자신의 아이를 위해 옳다는 자신의 느낌을 확신하게 된다.

"뭐가 잘못된 거지?"라고 여러분은 의문을 가질지 모른다. 다른 부모보다 경험이 어떻다고 말해 줄 더 좋은 이는 누구인가? 유능한 부모가 정보를 모으는 방식에 대한 명칭은 앞서 우리가 Wason 카드선별 과제를 보았을 때 논의했던 것 같은 확증 편향(confirmation bias)이라고 부른다. 이것은 자신의 초기 예감이나 가설을 확증할 정보만 탐색하고, 다른 정보는 간과하거나 무시하는 경향이다.

부모들이 만약 특별한 선택지가 최고라는 예감을 잠재적으로 확증할 정보만 찾는다면 잘못된 것이다. 만약 그들이 프로그램에 있는 아이들의 부모와만 말한다면, 그들은 프로그램의 가장 행복한 고객이 될 것만 같은 부모들과만 이야기하는 것이다. (만약 그들이 프로그램에 아이들을 참여시켜서 행복하지 않다면, 아마도 그런 부모들은 자신의 아이들을 다른 프로그램에 두었을 것이다.) 그러면 가장 합리적인 결정은 그 선택지에 여전히 있는 아이들의 부모뿐 아니라 특별한 선택지로부터 다른 선택지로 옮겨간 부모들 또는 무작위로 선택된 일단의 부모들과도 이야기함으로써 이뤄질 것이다.

과잉 확신

글상자 10.8에 있는 질문들을 고려해 보라. 그리고 두 가지 가능한 답으로부터 선택해 보라. 답을 한 후에 확신도를 평가해 보라. 만약 답이 무엇인지에 대한 아이디어가 전혀 없다면 여러분이 옳을 공산이 50-50임을 나타내기 위해 값 .5를 선택하라. (.5보다 작은 임의의 숫자는 여러분이 옳기보다는 틀렸을 거라는 게 더 그럴듯하다고 생각함을 가리킨다.) 1.00의 평정은 여러분의 답이 100% 정확하다는 확신을 의미한다. 더 높은 수는 더 높은 확신도를 반영하며 .5와 1.00 사이의 값들은 중간 수준의 확신도를 가리킨다.

이 논의의 목적을 위해서는 여러분의 답이 얼마나 정확한지는 별로 문제가 되지 않는다(만약 단순히 정답을 알고 싶다면 이 페이지 아래에 있는 주석 참조*). 여기서 문제가 되는 것은 여러분의 정확성과 확신도 평정 간의 관계이다. 몇몇 연구에서(Lichtenstein, Fischhoff, & Phillips, 1982에 의해 검토된), 참가자들은 글상자 10.8에 있는 것과 유사한 긴

글상자 10.8

몇 가지 일반상식 질문

각 질문에 대해 한 가지 답을 선택하고 답에 대해 여러분의 확신도를 .5(단지 추측하기)에서 1.0(완전히 확신하기)의 척도상에 평정하라.

1978년에 어떤 잡지가 가장 많이 유통되었나?
 a. 타임　　　　　　　　　　　　b. 리더스 다이제스트
1953년에 어느 도시에 인구가 더 많았나?
 a. 미네소타 세인트폴　　　　　　b. 뉴올리언스
미국의 21번째 대통령은 누구인가?
 a. 아서　　　　　　　　　　　　b. 클리블랜드
어떤 연방 철갑선이 연합 철갑선 메리맥과 싸웠나?
 a. 모니터　　　　　　　　　　　b. 앤도버
누가 간호직을 시작했는가?
 a. 나이팅게일　　　　　　　　　b. 바턴

---

*답 : b, a, a, a, a

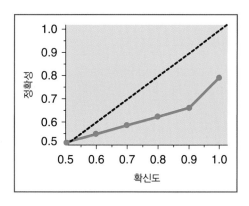

그림 10.7 보정 곡선의 예시

질문 목록을 받는다. 그들이 모든 질문에 답하고 확신도 평정을 낸 다음에, 그들의 정확성을 확신도 평정의 함수로 그린다. 예를 들어 실험자는 참가자가 자신의 확신도를 .6으로 평정한 질문 모두를 보았고, 그가 정확하게 답한 질문들의 비율을 계산했다.

전형적인 발견이 그림 10.7에 제시되어 있다. 이런 종류의 곡선—정확성에 대해 확신도를 그린—은 보정 곡선(callibration curve)이라 불린다. 곡선이 45도 선에 가까울수록 확신도와 정확성 사이에서 보정이나 '적합도'가 더 좋다. 45도 선 위의 결과들은 확신도와 정확성이 완벽하게 동기화됨을 가리킬 것이다. 예를 들어 참가자가 .6의 확신도 평정을 나타낸 질문은 시간 중 정확히 60%를 답하게 될 것이다. 설사 그렇다고 하더라도 이 결과는 드물게 발견된다.

대신에 전형적인 곡선들은 그림 10.7에서 보듯이 45도 선 밑으로 '내려간다'. 이 선 아래에 있는 곡선으로부터의 편차는 확신도 평정이 실제 정확성보다 더 크기 때문에 과잉 확신(overconfidence)을 가리킨다고 한다. 선 위에서의 편차는 거의 일어나지 않는 현상인 과소 확신(underconfidence)을 가리킬 것이다. 일반적인 아이디어는 이것이다. 참가자들이 .8의 확신도 평정을 제출한 질문들 전체에 대해(그들이 정확하게 답할 확률을 80%로 추정함을 의미하는 것), 그들은 시간 중 60%에 대해서만 정확하다. 게다가 참가자들이 답을 100% 확신한다고 말할 때 그들은 대략 시간 중 75%에서 80%만 정확하다.

다른 방식으로 말하면 자신의 정확도에 대한 사람들의 인상은 부풀려진다. 과잉 확신은 옳은 의사결정에 대한 실질적 장애이다. 만약 여러분의 판단에 대한 확신도가 부적절하게 높으면, 여러분은 필요한 것을 알아보는 데 실패할 것이기 때문에 아마도 의사결정을 하는 데 있어 도움 제공을 일축할 것이다. 심지어 옳은 결정 도우미가 다른 편향이나 판단 오류를 극복하도록 도울 때조차 과잉 확신은 유용한 객관적 정보보다 여러분 자신의 직관을 더 과하게 가중시킬 것이다. 결국 과잉 확신은 의사결정에서의 오만으로 생각될 수 있다.

지금까지 의사결정과 계획에서 발견법과 편향의 (매우 불완전한) 목록을 검토해 봤다. 다시 여기서의 요점은 정보를 수집하고 평가하는 이런 방식이 항상 틀리거나 나쁘다는 것이 아니다. 대신에 예시들은 의사결정이 가능한 최적의 결과를 산출하지 않는 상황을 지적한다. 이런 편향의 존재는 특히 정보가 풍부할 때 어떻게 인류가 '자연스럽게' 정보를 가지고 대처하는지에 대해 말해 준다. 이런 오류를 문서화하는 것은 효과적인 개선용 프로그램을 설정하는 첫 단계일 수 있다.

의사결정의 효용 모형

이전 절에서 사람들이 정보를 모을 때 사용하는 사고의 패턴과 오류를 서술했다. 또 다른 문제는 비록 그렇더라도 어떻게 사람들이 결정을 하기 위해 모은 정보 모두를 이용하는가이다. 이 절에서는 사람들이 결정을 구조화하고 대안으로부터 선택할 때 구조화 및 선택 과정을 정확히 서술하거나 서술하도록 주장하는 두 가지 모형을 검토할 것이다.

존재하는 의사결정(및 사고) 모형의 종류들을 더 일방적인 방식으로 서술하는 것이 우선 유용할 것이다. 규준 모형(normative model)은 이상적인 환경하에서 이상적인 수행을 정의 한다. 처방 모형(prescriptive model)은 우리가 어떻게 결정을 '해야 하는지'를 말해 준다. 이 모형들은 결정이 이뤄지는 환경이 이상적인 경우는 드물다는 사실에 대해 고려하고, 우리 가 할 수 있는 최선의 방법에 대한 지침을 제공한다. 교사들은 처방 모형을 따르는 학생들 을 얻기 위해 애쓴다. 반대로 서술 모형(descriptive model)은 사람들이 의사결정을 할 때 실 제로 그들이 하는 것을 단순히 상세화한다. 이런 것들이 반드시 좋은 사고방식에 대한 지 지는 아니다. 오히려 그것들은 실제의 수행을 서술한다. 규준·처방·서술 모형 간 구분은 우리가 특수한 이론을 고려할 때 중요하다.

기대효용 이론

전공을 선택하는 것 같은 의사결정은 도박과 비교될 수 있다. 대부분의 도박에서 사람들은 어떤 결과에 의존하여 특별한 양의 돈을 딴다(또는 잃는다). 확률 이론은 우리에게 (상당한 동전, 카드의 덱, 그 비슷한 것들을 가정하면서) 어떤 결과의 공산을 얘기해 준다. 따거나 잃은 돈은 우리에게 각 결과에 대한 화폐 가치를 말해 준다.

만약 따거나 잃을 수 있는 확률과 양에 대한 정보를 어느 정도 조합할 수 있다면 좋을 것 이다. 사실상 우리는 그렇게 할 수 있다. 한 가지 방식은 각 결과의 기댓값을 계산하는 것이 다. 각 결과의 확률을 그 결과에 대해 따거나 잃을 돈의 양으로 곱하고 모든 가능한 결과에 걸쳐 합산함으로써 우리는 도박의 기댓값을 정할 수 있다. 그런 다음 만약 우리가 두 도박 사이에서 선택을 권유받는다면, 우리는 각각의 기댓값을 계산하고 더 높은 값을 가진 도박 을 선택함으로써 더 좋은 것을 선택할 수 있을 것이다.

기댓값에 대한 이런 아이디어는 방정식의 형태로 표현될 수 있다.

$$(1)\ EV = \sum(p_i \times v_i)$$

EV는 도박의 기댓값이고, p_i는 i번째 결과의 확률이고, v_i는 그 결과의 금전적 가치이다. 예 를 들어 1부터 10까지 번호가 매겨진 10장의 복권을 상상해 보라. 만약 뽑은 티켓이 1이라 고 번호 매겨져 있다면 10달러를 따게 된다. 만약 뽑은 표가 2나 3 또는 4라면, 5달러를 따 게 된다. 뽑은 임의의 나머지 숫자들은 가치 없는 것이다. 그러면 이 복권의 EV는 아래와 같다.

$$(.1 \times \$10) + (.3 \times \$5) + (.6 \times \$0) = \$1.60$$

기댓값을 계산하는 게 무슨 도움이 되는가? 한 예를 든다면 그것은 얼마나 많은 돈(만약 있다면)을 복권을 사는 데 기꺼이 써야 하는지에 대한 안내를 제공한다. 만약 여러분이 합리적인 결정을 한다면 복권의 기댓값보다 더 많은 돈을 쓰지는 않을 것이다.(물론 일부 자선 복권에서 여러분은 조직을 지원하기 위해 더 많은 돈을 기부하기를 원할지도 모른다. 그런 경우에 복권의 기댓값과 티켓에 대해 지불하려는 최댓값에 맞추기 위해 기꺼이 기부할 돈의 양을 함께 더할 필요가 있을 것이다.)

모든 결정이 금전적 결과를 포함하지는 않는다. 우리는 자주 가능한 결과의 다른 측면에 대해 관심을 갖는다. 예컨대 행복이나, 성공이나, 또는 목표 완수를 위한 기회 같은 측면 말이다. 심리학자, 경제학자, 그리고 또 다른 사람들은 하나 이상의 사적 목적을 달성함으로써 오는 행복, 쾌락, 만족이라는 아이디어를 잡기 위해 효용(utility)이라는 용어를 사용한다. 하나의 목적만을 완수하는 선택은 동일한 목적 더하기 또 다른 목적을 완수하는 선택보다 더 적은 효용을 갖는다. 이런 결정을 위해 우리는 금전적 가치 대신 효용을 사용하여 방금 주어진 류의 방정식을 사용할 수 있다. 방정식 1은 이제 아래처럼 된다.

$$(2)\ EU = \sum(p_i \times u_i)$$

EU는 결정에 대한 기대효용이고, u_i는 i번째 결과의 효용이다. 합산은 다시 모든 가능한 결과에 걸쳐서 이뤄진다.

전공을 선택하는 원래의 예시를 기대효용(EU) 모형으로 변환해 보자. 여러분이 모든 가능한 전공을 목록화했고, 각각에서 성공 확률을 추정했고, 성공이나 실패의 전반적 효용성을 정했다고 상상해 보라. 표 10.2는 예시를 제공한다. 여러분은 일부 전공(고전 같은)에서 성공 기회가 높다고 추정하고 다른 전공(아마도 생물학)에서는 성공 기회가 낮다고 생각한다. 동시에 여러 전공에서의 성공에 다른 값을 놓는다. 이 예시에서 여러분은 인지과학에 가장 가치를 두고, 사회학과 경제학이 뒤따른다.

실패에 대한 효용성은 가능한 전공 간에 다르다. 생물학과 수학 같은 몇몇에 대해서는 심지어 실패에 대한 당신의 전반적인 효용은 정적이다. 심리학과 사회학 같은 전공의 실패에 대한 전반적인 효용은 강하게 부적이다. 마지막 열은 각 전공에 대해 전반적인 기대 효용을 보여준다. 이는 확률과 효용의 추정치가 주어지면, 두 번째와 세 번째로 각각 심리학과 생물학을 선택하면서 가장 좋은 결정은 화학 전공이라 제안한다. 여러분은 어떻게 효용이 이 예시에서 측정되는지 궁금해할 것이다. 효용 측정은 꽤 간단한 것으로 드러난다. 만약 한 가지 결과를 선택하고 그것에 0 값을 할당하면, 이것을 참조점으로 사용하면서 다른 값들을 할당할 수 있다. 어떤 결과가 0점으로 선정되는지는 문제가 되지 않는데, 왜냐하면 최종 결정이 효용성의 절댓값에 의존하는 것이 아니라, 기대효용에서의 차이에 의존하기 때문이다(이 과정에 대해 더 많은 것을 알아보려면 Baron, 2008 참조).

많은 이들은 기대효용 이론(expected utility theory)을 의사결정의 표준 모형으로 생각한

표 10.2　선택된 과목에서 전공에 대한 결정을 위한 기대효용 계산의 예시

전공	성공 확률	효용		기대효용
		성공에 대한	실패에 대한	
예술	.75	10	0	7.50
아시아학	.50	0	−5	−2.50
생물학	.30	25	5	11.00
화학	.45	30	4	15.70
경제학	.15	5	−10	−7.75
영어	.25	5	0	1.25
프랑스어	.60	0	−5	−2.00
독일어	.50	0	−5	−2.50
역사	.25	8	0	2.00
수학	.05	10	5	5.25
철학	.10	0	−5	−4.50
물리학	.01	0	0	0.00
심리학	.60	35	−20	13.00
종교	.50	5	−5	0.00
사회학	.80	5	−25	1.00

주 : 각 결과의 확률(성공과 실패)은 그 전공을 선택하는 전반적인 기대효용을 주면서, 각 결과에 대한 효용성에 의해 곱해지고, 양쪽에 걸쳐 더해진다. 확률과 효용은 의사결정을 하는 개인으로부터 오고 주관적인 추정치이다.

다. 만약 여러분이 항상 기대효용을 최대화하여 선택한다면, 충분히 많은 결정에 걸쳐서 여러분 자신의 만족도가 최고조가 될 것임을 보여줄 수 있다(Baron, 2008 참조). 다시 말해서 전반적인 만족을 증가시킬 선택 방법 중에서 장기적으로 기대효용을 사용하는 것보다 더 나은 방식은 없다.

다속성 효용 이론

많은 다른 사람들처럼 여러분은 전공을 선택하기 위해 기대효용 이론을 이용하는 것이 결정을 과잉 단순화시키는 것이라 느낄지 모른다. 특히 여러분은 어떤 특수한 전공에서 성공이나 실패에 대한 효용성을 양화시키기 어려움을 발견할지 모른다. 여러분은 몇 가지 목표에 대해 마음을 쓰고, 어떻게 그것들 모두가 함께 맞춰질지를 생각해 내기 어려움을 발견할 것이다.

　세 가지 연구에서(Galotti, 1999; Galotti et al., 2006; Galotti & Kozberg, 1987), 대학생들은 전공을 선택할 때 그들이 생각했던(또는 1학년 및 2학년의 경우에는 그들이 생각하고

있는) 요인들을 목록화하도록 요구받았다. 응답자들은 수많은 요인을 목록화했다. 이런 의사결정에서 어려움의 한 가지 주요 원천은 어떻게 다양한 요인과 목적이 통합되는지를 포함하는 것으로 나타났다. 방정식 2를 사용하여 기대효용을 계산하는 것은 어려울 것인데, 왜냐하면 결정의 몇 가지 측면에 대한 정보가 통합되어야 하기 때문이다. 다행히도 복잡한 결정의 다른 차원과 목적을 통합할 수단을 제공하는 모형이 있다. 이를 다속성 효용 이론(multiattribute utility theory, MAUT)이라 부른다.

MAUT는 6단계를 포함한다. (1) 결정을 독립된 차원으로 쪼개기(전공을 선택하기 위해 방금 목록화시킨 것들 같은), (2) 각 차원의 상대적 가중치 정하기, (3) 모든 대안을 목록화하기(가설적 전공 같은), (4) 5개의 차원을 따라 대안에 순위 매기기, (5) 최종값을 정하기 위해 순위 매긴 것에 각 대안의 가중치 곱하기, (6) 최고값을 가진 대안 선택하기.

표 10.3은 전공을 선택하는 결정에 적용된 MAUT의 사례를 제공한다. 그것은 허구적이지만, 우리가 우리의 연구 프로그램에서 많이 봤던 것처럼 그럴듯해 보인다.

표의 첫 번째 열에서 가상의 의사결정자는 네 가지 기준 또는 의사결정을 위한 요인을 목록화했다. 두 번째 열은 1부터 10까지의 척도로 중요도 가중치를 보여준다(더 높은 숫자일수록 더 중요한 요인). 그녀가 주제에 대한 관심에 최다 중요도를 둠에 주목하라. 이 학생에게 다음으로 가장 중요한 기준은 전공 졸업생의 취업 전망이다. '학과 교수진'이라는 기준은 중간 가중치만을 받았다. 여기서 이러한 가중치는 주관적이고 다른 학생과 비교하여 다를 것임이 중요하다. 여러분의 가중치 두기는 이 예에서 주어진 것과 유사하지 않을지 모른다.

그다음 다섯 열에 걸쳐, 네 기준의 각각에 대해 평정한, 다양한 선택지나 대안 전공에 대한 학생의 지각이 있다.

MAUT 절차에서 다섯 번째 단계는 모든 차원과 그들 각각의 가중치에 대한 고려를 가지고 각 대안의 평가치를 계산하는 것이다. 이를 위한 서로 다른 방식이 있는데, 그중 셋이 표 10.3의 아래쪽 세 행에 묘사되어 있다. 최고의 기준 모형은 가장 중요한 기준에 초점을 맞추고(이 경우에 '주제에 대한 관심') 다른 모든 것은 무시하면서 그 평정만 사용한다. 이 경우에 심리학은 이 학생을 위한 '최선의' 대안으로서 생물학에 앞서 나온다.

두 번째 모형은 학생의 지각을 더 많이 사용한다. 동등하게 가중된 기준 모형(weighted criteria model)에서는 모든 기준에 걸친 평정의 합이 계산된다. 이 모형에서는 생물학이 심리학보다 점수가 높다.

마지막으로 가장 복잡한 모형인 완전 다속성 효용 이론 모형은 각 평정을 연합된 중요도 가중치와 곱한 다음 합함으로써 위의 표로부터 모든 정보를 조합한다. 이 모형에 의하면 생물학이 최선이고 심리학이 차선이며, 이들 둘은 다른 선택지보다 훨씬 앞서 있다.

의사결정에서 MAUT를 사용하기 위해서는 차원이 서로 독립적으로 목록화되는 것이 결정적이다. 예를 들어 가능한 차원 '강좌의 난이도'와 '강좌에서의 과거 성적'은 아마도 깊은 관련이 있을 것이다. 의사결정자는 각 차원을 독립적으로 선택해야 하다. 그런 다음

표 10.3 전공을 선택하는 결정을 위한 다속성 효용 분석의 예시

기준	중요도 가치	선택지				
		전공 : 심리학	전공 : 생물학	전공 : 수학	전공 : 고전	전공 : 사회학
주제에 대한 관심	9	9	8	7	4	6
취업 전망	8	7	9	8	1	3
학과 교수진	5	3	4	3	9	5
요구사항	7	5	4	3	7	8
모형	요약 점수					
완전 다속성 효용 이론		187	192	163	138	159
동등하게 가중된 기준		24	25	21	21	22
최고 기준		9	8	7	4	6

다양한 차원 가운데서 기꺼이 거래를 해야 한다. 비록 우리의 사례에서 의사결정자가 전공에 가장 많은 관심을 둘지라도, MAUT는 그 사람이 만약 다른 차원에서의 상대적 위치가 보상으로 충분했다면, 이 차원에서 최고가 아닌 대안을 기꺼이 선택할 것임을 가정한다.

나는 앞서 많은 심리학자들이 의사결정의 기준 모형으로 MAUT를 생각한다고 주장했다(비록 나중에 논의될 다른 관점들이 있을지라도). 즉, 만약 사람들이 MAUT를 따르면, 그들은 모든 목표를 최적으로 달성하기 위해 자신의 효용성을 최대화할 것이다. 불행히도 중요한 의사결정을 할 때, 특히 만약 그들이 고려해야 하는 정보가 대규모이면 사람들이 자발적으로 MAUT를 사용하는지에 대해서는 거의 알려진 바가 없다.

Payne(1976)에 의한 연구는 사람들이 항상 자발적으로 MAUT를 사용하지는 않음을 제안한다. Payne은 다른 수의 대안에 대해 다른 양의 정보가 주어질 때 어떻게 사람들이 아파트를 선택하는지를 조사했다. 사진 10.3에 묘사되었듯이 참가자들은 수많은 카드를 제시하고 있는 '정보판'을 제시받았다. 각 카드는 서로 다른 1침실형(one-bedroom)의 가구가 비치된 아파트에 대한 정보를 나타냈고, '소음 수준', '임대료', 또는 '벽장 공간' 같은 요인명이 적혀 있었다. 카드의 뒤는 그 아파트에 대한 해당 차원의 값이 적혀 있다. 이를테면 임대료 요인에 대한 가능한 값은 (오늘 시세로) 500달러, 650달러, 또는 980달러였다.

참가자들은 한 번에 한 카드의 정보를 조사할 수 있었고(예 : 아파트 1에 대한 임대료), 그들이 의사결정을 하기 위해 필요한 만큼 많은 정보를 가지고 또는 거의 정보 없이 조사할 수 있었다. 실험자는 어떤 카드의 정보가 조사되었는지 추적하였다. 실험에서 두 요인이 변화되었다: 제시된 대안(즉, 아파트)의 수 2, 6, 12, 그리고 대안당 유용한 정보의 요인 수 4, 8, 12.

딱 두 아파트 사이에서 선택할 때 참가자는 각각에 대해 동일한 수의 요인들을 조사했다. 즉, 만약 한 아파트에 대해 임대료, 벽장 공간, 주차, 세탁 시설에 대해 요구했다면, 다

사진 10.3 John Payne은 의사결정을 연구하는 기법으로 '정보판'의 사용을 시도했다.

른 아파트에 대해서도 임대료, 벽장 공간, 주차, 세탁 시설에 대해서만 요구했다. 그들은 이 결정에서 한 요인의 바람직한 값(낮은 임대료 같은)을 다른 요인의 덜 바람직한 값(더 적은 벽장 공간 같은)으로 상쇄시키면서 기꺼이 거래를 했다.

그러나 참가자가 6 또는 12개의 아파트 중에서 선택해야 할 때 그들은 또 다른 전략을 사용했다. 이런 경우에 그들은 단지 하나 또는 몇몇 차원에 근거하여 일부 대안을 제거했다. 예를 들어 우선 임대료를 보고 다른 요인과의 거래는 고려하지 않고 임대료가 높은 모든 아파트를 즉각 제거했다. 이 전략은 양상에 따른 제거(elimination by aspects)라고 한다(Tversky, 1972). 이 전략은 다음과 같이 작동한다. 우선 한 요인, 즉 임대료가 선택된다. 이 요인에 대해 역치값을 넘는 모든 대안(예 : 500달러 이상)이 제거된다. 다음의 또 다른 요인, 즉 소음 수준이 선택되고, 그 차원에서 역치값을 넘는(예 : 매우 시끄러운) 것으로 발견된 어떤 대안들이 제거된다. 단 하나의 대안이 남을 때까지 이 과정은 계속된다. Payne(1976)은 의사결정자들이 다뤄야 할 너무 많은 정보를 가지고 있을 때, 그들은 양상에 따른 제거 같은 비최적(nonoptimal) 발견법을 재손질함으로써 '인지적 부담(cognitive strain)'을 감소시킨다고 믿었다.

MAUT는 기준 모형이다. 양상에 따른 제거는 서술 모형이다. 그것은 사람들이 실제로 무엇을 하는지에 대한 그림을 제공한다. 제한된 시간이나 기억 상태에서 의사결정을 위해 양상에 따른 제거가 최선인지는 열린 질문이다. 어떤 경우에 그것은 전적으로 합리적일 것이다. 만약 아파트를 찾는 사람이 단순히 어떤 금액 이상으로 임대료를 제공할 수 없다면, 그들이 다른 차원에서 얼마나 잘 평정할지와 상관없이 그 비용 이상으로 아파트를 고려해 보면서 에너지를 쏟는 일은 의미가 없다. 다른 경우에는 결정의 MAUT 분석에 개입하는 시간이나 어려움을 감당하는 것이 의사결정자를 위해 중요할 것이다. 다양한 종류의 결정 도우미(컴퓨터가 지원하는 것을 포함하여)가 존재하고 유용한 것으로 입증될 것이다.

의사결정의 서술 모형

더 앞서 암시했듯이 모든 연구자들이 기대효용 이론을 기준적인 이론으로 간주하지는 않는다. Frisch와 Clemen(1994)은 기대효용 이론의 몇 가지 결점을 제공한다. 첫 번째는 기대효용 이론이 현상을 유지하는 것과 변화를 만드는 것 사이에서 선택하는 의사결정이 아니라 일련의 대안으로부터 최종 선택을 하는 것만 설명한다는 것이다. 게다가 기대효용 이론은 사람들이 결정을 구조화하는 과정(들)을 기술하지 않는다. 즉, 정보를 모으고 가능성과 계수를 펼쳐 놓는다.

심상 이론

기대효용 모형과 꽤 다르게 의사결정에 대해 더 최근에 제안된 서술 모형은 심상 이론(image theory) 모형이다(Beach, 1993; Beach & Mitchell, 1987; Mitchell & Beach, 1990). 이 이론의 기본 가정은 다속성 효용 이론과 기대효용 모형이 예측하듯이, 실세계 의사결정을 하는 데에서 사람들이 모든 선택지와 기준을 펼쳐 놓고, 그런 다음 다양한 정보 조각을 가중시키고 통합하는 공식적인 구조화 과정을 살펴보는 게 드물다는 것이다. 대신에 대부분의 의사결정 작업은 '선택지의 사전선택 심사(prechoice screening)'라 알려진 단계 동안 행해진다. 이 단계에서 의사결정자는 전형적으로 작은 수, 때로 하나나 둘에 대한 적극적 고려하에서 수많은 선택지를 골라낸다. 그들은 새로운 목적, 계획, 또는 대안이 세 가지 심상, 즉 가치 심상(value image)(의사결정자의 가치, 도덕, 원칙을 포함하는), 궤적 심상(trajectory image)(의사결정자의 목적과 미래에 대한 포부를 포함하는), 전략 심상(strategic image)(의사결정자가 목적을 이루기 위해 계획하는 방식)과 양립할 수 있는지 스스로에게 물음으로써 결정을 한다.

전공을 선택하는 우리의 예로 돌아가, 심상 이론은 대학생을 다양한 전공을 '맞춰 보는 사람'으로 서술한다. 학생은 전공이 학생의 가치나 원칙과 잘 맞는 것으로 지각되지 않기 때문에 빨리 어떤 전공들을 거부해야 한다(예 : "경제학 전공자는 돈에 대해 관심이 많을 것이기 때문에 나는 경제학을 전공할 수 없다."). 대신에 만약 전공이 자신의 미래에 대한 학생의 관점(예 : "예술사? 아니지 일생 택시 운전을 하면서 끝나고 싶진 않아.") 또는 미래의 비전을 이루기 위해 계획하는 경로(예 : "만약 의과대학에 가고 싶다면, 영문학 전공은 나에게 별로 도움이 되지 않을 거야.")와 잘 맞지 않으면, 선택지는 더 깊은 탐구로부터 떨어져 나간다. (나는 이러한 인용구를 학생들의 일례로 사용하지만 그들이 말하는 이런 아이디어를 지지하지는 않는다. 나는 경제학 전공인 독지가, 재정적으로 성공적인 삶을 이끌어 가는 역사 전공자, 그리고 의사가 된 영문학 전공자를 안다!)

심상 이론에 따르면 이들 세 이미지(가치, 궤적, 전략) 중 하나 이상과 양립할 수 없다고 판단된 선택지는 더 깊은 고려로부터 제외된다. 이러한 사전선택 심사과정(prechoice screening process)은 무보상적이다. 어떤 심상의 위반은 그 선택지를 배제하기에 충분하고,

어떤 거래도 이뤄지지 않는다. 심사과정은 적극적으로 단일 선택지만 남길 것이다. 이 경우에 의사결정자의 최종 선택은 단순히 선택지를 받아들일지이다. 만약 사전선택 심사과정에서 하나 이상의 남아 있는 선택지가 있다면, 의사결정자는 최종 선택을 하기 위해 보상적(즉, 거래를 만드는) 전략 또는 다른 의사결정 전략을 사용하려 할 것이다. 만약 남아 있는 선택지가 없다면, 의사결정자는 아마도 새로운 선택지를 발견하려고 할 것이다.

심상 이론은 실생활 의사결정을 연구하고 있는 연구자에게 몇몇 흥미로운 아이디어를 제공한다. 일부 예비 연구는 이 모형을 지지하지만, 그것이 의사결정의 초기 과정을 얼마나 잘 포착하는지를 완전히 평가하기 위해서는 더 많은 연구가 필요하다.

재인점화 의사결정

연구자 Gary Klein(1998, 2009)은 시간 압력을 받는 중대한 이해관계(생사를 다루는) 의사결정을 하는 전문가인 소방관, 집중치료 소아과 간호사, 군 장교 등을 연구했다. 그가 발견했던 것은 그들의 결정 과정이 동시에 몇몇 선택지를 목록화하고 평가하는 효용성 같은 모형에 의해 거의 잡히지 않는다는 것이다. 대신에 그는 전문가들이 직관, 심적 모사(mental simulation), 은유나 유추 만들기, 이야기를 회상하거나 생성하기에 가장 많이 의존한다는 것을 알아냈다. Klein과 동료들은 이런 연구를 '자연적 의사결정'이라 이름 붙인 일련의 조사로 확장했고(Lipshitz, Klein, Orasanu, & Salas, 2001), 그들이 창출했던 모형은 재인점화 의사결정(recognition-primed decision making)이라 불린다.

Klein은 전문가 의사결정에서 많은 작업은 전문가들이 상황을 '진단할' 때 행해진다고 주장한다. 그들이 새로운 상황을 찬찬히 살펴볼 때, 그들은 그러한 상황에서 무슨 일이 일어났는지, 왜 일어났는지에 대한 서술적 이야기를 상기하면서, 새로운 상황을 이전에 직면했던 다른 상황과 비교한다. 전형적으로 Klein은 전문가들이 특별한 결정의 그럴듯한 효과를 심적으로 모사하면서 한 번에 하나의 선택지를 고려한다는 것을 발견했다. 만약 그 모사가 시나리오에 맞으면 의사결정자는 모사를 실제로 구현한다. 그렇지 않다면 상황에 대한 또 다른 선택지나 또 다른 은유를 찾으려 애쓴다. 글상자 10.9는 소방관이 결정을 하기 위해 사용했던 일종의 '육감'을 서술한 예시를 제공하고 있다. 우리는 제11장에서 인지 전문가/초심자 차이에 대해 더 많이 얘기할 것이다.

추리와 의사결정에서 신경심리학적 증거

추리와 의사결정 같은 고차 인지과정에 해당하는 뇌 영역을 국지화하는 것은 어려운 과제이다. 과정 그 자체는 두뇌에 있는 어떤 장소도 모든 그리고 유일한 추리나 의사결정의 예시와 연합되지 않을 것 같으면서, 다른 인지과정―기억, 지식 표상, 언어, 지각이 즉각적으로 상기된다―을 요구한다. 그러나 신경심리학자들은 점점 이마앞겉질의 영역들(이 영역이 자리한 곳을 알고 싶으면 그림 2.3 참조)을 이것들과 다른 고차 인지기능에 한 역할을

실생활 전문가 의사결정의 예시

주거 단지에 있는 단층집에서 단순한 주택 화재가 발생했다. 불은 뒤쪽의 주방에서 시작됐다. 소방반장은 진압을 위해 소방대원을 빌딩 안 뒤쪽으로 이끌지만 불은 순식간에 그들을 향해 뒤로 맹렬히 타오른다.

그는 '이상해.'라고 생각한다. 물은 더 많은 영향을 주었어야 한다. 그들은 다시 불을 끄려 시도하고, 동일한 결과를 얻는다. 그들은 재정비를 위해 몇 단계를 후퇴한다.

그런 다음 소방반장은 뭔가가 옳지 않다고 느끼기 시작한다. 그는 어떤 단서도 갖고 있지 않다. 그는 방금 그 집에 있는 것이 옳지 않다고 느껴서 소방관들에게 건물, 특별할 것 없는 완전히 표준 건물인 가정집 밖으로 나갈 것을 명령한다

소방관들이 건물을 떠나자마자 그들이 서 있던 마루가 붕괴한다. 그들이 여전히 안에 있었다면, 그들은 아래쪽에 있는 불 속으로 빠졌을 것이다.

하는 것으로 생각하고 있다.

Waltz 등(1999)은 이마앞겉질 손상이 있는 환자는 전제가 손쉽게 통합되도록 직접적인 순서로 되어 있지 않을 때 다중 명제의 통합을 요하는 문제(예 : 베스는 티나보다 더 크고, 에이미는 베스보다 더 크다.)를 추리하는 능력에 심하게 방해받음을 발견했다. 통합적으로 이마앞겉질 손상이 있는 환자는 IQ나 의미기억에 결함을 보이지는 않았다. 결함은 다른 관계의 통합을 요했던 귀납 추리 과제에도 나타났다. 저자들은 많은 복잡한 인지 과제에서 중요한 것으로 보였던 이마앞겉질이 관계의 통합 — 즉, 다른 조각의 정보를 통합된 심적 표상으로 함께 조립하기 — 에 특정화되어 있다고 믿는다.

신경과학자 Antonio Damasio(1994)도 이마앞겉질 기능화의 중요성에 대해 주장한다. 그는 1848년에 버몬트에서 철도 확장 공사 중에 이상하고 비극적인 사고로 고생했던 건설 노동자인 Phineas Gage의 유명한 사례를 인용한다. 그 공사 도중 예기치 못했던 폭발로 기다란 쇠막대가 공기 중으로 돌진했고, 쇠막대는 Gage의 왼쪽 뺨으로 들어가서, 머리(이마앞겉질)를 관통했다. 그의 두뇌와 혈관이 막대 위로 묻어 나오긴 했지만 Gage는 기적적으로 죽지 않았다(심지어 의식을 잃지도 않았다). 그는 사고 후에 짧게 말할 수 있고 앉거나 걸을 수 있었다. 뒤이어 일어난 감염에서도 살아났다(규칙적으로 상처를 닦아준 Gage의 의사에 의해 이뤄진 치료 덕분에).

그러나 사고 후에 Damaiso(1994)가 표현했듯이, "Gage는 더 이상 Gage가 아니었다."(p. 7) 그는 일을 하다 말다 했고, 불손했으며, 규칙적으로 비속어를 사용하는 것을 좋아했고, 즉흥적인 성향을 보였으며, 불리할 때 완강하게 버티면서 충고를 받아들이려 하지 않았고 변덕도 심해졌다. Damasio에 따르면 그는 이 직업, 저 직업을 전전했으며, 잠시 서커스를 하며 여행을 했고, 1861년에 죽었다.

미래를 계획하고, 이전에 배웠던 사회적 규칙에 따라 스스로 수행하고, 궁극적으로 자신의 생존에 가장 이로운 행위 과정을 정하는 능력을 위태롭게 만든 것은 Phineas Gage의 뇌 속 이마앞겉질의 선택적 손상이었다(p. 33).

여전히 추리와 의사결정에서 또 다른 신경 센터의 역할에 대해 발견되지 않은 채 남아 있는 것이 많다. 그러나 Damasio에 의해 검토된 수많은 것과 조합된 연구들은 이마앞겉질이 중요한 역할을 한다고 강력하게 암시한다.

제10장

요약 ·····

1. 추리는 목표 지향적 사고와 다양한 정보로부터의 결론 도출을 포함한다. 추론은 자동적이거나 의도적일 것이다.

2. 다양한 유형의 추리가 있다. 연역 추리는 논리적으로 필요하거나 타당한 결론을 포함한다. 명제적 추리나 삼단논법이 여기에 포함된다. 귀납 추리는 어느 정도의 귀납 강도를 소지한 결론만을 이끌 수 있다. 유추와 가설 검증이 여기에 포함된다.

3. 형식적 추리는 모든 전제가 제공되고 문제가 자족적인 과제를 포함한다. 그것들은 보통 하나의 정확하고 모호하지 않은 답을 갖고 자주 제한된 관심거리를 포함한다. 일상 추리 과제는 내현적 전제를 포함하고 전형적으로 자족적이지 않으며, 사적 관련성이 높다.

4. 심리학자들은 단 하나의 추리 과제에 국한되지 않고 인간 추리의 일반적 원칙을 추구한다. 추리 문헌으로부터의 몇몇 발견들은 다양한 추리 과제에 대해 진리인 것처럼 보인다. 예를 들어 전제가 표현된 방식이 수행에 크게 영향을 줄 수 있다. 사람들은 자주 전제가 의미하는 것을 오해석하고 전제의 의미에 대한 가능한 해석을 간과한다. 추리는 또한 내용 및 신뢰 가능성 효과를 조건으로 한다. 사람들은 문제의 내용에 의존하여, 주어진 다른 버전의 동일한 문제를 매우 다르게 수행할 것이다.

5. 의사결정은 정보 수집, 조직화, 결합, 정보 평가 그리고 최종 선택하기와 같은 목표 설정을 요한다.

6. 과정이 매우 복잡할 수 있기 때문에 아마도 의사결정이 잘못되거나 수많은 방식으로 차선일 수 있음은 놀랄 일이 아닐 것이다. 불확실성과 확률에 대한 사람들의 직관, 관련 정보를 획득하고 기억하는 그들의 수단, 다른 정보를 통합시키기 위해 그들이 사용하는 과정은 쉽게 오류 발생이 일어날 것으로 보일 수 있다. 여러분은 인지적 착각 같은 의사결정 중의 최소한 몇몇 편향과 오류를 생각할 수 있다. 그러한 오류들은 이해할 만한 이유로 생겨나고, 어떤 환경에서는 꽤 유용하다. 어떤 것의 상대적 빈도를 추정하기 위해 효용성을 사용하는 것은 여러분이 예시들이 편향되지 않은 양식으로 수집됨을 확신할 수 있는 한 완벽하게 잘 작동할 것이다.

7. 틀짓기 효과의 존재는 사람들이 자주 선택지를 평가하는 방식이 그들이 그러한 선택지를 서술하는(또는 '틀짓는') 방식에 의해 부적절하게 영향을 받는다고 제안한다. 만약 서술이 긍정적인 방향으로 현상을 틀지으면, 사람들은 변화를 더 위험한 것으로 보고 그런 선택지를 피할 것이다. 만약 현상이 더 부정적인 용어로 정의되면 정반대가 사실이 된다.

8. 사람들이 전형적으로 드러내는 가장 일반적인 편향 중 하나는 자신의 판단에 대한 과잉 확신이다. 몇몇 증명은 사람들이 자주 자신의 사고와 미래에 대한 예측을 정당화될 수 있는 것보다 더 확신하는 것으로 나타난다고 강조한다(예 : 그들의 추적 기록에 근거하여). 과잉 확신은 후견지명 편향과 착각적 상관 같은 더 특수한 편향에서도 역할을 할 수 있다. 일반적으로 과잉 확신은 자신의 사고를 비판적으로 조사하는 것과 자신이 선호한 것 외의 가능성을 인정하는 것을 막을 수 있다.

9. 의사결정의 일부 규준 모형은 어떻게 사람들이 이상적인 상황하에서 의사결정을 할지를 보여준다고 주장한다. 한 가지 예시는 어떻게 확률에 대한 정보와 다양한 가능한 결과의 효용성이 조합되고 비교될 수 있는지를 서술하는 다속성 효용 이론(MAUT)이다.

10. 서술 모형은 사람들이 실제로 어떻게 의사결정을 하는지를 서술한다. 이런 모형 중 하나인 양상에 따른 제거는 사람들이 추구하는 정보량이 고려 중인 대안 가능성의 수에 의존한다고 가정한다. 의사결정의 또 다른 서술 모형인 심상 이론은 한 가지 선택지가 선택되는 의사결정의 나중 단계보다 의사결정의 초기 단계, 즉 선택지의 심사에 더 많은 강조를 둔다. 재인점화 의사결정, 즉 전문가에 대한 연구로부터 발전된 모형은, 많은 의사결정 작업이 전문가가 상황을 '판단할' 때 행해진다고 제안한다.

11. 이마앞겉질은 관계를 통합, 즉 다중 명제나 관계를 통합하는 심적 표상을 형성하고 그 표상을 결론 도출이나 중요한 의사결정을 할 때 사용하는 개인의 능력에 매우 중요한 역할을 하는 것으로 믿어진다.

글상자 10.1에 있는 논리 퍼즐에 대한 해법

모자장수는 3월의 토끼나 겨울잠쥐가 잼을 훔쳤다고 말했다. 만약 모자장수가 거짓말을 했다면, 3월의 토끼나 겨울잠쥐 어느 쪽도 잼을 훔치지 않은 것이어서 진실을 말하고 있는 것이 되는데, 이는 3월의 토끼가 잼을 훔치지 않았음을 의미한다. 그러므로 만약 모자장수가 거짓말을 했다면, 3월의 토끼는 거짓말을 하지 않은 것이고, 그래서 모자장수와 3월의 토끼 모두가 거짓말을 하는 것은 불가능하다. 그러므로 모자장수와 3월의 토끼 모두가 거짓말을 하지 않았다고 말했을 때 겨울잠쥐는 진실을 말한 것이다. 그러므로 우리는 겨울잠쥐가 진실을 말했음을 안다. 그러나 우리는 겨울잠쥐와 3월의 토끼가 모두 진실을 말하진 않았다고 제시받았다. 그러면 겨울잠쥐가 진실했기 때문에, 3월의 토끼는 진실하지 않은 것이다. 이는 3월의 토끼가 거짓말을 했음을 의미하고, 그래서 그의 진술은 거짓이고, 이는 3월의 토끼가 잼을 훔쳤음을 의미한다.

복습 문제

1. 귀납 및 연역 추리 간 유사점과 차이점을 서술해 보라.

2. 사람들이 명제적 추리 과제에서 결론을 유도할 수 있는 두 가지 방법을 서술하고 비교해 보라.

3. 형식적 추리 및 일상 추리 간에 구분을 해보라. 전자는 어떻게 후자와 관련되는가?

4. (도전) 사람들의 추리를 저해하는 요인들을 고려해 보라. 어떤 식으로 이들 요인이 다른 종류의 사고와 문제해결 과제에 제시되는가? (힌트 : 제9장을 복습하라.) 여러분의 답은 사고와 추리 간의 관계에 대해 무엇을 암시하는가?

5. 확증 편향의 새로운 예시를 서술하고 제시해 보라.

6. 의사결정의 주요 단계는 무엇인가?

7. 왜 일부 심리학자는 의사결정에서 발견법과 편향을 '인지적 착각'이라 간주하는가?

8. 일상생활에서 유용성 발견법의 사용에 대한 두 가지 예시를 제시하라−적절할 한 가지 예시와 적절하지 않을 또 다른 예시. 왜 여러분의 예시들이 유용성의 실례가 되는지 설명해 보라.

9. 후견지명 편향과 과잉 확신 간 관계를 논의해 보라.

10. 사고의 규준 모형, 처방 모형, 서술 모형 간 차이점을 설명하라.

11. 심상 이론을 서술하고 그것을 기대효용 이론과 대비시켜 보아라.

12. 의사결정의 심상 이론과 재인점화 모형 간 유사점과 차이점은 무엇인가?

핵심 용어

과잉 확신(overconfidence)
귀납 강도(inductive strength)
귀납 추리(inductive reasoning)
규준 모형(normative model)
기대효용 이론(expected utility theory)
내용 효과(content effect)
논리적 연결자(logical connectives)
다속성 효용 이론(multiattribute utility
　theory(MAUT))
닻 내리기(anchoring)
대표성 발견법(representativeness
　heuristic)
도박사의 오류(gambler's fallacy)
명제적 추리(propositional reasoning)
모순 명제(contradiction)
발견법(heuristic)
범주적 삼단논법(categorical

syllogism)
보정 곡선(calibration curve)
삼단논법 추리(syllogistic reasoning)
서술 모형(descriptive model)
신뢰가능성 효과(believability effect)
심상 이론(image theory)
양상에 따른 제거(elimination by
　aspects)
연역 추리(deductive reasoning)
연역 타당성(deductive validity)
오류(fallacy)
효용(utility)
유용성 발견법(availability heuristic)
유추 추리(analogical reasoning)
의사결정(decision making)
의사 구조화(decision structuring)
인지적 과부하(cognitive overload)

인지적 착각(cognitive illusion)
일상 추리(everyday reasoning)
잠긴 비용 효과(sunk cost effect)
재인점화 의사결정(recognition-
　primed decision making)
전제(premise)
진리표(truth table)
착각적 상관(illusory correlation)
처방 모형(prescriptive model)
틀짓기 효과(framing effect)
편향(bias)
합리성(rationality)
항진명제(tautology)
형식적 추리(formal reasoning)
확증 편향(confirmation bias)
후견지명 편향(hindsight bias)

학습 사이트

부가적인 학습 도구와 관련해서는 www.sagepub.com/galotticp5e의 학습 사이트(Student Study Site)를 방문하라.

11 인지에서의 개인차

장의 개요

지금까지 우리는 인지발달이 모든 사람에게 동일한 방식으로 진행됨을 꽤 많이 가정했다. 물론 이전 장에서 우리는 아동이 흔히 인지 과제를 성인이 하는 방식으로 정확하게 성취하는 것은 아니라는 것을 보았지만, 시간, 성숙, 그리고 아마도 교육에 따라 성취하게 될 것이라 가정했다. 사실상 우리는 심리학자들이 개인차(individual difference), 즉 개인에 따라 질적, 양적으로 다른, 안정적인 수행 패턴이라 부르는 것을 무시했다.

제12장에서 우리는 문화의 함수로서 인지에서의 차이를 고려할 것이다. 이 장에서는 개인차에 대한 몇 가지 다른 원천, 즉 인지 능력에서의 차이, 지능에 대한 집중, 특별한 과제에 접근하는 인지 유형에서의 차이를 살펴볼 것이다. 우리는 또한 인지에서의 성차도 살펴볼 것인데 한 사람의 생물학적 성별 및 성별과 연합된 심리적 태도의 함수로 변하는 인지 또는 인지적 정보처리에서의 안정적 차이가 바로 그것이다.

인지심리학자들은 왜 개인차 또는 성차에 관심을 보이는가? 단순하게 말하면 만약 사람이 인지 과제에 도달하는 방식 면에서 체계적으로 달라지면 심리학자들은 인지가 작동하는 '그(the)' 방식에 대해 말할 수 없다. 만약 실제로 몇 가지가 있다면, 단 하나의 접근을 제시하는 것은 인간의 다양성을 무시하는 것이고, 과제를 수행하는 단 하나의 방식이 존재함을 가정하는 것이다. 개인차와 성차에 관심 있는 연구자들은 왜 어떤 사람들이 인지 과

인지에서의 개인차

개인차(individual difference)는 서로 다른 사람들이 다른 방식으로 동일한 과제에 접근한다는 직관을 포함한 것을 의미한다. 개인차에 더 관심 있는 것 같은 사람들 중에는 성격 특성을 연구하는 심리학자들이 있다. 인지심리학자들이 관심을 두는 개인차는 일반적으로 두 가지 유형, 능력에서의 개인차(즉, 인지 과제를 수행하는 역량)와 스타일에서의 개인차(즉, 어떤 사람이 인지 과제에 접근하는 특징적 방식)로 나누어진다.

능력차

많은 심리학자들은 인지 능력(cognitive ability)을 지능(intelligence)과 동일시한다. 예를 들어 Hunt(1986)는 '지능'이 개인적 변인과 통계적으로 연합된, 인지 과제에 대한 능숙함에서의 변산에 대한 약칭일 뿐이라고 말했다. 지능은 '정신적 숙련도에서의 입증된 개인차'에 대한 집합적 용어로 사용된다(p. 102). 다른 심리학자들은 그 용어에 동의하지 않지만 대부분은 사람들이 (몇몇 다른 중요한 것뿐 아니라) 지적 능력에 따라 다름에 동의한다. 이런 변산을 기술하는 가장 좋은 방식이 (지능이라 불리는) 한 가지 일반적인 지적 능력 면에서 기술하는 것인지, 더 많은 다양한 지적 능력 면에서 기술하는 것인지에 대해서는 심리학자들 간에 일치하지는 않는다(Sternberg & Detterman, 1986).

지능이라는 일반적인 정신적 능력의 개념을 수용하는 심리학자들조차 그 능력이 무엇인지에 대해서는 논쟁 중이다. 일부는 효율적으로 학습할 수 있는 능력 면에서 지능을 본다. 다른 사람들은 환경에 맞추는 역량 면에서 지능을 본다. 지능의 다른 개념은 정신적 속도, 정신적 에너지, 또는 정신적 조직화로 보는 것을 포함한다(Gardner, 1983, 1999; Sternberg, 1986a). 지능을 연구하는 많은 심리학자들은 더 폭넓은 지적 과제에서 사람들의 수행상의 더 일반적인 차이를 기술하기 위해 다양한 인지적 역량 속에서 안정적인 개인차를 살펴보았다. 일련의 인지적 역량이 무엇인지에 대해 활발하고 계속 진행 중인 논쟁들이 많이 있다. Horn(1989)에 의해 기술된 대표적인 목록은 다음과 같다(아래에 있는 목록이 완전히 독립적인 기술이나 역량을 나타내는 것은 아님에 주목하라).

- 언어 이해 : 단어, 문장, 단락 이해하기
- 문제에 대한 민감도 : 문제를 해결하는 방식 제안하기
- 삼단논법 : 전제로부터 결론 도출하기
- 수 능력 : 산술 연산하기

- 귀납 : 관계의 원칙 표시하기
- 일반적 추리 : 대수 문제에 대한 해법 찾기
- 연합 기억 : 또 다른 요소가 주어질 때 연합된 요소 회상하기
- 범위 기억 : 하나의 표현 후에 일련의 요소들을 즉시 회상하기
- 연합된 유창성 : 주어진 단어와 의미가 비슷한 단어 생성하기
- 표현적 유창성 : 동일한 것을 말하는 다른 방식 생성하기
- 자발적 유연성 : 사물에 대해 다양한 기능과 분류 생성하기
- 지각 속도 : 가속화된 조건하에서 패턴의 예시 찾기
- 시각화 : 어떻게 보이는지를 시각화하도록 형태를 정신적으로 조작하기
- 공간 방위 : 제자리에 있지 않은 부분들을 시각적으로 상상하고 그것들을 제자리에 놓기
- 길이 추정 : 지점들 간 길이 또는 거리 추정하기

여기서의 요점은 사람들이(어른과 아이 모두) 많은 방식으로 서로 다를 수 있다는 것이다. 우리 모두가 운동 경기에서의 위업, 음악적 재능, 또는 유머 감각 면에서 다르듯이 우리는 지적이거나 인지적인 방식 면에서도 다를 수 있다: 기억 용량, 주의 범위, 정신집중 등. 결과적으로 이러한 차이가 어떻게 우리가 인지 과제에 접근하고 수행할지에 대한 차이를 야기할 수 있다.

Keating과 Bobbitt(1978)에 의한 연구는 이 점을 묘사한다. 이들 연구자들은 (비언어적 지능 검사에 의해 평가되었을 때) 높은 정신 능력과 평균적인 정신 능력을 가진 3·7·11학년생을 데리고 3개의 실험을 수행했다. 실험은 제5장에서 기술된 기억-주사 실험을 포함하여, 모두 어른을 상대로 이전에 수행했던 인지 과제에 근거했다. 저자들은 그들이 연령 효과에 대해(그리고 아마도 발달 수준에 대해) 통제했을 때 능력차가, 특히 더 복잡한 인지 과제에서 여전히 분명함을 발견했다. 예를 들어 그림 11.1은 세트 크기, 연령, 능력 수준의 함수로 기억-주사 과제의 결과를 보여준다. 더 나이든 아이들은 더 어린아이들보다 더 빠른 반응시간을 보이고, 각 연령 집단 내에서는 높은 능력의 학생들이 평균 능력의 학생들보다 더 빠름에 주목하자.

Keating과 Bobbitt(1978)은 연령차와 능력차 둘 다 기본적인 인지처리(부호화와 기억-주사 같은)를 수행하는 효율성으로부터 초

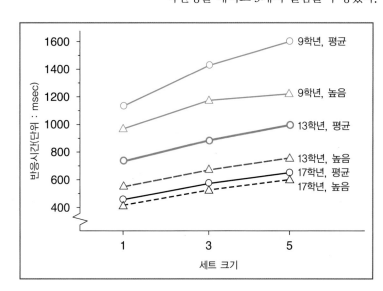

그림 11.1 서로 다른 연령과 능력의 아이들에 대한, 기억-주사 과제에서의 평균 반응시간(RT)

래된다고 믿었다. 그들은 높은 능력을 가진 아이들(그리고 어른들)이 동일한 연령, 정상 능력을 가진 또래가 하는 것보다 단순히 기본적인 정보를 더 빠르고 더 효율적으로 획득, 저장, 조작한다고 주장했다. 더 나이든 아이들과 더 어린아이들 간에도 동일한 종류의 속도차와 효율성차가 발생한다.

Hunt, Lunneborg, Lewis(1975)에 의해 이뤄진 고전적인 관련 연구에서 지능의 특수한 가설적 구성요소인 언어 능력이 조사되었다. 이들 저자들은 두 집단, 즉 대학 위원회의 SAT와 유사한, 표준화된 검사의 언어성 하위검사에서 상대적으로 높은 점수를 받은 사람들과 상대적으로 낮은 점수를 받은 사람들을 조사했다. (저자들은 낮은 점수 집단이 일반적인 전집에서는 '평균'이라 생각될 수 있는 점수를 받았음을 지적했다.) 연구 목적은 표준화된 점수에 반영된 언어 능력에서의 차이가 기본적인 인지기술에서의 차이에 의해 설명되는지를 조사하는 것이었다.

그들이 참가자에게 할당했던 많은 인지 과제 중 하나는 Posner, Boies, Eichelman, Taylor(1969)에 의해 만들어진 지각적 짝짓기(perceptual matching) 과제에 근거한 것이었다. 이 과제에서 참가자들은 두 글자(예 : A와 B, 또는 A와 a, 또는 A와 A)를 제시받았다. 그들은 가능한 한 빨리 제시된 두 글자가 같은지 판단하였다. 한 조건에서('물리적 짝짓기'라 불리는) 그들은 두 자극이 정확히 일치될 때만 '예'라고 반응하도록 지시받았다. 예컨대 'A A' 또는 'a a'는 맞지만, 'A a'는 맞지 않다. 또 다른 조건에서('이름 짝짓기') 참가자들은 만약 두 자극이 동일한 글자로 나타나면 예라고 반응하도록 지시받아서, 'A A', 'a a'. 'A a'가 모두 '예' 반응을 받았다.

Hunt 등(1975)은 다음의 논리에 따라 실험을 설계하였다. 어떤 사람이 고도로 언어적이라는 것은 '임의의 자극을 해석할 능력'과 특히 '임의의 시각적 부호로부터 이름으로' 번역을 하는 능력이 있음을 함축한다(p. 200). 이런 식으로 그들은 고도로 언어적인 학생이 언어적인 능력을 덜 가진 학생과 비교하여 이름-짝짓기 조건에서 특히 능숙할 것이라 기대했다.

실제로 그림 11.2가 가리키듯이 다음이 그들이 발견했던 것이다. 양쪽 집단은 물리적 짝짓기 조건에서 거의 동등하게 빨랐다(고도로 언어적인 집단은 사실상 여기서도 약간 더 빠르긴 했다). 고도로 언어적인 집단의 우월성은 실제로 과제가 약간 더 복잡했을 때만 분명했다. 저자들은 고도로 언어적인 능력이 최소한 부분적으로는 물리적 자극과 개념적 의미 간에 빠르게 전환을 하는 능력으로부터 기인한다고 설명하였다(이 경우에 특별한 글자의 재인).

심리학자들과 교육가들은 지능이 한 가지인지, 여러 가지인지의 문제에 대해 격렬하게 논쟁한다. 일

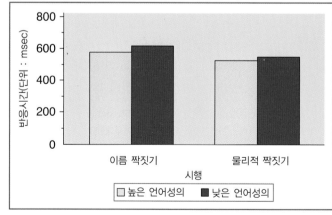

그림 11.2 지각적 짝짓기 과제에서 높은 언어성과 낮은 언어성 참가자들에 대한 평균 반응시간(RT)

반 대중을 겨냥한 논쟁의 여지가 있는 책, 종형 곡선(*The Bell Curve*)(Herrnstein & Murray, 1994)이 등장했을 때 (다른 것들 중에서도) 다음과 같은 강한 주장으로 뜨거운 논쟁에 휩싸였다.

여기에 유의한 기술적 논쟁을 넘어선 고전적인 전통으로부터 유도된 인지적 능력의 검사에 관한 여섯 가지 결론이 있다.

1. 인류는 서로 다른 인지적 능력의 일반 요인 같은 것을 가지고 있다.
2. 학문적 적성이나 성취에 대한 모든 표준화된 검사는 이런 일반 요인을 어느 정도 측정하지만, IQ 검사는 그것을 가장 적절하게 측정할 목적으로 의미에 맞게 설계되었다.
3. 사람들이 일상 언어에서 단어 **지적인** 또는 **영리한**을 사용할 때 의미하는 것이 무엇이든, IQ 점수는 학사 학위에 필적한다.
4. 비록 완벽하지는 않을지라도 누군가의 일생 중 많은 시간에 걸쳐 IQ 점수는 안정적이다.
5. 적절하게 관리된 IQ 검사는 사회적·경제적·윤리적·인종적 집단에 비해 명백하게 편향되지는 않는다
6. 인지적 능력은 분명히 40%에서 80% 정도로 꽤 유전 가능하다(Hernstein & Murray, 1994, pp. 22-23).

이 연구에 대한 반응의 대부분은 비평가들이 균형 잡힌 방식으로 또는 반응할 수 있는 방식으로 다른 관점을 제시하는 것을 저자들이 거부했음을 고려하는 것으로부터 비롯되었다(Gould, 1995; Kamin, 1995). 특히 많은 비평가들은 지능(IQ) 검사에 의해 적절하게 측정되는, 지능이라 불리는 하나의 기본적인 인지 능력이 있다는 아이디어를 기술했다. 많은 다른 이들은 지능이 (무엇이든) 고정되고 유전될 수 있다는 가정에 대해 불만스러워 했다. 최신 리뷰는 이것과 다른 문제들을 검토한다(Nisbett et al., 2012).

이론가 중 한 명인 Howard Gardner(1983 1993, 1999)는 이전에 Hernstein과 Murray의 이전 주장을 직접적으로 부인하는 이론을 제공했다. Gardner(1993)는 마음의 '다원론적(pluralistic)' 이론을 제공했다. 그는 '지능'이 제공하는 것에 의문을 품음으로써 시작했고 "하나 이상의 문화적 또는 공동체적 환경에서 가치 있는 문제를 해결하거나 산물을 만드는 능력"(p. 7)이라는 정의를 내놓았다. 뇌손상을 입은 개인들로부터 얻은 임상 자료, 천재나 영재에 대한 연구, 그리고 다양한 문화에서 온 여러 영역의 전문가 검토에 근거하여, Gardner(1983)는 이후 '인간 지능'이라고 단축된, (최소한) 일곱 가지로 구분되고 독립적인 '인간의 지적 능력'의 존재를 제안했다."(p. 8) Gardner의 1999년 연구에 더해진 다른 2개와 함께, 이들 지능이 표 11.1에 목록화되어 있다.

Gardner(1983, 1993, 1999)는 서구 문화가 어떤 종류의 지능, 특히 언어 및 논리-수학 지능을 추앙한다고 주장했다. 동시에 서구 문화는 다른 지능, 특히 신체-운동 및 개인 간

표 11.1 다중 지능

언어 지능	다른 목적을 전달하고 성취하기 위해 언어를 사용하는 능력, 문어적 언어 및 구어적 언어 모두에서 미묘함에 대한 민감도, 외국어를 배우는 능력
논리−수학 지능	문제를 해결하고, 실험을 설계하고 수행하고, 추론을 유도하는 능력, 상황을 분석하는 역량
음악 지능	음악적 패턴을 분석하고 반응하는 능력, 음악을 작곡하거나 연주하는 능력
신체−운동 지능	예술적이거나 운동적으로 수행하기 위해 신체를 사용하는 능력, 신체적 산출물을 생성하는 능력, 몸 전체나 신체 일부를 기술적으로 사용하는 능력
공간 지능	넓고 좁은 공간 모두를 통과하며 기술적으로 항행하는 능력, 공간 장면을 시각화하는 능력, 공간적 속성을 지닌 산출물을 생성하는 능력
개인 간 지능	다른 사람의 정서, 동기, 의도, 욕구를 이해하는 역량, 다른 사람과 효과적으로 일하는 능력
개인 내 지능	자신의 정서, 동기, 의도, 욕구를 이해하고 자기조절을 위해 정보를 사용하는 능력
박물학적 지능	환경의 식물군과 동물군을 재인하는 능력, 종과 관련하여 유기체를 기술적으로 분류하거나 다른 종 간 관계를 기록하는 능력
실존주의적 지능	우주에서의, 특히 인간 조건의 본질, 삶의 중요성, 죽음의 의미, 신체적 및 심리적 모두에서 세계의 궁극적 운명 같은 문제를 고려하여 한 지점을 보는 역량(주의 : Gardner는 이 역량이 '지능'이라는 명명을 온전히 받을 만한지를 여전히 평가 중이다.)

지능은 대수롭지 않게 여긴다고 하였다. 우리는 기술이 좋은 운동선수나 정치가를 재능을 지닌 사람으로는 간주하지만, 유명한 과학자나 위대한 시인처럼 다른 종류의 지능을 가진 사람으로 간주하지는 않는다. Gardner는 오직 하나의 정신적 능력만이 있다는 개념에 매달릴 수 있도록 우리가 재능과 지능 간 구분을 한다고 믿는다. Gardner는 더 넓은 관점의 정신적이고 인지적인 능력을 주장한다. 그는 언어 및 논리에만 초점을 맞추는 대신 음악, 자기인식, 집단 과정, 무용, 공연 예술에서 조심스럽게 학생을 훈련시키기도 하는 다른 종류의 학교 교육을 제안한다.

Gardner의 이론은 자신의 학급에서 이전에 기술된 다중 지능 이론[multiple intelligence (MI) theory]을 구현하고자 했던 사람들을 포함한 많은 심리학자와 교육가의 주의와 열의를 사로잡았다(몇몇 묘사를 위해서는 Gardner, 1993, 1999 참조). 지능뿐 아니라 다중 창의성에 대한 제안이 존재하고, 교육가들은 이런 아이디어를 열광적으로 채택했다(Han & Marvin, 2002). 그러나 Gardner의 이론은 각 지능을 위한 평가 도구의 개발을 기다리고 있다. IQ의 개념을 지능이라 불리는 하나의 진짜 정신적 능력을 측정하는 것으로 생각하고 있는 연구자들과 교육가들은 일반적으로 학교 수행을 적절하게 예측하는 정교한 검사를 가지고 있다. 다중 지능의 아이디어에 흥미가 있는 사람들은 검사 개발에 앞서 모든 지능의 매개변수를 정의하고, 각각의 타당한 측정치를 생성하고, 다른 종류의 지능 간의 연관성을 기술하는 많은 연구를 해왔다.

인지 유형

다중 지능에 대한 Gardner의 이론은 인지적 준비 측면에서 사람들이 서로 다르다는 아이디어를 암시한다. 이런 아이디어는 곧잘 또 다른 오래된 아이디어, 다시 말해 사람들이 각각을 사용하는 능력, 역량, 효율성에서뿐 아니라 인지 유형(cognitive style), 즉 인지 과제에 접근하는 습관적이고 선호되는 수단 면에서 다르다는 것(Globerson & Zelnicker, 1989; Tyler, 1974)을 취한다. 인지 유형이란 용어는 한 사람이 인지 과제에 접근하는 방식에 영향을 주는 어떤 성격 및 동기적 요인을 함축하는 것이다(Kogan, 1983).

일종의 인지 유형의 한 예가 지각처리를 연구하는 심리학자들에 의해 주조된 용어인, 장 의존성/장 독립성(Field Dependence/Field Independence, FD/FI)이다(Witkin, Dyk, Faterson, Goodenough, & Karp, 1962; Witkin & Goodenough, 1981). 이 용어는 일부 사람이 다른 사람보다 도형 일부를 전체로부터 분리하는 능력이 훨씬 더 뛰어나다는 것을 암시한다. 장 독립성 과제의 예가 그림 11.3에 제시되어 있다. 장 의존적인 개인은 더 큰 그림에 박혀 있는 그림을 발견하는 데 더 어려워하는 반면(그들은 맥락으로부터 박혀 있는 그림을 분리시키는 걸 지각적으로 덜 함), 장 독립적인 사람들은 이 과제를 상대적으로 쉽게 해결할 것이다.

Witkin과 동료들은 이런 유형의 인지를 그림의 지각에 비해 문제와 더 넓게 관련되는 것으로 본다. 이론에 따르면 이런 인지 유형은 "사람들이 자신과 주변 장으로부터 정보를 처리하는 데 있어 내적이거나[장 독립적, FI] 외적인[장 의존적, FD] 관계항에 주로 의존하는 정도"(Kogan, 1983, p. 663)를 의미한다. 더 나중의 개념화는 장 독립적(FI) 스타일을 개인 간 관계에서 일반적으로 자율적인 방식과 연합시키면서 스타일의 정의를 훨씬 더 많이 넓힌(친구가 무엇을 생각했는지에 상관없이 자신의 의견을 형성하는 사람) 반면, 장 의존적(FD) 개인은 특히 모호한 상황에서 다른 사람들에 더 의존하는 것 같다.

인지 유형의 두 번째 사례는 인지 속도(cognitive tempo) 또는 반성성/충동성(reflectivity/impulsivity) 유형이다. Kogan(1983)은 이런 유형을 "아이들이 반응 불확실성의 맥락하에서 올바른 대안을 찾는 과정에서 반응을 지연시키는 정도"로 정의했다(p. 672). 이는 인지 속도를 측정하기 위해 Kagan과 동료들이 개발한 친숙한 그림 맞추기 검사(Matching Familiar Figures Test, MFFT)

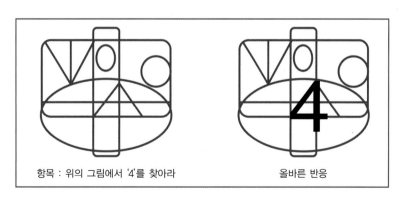

항목 : 위의 그림에서 '4'를 찾아라   올바른 반응

그림 11.3 장 의존성/장 독립성(FD/FI) 검사 항목의 예시

로부터의 한 항목을 묘사하고 있는 그림 11.4를 참조하여 묘사될 수 있다(Kagan, Rosman, Day, Albert, & Phillips, 1964).

응답자에게 제기된 과제는 위쪽에 제시된 항목과 정확히 부합하는 항목을 찾는 것이다. 다른 6개의 그림에서 보듯이 각각은 위쪽 항목과 매우 유사하다. 따라서 정확하게 부합하는 그림을 찾는 것은 조심스러운 주의를 요하는 일이다.

아이들이 어떻게 친숙한 그림 맞추기 검사(MFFT) 항목에 반응하는지는 다양하다. 일부는 매우 빠르게 반응한다. 다른 아이들은 더 느리게 반응한다. 일부는 심지어 어려운 항목에서도 매우 적은 오류를 범한다. 다른 아이들은 심지어 쉬운 항목에서도 수많은 오류를 범한다. 아이들은 (충동적 유형을 보여주면서) 빠르게 반응하고 많은 오류를 범하는 아이들과 (숙고적 스타일을 보여주면서) 상대적으로 적

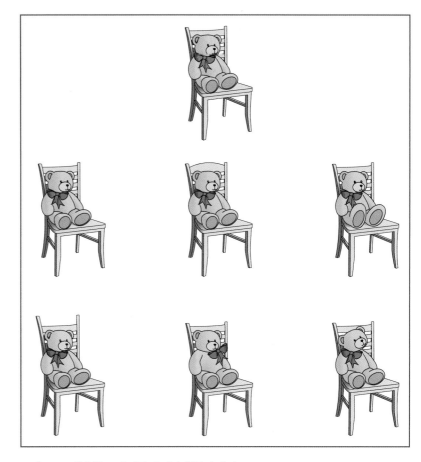

그림 11.4 친숙한 그림 맞추기 검사 항목의 예시

은 오류를 가지고 느리게 반응하는 아이들의 두 범주로 나뉜다(Tyler, 1974).

원래 인지 유형은 지능과 연령 모두와 독립적인, 선택적이고 변경할 수 있는 방식 또는 문제해결 접근으로 생각되었다. 그러나 더 최근의 연구는 이 가정에 도전해 왔다. 인지 유형은 훈련을 통해 쉽게 수정되지 않는 것으로 나타났다. 게다가 인지 유형은 발달적 차이를 보인다. 더 어린아이들은 충동적이고 장 의존적인 유형을 더 보여주고, 더 나이든 아이들은 더 숙고적이고 장 독립적인 유형을 보여주는 것 같다(Zelnicker, 1989).

Zelnicker(1989)는 반성성/충동성과 장 의존성/장 독립성(FD/FI)이 완전히 독립적 차원이 아니라는 것과 각각이 세 가지 기저 차원과 관련된다는 것도 또한 주장하였다. 세 가지 기저 차원이란 선택적 주의(특히 전체 자극이나 그들의 일부에 반응하는 경향), 주의 통제(주의의 초점화와 이동), 그리고 자극 조직화(자극 입력의 심적 변화)(예 : 제8장에서 기술된 것 같은 심적 회전 과제)이다. Zelnicker는 개인의 인지 유형이 "문제를 해결하는 데 있어서 더 깊은 처리를 위해 접근 가능한 자극 정보의 품질을 결정한다."고 주장하였다(p. 187).

인지 유형 연구자가 주의를 기울이는 또 다른 최신 분야는, 지적 과제와 도전을 취하는 한 사람의 동기를 대략적으로 의미하는, 인지 요구(need for cognition)라는 개념이다 (Cacioppo & Petty, 1982). 높은 인지 요구(high-NFC)를 가진 사람은 사고, 문제해결, 추론을 포함하는 종류의 시도를 더 많이 즐기고, 더 낮은 인지 요구(low-NFC)를 가진 사람보다 지적 성취에서 더 많은 만족을 얻는 것 같다. 예를 들어 높은 인지 요구를 가진 사람은 여가 활동의 형태로 낱말풀이나 수도쿠를 즐기는 반면, 낮은 인지 요구를 가진 사람은 TV 게임 쇼를 시청하는 것처럼 지적 개입이 덜 포함되는 여가 활동을 즐길 것이다. Klaczynski와 Fauth(1996)는 인지 요구(NFC)가 실제로 IQ 같은 지적 능력으로부터 유도되지 않는 양식적 차원임을 제안하면서 인지 요구와 인지 능력 간에 유의한 관계가 없음을 입증했다. 동시에 저자들은 인지 유형이 중요한 인생 결과에 영향을 미친다는 점을 제안하면서 낮은 인지 요구를 가진 사람이 대학을 중퇴할 확률이 높음을 보여주었다. Stanovich와 West(1997, 1998, 2000)는 인지 요구 같은 인지 유형 측정치가 다양한 특수 추리와 의사결정 과제에서의 수행과 관련됨을 보여주는 쪽으로 나아가고 있다.

학습 유형

몇몇 심리학자들은 인지 유형이 다른 사람들은 학습 과제에도 다르게 접근하는지, 즉 다른 학습 유형(learning style)을 갖는지에 주의를 돌리고 있다. 한 사례는 35명의 장 독립적인 대학생과 42명의 장 의존적인 대학생에게 테이프에 녹음된 강연을 듣고 퀴즈를 푼 다음에 상호작용적 설명에 참여하고 퀴즈를 푸는 과제를 주었던, Rollock(1992)의 연구이다. 그들은 첫 번째 학습 조건은 장 독립적 학습자를 장려하고, 두 번째는 장 의존적 학생을 장려할 것이라 생각했다. 비록 첫 번째 예측이 지지되지 않았을지라도 두 번째 예측은 가까스로 유의한 지지(marginally significant support)를 받았다. 비록 구분되는 유형이라는 아이디어를 지지하는 데서 또다시 복합적인 결과를 얻었지만, 다른 연구자들은 소위 시각적 학습 유형 대 언어적 학습 유형을 가진 사람들을 살펴보았다(예 : Green & Schroeder, 1990). 여기서의 일반적인 아이디어는 학습자들이 정보 제시 양식이 자신의 개인적 학습 유형에 가장 잘 부합할 때 가장 잘 배운다는 것이다.

문헌 유형에 대한 검토에서 Pashler, McDaniel, Roher, Bjork(2009)는, 그들이 '맞물림' 가설이라 불렀던 것에 대한 증거를 찾았다. 맞물림 가설은 지시문 학습자의 학습 유형과 부합하거나 '맞물릴' 때 가장 효과적이라는 아이디어를 말한다. 그들은 또한 학습자의 유형에 맞춘 학습이 학습자의 유형에 맞추지 않은 학습보다 '더 나은 결과'를 보인다고 하는 더 약한 가설, 즉 '학습 유형' 가설에 대한 증거를 찾았다(Pashler et al., p. 108).

앞서 Pashler 등(2009)은 연구가 이들 가설 중 하나를 지지하기 위해 어떤 종류의 증거를 제공해야 하는지를 얘기했다.

첫 번째로, 어떤 측정치나 학습 유형의 측정치들에 근거하여 학습자를 둘 이상의 집단으로 나누어야 한다(예 : 추정상 시각적인 학습자와 청각적인 학습자). 두 번째로, 각 학습 유형 집단 내의 참가자들은 최소 두 가지 다른 학습 방법 중 하나에 무작위 할당되어야 한다(예 : 어떤 자료의 시각적 제시 대 청각적 제시). 세 번째로 모든 참가자에게는 동일한 성취 검사가 주어져야 한다(만약 검사가 다르다면 학습 유형 가설에 대한 지지 증거가 제공될 수 없다). 네 번째로, 결과가 한 학습 유형 집단의 검사 수행을 최적화하는 학습 방법이 다른 학습 유형 집단의 검사 수행을 최적화하는 학습 방법과 다름을 보여줄 필요가 있다.

따라서 학습 유형 가설(및 학습 유형에 근거하는 특별한 지시적 개입)은 학습 유형이 수평축에 그려질 때 실험이 학습 유형과 학습 방법 간에 **교차 상호작용**(crossover interaction)을 보여주어야만 지지를 받는다. 3개의 이런 발견이 그림 11.5(A)에서 11.5(C)에 걸쳐 묘사된다. 이런 유형의 발견 각각에 대해 집단 A에 더 효과적이라 입증된 방법이 집단 B에 대

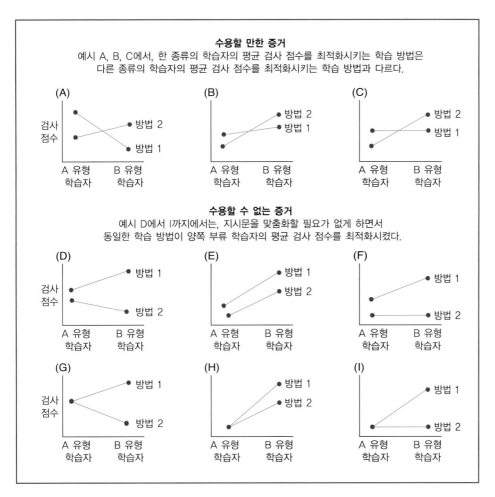

그림 11.5 학습 유형 가설에 대한 수용할 만한 증거와 수용할 수 없는 증거. 가설적 실험 각각에서 참가자들은 처음에 A 유형이나 B 유형을 갖는 것으로 분류되었고, 그런 다음 학습 방법 1이나 2에 무작위로 할당되었다. 나중에 모든 참가자들은 동일한 검사를 받았다. 학습 유형 가설은 한 집단의 평균 검사 점수에 최적화된 학습 방법이 A, B, C처럼 다른 집단의 평균 검사 점수에 최적화된 학습 방법과 달라야만 지지된다.

해 더 효과적이라 입증된 방법과 동일하지는 않다. 이런 교차 상호작용에 대해 알아야 할 가장 중요한 것은, 한 학습 유형 집단 내의 모든 참가자가 다른 학습 유형 집단 내의 모든 참가자보다 더 득점할지라도 교차 상호작용이 얻어질 수 있다는 것이다(그림 11.5(B) 참조). 이런 식으로 비록 학습 유형이 어떤 목적을 위해 능력차로 기술되는 것과 상관이 있을지라도 학습 유형 평가의 유용성에 대한 강력한 증거를 얻는 것은 가능하다. 게다가 필연적인 교차 상호작용은 양쪽 학습 유형 집단이 학습 방법 중 하나를 적용하여 동등하게 잘할 가능성에 대해 허용한다(그림 11.5(C) 참조).

그림 11.5(D)에서 11.5(I)는 학습 유형 가설에 대한 지지를 제공하지 않는 몇몇 가설적 상호작용을 보여주는데, 왜냐하면 각 경우에 동일한 학습 방법이 모든 학습자를 위한 최적의 학습을 제공해 주기 때문이다. 그림 11.5에 있는 모든 상호작용이 통계적으로 유의하다고 가정될지라도 이러한 발견들이 불충분함에 주의하라. 수평축이 학습 방법을 의미할 때 그림 11.5(D)와 11.5(G)에 제시된 자료가 교차 상호작용을 산출함에 주목해 보는 것은 흥미롭다. 앞서 주목했듯이 이런 식으로 스타일×방법 교차 상호작용은 그림 11.5(A)에서 11.5(C)처럼 수평축이 학습 유형을 나타내야만 학습 유형 가설에 대한 충분한 증거를 구성한다(p. 109).

전문가/초심자 차이

이전 장들을 통해 우리는 어떤 영역에서 전문지식을 가진 사람들이 인지 과제에 자주 초심자와 다르게 접근함을 보아왔다. 우리는 처음에 지각 학습을 논의했던 제3장에서 이 주제에 직면했다. 그 주제의 요점은 전문가와 초심자가 정보에 대해 동일하게 노출되더라도 다른 양을 획득하거나 '이해한다'는 것이었다. 일반적으로 전문가는 특히 미묘한 부분에서 초심자보다 더 많은 차이를 지각할 것이다. 일례가 피카소 그림 앞에 서 있는 예술과 친숙하지 않은 비전문가와 미술사가의 사례에 의해 묘사된다. 비전문가(초심자)는, 초심자가 단순히 지각할 수 없는 붓질이나 구도에 대한 정보를 쉽게 포착하는 미술사가(전문가)보다 더 적은 정보를 본다.

그다음 우리는 전문가와 초심자가 정보의 개념적 표상에서 다름을 제7장에서 보았다. 예를 들어 주어진 영역에서 초심자는 피상적이거나 지각적인 유사성에 근거하여 대상이나 사례를 함께 분류하는 경향이 있다. 반면에 전문가는 분류하려는 것에 더 깊은 원칙을 적용하기 위해서 자신의 지식을 자주 사용한다. 예를 들어 만약 많은 그림이 주어지면, 초심자는 그림의 주제(풍경, 정물, 초상)에 근거하여 분류한다. 미술사가는 예술가, 역사적 시기, 구도, 그리고 어느 정도의 지식을 요하는 그림의 다른 측면에 근거하여 훨씬 더 세분하려는 것 같다.

체스 전문가와 체스 초심자에 대한 Groot(1965), Chase와 Simon(1973)에 의한 연구는 두 집단 간의 또 다른 관련된 인지처리 차이를 제안한다. 가령 게임 중인 형태로 배열된 체스판을 보았을 때(즉, 진행 중인 게임인 것처럼 배열된 체스 말), 전문 체스 선수는 단지

5초 흘낏 본 후에 (25개 중) 대략 16개의 체스 말 위치를 재구성할 수 있었다. 체스 초보자는 동일한 판과 동일한 노출시간이 제시되었을 때 단지 5개가량의 체스 말 위치를 재구성할 수 있었다.

흥미롭게도 저자들은 그것이 단지 전문가가 더 뛰어난 기억을 가지고 있어서가 아님을 보였다. 실제로 무작위로 배열된 25개의 체스 말로 된 체스판을 보았을 때는 전문가와 초보자 모두 단지 두세 개의 위치를 재구성할 수 있었다. Chase와 Simon(1973)은 이러한 결과가 더 뛰어난 기억 때문이라기보다는 체스 전문가가 체스 말을 의미 있는 배열로 집단화하거나 '덩어리 짓기' 위해 체스 지식을 사용하기 때문이라고 주장했다. 제5장

사진 11.1 연구는 전문가와 초심자가 다른 방식으로 자극을 지각하고 분류한다고 제안한다.

에서 제안하듯 덩어리 짓기 과정은 작업기억에 붙들어 두는 정보량을 증가시킬 수 있다.

방금 기술된 전문가/초심자 차이(expert/novice differences)에서의 발견은 흔한 주제로 들린다. 한 영역에서 지식의 수준은 그 영역 내에서 인지에 영향을 준다. 많은 인지과정 — 전문지식의 영역 내에서 정보에 대한 지각과 재인, 부호화, 분류와 범주화, 문제해결, 추리, 의사결정을 포함한 — 이 영향을 받는 것으로 나타난다.

인지에서 노화의 효과

우리는 이전 장에서 인지기술과 능력의 발달, 즉 다른 연령과 다른 발달 수준의 아이들은 다른 방식으로 동일한 인지 과제에 접근한다는 것을 보았다. 인지과정에서 연령 관련 변화는 성인기에는 멈추지 않는다. 사실상 성인 발달과 노화를 연구하는 사람들은 더 젊은 성인과 더 나이든 성인 간에 인지과정에서의 수많은 차이를 발견했다. 다시 한 번 이 주제는 매우 광범위하고, 우리는 단지 약간의 사례만을 언급할 여지가 있을 뿐임을 밝힌다.

더 젊은 성인(20대와 30대)에 비교하여 더 나이든 성인들(60대 이상)은 인지 능력과 기술에서 몇 가지 차이를 보여준다. 예를 들어 더 나이든 성인은 분리 주의(divided attention) 과제 수행을 잘 못한다(제4장에서 논의되었던 것처럼; McDowd & Craik, 1998). 언어 재인과 언어 변별에서는 연령 관련 쇠퇴를 보였다(Corso, 1981). 하노이 탑 문제해결 과제(Davis & Klebe, 2001)뿐 아니라 다양한 기억 과제(Cavanagh, 1993)에서는 기억 수행의 감퇴를 보였다.

이러한 발견 중 한 가지 사례는 작업기억 과제에서의 수행과 관련된다. Salthouse와 Babcock(1991)은 숫자 폭, 문장 이해, 암산 같은 다양한 작업기억 과제에서 18~87세 성인

의 수행을 연구했다. 저자들은 더 나이든 참가자들이 더 어린 참가자보다 더 짧은 폭을 가지고 있음을 발견했다. Salthous와 Badcock은 자료의 광범위한 통계 분석 후에 폭 길이에서의 이런 쇠퇴를 설명하는 주요한 요소가 처리 효율성 또는 다양한 기초적 인지 조작(단순한 덧셈 수행하기나 단순한 문장 이해하기 같은)이 수행될 수 있는 속도에서의 쇠퇴임을 발견했다.

Campbell과 Charness(1990)는 작업기억에서 유사한 연령 관련 쇠퇴를 발견했다. 그들은 세 집단의 성인에게(20세, 40세, 60세) 두 자리 숫자를 제곱하기 위한 알고리즘을 학습하는 과제를 주었다. 참가자들은 각각 한두 시간이 걸리는 6개의 회기를 수행했다. 저자들은 두 가지 유의한 발견을 보고한다. 처음 알고리즘을 가지고 한 연습은 수행을 개선시켰다. 즉, 오류가 회기에 걸쳐 감소했다. 그러나 가장 나이든 집단의 성인들은 '중년' 성인보다 더 많은 오류를 범했고, 중년 성인은 가장 젊은 성인보다 더 많은 오류를 범했다. 심지어 연습을 해도 이들 연령차는 여전했다.

문헌을 검토한 Batles, Staudinger, Lindenberger(1999)는 막 검토된 발견 패턴을 설명하며, 기초적인 인지 조작의 처리 속도에서의 일반적 쇠퇴가 연령과 더불어 일어나는 것 같다고 결론짓는다. 그러나 노화에 대한 잘 알려진 연구자들인 Paul Batles와 Margaret Batles는 더 나이든 성인들이 보상을 포함한 선택적 최적화를 활용함으로써 이런 쇠퇴를 전략적으로 보상할 수 있다고 주장했다.

> 전문 피아니스트인 아르투르 루빈슈타인은 텔레비전 인터뷰에서 80세에 어떻게 그렇게 훌륭한 피아노 연주를 지속하는지에 대해 질문 받았을 때 세 가지 전략을 제시했다. 우선 그는 더 적은 작품을 연주했다(선택). 그리고 이런 작품들을 더 자주 연습했다(최적화). 마지막으로 기계적 속도에서의 손실에 대응하여 나중 것이 더 빠르게 나타나도록 만들기 위해 빠른 부분 이전에 더 느리게 연주하기 같은(보상) 일종의 인상 관리를 활용했다.(Batles et al., 1999, pp. 483-484)

그러나 노화에서 오는 인지처리에서의 차이가 여전히 다른 원천으로부터 오는 개인차에도 종속되어 있음을 마음에 담아두는 것이 중요하다. 지능, 건강, 공식적 교육 연수, 전문지식, 인지 유형 같은 요소들이 모두 계속해서 중요한 역할을 하고 있다. 상대적으로 학문적 초창기인 상태에서 인지에서 노화 효과라는 주제는 의심할 여지 없이 어떤 개인의 인지적 기능화의 수준이 과제와 전반적 맥락 요인뿐 아니라 방금 기술된 것 같은 개인에 특수한 요인을 포함한 많은 요소에 의존한다는 아이디어를 계속 지지할 것이다(Lerner, 1990; Salthouse, 2012; Verhaeghen, 2011; Zöllig, Mattli, Sutter, Aurelio, & Martin, 2012).

인지 능력에서의 개인차에 대한 이런 짧은 관망은 중요한 점을 강조하기 위해 의도되었다. 모든 사람이 똑같은 방식으로 인지 과제에 접근하는 것은 아니다. 연령, 능력, 전문지식과 사람들 간의 스타일 차이는 얼마나 많은 정보가 포착될지 또는 그것이 온전히 처리될지에서의 차이를 이끌면서, 정보를 획득하거나 처리하는 데 있어서의 효율성에 영향을 줄 수 있다. 다시 말해 이러한 차이는 복잡한 인지 과제가 얼마나 잘 수행될지에 큰 영향을 줄 수 있다.

지난 40년간 심리학자들은 인지에서의 개인차의 원천으로서 성별에 대해 궁금해했다. 다음 절에서는 남성과 여성이 인지 과제에 접근할 때 어떻게 다른 인지 유형이나 전략을 채택하는지를 알아볼 것이다.

인지에서의 성차

성차의 존재 가능성은 매혹적일 수 있다. 심리학자 Carol Nagy Jacklin(1989)이 주목했듯이, 이런 매혹은 특히 서구 문화에서 확연하다.

> 여성과 남성 간의 차이에 대한 생각은 국가적 관심사이다. 서구 문화에서 사람들은 소년과 소녀 간에 기본적인 차이가 있는지를 살피고, 가능한 다른 종류의 구분보다 이런 차이의 가능성에 더 많은 강조를 둔다. 예를 들어 우리는 푸른눈과 갈색눈 또는 키가 작고 큰 아이들이 지적 능력이나 성격에서 서로 다른지 거의 궁금해하지 않는다.(p. 127)

특히 주제의 민감한 본질 때문에 인지에서의 성차에 관한 증거를 조사하기 전에 몇 가지 주의가 필요하다. 가장 중요한 주의사항 중 하나는 **성차**라는 용어를 평가하는 것이다

과제 X에서의 수행에서 성차가 있다고 말하는 것은, 그림 11.6에서 묘사되듯 매우 다른 많은 것들을 의미할 수 있다. 한 가지 가능한 의미는 한 성별의 구성원의 점수가 다른 성별의 구성원의 점수보다 더 높다는 것, 즉 그림 11.6(A)에서 묘사되는 가능성이다. 한 성별(오른쪽의 분포)에서 가장 낮은 득점을 한 구성원이 낮은 점수를 받은 성별의 가장 좋은 구성원을 여전히 능가함에 주목하라. 비록 많은 사람들이 이 용어에서 성(또는 다른 집단)차에 대한 진술을 해석해 낼지라도 실상은 그렇게 단순하지 않다.

수행에서 성차의 더 실질적인 묘사가 그림 11.6(B), 11.6(C), 11.6(D)에 제시된다. 이들 중 첫 번째는 성차를 묘사하지 않는다. 나머지 2개는 다른 성별의 사람들 간 점수에서 다른 정도의 중첩을 보이면서 평균 수준의 수행에서 실질적인 성차를 묘사한다. 각 사례에서 비록 평균 점수에서는 여성이 남성보다 높을지라도 일부 남성은 일부 여성보다 더 높은 점수를 받는다. 그러면 양쪽 경우에 어떤 개인(샐리 스미스나 잭 존스)이 어떤 점수를 받을지를 예측하는 것은 불가능하다. 우리가 말할 수 있는 모든 것은, 다수의 남성과 여성에 대해서 여성의 평균 점수가 남성의 평균 점수보다 더 높을 것이라는 것이다.

두 번째 주의사항은 연구 문헌에서 내재된(built-in) 편향에 영향을 미친다. 과학 잡지들은 단순히 차이를 찾지 못한 연구를 포함하기보다 집단 간의 유의한 차이를 보고하는 연구를 훨씬 더 많이 출판하는 것 같다.(이것은 '파일 서랍 문제'라 알려져 있는데, 왜냐하면 통

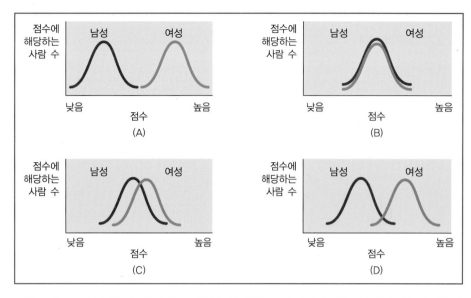

그림 11.6 가설적 성별 분포의 예시. 각 곡선은 한 성별의 사람에 대해 어떤 검사상의 점수에 대한 가설적 분포를 묘사한다.

계적으로 유의한 결과를 얻지 못한 연구는 자주 연구자의 파일 서랍에서 사라져 버리기 때문이다.) 부분적으로 이는 잡지의 공간이 한정되고 차이를 발견하는 연구가 그렇지 않은 것보다 더 흥미로운 경향이 있기 때문에 일어난다(Tavris & Wade, 1984). 이는 또한 해석의 어려움 때문이다. 집단차를 발견하지 못한 연구자는 차이가 없다고 결론 내릴 수 없다. Halpern(1992)은 그 이유를 다음과 같이 설명한다.

> 당신이 어느 누구도 한 개 이상이나 이하의 머리를 갖지 않는다는 영가설을 공식화한다고 가정하라. 당신은 큰 표본의 사람들을 수집하고, 사람당 머리의 수를 세고, 아마도 각각 하나씩만 갖는다는 것을 알 수 있을 것이다. 그러나 당신은 영가설을 입증할 수 없는데, 왜냐하면 단 하나의 예외, 즉 하나 이상이나 이하의 머리를 가진 단 한 사람의 존재라도 그 가설이 틀렸음을 입증할 수 있고, 당신이 표본에 이 사람을 포함시키는 데 실패했을 가능성이 있기 때문이다. 유사하게 더 많은 양의 부정적 증거가 성차가 존재하지 않음을 입증하기 위해 활용될 수는 없다.(p. 33)

성차에 대한 문헌을 해석하는 데 있어 또 다른 일련의 문제는 실험자 기대 효과, 즉 실험자의 가설 방향이 참가자의 반응이나 행동에 비의도적으로 영향을 줄 경향이 있다는 것이다(Rosenthal & Rosnow, 1984). 가상의 연구를 검토했을 때 우리는 제8장에서 이런 효과의 영향을 논의했었다.

많은 심리학 연구에서 실험자들은 참가자들의 조건에 '맹목적'이게 함으로써 이런 효과를 피하거나 최소화할 수 있다. 예를 들어 기억 연구에서 한 실험자는 실험 및 통제 집단에 참가자들을 무작위로 할당할 수 있고, 그들에 대해 알지 못했던 두 번째 실험자는 어떤 집단이 검사를 받을지 알지 못했다.

그러나 성차 연구는 다른 이야기이다. 참가자들이 관찰되거나 면접을 받을 때, 관찰자나 면접자가 참가자의 성별을 볼 수 없기는 거의 불가능하다. 따라서 관찰자나 면접자는 연구의 가설, 문화적 고정관념, 또는 양쪽 모두와 일치하는 방식으로 행동하도록 비의도적이고 미묘하게 참가자를 '이끌' 위험을 제공한다. 예를 들어 여성이 더 '언어적'이거나 더 '정서적으로 표현'한다고 기대하는 면접자는 아마도 더 많이 웃고, 그럼으로써 예측된 방향으로 더 많은 반응을 허용하거나 격려함으로써 무의식적으로 여성에게 이런 행동을 강화시킬 것이다. 몇몇 연구는 참가자들이 글로 반응하게 함(그리고 그런 다음 그들의 반응은 글쓴이의 성별을 알지 못하는 평가자에 의해 입력되고 점

사진 11.2　면대면 면접에서 참가자의 성별을 연구자에게 감추는 것은 불가능하다.

수도 평가됨)으로써 이런 문제를 피하지만, 이 접근은 수집될 수 있는 관찰과 자료의 종류를 제한한다. 이런 이유로 특히 성차 연구에서 중요한 편향 문제가 있을 수 있음을 우리의 논의 내내 마음속에 담아 두는 것이 중요하다.

기술과 능력에서의 성차

남녀 간에 인지 능력 면에서 전반적인 차이가 있는가? 서구 문화에서 많은 사람들은 이 질문에 서로 다르고 강하게 수용되는 의견을 내비친다(예 : "모든 사람이 남자가 더 영리하다고 안다."거나 "여자는 그들[남자]이 더 재능 있다고 생각하게 할 만큼 충분히 영리하다."). 그러나 비록 크게 표명되었을지라도 인지심리학자는 의견 이상의 것을 필요로 한다. 이 질문을 받으면 우선 더 큰 전반적 인지 능력을 갖는 것이 무엇을 의미하는지를 정의함으로서 시작해야 한다. 그런 다음 이 정의를 특수한 과제에 대한 특수한 행동이나 반응 패턴으로 바꿔야 한다(이것은 질문을 조작할 수 있게 하는 것, 즉 조작적으로 만드는 것). 마지막으로 남녀의 적절한 표본을 모집하고 선택된 과제를 제공해야 한다.

　심리학자가 선택한 한 종류의 과제는 지능 검사이다. 그러나 이 접근의 문제는 지능 검사가 구성되는 방식에서 기인한다. Halpern(1992)이 지적하듯이 지능 검사의 구성인자는 남녀의 점수 간에 전반적 차이가 존재하지 않는지 알 수 없게 되어 있다. 즉, 많은 검사 구성인자들은 반응상 신뢰할 수 있는 성차를 보여주는 어떤 항목을 지능 검사에서 배제한다.

　그러나 이것이 남녀가 인지적 수행에서 어떤 차이를 보이지 않을 것임을 의미하지는 않는다. 초기의 고전적인(그러나 나중에 심하게 비판받은) 성차 문헌에 대한 검토에서 Maccoby와 Jacklin(1974)은 언어 능력, 시공간 능력, 수량적 능력이라는 세 가지 인지 능력

을 확인했다. 이 절에서 우리는 이들 각각을 차례로 살펴볼 것이다.

그렇게 하기 위해서 우선 존재하는 문헌을 검토할 때 심리학자들이 사용하는 방법론적 기법을 고려할 필요가 있다. 세 가지 주요한 기법이 사용되고 있다. 첫 번째, 설화 개관(narrative review)은 우리가 할 수 있는 많은 자원을 찾아내거나 읽고, 그런 다음 결론을 쓰는 것이다. 비록 이런 요약이 사용될 수 있을지라도 Hyde와 Linn(1988)이 지적했듯이, 설화 개관은 몇 가지 약점을 가지고 있다. "설화 개관은 양적이지 않고, 비체계적이며, 주관적이고, 100개 이상의 연구를 검토하는 것은 단순히 인간 마음의 정보처리 용량을 넘어선다."

Maccoby와 Jacklin(1974)이 사용한 두 번째 기법은 투표 계산(vote counting)이다. 이름이 함축하듯이 이 기법은 각 연구를 목록화하고 특별한 효과를 증명하는 총합으로 연구의 수를 세는 것이다. 본질상 각 연구는 최종적으로 한 '표'를 받는다. 성차를 증명하는 연구들은 성차가 실제로 존재한다는 아이디어에 대해 '투표한다'. 성차를 찾지 못한 연구는 반대쪽 제의에 대해 '투표한다'. 비록 설화 개관을 넘는 발전일지라도 투표 계산은 여전히 많은 문제로 어려움을 겪는다. 비록 많은 연구가 전반적인 품질, 표본 크기, 사용된 도구의 정밀성, 통계적 검증력 면에서 다를지라도 각 연구가 동등한 중요성을 부여받는다는 게 가장 중요하다(Block, 1976; Hedges & Olkin, 1985; Hyde & Linn, 1988).

다른 연구로부터의 결과를 종합하기 위한 더 강력한 기법은 메타 분석(meta-analysis)이다. 이는 다른 연구로부터의 발견을 통합하기 위한 통계적 방법의 사용을 포함한다(Hedges & Olkin, 1985). 메타 분석은 심리학자들 사이에서 폭넓은 대중성을 얻고 있다. 메타 분석은 연구자들이 서로 다른 연구를 양적으로 비교하도록 한다. 메타 분석에서 흔히 사용되는 측정치는 두 집단에 대해 평균 표준편차에 의해 나눠진 두 집단 간 평균 점수의 차이로 정의되는 d이다. 이 측정치는 효과 크기(effect size)라고 알려져 있다.

효과 크기의 구체적인 사례는 다음을 가정한다. 여성은 특수한 언어 과제에서 남성을 능가한다. 여성에 대한 평균 점수가 100이고 남성에 대한 평균 점수가 50일 때 평균적으로 두 집단에 대한 표준편차가 75라면, 연구의 효과 크기는 (100−50)/75 또는 .67일 것이다. 본질상 효과 크기는 우리에게 둘 (이상의) 평균 간에 얼마나 많은 표준화된 차이가 있는지를 말해 준다. Cohen(1969)은 이 값을 해석하기 위한 경험 법칙(rules of thumb)을 제공했다. .20의 효과 크기는 작고, .50은 중간, .80은 크다고 생각되었다. 그래서 .67이라는 가설적인 값은 중간 내지 큰 효과로 인정될 것이다.

언어 능력

어떤 종류의 능력이 '언어 능력'으로 인정될까? 물론 서로 다른 저자들은 서로 다른 정의를 제안하겠지만 전형적인 묘사는 어휘력, 언어 유창성, 문법, 맞춤법, 독해력, 구어 이해력, 언어 유추나 철자 순서를 바꾼 말(anagram) 같은 언어 퍼즐을 해결하는 폭넓은 능력을 의미한다(Halpern, 1992; Williams, 1983). Maccoby와 Jacklin(1974)은 1974년까지 수행된 연구 대부분에서 비록 소녀와 소년이 대략적으로 동일한 패턴의 언어 능력을 보였을지라도, 약 11세 이후에 그리고 고등학교 졸업 후 계속해서 여성들이 언어 이해 및 산출, 창의적 글쓰기, 언어 유추, 언어 유창성을 포함한 다양한 언어 과제에서 남성을 능가했다고 결론지었다.

이후의 논문 검토(Hyde & Linn, 1988)는 Maccoby와 Jacklin의 결론을 반박했다. 메타 분석을 사용하여 저자들은 다음의 기준을 만족시켰던 (출판되고 출판되지 않은) 165개의 연구를 조사했다. 연구들은 원자료를 보고했으며 저자들은 효과 크기의 계산을 위해 충분한 정보를 제공했다. 조사된 언어 능력의 유형은 어휘력, 유추, 독해력, 구어 이해력, 에세이 쓰기, 일반 능력(다른 측정치의 혼합), SAT 언어 점수, 그리고 철자 순서를 바꾼 말을 포함했다.

조사된 연구 중에서 대략 1/4은 남성의 우수한 수행을 보여주었고, 3/4은 여성의 우수한 수행을 보여주었다. 그러나 자료가 통계적 유의도 면에서 평가되었을 때, 연구 중 약 27%만이 통계적으로 유의하게 여성의 더 높은 수행을 발견했고, 66%는 통계적으로 유의한 성차를 발견하지 못했으며, 7%는 통계적으로 유의하게 남성의 더 높은 수행을 발견했다. 언어 과제의 유형이 고려되었을 때 신뢰할 만한 여성 우월성을 보여주는 유일한 과제는 철자 순서를 바꾼 말, 언어 산출력, 일반 능력에 대한 것이었다. 이 과제들에 대한 평균 d 측정치는 심지어 유의한 성차가 오히려 작았음을 제안하며, 각각 .22, .20, .33이었다. 성차를 연령의 함수로 분석하면 저자들은 참가자들이 학령 전 아동, 초등학교 연령의 아동, 청소년, 또는 성인이었는지에 따라 d 측정치에서 변산을 거의 발견하지 못하기도 했다.

흥미롭게도 1973년 이전에 출판된 연구들은 더 최근 연구(1973년 이후에 출판된 것들 : 평균 d=.10)보다 유의하게 더 큰 성차(평균 d=.23)를 보였다. 초기 연구들은 여성이 남성보다 더 높은 언어 능력을 가지고 있음을 보였다. 그러나 더 최근 연구는 이 주장을 반박했다. Hyde와 Linn(1988)은 다음과 같이 결론을 내렸다.

우리는 최소한 이 시대에 미국 문화에서, 언어 능력이 측정되는 표준 방식으로는 언어 능력에 성차가 없다고 주장하려고 한다. 1,418,899명의 참가자 검증을 대표하는 165개의 조사된 연구와 10.11의 평균값을 얻기 위한 119개의 평균화된 d 값을 가지고, 우리는 이 결론에 어느 정도의 확신을 가지고 도달할 수 있었다고 느낀다. 표준편차의 1/10의 성차는 이론, 연구, 또는 교재에서 별로 주의할 만한 것이 아니다. 확실히 우리는 더 큰 효과를 추구해야 한다.(p. 62)

시공간적 능력

이전의 저자들이 주목했듯이 **시공간적 능력**(visuospatial abilities)은 정의하기 어렵고 불편하다(Halpern, 1992; McGee, 1979; Williams, 1983). 전형적으로는 제8장에서 기술된 것과 유사한 다른 대상, 형태, 또는 그림의 심적 회전이나 심적 변형 같은 과제에서의 수행을 언급한다. Maccoby와 Jacklin(1974)은 소년들이 일단 어린 시절이 끝나면 '탁월해짐'을 주장하면서, 매우 신뢰할 만한 것으로 시공간적 능력에서의 성차를 보고했다. 그들은 d 측정치를 .40까지 보고했다.

신뢰할 만한 성차를 보여주는 것으로 나타나는 한 가지 과제는 심적 회전이다. 비록 많은 개별 여성은 많은 개별 남성을 능가할 수 있을지라도, 평균적으로는 이런 과제에서조차 남성이 여성보다 더 잘 수행한다. 지난 25년 이상 연구자들은 심적 회전 과제에서 일관성 있게 큰($d=.90$) 성별 효과를 보고했다(Loring-Meier & Halpern, 1999).

Loring-Meier와 Halpern(1999)은 심적 회전 과제의 어떤 성분이 성차를 보이는지를 조사하기 위한 연구를 수행했다. 성차가 심상의 초기 발생 시에 생길까? 작업기억에서의 심상 유지 때문일까? 심상을 주사하는 능력 때문일까? 심상을 변형하는 능력 때문일까? 연구자들은 24명의 남성과 24명의 여성이 Dror와 Kosslyn(1994)에 의해 설계되었던 네 가지 과제를 완성하게 했다. 네 가지 과제 중 두 가지가 여기에 기술되어 있다.

첫 번째의 심상-발생 과제에서는 글자의 소문자 버전, 즉 l을 단서로 주고 참가자들에게 특별한 블록체, 즉 L을 상상하도록 요구했다. 이것에 뒤따라서 안쪽 어딘가에 X 표시가 있는 한 벌짜리 4개 괄호가 나타날 것이다. 참가자는 X가 만약 4개의 괄호 안에 그려져 있다면 대문자 블록체가 있는 공간 내에 나타났는지를 결정해야 했다(그림 11.7 참조).

심상-유지 과제로는 그림 11.8에 제시된 것 중 하나 같은 패턴을 참가자에게 제시했다. 참가자들은 패턴을 기억하고 패턴이 사라지게 만드는 키를 누르도록 요구받았다. 2,500ms의 간격 후에 화면에 X를 제시했고 참가자들은 패턴이 X를 덮었는지를 결정해야 했다.

결과는 연구의 네 과제 모두에 대해 남성과 여성 간에 정확도에서 차이가 없었다. 그러나 네 과제 모두에서 저자들은 "일반적으로 남성이 시공간적 형상의 사용에 더 능숙하다."는 결론을 내렸는데, 남성이 여성보다 일관성 있게 더 빨랐기 때문이다.

공간 능력에서 성차의 메타 분석을 수행했던 Linn과 Petersen(1985)은 심적 회전에서의 성차의 크기가 특수한 과제의 함수로 달라진다고 결론지었다. 일반적으로 말해서 요구되는 상징적 정보 처리가 더 빠를수록 성차가 더 크다. 복

사진 11.3 신뢰할 만한 성차를 보여주는 것으로 나타나는 한 가지 과제는 심적 회전 과제이다. 평균적으로 남성이 여성보다 더 잘 수행한다. 그러나 많은 개별 여성은 심지어 이런 과제에서조차 많은 개별 남성을 능가할 수 있다.

잡한 3차원 항목을 포함한
심적 회전 과제는 더 단순한
2차원 항목을 가진 심적 회
전 과제보다 일반적으로 더
큰 성차를 보였다. Linn과
Petersen은 성차에 대해 많은
가능한 이유를 제공했다. 예
를 들면 여성은 항목을 더 느
리게 회전시키거나 과제에
접근하는 데 있어 다른 전략
을 사용하는 것 같다.

또 다른 이유는 남성과 여
성 뇌의 신경학적 발견과 관
련이 있는 것 같다. 문헌 검
토에서 Levy와 Heller(1992)
는 일반적으로 여성이 남성
의 대뇌반구보다 기능상 덜 국재화되거
나 덜 특수화된 대뇌반구를 가지는 경향
이 있음에 주목한다. 대뇌반구가 우리의
인지적 삶에서 약간 다른 역할을 한다는
것은 심리학에서 알려진 지 오래되었다.
우리들 대부분(특히 오른손잡이들)에 대
해 언어 유창성, 언어적 추론, 그리고 다
른 유형의 분석적 추론은 좌반구 기능화
에 의해 지배되는 것 같다. 반대로 우반

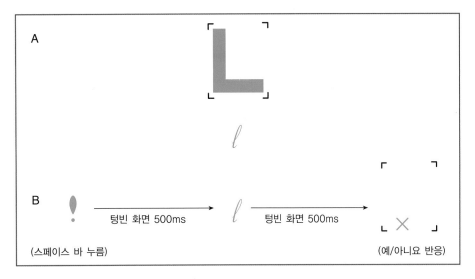

그림 11.7 (A) 학습 단계 동안 제시된 자극과 (B) 심상–발생 과제에서의 시행 연쇄의 사례

출처 : Loring-Meier, S., & Halpern, D. F. Sex differences in visuospatial working memory: Components of cognitive processing. *Psychonomic Bulletin and Review, 6,* p. 466. Copyright ⓒ 1999, Psychonomic Society, Inc. Reprinted with permission.

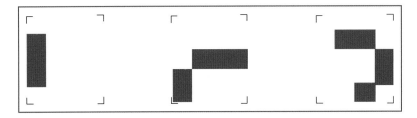

그림 11.8 심상–유지 과제를 위해 사용된 자극의 예시

출처 : Loring-Meier, S., & Halpern, D. F. Sex differences in visuospatial working memory: Components of cognitive processing. *Psychonomic Bulletin and Review, 6,* p. 468. Copyright ⓒ 1999, Psychonomic Society, Inc. Reprinted with permission.

구는 정서적 정보를 해석하는 것뿐 아니라 공간 관계를 이해하는 데 특수화되는 것 같다.

남성이 여성보다 더 국재화된다고 말하는 것은 남성이 두 대뇌반구의 기능화에서 더 큰
비대칭성을 보인다는 것이다. 여성은 최소한 어느 정도까지는 양쪽 반구에 표상되는 언어
기능을 갖는 것으로 나타난다. 이와 관련하여 좌반구 손상으로 고생하는 여성은 같은 유형
의 손상을 입은 남성보다 언어 기능화에서 더 나은 회복을 보인다(Levy & Heller, 1992).

기능화에서 더 큰 비대칭성을 갖는다는 것은 무엇을 의미하는가? 그것은 아마도 기능화
에서 더 큰 특수화를 의미할 것이다. 특수화가 많을수록 과제를 수행하는 데 더 많은 원천
을 가질 것이다. 전반적으로 남성의 더 큰 국재화는 심적 회전 같은 특수한 공간 과제에 쏟
을 더 많은 자원을 가지고 과제를 준비하게 한다. 물론 이런 결론은 조심스럽게 해석되어
야 한다. 비록 국재화에서의 성차가 잘 문서화되어 있을지라도, 이것이 모든 남성이 모든

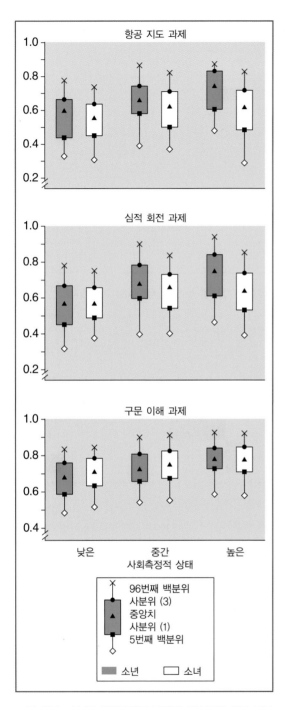

그림 11.9 성 및 사회경제적 지위의 함수로서 항공 지도 과제(위 그림), 심적 회전 과제(가운데 그림), 구문 이해 과제(아래 그림)에서 (시점에 걸친) 점수 분포의 상자 그림

여성보다 더 큰 국재화를 보인다는 것을 의미하지는 않기 때문이다. 게다가 공간 능력에서 성차가 발견되는 과제는 좁은 세트에 국한된다.

또 다른 연구(Levine, Vasilyeva, Lourenco, Newcombe, & Huttenlocher, 2005)는 공간 능력에서의 성차라는 아이디어에 새로운 고민거리를 더한다. 이들 저자들은 두 가지 공간 과제 및 한 가지 비공간 과제를 2학년초부터 1년 주기에 걸쳐 소년과 소녀에게 주었다. 연구자들은 비공간적(구문 이해) 과제에서 기대했던 것 같은 성차를 발견하지 못했다. 또한 기대했듯이 두 가지 공간 과제(심적 회전 그리고 사진과 지도 간 상응시키기)에서의 수행에서 전반적인 성차가 있었다. 그러나 놀랍게도 이런 전반적 차이는 그림 11.9에서 보여주듯 아동의 사회경제적 지위(SES)의 함수로 변화를 보여주었다. 특수하게 사회경제적 지위가 낮은 학생들은 과제에서 어떤 성차가 나타나지 않았지만 사회경제적 지위가 중간이거나 높은 학생들은 공간 과제에서 전통적인 남성 이점을 드러냈다. 사회경제적 지위 관련 차이에 대한 한 가지 가능한 설명은 다음과 같다.

사회경제적 지위 관련 차이에 대한 대안적 설명은 공간적 기술의 발달을 촉진하는 활동에 대한 매우 높은 수준의 참여가 남성의 공간적 이점에 본질적이라는 것이다. 더 낮은 사회경제적 지위 집단에서 이런 종류의 활동은 소년과 소녀 모두에게 상대적으로 가용하지 않을 것이다. 비록 어떤 유형의 입력이 공간적 기술을 촉진시킬 수 있는지에 대해 거의 알려져 있지 않을지라도, 이전의 연구들은 레고를 가지고 놀기, 퍼즐 함께하기, 그리고 비디오 게임 하기 같은 활동이 공간적 기술과 관련됨을 가리킨다. 게다가 소년들은 이런 활동에 소녀보다 더 많은 시간을 보낸다. …… 비록 사회경제적 지위가 낮은 아동이 성 유형화된 놀이에 참여할지라도, 이러한 장난감과 게임 중 일부는 상대적으로 비싸기 때문에 그들은 공간적 기술을 촉진시키는 장난감과 게임에 다른 아동보다 더 접근하지 못하는 것 같다.(Levine et al., 2005, p. 844)

결국 공간 능력에서의 성차에 대한 이유들은 국지화 같은 생물학적 요인이나 퍼즐과 비디오 게임에 대한 접근 같은 사회화 요인, 또는 어떤 조합에서 발견되는 것 같다. 아무튼 차이는 GRE와 SAT 같은 중요한 표준화된 검사의 개발자들에게 함의를 지니고 있다.

> 이들 검사에 대한 많은 질문들은 시공간적 형태의 발생, 유지, 변형을 요구한다. 평균적으로 남성은 이러한 중대한 이해관계 검사에서 여성보다 더 높은 점수를 받는다. 이것은 질문에 빠르게 답하는 피검사자가 더 느리게 반응하는 사람들과 비교하여 이점이 있음을 의미하는 속도 검사들이다.(Loring-Meier & Halpern, 1999, p. 470)

수량적 능력 및 추리 능력

수량적 능력(quantitative ability)이라는 용어는 (분수, 비율, 역수 같은) 수량적 개념의 이해뿐 아니라 연산 지식과 기술을 포함하여 다양한 기술을 다룬다. 언어 능력과 시공간적 능력과 더불어 수량적 능력은 서로 다른 연구자들에게 약간 다른 의미로 받아들여진다.

Maccoby와 Jacklin(1974)은 소년과 소녀가 초등학교 시절 내내 유사한 수준과 패턴의 수학적 능력을 보인다고 믿었다. 12세 또는 13세부터 소년들의 성취와 기술은 소녀들의 성취와 기술보다 더 빠르게 증가하기 시작한다. Maccoby와 Jacklin에 의해 원래 인용된 연구의 메타 분석을 실시하여, Hyde(1981)는 평균적으로 소년들이 대략 표준편차의 반만큼 소녀를 능가하는 경향이 있음을 보이면서 모든 연구에 대한 d 점수 중앙치가 .43이라 결론지었다.

Benbow와 Stanley(1980, 1983)의 연구들은 수학적인 능력 면에서 성차를 지지하는 더 많은 증거를 제공했다. 연구자들은 수학 영재 연구(Study of Mathematically Precocious Youth, SMPY), 즉 매우 재능 있는 중학생을 확인하기 위해 사용된 재능 탐색 과정에 의해 수집된 자료를 사용하였다. 여기서의 논리는 중학생이 될 때까지 남학생과 여학생이 학교에서 동일한 수학 수업에 노출된다는 것이다. 따라서 중학생을 연구 대상으로 활용하는 것은 흔히 남학생이 여학생보다 수학 수업에 더 많이 등록할 때인 고등학교에서 일어나는 수학에 대한 상이한 노출의 역할을 감소시킨다.

수학 영재 연구(SMPY)에서 7학년과 8학년은 대학입시위원회의 SAT, 즉 고교 1학년과 2학년에게 친숙한 검사를 치른다. 표 11.2는 결과 중 일부를 제시하고 있다. Benbow와 Stanley(1980)는 비록 양쪽 집단이 언어 부문에서 동등하게 잘 수행했을지라도, SAT의 수학 부문에서는 남성의 점수가 여성의 점수보다 약 30점 더 높음을 발견했다. 게다가 점수가 높을수록 그 점수를 받은 남성 대 여성의 비율도 차이가 커졌다. 예를 들어 700점 이상의 SAT 점수(1만 명 중 한 명만이 이렇게 높은 점수를 얻음)를 고려하면, 남성 대 여성의 비율은 13 대 1이다(Benbow & Stanley, 1983). 그러나 성차가 대개 기하학이나 연산보다는 오히려 대수와 관련된 특수한 항목에서만 일어난다는 증거가 있다(Deaux, 1985).

처음 연구를 한 후 20년 동안 수행된 수학 영재 연구의 후속 연구는, 성차가 수학 내 또는 수학과 관련된(예 : 공학, 컴퓨터 과학, 자연과학) 학위를 추구하는 데 있어 다른 결과를

표 11.2 수학 영재들의 평균 SAT 점수

| 검사 일자 | 학년 | 인원 수 | | SAT-V 점수* ($\bar{X}\pm SD$) | | SAT-M 점수† | | | | SAT-M에서 600점 이상 점수를 받은 백분위 | |
| | | | | | | $\bar{X}\pm SD$ | | 최고 점수 | | | |
		소년	소녀	소년	소녀	소년	소녀	소년	소녀	소년	소녀
1972년 3월	7	90	77			460 ± 104	423 ± 75	740	590	7.8	0
	8†	133	96			528 ± 105	458 ± 88	790	600	27.1	0
1973년 2월	7	135	88	385 ± 71	374 ± 74	495 ± 85	440 ± 66	800	620	8.1	1.1
	8†	286	158	431 ± 89	442 ± 83	551 ± 85	511 ± 63	800	650	22.7	8.2
1974년 2월	7	372	222			473 ± 85	440 ± 68	760	630	6.5	1.8
	8†	556	369			540 ± 82	503 ± 72	750	700	21.6	7.9
1976년 12월	7	495	356	370 ± 73	368 ± 70	455 ± 84	421 ± 64	780	610	5.5	0.6
	8‡	12	10	487 ± 129	390 ± 61	598 ± 126	482 ± 83	750	600	58.3	0
1978년 1월	7 과 8‡	1549	1249	375 ± 80	372 ± 78	448 ± 87	413 ± 71	790	760	5.3	0.8
1979년 1월	7 과 8‡	2046	1628	370 ± 76	370 ± 77	436 ± 87	404 ± 77	790	760	3.2	0.9

$N=9,927$

* 고등학교 1학년과 2학년의 무작위 표본에 대해 평균 점수는 남성과 여성에 대해 368점이있다(8).

† 1학년과 2학년의 평균 : 남성, 416점; 여성, 390점

‡ 이들 드문 8학년생은 학교의 학년 배경에서 최소 1년을 앞질렀다.

출처 : Benbow, C. P., & Stanley, J. C. Sex differences in mathematical ability: Fact or artifact? *Science, 210,* 1263. Copyright © 1980, American Association for the Advancement of Science. Reprinted with permission.

예측해 왔음을 드러냈다. 예를 들어 남성들은 이들 영역 중 하나에서 박사 학위를 받는 게 여성보다 5~7배 더 많았다. 조사에서 남성들은 직업상의 성취에 대한 욕구를 여성보다 더 크게 지지받았던 반면, 여성은 균형 잡힌 삶에 대한 욕구를 남성보다 더 크게 지지받았다 (Benbow, Lubkinski, 2000; Lubkinski, Webb, Morelock, & Benbow, 2001).

Antina Meehan(1984)은 다른 관련 과제, 특히 피아제의 형식적 조작 과제에서 성차를 조사했다. 형식적-조작 과제는 논리적 추리, 즉 체계적으로 생각할 능력과 모든 가능성을 고려할 능력 같은 것을 포함한다. Meehan은 명제적 논리 과제, 조합적 추리 과제, 명제적 추리 과제의 형식적-조작 과제를 조사했다. 총 53개의 연구에 대해 메타 분석을 실시하여 Meehan은 처음 두 과제에 대해 각각 작고 통계적으로 유의하지 않은 d 값인 .22와 .10을 발견했다. 세 번째 과제, 즉 더 분명하게 수량적인 과제는 .48의 평균 d 값을 보여주었다.

우리는 지금까지 몇몇 인지 과제(즉, 일부는 시공간적이고 일부는 수량적인 과제)에서 성차가 성립되는 것 같음을 보아왔다. 그러나 Hyde(1981)는 중요한 생각을 밝혔다. 만약 영 가설이 참이면 통계적으로 신뢰할 만한 효과(즉, 상대적으로 낮은 발생 가능성을 가진)가 반드시 큰 효과일 필요는 없다. 효과 크기를 측정하는 한 가지 방식은 심리학자에게 '설명 변량의 비율'이라 알려진 수량을 계산하는 것이다. 일반적인 용어로 말해 이 측정치는 점수 중 얼마나 많은 차이가 주어진 변인에 의해 설명되는지를 반영하는 것이다. Hyde는 이 크기에 대해 다양한 측정치를 계산했고, 심지어 매우 신뢰할 만한 성차에 대해서조차 성차에 의해 설명되는 변량의 비율이 겨우 1~5% 사이임을 발견했다. 그것은 사람이 남성인지 여성인지를 아는 것이 그나 그녀가 특수한 인지 과제(시공간적 또는 수량적)를 얼마나 잘 수행할지에 대한 추측을 기껏해야 겨우 5%까지만 개선한다는 의미이다. 요약하자면 '여성이 공학을 피한다' 또는 '남성이 더 자연스러운 수학자가 된다' 같은 일반화는 기존 자료에 의해 완전히 보장되지는 않는다.

학습 및 인지 유형에서의 성차

지금까지 검토된 증거는 인지에서의 성차가 겨우 몇몇 매우 특수한 과제에 대해서만 일어남, 그리고 심지어 성차가 아주 작음을 제안한다. 이것은 결국 우리가 아마도 어떤 특수한 공간적 및 수량적 과제에 대한 경우를 제외하고는 남성과 여성이 서로 다른 기본적인 인지 용량, 기술, 또는 능력을 가지고 있다는 증거를 아직 발견하기 어렵다는 것을 제안하는 것이다.

그러나 교사들에게 소녀와 소년뿐 아니라 여성과 남성은 다른 소질이나 선호를 갖는 것으로 보인다. 고등학교에 입학하며 선택이 주어질 때, 남성보다 더 많은 여성이 '수학에 대한 공포'를 드러내고 수량적이거나 분석적인 강좌(수학, 과학, 논리학 같은)를 피한다 (Oakes, 1990). 확실히 교사와 학생들을 가르치는 다른 사람들에게는 인지적 성차 사례가 매우 많은 것으로 보인다. 이런 일화적 정보와 앞서 검토된 연구 간 불일치에 대해 어떻게 설명할까? 한 가지 가능성은 성차가 기본적인 인지적 자원(용량, 능력 등) 측면에서는 그리 많이 일어나지 않고 오히려 이러한 자원이 어떻게 사용되는지에 대해서 일어난다는 것이다. 인지 유형에 대한 우리의 앞선 논의를 회상해 보라.

아마도 여성과 남성은 서로 다른 접근을 사용할 것이다. 다음의 두 절에서 우리는 이런 아이디어에 관한 두 가지 다르지만 관련된 제안들을 검토할 것이다.

인지 과제에 대한 동기

심리학자 Carol Dweck과 동료들에 의한 연구(Dweck, 1999; Dweck & Bush, 1976; Dweck, Davidson, Nelson, & Enna, 1978; Dweck, Goetz, & Strauss, 1980)는, 심지어 초등학교에서 소년과 소녀가 서로 다른 성취 동기(achivement motivation) 패턴을 나타냄을 보여주었다. 이 용어는 사람들이 목표, 특히 자신의 능숙도와 관련하여 가정되는 목표를 정의하고 설정하는 방식을 언급한다(Dweck, 1986). 사람들이 광범위한 과제에 접근하는 방식에 영향을 주는 것으로 나타난 두 가지 주요한 행동 패턴인 숙달 정향 패턴과 무기력 패턴이 확인되었다(Dweck, 1999; Dweck & Leggett, 1988).

숙달 정향(mastery orientation)을 채택한 아동과 성인은 도전을 통해 능숙도, 이해도, 또는 새로운 어떤 것의 숙련도를 증가시키는 목표를 세운다. 이러한 개인들은 장애물이나 어려움에 직면했을 때도 계속한다. 그들은 무언가가 요구될 때 더 많은 노력을 기울이는 것을 즐기는 것으로 나타나기도 한다. 반대로 무기력 정향(helpless orientation) 패턴을 보이는 개인들은 도전적인 목표를 설정하는 데 실패하고, '나아가는 것이 힘들' 때 오히려 쉽게 포기한다.

수많은 연구에서 Dweck과 동료들은 더 나이든 초등학교 아동들에게 수많은 퍼즐과 문제해결 과제를 주었다. 과제는 종종 해결할 수 없게끔 설정되었고, 아이들은 '실패 피드백'을 받았다. 다시 말해 특별한 과제를 올바르게 완성하는 데 실패했다는 정보를 받았다. 한 연구에서(Dweck & Bush, 1976) 아이들은 남성이나 여성 어른 또는 또래로부터 실패 피드백을 받았다. 평가자가 성인일 때 그리고 특히 그 성인이 여성일 때, 소녀들은 실패의 원인을 자신의 무능이나 능숙함의 결여로 귀인하면서 '무기력' 전략을 채택하는 경향이 있었다. 반대로 소년들은 동일한 상황에서 실패를 평가자의 '까다로움'에 귀인하는 것 같았다. 또래가 실패 피드백을 관리했을 때 소년들은 무기력 전략을 훨씬 더 입증하려는 것 같은 반면, 소녀들은 문제를 자신의 노력으로 훨씬 더 많이 귀인하는 것 같았다.

Dweck 등(1978)은, 왜 성인의 피드백이 소녀와 소년에게 이렇게 다른 효과를 미치는지를 설명하는 다른 발견들을 보고했다. 그들은 담임교사에 의해 4~5학년 소녀 및 소년에게 주어진 피드백의 종류를 조사했다. 교사가 아이들에게 준 모든 피드백 사례가 부호화되었다. 실험자들은 부여된 긍정적인 피드백만을 볼 때, 90% 이상의 소년들에 대해서는 그 피드백이 그들 작업의 지적 능력과 관련되지만 소녀들에게는 해당 수치가 80% 이하임을 발견했다. 부정적 피드백에 대한 불일치는 훨씬 더 강력했다. 소년에 대해 피드백의 대략 1/3만이 지적 능력에 관한 것이었지만(나머지는 수행, 노력, 청결도, 또는 이런 류의 것들), 소녀들이 받은 부정적 피드백의 2/3 이상은 수행의 작업 관련 측면과 연관되었다.

Dweck과 Goetz(1978)는 아마도 성인의 요구에 대한 더 큰 준수 때문에 교사들에게는 소녀들이 최대 노력과 동기를 쏟아붓는 것으로 지각된다고 결론지었다. 그러므로 교사들은 소녀들의 실패가 능력의 결여로만 귀인될 수 있다고 믿게 된다. 반대로 교사들은 소년들이 수행과 노력을 안 하는 것으로 생각한다. 소년의 수행이 기대 이하일 때 교사들은 문제를 능력의 결여보다는 동기의 결여로 귀인시키는 것 같다(사실상 8배 더 그러는 것 같다). 결과적으로 소년들은 비판을 자주 받기 때문에 비판에 충격을 덜 받고 (그중 많은 것이 작업의 비지적 측면과 관련되고, 그 대신 동기의 지각된 결여로 유도되기 때문에) 덜 개인적으로 겪는 식으로 이 두 가지 모두에 대해 부주의하게 지도 받게 된다. 비판을 덜 받아 온 소녀들은 비판을 다룰 기회가 적었기 때문에 비판에 익숙하지 않게 된다. 게다가 소녀들의 작업에 대한 성인의 비판은 능숙도나 능력의 지각된 결여에 초점을 맞추는 경향이 있다. 요컨대 소녀들은 실패가 능력의 부족 때문이라는 메시지를 받게 되고(거의 해결책이 없는 것), 소년들은 실패가 노력의 결여 때문이라는 메시지를 받는다(해결책이 분명한 것).

Dweck 등(1978)은 후속 연구에서 이러한 아이디어를 검증했다. 그 연구에서 그들은 아이들에게 철자 순서를 바꾼 말(anagram) 퍼즐을 풀게 하였고, 남성 실험자가 실패 피드백을 제공했다. 때때로 피드백은 교사가 소년에게 주는 것이고("너는 그때 별로 잘하지 못했어, 충분히 깔끔하지 않았어."), 때로는 전형적으로 소녀들에게 주는 것이었다("너는 그때 별로 잘하지 못했어, 너는 적당한 단어를 쓰지 못했어."). 이러한 경험에 뒤이어 모든 아동들이 또 다른 퍼즐을 받았고, 다시 부정적 피드백을 받았다. 그런 다음 그들은 다음의 질문을 받았다. "만약 그 남자 선생님이 너에게 이 퍼즐에서 별로 잘하지 못했다고 말한다면 왜 그랬다고 생각하니?" 다음의 선택지가 제공되었다. "(a) 내가 충분히 열심히 하지 않았다. (b) 그 남자 선생님이 너무 까다롭다. (c) 내가 별로 능숙하지 못했다." 교사-소녀 조건에서 아동(소녀와 소년 모두)은 실패를 선택지 (c), 즉 능력의 지각된 결여로 귀인시키는 것을 2배 이상 했다. 교사-소년 조건에 있는 아동(다시 소녀와 소년 모두)은 실패를 선택지 (a), 즉 노력의 지각된 결여, 또는 선택지 (b), 평가자의 '까다로움'으로 훨씬 더 귀인시켰다.

이 연구는 "소년과 소녀에게 주어진 평가 피드백이 소녀들에게 능력 수준의 지표로서 실패 피드백을 받게 하는 경향이 있다."는 아이디어를 지지한다(Dweck et al., 1978, p. 274). 이런 귀인 패턴이 안정적이고 일반화되는지와 언제 그러한지는 열린 질문이지만, 여성들의 자기 평가를 특히 어렵다고 지각되는 과제에 대해 여성들의 자기평가를 빈약하게나마 예측할 것이다.

연합 학습

심리학의 여성주의 비평가들은(Belensky, Clinchy, Goldberger, & Tarule, 1986; Gilligan, 1982; Goldberger, Tarule, Clinchy, & Belensky, 1996) 남성과 여성이 인지 과제에 접근하는 서로 다른 방식에 대해 훨씬 더 강력한 주장을 한다. Belenky와 동료들은 역사적으로 남

사진 11.4 Dweck과 동료들의 작업은 교사 그리고 아동과 작업하는 다른 성인이 소년과 소녀에게 그들의 지적 능력에 대해 서로 다른 피드백 패턴을 제공함을 제안한다.

성들에 의해 지배되어 온, 오늘날의 남성 중심 문화가 여성들에게서 더 흔히 보이는 이해심에 기초한 동등하고 타당한 방식보다 합리성과 객관성에 더 가치를 부여한다고 믿는다.

여성의 사고는 정서적, 직관적, 사적이라는 고정관념은 특히 합리주의와 객관성을 가치 있게 여기는 서구의 기술 지향 문화에서 여성의 마음과 참여에 대한 평가절하에 기여한다. 직관적 지식은 일반적으로 더 원시적인 것으로 가정되고 그래서 소위 객관적 양식의 앎보다 가치가 낮은 것으로 여겨진다.(p. 6)

Belenky 등(1986)은 일부는 대학생 혹은 졸업생이고 다른 일부는 저자가 '보이지 않는 대학'(아동을 양육하는 동안 여성을 지원하는 복지기관)이라 부른 곳의 구성원들인 135명의 여성에 대한 면접으로부터 자료를 얻었다. 이 연구자들은 여성들을 이해하려 애쓰는 의식적 처리를 통해 '진리'를 발견하는 연결 지식(connected knowing)을 추구하는 사람들이라고 기술하였다. 추구하는 이해의 종류는 개인과 고려되는 사물, 사건, 사람, 또는 개념 간의 사적 연결의 발견을 포함한다. 그것은 자신의 틀 안에서 자신의 용어로 이뤄진 사물, 사건, 사람, 개념에 대한 수용과 찬사를 수반한다.

개별적 앎(separate knowing)이라 불리는 이들 저자가 기술했던 또 다른 스타일의 앎은 아마도 남성 그리고 전통적인 남성적 환경에서 사회화되고 성공한 여성에게서 더 전형적이다. 이런 종류의 앎은 객관성과 엄격성—학습자가 학습하거나 이해되는 사물, 사건, 사람, 또는 개념으로부터 거리를 두는 것—을 얻고자 하는 것이다. 지향은 비인간적 규칙이나 표준을 향해 있고, 학습은 학습될 정보에의 참여보다는 정보의 숙달을 포함한다. Belenky 등(1986)에 따르면 개별적 앎은 주장이나 명제에서 증거의 결함, 구멍, 모순, 누락을 찾는 다른 지적 스타일을 포함한다. 반대로 연결 지식은 "가장 신뢰할 만한 지식이 권위체의 선언보다는 사적 경험으로부터 온다는 [학습자의] 선언을 기반으로 한다. 이 절차의 중심에는 공감에 대한 수용이 있다."(Belenky, pp. 112-113)

만약 남성과 여성이 실제로 다른 학습 및 이해 스타일을 가지고 있다면, 아마도 어떤 방식의 정보처리는 편의성이나 친숙성 면에서도 다를 것이다. 예를 들어 각각이 엄격성과 증거에 강조를 두는 수학이나 논리학은 '개별적' 방식의 앎을 가지고 있는 사람에게 더 매력적인 것처럼 보일 것이고, 시를 이해하거나 대안적인 지각을 찾는 것과 같은 더 해석적인 인지 과제는 '연결 지식자'에게 더 쉽게 다가올 것이다. 만약 앎의 스타일이 성별에 따라 다르다면, 이는 남성과 여성이 가장 편하게 또는 가장 매력적으로 보는 인지 과제의 종류에 영향을 줄 수 있다.

Belenky 등(1986)의 여성 참가자에 의해 연결된 서로 다른 반응이 사회경제적 지위, 교육 수준, 또는 다른 요인과 비교하여 성별의 함수인 정도를 평가하는 연구는 거의 이뤄지지 않았다. 어떤 연구는 최고 인문대의 대학생들조차 개별적 앎과 연결 지식에서 성차가 있다는 발견을 반복했지만(Galotti, Clinchy, Ainsworth, Lavin, & Mansfield, 1999; Galotti, Reimer, & Drebus, 2001; Marrs & Benton, 2009), 더 많은 연구가 행해져야 한다. 더 최근의 연구는 앎의 방식이 안정적인 경향성이라는 아이디어에 반하는 주장을 하면서, 개인의 '앎의 방식'이 그 사람이 상호작용하는 맥락에 따라 달라짐을 제안해 왔다(Ryan & David, 2003). 비록 앎의 방식이 매우 안정적인 것으로 판명되더라도 실제 과제에서 다른 방식의 앎이 다른 종류의 인지적 수행을 예측하는지는 아직 분명하지 않다. 이런 중요한 문제를 조사하는 것은 미래 연구로 남아 있다.

여성주의 연구로부터의 제안은 인지적 성차가 특수한 과제에서 일어나는 것이 아니라 인지 그 자체에 대한 폭넓은 접근상에서 일어난다는 것이다. 미래의 연구는 '앎의 방식'이 서로 다른 성별에서 얼마나 다른지를 정립해야 하고, 접근상의 이런 차이가 어떻게 특수한 인지 과제에서의 수행에 영향을 주는지를 조사해야 한다. 사회경제적 지위, 교육 수준, 또는 문화적 유산 같은 다른 인구학적 변인과 독립적인 성별의 효과를 평가하는 것도 중요할 것이다.

제11장

요약

1. 인지가 항상 모든 사람들에게 동일한 방식으로 작동하지는 않을 것이다. 사람들이 자신의 삶에서 인지 과제에 접근하는 방식상의 변화에 대한 잠재적 원천은 연령과 성별뿐 아니라 인지 능력, 인지 유형, 전문지식에서의 개인차를 포함한다.

2. 개인은 분명히 인지 능력, 특히 심적 속도, 저장 용량, 주의 범위 같은 면에서 다르다. 어떤 심리학자들은 이런 인지 능력을 지능과 동일시한다. 다른 인지심리학자들은 두 가지를 동일시하지 않고, 인지 능력을 지능의 일부로 본다. 또 다른 심리학자들은 지능이라는 하나의 유일한 것이 있다는 개념을 거부한다.

3. 사람들은 다른 과제에 대해 다른 인지적 접근 또는 인지 유형을 가질 수 있다. 가장 많이 조사된 인지 유형 차원 중 두 가지가 장 의존성/장 독립성과 반성성/충동성이다. 두 차원이 무관한지 그리고 인지 유형이 수정 가능한지는 미래 연구를 위한 두 가지 중요한 질문이다.

4. 전문지식은 전문적인 영역에서 인지 과제에 접근하는 방식에 영향을 줄 수 있다. 전문가들은 초심자보다 더 많은 차이를 지각하고, 정보를 다르게 범주화한다. 전문가들은 기억을 더 효과적으로 사용하기 위해서 정보를 덩어리 짓는 영역 관련 지식을 사용한다.

5. 인지처리에서 연령 관련 변화는 성인기에도 사라지지 않는다. 다른 연령의 성인은 인지적 수행에서 몇 가지 체계적인 차이를 보여준다. 더 나이든 성인은 아마도 처리 속도에서의 일반적 감퇴 때문에 분리 주의와 작업기억 과제에서 더 젊은 성인보다 약간 더 떨어지는 수행을 보인다.

6. 인지에서 성차에 대한 연구는 매우 활발하다. 그러므로 어떤 결론들은 필연적으로 잠정적일 수밖에 없다. 아직은 능력에 관해서는 매우 특수한 과제를 제외하면 남성과 여성, 소년과 소녀의 전반적인 수행 패턴이 다르기보다는 더 유사하다고 말하는 것이 안전한 것처럼 보인다. 인지적인 성차에 대한 많은 묘사(예 : 언어 능력에서)는 잘못되었거나 기껏해야 크게 과장된 것으로 판명되고 있다. 다른 더 잘 수립된 인지적인 성차(예 : 심적 회전 과제나 어떤 수학적 과제, 특히 대수)는 조사된 사람의 연령 및 교육적 배경과 사용된 특별한 항목에 의존한다. 매우 잘 설정된 차이에 대해서라도 남성의 평균 수행과 여성의 평균 수행 차이의 크기는 총변량의 겨우 5%에 불과하며 이보다 더 적은 경우도 흔하다.

7. 또 다른 질문거리들은 인지 유형이나 접근에서의 성차와 관련된다. 여기서의 문제는 여성과 남성이 정보를 수집하고 처리하고 평가하는 방식 면에서 다른 전략을 채택하는가이다. Carol Dweck의 연구는 특히 실패에 직면하여 소녀들이 더 '무기력' 관점을 채택하는 경향을 보이며 소년과 소녀가 인지 과제에 대해 다른 접근을 채택함을 제안한다. 비록 Dweck의 연구가 교사들이 소년과 소녀에게 주는 피드백의 전형적 패턴을 시사할지라도, 어떻게 소녀와 소년이 다른 전략을 채택하게 되는지는 아직 분명하지 않다. 우리는 이러한 종류의 피드백이 또한 사회화의 다른 중개인(부모, 형제자매, 또래, 그리고 다른 사람들)으로부터 비롯된다는 것을 짐작할 수 있지만, 이 질문에 대한 증거는 수집되어야 한다.

8. 여성주의 연구로부터의 제안은 인지적인 성차가 매우 특수한 과제에서 일어나는 것이 아니라 인지 그 자체에 대한 폭넓은 접근에서 일어남을 제안한다. 미래의 연구는 '앎의 방식'이 성별이 다른 사람들에게 얼마나 다른지를 정립해야 하고, 접근상에서의 이런 차이가 어떻게 특수한 인지 과제에서의 수행에 영향을 주는지를 조사해야 한다. 사회경제적 지위, 교육 수준, 문화적 유산 같은 다른 인구학적 변인과 독립적인 성별의 효과를 평가하는 것도 또한 중요할 것이다.

복습 문제 ···

1. 왜 인지심리학자들이 인지에서 안정적인 개인차 그리고/또는 성차에 대해 알 필요가 있는지에 대한 이유를 논하라.

2. 인지적 용량 내에서 안정적인 개인차가 존재한다고 주장하는 것은 무엇을 의미하는가? 이런 주장이 지능에서 안정적인 개인차가 존재한다는 믿음과 같은 뜻인가?

3. 지능에 대한 고전적인 관점과 Gardner의 관점을 비교하라.

4. 인지 유형이라는 아이디어를 논하라. 이 개념이 지능이나 인지 능력의 개념과 어떻게 다른가?

5. 인지에서의 성차(또는 그 문제에 대해 어떤 십난 관련 개인차)에 대한 발견을 해석하는 데 어떤 주의사항이 주어져야 하는가?

6. 메타 분석의 논리를 설명하라. 그것이 어떻게 수행되는가? 왜 그것이 투표 계산이나 설화 개관보다 더 낫다고 생각되는가?

7. 인지 능력에서의 성차에 관한 주요 발견의 함의를 논하라.

8. Dweck과 동료들 그리고 Belenky와 동료들의 연구가 인지에서의 성차에 대한 연구와 어떻게 관련되는가?

핵심 용어 ···

개별적 앎(separate knowing)

개인차(individual differences)

다중 지능 이론[multiple intelligences (MI) theory]

메타 분석(meta-analysis)

무기력 정향(helpless orientation)

반성성/충동성(reflectivity/impulsivity)

설화 개관(narrative review)

숙달 정향(mastery orientation)

연결 지식(connected knowing)

인지 능력(cognitive abilities)

인지 속도(cognitive tempo)

인지 요구(need for cognition)

인지 유형(cognitive style)

장 의존성/장 독립성 [field dependence/field

independence(FD/FI)]

전문가/초심자 차이(expert/novice differences)

지능(intelligence)

투표 계산(vote counting)

학습 유형(learning style)

효과 크기[effect size(δ)]

학습 사이트 ···

부가적인 학습 도구와 관련해서는 www.sagepub.com/galotticp5e의 학습 사이트(Student Study Site)를 방문하라.

12 다문화적 조망에서의 인지

지금까지 다뤄진 많은 문헌은 미국이나 유럽 사람들(보통은 성인이지만 어떤 경우에는 아동)의 인지적 역량 및 과정을 묘사해 왔다. 암묵적 가정은 이런 표본으로부터 개발된 인지 모형과 이론이 보편적이라는 것, 다시 말해 전 세계에 걸쳐서 사람들의 수행과 행동에 적용되고 수행과 행동을 묘사할 수 있다는 것이었다. 그러나 다른 문화권의 사람들을 대상으로 수행된 연구는 이 가정이 틀렸거나 아니면 문제가 있는 것임을 보여주었다. 이 장에서 우리는 이런 연구 중 일부를 조사하고 인지 연구에 대한 함의에 대해 알아볼 것이다.

다문화 연구를 생각하기 위해서는 수많은 문제가 논의되어야 한다. 첫 번째 이면서 가장 중요한 것으로 우리는 문화(culture)가 만들어진다는 것을 받아들여야 한다. 확실히 대부분의 사람들은 인도 농촌에 사는 사람들이 볼티모어 시내에 사는 사람과는 다른 문화 속에 산다는 것에 동의할 것이다. 그러나 뉴햄프셔에 사는 사람들이 로스앤젤레스에 살고 있는 사람들과 다른 문화를 경험할까?

Triandis(1996)는 심리학자들이 지적 위험을 감수하고 문화를 무시한다고 강력하게 주장한다.

> 거의 모든 현대 심리학의 이론과 자료는 서구 전집(예 : 유럽인, 북미인, 호주인 등)으로부터 나왔다. 그러나 인류 중 약 70%는 비서구 문화 속에서 살고 있다. 만약 심리학이 보편적 학문이 되고자 한다면 인류 대다수로부터 얻은 이론과 자료 모두를 필요로 할 것이다. 현대 심리학은 현대 심리학자로서의 우리가 발전시켰던 보편 심리학의 특수 사례인 서구 문화에 기반을 둔 심리학으로 생각하는 게 가장 그럴듯하다. 토착 심리학이 보편적인 틀에 통합될 때 우리는 보편 심리학을 갖게 될 것이다.(p. 407)

심리학자, 인류학자, 사회학자 및 다른 이들은 무엇이 문화를 정의하는지 무엇이 지금까지 널리 퍼지고 명료한 결론을 내리지 못하게 했는지의 문제에 대해 논쟁해 왔다. Cole과 Scribner(1974)는 문화의 구성 요소 중 구별되는 언어, 구별되는 관습·습관·의복 양식, 구별되는 신념과 철학을 언급했다. 다문화 연구를 수행하는 또 다른 심리학자들은 다른 유형의 과제에 대한 수행 또는 태도나 신념과 관련된 민족성과 사회적 계급 같은 요인들도 조사했다(L. G. Conway, Schaller, Tweed, & Hallett, 2001; Kagitçibasi & Berry, 1989; Segall, 1986). 비록 다른 사람들(Rohner, 1984 같은)이 동의하지 않을지라도, 실제로 Segall(1984)은 문화의 개념이 언어, 관습 등과 같은 독립 변인의 더미에 지나지 않는다는 주장을 했다.

Triandis(1996)는 자신이 문화적 증후군(cultural syndrome)이라 부른 문화적 변주의 차원이 심리학 이론의 구성에 사용될 수 있다고 주장한다. 문화적 증후군은 "특수한 역사적 시기 동안 특별한 언어로 말하는 사람들 속에서 그리고 정의 가능한 지리적 영역 내에서 확인될 수 있는 주제를 둘러싸고 조직된, 공유된 태도, 신념, 범주화, 자기정의, 규준, 역할 정의, 가치"이다(p. 408). 표 12.1은 Triandis가 확인했던 몇몇 문화적 증후군의 예시를 보여준다.

일반적인 문제는 이것이다. 문화라는 용어는 너무 방대한 것을 함축해서 단순히 문화마다 개인 간 차이를 찾는 것과 그런 차이를 '문화'로 귀인하는 것은 꽤 공허한 진술이다(Atran, Medin, & Ross, 2005; Varnum, Grossman, Kitayama, & Nisbett, 2010). 대신에 목표는 용어를 '풀어내고', 문화의 어떤 차원이 발견된 차이에 기여하는지를 정하는 것이다. 예를 들어 계산 기술에서의 차이가 문화권 내에서 수의 다른 사용에 귀인되는가? 지각에서의 차이가 다른 문화의 참가자에 의해 맞닥뜨려지는 전형적인 풍경과 관련되는가? 특히 문화 내의 무엇이 사람들이 정보를 획득하고 저장하고 처리하는 방식에 영향을 주는가?

Bovet(1974)의 연구는 알제리와 스위스 제네바로부터 온 아동과 성인의 피아제식 인지 발달 과제에 대한 수행을 비교함으로써 이 질문을 했다. Bovet는 알제리 문화의 특수한 특징과 관련지을 수 있었던, 알제리 참가자들의 어떤 특이한 결과 패턴을 발견했다. Bovet는

표 12.1 문화적 증후군의 예

견고함	어떤 문화에서는 다양한 상황에 걸쳐 적용되는 매우 많은 규준이 있다. 규준으로부터의 사소한 일탈은 비판을 받고 처벌받는다. 다른 문화에서는 규준이 거의 없고, 규준으로부터의 주요한 일탈만이 비판받는다.
문화적 복잡성	역할 정의 같은 다른 문화적 요소의 수가 크거나 작을 수 있다(예 : 사냥꾼/채집자 사회 속에서의 약 20가지 직업 대 정보 사회에서의 25만 가지 직업)
능동적-수동적	이 증후군은 수많은 능동적(예 : 경쟁, 행위 및 자기충족) 및 수동적(예 : 반성적 사고, 다른 사람에게 주도권 주기 및 협동) 요소를 포함한다.
명예	이 패턴은 명예 개념에 초점을 맞춘 약간 협의의 증후군이다. 그것은 속성이 유동적인 환경에서 발생하고, 명예를 지키기 위해서는 국외자들이 감히 그들로부터 명예를 빼앗으려 하지 않도록 험악해 보여야 한다. 또한 자기보호를 위한, 명예를 지키기 위한, 그리고 도전받을 때 반응하게 하도록 아이들을 사회화시키기 위한, 공격을 좋아하는 신념, 태도, 규준, 가치, 행동을 포함한다.
집단주의	어떤 문화에서는 자기가 집단(예 : 가족이나 부족)의 한 측면으로 정의된다. 사적 목적은 이 집단의 목적에 종속된다. 규준, 의무, 책무가 가장 사회적인 행동을 규제한다. 사회적 행동의 규제 시 타인의 필요를 참작하는 것이 널리 연습된다.
개인주의	자기는 집단으로부터 독립적이고 자율적인 것으로 정의된다. 사적 목적이 집단의 목적보다 우선한다. 사회적 행동은 태도와 지각된 즐거운 결과에 의해 형성된다. 사회적 행동으로부터 지각된 이익과 손실은 계산되고, 관계에 비용이 많이 들 때 그 관계는 철회된다.
수직적이고 수평적인 관계	어떤 문화에서는 위계가 매우 중요하고, 내집단 권위체가 가장 사회적인 행동을 결정한다. 다른 문화에서 사회적 행동은 더 평등하다.

어려움 중 일부가 일상 환경과 관습을 반영했다고 생각했다.

> 언급되어야 할 더 깊은 지점은 연구된 특별한 환경의 식기와 조리 기구(그릇, 유리잔, 접시)가 차원의 비교를 약간 어렵게 만드는 모든 형태와 크기의 것이라는 점이다. 게다가 식탁에 음식을 내놓는 방식은 놓여 있는 것들 중에서 한 사람이 나눠 주는 것이라기보다는 각각의 사람이 공동의 접시로부터 가져다 먹는 것이었다. 부분의 크기 비교는 일어나지 않는다. 마지막으로 어떤 측정 도구를 사용한 것은 아니지만 직관적인 근사치와 추정치에 의해 얼마나 많이 담는지를 파악하고 있는 엄마의 태도가 아동의 태도에 어떤 영향을 끼친다. 이런 식으로 성인의 사고방식이 비록 관중으로만 참여할지라도 아동이 참여하는 친숙한 유형의 활동에 의해 아동의 양 보전 개념 발달에 영향을 줄 수 있다.(p 331)

Bovet(1974)는 행동적(음식 내놓기를 둘러싼 연습)뿐 아니라 물질적인(식기의 형태와 차원) 문화의 측면들이 아이들이 자연스럽게 양에 관해 갖는 가정과 질문을 인도하고 제한한

사진 12.1, 12.2 (1) 저녁을 먹고 있는 미국 가정 및 (2) 저녁을 먹고 있는 또 다른 문화권의 가족. Bovet(1974)에 따르면 저녁 식탁 같은 심지어 일상적인 환경이 측정 개념 같은 어떤 인지적 처리에 영향을 줄 수 있다.

다고 주장했다. 알제리 문화에 대한 묘사와 중산층 북미 문화에 대한 인상을 비교해 보자. 저녁 식탁에는 모든 사람에게 동일한 종류의 유리잔, 수저, 접시 등이 차려진다. 부모는 아이들 각각에게 대략 같은 1인분 양을 내놓는다(아마도 아동의 연령이나 몸집에 따라). (매력적인 후식 같은 걸) 누가 '더 많이 먹는지'에 대한 논쟁이 일반적이다. 이 모든 요소들이 미묘한 방식으로 양에 대해 그리고 어떻게 양이 용기 형태와 지각적 외형 같은 것들과 관련되는지에 주의를 기울이는 데 도움을 줄 것이다. 다시 말해 이것은 더 나중의 보존 검사에서의 수행에 영향을 미칠 것이다. 물론 이러한 주장은 우리가 그것들을 받아들이기 전에 더 엄격한 검증을 마쳐야 한다. 문화의 다른 측면은 효과를 생성한다. 경험적 검증 없이 우리는 확신할 수 없다.

더 최근에 사회심리학자 리처드 니스벳과 동료들은 동아시아 거주자들(예 : 일본, 중국, 한국)에 의한 인지적 처리의 차이를 조사하고, 이를 서구 유럽과 북미(주로 미국) 거주자들의 인지적 처리와 비교했다. 이들 연구자들은 동아시아인들이 전형적으로 더 전체적으로 그리고 더 맥락적으로 정보를 처리하는 반면, 서구인들은 정보를 더 분석적으로 처리한다고 여긴다(Ji, Peng, & Nisbett, 2000 ; Miyamoto, Nisbett, & Masuda, 2006 ; Nisbett & Norenzayan, 2002 ; Nisbett, Peng, Choi, & Norenzayan, 2001 ; Varnum et al., 2010).

다문화적 연구에 의해 제기된 기본적인 질문은 어떤 실행, 신념, 경쟁, 역량이 문화적으로 상대적인지 또는 문화적으로 보편적인지의 정도이다. 인지과정이 문화적으로 상대적이라 주장하는 것은 과정이 특별한 문화나 일련의 문화에 특수하다고 주장하는 것이다(Poortinga & Malpass, 1986). 예를 들어 위계적으로 조직된 범주(예 : 푸들은 개이고 포유류이고, 동물이고, 생물이다.)를 형성할 능력이 어떤 문화에서는 사람들과 훨씬 더 관련된다(Greenfield, 2005). 반대로 문화적 보편성(cultural universality)은 언어의 사용 같은 인류에게 공통적이라 믿어지는 현상을 언급한다.

이 질문에 답하는 것은 연구 질문의 틀짓는 방식에 영향을 준다. 예를 들어 만약 과정, 역량, 또는 전략이 보편적인 것으로 가정되면, 그에 관한 다문화적 질문은 문화적 요인이 어떻게 영향을 주고 그것들을 형성하는지를 물을 것 같다. 여기서의 가정은 과정, 역량, 또는 전략이 모든 문화에 존재하지만, 문화(또는 문화의 어떤 측면)가 표현되는 방식을 촉진하거나 저해하거나 그렇지 않으면 변화시킬 수 있다는 것이다.

반면에 문화적 상대주의(cultural relativism), 특히 급진적인 문화적 상대주의를 고수하는 사람들은(Berry, 1981, 1984) 과정, 역량, 또는 전략이 반드시 모든 문화에 나타난다고 가정하지는 않을 것이다. 게다가 그들은 몇몇 독립적인 요인의 합으로서 문화를 보려는 경향이 덜할 것이다. 대신에 이들 연구자들은 문화가 조각으로 쪼개질 수 없는 일종의 게슈탈트라고 믿는다. 어떤 개념, 과정, 역량, 선호는 이런 식으로 어떤 문화에만 관련되고, 어떤 문화에서만 발견된다. 그러므로 제안된 인지 이론과 설명은 모든(또는 최소한 많은) 문화에 대해 필연적으로 다르다.

다문화 연구는 한 문화 내에서는 엄격하게 조작하는 연구자의 연구 프로그램에서 큰 역할을 하지는 않는 많은 방법론적 도전에 직면한다(제2장에서 제11장까지 기술된 대부분의 연구 같은). 여러분은 심리학입문에서 진짜 실험은 (a) 실험 조건에 대한 참가자의 무선 할당, (b) 실험적 처치에 대한 통제(즉, 독립변인의 조작), (c) 다른 오염변인이나 사건에 대한 통제를 포함하는 것임을 배웠을 것이다. 어떤 실험자는 이런 통제를 달성하기 어려운(불가능하지 않다면) 과제를 가지기도 하지만, 원칙적으로 다문화 연구자는 첫 번째 기준을 이룰 수 없고(사람들은 문화에 실제로 또는 윤리적으로 무선 할당될 수 없음), 아마도 실질적으로 두 번째나 세 번째도 결코 이룰 수 없을 것이다. 결국 특히 어떤 과제가 다른 것보다 어떤 문화에 더 관련된다면, 다른 문화의 사람들에 대해 동등하게 어렵고 친숙한 실험 과제(기억 과제와 문제해결 과제 같은) 그리고 연구 중인 행동이나 능력 측면에서 동등한 측정치를 선택하는 것은 거의 불가능하다(Malpass & Poortinga, 1986). 인지적 능력과 무관한 다양한 이유로 과제에 더 친숙한 문화권 사람들은 과제에 덜 친숙한 문화권 사람들을 능가했다. 아마도 전자의 문화권 사람들은 그 과제를 가지고 더 많은 실습을 했거나 그 과제를 더 편하게 느끼거나, 과제를 더 많이 즐길 것이다. 우리는 이 점에 대해 특수한 실례를 제공할 것이다.

그런데 여러분은 문화에 사람을 무선 할당할 수 없다는 것이 성차, 발달차, 또는 다른 개인차를 연구하는 연구자들이 직면하는 문제와 등가적인 문제임을 알아챌 것이다(L. G. Conway et al., 2001). 소위 연령, 성별, 문화, 인종적 기원 같은 참가자 변인은 연구자가 할당할 수 없는 변인이다. 이것이 실험 결과의 해석 전체를 더 교묘하게 만든다.

다문화 연구를 수행하는 데 있어 또 다른 문제는 한 문화 내의 개인들은 그 문화를 주목하거나 평가하지 못한다는 것이다(Kitayama, 2001). 일상 업무, 의례, 관행, 의복 스타일, 타성(mannerism) 같은 문화적 관례는 말이 없고 암묵적이다. 이것들은 문화 내에서 널리 공유되고 따라서 특별할 것 없는 것으로 간과되거나 간주된다. Kitayama가 지적했듯이 "문화와 인간의 관계는 물과 물고기의 관계이다."(p. 90)

　장의 마지막 절에서 우리는 미국에서 수행된 다문화 전통 연구를 조사할 것이다. 특히 우리는 어떻게 인간의 수행이 매일(비실험실적이고, 비학교적인)의 인지 과제에 작동하는지를 살펴볼 것이다. 한 가지 중요한 질문이 우리의 관심 초점이 될 것이다. 이전 장들에서 묘사된 것과 같은 인지 이론과 모형이 '실세계'에서의 인지를 얼마나 잘 설명할 것인가? 이 장에서 검토된 많은 연구는 사람들의 수행이 자주 맥락 민감성을 내보임을 입증한다. 즉, 그것은 과제, 지시, 또는 환경의 서로 다른 특징에 따라 변한다.

다문화적 인지 연구의 사례

이 절에서 우리는 다문화적 인지 연구의 한 가지 선택을 검토할 것이다. 이전 장에서처럼 인간 인지의 각 양상을 다문화적으로 조사하는 것은 불가능할 것이다. 대신에 우리는 다문화 관점에서 얻은 인지적 역량과 과정에 대한 연구의 매우 작은 표본을 조사할 것이다.

다문화적 지각 연구

여러분은 제3장에서 지각(perception)이라는 용어가 감각 자극의 해석(예 : 배경에 반하여 사물을 보기 위해 망막상으로부터 정보 사용하기 또는 당신 쪽으로 걸어오는 털 덮인 생물을 당신의 고양이로 인식하기)을 언급한다고 했음을 기억할 것이다. 우리의 지각이 전형적으로 빠르고 쉽게 일어나기 때문에 지각이 우리 감각 체계가 작동하는 방식의 미리 장착되어 있고 하드웨어에 내장된 결과라고 결론짓는 것은 솔깃한 일이다. 그러나 다문화 심리학으로부터 나온 일부 기념비적인 연구는 문자 그대로, 다른 문화권 출신의 사람들이 자주 꽤 다르게 '뭔가를 본다'는 것을 보이면서 직접적으로 이 가정에 도전했다. 다음의 내용들이 제3장에서 얘기했던 일종의 하향적 처리의 좋은 실례이다.

그림 지각

Hudson에 의한 연구들(1960, 1967)은 다른 문화권 출신의 사람들이 자주 똑같이 보지 못한다는 것을 입증했다. Hudson의 연구는 남아프리카 광산과 공장에서 일하는 반투족 노동자가 포스터와 영화를 해석하는 데 어려움을 갖는 것처럼 보인다는 직관으로부터 시작되었다. 그 이유를 조사하기 위해 그는 다양한 남아프리카인들(흑인과 백인, 교육을 받은 사람 및 교육을 받지 않은 사람)에게 그림 12.1에 제시된 것과 같은 그림을 제시했다. 모든 그림이 코끼리, 영양, 나무, 창을 잡고 있는 사람을 묘사하고 있음에 주목하라. 카드는 제시된 깊이단서들에서 다르다. 카드 1은 대상 크기(멀리 있는 사물이 더 작게 묘사됨)를 사용한다. 카드 2와 3도 중첩(더 가까운 사물이 부분적으로 더 멀리 있는 사물을 가림)을 사용한다. 카드 4는 이 모든 단서와 거기에 더해 선형 조망의 일부 단서(병렬적인 선들이 저 멀

카드 1

카드 2

카드 3

카드 4

그림 12.1 Hudson(1960)으로부터 인용한 자극

리에서 만나는 것으로 나타나고 다른 외곽선이나 윤곽선은 이 틀에 맞춰 조정됨)를 사용한다. 참가자들은 그들이 보았던 것, 그들이 생각하기에 그림에서 인물/동물이 하고 있는 것, 어떤 쌍의 인물/동물이 서로 가장 가까웠는지를 기술하도록 요구받았다.

결과는 학교를 다닌 참가자들이 전형적으로 그림의 3차원적 해석을 알아차림을 보여준다(예 : 코끼리가 아니라 영양에게 창을 겨누는 남자 보기, 코끼리를 매우 작기보다는 멀리 떨어진 것으로 보기). 그러나 흑인이든 백인이든 문맹인 노동자는 전형적으로 그림을 2차원적으로 '보았다'. Hudson(1960)은 그림을 3차원적으로 지각하는 원인이 교육, 그 자체가 아니라 오히려 그림에 대한 일상적이고 습관적인 노출이라고 주장했다. 그는 가정에서 가용한 책과 잡지 속의 그림, 사진, 다른 삽화에 대한 노출 같은 요인들이 '그림 문식성(pictorial literacy)'에 중대하고 일상적인 실습을 제공한다고 믿었다. 그의 짐작은 3차원 그림 해석을 하는 데 있어 학교 교육을 받은 흑인 노동자가 학교 교육을 받은 백인 노동자보다 더 큰 어려움을 겪었다는 관찰과 결부하여 학교가 그림을 해석하는 데 있어 형식적인 지시를 거의 제공하지 않는다는 관찰에 근거하였다.

중앙아프리카의 잠비아에서 아동과 성인 노동자를 연구한 Deregowski(1968)는 다른 가능성을 고려했다. 그는 그림 지각에서 다문화적 차이가 실제로 존재하는지 또는 Hudson 과제의 어떤 측면이 참가자로 하여금 그림을 3차원적으로 해석할 수 없는 것처럼 반응하게 했는지를 궁금해했다. 한 연구에서 그는 참가자에게 Hudson 과제의 버전과 나뭇가지로 그려진 묘사(그림 12.2에서 보이는 것처럼)로부터 모형을 만들라고 요구하는 과제를 주었다.

Deregowski(1980)는 비록 참가자 중 80% 이상이 Hudson 그림을 3차원적으로 지각하는 것에 실패했을지라도, 절반 이상이 2차원 모형보다는 3차원 모형을 구성해 냄을 발견했다. Deregowski는 여러 다른 과제 중에서 아마도 그의 과제와 Hudson의 과제는 Hudson의 과제가 더 부담이 큰 반응을 요구하면서 난이도 면에서 달랐을 것이라고 주장했다. 예를 들어 아마도 건물 과제는 참가자에게 '올바른' 해석에 대해 더 많은 단서를 제공하면서 그림의 시각적 점검을 위해 더 많은 안내를 제공할 것이다.

Cole과 Scribner(1974)는 이 연구와 다른 연구로부터 사람들이 그림을 3차원적으로 지각하거나 할 수 없다고 결론을 내리는 것은 너무 단순하다고 결론지었다. 그들이 생각하는 문제는 언제 어떻게 사람들이 2차원 자극을 깊이를 갖는 것으로 해석하게 되는가이다. 아마도 그림의 내용(사람과 동물의 묘사 또는 추상적인 기하학적 형태의 묘사)이 지각에 영향을 줄 것이다. 아마도 응답 양식(모형을 형성하면서 질문에 답하기)이 사람들이 그림을 지각하는 방식에 영향을 줄지도 모른다. 이유가 무엇이든 이 연구는 사람들이 3차원 장면

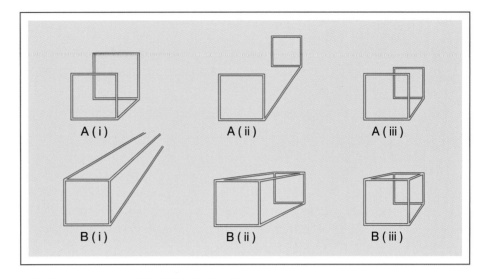

그림 12.2 Deregowski(1968)로부터 나온 자극

을 묘사하는 2차원 그림을 보고 해석하는 방식이 문화마다 반드시 동일하지는 않음을 제안했다.

이 관점은 Liddell(1997)에 의한 연구에서 증폭되고 확장되었다. 그녀는 1, 2, 3학년인 남아프리카 아동에게 아프리카 출신 사람들과 장면들에 대한 다양한 색 그림을 보여주었다. 아동은 그림을 조사하고 "그림에서 네가 본 것을 [검사자에게] 말하라."고 요구받았다. 친숙한 검사자에 의해 완성도가 검토된 이러한 흔적은 아동이 제공했던 수많은 이름표(예 : "저것은 꽃이다.", "저것은 모자이다."), 아동이 그림 속에 있는 물품 간에 만들었던 수많은 관계(예 : "책상이 숙녀 앞에 있다."), 아동이 만들었던 그림의 이야기나 해석("어머니가 아이를 재우고 있다.")을 위해 나중에 부호화되었다.

각 아동에게 주어진 총 6개의 그림 시리즈에 대해 응답하면서 아동은 평균 65개의 이름표, 23개의 관계, 3개의 이야기를 내놓았다. 달리 말해 이들 남아프리카 아동들은 그림을 '해석하기'보다, 사실에 기반을 둔, 심지어 출처를 알 수 없는 정보 조각을 제공하는 경향이 있다. 게다가 해석을 제공하려는 경향성은 3학년 아동이 1학년이나 2학년 아동보다 더 적어지는 식으로, 학교 교육을 받은 햇수의 함수로 감소되었다. Liddell(1997)은 학교 교육을 받은 햇수의 함수로 이야기의 증가를 보여주는 영국 아동 표본으로부터 얻은 발견과 이 발견을 대비시켰다. 그녀는 차이에 대한 설명이 사실에 기반하고 묘사적인 수업(제한을 두지 않거나 창의적인 것과는 반대로)을 강조하는 남아프리카 초등 교육 시스템에 놓여 있다고 제안했다. 대안적으로(또는 부가적으로) 아마도 대부분의 아프리카 시골 가정에서 그림책과 조기 독자의 부족은 그림을 해독하거나 해석하기 위한 아동의 완전한 학습 획득을 불가능하게 할 것이다.

사진 지각에 대한 또 다른 최신 연구도 지각에서 다문화적 차이에 대해 몇 가지 매우 흥

도시 크기

작은   중간   큰

그림 12.3 Miyamoto 등(2006)에서 사용된 미국과 일본의 학교와 호텔 앞에서 찍은 사진의 예

미로운 점을 말한다. Miyamoto 등(2006)은 일본에 있는 비교할 만한 세 도시(도쿄, 히코네, 도라히메)와 함께, 다양한 크기의 세 미국 도시(뉴욕, 앤아버, 첼시)에서 사진을 찍음으로써 시작했다. 저자들은 각 도시에서 학교, 우체국, 호텔에 갔고, 건물을 둘러싼 거리에서 사진을 찍었다. 표본 사진이 그림 12.3에 제시되어 있다.

그런 다음 저자들은 일본과 북미 참가자 모두에게 각 사진에서 대상의 수, 사진이 혼란스럽거나 잘 조직된 것처럼 보이는 정도, 사물 간 경계가 얼마나 모호하거나 명료한지를 포함한 수많은 차원에서 각 사진을 평가하게 했다. 그들은 또한 컴퓨터화된 영상-재인 소프트웨어를 사용하여 장면의 객관적 측정치를 생성해 냈다. 그들의 결과는 일본에서 찍힌 사진이 미국에서 찍힌 것보다 더 모호하고 더 많은 요소(사물)를 함유하고 있었음을 보여주었다. 그들은 일본의 장면이 미국의 장면보다 더 많은 맥락 지각을 독려할 것이라 짐작했다. 이것은 결과적으로 그들의 연구 중 또 다른 변화맹 과제(제4장 참조)에서 왜 미국인 참가자가 초점 사물에서의 더 많은 변화를 알아챘던 반면, 일본인 참가자는 '배경'이나 맥락적 사물에서의 변화에 더 민감했는지를 설명할 수 있었다(Masuda & Nisbett, 2006). Varnum 등(2010)은 이러한 인지적 차이가 미국인이 독립성의 가치를 더 지지하고 일본인이 상호의존성의 사회적 가치를 존중하는 경향이 있는 사회적 지향에서의 차이로부터 기인한다는 주장을 한다.

시각 착시

지각의 다른 다문화적 연구는 그림 12.4에 묘사된 것과 같은 시각 착시에 집중되어 있다. Rivers(1905)는 토레스 해협 출신 사람들(뉴기니로부터 온 파푸아인들)과 남인도 출신 사람들의 시지각 측면에 대해 연구했다. Rivers는 서구 표본과 비교하여 그가 연구했던 사람들이 비록 양쪽이 동일한 길이일지라도 수직선이 양분하는 수평선보다 더 길게 보이는 수평-수직 착시를 더 쉽게 경험한다고 보고했다. 그러나 그의 참가자들은 비록 두 선이 동일한 길이일지라도 양 끝에 화살표 '꼬리'를 가진 선이 양 끝에 화살표 '머리'를 가진 선보다 더 길게 지각되는 뮐러-라이어 착시(Müller-Lyer illusion)는 서구인들보다 덜 경험했다.

Segall, Campbell, Herskovits(1966)는 이 관찰을 따라서 이제는 고전이 된 연구를 수행하였다. 거기서 그들은 뮐러-라이어 착시 및 수평-수직 착시를 사용했고(그림 12.4 참조), 14개의 아프리카와 필리핀 지역 및 미국 출신의 약 2,000명을 대상으로 연구를 했다. 연구자들의 가설은 사람들의 이전 경험이 착시에 대한 그들의 민감성에 영향을 줄 것이라는 것이었다. 특히 Segall과 동료들은 목조 환경(직선, 사각형, 또 다른 이런 기하학적 관계로 배열된 나무 또는 다른 재료에 의해 특징지어진)에서 온 사람들이 뮐러-라이어 착시에 상대적으로 더 민감할 것이라 믿었다. 그들은 목조 환경에서 자란 사람들은 판자, 집, 창문 같은 사각형 등으로 인해 어떤 각도와 교차점에 익숙해져 있을 것이라고 생각했다. 뮐러-라이어 착시는 다음과 같이 이 경험에 다가간다.

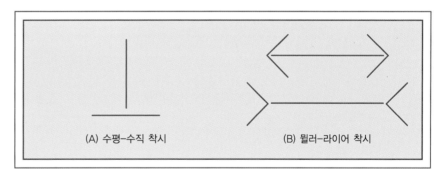

(A) 수평-수직 착시   (B) 뮐러-라이어 착시

그림 12.4 다문화적으로 연구된 일부 시각 착시

목조 환경에서 자란 사람들은 공간으로 확장되는 3차원적 사물의 표상 같은 뮐러-라이어 도형을 지각하는 경향성이 있을 것이다. 이 예에서 그림의 두 주요 부분은 두 사물을 대표한다. 예를 들어 그림 12.4(B)의 위 그림에서, 수평 부분이 상자 모서리의 표현으로 지각되면, 그것은 앞쪽으로 튀어나온 모서리일 것이다. 아래 그림에서는 수평 부분이 또 다른 상자의 모서리로 지각되었다면, 그것은 상자 안 뒤쪽 모서리일 것이다. 이런 이유로 위 그

림의 수평은 보다 더 짧게 보일 것이고, 아래 그림의 수평은 더 길게 보일 것이다.(Segall et al., 1966, pp. 85-86)

이 주장은 심리학자 Egon Brunswki(1956)가 제공한 것에 근거한다. 사람들은 그들이 과거에 이런 단서를 해석했던 방식에 따라 어떤 상황에서 단서들을 해석한다. 사람들은 과거에 전형적으로 이런 단서들을 해석했던 방식이 잘 맞았기 때문에 이렇게 하는 것이다. 그러나 어떤 상황에서 단서들은 오도될 수 있고, 사람들로 하여금 잘못된 해석을 하도록 할 수 있다.

유사한 추리를 사용하여 Segall 등(1966)은 수평이 일상 풍경의 일부인 문화권 출신의 사람들(사막이나 평원 거주자처럼)은 어마어마한 거리의 풍경을 볼 기회가 없는 문화권 출신의 사람들(밀림 거주자처럼)보다 수평-수직 착시에 더 민감할 것이라 예측했다.

사진 12.3 Segall과 동료들(1966)은 풍경에서 수평이 두드러진 환경에서 자란 문화권 출신 사람들이 수평-수직 착시에 대해 높은 민감성을 보일 것이라고 예측했다.

Segall 등(1966)은, 참가자가 과제를 이해하고 착시의 몇몇 버전에 답할 기회를 갖도록 많은 방법론적 예방 조치를 취하면서 모든 참가자에게 과제를 조심스럽게 설명했다. 각 시행에서 참가자는 두 선(때로 착시를 구성하고, 때로 착시를 생성하지 않는 다른 쌍의 선을 구성하는)을 포함하는 자극 쌍을 제시받고, 어느 선이 더 긴지를 가리켜야만 했다. 일반적으로 비록 두 착시가 모든 문화에서 더 크거나 더 작은 정도로 나타났을지라도 결과는 방금 묘사된 예측과 일치했다. 다른 연구자의 발견에 의한 몇 가지 후속 불일치에도 불구하고(검토를 위해서는 Deregowski, 1980, 1989 참조), Segall(1979)은 다음 주장을 유지했다.

사람들은 그들이 사는 특별한 생태 환경에서 가장 효과적으로 기능하기 위해 학습된 추론에 의해 형성된 방식으로 사물을 지각한다. 우리가 유도할 수 있는 일반화는 우리가 지각할 필요가 있는 방식으로 지각하도록 배운다는 것이다. 그런 의미에서 환경과 문화는 우리의 지각적 습관을 형성한다.(p. 93)

논의되고 있는 문제가 지각과 관련된다는 것, 또는 어떻게 사람들이 그들의 감각 정보를 해석하고 정보의 획득인 감각을 해석하지 않는지에 주목하자. 즉, 아무도 시각(또는 청각이나 후각) 체계가 작동하는 방식에 다문화적 차이가 있다고 주장하지 않는다. 오히려 그들은 차이가 정보의 초기 획득에 뒤따르는 인지처리의 단계 속에 살아 있다고 주장한다. 이것을 다른 방식으로 표현하여 문화가 사람들이 본 것의 의미 있는 해석을 생성하기 위해 사람들이 감각 정보를 해석하는 방식에 영향을 준다는 주장이 만들어진다.

다문화적 기억 연구

지각처럼 기억은 거의 모든 형태의 일치에 중심이 되는 과정으로 널리 간주된다. 분명히 모든 사람은 나중에 사용이 가능하도록 직면한 정보 중 일부를 축적할 수단을 필요로 한다. 따라서 기억이 문화에 걸쳐 많은 공통성을 보여준다고 믿는 것은 합리적으로 보인다. 이 단락에서 우리는 비서구 문화의 사람들을 대상으로 수행된 기억 연구 중 일부를 조사할 것이다.

자유 회상

방금 언급한 가정을 고려하면 아프리카에 있는 라이베리아의 크펠레족을 대상으로 수행한 연구결과는 놀라운 것이었다(Cole, Gay, Glick, & Sharp, 1971). 크펠레족의 인지에 대한 긴, 일련의 연구 중 한 부분으로서 Cole 등은 자유 회상 과제를 제시했다. 그들은 참가자들에게 명사 목록을 읽어주었다(모두 친숙한 사물을 나타내는 것으로 증명된 것). 한 벌의 목록(표 12.2 참조)은 서로 다른 범주(도구, 의복의 개별 물품 같은)로 '군집화된' 물품으로 구성되었다. 또 다른 세트는 동일한 수와 유형의 물품으로 구성되었지만 분명한 군집을 갖지는 않았다. 미국에 사는 학교 교육을 받은 거주자를 대상으로 한 이전 연구는 함께 제시된 동일 범주로부터 나온 모든 물품을 군집화하지 않은 목록에 비해 군집화된 목록으로 받았을 때, 특히 물품이 덩어리로 제시되었을 때, 사람들의 자유 회상 수행이 향상됨을 보여주었다(Bousfield, 1953; Cofer, 1967).

크펠레족 아동(연령상 6세부터 14세에 이르는)과 성인이 참여했다. 아동 중에서 일부는 학교에 다녔고(1학년부터 4학년), 일부는 그렇지 않았다. 모든 성인은 학교 교육을 받았다. 참가자의 수행은 남부 캘리포니아 출신의 백인 중산층 아동의 수행과 비교되었다.

Cole과 동료들(1971)은 미국 표본에서 나이든 아동이 더 어린 아동보다 각 목록에서 훨씬 더 많은 단어를 회상하는 식의 연령에 따른 큰 차이를 발견했다. 그러나 크펠레족 참가자들은 연령에 의해 단지 약간의 차이만 보였다. 게다가 학교 교육을 받은 크펠레족이 학교 교육을 받지 않은 크펠레족을 많은 차이로 능가하지는 못했다. 비록 군집화할 수 있는 목록이 모든 크펠레족과 미국인 표본에게 더 쉬웠을지라도, 자유 회상에서 미국 참가자만이 더 많은 군집화를 드러내 보였다. 즉, 군집화할 수 있는 목록으로부터의 물품이 어떻게 제시되는지에 상관없이 미국 아동, 특히 10세 이상인 아동들은 모든 도구를 더 회상하는 것 같았고, 그다음으로 모든 음식, 그리고 기타 등을 회

표 12.2 Cole 등(1971)에 의해 사용된 자극

군집 가능한	군집 불가능한
접시	병
바가지	동전
솥	닭 깃털
냄비	상자
컵	건전지
	동물의 뿔
감자	돌
양파	책
바나나	양초
오렌지	솜
코코넛	감방 침대
	밧줄
단검	손톱
괭이	담배
칼	막대기
파일	풀
망치	칼
	오렌지
바지	셔츠
러닝셔츠	
두건	
셔츠	
모자	

출처 : Cole and Scribner (1974, p. 127).

상하는 것 같았다. 반면에 크펠레족 참가자들은 별로 그렇지 않은 것 같았다.

처음에는 크펠레족이 미국인의 기억 체계와 비교하여 다르게 작동하는 기억 체계를 가지고 있는 것처럼 보였다. 그러나 Cole 등(1971)은 수많은 경쟁 가설을 검증함으로써 이 연구를 파고들었다. 예를 들어 아마도 크펠레족은 과제를 이해하지 못했을 것이다. 아마도 그들은 과제에 별로 관심이 없었고, 그러므로 별로 열심히 하지 않았을 것이다. 아마도 제공된 단서가 충분히 명확하지 않았을 것이다. 수많은 연구에서 연구자들은 이들 각각에 반하는 증거를 모았다.

일련의 연구에서 Cole 등(1971)은 크펠레족이 범주에 의해 물품을 회상하도록 단서가 주어졌을 때(예 : 회상 시에만 실험자는 "당신이 기억하는 모든 옷을 나에게 말해라." [참가자(S)가 응답한다.] "자, 이제 나에게 당신이 기억하는 모든 도구를 말해라." 같이 말함). 그들의 수행이 극적으로 개선되었음을 증명했다. (우리가 여기서 검토할 여유를 갖지 못한 몇몇 다른 결과들과 마찬가지로) 이 결과는 Cole과 Scribner(1974)에게 크펠레족이 기억 과제에서 다르게 수행할지라도 미국이나 서유럽 사람들의 기억 체계와 비교하여 기억 체계가 질적으로 다른 방식으로 기능한다는 관점을 지지할 증거는 거의 없음을 제안해 주었다. 특히 Cole과 Scribner는 다음과 같이 주장하였다.

> 기억 수행에서의 문화적 차이는 교육 수준이 높은 피험자가 회상에 근거를 두기 위해 구조를 찾고 이용함으로써 과제에 응답한다는 사실에 의존한다. 교육을 받지 않은 피험자는 이런 구조-이용 활동에 관여하는 것 같지 않다. 그들이 재료에 구조를 부여할 때, 또는 과제 자체가 재료에 구조를 부여할 때 수행상의 문화적 차이는 크게 감소되거나 제거된다.(p. 139)

우리는 나중에 인지에 미치는 특히 서구형의 학력 또는 형식적 교육 햇수의 효과로 돌아갈 것이다.

더 최근의 연구(Gutchess et al., 2006)는 군집화가 동양 문화(예 : 중국에서)보다 서구 문화(예 : 미국에서)에서 더 흔하다는 전제에서 출발했다. 제11장에서 묘사된 류의 연령 관련 인지적 한계 때문에 군집화가 나이 든 동양 성인에게서 특히 어려울 것이라 추론하면서, 연구자들은 양 문화권에서 더 어린 성인과 더 나이든 성인 모두에게 자유 회상 과제를 부여하였다. 실제로 저자들은 양 문화권 출신의 집단들이 동일한 수의 단어를 회상했던 반면, 군집화의 정도는 서구의 나이든 성인 대 동양의 나이든 성인에 대해 특히 서로 달랐음을 발견했다.

시공간적 기억

전통적이고 실험실에 근거한 실험을 다른 문화로 전이시키는 것에 대해 자주 제기된 한 가지 비판은, 과제 그 자체가 다른 문화 출신의 사람에게 친숙성, 중요성, 일반적 관심 수준에서 달라진다는 것이다. 만약 그것이 사실이라면 그 비난은 동일한 과제에 대한 다른 문화권 출신 사람들의 수행을 비교하는 다문화 연구에 심각한 문제를 일으킨다. 만약 실험 과제가 사람들이 일상생활 동안 정상적으로 관여하는 과제로부터 밀접하게 유도된 것이 아니라면, 사람들의 수행은 그들의 실제 능력에 대해 특별히 알려주지 않을 것이다.

비판을 진지하게 받아들인 많은 연구자들은 실생활 과제에 가깝게 모형화한 연구를 설계하려고 하였다. 한 연구에서 사막에 사는 호주 원주민 아동과 성인의 시공간적 기억을 연구한 Kearins(1981)는 참가자에게 30초 동안 사물의 배열을 관찰한 후 사물이 뒤죽박죽되면 배열을 재구성하는 과제를 제시했다. Kearins의 근거는 이것이다. 전통적인 사막 생활은 많은 것이 '시각적으로 두드러지지 않은', 띄엄띄엄 간격을 둔 장소 속에서 많은 양의 움직임을 요구한다. 예측할 수 없는 강우와 사냥 및 다른 음식 채집의 요구와 관련된 다양한 이유로, 장소 간 경로는 정확히 중복되는 일이 거의 없다. 아마도 이는 경로 지식보다 일종의 공간 지식을 요구할 것이다. 한 가지 가능성은 공간적 관계를 기억하는 더 나은 능력이다.

> 두드러진 특징이 이러한 특정 영역에서는 드물기 때문에 그리고 임의의 방향으로부터의 접근에 대한 필요 때문에, 단순한 환경적 특징에 대한 기억이 어떤 특별한 지점의 신뢰할 만한 식별자일 것 같지는 않다. 그러나 얼마간은 정향에도 불구하고, 몇몇 특징 간 특별한 공간 관계는 위치를 독특하게 명시할 것이다. 이러한 관계에 대한 정확한 기억은 수원(water source) 간의 이동에서 그리고 베이스캠프로부터의 매일의 수렵채집용 이동에서 고려할 만한 가치가 있을 것 같다.(p. 438)

Kearins(1981)는 오스트레일리아 원주민 아동과 유럽계 아동 모두에게 네 가지 조건을 제시했다. 각각에서 그들은 20가지 친숙한 사물의 더미를 보았다. 조건 중 두 가지에서는 사물이 사람이 만든 인공물이었다(칼이나 골무 같은). 다른 두 가지에서 사물은 자연스럽게 발생하는 사물이었다(날개나 바위 같은). 조건 중 두 가지에서 모든 사물은 동일한 유형이었고(모두 바위거나 모두 병), 다른 두 가지에서 사물은 다른 유형이었다(칼, 지우개, 골무 같은). 검사는 운동장이나 나무 아래 벤치에서 행해졌고, 과제의 '검사 같아 보이는' 본질을 최소화하기 위해 주의가 기울여졌다. 아동은 30초 동안 각 배열을 보았고, 그런 다음 사물이 더미에서 뒤섞이는 동안 눈을 감고, 그런 후 시간제한 없이 배열을 재구성하도록 요구받았다.

그림 12.5에 제시된 결과는 원주민 아동이 모든 조건에서 유럽계 동년배를 능가했음을 보여준다. Kearins(1981)는 과제가 원주민 아동에게는 너무 쉬워 보였다는 견해를 밝혔다. 유의한 부분(유럽계 아동에 대한 평균 4.5%와 비교하여, 다른 조건들에서 14%에서 54% 범위인)은 오류가 없었다.

오스트레일리아 원주민 참가자에 대한 관찰은 배열을 보는 동안 그들이 매우 조용히 앉아 있는 경향이 있음을 드러냈다. 암송에 대한 어떤 증거는 보이지 않았다. 유럽계 아동

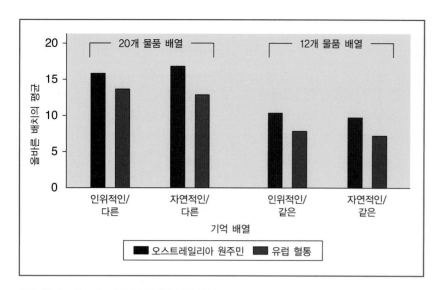

그림 12.5 Kearins(1981)로부터 나온 결과

은 사물을 집어 보거나 '중얼거리기' 위해서 자리에서 훨씬 더 많이 돌아다니는 것 같았다. 재구성 단계에서 원주민 아동은 사물을 있는 그대로 두고 그들이 작업하는 동안 거의 변화시키지 않았다. 유럽계 아동은 '허겁지겁' 재구성 단계를 시작했고, 계속해서 사물이 놓인 곳에 많은 변화를 주었다. Kearins(1981)는 원주민 아동이 시각적 전략을 사용하고 있었다고 믿었다. 유럽계 아동은 언어적 전략을 사용하고 있었다고 믿었다. 어떻게 그들이 과제를 수행하는지 물었을 때 원주민 아동은 어깨를 으쓱하거나 배열의 '외관'을 기억했다고 말하는 경향이 있었다. 유럽계 아동들은 길게 언어적 암송 전략을 기술하려는 경향이 있었다.

이와는 다른 실험에서 Kearins(1981)는 문화가 어떤 인지적 기술(이 경우에 시각적 암송 전략)을 선택적으로 향상시키기 위해서 '환경적 압력'을 부과할 수 있다는 아이디어를 지지하는 자료를 얻었다. 그녀는 더 나아가 일단 어떤 기술이 설정되면 아마도 이런 식으로 기술을 향상시키면서 개인들이 그 기술을 더 연습할 것이라 믿었다. 게다가 문화 내에서 유용한 인지적(그리고 다른) 기술과 습관은 아동이 어릴 때부터 부모와 다른 성인에 의해 독려되는 것 같다. 결과적으로 어떤 인지적 능력은 더 일반적이고 더 잘 수행된다.

다문화적 범주화 연구

방으로 들어가서 다양한 크기의 수많은 블록을 본다고 상상하라. 각각의 한쪽에는 빨강, 노랑 또는 빨강-노랑 줄무늬로 된 작거나, 중간 크기이거나, 커다란 원, 사각형, 삼각형이 그려져 있다. "관련 있는 것들은 함께 놓아두도록" 요구되는, 즉 여러분에게 분류하도록 요구하는 모호한 지시를 상상하라. 바라건대 여러분은 블록을 분류하는 몇 가지 방식이 있음을 즉시 알아챌 것이다. 다시 말해 채색된 형태에 의해, 블록 크기에 의해, 또는 줄무늬에 의해서 분류될 수 있음을 알아챌 것이다. 우리는 여러분의 수행을 관찰할 수 있고, 그에 관해 두 가지 질문을 할 수 있다. 어떤 근거로 블록을 구분하는가? 그리고 이런 근거를 사용하는 데 있어 얼마나 일관되는가?

심리학자 Jerome Bruner(Bruner et al., 1966)에 따르면 우리가 분류 과제를 수행하는 방식은 발달에 따라 변한다. 우선 우리는 분류를 위해 지각적 기초, 특히 색채를 사용하는 경향이 있다(Olver & Hornsby, 1966). 후에 우리의 분류 근거(블록과 반대로 더 의미 있는 사물이 사용될 때)는 형태보다는 기능에 근거하여 대상을 분류하기 시작할 때 덜 지각적이고 더 '깊어진다'. 그래서 어린 아동은 당근과 막대기를 하나의 집합으로 분류하고 토마토와 공을 다른 집단으로 분류하는 반면(형태에 주목하면서), 더 나이든 아동은 두 가지 음식과 두 가지 인공물로 분류시킬 것으로 기대된다. 게다가 그들이 선택한 어떤 근거를 사용하여 사물을 일관성 있게 분류하는 능력도 발달에 따라 증가한다. Bruner의 동료인 Patricia Greenfield는 세네갈의 시골에서 교육받지 않은 월로프 아동을 대상으로 비슷한 연구를 수행했다(Greenfield, Reich, & Olver, 1966). 아동(6~16세)은 10개의 친숙한 사물을 보았는데, 4개는 빨갛고, 4개는 의류이고 4개는 둥글었다(일부 사물은 이들 속성 중 둘 이상을 공유). 그들은 '비슷해 보이는' 사물을 선택하고 그것들이 어떻게 비슷한지를 말하라고 요구받았다.

질문은 "아동이 이들 기초 물품 중 어떤 것, 즉 전부 다 빨간 사물만, 전부 다 둥근 사물만, 또는 전부 다 의류만 선택하기"를 체계적인 방식으로 활용했는가였다. 대부분의 월로프 아동은(전형적으로 65% 이상) 색채에 근거하여 물품을 선택했지만, 연령에 따라 능력에 큰 개선을 보였다. 6세 또는 7세에는 단지 약 10%만이 4개 전부 다 빨간 사물만 선택했다. 9세에는 약 30%가 그렇게 했다. 그리고 15세까지는 100%에 근접했다.

학교 교육을 받은 월로프 아동과 학교 교육을 받지 않은 월로프 아동(6~13세), 그리고 학교 교육을 받지 않은 성인을 대상으로 한 두 번째 연구에서 Greenfield 등(1966)은 일련의 세 가지 채색된 사물을 제시했다. 각 세트 내에서 2개의 사물은 색채를 공유했다. 2개는 형태를 공유했다. 2개는 기능을 공유했다. 그림 12.6은 몇 가지 예시를 제시한 것이다. 참가자들은 각 세트 내에서 3개의 사물 중 '가장 유사'한 2개가 무엇이지 보여주고 왜 그런지를 설명하도록 요구받았다.

Greenfield 등(1966)은 아동과 성인이 물품을 분류하는 근거를 조사했다. 학력은 매우 강력한 효과를 미치는 것으로 확인되었다. 첫 번째로, 학교 교육을 받지 않은 참가자는 그림을 해석하고 묘사된 사물을 재인하는 데 더 많은 어려움을 겪었다. 이 결과는 앞서 논의된 Hudson에 의해 보고된 것과 일치하였다. 두 번째로, 학교에 다녔던 아동은 분류 근거로 색채를 훨씬 덜 사용하는 것 같았고, 색채에 대한 선호의 감소는 학교 교육을 받은 햇수와 관련되어 있었다. 반대로 형태와 기능 모두에 근거한 분류는 학교 교육을 받은 햇

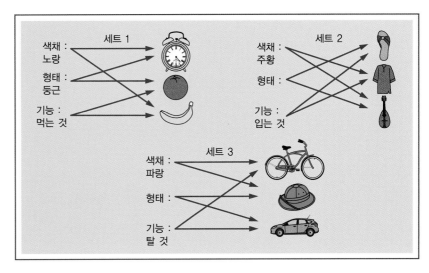

그림 12.6 Greenfield 등(1966)이 사용한 자극

수에 따라 올라갔다. 분류에 대한 근거로서 형태 또는 기능의 사용은 학교 교육을 받지 않은 참가자에게는 '사실상 존재하지 않았다'(Greenfield et al., p. 295). 전반적으로 저자들은 "학력이 우리가 추상 자극에서 발견했던 가장 강력한 단일 요인으로 나타난다."고 결론지었다(p. 315).

Sharp와 Cole은 색채에 의한 분류에 대한 선호가 반드시 분류를 위한 다른 근거를 억제하는지 궁금하여 멕시코의 유카탄 반도에 사는 마야 사람들을 대상으로 연구하였다(Cole & Scribner, 1974). 그들은 참가자(1 · 3 · 6학년인 아동과 3년 이하의 학교 교육을 받은 성인)에게 색채, 형태, 수에서 다른 다양한 기하학적 도형(한 개의 원, 두 개의 원 같은)을 묘사하는 카드를 제시했다. 참가자들이 카드를 분류한 후, 실험자들은 그들에게 다른 차원에서 카드를 재분류하라고 요구했다. 첫 번째로, 결과는 색채, 형태, 수에 근거하여 일관성 있게 분류할 수 있는 참가자의 백분율이 학교 교육을 받은 햇수에 따라 극적으로 올라감을 보여주었다. 두 번째로, 재분류하는 능력도 학력에 의존했다. 1학년생은 거의 재분류를 할 수 없었고, 3학년생 중 절반 이하와 성인들(3년 이하의 학교 교육을 받은)은 재분류를 할 수는 있었다. 6학년생 중 60%는 첫 분류에서 사용된 것과는 다른 차원을 사용하여 재분류할 수 있었다.

Irwin과 McLaughin(1970)은 이 과제의 수행에 영향을 주는 또 다른 변인을 발견했다. 그들은 한 조건으로 Sharp와 Cole이 사용한 것과 같은 자극, 다른 조건으로 8개의 밥그릇으로 구성된 자극을 사용하여 비슷한 실험을 수행했다. 쌀은 실험 참가자, 즉 중부 라이베리아에 사는 마노족 농부에게 매우 친숙한 물품이었다. 밥그릇은 그릇의 유형(크거나 작은)과 쌀의 유형(윤이 나는 또는 윤이 나지 않는)에서 달랐다.

결과는 비록 학교 교육을 받지 않은 성인이 카드나 그릇을 재분류하는 것은 거의 할 수 없었을지라도 성인을 포함한 모든 참가자가 카드보다는 쌀을 더 빠르게 분류할 수 있음을 보여주었다. 후속 연구에서 Irwin, Schafer, Feiden(1974)은 마노족 농부와 미국 대학생을 대상으로 연구를 수행했다. 양 집단 모두 카드로 기하학적 도형(한 조건에서)과 쌀(다른 조건에서)을 분류하도록 제시받았다. 기대하듯이 마노족은 도형에 대해서는 어려움을 겪었지만 쌀은 꽤 쉽게 분류했다.

반대로 미국인들은 도형을 분류하고 재분류하는 것에는 능숙했지만, 쌀을 분류하기 위해 쓸 수 있는 가능한 근거 모두를 알아채는 데는 덜 능숙했다. 이전 연구와 더불어 이들 결과는 자극에 대한 다른 노출(아마도 문화적 환경의 결과로서)이 분류하기 만큼이나 기본적인 인지 과제에서도 동등한 극적 효과를 가질 수 있음을 제안한다.

Hatano 등(1993)은 일본, 이스라엘, 미국 출신의 아동을 대상으로 생물학적으로 살아 있음의 개념을 조사하여 이런 연구를 확장시켰다. 비록 저자들의 말대로 세 나라 모두 '매우 발전했고 과학적으로 진보'했을지라도, 지배적인 문화가 식물 대 동물의 관계를 간주하는 방식 면에서는 서로 매우 다르다.

일본 문화는 식물이 인류와 더 비슷하다는 믿음을 포함하고 있다. 이런 태도는 심지어 나무나 풀의 한 가닥 풀잎이 마음을 가지고 있다는 불교도의 아이디어에 의해 대변된다. 많은 일본 성인은 식물을 느낌과 정서를 가지고 있는 것으로 본다. 유사하게 심지어 무생물이 일본의 민속 심리학 내에서는 때로 마음을 가지고 있는 것으로 간주되었다.

반대로 "이스라엘 전통에서 식물은 그들의 생명 상태 측면에서 인간 및 다른 동물과 매우 다른 것으로 간주"된다(p. 50).

Hatano 등(1993)은 이스라엘, 일본, 미국의 유치원생, 2학년생, 4학년생을 면접 조사하여 사람, 다른 동물(토끼와 비둘기), 식물(나무와 튤립), 무생물(돌과 의자)이 살아 있는지, 심장·뼈·뇌 같은 것을 가지고 있는지, 차가움과 고통에 대한 감각을 느끼는지, 그리고 성장이나 죽음 같은 활동의 다양한 속성을 가지고 있는지에 대해 물어보았다. 저자들은 몇 가지 흥미로운 발견을 보고했다. 한 세트는 개별 아동이 사용하고 있는 것처럼 보였던 '규칙'과 관련되었다. '사람+동물+식물' 규칙은 아동이 이들 세 가지를 살아 있는 것으로, 무생물을 살아 있지 않은 것으로 판단했음을 의미했다. 또 다른 '사람+동물' 규칙은 사람과 동물만을 살아 있는 것으로 판단하는 것(식물이나 무생물은 아니고)을 의미했다. '만물' 규칙은 돌과 의자를 포함하여 질문한 모든 만물이 살아 있다는 일관된 판단에 해당되었다.

그림 12.7은 결과 중 일부를 제시하고 있다. 미국에 사는 아동이 '사람+동물+식물' 규칙을 더 많이 사용했지만, 이 패턴은 검사된 모든 연령 집단에 대해 유지되었다. 이스라엘 출신의 아동은 다른 국가에 사는 아동보다 식물이 살아 있다는 것에 대해 더 거부하는 것 같았다(즉, '사람+동물' 규칙 사용하기). 저자들은 미국의 아동용 텔레비전 편성이 미국 출신의 아동들에게 생물학적 지식에 대한 우수성을 설명하는 것 같다고 추측했다. 그들은 다양한 자연 다큐멘터리 쇼, 잡지, 그림책이 일본이나 이스라엘보다 미국에서 더 흔하고, 이것들이 아동, 특히 유치원생들의 개념적 지식에 영향을 미친 결정요인이라고 주장했다. 물론 이것이 유일하게 가능한 설명은 아니며 더 깊은 조사가 필요하다.

요컨대 이 절에서 검토된 연구들은 친숙한 재료를 사용하는 것이 인지적 능숙도를 드러내는 데 도움이 됨을 제안한다. 다시 한 번 여기서 기술된 결과는 특히 다문화적으로 인지적 능력을 해석하는 데 있어 주의해야 하는 이유를 제공해 준다. 사람들은 인지 과제에서 정보를 처리하는 유일한(또는 단 하나의 올바른) 방식이 있다고 믿는 경향이 있다. 이 장에서 기술된 몇몇 연구의 결과는 우리에게 사람들이 인지과정에서 훨씬 더 많은 유연성을 가지고 있고, 그들이 과제에 접근하는 방식이 맥락, 지시, 심지어 자극 재료에 의존함을 상기시킨다.

다문화적 추리 연구

우리는 제10장에서 형식적 추리가 주어진 정보 또는 전제에만 근거된 결론을 도출하는 것을 포함한다는 것을 보았다. 많은 심리학자와 철학자들은 이런 처리가 자주 일어나는 추리

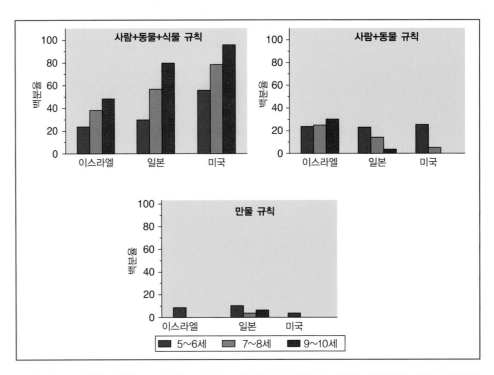

그림 12.7 다양한 개체를 살아 있는 것으로 분류하기에 관해 각 규칙을 채택했던 아동의 백분율 (Hatano, 1993)

와 사고 유형에 기저한다는 것—"모든 사람은 죽는다. 소크라테스도 사람이다. (그러므로) 소크라테스는 죽는다." 같은 문제가 기본적이고 그래서 오히려 다루기 쉽다는 것—을 가정했다

소련 심리학자 레프 비고츠키(Levy Vygotsky)의 학생인 A. R. Luria(1976)는 일부는 글을 읽고 쓸 줄 알고 일부는 그렇지 않은 중앙아시아에 살고 있는 농부들이 이런 언어적 삼단논법에 어떻게 도달했는지를 조사했다. 삼단논법 중 일부는 친숙하고 실용적인 내용이었지만, 참가자에게는 새로운 환경에 친숙한 원칙을 적용할 것을 요구했다. 예를 한번 보자. "목화는 고온다습한 곳에서 자란다. 영국은 춥고 축축하다. 영국에서 목화가 자랄 수 있겠는가 아니면 자라지 못하겠는가?" 또 다른 예시를 보자. "눈으로 뒤덮인 극북의 모든 곰은 하얗다. 노바야젬랴는 극북에 있다. 극북에 사는 곰은 무슨 색인가?"

이러한 삼단논법에 대한 응답은 농부의 배경에 따라 달랐다. 학교 교육을 받지 않은 농부들은 전형적으로 "나는 모르겠다. 나는 검은 곰을 본 적이 있다. 나는 어떤 다른 곰도 본 적이 없다. 각 지방에는 고유의 동물이 살고 있다. 만약 그 동네가 하얗다면, 그 동물은 하얄 것이다. 만약 그 동네가 노랗다면, 그 동물들은 노랄 것이다." 또는 "내가 어떻게 알겠는가?"처럼 응답하면서 단순히 문제를 다루기를 거부했다(Luria, 1976, pp. 109-100). 벽촌에 살고 문맹인 37세 응답자는 문제를 다음과 같이 요약했다. "우리는 항상 우리가 본 것

만을 말한다. 우리는 우리가 본 적이 없는 것에 대해서는 말하지 않는다." 실험자가 "그렇지만 내 말이 뭘 암시하죠?"라고 묻고 삼단논법을 반복했을 때 마을 사람은 다음과 같이 응답했다.

> 자, 그건 이런 거죠. 우리 황제는 당신의 황제와 같지 않고 당신의 황제는 우리 황제랑 같지 않아요. 당신의 말은 거기 있었던 사람만이 답할 수 있고, 만약 어떤 사람이 거기 없었다면, 그가 당신의 말에 근거해 뭔가를 말할 수는 없어요.(p. 109)

Luria(1976)에 따르면 문맹인 마을 사람들은 세 가지 한계에 직면했다. 첫 번째로, 그들은 자신의 경험과 반대되는 초기 전제들을 (심지어 논거 때문에) 수용하는 데 어려움을 겪는다. 일단 이런 전제들은 묵살되고 잊혀진다. 두 번째로, 문맹인 마을 사람들은 일반 전제("극북의 모든 곰은 하얗다.")를 정말로 일반적인 것으로 다루기를 거부했다. 대신에 그들은 이러한 진술을 한 사람의 경험에 대한 특별한 묘사로 다루었고, 다시 그들의 추리에서 전제를 자주 무시했다. 세 번째로, 문식성이 결여된 사람들은 다양한 전제를 단일 문제의 부분으로 보지 않으려는 경향이 있고, 오히려 모든 전제를 독립적인 정보의 조각으로 다루었다. 반대로 문식성 프로그램에 참여했던 농부들은 결론이 자신의 지식으로부터만 도출되는 것이 아니라, 문제(전제) 그 자체로부터 도출될 수 있다는 사실을 수용했고, 올바른 결론을 도출했다.

그러나 또 다른 관점으로 살펴봤을 때, 비록 매우 다른 전제를 갖고 있기는 했지만 이들 마을 사람들은 논리적으로 추론할 수 있는 것으로 보였다. 실제로 그들의 주장은 다음과 같이 구성될 수 있었다. "만약 내가 검은 곰에 대한 직접 체험 지식을 가지고 있었다면, 나는 질문에 답할 수 있었을 것이다. 나는 직접 체험한 지식을 가지고 있지 않다. 그러므로 나는 질문에 답할 수 없다." Cole과 Scribner(1974)는 라이베리아 출신의 크펠레족 사람들에게 부여한 추리 과제를 가지고 유사한 결론을 보고했다. 다음은 한 사례이다.

실험자(현지 크펠레족 사람) : 일찍이 거미가 축제에 갔어요. 거미는 음식 중 한 가지를 먹기 전에 질문에 답하라고 들었어요. 질문은 이것이죠. "거미와 검은 사슴은 항상 함께 먹어요. 거미는 먹고 있죠. 검은 사슴은 먹고 있나요?"
피험자(나이든 마을 사람) : 그들이 관목 덤불에 있었나?
실험자 : 예
피험자 : 그들이 함께 먹고 있었나?
실험자 : 거미와 검은 사슴은 항상 함께 먹어요. 거미는 먹고 있죠. 검은 사슴이 먹고 있나요?
피험자 : 그렇지만 나는 거기에 없었어. 어떻게 내가 이 질문에 답할 수 있지?
실험자 : 이 질문에 답할 수 없다고요? 비록 거기 있지 않더라도 어르신은 그 질문에 답

할 수 있어요. (질문을 반복)

피험자 : 오, 오, 검은 사슴이 먹고 있어.

실험자 : 검은 사슴이 먹고 있다고 말한 이유는 뭔가요?

피험자 : 이유는 검은 사슴이 관목 덤불에서 초록 잎을 먹으면서 하루 종일 돌아다니기 때문이지. 그런 다음 사슴은 잠시 쉬고 먹기 위해 다시 일어나지.(p. 162)

여기서 몇 가지에 주목하라. 첫 번째로, 참가자는 질문에 답하면서 그의 사적 지식이나 경험의 결여가 그가 답을 알지 못하게 막는다고 확신하면서 답하기를 피한다. 그의 가정은 질문이 사적이고 직접 체험한 지식에 의존해야만 답할 수 있다는 것이다. 실험자에 의해 압력을 받았을 때 참가자는 응답을 하지만, 다시 삼단논법 그 자체의 전제보다는 오히려 지식에 근거하여 이유를 댄다. Henle(1962)의 용어로 참가자는 실험자에 의해 제공된 전제에 근거하여(또는 근거하여서만) 결론을 끌어내기를 거부하면서 '논리 과제를 수용하는 데 실패한다'.

이 연구에서 다른 참가자들은 실험자에 의한 과제 세트를 피하는 다른 방식을 보여주었다. 일부는 새로운 전제, 즉 보통은 결론이 사적 지식에 근거하여 도출되고 정당화될 수 있도록 참가자의 사적 지식을 통합한 것을 소개받았다. Sylvia Scribner에 의한 연구(Cole & Scribner, 194)는 참가자들이 아래의 예시가 보여주듯이 일부 전제는 잊고 일부는 변화시키면서 기억 속에서 삼단논법을 왜곡하는 것으로 나타남을 제안했다.

문제 : 추장의 형제는 추장에게 염소를 주거나 닭을 주었어요. 추장의 형제는 추장에게 염소를 주지 않았죠. 추장의 형제가 추장에게 닭을 주었나요?

피험자 : 예. 나는 추장의 형제가 추장에게 닭을 주었다는 것을 알아요.

(그런 다음 피험자는 문제를 회상하도록 요구받는다) : 추장의 형제가 추장에게 염소를 줄 거예요. 만약 추장의 형제가 추장에게 염소를 주지 않는다면, 추장의 형제는 추장에게 닭을 줄 거예요.

실험자 : 내가 무슨 질문을 했었죠?

피험자 : 당신은 나에게 추장의 형제가 추장에게 염소를 줄 것인지를 물었죠.

실험자 : (문제를 다시 읽어줌)

(피험자는 문제를 회상하도록 요구받는다) : 예, 그것이 당신이 내게 말했던 거예요. 추장의 형제가 추장에게 염소를 줄 거예요. 만약 추장의 형제가 추장에게 염소를 주지 않으면, 추장의 형제는 추장에게 닭을 줄 거예요.

실험자 : 내가 당신에게 어떤 질문을 했죠?

피험자 : 당신은 나에게 추장의 형제가 추장에게 염소를 줄 것인지를 물었죠. 만약 추장의 형제가 추장에게 염소를 주지 않으면, 추장의 형제가 추장에게 닭을 주는 건가요?(p. 165)

여기서 참가자가 질문 내에서 모든 전제를 재생하지는 않음에 주목하라. 각각의 회상에서 그는 추장의 형제가 추장에게 염소를 주지 않았다는 두 번째 전제를 빼먹는다. 이 전제가 없으면 참가자는 지속적으로 요구받은 질문을 마음에 두는 데 어려움을 겪기 때문에 질문에 답할 수 없다.

그러면 분명히 문맹인 사람들을 대상으로 한 삼단논법이 지닌 한 가지 어려움은 '문제 경계 내에 남아 있도록 하는' 무능이나 비자발성이다(Cole & Scribner, 1974, p. 168). 대신에 사람들은 전제를 빠뜨리거나 더하거나 변화시키는 경향이 있어서 결론이 사적 지식으로부터 도출될 수 있다. 이런 오류가 문맹 문화권 출신의 사람들에게 특별하지 않음을 지적하는 것은 가치가 있다. 어린 아동은 추리 과제를 수행할 때 '한계 내에' 머무르는 어려움에 빠진다. 게다가 Henle(1972)가 주장했듯이, 삼단논법에 대한 전제를 변화시키거나 빠뜨리거나 더하는 경향성은, 특히 어려운 문제에 대해서는 미국에 사는 성인에게서도 발생한다. 이는 결과적으로 다른 문화권 출신의 사람들의 추리가 기본적인 처리라는 면에서 유사하게 보임을, 그리고 한 문화권의 사람들이 어려워하는 것은 다른 문화권 사람들도 어려워함을 제안한다. 자료는 또한 학력이나 문식성이 우리가 나중에 더 깊이 탐색할 사람들의 형식적 추리 능력을 개선함을 제안한다.

그러나 Nisbett과 동료들에 의한 최근 연구는 추리에서의 모든 다문화적 차이가 형식적 학교 교육에 대한 노출로 설명될 수 있음을 제안했다. 예를 들어 형식적 추리에서 내용 효과는 미국인보다 한국인에게 더 큰 것으로 발견되었다(Norenzayan, Choi, & Nisbett, 2001). 중국과 한국의 대학생은 형식적 추리 전략에 더 많이 의존했던 유럽계 미국인 대학생과 비교하여 더 직관적인 추론 전략을 사용했다(Norenzayan, Smith, Kim, & Nisbett, 2001). Norenzyan과 Nisbett(2000)은 추리에서의 이런 다문화적 차이가 앞서 논의된 정보의 전체적(동아시아의) 처리 대 분석적 처리에서의 더 일반적인 문화적 차이의 결과라 믿는다. Nisbett과 Norenzayan(2002)은 다문화적 차이에 대한 설명의 일부는 산업화이지만 일부는 대립적 논쟁, 계약상의 관계, 지식의 형식화라는 서구 전통이기도 함을 믿는다.

다문화적 셈 연구

다문화적 인지 연구의 가장 매력적인 계보 중 하나는 수학적(보통은 산술) 지식과 문제해결의 발달에 초점을 맞춘다는 것이다. 생각해 보면 수학 체계의 발달과 사용은 거의 모든 문화에서 많은 종류의 일상 활동인 사기, 팔기, 잔돈 거스르기, 재고 유지하기, 상대적 양 정하기 등에 결정적일 것이다. 모든 문화가 동일한 체계를 발전시키지 않음에 주목하고 존재하는 체계가 진화되는 방식을 조사하는 것은 커다란 관심거리이다.

셈의 산술적 기술을 우선 조사해 보자. 미국에 사는 학령 전 아동을 대상으로 한 Rochel Gelman과 Randy Gallistel(1978)에 의한 연구는 미국에 사는 심지어 매우 어린 아동도 셈에 대해 많은 것을 알고 있음을 입증했다. 작은 수를 가지고(대략 5보다 작은), 심지어 2~3세 아동도 한 집합 내에 있는 항목의 수를 셀 수 있다. 그러나 그것이 셈하기에 대해 무엇을 의미하는가? Gelman과 Gallistel은 이 놀랍도록 복잡한 정의를 제공했다.

> [셈하기]는 몇 가지 요소의 협조적 사용을 포함한다: 차례로 집합에 있는 항목에 주목하기, 숫자명과 각각의 항목 짝짓기, 관습적 순서로 숫자명의 관습적 목록 사용하기, 그리고 사용된 마지막 이름이 집합의 수를 표현함을 인식하기.(p. 73)

Gelman과 동료들은 학령 전 아동의 셈 행동을 관찰했고, 셈의 몇 가지 구별되는 '원칙'을 확인할 수 있었다. 다음의 목록에 이것들이 묘사되어 있다.

1. 일대일 원칙 : 집합에 있는 셀 수 있는 항목은 유일하며 '째깍임'이 각 항목에 할당되는 방식으로 '체크된다'.
2. 안정적 순서 원칙 : 각 항목에 할당된 꼬리표(수사)가 반복 가능한 순서로 선택된다.
3. 기수 원칙 : 한 사람이 집합을 셀 때 마지막 꼬리표는 그 집합에서 물품의 수를 나타낸다.
4. 추상화 원칙 : 물질적이든 아니든, 동일한 유형이든 아니든, 어떤 집단의 항목은 셀 수 있다.
5. 순서-무관련성 원칙 : 한 집합에서 열거되는 순서(즉, 항목이 '1', '2' 등으로 꼬리표가 붙는)는 집합 내에 있는 물품의 수나 셈하기 절차에 영향을 주지 않는다.

아동은 발달의 어떤 단계에서 전부는 아니지만 일부 원칙을 가지고 있다. 비록 '셈하기' 행동이 성인의 셈하기에 정확하게 필적하지는 않을지라도, 아동의 행동이 최소한의 원칙 중 일부를 이행한다는 증거가 나타나면 아동은 '셈하는 것'으로 적절히 묘사될 수 있다. 예를 들어 2세 6개월 아동은 세 마리 장난감 쥐를 담은 접시를 다음과 같이 셌다: "하나, 둘, 여섯!" 다시 한 번 쥐를 세도록 실험자가 요구하면 아동은 행복하게 그 말을 따랐다: "예~, 하나, 둘, 여섯!"(Gelman & Gallistel, 1978, p. 91). 이 아동은 일대일 원칙과 안정적 순서 원칙을 준수한다는 명확한 증거를 보여주었고, 따라서 비록 성인이 하는 것과 다른 셈-단어 연쇄를 사용했을지라도 실제로 세고 있었다.

Geoffrey Saxe(1981; Saxe & Posner, 1983)에 의한 다문화적 연구는 셈 체계가 서로 다른 문화에서 달라진다는 증거를 제공한다. Saxe는 파푸아뉴기니에 있는 외딴 오크사프민 마을에 사는 아동에 대한 연구를 보고했다. 우리 문화에서 사용하는 십진수 체계와 달리 Saxe는 오크사프민족이 기초 구조 없이 신체-일부 셈하기 체계를 발전시켰음을 발견했다. 오크사프민족은 손, 팔, 어깨, 목, 머리에 있는 27개의 뚜렷한 신체 부분에 이름을 붙인다. 우리가 손가락으로 세듯, 오크사프민족은 27보다 큰 수를 필요로 할 때는 접두사를 더하면서 되풀이하여 손가락뿐 아니라 팔, 어깨, 목, 머리 위치를 센다. 그림 12.8은 오크사프민식 셈 체계를 묘사하고 있다.

Saxe와 다른 사람들에게 생긴 한 가지 질문은 오크사프민족에 의해 사용된 '기저수 없는(baseless)' 셈 체계의 존재가 어떤 분수 관계의 이해를 변화시킬 것인지이다. 예를 들어 '더 많은'이나 '더 적은'이라는 개념의 이해에 의존하는 피아제식 수 보존 과제가 미국 아동보다 오크사프민 아동에게 훨씬 더 어려운가? Saxe(1981)는 비록 오크사프민 아동이 일반적으로 나이가 더 들어서 셈과 보존 개념을 발달시킬지라도 그들의 발달 패턴은 미국에 사는 아동의 패턴과 꽤 유사함을 발견했다. 더 전통적인 오크사프민 생활보다 더 많은 산술적 계산을

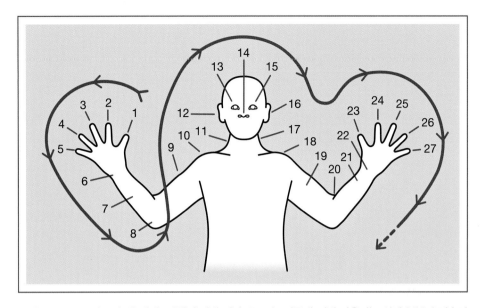

그림 12.8 오크사프민 셈 체계. 발생 순서에 따라 오크사프민족에 의해 사용되는 신체 부분의 관습적 연쇄. (1) tip^na, (2) tipnarip (3) bumrip (4) h^tdip, (5) h^th^ta, (6) dopa, (7) besa (8) kir (9) tow^t, (10) kata, (11) gwer, (12) nata, (13) kina, (14) aruma, (15) tan-kina, (16) tan-nata, (17) tan-gwer, (18) tan-kata, (19) tan-tow^t, (20) tan-bir, (21) tan-besa, (22) tan-dopa, (23) tan-tip^na, (24) tan-tipnarip, (25) tan-bumrip, (26) tan-h^tdip, (27) tan-h^th^ta,

요하는 새로 소개된 화폐 경제에 자주 참여하는 오크사프민족은 계산을 더 쉽게 하기 위해 신체 부분 셈 체계를 변화시키고 재조직화하고 있다.

더 최근 연구는 기저수 체계(base system)와 이것과 셈하기 간 관계의 문제와 관련된다. K. F. Miller, Smith, Zhu, Zhang(1995)은 일리노이 주 샴페인-어배너와 중국 북경 출신의 학령 전 아동에게 다양한 셈하기 과제를 수행하도록 요구했다. 이 비교는 흥미로웠는데, 왜냐하면 중국어와 영어가 수에 대한 명명 관습 면에서 다르기 때문이다. 양쪽은 1부터 10까지 십진수에 대해 분명하고 예측할 수 없는 이름을 갖는다. 즉, 숫자 8이 '여덟'이라 명명되고, 숫자 9가 '아홉'이라 명명됨을 아는 것으로부터 예측을 할 수 없다. 10까지 올라가는 숫자명은 무질서하다.

그러나 숫자의 두 번째 10단위에 대해 두 언어는 분기한다. 중국어는 일정한 10자리 명명을 사용한다. 중국어 11에 대한 이름은 문자 그대로 '열 하나'로 번역한다. 그러나 영어에서 11과 12에 대한 이름은 숫자 '1과 2'와 이들 수의 관계를 분명하게 만들지 않는다. 숫자 20 이후로는 비록 영어가 중국어보다 약간 더 많은 비틀기를 덤으로 내놓을지라도(예 : 20을 'twenty'로 만들기) 두 언어는 유사한 방식으로 숫자를 명명한다. 이는 중국의 학령 전 아동이 세기를 배울 때 특히 10자리 숫자에 대해 더 수월한 시간을 갖게 됨을 예측하도록 연구자들을 이끈다.

아동은 다양한 셈하기 과제를 부여받았다. 예를 들어 아동은 가능한 한 높은 수를 세도

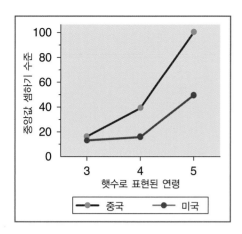

그림 12.9 연령과 언어에 따른 추상적인 셈하기 (도달된 최고 숫자)의 중앙값 수준. 중국어로 말하는 아동이 보여주는 유의한 차이가 4세와 5세에서는 발견되었고, 3세에서는 발견되지 않았다.

록 요구받았고, 그들이 멈출 때마다 실험자에 의해 계속하도록 유도되었다. 이들이 도달했던 마지막 숫자가 셈하기 수준으로 간주되었다. 그림 12.9는 다른 연령의 학령 전 아동에 대한 셈하기 수준의 중앙값을 보여준다. 비록 양쪽 국가 출신의 3세 아동이 동일한 수에 도달하더라도, 중국의 4~5세 아동은 미국의 4~5세 아동이 할 수 있는 것보다 유의하게 더 높은 수까지 셀 수 있다.

연구자들(K. F. Miller et al., 1995)은 또한 아동이 세기를 멈추는 데에서 차이의 패턴이 있는지도 보았다. 10 이하의 수까지만 셀 수 있는 아동의 백분율에는 차이가 없었다. 연구자들은 미국 아동의 94%와 중국 아동의 92%가 이 숫자까지 셀 수 있었음을 발견했다. 그러나 중국의 학령 전 아동 중 74%와 비교하여 미국의 학령 전 아동 중 48%만이 20까지 셀 수 있었다. 언어가 10자릿수 체계를 명료하게 만드는 데 차이가 생기는 지점에서 미국 아동의 셈하기가 망가지지만 이 차이는 이어지는 10자릿수에서 더 커지지는 않았다.

K. F. Miller 등(1995)은 이런 차이가 왜 중국과 일본에 사는 학령 아동이 미국에 사는 동일 연령의 아동을 능가하는 것으로 보이는지를 설명하는 한 가지 이유라고 주장한다. 산술교육(arithmetic instruction)에서의 많은 약점이 일부 아시아 국가에서의 약점과 비교하여 미국에서 문서화되어 있긴 하지만(Stevenson et al., 1990), Miller 등은 문제 중 일부가 아동이 학교에 들어간 시점에 십진수 체계의 본질을 이해하는 데 있어서의 기본적인 차이 때문임이 최소한 부분적으로라도 역추적된다고 주장한다.

숫자 인지에서 최신의 다문화적 연구는 어떻게 다른 문화권 출신의 사람들이 숫자를 '심적 수 직선(mental number line)'—두 숫자 간 더 짧은 거리가 더 가까운 수적 관계를 묘사하는, 서로 다른 수가 연결되는 방식에 대한 내적 표상—과 연관시키는지를 조사한다. 심적 표상의 특정성이 문화적으로 상대적인지 보편적인지에 관해 계속 논쟁 중이다(Bender, 2011; Nuñez, 2011).

이 절을 통해 우리는 인지 과제와 수행이 서로 다른 문화에 따라 서로 다를 수 있는 방식의 사례들을 보았다. 우리는 또한 수많은 다른 인지 과제에 영향을 주는 한 가지 중요한 변인이 학력임을 알았다. 다음 절에서 학력의 어떤 측면이 효과를 생성하는지를 분리시키면서 이 변인의 효과를 더 면밀하게 조사할 것이다.

학력과 문식성의 효과

인지에서 이런 광범위한 변화를 분명히 생성하는 학력(schooling)[1]이란 무엇인가? 특정하

---

[1] 역주 : schooling은 문맥상 '학력' 또는 '학교 교육'으로 번역함.

게 교육과정에 대한 뭔가가 있는가, 또는 범세계적인 '학교 가기'라는 맥락이 인지 능력에 변화를 일으켰는가? 이러한 질문들은 다문화적 인지 연구에서 막 다뤄지기 시작하는 중이다.

학력 효과의 원천에 대한 한 가지 후보는 문식성(literacy), 즉 읽고 쓸 줄 아는 능력이다. 많은 심리학, 언어학, 인류학 학자들은 문식성이 사회에서 엄청난 효과를 미친다고 믿는다(Scribner & Cole, 1981). 한 가지 주장은 문식성이 근본적인 방식으로 사고를 변화시킨다는 것이다. 플라톤과 소크라테스까지 거슬러 올라간 학자들은 문어(written language)가 구어가 하지 않거나 할 수 없는 방식으로 논리적이고 추상적인 사고를 촉진시키는지 궁금해했다(Scribner & Cole). 예를 들어 Goody와 Watt(1968)는 역사와 논리 같은 학문이 문어 없이는 불가능하다고 주장했다. 글을 쓰는 것은 구어가 하지 못하는 영원성을 허용한다. 이러한 영원성은 사람들에게 불가능할 어떤 과정(예 : 함축이나 불일치를 찾기 위해 두 문장 비교하기 또는 문장의 내적 구조나 구문 조사하기)을 수행하게끔 한다.

유명한 마르크스주의 심리학자인 레프 비고츠키는 마르크스가 했듯이 인류의 '본성'이 실제로 환경과의 상호작용의 산물이라고 주장했다(Vygotsky, 1986). 이와 같이 인지과정과 역량은 단순히 우리의 생물학적 유산의 결과가 아니라 오히려 환경뿐 아니라 우리 인지의 본성을 변화시키고 형성하는 인간-환경 상호작용의 결과이다(Scribner & Cole, 1981).

주어진 시점에서 과제에 대해 가용한 도구는 과제가 수행되는 방식을 변화시킨다. 예를 들어 단어처리 소프트웨어의 발명과 가용성은 많은 교수와 대학생이 논문을 쓰는 방식을 변화시켰다. 월드 와이드 웹(World Wide Web)은 사람들이 정보를 획득하고 탐색하는 방식을 변화시켰다. 비고츠키는 동일한 원칙이 문어의 존재에 적용되었다고 생각했다. 그것이 지적 과정을 의미 있게 전환시켰다.

비교 인간 인지 실험실(The Laboratory of Comparative Human Cognition, 1983)은 어떻게 문화가 인지 및 인지 발달에 영향을 주는지에 대한 비고츠키 학파의 원칙을 기술했다. 첫 번째로, 문화는 특별한 문제와 문제해결 환경의 '발생이나 비발생을 준비한다'(p. 335). 가령 한 사람이 기도나 맹세를 기억하는 것을 배울 필요가 있는지는 문화가 기억으로부터 암송되는 과제나 의식을 제시하는지에 의존한다. 만약 문화가 이런 암기를 요하지 않으면, 그 문화 내에 있는 사람들은 이런 과제를 위한 전략과 이런 과제에 대한 접근을 발달시킬 필요가 더 적어진다.

두 번째로, 문화는 문제와 관행이 발생하는 빈도를 결정한다. 암송이 매일 일어나는가, 아니면 주간으로? 월간으로? 빈도는 의심할 여지 없이 과제와 관련된 관행이 얼마나 자주 일어나는지에 영향을 줄 것이다.

세 번째로, 문화는 어떤 사건이 함께 일어나는지를 결정한다. 암기가 읽기나 측정하기 같은 다른 과제와 더불어 발생하는가? 두 과제의 동시발생이 각각에 대해 서로 다른 맥락을 제공할 것 같고 따라서 각각이 수행되는 방식에 영향을 줄 것이다.

마지막으로, 문화는 맥락 내에서 과제의 '난이도 수준을 조절한다'(Laboratory of

Comparative Human Cognition, 1983, p. 335). 예컨대 문화는 더 젊은 구성원이 어떻게 암기 과제에 접근할지를 결정한다. 문화는 또한 최종적인 숙달로 끝이 나는 점진적인 과제 시리즈를 설정하는 방식을 고안해 낸다. 예를 들어 4세 아동은 단순한 운율을 배우는 것에서 시작하고 점진적으로 긴 기도문이나 서사시로 간다. 문화는 첫 번째 성취에서부터 마지막 성취로 가는 길을 결정한다.

1930년대 동안 우즈베키스탄에 사는 농부를 대상으로 연구를 했던 Alexander Luria(비고츠키의 학생)의 연구의 결론을 회상해 보라(Luria, 1976). 그 기간에 농업 공영화와 산업화가 도입되었고, 그 지역은 엄청난 사회경제적 변화를 경험했다. 이런 사회 및 경제적 혁명의 일부로서, 거주자들 중 일부는 문식성 프로그램에 참석했다. Luria는 다양한 지각, 추리, 분류화 과제에서 문식성 프로그램에 참여했던 사람과 하지 않았던 사람의 수행을 비교했다. 그는 일관된 집단차를 발견했다. 문맹인 사람들은 구체적이고 지각적이고 맥락에 얽매인 방식으로 과제에 가장 흔히 반응하는 것 같았다. 학교 교육을 받은 집단은 재료를 더 추상적이고 개념적으로 다루는 더 뛰어난 능력 또는 성향을 보였다. 학교 교육을 받은 집단은 전체로부터 추론할 수 있고, 그들 자신의 경험 이외의 뭔가에 근거하여 추론을 유도할 수 있었다.

Luria(1976)의 발견을 해석하는 데 있어 한 가지 문제는 두 가지의 서로 관련되지만 개념적으로 독립적인 요인인 문식성과 학력이 혼재되어 있었다는 것이다. Scribner와 Cole(1981)은 학력과 문식성이 자주 관련되지만 동의어는 아님에 주목했다. Luria의 연구에서 읽고 쓸 줄 아는 참가자는 학교에 다녔던 사람들이기도 했다. 문맹인 참가자들은 학교 교육을 받지 않았다.

학교 교육이 인지에 어떤 효과를 미치는가? 무엇보다도 학교 그 자체가 학생에게 두는 약간 이상한 요구에 주목할 가치가 있다. 학교는 한 사람(교사)이 다른 사람(학생)에게 이미 답을 알고 있는 질문에 답하도록 요구하는 드문 장소 중 하나이다. 이 상황이 다른 상황에서는 얼마나 이상한지 생각해 보라. 도서관으로 가는 방향을 물으러 당신에게 걸어오는 누군가를 상상해 보라. 동네 사람이라면 길을 알고 "가로등 쪽으로 두 블록 가서, 오른쪽으로 돌고, 그런 다음 첫 번째에서 왼쪽으로 돌고, 반 블록 계속 가면 도서관을 보게 될 거예요."처럼 일련의 방향을 제공할 것이다. 그다음에 대화 상대가 여러분에게 방향이 잘못되었다고, 즉 더 단순한 길이 있다고 말한다. 여러분은 이 대화가 '정상적'이거나 '전형적'이라 생각하는가? 오직 학교 같은 상황에서만 선생님이 정보를 얻기 위해서가 아

사진 12.4 학교 교육은 많은 연구에서 다양한 인지 과제에 대한 수행에 영향을 준다는 것을 보여주고 있다.

니라 오히려 학생의 지식을 평가하기 위해 질문을 던진다. 이는 일상생활로부터 학교 맥락을 약간 제외시키게 한다.

학교는 수많은 다른 점에서 일상적인 맥락과 다르다. 교과목은 자주 일상생활과의 접촉이 거의 없다. 지리나 역사에 대해 배우는 학생들은 논의되는 형상을 경험할 기회가 거의 없다. 가르치는 교과목 중 일부는 추상적이고(산술과 기하처럼), 일상에서 거의 직접적으로 드러나지 않는다.

학교에서 과제를 완수하는 동기(예 : 철자 목록 배우기)는 동기가 일상생활 과제에 대한 동기처럼 과제 그 자체에 본유적(예 : 자전거 배우기)이지는 않다. 후자의 경우에 여러분은 과제 그 자체가 중요해서 배운다. 전자의 경우에 학생들은 자주 교사나 부모가 그들에게 말하기 때문에 배운다. Bruner(1966)는 그러므로 학교 교육은 탈맥락화된 방식으로, 즉 현시점에서 현재 맥락으로부터 제거된 추상적인 주제에 대해 생각하는 데에서의 연습을 제공한다고 주장한다.

Scribner와 Cole(1981)은 문식성의 효과를 학교 교육의 효과와 구분하는 일련의 연구를 수행했다. 그들은 1970년대 동안 서아프리카의 라이베리아에 사는 바이족들을 대상으로 연구했다. 바이족은 많은 상업적 거래 및 사적 거래를 위해 쓰이는 바이 문자라는 자신만의 쓰기 체계를 발명해 냈기 때문에 연구 대상자로 흥미로운 사람들이었다. 바이 문자는 학교에서만 가르치는 것이 아니라 가정에서도 가르친다. 연구 당시에 비록 전체 인구의 7%만이 바이 문자로 읽고 썼지만, 그것은 성인 남성에게 알려진 가장 흔한 문어였다. 20%는 바이 문자로 읽고 썼다. 16%는 아랍어로 읽고 썼다(주로 쿠란의 학습 맥락에서 습득된). 그리고 6%는 학교와 정부의 공식 언어인 영어로 읽고 썼다.

면접 조사가 15세 이상인 650명에게 이뤄졌다. 기다란 자전적 질문지를 완성하는 것에 더해(인구통계학적 정보, 학력과 문식성 상태, 가족 학력과 문식성 상태, 직업 등), 모든 응답자는 다양한 인지 과제가 수행되는 한 시간짜리 회기에 참여했다. 여기에 포함된 것은 분류 과제(사용된 자극은 기하학적 도형과 친숙한 사물 모두를 포함), 기억 과제(분류 과제에서 사용된 사물의 이름 회상하기 같은), 논리 과제(앞서 기술된 것과 같은 삼단논법 제시하기), 그리고 언어적 의식 과제(사물 '해'와 '달'의 이름이 전환될 수 있는지와 이런 전환의 결과가 무엇인지를 묻는 것 같은)였다. 일부 과제에 대해 응답자들은 나중에 점수화된 언어적 설명을 제공하도록 요구받았다.

참가자들은 7개의 집단으로 나뉘었다. 처음 6개 집단은 단지 15세 이상의 남자들만을 포함했다. 즉, 문맹 남자, 바이 문자로만 읽고 쓸 줄 아는 남자, 아랍어로만 읽고 쓸 줄 아는 남자, 아랍어와 바이 양쪽을 읽고 쓸 줄 아는 남자, 학교에 다녔고 영어·아랍어·바이로 읽고 쓸 줄 아는 남자, 10년 이상 학교에 다닌 남자 집단이다. 일곱 번째 집단은 15세 이상인 문맹 여자로 구성되었다(11명의 읽고 쓸 줄 아는 바이 여자로부터의 자료는 여자가 문식성에서 꽤 비전형적인 듯해서 보고되지 않음).

일반적인 설계는 문맹, 바이 문자 문식, 학교 교육을 받은 집단의 비교를 요구했다. 표

표 12.3 Scribner와 Cole의 결과(1981)

과제와 측정치	문맹 남자	바이 문자 단일문식	아랍어 단일문식	바이 아랍어 이중문식	영어 학교 교육	10학년 이상	문맹 여자
기하학적 분류(3으로부터 분류된 수 차원)	1.6	2.0	2.0	1.9	1.7	1.9	1.7
언어적 설명(최대 점수=12)	5.3	5.1	5.8	5.6	5.6	9.3	4.9
범주화(최대 점수=6)	3.4	3.5	3.0	3.5	3.8	3.9	3.4
언어적 설명(최대 점수=42)	31.5	31.2	29.0	29.5	32.5	34.6	30.5
기억(회상된 숫자, 최대=24)	16.2	16.0	16.2	16.2	17.1	14.9	16.5
논리(정답 수, 최대=6)	1.6	1.3	1.7	1.5	3.0	3.9	1.7
이론적 설명(최대=10)	6.1	5.7	6.2	5.7	7.6	7.9	6.2
언어 객관성(최대=3)	.7	.5	.9	1.2	1.3	1.3	.7

12.3에 일부가 요약된 결과는 놀라웠다. 대부분의 인지 과제에 대해 문식성 그 자체로는 산발적이고 작은 효과만이 있었다. Scribner와 Cole(1981)은 학교 교육을 받지 않은 문식성(가정에서 바이 문자를 습득)이 Luria(1976)와 다른 이들에 의해 이전에 보고된 일반적인 인지적 효과를 생성하지 않는다고 결론지었다.

반대로 학교 교육은 수많은 효과를 낳았다. 가장 분명한 효과는 학교 교육, 특히 영어로 지도한 학교 교육이 언어적 설명과 정당화를 생성할 능력을 증가시켰다는 것이었다. 학교에 다녔던 참가자들은 학교에 다니지 않았던 사람들보다 답변에 대한 응집적 설명을 훨씬 더 잘 제공할 수 있었다. 설명에 있어서의 집단차는 심지어 학교 교육을 받은 집단과 학교 교육을 받지 않은 집단이 수행에서 다르지 않을 때조차 때때로 분명했다. 달리 말해서 학교 교육은 어떤 반응이 선택될지에는 별로 많은 영향을 주지 않았고 오히려 응답자가 선택을 설명하고 정당화하는 기술에 영향을 주었다.

그러나 Scribner와 Cole(1981)은 어떤 특수한 과제에서 문식성 효과를 발견했다. 대부분은 한 형태나 또 다른 형태로 언어 지식과 관련되었다. 예를 들어 읽고 쓸 줄 아는 참가자는 무엇이 바이어에서 문법적 문장을 만드는지에 대한 좋은 설명을 더 제공하는 것 같았다. 그들은 또한 아동의 그림−글자 수수께끼 퍼즐을 본떠 만든 다른 문자를 '읽는' 법을 배우는 것이 더 쉬움을 발견했다(그림−글자 수수께끼 퍼즐의 예시를 보기 위해서는 그림 12.10 참조). Scribner와 Cole은 바이어 그림−글자 수수께끼를 고안하기 위해 이들 원칙을 사용했고, 이 퍼즐을 바이어를 읽고 쓸 줄 아는 (학교 교육을 받지 않은) 마을 사람과 문맹인 마을 사람 모두에게 가르쳤다. 읽고 쓸 줄 아는 마을 사람들은 과제를 훨씬 더 쉽게 배웠고, 문맹인 참가자를 유의하게 능가했다.

Scribner와 Cole(1981)의 발견으로 우리가 무엇을 만들어 낼 수 있는가? 어떤 관습적 지혜와 반대로, 그들의 연구는 문식성이나 학력이 인지과정이 작동하는 방식에 엄청난 효과를 나타낸다는 아이디어를 지지하지 않는다. 비록 일부 과제에서 학교 교육을 받고/거나 읽고 쓸 줄 아는 참가자가 학교 교육을 받지 않고 문맹인 참가자를 능가했을지라도, 후자의 집단은 자주 동일한 정도로 수행했거나 전자의 집단보다 단지 약간 더 나쁘게 수행했을 뿐이다. 그러나 문식성과 학력은 최소한 어떤 환경에서는 어떤 인지 과제가 수행되는 방식에 분명히 영향을 준다. 그래서 학력과 문식성 모두가 최소한 때때로는 인지에 차이를 만든다.

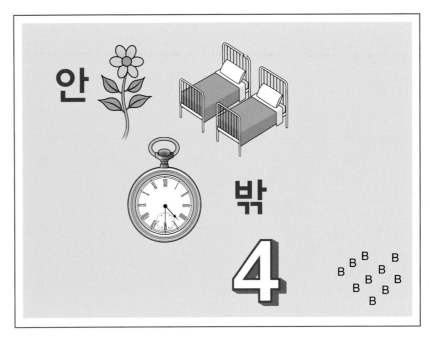

그림 12.10   그림-글자 수수께끼 퍼즐의 예. 번역 : 꽃 침대에서는 벌을 조심하라.

그들의 발견을 모두 검토하면서 Scribner와 Cole(1981)은 실험 결과를 이해하는 틀로서 '문식성의 연습 설명'을 발전시켰다. 연습에 의해 그들은 "특별한 기술과 특별한 지식 체계를 사용하여 반복적이고 목표 지향적인 활동의 연쇄"를 보여준다(p. 236). 이들 저자들은 문식성을 위해 요구되는 지식과 기술 그리고 문식성의 연습을 가능하게 하는 지식과 기술을 조사했다. 한 사람이 읽고 쓸 줄 알기 위해 하는 것과 한 사람이 문식성을 연습할 때 하는 것(즉, 글자 읽기나 쓰기)은 어떤 매우 특수한 기술을 강화시킨다. Scribner와 Cole은 문식성이 광범위하고 일반적인 인지적 변화를 촉진하지 않고 오히려 더 국지화되고 과제 특정적인 맥락화된 변화를 촉진한다고 주장했다.

동일한 종류의 주장이 학교 교육의 효과를 설명한다. 학교 교육을 받은 바이족이 언어적 설명을 요하는 과제에서만 학교 교육을 받지 않은 바이족을 능가했다는 것을 기억해 보라. Scribner와 Cole(1981)은 잠재적 원인으로 학교 교육, 특히 영어로 된 학교 교육의 '연습'을 지적했다. 학교는 응답에 대한 일련의 분명한 이유를 제공하는 능력과 실질적 경험으로부터 제거된 과제에 접근하고 통달하는 방식을 생각해 내는 능력에 부가가치가 부여되는 장소이다(Bruner, 1966). 그러면 이런 환경에서 대부분의 경험을 가진 사람들이, 다른 상황에 이 환경이 촉진시키는 특수한 기술을 적용하는 능력을 많이 보여준다는 것은 놀랄 일이 아니다.

요컨대 Scribner와 Cole(1981)은 인지 과제가 자주 맥락에 얽매인다고 주장했다. 그들의 조망을 따르면 하나의 또는 몇몇의 조작이 영향을 주거나 개선시킬 수 있는, '사고'나 '범주화' 같은 광범위한 인지 능력이나 기술이 많이 존재할 것 같지는 않다. 한 사람의 문화와 한 사람의 일상적인 주변환경과 과제는 연습되고 그리하여 강화되는 인지 과제에 대한 경계와 가능성 모두를 설명한다. 맥락과 문화는 인지에 영향을 주고받는다.

일상에서의 상황 인지

상황 인지(situated cognition)는 단지 외국의 먼 문화에서만 일어나는 현상이 아니다(B. G. Wilson & Myers, 2000). 일터에서 수행된 일부 연구에서 보았듯이 문화적 맥락은 가정에서 지금 당장 인지에 영향을 준다. Sylvia Scribner가 죽기 전에 수행한 연구는 근무 중의 인지 또는 그녀가 '작업 지능'이라 부른 것을 연구했던 유가공 공장('낙농장')에서 이뤄진 미국에서의 현장 연구를 포함한다(Scribner, 1984, p. 9). 특히 그녀는 실용적 사고와 이론적 사고 사이의 구분을 유도해 냈다(Scribner, 1986). 후자는 학교 활동에서 요구되는 일종의 사고, 즉 의미 있는 맥락으로부터 분리되고, 아마도 제한된 관심 과제상에서 수행되고, 과제를 위해 수행된 사고이다. 반면에 실용적 사고는 더 친숙하고, "활동 목적을 수행하도록 기능하는 일상생활의 더 큰 목적 지향적 활동에서 구현되는" 사고를 포함한다(p. 15). 사례들은 슈퍼마켓에서 물건을 살 때 '최적 구매'를 생각해 내는 것이나 기계 고장의 원인을 진단하는 것을 포함한다.

　Scribner(1984)의 현장 연구 장소는 사무직과 육체노동직 양쪽에서 300명의 사람을 고용했다. 어떤 육체노동 과제가 연구를 위해 선택되었다. 이 과제들은 제품 집하(창고 작업), 재고관리 및 가격표 부착을 포함했다. Scribner와 동료들은 정상적인 작업 조건하에서 이들 작업을 수행하는 사람들을 관찰하는 것부터 시작했고, 그런 다음에 이들 과제의 실험 조작을 하고 작업자들에게 제시하였다.

　그녀의 앞선 다문화 연구에서 Scribner(1984)는 인지적 기술이 '사회적으로 조직된 경험'에 의존한다고 믿었다(p. 10). 달리 말해 인지 과제에 접근하는 방식은 환경과 맥락에 따라 변한다. 그녀는 낙농장에서 일어나는 동일한 종류의 패턴을 발견했다. 심지어 심적 계산 같은 외견상으로 기본적인 과제가 다른 상황에서 동일한 사람들에 의해 다른 방식으로 수행되었다.

　제품 집하자들(때때로 사전적하자라 불린)은 구체적인 사례를 제공한다. 그들의 작업은 주로 다양한 제품의 특정량을 만들어 트럭으로 적재시킬 준비를 하는 것으로 구성된다. Scribner(1984)는 더 상세하게 작업 조건을 묘사했다.

> 제품 집하는 창고 작업이다. 이는 기술이 필요 없는 육체노동으로 분류되고, 낙농장에서 가장 낮은 임금 작업 중 하나이다. 낙농제품의 쉽게 상하는 성질 때문에 창고 온도는 화씨 38도로 유지되어야 한다. 따라서 창고는 아이스 박스나 냉장고라고 언급된다.
>
> 　낮 동안 수천 건의 유제품(예 : 탈지 우유, 초콜릿 우유)과 과일 음료가 기계로 채워진 공장에서 많은 다른 유제품(예 : 요구르트, 코티지치즈)과 함께 컨베이어 벨트로 이동되어 냉

장고의 지정된 구역에 쌓인다. 사전적하자들은 6시에 냉장고에 도착한다. 그들을 기다리는 것은 장착 주문 용지라 불리는 경로 전달 주문서 다발이다. 각 용지는 도매 운전자가 다음 날 전달하기 위해 주문받은 제품과 수량을 목록화한 것이다. 사전적하자의 과제는 각 제품을 쌓아두는 것이다. 그들은 긴 금속 '고리'를 사용하여, 요구되는 상자와 그 제품의 일부 상자 수를 빼내어, 그것들을 냉장고 주위를 도는 트랙 근처의 공동 집결 구역에 실어 나른다.

트럭별 모든 주문 물량이 모였을 때, 그것들은 트랙 위에 실려서 적재 플랫폼으로 가는 검문소를 지나 옮겨졌다.(pp. 18-19)

Scribner(1984)는 사전적하자가 작업에서 직면했던 흥미로운 문제에 주목했다. 트럭 운전사는 한 세트의 단위 측면에서 물품의 수량을 표현한 주문서를 썼지만(예 : 수 쿼트의 우유, 반 파인트의 초콜릿 우유), 창고에 있는 액상제품은 단위가 아니라 상자로 저장되었다. 제품에 따라 모든 제품의 상자는 동일한 크기였지만 다른 단위 수를 포함했다. 그래서 완전한 상자는 4갤런 단위, 9.5갤런 단위, 16쿼트 단위, 32파인트 단위, 또는 48.5파인트 단위를 포함할 수 있었다.

장착 주문 용지는 운전자의 주문을 상자로 전환하여 컴퓨터에 의해 생성되었다. 그래서 4갤런의 과일 주스에 대한 특별한 운전사의 요구는 한 상자로 전환될 것이다. 자주 운전사의 요구는 상자의 수로 균등하게 나눌 수 없었다. 예를 들어 만약 운전사가 5갤런의 우유를 요구했다면, 그것은 한 상자 더하기 한 단위로 전환될 것이다. 장착 주문 용지는 다음의 관례를 따랐다. 만약 '남는' 단위들의 수가 반 상자 이하와 동등하다면, 주문은 상자 수 더하기 단위 수로 표현되었다(5갤런 예에서처럼). 만약 '남는' 단위의 수가 반 상자보다 많다면, 수는 상자 수 빼기 단위 수로 표현되었다. 그래서 쿼트의 상자에서(16이 한 상자가 되는), 만약 운전사가 30쿼트의 초콜릿 우유를 주문했다면, 장착 용지는 2(상자=32쿼트)-2(쿼트), 즉 32-2=30을 읽을 것이다. (경고 : 이 체계는 직관적이지 않으므로 이 사례를 통해 조심스럽게 여러분 스스로 작업해 보라.)

Scribner(1984)의 질문은 어떻게 사전적하자가 집결 순서대로 3+1이나 7-5 같은 혼합된 수를 다루었는가 하는 점이다. 여러분은 이런 질문이 꽤 분명한 방식으로 답해졌을 것이라 생각할 것이다. 1-6에 대한 주문을 가지고 있는 사전적하자는 단순히 1 상자를 잡고 거기서 6단위를 제거할 것이다. 그러나 이것이 일어났던 것만은 아니다.

실제로 사전적하자는 몇 가지 다른 방식으로 매우 동일한 문제(1-6)를 다루었다. 때때로 그들은 방금 기술된 '분명한' 방식으로 주문을 채웠다. 다른 경우에 그들은 심적으로 주문을 '다시 썼고' 이동시켜야 하는 단위의 실제 수를 감소시키기 위해 인근에 있는 부분적으로 채워진 상자를 사용했다. 가령 인근에 있는 부분적으로 채워진 쿼트의 상자(16쿼트가 한 상자임을 기억하라!)가 14쿼트를 포함할 때, 사전적하자는 단순히 4쿼트를 제거했다(1 상자-6쿼트=10쿼트; 14쿼트-4쿼트=10쿼트). 또 다른 상황에서 부분적으로 채워진 상자는 8쿼트를 포함했고, 사전적하자는 단순히 2쿼트를 덧붙였다.

Scribner(1984, 1986)는 비록 동일한 문제가 다른 방식으로 해결되었을지라도 풀이는 항상 다음의 규칙을 지켰음을 발견했다. 최소의 움직임 수로 주문을 만족시켜라! 즉, 제품 단위의 최소 수만큼 이동시켜라. 심지어 노동의 '절감'이 작았을 때(예 : 합계 500단위가 되는 주문에서 하나의 이동 절약), 숙련된 사전적하자는 빠르게 그리고 거의 자동적으로 가장 효율적인 해법을 계산하고 따랐다. 요구되는 심적 계산은 속도와 정확성 때문에 인상적이다. 오류는 드물었다. 그리고 대부분의 시간 동안 노동자들은 동시에 일단의 주문을 모았고, 이렇게 하여 작업의 인지적 요구를 가장 확실하게 증가시켰다.

근무 중 훈련이 이런 인지적 유연성을 발달시키는 데 필요했음도 역시 판명되었다. '초보' 사전적하자, 즉 낙농장에 있는 다른 노동자와 9학년 비교 집단은 최적 해법을 찾는 데서 사전적하자와 비교하여 훨씬 덜 효율적이고 덜 기술적이었다. Scribner(1984)는 다양한 주문을 하는 모사 과제를 구성했고, 그것을 다른 낙농장 노동자들과 9학년 학생 집단에게 부여했다. 최적 해법이 주문의 어떤 심적 변환을 요구했을 때 사전적하자는 시간 중 약 72%에서 그것을 발견했다. 재고팀 사람들(그들 중 다수가 사전적하자로서 일한 경험이 있었던)은 65%, 낙농장에서 일하는 사무원(어떤 제품 집하 경험이 거의 없는)은 47%, 9학년생은 25%로 나타났다. 특히 학생들은, 심지어 훨씬 더 쉬운 전략(어떤 심적 변환이 요구되는)이 가용했을지라도 각 문제를 동일한 방식으로 그리고 장착 주문 용지에 명시된 방식으로 해결하면서 문제에 대한 접근에 있어 매우 '알고리즘적'이고 '문자 그대로인' 경향이 있었다.

Scribner(1986)는 다른 작업군에서 일하는 숙련 노동자에게서 인지적 유연성의 유사 사례를 발견했다. 그녀는 비록 형식적 문제해결—시험 중에 학교에서 그리고 많은 인지심리학 실험에서 요구되는 것 같은—은 세트 접근과 고정된 규칙을 요구하거나 독려할지라도 실용적 사고는 그렇지 않다고 결론지었다. 대신에 실용적 사고는 "자주 초기 문제의 적절한 공식화나 재정의에 전적으로 달려 있다."(p. 21) 실용적 문제해결은 유연하고, 즉각적인 맥락에 맞춰진 각각의 접근을 가지고, '동일한' 문제에 서로 다른 접근을 요구한다. 즉, 실용적 문제해결의 사고와 전형적으로 동일한 방식으로 해결되는 모든 문제 사례를 요하거나 최소한 독려하는 '학술적' 사고 간의 차이에 주목하라.

유사한 발견이 다른 작업 환경, 즉 식품점에서 보고되었다(Lave et al., 1984). 비록 일반적으로는 보수를 받는 작업의 일부는 아닐지라도, 장보기는 가족을 위해 자주 완수되어야만 하는 활동이다. Lave와 동료들은 일상생활에서의 인지처리 연구를 위한 환경으로 식품점을 이용했다. 이들 저자들은 25명의 쇼핑객을 연구했다. 참가자들은 다양한 사회경제적 지위를 대표했고, 다양한 교육 배경을 지녔다. 연구자들은 구매하는 동안 쇼핑객들과 동행했고 그들이 쇼핑객들과 나눴던 대화를 기록했다.

전형적인 슈퍼마켓은 대략 7,000개의 물품을 구비하고 전형적인 쇼핑객은 매주 약 50개를 구매한다(Lave et al., 1984). 그러면 분명히 잠재적인 결정의 수는 매우 크다. 전형적인 쇼핑객이 약 1시간 내로 어떻게 그럭저럭 장보기를 마치게 되는가? 다시, 답은 인지적 유연성 및 문제의 특수한 특징에 대한 적응 해법과 관련된다.

예를 들어 한 명의 쇼핑객이 놀랍도록 높다고 생각되는 가격이 표시된 치즈 패키지를 발견했다. 가격이 올바른지를 알아내기 위해, 그는 대략 동일한 양으로 평가되는 통에 든 또 다른 치즈 패키지를 찾아냈다. 그런 다음 그는 두 패키지상의 가격을 비교했고, 실제로 그것들이 불일치됨을 발견했다. 어느 쪽이 오류가 있는 것인가? 잘못을 적발하기 위해 그는 사실상 첫 번째 것이 정확한 값이 아님을 알아내면서 이 두 패키지를 깡통에 있는 다른 것들과 비교했다. 여기서 정신적 노력의 양에 있어서의 '절감'에 주목하라. 비록 그가 각 패키지의 온스당 가격을 계산할 수 있었을지라도, 이런 계산은 정신적으로 부담이 크고 오류에 빠질 수 있다. 실제로 그는 더 쉽게 달성되고 덜 부정확할 것 같은 문제해결의 대안적 방법을 발견했다.

Lave 등(1984)은 식품점에서 활용된 산술적인 사람들에 특별히 관심이 있었다. 연구자들은 사람들의 매장 내 산수가 실제로 나무랄 데 없음을 발견했다. 동일한 사람들이 학교 같은 산수 시험에서 평균 59%의 정확률을 보인 것과 비교하여 정확률은 98%였다. 이 차이는 왜 발생했을까? 부분적으로 방금 주어진 사례에서처럼 사람들은 자주 전통적인 계산을 피하는 방식을 고안해 냈다. 다시, 우리는 학교에서 학습했던 기술이 더 많은 창의적이고 유연하고 효과적인 방식들로 교실 밖에서 사용됨을 알게 된다.

Ceci와 Roazzi(1994)는 노점상으로 일했던 브라질 아동을 대상으로 한 Carraher와 동료들에 의해 보고된 유사한 발견을 언급했다. 주어진 문제가 실생활 상황에서 구현될 때[예 : "만약 커다란 코코넛은 76크루제이루(cruzeiro)이고, 작은 것은 50크루제이루이면, 두 값을

사진 12.5 Lave와 동료들(1984)은 일상생활에서 인지처리 연구를 위한 환경으로 식품점을 이용했다.

합쳐 얼마인가?"] 아동의 수행은 평균 98% 정확하다. 동일한 문제가 형식적인 검사 질문의 형태를 취하면("76＋50은 얼마인가?") 수행은 평균적으로 겨우 37% 정확하다.

다시, 이 장에서 묘사된 많은 연구의 관점은 인지가 작동하는 '그' 방식이라 간주한 많은 것이 실제로는 특별한 환경에서 인지가 작동하는 '한' 방식임을 보여주는 것이다. 인지과정이 항상 동일한 방식으로 작동하지는 않고, 우리가 기본적이라 간주하는 일부 인지과정(예：지각이나 기억이나 사고에 포함된 과정)은 심지어 성인에서도 급격하게 변한다. Nisbett과 Norenzayan(2002)은 "문화적 실습과 인지과정이 서로를 구성"함을 우리에게 상기시킨다. "문화적 실습은 어떤 종류의 인지과정을 독려하고 지속시켜서, 그것이 문화적 실습을 영구화시키게 된다."(p. 562)

제12장

요약 ···

1. 다문화 인지 연구는 인지 과제가 접근되고 실행되는 방식이 항상 모든 사람에게 정확히 똑같을 필요는 없음을 보여주었다. 어떤 과제는 최소한 주류 미국 문화 출신의 인지심리학자에 의해 기대되는 방식으로 더 친숙하기 때문에 더 쉽다. Wober(1969)가 지적했듯이 다른 문화권 출신 사람들의 인지를 연구하기 위해 한 문화에서 발달된 인지 과제를 사용하는 것은 단순히 "그들이 우리 속임수를 얼마나 잘 할 수 있지?"(p. 488)를 측정하게 한다. 두 번째 문화권 출신의 사람들은 검사를 빈약하게 수행하지만 여전히 검사가 측정하고자 설계되었던 그 인지적 역량을 가지고 있다.

2. 다른 문화권 출신의 사람들은 그들이 부딪히게 된 인지적(그리고 다른) 도전을 해결하는 방식을 발견한다. 문화적인 것을 포함하여 주어진 환경은 다른 것을 대가로 어떤 기술 전략 접근을 강화시킨다. 이것은 결과적으로 어떤 과제를 더 쉽고, 겉보기에 더 '자연스럽게' 만들고, 다른 것들은 더 어렵게 만든다.

3. 앞서 주목했듯이 인지는 꽤 유연하다. 어떤 과제를 가지고 한 연습은 전형적으로 실행을 가속화시키고 더 큰 정확성을 가능하게 한다. 그러나 이 점은 또 다른 것을 불러일으킨다. 연습은 종종 과제가 행해지는 방식에 영향을 준다. 이는 연구자들이 주어진 문화권 출신의 사람에 대해 과제의 친숙성뿐 아니라 그(또는 유사한) 과제를 가지고 수행한 그 사람의 특수한 연습 수준도 평가할 필요가 있음을 제안한다.

4. 형식적 학교 교육은 비록 확실히 전부는 아닐지라도 일부는 변화시킨다. 인지처리의 중요한 측면, 특히 학교 교육은 더 '추상적인' 재료를 다루는 능력, 주변 환경으로부터 맥락적이고 즉각적인 단서에 덜 의존하는 능력, 그리고 응답과 사고를 더 명료하게 설명하는 능력에 영향을 준다. 학교 교육은 또한 사람들이 어떻게 새로운 과제, 특히 계획하기와 구조화하기에 접근하는지를 이해하는 데에도 도움을 준다. 대체로 학교 교육은 분명하게 사람들이 매일의 일상으로부터 '한 걸음 물러나 생각하는' 데 도움을 주고, 다른 관점의 사고를 촉진시킨다. 그리고 비교 인간 인지 실험실(1983)이 지적했듯이, 학교는 사람들이 인지심리학 실험에 특별히 잘 참여하도록 준비시킨다.

5. 흥미롭게도 기본적인 학술적 기술은 매일의 인지적 도전을 만족시키는 데 전적으로 최적화되지는 않는 것으로 판명된다. 특수한 과제를 가지고 하는 연습은, 장보기이든 재고 정리든, 분명히 요구되는 노력(정신적이든 육체적이든)을 감소시키고 정확성을 증가시키는 지름길의 고안을 이끈다. 비록 학교가 학생들이 유사한 방식으로 모든 계산 문제에 접근한다고 주장할지라도 연구는 '실세계'에서 문제에 취해진 접근이 즉각적인 맥락과 더불어 달라진다고 제안한다.

6. 일반적이고 중요한 점은 인지과정의 모형이 논쟁 중인 과제가 보편적으로 중요하고 친숙하다고 자주 암묵적으로 추정한다는 것이다. 이는 연구자들이 최근에 의심을 품는 가정이다. 유사하게 비록 새로운 연구가 이 믿음에 도전할지라도 기존의 인지 모형은 자주 동일한 인지적 절차가 모든 버전의 문제에 대해 동일한 방식을 사용한다고 가정한다. 이 가정을 버리는 것은 의심할 여지 없이 인지 연구자들의 작업을 훨씬 더 어렵게 만들 것이다. 그러나 장기적으로는 새로운 모형들이 더 정확하고 더 완벽할 것이다.

복습 문제

1. 특별한 인지적 역량이나 기술이 문화적으로 상대적이거나 문화적으로 보편적이라는 주장이 무엇을 의미하는가? 주장들은 어떻게 다른가?

2. 그림 지각에 대한 Hudson의 연구를 기술하고 그것들의 시사점을 논의하라.

3. Kearins는 문화가 어떤 인지적 기술에 '환경적 압력'을 부과할 수 있다고 결론 내렸다. Kearins나 다른 사람들의 경험적 발견과 관련하여 이 결론을 논하라.

4. 학교 교육은 특히 형식적 추리 같은 과제에서 인지적 수행을 돕는 것으로 나타났다. 그 이유를 설명하라.

5. 학력과 문식성은 인지적 수행에 다르게 영향을 주는 것으로 나타나는 구분되는 요인들이다. 차이들 중 한두 가지를 기술하고, 차이에 대한 이유를 추측해 보라.

6. 낙농장 노동자들에 대한 Scribner의 연구가 다문화 인지 연구와 어떻게 일치하는가 그리고 어떻게 불일치하는가?

핵심 용어

문식성(literacy)
문화(culture)

문화적 보편성(cultural universality)
문화적 상대주의(cultural relativism)

상황 인지(situated cognition)
학력(schooling)

학습 사이트

부가적인 학습 도구와 관련해서는 www.sagepub.com/galotticp5e의 학습 사이트(Student Study Site)를 방문하라.

용어해설 (가나다순)

가설 검증(hypothesis testing) 문제에 대한 여러 가능한 해결책에 대한 검증과 피드백에 근거하여 이를 수정하는 과정을 포함하는 귀납 추리 책략

가소성(plasticity) 뇌 영역이 다른 손상된 영역의 기능을 수행하게 되는 능력

각본(script) 의례적인 사건에 관한 도식. 도식(schema)과 이야기 문법(story grammar) 참조

간섭(interference) 망각의 한 가설적 과정으로 기억 재료는 다른 정보에 의해 묻히거나 자리가 바뀌지만 기억 저장소 어딘가에는 존재한다고 본다.

감각 실어증(sensory aphasia) 베르니케 실어증(Wernicke's aphasia) 참조

감각기억(sensory memory) 아주 짧은 기간 입력 감각 정보를 지니고 있는 것으로 생각되는 기억 저장소. 각 감각 체계에 따른 서로 다른 감각기억 저장소가 있을 것으로 가정된다.

감각운동기(sensorimotor stage) 심적 표상의 능력이 없는 유아기를 일컫는 피아제의 단계

개념 유도 처리(conceptually driven process) 하향처리(top-down process) 참조

개념(concept) 범주의 심적 표상

개념의 가족 유사성 구조(family resemblance structure of concepts) 한 범주의 각 구성원이 서로 다른 구성원과 각기 다른 특징들을 공유하는 방식의 범주 구조. 그 범주의 모든 구성원 사이에 공유되는 특징은 거의 없고, 만일 있다고 하더라도 아주 소수일 뿐이다.

개념의 고전적 이론(classical view of concepts) 한 개념의 예나 사례들은 모두 기본적인 속성 또는 특징을 공유한다는 생각

개념의 도식/각본 이론(schemata/scripts view of con-cepts) 모든 개념은 도식 틀이라고 보는 생각

개념의 본보기 이론(exemplar view of con-cepts) 개념이 실제 사례 또는 본보기의 심적 표상으로 이루어진다는 생각

개념의 원형 이론(prototype view of con-cepts) 모든 개념이 사례의 이상화된 심적 표상을 둘러싸고 조직화되어 있다는 생각

개념의 지식기반 이론(knowledge-based view of con-cepts) 개념과 그 예들과의 관계가 과학 이론과 이를 지지하는 자료들과의 관계처럼 기능한다는 생각

개별적 앎(separate knowing) 무심함, 객관성, 합리성, 열정, 그리고 주장이나 지식에서 흠이나 함정을 발견해 내려는 시도를 강조하는 지식과 학습에 대한 접근법

개인차(individual differences) 개인 사이에 질적 그리고/또는 양적으로 서로 다른 고정된 수행 패턴

거짓기억(false memory) 사실상 절대 일어나지 않았던 '사건'에 대한 '회상'. 회복된 기억(recovered memory)과 억압된 기억(repressed memory) 참조

검사 효과(testing effect) 학습 재료에 대한 검사를 받으면 그 재료를 반복적으로 단순 학습하는 경우와 비교하여 학습이 증진된다는 실험적 발견

경두개자기자극법(transcranial magnetic stimu-lation, TMS) 두피 가까이 놓인 자석 코일을 사용하여 표적이 되는 뇌 회로에서의 전기 활동을 유도하거나 억제를 유도하는 뇌 활동을

연구하는 비침습적 기법

경험주의(empiricism) 지식 획득에서 경험의 역할을 강조하는 철학적 신조

계열위치 효과(serial position effect) 항목들의 목록에서 처음 부분이나 끝부분이 목록 가운데 부분의 항목에 비해 더 쉽게 회상된다는 현상

골상학(phrenology) 심리적 강점과 약점은 상이한 뇌 영역의 상대적 크기와 그대로 상관되어 있을 것이라는 (이제는 평가절하된) 생각

공간 인지(spatial cognition) 공간 안과 공간을 통과하여 항해하고 표상하는 데 사용되는 지식과 과정

공간 최신화(spatial updating) 개인이 자신의 현재 위치에 관련해서 환경에서의 물체들이 어디에 있는지에 대한 심적 표상을 계속해서 개정해 나가는 과정

과잉 확신(overconfidence) 자신의 의사결정 능력과 수행에 대해 지나치게 긍정적으로 판단하는 것

관계조직화 가설(relational–organizational hypothesis) 시각 심상이 더 많은 연상을 만들어 내어 기억을 돕는다는 생각

관자엽(temporal lobe) 머리의 양편에 위치하여 있는 대뇌 겉질의 한 부분으로 청각 정보의 처리와 기억의 일부 양상에 관여하는 구조

구조주의(structuralism) 인지심리학의 가장 초기 학파 중의 하나. 가장 단순한 심적 구성요소를 탐색하고 이들이 조합되는 방식을 지배하는 법칙을 찾아내는 데 초점을 기울였다.

구체적 조작기(concrete operations stage) 피아제의 발달 단계로 아동 중기에 해당되며 보존, 유목화, 계열화 등의 특정 심적 조작들을 획득하는 단계

귀납 강도(inductive strength) 전제가 참이지만 결론이 거짓이라는 그럴듯하지 않은(하지만 불가능하지는 않은) 주장 같은 논리적 주장의 한 속성

귀납 추리(inductive reasoning) 시사되기는 하지만 꼭 참이지는 않은 결론을 이끌어 내는 추론

근접자극(proximal stimulus) 정보의 수용과 감각 기관에 의한 등록. 예컨대 시각의 경우에는 망막상. 원격 자극(distal stimulus)과 대조되는 용어

기능의 국재화(localization of function) 서로 다른 인지적 또는 운동적 기능에 뇌 영역을 지도화하기. 인지적 · 운동적 활동이 일어날 때 어떤 신경 영역이 활성화되는지 확인하기

기능적 고착(functional fixedness) 사람들이 일상적인 대상의 대안적 용도를 보기 힘들어하는 현상으로 문제해결에서 보이는 현상

기능적 자기공명영상법(functional magnetic resonance imaging, fMRI) MRI 장치를 사용하여 비침습적으로 방사선을 쬐지 않고 뇌의 혈류를 검토하는 영상 기법

기능주의(functionalism) 마음 또는 특정 인지과정이 작동하는 방식의 원인 같은 문제를 강조하는 심리학의 한 학파

기대 효과(expectation effect) 맥락 효과(context effect) 참조

기대효용 이론(expected utility theory) 의사결정자는 개인적 중요성과 여러 대안 사이의 서로 다른 결과에 대한 확률에 대한 가중치를 주어 개인적 목표의 전반적인 만족도를 최대화시키려 한다는 표준 모형

기억(memory) 정보의 저장, 보유와 인출에 내재된 인지 과정

기억 공고화(memory consolidation) 신경 시냅스 연결이 강화 또는 약화되는 생화학적 과정

기억상실증(amnesia) 순행성 기억상실증(anterograde amnesia)과 역행성 기억상실증(retrograde amnesia) 참조

기억술(mnemonics) 정보를 잘 보유하여 나중에 인출할 수 있도록 하는 책략

기억에 관한 사고의 적응통제 모형(adaptive control of thought (ACT) model of memory) John Anderson이 발전시킨 기억의 한 이론으로 작업기억, 서술기억, 절차기억으로 이루어진 그물망 기억으로 명세화한다.

기억의 기분의존 효과(mood-dependent memory effect) 사람들이 정보를 회상해 내는 능력은 회상할 때의 기분이 학습할 때의 기분과 일치할 때 가장 좋다는 경험적인 연구결과

기억의 양상 모형(modal model of memory) 서로 다른 기억 저장소(예 : 감각기억, 단기기억, 장기기억)의 존재를 강조하는 기억 연구의 한 이론적 접근법

기억의 처리수준 모형(levels-of-processing theory of memory) Craik와 Lockhart가 제안한 기억에 관한 대안적 모형으로 기억이 특정 기억 저장소에 의해 저장되는 것이 아니라 정보를 획득할 때에 처음 처리한 방식에 의거한

다고 제안한다. '얕은' 또는 피상적인 수준의 처리(예 : 시각적 모양이나 청각적 소리로 처리)는 좀 더 '깊은' 수준의 저리(예 : 정보의 의미에 대해 행해진 저리)에 비해 기억 유지가 덜 이루어진다.

기억 체계(memory system) 별도의 원리가 작동하고 서로 다른 종류의 정보가 저장되는 기억(예 : 일화기억, 의미기억)

기억 흔적(memory trace) 저장된 정보의 심적 표상

내성(introspection) 훈련된 관찰자가 인지 과제를 수행하는 동안 그들의 의식적 경험을 되돌아보고, 그에 대해 보고하도록 요구하는 방법론적 기법

내용 효과(content effect) 형식적 추리에서는 동일한 종류일 것이 요구되지만 표면적 내용에서는 서로 다른 추리 과제의 수행 다양성을 요구함

논리적 연결자(logical connectives) 복합적 명제를 형성하는 논리적 논항에서 사용되는 상징(예 : &, V)

뇌들보(corpus callosum) 우반구와 좌반구를 연결하는 신경 섬유가 들어 있는 커다란 신경 구조

뇌 영상(brain imaging) 컴퓨터단층촬영법(computerized axial tomography, CAT 또는 CT), 양전자방출단층촬영법(positron emission tomography, PET), 자기공명영상법(magnetic resonance imaging, MRI), 또는 기능적 자기공명영상법(functional magnetic resonance imaging, fMRI)과 같은 기법으로 정상적인 뇌의 해부학적 구조와 기능에 대한 영상을 구성하는 방법

뇌자도(magnetoencephalography, MEG) 뉴런의 전기적 활동에 의해 생성된 자기장에서의 변화를 측정하는 뇌 활동의 지도화 기법

뇌전도(electroencephalography, EEG) 뇌의 활동을 측정하는 기법의 하나로 의식의 여러 상태를 탐지해 낸다. 금속 전기침을 두피 전체에 위치시킨다. 기록된 파장은 깨어 있거나 긴장 상태, 졸린 상태, 수면 상태와 혼수 상태에 따라서 예측 가능한 방식으로 변한다.

능력심리학(faculty psychology) 읽기나 계산하기 같은 여러 심적 능력은 독립적이고 자율적이며, 뇌의 서로 다른 부위에서 수행되는 것이라는 이론

다리뇌(pons) 마름뇌의 한 구조로 신경 전달 센터로 작용하며, 신체의 왼편과 오른편 사이의 정보 교차를 촉진한다. 또한 균형과 시각, 청각 정보의 처리에도 관여한다.

다속성 효용 이론(multiattribute utility theory, MAUT) 복잡한 결성에서 서로 다른 자원과 복표를 통합하는 방식을 제공하는 의사결정의 한 표준적 모형. 여기에는 (1) 하나의 결정을 독립적인 몇 가지 차원으로 쪼개기, (2) 이들 각 차원의 상대적 가중치 결정하기, (3) 모든 대안을 목록으로 만들기, (4) 차원에 따라 모든 대안의 순위 매기기, (5) 순위를 가중치와 곱하여 각 대안의 최종치 결정하기, (6) 가장 높은 값의 대안 선택하기의 여섯 가지 단계가 있다.

다중 지능 이론(multiple intelligence theory) Gardner의 이론으로 지능은 몇 가지 구분되는 유형으로 나누어질 수 있다고 하는데, 여기에는 음악, 신체-운동, 논리-수학, 언어, 대인, 개인내적 지능이 포함된다.

단기기억(short-term memory, STM) 입력 정보를 20~30초 동안 지니고 있는 것으로 보이는 기억 저장소. 일차기억(primary memory)이라 부르기도 한다. 이는 아주 적은 (7 더하기 또는 빼기 2개의 슬롯) 용량을 가지고 있는 것으로 보인다.

단서 과부하(cue overload) 인출 단서가 매우 뚜렷하고 다른 표적 기억과 관련이 없을 때 가장 효율적이라는 기억의 원리

단어 우월효과(word superiority effect) 단일 철자가 철자만 따로 제시되거나 무선적인 문자들 속에서 제시되는 경우보다 단어 맥락 속에서 더 빨리 확인되는 현상

단원성 가설(modularity hypothesis) Fodor의 제안으로 특히 언어와 지각 같은 어떤 인지과정은 단지 어떤 특정 종류의 입력에만 작동하며, 인지처리자에게 가용한 다른 정보나 다른 인지과정과는 독립적으로 작동한다고 본다.

닻 내리기(anchoring) 마지막 추정치가 처음의 가치 추정치에 의해 상당히 영향을 많이 받는 방식의 판단하기 발견법

대뇌겉질(cerebral cortex) 대뇌의 표면으로 뇌의 가장 큰 구조이며, 감각과 운동신경 세포체를 포함하고 있는 구조

대표성 발견법(representativeness heuristic) 결과 산출물은 항상 이를 생성해 낸 과정의 특성을 반영할 것이라는 믿음(예 : 일련의 동전 던지기에서 나온 결과를 예측하고 있으면 이는 항상 무선적인 것으로 보임)

도박사의 오류(gambler's fallacy) 무선 과정(예 : 동전 던지기 또는 룰렛 바퀴 돌리기)이 그 결과를 자동적으로 추적

하고 있어 단기간 결과의 전체 비율이 장기간 결과의 전체 비율과 같다고 보는 잘못된 신념

도식(schema) 지식을 표상하는 조직화된 틀로 주인공, 구성과 배경을 포함하며, 일반적인 세상사 지식과 특정 사건에 관한 정보를 통합한다.

도식 이론(schema theory) 주의를 기울이지 않은 정보는 지각할 수 없다는 주의에 관한 이론

도식 틀(schemata) 역할, 변인, 고정 부분을 포함하는 지식을 조직화하고 표상하는 틀

되뇌기(rehearsal) 파지와 이후의 인출을 촉진하기 위해서 정보를 반복하는(소리를 내거나 내지 않으며) 기억 책략

뒤통수엽(occipital lobe) 머리의 뒤쪽 부분에 자리하고 있는 대뇌겉질로 시각 정보의 처리에 관여한다.

마루엽(parietal lobe) 머리의 꼭대기 뒤쪽에 자리 잡고 있는 대뇌겉질의 한 부분으로 일차적인 몸감각겉질이 포함되어 있다.

마름뇌(hindbrain) 뇌의 일부분으로 진화적으로 가장 원시적인 구조이며, 척수에서 뇌로 정보를 전달하는 일을 맡아 하며, 생명 유지 기능을 통제하며, 균형을 유지하는 일을 돕는다.

마음 갖춤새(mental set) 특정한 틀, 책략 또는 즉각적 경험이나 맥락에 근거한 절차를 채택하려는 경향성

망각(forgetting) 기억 저장소에서의 정보 인출을 막는 과정

망막(retina) 안구 뒤쪽의 시각 수용체 세포의 층

망막 상(retinal image) 자극에서 반사된 광파장의 투사와 눈의 뒤 표면 투사로 이루어진 시각의 근접자극

맥락 효과(context effect) 표적 대상 또는 사건을 둘러싸고 있는 정보가 인지과정(예 : 지각)에 미치는 효과. 때로 기대 효과(expectation effect)로 부르기도 하는데, 이는 맥락이 인지처리자의 마음에 어떤 기대를 만들어 놓는다고 생각되기 때문이다.

메타 분석(meta-analysis) 특수한 통계 방법을 사용하여 서로 다른 경험 연구들에서 나온 결과들을 통합하는 방식으로 문헌 결과들을 개관하는 기법

명목류 개념(nominal-kind concept) 한계가 잘 지어진 정의를 가지고 있는 생각이나 대상에 관련된 개념

명제적 복잡성(propositional complexity) 한 문장에서 내재된 구별되는 생각들의 수

명제적 추리(propositional reasoning) 참 또는 거짓 주장의 형식으로 된 전제에서 결론을 이끌어 내기

모순(contradiction) 그 형식의 정의로 보면 거짓인 진술 (예 : "A와 not-A가 모두 참이다.")

목격자 기억(eyewitness memory) 개인적으로 증인이 된 사건에 대한 설화적 기억

무기력 정향(helpless orientation) 도전에 대한 한 가지 접근법으로 한 개인이 자신은 지금 하고 있는 과제에서 성공하지 못할 것이라고 믿고 쉽게 포기한다.

무의식적 처리(unconscious processing) 부화(incubation) 참조

묶어내기(chunking) 정보의 각 단위를 좀 더 큰 단위로 형성하기. 단기기억의 한계를 극복하는 수단으로 사용되는 경우가 많다.

문법(grammar) 잘 정의되거나 '합법적인' 실체를 산출하는 규칙 체계로 언어의 문장 같은 예가 있다.

문식성(literacy) 읽고 쓸 수 있는 능력

문제 공간 가설(problem space hypothesis) 문제해결은 심적 이름표를 통해 탐색하는 것과 동일하여, 마디는 문제의 모든 가능한 상태에 해당되고 연결은 합법적인 이동에 해당된다고 보는 문제해결의 한 가설

문제해결(problem solving) 해결의 전문화된 방식을 사용하여 초기 정보를 목표 상태로 변환시키는 데 사용되는 인지과정

문화(culture) 한 집단의 사람들을 특성 짓는 태도, 전통, 인공물과 행동들

문화 보편성(cultural universality) 인지적 수행, 신념, 능력, 그리고 용량이 문화에 따라 서로 다르지 않으며, 인간에게 공통적이라는 하나의 신념

문화 상대주의(cultural relativism) 인지적 수행, 신념, 능력, 그리고 용량이 문화에 따라 서로 다르며, 이는 그 문화에 특수한 과제와 맥락에 따른다는 하나의 신념

반복 점화(repetition priming) 같은 정보가 최근에 노출된 이후에는 그 정보에 대한 인지적 처리가 촉진된다는 점화 현상

반성성/충동성(reflectivity/impulsivity) 개인이 반응에서 속도와 정확도를 거래하는 방식을 가리키는 인지 유형의 차원

반향기억(echo) 청각 자극에 대한 감각적 기억

발견법(heuristic) 어림법(rule of thumb) 또는 간편법(shortcut method)으로 사고, 추리, 그리고/또는 의사설정에서 사용된다.

범주(category) 하나 또는 그 이상의 유사성을 갖는 항목들의 한 집단

범주의 기본수준(basic level of categorization) 심리적으로 가장 기초적인 추상화 수준으로 보이는 개념의 가설적인 유형

범주의 상위수준(superordinate level of categories) 기본수준보다 더 넓은 범주화의 수준으로 범주 내의 사례들은 서로 상당히 다를 수가 있다.

범주의 하위수준(subordinate level of categories) 기본수준보다 더 좁은 범주화의 수준

범주적 삼단논법(categorical syllogism) 삼단논법 추리(syllogistic reasoning) 참조

범주적 지각(categorical perception) 음향 차원에서 연속적으로 변하는 소리를 분리된 범주로 유목화하는 것

범주화(categorization) 정보를 일관성과 의미가 있는 집단으로 조직화하는 것

베르니케 실어증(Wernicke's aphasia) 수용성(receptive) 또는 감각적 실어증(sensory aphasia)이라고도 한다. 이 장애는 말소리를 알아듣기 힘들고 알아들을 수 없는 말을 산출하지만 말소리는 유창하고 잘 발음한다.

변화 맹(change blindness) 어떤 대상이나 장면에서의 변화를 탐지하지 못하는 것으로, 특히 그 대상이나 장면의 관점이 달라졌을 때 잘 일어난다.

병렬적 탐색(parallel search) 몇 개의 저장소 또는 슬롯의 정보가 표적에 일치하는지 동시적으로 검토되는 방식의 정보 탐색

보유 기간(retention duration) 기억 흔적이 인출될 수 있도록 남아 있는 기억의 시간

보정 곡선(calibration curve) 신뢰 판단에 반하는 정확도의 구성. 곡선이 45도 선에 근접할수록 두 변인 사이의 '보정' 또는 '적합성'이 더 좋은 것이다.

부주의 맹(inattentional blindness) 주의를 기울이지 않으면 바로 자신의 앞에 놓인 자극을 지각할 수 없다는 현상

부채 효과(fan effect) 어떤 개념에 관한 특정 사실을 인출해내는 인출 시간이 그 개념에 관한 사실이 많을수록 증가한다는 현상

부호화(coding) 성보가 심석으로 또는 내석으로 표상된 형식

부호화(encoding) 정보가 심적 또는 내적 표상으로 변화되고 저장되는 인지적 과정

부호화 다양성(encoding variability) 정보의 부호화가 맥락에 따라 달라지는 방식

부호화 특수성(encoding specificity) Tulving이 주장한 인출의 원리. 기억되는 재료가 처음에 장기기억에 들어갈 때, 이는 특수한 방식으로 부호화되며, 그 당시에 존재하는 맥락에 따른다. 회상할 때 부호화 때와 똑같은 맥락의 정보가 제공되어 이를 다시 사용할 수 있다면 상당한 이점을 취할 수 있다.

부화(incubation) 마음이 다른 쪽에 가 있는 동안 특정 문제에 작용하는 무의식적 처리

분리 주의(divided attention) 인지처리자가 동시에 수행되는 두 가지 또는 그 이상의 과제에 인지 자원을 할당하는 방식

분리 뇌 환자(split-brained patient) 뇌의 뇌들보 부분을 절단하는 수술을 받은 환자로 대개는 발작이 확산되는 것을 막기 위해 시술한다.

분산 효과(spacing effect) 반복적으로 제시된 재료에 대한 회상이 시간상에서 서로 떨어져 반복되는 경우에 한꺼번에 모아서 제시되는 경우보다 낫다는 현상

분석처리(analytic processing) 자극의 전반적 또는 전체적 면보다는 특정 차원, 특질, 부분에 주의를 기울여 처리하는 정보처리의 한 양상

브로카 실어증(Broca's aphasia) 표현적 또는 운동 실어증이라고도 한다. 뇌의 조직적 장애로 말하기, 문법 사용, 적절한 단어 찾기에서의 어려움을 나타낸다.

비분석적 개념형성(nonanalytic concept formation) 예들을 기억하는 동안 복잡한 구조의 지식이 암묵적으로 획득되는 과정

비판적 사고(critical thinking) 가정과 증거에 대한 주의 깊은 검토로 이루어지는 사고의 한 양식으로 목적의식을 가지고 의도적으로 행해진다.

사건관련전위(event-related potential, ERP) 뇌가 여러 자극

사건에 대해 하는 반응을 전기적으로 기록하는 기법

사고(thinking) 초점이 맞추어진(명확한 목표가 있는 문제의 해결) 또는 맞추어지지 않은(명확한 목표 없이 관련 생각들을 느슨하게 이끌어 냄) 정보들을 변형하거나 조작하는 데 사용되는 인지과정

사고의 서술 모형(descriptive models of thinking) 의사결정이나 문제해결에 실제로 사용하는 과정을 묘사하는 모형

산출 규칙(production rules) 절차기억의 가설적인 심적 표상으로 성취할 목표, 규칙이 적용되기 위해 충족되어야 하는 하나 이상의 조건들, 그리고 그 규칙을 적용한 결과로 하나 이상의 행위를 명세화한다.

삼단논법 추리(syllogistic reasoning) 범주들 사이의 관련성에 관한 문제의 추리(예 : "모든 A는 B다. 어떤 B는 C다. 따라서 어떤 A는 C다.")

상위인지(metacognition) 자기 자신의 인지과정과 체계에 대한 의식 또는 지식

상태의존 기억(state-dependent memory) 학습자가 부호화 당시에 경험한 것과 똑같은 상태나 맥락(예 : 물리적 위치, 생리적 상태)에서 학습했던 재료가 더 잘 인출된다는 현상

상태의존 학습(state-dependent learning) 회상할 때 그 사람의 신체적 상태가 그가 부호화할 때의 상태와 일치하는 경우 회상이 더 쉽다는 현상

상향처리(bottom-up process) 환경적 입력에 의해 유도되는 인지적(대개는 지각적) 처리 과정. 자료 주도적 처리(data-driven process)라고도 한다.

상황 인지(situated cognition) 한 사람의 문화와 일상적인 환경이 과제가 수행되는 인지 과제에 한계와 가능성을 설정하며, 이는 정상적인 일상생활에서 강화된다는 믿음

생득주의(nativism) 지식의 획들에서 선천적인 요인이 하는 역할을 강조하는 철학적 입장

생성 검증 기법(generate-and-test technique) 문제해결자가 가능한 해결법을 생성해 내고 각 방법이 문제를 해결하는 것인지를 검증한다는 문제해결 책략

생태적 접근(ecological approach) 인지 연구의 한 접근법으로 인지활동이 일어나는 자연적인 맥락과 환경을 강조하며, 이러한 환경이 인지활동이 획득, 연습, 집행되는 방식에 영향을 미친다고 본다.

생태적 타당성(ecological validity) 실험실 외부에서 자연적으로 일어나는 것에 연구의 초점을 맞추는 것이어야 한다는 연구의 한 속성

서술기억(declarative memory) 지식, 사실, 정보, 관념 또는 단어, 그림, 상징으로 회상되고 묘사될 수 있는 어떤 것을 포함하는 것으로 알려진 기억 체계

선택 주의(selective attention) 다른 과제를 배제하고 한 가지 또는 적은 수의 과제에 인지 자원을 집중함

설화 개관(narrative review) 작가가 자신이 찾을 수 있는 한 모든 연구를 질적 요약을 하면서 적절한 곳에 정리해 주는 방식의 문헌 개관 기법

섬광기억(flashbulb memory) 사람들이 예상치 못했지만 아주 중요한 사건을 듣거나 목격했을 당시에 그들의 개인적인 환경(예 : 그들이 어디에 있었으며, 누구랑 같이 있었으며, 무엇을 하고 있었는지)을 회상해 내는 현상

세부특징 통합 이론(feature integration theory) 친숙한 자극의 지각이 두 단계로 이루어진다는 제안. 첫 번째, 자동적 단계는 대상의 세부특징에 대한 지각이 포함된다. 두 번째, 주의 단계에서는 이들 세부특징들의 통합과 통일이 포함된다.

소뇌(cerebellum) 신체 균형과 근육 협응을 통제하는 뇌의 한 부분

소진적 탐색(exhaustive search) 한 집합의 각 항목을 표적을 찾아낸 이후에도 모두 검토하는 탐색 방식

쇠잔(decay) 기억 재료가 침식되고, 부서지고 또는 해체되거나 약화되어서 일어난다는 망각의 한 가설적 과정

수단-목적 분석(means-ends analysis) 문제해결자가 목표를 현재 상태와 비교하여 둘 사이의 차이를 최대한 감소시키려는 단계를 선택해 가는 문제해결 책략

수용성 실어증(receptive aphasia) 베르니케 실어증(Wernicke's aphasia) 참조

숙달 정향(mastery orientation) 한 개인이 능력, 이해 또는 새로운 것에 대한 숙달력을 증진시키기 위해 도전적인 목표를 설정하는 도전에 대한 한 접근법

순차적 탐색(serial search) 몇 가지 저장소나 슬롯에서 정보의 표적에 대한 일치성을 검토할 때 연속적으로 한다는 방식의 탐색

순행 간섭(proactive interference) 먼저 학습한 재료가 이후

의 재료를 학습하는 데 방해가 되는 현상

순행성 기억상실증(anterograde amnesia) 뇌손상 이후 사선에 대한 기억의 결핍. 억행성 기억상실증(retrograde amnesia)에 대비되는 용어

숨뇌(medulla) 척수에서 뇌로 가는 정보를 전달하는 마름뇌의 한 구조로 호흡, 혈압, 기침, 재치기, 구토, 심장박동과 같은 생명 기능들을 통제한다.

숨뇌(medulla oblongata) 숨뇌(medulla) 참조

스트룹 과제(Stroop task) 스트룹이 고안한 과제로 참가자가 본래 색깔과 다른 색깔로 인쇄된 단어 목록. 이를테면 '녹색'이라는 글자를 파란색 잉크로 인쇄한 후 참가자에게 잉크색을 말하도록 하면, '파란색'이라고 말하는 경우보다 '녹색'이라고 말하는 경우가 더 쉽다는 것을 보여주는 과제

시각 실인증(visual agnosia) 시각 정보를 해석하는(보는 것이 아니라) 능력의 손상

시각적 심상(visual image) 그 자극의 회화적인 또는 공간적인 묘사에서 적어도 일부 속성은 공유하고 있다고 생각되는 자극의 심적 표상

시각 탐색 과제(visual search task) 참가자들에게 특정 표적을 비슷한 자극 배열 중에서 찾아내게 하는 과제

시공간 메모장(visuospatial sketch pad) 시각적 또는 공간적 정보를 유지하는 작업기억의 구성요소로 제안되는 것

시상(thalamus) 정보를 중계하는 데 관여하는 뇌의 앞부분 구조로, 특히 대뇌겉질로 중계한다.

시상하부(hypothalamus) 앞뇌의 한 구조로 뇌하수체와 소위 항상성 행동인 먹기, 마시기, 체온 조절, 수면, 성행위, 정서적 반응 등을 통제한다.

신경과학(neuroscience) 신경계에 대한 과학적 연구

신경망(neural network) 연결주의(connectionism) 참조

신뢰가능성 효과(believability effect) 논리적 필요성과는 상관없이 결론의 내용이 직관적 의미를 가질 때 전제에서 결론을 이끌어 내거나 수용하려는 경향성

신체 공간(space of the body) 주어진 어떤 순간에라도 자신의 신체에서 각 부분이 어디에 놓여 있는지에 대한 자각. 신체와 상호작용하고 있는 신체 아닌 다른 대상이 무엇인지에 대한 자각. 내적 감각과 함께 신체 다른 부분들을 공간적으로 방향 짓는 데 사용된다.

신체 주변 공간(space around the body) 한 사람의 신체를 바로 둘러싸고 있는 영역으로 그 사람이 대상을 쉽게 지각하고 그에 맞춰 행동을 취할 수 있는 영역

실어증(aphasia) 신경적 원인에 의한 언어, 사고의 장애로, 언어 산출 또는 언어 수용이 안 되거나 때로는 두 가지 모두 문제가 있음

실험(experiment) 연구자가 독립변인을 조작하여 보는 과학 이론의 검증

실험자 기대 효과(experimenter expectancy effect) 실험자의 신념이나 가설이 실험 참가자들의 수행에 미치는 영향으로, 이는 어쨌든 참가자들에게 미묘하게 전달이 된다.

실험 통제(experimental control) 여러 행동이나 다른 현상들의 원인을 따로 떼어 내어 검증하는 연구의 한 속성. 대개 여기에는 독립변인들의 조작과 관심 있는 한 가지 변인을 제외한 나머지 요인들은 모두 일정하게 유지하는 방식이 포함된다.

심리적 본질주의(psychological essentialism) 사람들이 개념의 모든 예가 지니고 있거나 드러내는 기본적인 속성에 대해 암묵적인 이론을 가지고 있다는 생각

심상 이론(image theory) 의사결정에 관한 서술적 이론으로 의사결정 과정은 두 단계로 이루어진다고 본다. (1) 의사결정자의 가치와 미래에 대한 심상에 어긋나는 선택지들을 비보상적으로 걸러내어, 여기서 선택지가 아주 적은 수의 집합으로 축소된다. (2) 만일 필요하다면 보상적인 선택 과정을 거친다.

심상 훑기(imaginal scanning) 참가자가 심상을 형성하고 난 다음, 이 심상에서 한 지점에서 다른 지점으로 훑어보도록 하는 과제

심적 표상(mental representation) 정보의 내적 묘사

심적 회전(mental rotation) 자극의 심상을 형성하여 그 심상이 수평 또는 수직축에 따라 회전할 때 어떻게 보이는지를 상상하도록 하는 시각적 심상 과제의 한 유형

쌍대 연합 학습(paired-associates learning) 실험 참가자들에게 단어의 쌍(예 : 깃발-숟가락)으로 이루어진 목록을 보여주고 나서, 나중에 첫 번째 단어(예 : 깃발)가 제시되면 두 번째 단어(예 : 숟가락)를 회상하도록 요구하는 기억 과제

암묵기억(implicit memory) 의도적이거나 의식적이지 않지

만 이전 경험의 증거를 보여주는 기억

암묵적 부호화(implicit encoding) 명시적으로는 부호화되지 않았던 대상의 물리적 속성 또는 대상들 사이의 물리적 관련성에 관한 정보를 인출해 내는 데 심상이 사용된다는 심상론의 한 원리

암묵 지식(tacit knowledge) 어떤 과제 또는 사건에 대한 사람들의 내적이고 암묵적인 믿음

암묵 학습(implicit learning) 무엇을 배운다는 명시적인 자각 없이 일어나는 학습

앞뇌(forebrain) 시상(thalamus), 시상하부(hypothalamus), 해마(hippocampus), 편도체(amygdala), 대뇌겉질(cerebral cortex)을 포함하는 뇌의 한 부분

약화 이론(attenuation theory) 주의에 대한 한 모형으로 주의받지 않은 지각적 사건은 약화된 형태로 전달이 되며 의미처리 이전에 완전히 차단되는 것은 아니라는 주장

양분 청취 과제(dichotic listening task) 미리 특별히 녹음된 2개 이상의 서로 다른 메시지를 이어폰을 통해 한 사람이 듣게 하고 그중에 한 가지에만 주의를 기울이도록 하는 과제

양상에 따른 제거 책략(elimination-by-aspects strategy) 의사결정에서 하나 또는 그 이상의 차원에서 역치 값을 넘는 대안을 제거해 가는 방법

양전자방출단층촬영법(positron emission tomography, PET) 주어진 시점에서 뇌의 어떤 영역이 가장 활성화되어 있는지를 보여주는 뇌 영상 기법

어휘 모호성(lexical ambiguity) 서로 다른 두 가지 이상의 의미를 지닌 단어들이 있다는 생각. 가령 'bank'는 강가를 가리킬 수도 있고, 재정적인 금융기관을 지칭할 수도 있다.

어휘집(lexicon) 인지처리자의 단어에 대한 지식. 곧 단어 철자, 발음, 정의, 문법 성분 등을 보유하는 것으로 생각되는 심적 저장소

어휘판단 과제(lexical decision task) 실험 참가자가 제시된 철자 배열을 보고 가능한 한 빨리 그 배열이 단어를 이루는지 아닌지를 판단하게 하는 과제

억압된 기억(repressed memory) 외상적 사건에 대한 기억상실을 설명하는 논쟁거리가 되는 설명. 거짓기억(false memory)과 회복된 기억(recovered memory) 참조

언어(language) 규칙의 체계(문법)에 의해 지배되고 무한한 수의 명제들을 표현할 수 있는 의사소통 체계

언어 능력(linguistic competence) 인지처리자가 언어를 포함하는 특정 인지활동에 개입시키도록 한 내재적 지식으로 그 지식을 표현하는 행동과는 독립적이다. 언어 수행(linguistic performance)과 대비되는 개념

언어 수행(linguistic performance) 인지처리자가 개입시킨 언어를 포함하는 특정 인지활동에 의해 만들어진 실제 행동이나 반응. 언어 능력(linguistic competence)과 대비되는 개념

언어 습득(language acquisition) 인지처리자가 언어 능력과 언어 수행에 도달하게 되는 과정

언어학(linguistics) 언어의 구조, 사용, 습득에 초점을 맞춘 연구 분야

얼굴 실인증(prosopagnosia) 다른 사물은 잘 알아보면서 얼굴을, 아주 친숙한 얼굴이라도 알아보지 못하는 특수한 장애

여과기 이론(filter theory) 처리자가 주어진 시간에 처리할 수 있는 용량을 초과하는 정보는 더 이상 처리되지 않는다고 제안하는 주의에 관한 이론

역추적(backtracking) 해결 과정의 가정이 어디서 만들어졌는지 추적하여 나중에 변경할 수 있도록 하는 문제해결 기법

역행 간섭(retroactive interference) 이후에 학습된 재료가 이전에 학습된 재료에 대한 회상 확률을 낮춘다는 현상

역행 작업(working backward) 마지막 목표와 목표에 도달하기 위해 필요한 단계를 순서를 거꾸로 확인하는 문제해결 기법

역행성 기억상실증(retroactive amnesia) 오래된 사건에 대한 기억상실. 순행성 기억상실(antrograde amnesia)과 대비됨

연결주의(connectionism) 인지에 대한 접근법의 하나로 상호 연결된 엄청난 수의 그물망을 통해 정보가 병렬적으로 처리된다는 점을 강조한다. 연결주의 전통에서 개발된 모형들은 때로 뇌에서 뉴런들이 집합적으로 연결 작동되는 방식과 유사하다. 따라서 일부 연결주의자들은 이를 신경망(neural networks)이라 한다.

연결 지식(connected knowing) 맥락과 개인적 경험과의 관련성을 강조하는 지식과 학습에 관한 접근 방법

연상(association) 두 개의 단위 또는 요소들 사이의 연결 또는 링크

연역 추리(deductive reasoning) 주어진 전제에서만 결론을 이끌어 내는 추론

연역 타당성(deductive validity) 전제가 참이고 결론이 거짓일 수는 없다는 논리적 주장에 포함된 속성

영상(icon) 시각적 자극에 대한 감각기억

오류(fallacy) 잘못된 주장

외현기억(explicit memory) 의식적으로 회상되거나 수집된 기억

요구 특성(demand characteristic) 과제 자체가 실험 참가자의 행동이나 반응에 '단서'가 되는 경우 그 특정 과제의 속성을 가리키는 말

용량(capacity) 어떤 주어진 시간에 쓸 수 있는 인지적 자원의 총합

우연 학습(incidental learning) 정보 유지가 요구되지도 않고, 처리자가 의도하지 않아도 정보가 유지되는 학습

운동겉질(motor cortex) 신체의 미세한 운동을 통제하는 이마엽의 한 구조

운동 실어증(motor aphasia) 브로카 실어증(Broca's aphasia) 참조

워프의 언어상대성 가설(Whorfian hypothesis of linguistic relativity) 언어가 사고와 지각에 제한을 가하므로 인지에서의 문화적 차이는 적어도 일부는 언어의 차이로 설명될 수 있다는 생각

원격자극(distal stimulus) 세상에 있는 그대로의 대상, 사건, 또는 패턴. 근접자극(proximal stimulus)과 대조되는 용어

원형(prototype) 한 유목의 대상이나 사건의 이상화된 구성원에 대한 추상적 표상

유용성 발견법(availability heuristic) 사례의 인출이나 사례 구성과 같은 정신 작용의 수행 용이성으로 사건의 빈도와 발생 가능성을 추정하는 책략

유추에 의한 추리(reasoning by analogy) 현재 문제와 이미 해결된 다른 문제 사이의 유추를 사용하여 문제를 해결하는 방법

유추 추리(analogical reasoning) 처음 두 가지 용어(A와 B)의 관련성을 세 번째 용어(C)에 투사하여 네 번째 용어(D)를 명세화하는 귀납 추리를 이끌어 내기, 곧 A 대 B는 C 대 D와 같다는 문제

음성학(phonetics) 말소리에 관한 연구

음소(phoneme) 주어진 언어에서 유의미한 차이를 보이는 최소의 소리 단위

음운 고리(phonological loop) 청각 정보를 소리 이하의 차원에서 되내게 만드는 작업기억의 한 구성요소

음운론(phonology) 언어에서 말소리가 조합되고 변화되는 방식에 관한 연구

의미 그물망(semantic network) 마디(대체로 단어 또는 개념에 해당됨)와 마디 사이의 연결로 이루어진 의미기억의 체계에 대한 묘사

의미기억(semantic memory) Tulving이 제안한 것으로 일반적인 지식에 대한 기억을 유지하는 기억 체계

의미기억의 위계적 의미 그물망 모형(hierarchical semantic network model of semantic memory) 의미기억의 한 모형으로 마디와 고리로 조직화되어 있고 가장 상위의 관련 마디에 속성들을 저장하는 방식으로 인지적 경제성을 보존한다.

의사결정(decision making) 한 개인이 여러 대안 중에서 한 가지 행위 경로를 선택하는 과정

의사결정의 처방 모형(prescriptive model of decision making) 우리가 의사결정이나 문제해결에서 '꼭 해야' 하는 방법을 알려주는 모형

의사결정의 표준 모형(normative model of decision making) 의사결정이나 문제해결을 하는 동안 이상적인 상황에서 이루어지는 이상적 수행을 정의하는 모형

의사 구조화(decision structuring) 한 개인이 고려해 보기 위한 기준과 선택지를 형성하는 과정

이론 유도 과정(theory-driven process) 하향처리(top-down process) 참조

이마앞겉질(prefrontal cortex) 집행적 기능에 관여하는 이마엽 영역

이마엽(frontal lobe) 운동겉질, 전운동겉질, 이마앞겉질을 포함하는 이마 쪽에 자리 잡은 대뇌겉질의 한 부분

이야기 문법(story grammar) 덩이글의 크고 통합된 조각을 이해하는 데 사람들이 사용한다고 생각되는 구조

이중과제 수행(dual-task performance) 한 사람이 두 가지

과제를 동시에 하도록 제시하는 실험 설계

이중부호화 가설(dual-coding hypothesis) 장기기억에서는 언어적 방식과 시각적 방식이라는 두 가지 별도의 방식으로 정보를 부호화할 수 있다는 주장으로, 두 가지 방식으로 모두 부호화된 항목(예 : 그림 또는 구체적 단어)은 한 가지 방식으로만 부호화된 항목(예 : 추상적 단어)보다 더 쉽게 회상된다.

이차기억(secondary memory) 장기기억(long-term memory) 참조

인간 요인 공학(human factors engineering) 사람들의 인지 능력에 잘 들어맞는 장치와 기술을 계획하는 데 초점을 맞춘 연구의 한 응용 분야

인간-기계 체계(person-machine system) 인간에 의해 작동되는 기계는 작동자의 신체적 · 인지적 · 동기적 역량과 한계와 상호작용하여 만들어져야 한다는 생각

인공물(artifact) 인공물 개념(artifact concept) 참조

인공물 개념(artifact concept) 만들어지거나 인간이 디자인한 대상에 관련된 개념

인공지능(artificial intelligence) 인지 과제에 대한 인간의 수행방식을 모방하는 컴퓨터를 만들어 내는 작업과 관련된 컴퓨터과학의 한 가지

인지과학(cognitive science) 인지심리학, 컴퓨터과학, 철학, 언어학, 신경과학, 인류학에서의 연구를 이끌어 내는 학제 간 분야. 소개해 왔던 중심 주제에는 마음과 인지의 본질과 정보가 획득, 저장, 표상되는 방식에 관한 것이 있다.

인지 능력(cognitive abilities) 인지 과제 수행에서 개인차가 나타나는 원인으로 지능, 기억 용량, 주의집중력, 지식기반, 책략, 그리고 처리 속도 등과 같은 요인들이 있다.

인지발달의 단계 이론(stage theories of cognitive development) 질적으로 다른 기간들(단계)을 가정하는 발달 이론

인지발달의 비단계 이론(nonstage theories of cognitive development) 다른 연령대의 개인들 사이를 단지 양적인 차이로만 설정하는 발달 이론

인지 속도(cognitive tempo) 사람들이 천천히 조심스럽게 반응하는 능력과 반대로 빠르게 오류와 함께 반응하는 능력에서 서로 다르다는 인지 유형의 차원

인지신경심리학(cognitive neuropsychology) 손상되거나 비 정상적인 뇌 구조를 가진 사람들의 인지적 능력과 결핍에 관해 연구하는 심리학의 한 분파

인지 유형(cognitive style) 인지 과제에 접근하는 습관적 그리고/또는 선호하는 방식

인지 요구(need for cognition) 사람들의 지적 도전이나 과제에서 동기가 얼마나 작용하는지에 따른 개인차 차원

인지적 경제성(cognitive economy) 위계적 의미 그물망 모형의 원리로 한 마디에 관한 속성과 사실들은 가능한 한 가장 높은 수준에 저장된다는 것. 예를 들어 '살아 있다'는 '동물'의 마디에 저장될 것이며, 동물 아래에 있는 '개', '고양이' 등의 각 마디에 저장되는 것은 아니다.

인지적 과부하(cognitive overload) 쓸 수 있는 정보가 처리 용량에 넘칠 때 일어나는 인지처리의 붕괴

인지적 착각(cognitive illusions) 인간의 의사결정에서 생기는 체계적인 편향과 오류

인지 혁명(cognitive revolution) 제2차 세계대전 이후 정점에 이른 심리학의 운동으로 정신 상태와 사건에 대해 경험적으로 접근 가능함을 믿은 것으로 특징지어진다.

인출 단서(retrieval cue) 저장된 정보를 재인하게 하거나 회상을 돕는 자극

인출(retrieval) 저장된 정보가 의식적 자각으로 되돌아오는 과정

일반 문제해결자(General Problem Solver, GPS) Allan Newell과 Herbert Simon이 개발한 컴퓨터 프로그램으로 복면산(cryptarithmetic)과 수단-목적 분석을 통해 문제를 해결한다.

일상 추리(everyday reasoning) 형식 추리와 다른 세속적인 추리로 암묵적 전제, 다중적 해결, 개인적 관련성과 가능한 정서적 개입까지 사용하여 추리한다.

일차 몸감각겉질(primary somatosensory cortex) 신체에서 오는 감각 정보(예 : 통각, 압각, 촉각 또는 온도감각)의 처리에 관여하는 마루엽 부위

일차기억(primary memory) 단기기억(short-term memory) 참조

일화기억(episodic memory) Tulving이 제안한 기억 체계로 인지처리자가 직접 경험한 특정 사건에 대한 기억을 유지하는 체계

일화적 완충기(episodic buffer) 작업기억의 한 요소로 제안

되는 것으로 정보가 여러 영역을 거쳐 연결되어 시각적, 공간적, 언어적 정보가 장기기억에 통합된 단위로 형성되게 하는 장치

임상 면접(clinical interview) 연구자가 참가자에게 일련의 개방형 질문을 물어보는 것으로 시작하지만 미리 준비된 특정 질문들로 반응을 따라가는 연구 설계

자기공명영상법(magnetic resonance imaging, MRI) 강력한 자기장에 둘러싸인 개인의 신체 영상을 촬영하는 기법. 라디오파가 신체의 특정 부분으로 향해 그 구조들에 있는 수소원자의 중심에 작용하여 예측 가능한 방식으로 정렬하도록 한다. 컴퓨터는 이 원자들이 배열되어 있는 방식에 대한 정보를 수집하여 복합적인 3차원 영상을 산출한다.

자기종결적 탐색(self-terminating search) 표적이 발견되면 중지하는 정보 탐색

자동처리(automatic processing) 최소한의 자원으로 인지 과제 수행하기. 자동처리는 대부분 의도 없이 일어나는 것이며, 다른 인지 과제에 대한 방해가 최소한이고, 의식적 자각을 포함하지 않을 수 있다.

자동화에 대한 주의 가설(attention hypothesis of automatization) 새로운 과제의 학습 국면에서는 주의가 필요하다는 제안

자료주도 처리(data-driven process) 상향처리(bottom-up process) 참조

자서전적 기억(autobiographical memory) 한 사람의 삶에서 일어났던 사건과 정보에 관한 기억

자연물 개념(natural-kind concept) 자연적으로 생겨나는 물질들과 관련된 개념

자연적 관찰(naturalistic observation) 관찰자가 참가자를 익숙하고 일상적인 맥락에서 가능한 한 개입하지 않으면서 관찰하는 연구 계획

작업기억(working memory, WM) Baddeley가 제안한 기억 구조로 약간은 융통성 있게 저장 공간에 할당되거나 처리를 통제하는 한정된 용량의 작업 공간으로 이루어져 있다고 묘사되는데, 중앙 집행기, 음운 고리, 시공간 메모장이 그것이다.

잘못 정의된 문제(ill-defined problem) 목표, 출발 정보, 그리고/또는 명시적으로 서술된 합법적 단계를 가지지 못한 문제

잘 정의된 문제(well-defined problem) 목표, 출발 정보, 합법적 단계가 명확하게 서술된 문제

잠긴 비용 효과(sunk cost effect) 의사결정에서 이미 '지불된' 경비가 계속할지에 대한 결정에 부당하게 영향을 미치는 편향

장 의존성/장 독립성(field dependence/field independence, FD/FI) 한 개인이 전체에서 한 부분의 형상을 별도로 떼어내어 확인하고자 배경 맥락을 무시하고 볼 수 있는 능력이 얼마나 강한가에 대한 상대적인 정도를 가리키는 인지적 유형 차원

장기 강화(long-term potentiation) 장기 학습의 기제에 대해 가정된 과정으로 해마의 신경회로가 반복된 강력한 전기 자극에 의해 해마세포가 이전보다 자극에 더 민감해진다는 과정

장기기억(long-term memory, LTM) 커다란, 아마도 무한한 용량의 기억 저장소로 입력 정보를 장기간, 아마도 영원하도록 유지하는 기억 저장소. 이차적 기억(secondary memory)이라고도 한다.

장소법(method of loci) 정보 목록을 기억하려는 기억술의 하나로 학습자는 기억 단서로 물리적인 일련의 장소를 시각화하는 것이 요구된다.

재인(recognition) 처리자가 제시된 정보가 이전에 제시되었던 것인지를 판단해야 하는 정보의 인출. 회상(recall) 참조

재인점화 의사결정(recognition-primed decision making) 의사결정자는 이전에 마주친 상황과 주어진 상황 사이의 유추를 바탕으로 선택한다는 전문가 의사결정의 한 이론

저장(storage) 부호화될 때와 인출될 때 사이의 시간 동안 정보를 심적으로 '지니고 있음'

전경-배경 조직화(figure-ground organization) 한 자극을 초점이 되는 전경과 배경으로 하나 이상의 대상으로 보는 지각적 분리

전문가 체계(expert system) 특정 영역에서 인간 전문가의 판단을 모형화하고자 계획된 컴퓨터 프로그램

전문가/초심자 차이(expert/novice differences) 지각이나 문제해결에 대한 사람들의 분석적 접근에서 개인이 한 차원에서 익숙해질수록 증가하는 개인차의 차원

전제(premise) 한 문제에 관해 이미 알려진 바를 정립하는 데 도움이 되는 다른 문제가 추론되게 하는 진술

전조작기(preoperational stage) 심적 표상과 상징 기능의 획득으로 특징지어지는 초기 아동기를 지칭하는 피아제의 단계

전체적 처리(holistic processing) 정보를 처리할 때 상황의 전반적 측면에 주의를 기울임

전형성 효과(typicality effect) 실험 참가자가 개념의 전형적인 예(예 : 참새를 '새'라는 개념에서)에 대해 반응하는 것이 비전형적인 예(예 : 펭귄을 '새'라는 개념에서)에 대한 판단에 비해 더 빠르다는 현상

절제(ablation) 세포나 조직을 제거함. 대개는 외과적 방식으로 한다.

절차기억(procedural memory) 행위와 행위 계열에 관련된 정보를 포함하는 것으로 생각되는 기억 체계로, 자전거를 타는 방법이나 골프채를 움직이는 방법에 대한 지식

점화(priming) 한 자극에 대한 노출이 다른 자극에 대한 반응을 촉진하는 현상

정보 감각(affordance) 지각자의 입장에서 대상, 장소, 사건과의 상호작용에서 허용되는 작용과 행동을 명확하게 만들어 주는 대상, 장소, 사건의 지각적 속성

정보적으로 캡슐화된 과정(informationally encapsulated process) 정보의 캡슐화가 갖는 한 과정으로 다른 과정과 자료에서 고립되는 것이다.

정보처리 접근법(information-processing approach) 컴퓨터 은유를 사용하여 설명하는 인지에 관한 한 접근법. 정보의 획득, 저장, 정보의 조작(예 : 보고, 듣고, 읽고, 생각하는 바)은 여러 저장 장소와 변화 체계로 이루어진 한 체계를 거치는 것으로, 인지를 정보처리와 같은 것으로 본다.

정의 속성(defining feature) 한 대상이나 개념에 필수적인 특징. 필수 특징(necessary feature)이라고도 한다.

주관적 윤곽(subjective contour) 형태 지각의 오류를 유도하는 시각 단서들로 만들어진 착각적 윤곽. 이 현상의 존재는 지각이 능동적인 구성 과정임을 시사한다.

주관적 확률(subjective probability) 한 사건의 발생 가능성에 대한 직관적 추정치

주의(attention) 인지과정에 쏟아지는 인지적인 자원, 정신적 노력, 또는 집중

주의 포획(attentional capture) 어떤 자극이 '튀어 나오는' 것으로 보여서 자동적으로 거기에 인지 자원을 가져가게

되는 현상

준실험(quasi-experiment) 일부의, 하지만 불완전한 실험 통제를 포함하는 것으로 보이는 경험 연구(예 : 참가자를 조건에 비무선적으로 할당)

중간뇌(midbrain) 서로 다른 뇌 영역 사이의 정보를 중개하고 경계 수준을 통제하는 일에 관여하는 구조를 포함하는 뇌의 한 부분

중앙 집행기(central executive) 정보의 흐름을 방향 짓거나 작업할 정보를 선택하는 역할을 하는 것으로 제안되는 작업기억의 구성요소

지각(perception) 감각 정보를 해석하여 의미 있는 묘사나 이해를 만들어 내는 과정

지각에 대한 구성주의 접근(constructivist approach to perception) 지각을 주관적인 심적 표상의 능동적 구성이 요구되는 과정으로 이해하여, 지각 정보뿐만 아니라 장기기억에서도 정보를 가져오는 것으로 본다.

지각적 마음 갖춤새(perceptual set) 즉각적인 지각 경험을 바탕으로 대상이나 형태를 특정 방식으로 보는 경향성

지각적 조직화의 형태주의(계슈탈트) 원리(Gestalt principles of perceptual organization) 자극의 지각적 해석에 도달하게 하는 방식이 지닌 규칙성을 설명하는 법칙. 구조의 부분들의 집합이나 탐지보다는 전체 구조의 파악을 강조한다.

지각체(percept) 지각 과정의 결과. 입력 정보의 의미 있는 해석

지각 학습(perceptual learning) 자극에 대한 연습 또는 경험의 함수로 일어나는 지각에서의 변화

지능(intelligence) 일부 심리학자들이 한 개인의 인지 능력과 자원의 모든 총화를 표상하는 것으로 가정하는 것

지식 표상(knowledge representation) 정보의 심적 서술, 저장, 조직화

지온(geon) 대상 재인에 사용되는 것으로 가정되는 단순한 기하학적 구성요소

직접 지각(direct perception) 제임스 J. 깁슨이 제안한 지각의 한 이론으로 세상에 있는 정보는 인지처리자에 의해 '집어 올려지는' 것이며, 이에는 내적 표상이나 추론의 구성이 필요 없다고 한다. 정보의 직접 획득을 강조한다.

진리표(truth table) 복합적인 논리 표현이 언제 참이 되고

언제 거짓이 되는지를 모든 가능한 진리값을 명제에 할당함으로써 보여주는 방법

집행기능(executive functioning) 정보를 처리하기 위해 계획, 의사결정, 이행 책략, 부적절 행동의 억제와 작업기억의 사용을 포함하는 인지과정

착각적 상관(illusory correlation) 자료들에 의해 지지되지는 않지만 그럴듯해 보이는 요인 사이의 연상 관계

참가자 간 설계(between-subjects design) 서로 다른 실험 조건에 각기 다른 실험 참가자를 배당하는 연구 설계

참가자 내 설계(within-subjects design) 동일한 실험 참가자들이 서로 다른 실험 조건에 참가하는 연구 패러다임

창의성(creativity) 적절한 정도의 새로움을 이용하는 인지과정. 어떤 목적에 독창성이 잘 들어맞는 경우

책략(strategies) 특정한 인지 과제를 수행하는 데 사용되는 의도적인 계획이나 의례

초두 효과(primacy effect) 과제의 초기에 학습한 정보가 잘 파지된다는 현상

최신 효과(recency effect) 과제의 맨 나중에 학습된 정보가 잘 파지된다는 현상

추론 규칙(inference rule) 결론을 이끌어 내고자 하는 추론에서 사용되는 가설적인 특수 목적적 규칙

추리(reasoning) 전제라는 주어진 정보를 결론으로 변환하는 데 사용되는 인지과정. 추리는 때로 사고의 특수한 종류로 분류된다.

출현(emergence) 자극의 일부가 더해질 때 생기는 질적인 차이를 가리키는 지각 현상으로 전체 자극이 새롭고 예측 불가능한 속성을 띠기도 한다.

컴퓨터단층촬영법[computerized axial tomography (CAT 또는 CT) scan] 영상 기법 중 하나로 X-선을 고도로 집중된 선으로 만들어 여러 각도에서 신체를 통과시킨다. 신체의 조직 밀도가 다르면 X-선의 굴절이 달라지므로 이에 따라 조직을 시각화할 수 있게 된다. X-선 컴퓨터단층촬영법(X-ray computed tomography scan)이라 부르기도 한다.

컴퓨터 은유(computer metaphor) 뇌 정보처리 견해의 기초. 심리적 처리의 서로 다른 유형들은 컴퓨터 처리기의 작업에 비유되는 것으로 생각된다.

크기 항등성(size constancy) 대상의 망막 상의 크기가 변하더라도(예 : 그 대상이 지각자에게 더 가까이 오거나 더 멀어져서) 대상 크기에 대한 지각은 일정하게 남아 있다는 현상

통사론(syntax) 문장 안 단어들의 배열. 문장의 구조

통제 관찰(controlled observation) 관찰자가 모든 참가자에 대한 관찰 조건을 표준화하는 연구 설계로 특정 조작을 도입하고 반응을 기록하는 경우가 많다.

통제처리(controlled processing) 인지 자원을 의도적으로 할당하여 인지 과제를 수행하는 것. 대개 통제처리는 어렵고/어렵거나 낯선 과제에서 주의가 요구되고 의식적인 통제하에서 행해질 때 일어나는 과정이다.

투표 계산(vote counting) 저자가 관련 연구를 각각 목록으로 만들고 특정 효과를 보여주는 전체 연구의 수를 세는 문헌 개관의 한 기법

특징(feature, 세부특징) 대상, 사건, 또는 표상의 한 구성요소나 일부분

특징 속성(characteristic feature) 어떤 대상이나 개념에서 전형적으로 그 일부이지만, 항상 그런 것은 아닌 특징

틀짓기 효과(framing effect) 자신의 현재 상태에서 결과를 평가할 때 긍정적이거나 부정적으로 변화시키는 성향으로 생겨난 의사결정

패러다임(paradigm) 연구를 위한 특정 주제를 선택하고 조명하는 지식의 체계. 여기에는 특정 현상이 어떻게 연구되어야 하는지, 실험 방법은 어떤 것을 쓸 것인지, 사용하기에 적절한 측정치는 무엇인지가 포함된다.

편도체(amygdala) 후각 체계, 시상하부와 집중적인 연결을 가지고 있는 뇌 조직의 한 영역으로 기분, 느낌, 본능과 단기기억에 관여한다고 알려져 있다.

편재화(lateralization) 두 반구의 기능 전문화

편향(bias) 특정 방식으로 사고하려는 경향성 또는 사실 여부와 무관하게 특정 절차를 따르려는 경향성

표현적 실어증(expressive aphasia) 브로카 실어증(Broca's aphasia) 참조

필수 특징(necessary feature) 정의 속성(defining feature) 참조

하향처리(top-down process) 기대(맥락 또는 과거 학습에서, 또는 양자 모두에서 유도되는)에 의해 방향이 정해지는 인지(대개는 지각)과정으로 더 큰 지각체, 개념 또는

해석을 형성한다. 개념 유도(conceptually driven) 또는 이론 유도(theory-driven) 과정이라고도 한다.

학력(schooling) 한 개인이 공식적인 학교 상황에서 보낸 시간의 총량

학습 유형(learning style) 한 개인이 과제를 학습할 때 습관적으로 사용하거나 선호하는 접근법

한정된 용량 처리자(limited-capacity processor) 정보를 획득, 저장, 조작, 그리고/또는 전달하는 체계로 수행할 수 있는 정보의 양과 속도에는 고정된 제한이 있다.

합리성(rationality) 사고 또는 의사결정의 한 속성으로 사용되는 과정이 처리자가 마음에 지닌 전반적 목표와 원리로 선택된다는 것

항진명제(tautology) 그 형식의 정의상 참인 진술(예 : "A는 참이거나 거짓이다.")

항해 공간(space of navigation) 사람들이 걸어 다닐 수 있고, 탐색할 수 있거나 여행할 수 있거나 통과할 수 있는 커다란 공간

해마(hippocampus) 안쪽관자엽 안에 있는 뇌의 한 구조. 이 구조에 손상을 입거나 제거되면 기억상실증이 생긴다.

행동주의(behaviorism) 관찰 가능한 측정치라는 점에서 심리학 연구를 정의하려는 심리학의 한 학파로 행동의 과학적 연구를 강조한다.

협동적 대화에서 그라이스 원칙(Gricean maxims of cooperative conversation) 대화의 화용론적 규칙으로 양, 질, 관계성, 명료성의 조정을 포함한다.

형식적 조작기(formal operations stage) 피아제의 단계 이론에서 추상적이고 가설적인 추론을 할 수 있는 능력을 획득하는 청소년기

형식적 추리(formal reasoning) 명시적인 전제들, 한정적 해결, 그리고 잘 정의된 조작들로 구성된 문제에 관한 추리

형태소(morpheme) 언어에서 최소의 의미 단위

형태 우월효과(configural superiority effect, CSE) '이상한 자극을 배제'하는 지각이 복합 자극 배열에서는 적은 수의 자극으로 된 기본 자극 배열보다 더 빠르다는 지각 현상

형태 재인(pattern recognition) 자극을 어떤 한 범주로 분류한다.

형태주의(게슈탈트) 심리학(Gestalt psychology) 단순한 요소들보다는 전체 실체에 대한 연구를 강조하는 심리학의 한 학파. 형태주의 심리학자들은 지각과 문제해결의 문제에 집중하고 사람들의 인지적 경험은 단순 요소에 대한 그들의 경험(예 : 감각)으로 환원될 수 없으며, 그보다는 경험의 전반적인 구조에 의거하는 것이라고 주장한다.

형태 지각(form perception) 뇌에서 대상을 그 배경과 변별하는 과정

형판(template) 입력 정보를 재인, 분류하기 위해 맞추어 보는 저장된 형태 또는 모형

화용론(pragmatics) 언어의 사회적 양상을 지배하는 규칙

확률(probability) 0에서 1 사이의 수로 표시되는, 불확실성의 정도에 대한 측정치

확증 편향(confirmation bias) 자신의 가설과 일치하는 정보만 찾고자 하는 경향성

활성화 확산(spreading activation) 의미 그물망에서 한 마디의 흥분이 이와 연결된 다른 마디의 흥분에 의해 일어나는 현상. 이 흥분은 연결을 통해 흘러가는 것이라 한다.

회복된 기억(recovered memory) 자서전적 기억들, 대개는 외상적인 사건이 일정 기간 접근되지 않고 있다가 나중에 인출되는 것. 거짓기억(false memory)과 억압된 기억(repressed memory) 참조

회상(recall) 처리자가 다른 도움 없이 대부분의 정보를 생성해 내야 하는 정보의 인출. 재인(recognition) 참조

효과 크기(effect size) 메타 분석에서 사용되는 측정치. 두 집단 사이의 평균점수 차이로 정의되며, 두 집단의 평균 표준편차로 나눈 값이다.

효용(utility) 특정 결과 산출물에 대한 한 사람의 행복, 유쾌 또는 만족 측정치

후견지명 편향(hindsight bias) 미리 앞서서 예측했어야 하는 바에 대해 확실성을 과장하는 경향성

기타

CAT 스캔(CAT scan) 컴퓨터단층촬영법(computerized axial tomography scan) 참조

EEG(electroencephalography) 뇌전도 참조

ERP(event-related potential) 사건관련전위 참조

LTM(long-term memory) 장기기억 참조

PET 촬영(PET scan) 양전자방출단층촬영법(positron emission tomography) 참조

STM(short-term memory) 단기기억 참조

(알파벳순)

ablation(절제)

adaptive control of thought (ACT) model of memory(기억에 관한 사고의 적응통제 모형)

affordance(정보 감각)

amnesia(기억상실증)

amygdala(편도체)

analogical reasoning(유추 추리)

analytic processing(분석처리)

anchoring(닻 내리기)

anterograde amnesia(순행성 기억상실증)

aphasia(실어증)

artifact(인공물)

artifact concept(인공물 개념)

artificial intelligence(인공지능)

association(연상)

attention(주의)

attentional capture(주의 포획)

attention hypothesis of automatization(자동화에 대한 주의 가설)

attenuation theory(약화 이론)

autobiographical memory(자서전적 기억)

automatic processing(자동처리)

availability heuristic(유용성 발견법)

backtracking(역추적)

basic level of categorization(범주의 기본수준)

behaviorism(행동주의)

believability effect(신뢰가능성 효과)

between-subjects design(참가자 간 설계)

bias(편향)

bottom-up process(상향처리)

brain imaging(뇌 영상)

Broca's aphasia(브로카 실어증)

calibration curve(보정 곡선)

capacity(용량)

categorical perception(범주적 지각)

categorical syllogism(범주적 삼단논법)

categorization(범주화)

category(범주)

CAT scan(CAT 스캔)

central executive(중앙 집행기)

cerebellum(소뇌)

cerebral cortex(대뇌겉질)

change blindness(변화 맹)

characteristic feature(특징 속성)

chunking(묶어내기)

classical view of concepts(개념의 고전적 이론)

clinical interview(임상 면접)

coding(부호화)

cognitive abilities(인지 능력)

cognitive economy(인지적 경제성)

cognitive illusions(인지적 착각)

cognitive neuropsychology(인지신경심리학)

cognitive overload(인지적 과부하)

cognitive revolution(인지 혁명)

cognitive science(인지과학)

cognitive style(인지 유형)

cognitive tempo(인지 속도)

computerized axial tomography scan [컴퓨터단층촬영법 (CAT 또는 CT)]

computer metaphor(컴퓨터 은유)

concept(개념)

conceptually driven process(개념 유도 처리)

concrete operations stage(구체적 조작기)

configural superiority effect(형태 우월효과, CSE)

confirmation bias(확증 편향)

connected knowing(연결 지식)

connectionism(연결주의)

constructivist approach to perception(지각에 대한 구성주의 접근)

content effect(내용 효과)

context effect(맥락 효과)

contradiction(모순)

controlled observation(통제 관찰)

controlled processing(통제처리)

corpus callosum(뇌들보)

creativity(창의성)

critical thinking(비판적 사고)

cue overload(단서 과부하)

cultural relativism(문화 상대주의)

cultural universality(문화 보편성)

culture(문화)

data-driven process(자료주도 처리)

decay(쇠잔)

decision making(의사결정)

decision structuring(의사 구조화)

declarative memory(서술기억)

deductive reasoning(연역 추리)

deductive validity(연역 타당성)

defining feature(정의 속성)

demand characteristic(요구 특성)

descriptive models of thinking(사고의 서술 모형)

dichotic listening task(양분 청취 과제)

direct perception(직접 지각)

distal stimulus(원격자극)

divided attention(분리 주의)

dual-coding hypothesis(이중부호화 가설)

dual-task performance(이중과제 수행)

echo(반향기억)

ecological approach(생태적 접근)

ecological validity(생태적 타당성)

effect size(효과 크기)

electroencephalography(뇌전도, EEG)

elimination-by-aspects strategy(양상에 따른 제거 책략)

emergence(출현)

empiricism(경험주의)

encoding(부호화)

encoding specificity(부호화 특수성)

encoding variability(부호화 다양성)

episodic buffer(일화적 완충기)

episodic memory(일화기억)

event-related potential(사건관련전위, ERP)

everyday reasoning(일상 추리)

executive functioning(집행기능)

exemplar view of concepts(개념의 본보기 이론)

exhaustive search(소진적 탐색)

expectation effect(기대 효과)

expected utility theory(기대효용 이론)

experiment(실험)

experimental control(실험 통제)

experimenter expectancy effect(실험자 기대 효과)

expert/novice differences(전문가/초심자 차이)

expert system(전문가 체계)

explicit memory(외현기억)

expressive aphasia(표현적 실어증)

eyewitness memory(목격자 기억)

faculty psychology(능력심리학)

fallacy(오류)

false memory(거짓기억)

family resemblance structure of concepts(개념의 가족 유사성 구조)

fan effect(부채 효과)

feature(특징, 세부특징)

feature integration theory(세부특징 통합 이론)

field dependence/field independence(장 의존성/장 독립성, FD/FI)

figure-ground organization(전경-배경 조직화)

filter theory(여과기 이론)

flashbulb memory(섬광기억)

forebrain(앞뇌)

forgetting(망각)

formal operations stage(형식적 조작기)

formal reasoning(형식적 추리)

form perception(형태 지각)

framing effect(틀짓기 효과)

frontal lobe(이마엽)

functional fixedness(기능적 고착)

functionalism(기능주의)

functional magnetic resonance imaging(기능적 자기공명영상
법, fMRI)

gambler's fallacy(도박사의 오류)

General Problem Solver(일반 문제해결자, GPS)

generate-and-test technique(생성 검증 기법)

geon(지온)

Gestalt principles of perceptual organization [지각적 조직화의
형태주의(게슈탈트) 원리]

Gestalt psychology [형태주의(게슈탈트) 심리학]

grammar(문법)

Gricean maxims of cooperative conversation(협동적 대화에서
그라이스 원칙)

helpless orientation(무기력 정향)

heuristic(발견법)

hierarchical semantic network model of semantic memory(의
미기억의 위계적 의미 그물망 모형)

hindbrain(마름뇌)

hindsight bias(후견지명 편향)

hippocampus(해마)

holistic processing(전체적 처리)

human factors engineering(인간 요인 공학)

hypothalamus(시상하부)

hypothesis testing(가설 검증)

icon(영상)

illusory correlation(착각적 상관)

ill-defined problem(잘못 정의된 문제)

image theory(심상 이론)

imaginal scanning(심상 훑기)

implicit encoding(암묵적 부호화)

implicit learning(암묵 학습)

implicit memory(암묵기억)

inattentional blindness(부주의 맹)

incidental learning(우연 학습)

incubation(부화)

individual differences(개인차)

inductive reasoning(귀납 추리)

inductive strength(귀납 강도)

inference rule(추론 규칙)

information-processing approach(정보처리 접근법)

informationally encapsulated process(정보적으로 캡슐화된
과정)

intelligence(지능)

interference(간섭)

introspection(내성)

knowledge representation(지식 표상)

knowledge-based view of concepts(개념의 지식기반 이론)

language(언어)

language acquisition(언어 습득)

lateralization(편재화)

learning style(학습 유형)

levels-of-processing theory of memory(기억의 처리수준 모형)

lexical ambiguity(어휘 모호성)

lexical decision task(어휘판단 과제)

lexicon(어휘집)

limited-capacity processor(한정된 용량 처리자)

linguistic competence(언어 능력)

linguistic performance(언어 수행)

linguistics(언어학)

literacy(문식성)

localization of function(기능의 국재화)

logical connectives(논리적 연결자)

long-term memory(장기기억, LTM)

long-term potentiation(장기 강화)

magnetic resonance imaging(자기공명영상법, MRI)

magnetoencephalography(뇌자도, MEG)

mastery orientation(숙달 정향)

means-ends analysis(수단-목적 분석)

medulla(숨뇌)

medulla oblongata(숨뇌)

memory(기억)

memory consolidation(기억 공고화)

memory system(기억 체계)

memory trace(기억 흔적)

mental representation(심적 표상)

mental rotation(심적 회전)

mental set(마음 갖춤새)

metacognition(상위인지)

meta-analysis(메타 분석)

method of loci(장소법)

midbrain(중간뇌)

mnemonics(기억술)

modal model of memory(기억의 양상 모형)

modularity hypothesis(단원성 가설)

mood-dependent memory effect(기억의 기분의존 효과)

morpheme(형태소)

motor aphasia(운동 실어증)

motor cortex(운동겉질)

multiattribute utility theory(다속성 효용 이론, MAUT)

multiple intelligence theory(다중 지능 이론)

narrative review(설화 개관)

nativism(생득주의)

naturalistic observation(자연적 관찰)

natural-kind concept(자연물 개념)

necessary feature(필수 특징)

need for cognition(인지 요구)

neural network(신경망)

neuroscience(신경과학)

nominal-kind concept(명목류 개념)

nonanalytic concept formation(비분석적 개념형성)

nonstage theories of cognitive development(인지발달의 비단계 이론)

normative model of decision making(의사결정의 표준 모형)

occipital lobe(뒤통수엽)

overconfidence(과잉 확신)

paired-associates learning(쌍대 연합 학습)

paradigm(패러다임)

parallel search(병렬적 탐색)

parietal lobe(마루엽)

pattern recognition(형태 재인)

percept(지각체)

perception(지각)

perceptual learning(지각 학습)

perceptual set(지각적 마음 갖춤새)

person-machine system(인간-기계 체계)

PET scan(PET 촬영)

phoneme(음소)

phonetics(음성학)

phonological loop(음운 고리)

phonology(음운론)

phrenology(골상학)

plasticity(가소성)

pons(다리뇌)

positron emission tomography(양전자방출단층촬영법, PET)

pragmatics(화용론)

prefrontal cortex(이마앞겉질)

premise(전제)

preoperational stage(전조작기)

prescriptive model of decision making(의사결정의 처방 모형)

primacy effect(초두 효과)

primary memory(일차기억)

primary somatosensory cortex(일차 몸감각겉질)

priming(점화)

proactive interference(순행 간섭)

probability(확률)

problem solving(문제해결)

problem space hypothesis(문제 공간 가설)

procedural memory(절차기억)

production rules(산출 규칙)

propositional complexity(명제적 복잡성)

propositional reasoning(명제적 추리)

prosopagnosia(얼굴 실인증)

prototype(원형)

prototype view of concepts(개념의 원형 이론)

proximal stimulus(근접자극)

psychological essentialism(심리적 본질주의)

quasi-experiment(준실험)

rationality(합리성)

reasoning(추리)

reasoning by analogy(유추에 의한 추리)

recall(회상)

recency effect(최신 효과)

receptive aphasia(수용성 실어증)

recognition(재인)

recognition-primed decision making(재인섬화 의사결성)

recovered memory(회복된 기억)

reflectivity/impulsivity(반성성/충동성)

rehearsal(되뇌기)

relational-organizational hypothesis(관계조직화 가설)

repetition priming(반복 점화)

representativeness heuristic(대표성 발견법)

repressed memory(억압된 기억)

retention duration(보유 기간)

retina(망막)

retinal image(망막 상)

retrieval(인출)

retrieval cue(인출 단서)

retroactive amnesia(역행성 기억상실증)

retroactive interference(역행 간섭)

schema(도식)

schemata(도식 틀)

schemata/scripts view of concepts(개념의 도식/각본 이론)

schema theory(도식 이론)

schooling(학력)

script(각본)

secondary memory(이차기억)

selective attention(선택 주의)

self-terminating search(자기종결적 탐색)

semantic memory(의미기억)

semantic network(의미 그물망)

sensorimotor stage(감각운동기)

sensory aphasia(감각 실어증)

sensory memory(감각기억)

separate knowing(개별적 앎)

serial position effect(계열위치 효과)

serial search(순차적 탐색)

short-term memory(단기기억, STM)

situated cognition(상황 인지)

size constancy(크기 항등성)

space around the body(신체 주변 공간)

space of navigation(항해 공간)

space of the body(신체 공간)

spacing effect(분산 효과)

spatial cognition(공간 인지)

spatial updating(공간 최신화)

split-brained patient(분리 뇌 환자)

spreading activation(활성화 확산)

stage theories of cognitive development(인지발달의 단계 이론)

state-dependent learning(상태의존 학습)

state-dependent memory(상태의존 기억)

storage(저장)

story grammar(이야기 문법)

strategies(책략)

Stroop task(스트룹 과제)

structuralism(구조주의)

subjective contour(주관적 윤곽)

subjective probability(주관적 확률)

subordinate level of categories(범주의 하위수준)

sunk cost effect(잠긴 비용 효과)

superordinate level of categories(범주의 상위수준)

syllogistic reasoning(삼단논법 추리)

syntax(통사론)

tacit knowledge(암묵 지식)

tautology(항진명제)

template(형판)

temporal lobe(관자엽)

testing effect(검사 효과)

thalamus(시상)

theory-driven process(이론 유도 과정)

thinking(사고)

top-down process(하향처리)

transcranial magnetic stimulation(경두개자기자극법, TMS)

truth table(진리표)

typicality effect(전형성 효과)

unconscious processing(무의식적 처리)

utility(효용)

visual agnosia(시각 실인증)

visual image(시각적 심상)

visual search task(시각 탐색 과제)

visuospatial sketch pad(시공간 메모장)

vote counting(투표 계산)

well-defined problem(잘 정의된 문제)

Wernicke's aphasia(베르니케 실어증)

Whorfian hypothesis of linguistic relativity(워프의 언어상대성 가설)

within-subjects design(참가자 내 설계)

word superiority effect(단어 우월효과)

working backward(역행 작업)

working memory(작업기억, WM)

그림 및 사진 출처

제1장

사진 1.1:   ©Thinkstock/Photos.com
사진 1.2:   ©Thinkstock/Jupiterimages
사진 1.3:   ©Thinkstock/JochenSand

제2장

그림 2.1:   Adapted from Garrett, B. (2011). *Brain & behavior: An introduction to biological psychology,* p. 65.

그림 2.2:   Adapted from Garrett, B. (2011). *Brain & behavior: An introduction to biological psychology,* Fig. 8.4, p. 227.

그림 2.3:   Adapted from Garrett, B. (2011). *Brain & behavior: An introduction to biological psychology,* p. 58.

그림 2.4:   Adapted from Garrett, B. (2011). *Brain & behavior: An introduction to biological psychology,* p. 66.

그림 2.5:   Adapted from Petersen, S. E., Fox, P. T., Posner, M. I., Mintun, M., & Raichle, M. E. (1988). Positron emission tomographic studies of the cortical anatomy of single-word processing. *Nature, 333,* pp. 585–589.

사진 2.1:   ©Thinkstock/Stockbyte
사진 2.2:   ©Thinkstock/Jupiterimages
사진 2.3:   ©Thinkstock/Hemera Technologies

제3장

그림 3.3:   *Slave Market With Disappearing Bust of Voltaire.* (1940). Oil on canvas, 18-1/4 × 25-3/8 inches. Collection of the Salvador Dali Museum, St. Petersburg, Florida. © 2006 Salvador Dali Museum, Inc. © Kingdom of Spain, Gala-Salvador Dali Foundation, Figueres/Artist Rights Society [ARS] New York.

그림 3.6:   Pomerantz, J. R., & Portillo, M. C. (2011). Grouping and emergent features in vision: Toward a theory of basic Gestalts. *Journal of Experimental Psychology: Human Perception and Performance, 37,* p. 1332.

그림 3.10:   Biederman, I. (1987). Recognition-by-components: A theory of human image understanding. *Psychological Review, 94,* p. 122–123.

그림 3.11:   Biederman, I. (1987). Recognition-by-components: A theory of human image understanding. *Psychological Review, 94,* p. 116.

그림 3.12:   Biederman, I. (1987). Recognition-by-components: A theory of human image understanding. *Psychological Review, 94,* p. 119.

그림 3.15:   Posner, M. I., Goldsmith, R., & Welton, K. E., Jr. (1967). Perceived distance and the classification of distorted patterns. *Journal of Experimental Psychology, 73,* p. 30.

그림 3.16:   Cabeza, R., Bruce, V., Kato, T., & Oda, M. (1999). The prototype effect in face recognition: Extensions and limits. *Memory and Cognition, 27,* Fig. 1, p. 141. Copyright © 1999, Psychonomic Society, Inc. Reprinted with permission.

그림 3.18:   Gibson, J. J., & Gibson, E. J. (1955). Perceptual learning: Differentiation or enrichment? *Psychological Review, 62,* p. 36.

그림 3.19:   Reicher, G. M. (1969). Perceptual recognition as a function of meaningfulness of stimulus material. *Journal of Experimental Psychology, 81,* p.

그림 3.20:	McClelland, J. L., & Rumelhart, D. E. (1981). An interactive activation model of context effects in letter perception: Part 1. An account of basic findings. *Psychological Review, 88,* p. 378.
그림 3.21:	McClelland, J. L., & Rumelhart, D. E. (1981). An interactive activation model of context effects in letter perception: Part 1. An account of basic findings. *Psychological Review, 88,* p. 380.
그림 3.22:	Johansson, G. (1973). Visual perception of biological motion and a model for its analysis. *Perception and Psychophysics, 14,* p. 202.
그림 3.23:	Gibson, J. J. (1950). *The perception of the visual world.* Boston, MA: Houghton Mifflin, p. 121.
그림 3.24:	Pepperell, R. (2011). Connecting art and the brain: An artist's perspective on visual indeterminacy. *Frontiers in Human Neuroscience, 5*(84), Fig. 10.
사진 3.1:	Nancy J. Ashmore
사진 3.2:	Nancy J. Ashmore

제4장

표 4.1:	Simons, D. J., & Chabris, C. F. (1999). Gorillas in our midst: Sustained inattentional blindness for dynamic events. *Perception, 28,* Table 1, p. 1068.
그림 4.2	Wood, N. L., & Cowan, N. (1995). The cocktail party phenomenon revisited: Attention and memory in the classic selective listening procedure of Cherry (1953). *Journal of Experimental Psychology: General, 124,* p. 253.
그림 4.3	Neisser, U., & Becklen, R. (1975). Selective looking: Attending to visually specified events. *Cognitive Psychology, 7,* p. 485.
그림 4.4:	Simons, D. J., & Chabris, C. F. (1999). Gorillas in our midst: Sustained inattentional blindness for dynamic events. *Perception, 28,* Fig. 2, p. 1067.
그림 4.5:	Simons, D. J., & Levin, D. T. (1998). Failure to detect changes to people during a real-world interaction. *Psychonomic Bulletin and Review, 5,* Fig. 1, p. 646. Copyright ©1998, Psychonomic Society, Inc. Reprinted with permission.
그림 4.6:	Posner, M. I., & M. E. Raichie. *Images of mind.* Copyright ©1994, 1997 by Scientific American Library. Reprinted by permission of Henry Holt and Company, LLC, p. 158.
그림 4.7:	Banich, M. T. (1997). *Neuropsychology: The neural bases of mental function* (1st ed.), p. 239. Copyright ©1997 Wadsworth, a part of Cengage Learning, Inc. Reproduced by permission. http://www.cengage.com/permissions/.
그림 4.10:	Adapted from Schneider, W., & Shiffrin, R. M. (1977). Controlled and automatic human information processing: I. Detection, search, and attention. *Psychological Review, 84,* pp. 1–66.
그림 4.11:	Schneider, W., & Shiffrin, R. M. (1977). Controlled and automatic human information processing: I. Detection, search, and attention. *Psychological Review, 84,* p. 12.
그림 4.13:	Theeuwes, J., Kramer, A. F., Hahn, S., & Irwin, D. E. (1998). Our eyes do not always go where we want them to go: Capture of the eyes by new objects. *Psychological Science, 9,* 379–385, Fig. 1, p. 380.
그림 4.14:	Adapted from Spelke, E., Hirst, W., & Neisser, U. (1976). Skills of divided attention. *Cognition, 4,* p. 220.
그림 4.15:	Strayer, D. L., & Johnston, W. A. (2001). Driven to distraction: Dual-task studies of simulated driving and conversing on a cellular telephone. *Psychological Science, 12,* Fig. 1, p. 463.
그림 4.16:	Wilson, F. A., & Stimpson, J. P. (2010). Trends in fatalities from distracted driving in the United States, 1999–2008. *American Journal of Public Health, 100,* Fig. 3, p. 2216.
사진 4.1:	©Thinkstock/Jupiterimages
사진 4.1:	©Thinkstock/Ryan McVay
사진 4.3:	Deanna J. Haunsperger
사진 4.4:	©Thinkstock/James Woodson
사진 4.5:	©Thinkstock/Buccina Studios
사진 4.6:	©Thinkstock/Ryan McVay

제5장

그림 5.2:	Sperling, G. (1960). The information available in brief visual presentations. *Psychological Monographs, 74*(498), p. 3.
그림 5.3:	Waugh, N. C., & Norman, D. A. (1965). Primary memory. *Psychological Review, 72,* p. 91.
그림 5.4:	Adapted from Sternberg, S. (1966). High-speed scanning in human memory. *Science, 153,* pp. 652–654.

그림 5.5:   Adapted from Baddeley, A. D. (1990). *Human memory: Theory and practice*. Boston, MA: Allyn & Bacon.

제6장

글상자 6.1:   Bartlett, F. C. (1995). *Remembering: A study in experimental and social psychology* (2nd ed.), p. 67. (Originally published 1932) Reprinted with the permission of Cambridge University Press.

글상자 6.2:   Bartlett, F. C. (1995). *Remembering: A study in experimental and social psychology* (2nd ed.), pp. 68–69. Reprinted with the permission of Cambridge University Press.

그림 6.1:   Ebbinghaus, H. (1913). *Memory: A contribution to experimental psychology* (H. A. Ruger & C. E. Bussenius, Trans.). New York, NY: Columbia University, Teacher's College, p. 75. (Original work published 1885)

그림 6.2:   Figure created by Roediger (1990). In Warrington, E. K., & Weiskrantz, L. (1970). Amnesic syndrome: Consolidation or retrieval? *Nature, 228,* p. 630. Copyright © 1970, Nature Publishing Group. Reprinted with permission.

그림 6.3:   Crowder, R. G. (1993). Short-term memory: Where do we stand? *Memory and Cognition, 21,* p. 143. Copyright © 1993, Psychonomic Society Inc. Reprinted with permission.

그림 6.4:   Banich, M. T. *Neuropsychology: The neural bases of mental function* (1st ed.), p. 337. Copyright © 1997 Wadsworth, a part of Cengage Learning, Inc. Reproduced by permission. http://www.cengage.com/permissions/.

사진 6.1:   ©Thinkstock/Jupiterimages
사진 6.2:   ©Dan Joyce/Corbis
사진 6.3:   ©Thinkstock/Comstock

제7장

글상자 7.1:   Anderson, J. R. (1995). *Cognitive psychology and its implications* (4th ed.). New York, NY: W. H. Freeman, p. 282.

표 7.2:   Rosch, E., Mervis, C. B., Gray, W. D., Johnson, D. M., & Boyes-Braem, P. (1976). Basic objects in natural categories. *Cognitive Psychology, 8,* p. 388.

그림 7.2:   Collins, A. M., & Quillian, M. R. (1969). Retrieval time from semantic memory. *Journal of Verbal Learning and Verbal Behavior, 8,* p. 241.

그림 7.4:   Collins, A. M., & Loftus, E. F. (1975). A spreading activation theory of semantic processing. *Psychological Review, 82,* p. 412.

그림 7.5:   McClelland, J. L. (2000). Connectionist models of memory. In E. Tulving & F. I. M. Craik (Eds.), *The Oxford handbook of memory*. New York, NY: Oxford University Press, pp. 588–589; adapted from Rumelhart & Todd (1993).

그림 7.6:   Armstrong, S. L., Gleitman, L. R., & Gleitman, H. (1983). What some concepts might not be. *Cognition, 13,* p. 269.

그림 7.7:   Reber, A. S. (1967). Implicit learning of artificial grammars. *Journal of Verbal Learning and Verbal Behavior, 6,* p. 856.

그림 7.8:   Brooks, L. R. (1978). Nonanalytic concept formation and memory for instances. In E. Rosch & B. B. Lloyd (Eds.), *Cognition and categorization*. Hillsdale, NJ: Erlbaum, pp. 169–211.

사진 7.1:   Laurie J. Erickson
사진 7.2:   ©istock/Erik Lam

제8장

그림 8.1:   Brooks, L. R. (1968). Spatial and verbal components of the act of recall. *Canadian Journal of Psychology, 22,* pp. 350–351.

그림 8.2:   Shepard, R. N., & Metzler, J. (1971). Mental rotation of three-dimensional objects. *Science, 171,* p. 701. Copyright © 1971, American Association for the Advancement of Science. Reprinted with permission.

그림 8.3:   Shepard, R. N., & Metzler, J. (1971). Mental rotation of three-dimensional objects. *Science, 171,* p. 701. Copyright © 1971, American Association for the Advancement of Science. Reprinted with permission.

그림 8.4:   Cooper, L. A., & Shepard, R. N. (1973). The time required to prepare for a rotated stimulus. *Memory and Cognition, 1,* p. 247. Copyright © 1973, Psychonomic Society, Inc. Reprinted with permission.

그림 8.5:   Cooper, L. A., & Shepard, R. N. (1973). The time required to prepare for a rotated stimulus. *Memory and Cognition, 1,* p. 248. Copyright © 1973, Psychonomic Society, Inc. Reprinted with permission.

그림 8.6:   Cooper, L. A. (1975). Mental rotation of random two-dimensional shapes. *Cognitive Psychology, 7,* p. 23.

그림 8.7:   Biederman, I., & Gerhardstein, P. C. (1993). Recognizing depth-rotated objects: Evidence and conditions for three-dimensional viewpoint invariance. *Journal of Experimental Psychology: Human Perception and Performance, 19,* p. 1163.

그림 8.8: Kosslyn, S. M. (1973). Scanning visual images: Some structural implications. *Perception and Psychophysics, 14,* p. 91.

그림 8.9: Kosslyn, S. M., Ball, T. M., & Reiser, B. J. (1978). Visual images preserve metric spatial information: Evidence from studies of image scanning. *Journal of Experimental Psychology: Human Perception and Performance, 4,* p. 51.

그림 8.10: Tversky, B. (1981). Distortions in memory for maps. *Cognitive Psychology, 13,* p. 413.

그림 8.11: Chambers, D., & Reisberg, D. (1992). What an image depicts depends on what an image means. *Cognitive Psychology, 24,* p. 152.

그림 8.12: Kosslyn, S. M., Reiser, B. J., Farah, M. J., & Fliegel, S. L. (1983). Generating visual images: Units and relations. *Journal of Experimental Psychology: General, 112,* pp. 280, 287.

그림 8.13: Carmichael, L., Hogan, H. P., & Walter, A. A. (1932). An experimental study of the effect of language on the reproduction of visually perceived form. *Journal of Experimental Psychology, 15,* p. 80.

그림 8.14: Plotnick, R. R. (2012). *Context effect for identification of brand logos.* Unpublished manuscript, Carleton College, Northfield, MN.

그림 8.15: Reprinted by permission of Drew Dara-Abrams, PhD.

그림 8.16: Reprinted by permission of Drew Dara-Abrams, PhD.

사진 8.1: ©Thinkstock

사진 8.2: ©Thinkstock/Photodisc

제9장

글상자 9.1: Perkins, D. N. (1981). *The mind's best work.* Cambridge, MA: Harvard University Press, p. 33.

글상자 9.3: Duncker, K. (1945). On problem-solving. *Psychological Monographs, 58*(270), pp. 2–3.

글상자 9.4: Gick, M. L., & Holyoak, K. J. (1980). Analogical problem solving. *Cognitive Psychology, 12,* pp. 351–353.

표 9.1: Benfer, R. A., Brent, E. E., Jr., & Furbee, L. (1991). *Expert systems.* Newbury Park, CA: SAGE, p. 6.

그림 9.4: Luchins, A. S. (1942). Mechanization in problem solving: The effect of *Einstellung. Psychological Monographs, 54*(248), p. 1.

그림 9.5: Kellogg, R. T. (2012). *Fundamentals of Cognitive Psychology* (2nd ed.). Thousand Oaks, CA: Sage, p. 246, Fig. 9.2.

그림 9.6: Kellogg, R. T. (2012). *Fundamentals of Cognitive Psychology* (2nd ed.). Thousand Oaks, CA: Sage, p. 267, Fig. 9.13.

그림 9.12: Burns, B. D., & Vollmeyer, R. (2002). Goal specificity effects on hypothesis testing in problem solving. *Quarterly Journal of Experimental Psychology, 55A,* p. 245.

사진 9.1: ©Thinkstock/Getty Images/Jupiter Images

사진 9.2: Timothy Komatsu and Kimberlynn Galotti

사진 9.3: ©Thinkstock/Getty Images/Jupiter Images

제10장

글상자 10.1: Reprinted from ALICE IN PUZZLE-LAND © 1982 by Raymond Smullyan, by permission of Collier Associates, P.O. Box 20149, West Palm Beach, FL 33416, USA.

글상자 10.2: Reprinted from ALICE IN PUZZLE-LAND © 1982 by Raymond Smullyan, by permission of Collier Associates, P.O. Box 20149, West Palm Beach, FL 33416, USA.

글상자 10.5: Adapted from Tversky, A., & Kahneman, D. (1973). Availability: A heuristic for judging frequency and probability. *Cognitive Psychology, 4,* pp. 212–214.

글상자 10.6: Kahneman, D., & Tvyersky, A. (1973). On the psychology of prediction. *Psychological Review, 80,* p. 238.

글상자 10.9: Klein, G. (1998). *Sources of power: How people make decisions.* Cambridge, MA: MIT Press, p. 32.

표 10.1: Galotti, K. M. (1989). Approaches to studying formal and everyday reasoning. *Psychological Bulletin, 105,* p. 335.

그림 10.6: Galotti, K. M. (2002). *Making decisions that matter: How people face important life choices.* Mahwah, NJ: Erlbaum, p. 97.

사진 10.1: ©Thinkstock/Getty Images/Jupiter Images

사진 10.2: ©Thinkstock/Digital Vision

제11장

표 11.1: Adapted from Gardner, H. (1999). *Intelligence reframed: Multiple intelligences for the 21st century.* New York: Basic Books. (The first seven items were presented in Gardner, H. (1983). *Frames of mind: The theory of multiple intelligences.* New York: Basic Books.; the last two come from Gardner (1999).)

표 11.2: Benbow & Stanley (1980). Copyright © 1980, American Association for the

Advancement of Science.

그림 11.1:	Keating, D. P., & Bobbitt, B. L. (1978). Individual and developmental differences in cognitive-processing components of mental ability. *Child Development, 49,* 161.
그림 11.2:	Adapted from Hunt, E., Lunneborg, C., & Lewis, J. (1975). What does it mean to be highly verbal? *Cognitive Psychology, 7,* 194–227.
그림 11.4:	Kagan, J., Rosman, B. L., Day, D., Albert, J., & Phillips, W. (1964). Information processing in the child: Significance of analytic and reflective attitudes. *Psychological Monographs, 78* (1), p. 22.
그림 11.5:	Pashler, H., McDaniel, M., Rohrer, D., & Bjork, R. (2009). Learning styles: Concepts and evidence. *Psychological Science in the Public Interest, 9,* 110.
그림 11.7:	Loring-Meier, S., & Halpern, D. F. Sex differences in visuospatial working memory: Components of cognitive processing. *Psychonomic Bulletin and Review, 6,* p. 466. Copyright © 1999, Psychonomic Society, Inc. Reprinted with permission.
그림 11.8:	Loring-Meier, S., & Halpern, D. F. Sex differences in visuospatial working memory: Components of cognitive processing. *Psychonomic Bulletin and Review, 6,* p. 468. Copyright © 1999, Psychonomic Society, Inc. Reprinted with permission.
그림 11.9:	Levine, S. C., Vasilyeva, M., Lourenco, S. F., Newcombe, N. S., & Huttenlocher, J. (2005). Socioeconomic status modifies the sex difference in spatial skill. *Psychological Science, 16,* 841–845.
사진 11.1:	©Thinkstock/Getty Images/ Jupiter Images
사진 11.2:	©Thinkstock/Creatas Images
사진 11.4:	©Thinkstock/Ryan McVay

제12장

표 12.1:	Excerpted from Triandis, H. C. (1996). The psychological measurement of cultural syndromes. *American Psychologist, 51,* 408–409.
표 12.2:	Cole, M., & Scribner, S. (1974). *Culture and thought: A psychological introduction.* New

York, NY: Wiley, p. 127.

표 12.3:	Adapted from Scribner, S., & Cole, M. (1981). *The psychology of literacy.* Cambridge, MA: Harvard University Press, p. 167.
그림 12.1:	Hudson, W. (1960). Pictorial depth perception in subcultural groups in Africa. *Journal of Social Psychology, 52,* p. 186.
그림 12.2:	Deregowski, J. B. (1968). Difficulties in pictorial depth perception in Africa. *British Journal of Psychology, 59,* p. 197.
그림 12.3:	Miyamoto, Y., Nisbett, R. E., & Matsuda, T. (2006). Culture and the physical environment: Holistic versus analytical perceptual affordances. *Psychological Science, 17,* 113–119.
그림 12.5:	Kearins, J. M. (1981). Visual spatial memory in Australian Aboriginal children of desert regions. *Cognitive Psychology, 13,* 441.
그림 12.6:	Greenfield, P. M., Reich, L. C., & Olver, R. R. (1966). On culture and equivalence: II. In J. S. Bruner et al. (Eds.), *Studies in cognitive growth* (pp. 270–318). New York, NY: Wiley, p. 290.
그림 12.7:	Hatano, G., Siegler, R. S., Richards, D. D., Inagaki, K., Stavy, R., & Wax, N. (1993). The development of biological knowledge: A multi-national study. *Cognitive Development, 8,* 58.
그림 12.8:	Saxe, G. B. (1981). Body parts as numerals: A developmental analysis of numeration among the Oksapmin in Papua New Guinea. *Child Development, 52,* 307.
그림 12.9:	Miller, K. F., Smith, C. M., Zhu, J., & Zhang, H. (1995). Preschool origins of cross-national differences in mathematical competence: The role of number-naming systems. *Psychological Science, 6,* 57.
그림 12.10:	Adapted from Scribner, S., & Cole, M. (1981). *The psychology of literacy.* Cambridge, MA: Harvard University Press, p. 167.
사진 12.3:	©Thinkstock/Tom Brakefield
사진 12.4:	Istock/Vetta Collection/Oktay Ortakcioglu
사진 12.5:	©Thinkstock/Hemera Technologies

참고문헌

Adams, M. J. (1984). Aristotle's logic. In G. H. Bower (Ed.), *The psychology of learning and motivation* (Vol. 18, pp. 255–311). Orlando, FL: Academic Press.

Akshoomoff, N. A., & Courchesne, E. (1994). ERP evidence for a shifting attention deficit in patients with damage to the cerebellum. *Journal of Cognitive Neuroscience, 6,* 388–399.

Altmann, E. M., & Gray, W. D. (2002). Forgetting to remember: The functional relationship of decay and interference. *Psychological Science, 13,* 27–33.

Altmann, G. (1987). Modularity and interaction in sentence processing. In J. L. Garfield (Ed.), *Modularity in knowledge representation and natural language understanding* (pp. 249–257). Cambridge, MA: MIT Press.

Amsel, A. (1989). *Behaviorism, neobehaviorism, and cognitivism in learning theory: historical and contemporary perspectives.* Hillsdale, NJ: Erlbaum.

Anderson, J. R. (1974). Retrieval of propositional information from long-term memory. *Cognitive Psychology, 6,* 451–474.

Anderson, J. R. (1976). *Language, memory, and thought.* Hillsdale, NJ: Erlbaum.

Anderson, J. R. (1983). *The architecture of cognition.* Cambridge, MA: Harvard University Press.

Anderson, J. R. (1993). *Rules of the mind.* Hillsdale, NJ: Erlbaum.

Anderson, J. R. (1995). *Cognitive psychology and its implications* (4th ed.). New York, NY: W. H. Freeman.

Anderson, J. R. (2005). Human symbol manipulation within an integrated cognitive architecture. *Cognitive Science, 29,* 313–341.

Anderson, J. R., & Bower, G. H. (1973). *Human associative memory.* New York, NY: Wiley.

Anderson, J. R., Budiu, R., & Reder, L. M. (2001). A theory of sentence memory as part of a general theory of memory. *Journal of Memory & Language, 45,* 337–367.

Anderson, J. R., & Reder, L. M. (1999). The fan effect: New results and new theories. *Journal of Experimental Psychology: General, 128,* 186–197.

Anderson, M. C., & Neely, J. H. (1996). Interference and inhibition in memory retrieval. In E. L. Bjork & R. A. Bjork (Eds.), *Memory* (pp. 237–313). San Diego, CA: Academic Press.

Arkes, H. R., & Blumer, C. (1985). The psychology of sunk cost. *Organizational Behavior and Human Decision Processes, 35,* 124–140.

Arkes, H. R., & Hutzel, L. (2000). The role of probability of success estimates in the sunk cost effect. *Journal of Behavioral Decision Making, 13,* 295–306.

Armstrong, S. L., Gleitman, L. R., & Gleitman, H. (1983). What some concepts might not be. *Cognition, 13,* 263–308.

Ashcraft, M. H. (1978). Property norms for typical and atypical items from 17 categories: A description and discussion. *Memory and Cognition, 6,* 227–232.

Atance, C. M., & O'Neill, D. K. (2004). Acting and planning on the basis of a false belief: Its effects on 3-year-old children's reasoning about their own false beliefs. *Developmental Psychology, 40,* 953–964.

Atchley, P., Atwood, S., & Boulton, A. (2011). The choice to text and drive in younger drivers: Behavior may shape attitude. *Accident Analysis and Prevention, 43,* 134–142.

Atkinson, R. C., & Shiffrin, R. M. (1968). Human memory: A proposed system and its control processes. In K. W. Spence & J. T. Spence (Eds.), *The psychology of learning and motivation: Advances in research and theory* (Vol. 2, pp. 89–195). New York, NY: Academic Press.

Atran, S., Medin, D. L., & Ross, N. O. (2005). The cultural mind: Environmental decision making and cultural modeling within and across populations. *Psychological Review, 112,* 744–776.

Au, T. K. (1983). Chinese and English counterfactuals: The Sapir-Whorf hypothesis revisited. *Cognition, 15,* 155–187.

Au, T. K. (1984). Counterfactuals: In reply to Alfred Bloom. *Cognition, 17,* 289–302.

Averbach, E., & Coriell, A. S. (1961). Short-term memory in vision. *Bell System Technical Journal, 40,* 309–328.

Ayduk, O., Mischel, W., & Downey, G. (2002). Attentional mechanisms linking rejection to hostile reactivity: The role of "hot" versus "cool" focus. *Psychological Science, 13,* 443–448.

Baddeley, A. D. (1966a). The influence of acoustic and semantic similarity on long-term memory for word sequences. *Quarterly*

Journal of Experimental Psychology, 18, 302–309.

Baddeley, A. D. (1966). Short-term memory for word sequences as a function of acoustic, semantic, and formal similarity. *Quarterly Journal of Experimental Psychology, 18*, 362–365.

Baddeley, A. D. (1976). *The psychology of memory.* New York, NY: Basic Books.

Baddeley, A. D. (1978). The trouble with levels: A reexamination of Craik and Lockhart's framework for memory research. *Psychological Review, 85*, 139–152.

Baddeley, A. D. (1981). The concept of working memory: A view of its current state and probable future development. *Cognition, 10*, 17–23.

Baddeley, A. D. (1984). Neuropsychological evidence and the semantic/episodic distinction. *Behavioral and Brain Sciences, 7*, 238–239.

Baddeley, A. D. (1986). *Working memory.* New York, NY: Oxford University Press.

Baddeley, A. D. (1990). *Human memory: Theory and practice.* Boston, MA: Allyn & Bacon.

Baddeley, A. [D.] (1992). Is working memory working? *Quarterly Journal of Experimental Psychology, 44A*, 1–31.

Baddeley, A. [D.] (1993a). Working memory and conscious awareness. In A. F. Collins, S. E. Gathercole, M. A. Conway, & P. E. Morris (Eds.), *Theories of memory* (pp. 11–28). Hove, UK: Erlbaum.

Baddeley, A. [D.] (1993b). *Your memory: A user's guide.* London, UK: Multimedia Books.

Baddeley, A. D. (2000). The episodic buffer: A new component of working memory? *Trends in Cognitive Sciences, 4*, 417–423.

Baddeley, A. [D.] (2007). *Working memory, thought, and action.* New York, NY: Oxford University Press.

Baddeley, A. D., & Andrade, J. (2000). Working memory and the vividness of imagery. *Journal of Experimental Psychology: General, 129*, 126–145.

Baddeley, A. D., & Hitch, G. J. (1974). Working memory. In G. A. Bower (Ed.), *The psychology of learning and motivation* (Vol. 8, pp. 47–90). New York, NY: Academic Press.

Bahrick, H. P. (1983). The cognitive map of a city: Fifty years of learning and memory. In G. H. Bower (Ed.), *The psychology of learning and motivation* (Vol. 17, pp. 125–163). New York, NY: Academic Press.

Bahrick, H. P. (1984). Semantic memory content in permastore: Fifty years of memory for Spanish learned in school. *Journal of Experimental Psychology: General, 113*, 1–29.

Baillargeon, R. (1994). How do infants learn about the physical world? *Current Directions in Psychological Science, 3*, 133–140.

Baillargeon, R., & Wang, S. (2002). Event categorization in infancy. *Trends in Cognitive Sciences, 6*, 85–93.

Baltes, P. B., Staudinger, U. M., & Lindenberger, U. (1999). Lifespan psychology: Theory and application to intellectual functioning. *Annual Review of Psychology, 50*, 471–507.

Bandura, A. (2001). Social cognitive theory: An agentic perspective. *Annual Review of Psychology, 52*, 1–26.

Banich, M. T. (1997). *Neuropsychology: The neural base of mental function.* New York, NY: Houghton Mifflin.

Banich, M. T. (2004). *Cognitive neuroscience and neuropsychology* (2nd ed.). Boston, MA: Houghton Mifflin.

Barkley, R. A. (1998). *Attention-deficit hyperactivity disorder: A handbook for diagnosis and treatment* (2nd ed.). New York, NY: Guilford Press.

Barnes, J. M., & Underwood, B. J. (1959). "Fate" of first-list associations in transfer theory. *Journal of Experimental Psychology, 58*, 97–105.

Baron, J. (1985). *Rationality and intelligence.* Cambridge, UK: Cambridge University Press.

Baron, J. (2000). *Thinking and deciding* (3rd ed.). Cambridge, UK: Cambridge University Press.

Baron, J. (2008). *Thinking and deciding* (4th ed.). Cambridge, UK: Cambridge University Press.

Barrett, L. F., Tugade, M. M., & Engle, R. W. (2004). Individual differences in working memory capacity and dual-process theories of the mind. *Psychological Bulletin, 130*, 553–573.

Barrouillet, P. (2011). Dual-process theories of reasoning: The test of development. *Developmental Review, 31*, 151–179.

Barsalou, L. W. (1983). Ad hoc categories. *Memory and Cognition, 11*, 211–227.

Barsalou, L. W. (1985). Ideals, central tendency, and frequency of instantiation as determinants of graded structure in categories. *Journal of Experimental Psychology: Learning, Memory, and Cognition, 11*, 629–654.

Barsalou, L. W. (1987). The instability of graded structure: Implications for the nature of concepts. In U. Neisser (Ed.), *Concepts and conceptual development* (pp. 101–140). New York, NY: Cambridge University Press.

Barsalou, L. W. (1988). The content and organization of autobiographical memories. In U. Neisser & E. Winograd (Eds.), *Remembering reconsidered: Ecological and traditional approaches to the study of memory* (pp. 193–243). New York, NY: Cambridge University Press.

Barsalou, L. W. (2008). Cognitive and neural contributions to understanding the conceptual system. *Current Directions in Psychological Science, 17*, 91–95.

Bartlett, F. C. (1932). *Remembering: A study in experimental and social psychology.* Cambridge, UK: Cambridge University Press.

Bartlett, F. [C.] (1958). *Thinking: An experimental and social study.* New York, NY: Basic Books.

Barton, M. E., & Komatsu, L. K. (1989). Defining features of natural kinds and artifacts. *Journal of Psycholinguistic Research, 18*, 433–447.

Bass, E., & Davis, L. (1988). *The courage to heal: A guide for women survivors of child sexual abuse.* New York, NY: Harper & Row.

Bates, E., Devescovi, A., & Wulfeck, B. (2001). Psycholinguistics: A cross-language perspective. *Annual Review of Psychology, 52*, 369–396.

Beach, L. R. (1993). Broadening the definition of decision making: The role of prechoice screening of options. *Psychological Science, 4*, 215–220.

Beach, L. R., & Mitchell, T. R. (1987). Image theory: Principles, goals, and plans in decision making. *Acta Psychologica, 66*, 201–220.

Bekoff, M., & Allen, C. (2002). The evolution of social play: Interdisciplinary analyses of cognitive processes. In M. Bekoff, C. Allen, & G. M. Burghardt (Eds.), *The cognitive animal: Empirical and theoretical perspectives on animal cognition* (pp. 429–435). Cambridge, MA: MIT Press.

Belenky, M. F., Clinchy, B. M., Goldberger, N. R., & Tarule, J.

M. (1986). *Women's ways of knowing: The development of self, voice, and mind.* New York, NY: Basic Books.

Benbow, C. P., Lubinski, D., Shea, D. L., & Eftekhai-Sanjani, H. (2000). Sex differences in mathematical reasoning ability at age 13: Their status 20 years later. *Psychological Science, 11,* 474–480.

Benbow, C. P., & Stanley, J. C. (1980). Sex differences in mathematical ability: Fact or artifact? *Science, 210,* 1262–1264.

Benbow, C. P., & Stanley, J. C. (1983). Sex differences in mathematical reasoning ability: More facts. *Science, 222,* 1029–1031.

Bender, A. (2011). Cultural variation in numeration systems and their mapping onto the mental number line. *Journal of Cross-Cultural Psychology, 42,* 579–597.

Benfer, R. A., Brent, E. E., Jr., & Furbee, L. (1991). *Expert systems.* Newbury Park, CA: Sage.

Berlin, B., & Kay, P. (1969). *Basic color terms: Their universality and evolution.* Berkeley: University of California Press.

Berntsen, D., & Thomsen, D. K. (2005). Personal memories for remote historical events: Accuracy and clarity of flashbulb memories related to World War II. *Journal of Experimental Psychology: General, 134,* 242–257.

Berry, J. W. (1981). Cultural systems and cognitive styles. In M. P. Friedman, J. P. Das, & N. O'Connor (Eds.), *Intelligence and learning* (pp. 395–406). New York, NY: Plenum.

Berry, J. W. (1984). Towards a universal psychology of cognitive competence. *International Journal of Psychology, 19,* 335–361.

Bhatt, R. S., & Quinn, P. C. (2011). How does learning impact development in infancy? The case of perceptual organization. *Infancy, 16,* 2–38.

Biazak, J. E., Marley, S. C., & Levin, J. R. (2010). Does an activity-based learning strategy improve preschool children's memory for narrative passages? *Early Childhood Research Quarterly, 25,* 515–526.

Biederman, I. (1987). Recognition-by-components: A theory of human image understanding. *Psychological Review, 94,* 115–147.

Biederman, I., & Gerhardstein, P. C. (1993). Recognizing depth-rotated objects: Evidence and conditions for three-dimensional viewpoint invariance. *Journal of Experimental Psychology: Human Perception and Performance, 19,* 1162–1182.

Biederman, I., Glass, A. L., & Stacy, E. W., Jr. (1973). Searching for objects in real-world scenes. *Journal of Experimental Psychology, 97,* 22–27.

Bierwisch, M. (1970). Semantics. In J. Lyons (Ed.), *New horizons in linguistics* (pp. 166–184). Baltimore, MD: Penguin Books.

Bjorklund, D. F. (1997). In search of a metatheory for cognitive development (or, Piaget is dead and I don't feel so good myself). *Child Development, 68,* 144–148.

Bjorklund, D. F., & Green, B. L. (1992). The adaptive nature of cognitive immaturity. *American Psychologist, 47,* 46–54.

Black, I. B. (2004). Plasticity: Introduction. In M. S. Gazzaniga (Ed.), *The cognitive neurosciences* (3rd ed., pp. 107–109). Cambridge, MA: MIT Press.

Blake, R., & Shiffrar, M. (2007). Perception of human motion. *Annual Review of Psychology, 58,* 47–73.

Blanchette, I., & Richards, A. (2004). Reasoning about emotional and neutral materials is logic affected by emotion? *Psychological Science, 15,* 745–752.

Block, J. H. (1976). Issues, problems, and pitfalls in assessing sex differences: A critical review of *The Psychology of Sex Differences. Merrill-Palmer Quarterly, 22,* 283–308.

Bloom, A. H. (1981). *The linguistic shaping of thought: A study in the impact of language on thinking in China and the West.* Hillsdale, NJ: Erlbaum.

Bousfield, W. A. (1953). The occurrence of clustering in recall of randomly arranged associates. *Journal of General Psychology, 49,* 229–240.

Bovet, M. C. (1974). Cognitive processes among illiterate children and adults (S. Opper, Trans.). In J. W. Berry & P. R. Dasen (Eds.), *Culture and cognition: Readings in cross-cultural psychology* (pp. 311–334). London, UK: Methuen.

Bower, G. H. (1970). Imagery as a relational organizer in associative learning. *Journal of Verbal Learning and Verbal Behavior, 9,* 529–533.

Bower, G. H. (1981). Mood and memory. *American Psychologist, 36,* 129–148.

Bower, G. H., Black, J. B., & Turner, T. J. (1979). Scripts in memory for text. *Cognitive Psychology, 11,* 177–220.

Bower, G. H., & Karlin, M. B. (1974). Depth of processing pictures of faces and recognition memory. *Journal of Experimental Psychology, 103,* 751–757.

Bowerman, M. (1973). *Early syntactic development: A cross-linguistic study with special reference to Finnish.* Cambridge, UK: Cambridge University Press.

Braine, M. D. S. (1963). The ontogeny of English phrase structure: The first phase. *Language, 39,* 1–13.

Brainerd, C. J. (1978). The stage question in cognitive-developmental theory. *Behavioral and Brain Sciences, 2,* 173–213.

Bransford, J. D., Barclay, J. R., & Franks, J. J. (1971). Sentence memory: A constructive versus interpretive approach. *Cognitive Psychology, 3,* 193–209.

Bransford, J. D., & Johnson, M. K. (1972). Contextual prerequisites for understanding: Some investigations of comprehension and recall. *Journal of Verbal Learning and Verbal Behavior, 11,* 717–726.

Bressan, P., & Pizzighello, S. (2008). The attentional cost of inattentional blindness. *Cognition, 106,* 370–383.

Brewer, W. L. (1988). Memory for randomly sampled autobiographical events. In U. Neisser & E. Winograd (Eds.), *Remembering reconsidered: Ecological and traditional approaches to the study of memory* (pp. 21–90). New York, NY: Cambridge University Press.

Briand, K. A., & Klein, R. M. (1989). Has feature integration theory come unglued? A reply to Tsal. *Journal of Experimental Psychology: Human Perception and Performance, 15,* 401–406.

Briggs, G. E. (1954). Acquisition, extinction, and recovery functions in retroactive inhibition. *Journal of Experimental Psychology, 47,* 285–293.

Broadbent, D. E. (1958). *Perception and communication.* New York, NY: Pergamon Press.

Brooks, L. R. (1968). Spatial and verbal components of the act of recall. *Canadian Journal of Psychology, 22,* 349–368.

Brooks, L. R. (1978). Nonanalytic concept formation and memory for instances. In E. Rosch & B. B. Lloyd (Eds.), *Cognition and categorization* (pp. 169–211). Hillsdale, NJ: Erlbaum.

Brooks, L. R. (1987). Decentralized control of categorization: The role of prior processing episodes. In U. Neisser (Ed.), *Concepts and conceptual development: Ecological and intellectual factors in categorization* (pp. 141–174). Cambridge, UK: Cambridge University Press.

Brown, A. L., Bransford, J. D., Ferrara, R. A., & Campione, J. C. (1983). Learning, remembering, and understanding. In J. H. Flavell & E. M. Markman (Eds.), *Handbook of child psychology: Vol. 3. Cognitive development* (pp. 77–166). New York, NY: Wiley.

Brown, E. L., & Deffenbacher, K. (1979). *Perception and the senses.* New York, NY: Oxford University Press.

Brown, J. (1958). Some tests of the decay theory of immediate memory. *Quarterly Journal of Experimental Psychology, 10,* 12–21.

Brown, R. (1973). *A first language: The early stages.* Cambridge, MA: Harvard University Press.

Brown, R., & Hanlon, C. (1970). Derivational complexity and order of acquisition in child speech. In J. R. Hayes (Ed.), *Cognition and the development of language* (pp. 11–53). New York, NY: Wiley.

Brown, R., & Kulik, J. (1977). Flashbulb memories. *Cognition, 5,* 73–99.

Browne, B. A., & Cruse, D. F. (1988). The incubation effect: Illusion or illumination? *Human Performance, 1,* 177–185.

Bruner, J. S. (1957). Going beyond the information given. In Colorado University Psychology Department (Eds.), *Contemporary approaches to cognition* (pp. 41–69). Cambridge, MA: Harvard University Press.

Bruner, J. S. (1966). On cognitive growth: II. In J. S. Bruner et al. (Eds.), *Studies in cognitive growth: A collaboration at the Center for Cognitive Studies* (pp. 30–67). New York, NY: Wiley.

Bruner, J. S., Olver, R., Greenfield, P., Hornsby, J. R., Kenney, H. J., Maccoby, M., . . . Sonstroem, A. M. (Eds.). (1966). *Studies in cognitive growth: A collaboration at the Center for Cognitive Studies.* New York, NY: Wiley.

Brunswik, E. (1956). *Perception and the representative design of psychological experiments* (2nd ed.). Berkeley: University of California Press.

Bryan, W. L., & Harter, N. (1899). Studies on the telegraphic language: The acquisition of a hierarchy of habits. *Psychological Review, 6,* 345–375.

Bryant, F. B., & Guilbault, R. L. (2002). "I knew it all along" eventually: The development of hindsight bias in reaction to the Clinton impeachment verdict. *Basic and applied social psychology, 24,* 27–41.

Bugelski, B. R., Kidd, E., & Segmen, J. (1968). Image as a mediator in one-trial paired-associate learning. *Journal of Experimental Psychology, 76,* 69–73.

Burns, B. D., & Vollmeyer, R. (2002). Goal specificity effects on hypothesis testing in problem solving. *Quarterly Journal of Experimental Psychology, 55A,* 241–261.

Butler, A. C., & Roediger, H. L., III. (2008). Feedback enhances the positive effects and reduces the negative effects of multiple-choice testing. *Memory & Cognition, 36,* 604–616.

Butterworth, G. E., Harris, P. L., Leslie, A. M., & Wellman, H. M. (Eds.). (1991). *Perspectives on the child's theory of mind.* Oxford, UK: Oxford University Press.

Cabeza, R., Bruce, V., Kato, T., & Oda, M. (1999). The prototype effect in face recognition: Extensions and limits. *Memory & Cognition, 27,* 139–151.

Cabeza, R., & Nyberg, L. (2000). Imaging cognition II: An empirical review of 275 PET and fMRI studies. *Journal of Cognitive Neuroscience, 12,* 1–47.

Cabeza, R., Rao, S. M., Wagner, A. D., Mayer, A. M., & Schacter, D. L. (2001). Can medial temporal lobe regions distinguish true from false? An event related functional MRI study of veridical and illusory recognition memory. *Proceedings of the National Academy of Sciences, 98,* 4805–4810.

Cacioppo, J. T., & Petty, R. E. (1982). The need for cognition. *Journal of Personality and Social Psychology, 42,* 116–131.

Camaioni, L. (2001). Early language. In G. Bremner & A. Fogel (Eds.), *Blackwell handbook of infant development* (pp. 404–426). Malden, MA: Blackwell.

Campbell, D. T., & Stanley, J. C. (1963). *Experimental and quasi-experimental designs for research.* Chicago, IL: Rand McNally.

Campbell, J. I. D., & Charness, N. (1990). Age-related declines in working-memory skills: Evidence from a complex calculation task. *Developmental Psychology, 26,* 879–888.

Caplan, D. (1994). Language and the brain. In M. A. Gernsbacher (Ed.), *Handbook of psycholinguistics* (pp. 1023–1053). San Diego, CA: Academic Press.

Carlson, L., Zimmer, J. W., & Glover, J. A. (1981). First-letter mnemonics: DAM (Don't Aid Memory). *Journal of General Psychology, 104,* 287–292.

Carlson, N. R. (2013). *Physiology and behavior* (11th ed.). Boston, MA: Allyn & Bacon.

Carmichael, L., Hogan, H. P., & Walter, A. A. (1932). An experimental study of the effect of language on the reproduction of visually perceived form. *Journal of Experimental Psychology, 15,* 73–86.

Carpenter, P. A., & Just, M. A. (1983). What your eyes do while your mind is reading. In K. Rayner (Ed.), *Eye movements in reading: Perceptual and language processes* (pp. 275–307). New York, NY: Academic Press.

Casat, C. D., Pearson, D. A., & Casat, J. P. (2001). Attention-deficit/hyperactivity disorder. In H. B. Vance & A. Pumariega (Eds.), *Clinical assessment of child and adolescent behavior* (pp. 263–306). New York, NY: Wiley.

Case, R. (1978). Intellectual development from birth to adulthood: A neo-Piagetian interpretation. In R. S. Siegler (Ed.), *Children's thinking: What develops?* (pp. 37–72). Hillsdale, NJ: Erlbaum.

Casey, B. J., Giedd, J. N., & Thomas, K. M. (2000). Structural and functional brain development and its relation to cognitive development. *Biological Psychology, 54,* 241–257.

Casey, B. J., Tottenham. N., Listen, C., & Durston, S. (2005). Imaging the developing brain: What have we learned about cognitive development? *Trends in Cognitive Sciences, 9,* 104–110.

Catani, M., Jones, D. K., & Ffytche, D. H. (2005). Perisylvian language networks of the human brain. *Annuals of Neurology,* *57,* 8–16.

Catrambone, R., & Holyoak, K. J. (1989). Overcoming contextual limitations on problem-solving transfer. *Journal of Experimental Psychology: Learning, Memory, and Cognition,* *15,* 1147–1156.

Cavanaugh, J. C. (1993). *Adult development and aging* (2nd ed.). Pacific Grove, CA: Brooks/Cole.

Cave, K. R., & Bichot, N. P. (1999). Visuospatial attention: Beyond a spotlight model. *Psychonomic Bulletin & Review,* *6,* 204–223.

Ceci, S. J., & Roazzi, A. (1994). The effects of context on cognition: Postcards from Brazil. In R. J. Sternberg & R. K. Wagner (Eds.), *Mind in context* (pp. 74–101). Cambridge, UK: Cambridge University Press.

Ceraso, J., & Provitera, A. (1971). Sources of error in syllogistic reasoning. *Cognitive Psychology, 2,* 400–410.

Chabris, C. & Simons, D. (2010). *The invisible gorilla and other ways our intuitions deceive us.* New York, NY: Crown.

Chabris, C. F., Weinberger, A., Fontaine, M., & Simons, D. J. (2011). You do not talk about Fight Club if you do not notice Fight Club: Inattentional blindness for a simulated real-world assault. *i-Perception, 2,* 150–153.

Chambers, D., & Reisberg, D. (1992). What an image depicts depends on what an image means. *Cognitive Psychology, 24,* 145–174.

Chambers, K. L., & Zaragoza, M. S. (2001). Intended and unintended effects of explicit warnings on eyewitness suggestibility: Evidence from source identification tests. *Memory & Cognition, 29,* 1120–1129.

Chapman, L. J., & Chapman, J. P. (1967a). Genesis of popular but erroneous psychodiagnostic observations. *Journal of Abnormal Psychology, 72,* 193–204.

Chapman, L. J., & Chapman, J. P. (1967b). Illusory correlation in observational report. *Journal of Verbal Learning and Verbal Behavior, 6,* 151–155.

Chapman, L. J., & Chapman, J. P. (1969). Illusory correlation as an obstacle to the use of valid psychodiagnostic signs. *Journal of Abnormal Psychology, 74,* 271–280.

Chase, W. G., & Simon, H. A. (1973). Perception in chess. *Cognitive Psychology, 4,* 55–81.

Cherry, E. C. (1953). Some experiments on the recognition of speech, with one and two ears. *Journal of the Acoustical Society of America, 25,* 975–979.

Chi, M. T. H. (1978). Knowledge structures and memory development. In R. S. Siegler (Ed.), *Children's thinking: What develops?* (pp. 73–96). Hillsdale, NJ: Erlbaum.

Chi, M. T. H., Feltovich, P. J., & Glaser, R. (1981). Categorization and representation of physics problems by experts and novices. *Cognitive Science, 5,* 121–125.

Chi, M. T. H., Glaser, R., & Farr, M. (Eds.). (1988). *The nature of expertise.* Hillsdale, NJ: Erlbaum.

Chi, M. T. H., & Koeske, R. D. (1983). Network representation of a child's dinosaur knowledge. *Developmental Psychology, 19,* 29–39.

Chomsky, N. (1957). *Syntactic structures.* The Hague, The Netherlands: Mouton.

Chomsky, N. (1959). A review of Skinner's *Verbal Behavior. Language, 35,* 26–58.

Chomsky, N. (1965). *Aspects of the theory of syntax.* Cambridge, MA: MIT Press.

Christiansen, M. H., & Chater, N. (Eds.). (2001). *Connectionist psycholinguistics.* Westport, CT: Ablex.

Clancy, S. A., Schacter, D. L., McNally, R. J., & Pitman, R. K. (2000). False recognition in women reporting recovered memories of sexual abuse. *Psychological Science, 11,* 26–31.

Clark, A. (2001). *Mindware: An introduction to the philosophy of cognitive science.* New York, NY: Oxford University Press.

Clark, E. V. (1993). *The lexicon in acquisition.* New York, NY: Cambridge University Press.

Clark, H. H., & Clark, E. V. (1977). *Psychology and language.* New York, NY: Harcourt Brace Jovanovich.

Clark, H. H., & Van Der Wege, M. M. (2002). Psycholinguistics. In H. Pashler (Series Ed.) & D. Medin (Vol. Ed.), *Stevens' handbook of experimental psychology: Vol. 2. Memory and cognitive processes* (3rd ed., pp. 209–259). New York, NY: Wiley.

Cofer, C. (1967). Does conceptual organization influence the amount retained in immediate free recall? In B. Kleinmuntz (Ed.), *Concepts and the structure of memory* (pp. 181–214). New York, NY: Wiley.

Cohen, J. (1969). *Statistical power analysis for the behavioral sciences.* New York, NY: Academic Press.

Cohen, N. J. (1997). Memory. In M. T. Banich (Ed.), *Neuropsychology: The neural base of mental function* (pp. 314–367). New York, NY: Houghton Mifflin.

Cohen, N. J., McCloskey, M., & Wible, C. G. (1990). Flashbulb memories and underlying cognitive mechanisms: Reply to Pillemer. *Journal of Experimental Psychology: General, 119,* 97–100.

Cohen, N. J., & Squire, L. R. (1980). Preserved learning and retention of pattern-analyzing skill in amnesia: Dissociation of knowing how and knowing that. *Science, 210,* 207–210.

Cole, M., Gay, J., Glick, J., & Sharp, D. W. (1971). *The cultural context of learning and thinking: An exploration in experimental anthropology.* New York, NY: Basic Books.

Cole, M., & Scribner, S. (1974). *Culture and thought: A psychological introduction.* New York, NY: Wiley.

Collins, A. M., & Loftus, E. F. (1975). A spreading activation theory of semantic processing. *Psychological Review, 82,* 407–428.

Collins, A. [M.], & Michalski, R. (1989). The logic of plausible reasoning: A core theory. *Cognitive Science, 13,* 1–49.

Collins, A. M., & Quillian, M. R. (1969). Retrieval time from semantic memory. *Journal of Verbal Learning and Verbal Behavior, 8,* 240–247.

Coltheart, M. (1980). Iconic memory and visible persistence. *Perception and Psychophysics, 27,* 183–228.

Conrad, C. (1972). Cognitive economy in semantic memory. *Journal of Experimental Psychology, 92,* 149–154.

Conrad, R. (1964). Acoustic confusion in immediate memory. *British Journal of Psychology, 55,* 75–84.

Conway, A. R. A., Cowan, N., & Bunting, M. F. (2001). The cocktail party phenomenon revisited: The importance of working memory capacity. *Psychonomic Bulletin and Review, 8,* 331–335.

Conway, L. G., III, Schaller, M., Tweed, R. G., & Hallett, D. (2001). The complexity of thinking across cultures:

Interactions between culture and situational context. *Social Cognition, 19,* 228–250.

Cooper, L. A. (1975). Mental rotation of random two-dimensional shapes. *Cognitive Psychology, 7,* 20–43.

Cooper, L. A. (1976). Demonstration of a mental analog of an external rotation. *Perception and Psychophysics, 19,* 296–302.

Cooper, L. A., & Shepard, R. N. (1973). The time required to prepare for a rotated stimulus. *Memory and Cognition, 1,* 246–250.

Cooper, L. A., & Shepard, R. N. (1975). Mental transformations in the identification of left and right hands. *Journal of Experimental Psychology: Human Perception and Performance, 1,* 48–56.

Corso, J. F. (1981). *Aging sensory systems and perception.* New York, NY: Praeger.

Cosmides, L. (1989). The logic of social exchange: Has natural selection shaped how humans reason? Studies with the Wason selection task. *Cognition, 31,* 187–276.

Cosmides, L., & Tooby, J. (2000). The cognitive neuroscience of social reasoning. In M. S. Gazzaniga (Ed.), *The new cognitive neurosciences* (pp. 1259–1270). Cambridge, MA: MIT Press.

Cosmides, L., & Tooby, J. (2002). Unraveling the enigma of human intelligence: Evolutionary psychology and the multimodular mind. In R. J. Sternberg & J. C. Kaufman (Eds.), *The evolution of intelligence* (pp. 145–198). Mahwah, NJ: Erlbaum.

Couperus, J. W. (2011). Perceptual load influences selective attention across development. *Developmental Psychology, 47,* 1431–1439.

Cowan, N. (1995). *Attention and memory: An integrated framework.* New York, NY: Oxford University Press.

Cowan, N., Elliott, E. M., Saults, S., Nugent, L. D., Bomb. P., & Hismjatullina, A. (2006). Rethinking speed theories of cognitive development: Increasing the rate of recall. *Psychological Science, 17,* 67–73.

Cowper, E. A. (1992). *A concise introduction to syntactic theory: The government binding approach.* Chicago, IL: University of Chicago Press.

Craik, F. I. M., & Lockhart, R. S. (1972). Levels of processing: A framework for memory research. *Journal of Verbal Learning and Verbal Behavior, 11,* 671–684.

Craik, F. I. M., & Tulving, E. (1975). Depth of processing and retention of words in episodic memory. *Journal of Experimental Psychology: General, 104,* 268–294.

Crowder, R. G. (1972). Visual and auditory memory. In J. F. Kavanaugh & I. G. Mattingly (Eds.), *Language by ear and by eye: The relationships between speech and learning to read* (pp. 251–275). Cambridge, MA: MIT Press.

Crowder, R. G. (1976). *Principles of learning and memory.* Hillsdale, NJ: Erlbaum.

Crowder, R. G. (1993). Short-term memory: Where do we stand? *Memory and Cognition, 21,* 142–145.

Crundall, D., Underwood, G., & Chapman, P. (2002). Attending to the peripheral world while driving. *Applied Cognitive Psychology, 16,* 459–475.

Cuenod, C. A., Bookheimer, S. Y., Hertz-Pannier, L., Zeffiro, T. A., Theodore, W. H., & LeBihan, D. (1995). Functional MRI during word generation, using conventional equipment: A potential tool for language localization in the clinical environment. *Neurology, 45,* 1821–1827.

Damasio, A. R. (1994). *Descartes'error: Emotion, reason, and the human brain.* New York, NY: Avon Books.

Damer, T. E. (1980). *Attacking faulty reasoning* (2nd ed.). Belmont, CA: Wadsworth.

Damian, S. (2011). Spoken vs. sign languages: What's the difference? *Cognition, Brain, Behavior: An Interdisciplinary Journal, 15,* 251–265.

Daneman, M., & Carpenter, P. A. (1980). Individual differences in working memory and reading. *Journal of Verbal Learning and Verbal Behavior, 19,* 450–466.

Dara-Abrams, D. (2005). *Architecture of mind and world: How urban form influences spatial cognition.* Unpublished senior thesis, Carleton College, Northfield, MN.

Dartnall, T. (2002). (Ed.), *Creativity, cognition, and knowledge: An interaction.* Westport, CT: Praeger.

Darwin, C. T., Turvey, M. T., & Crowder, R. G. (1972). An auditory analogue of the Sperling partial report procedure: Evidence for brief auditory storage. *Cognitive Psychology, 3,* 255–267.

Davis, H. P., & Klebe, K. J. (2001). A longitudinal study of the performance of the elderly and young on the Tower of Hanoi puzzle and Rey recall. *Brain and Cognition, 46,* 95–99.

Dawson, M. R. W. (1998). *Understanding cognitive science.* Malden, MA: Blackwell.

de Groot, A. D. (1965). *Thought and choice in chess.* The Hague, The Netherlands: Mouton.

Deaux, K. (1985). Sex and gender. *Annual Review of Psychology, 36,* 49–81.

Del Missier, F., Mäntylä, T., & Bruine de Bruin, W. (2010). Executive function in decision making: An individual differences approach. *Thinking & Reasoning, 16,* 69–97.

Demakis, G. J. (2002). Hindsight bias and the Simpson trial: Use in introductory psychology. In R. A. Griggs (Ed.), *Handbook for teaching introductory psychology: Vol. 3: With an emphasis on assessment* (pp. 242–243). Mahwah, NJ: Erlbaum.

Demers, R. A. (1988). Linguistics and animal communication. In F. J. Newmeyer (Ed.), *Linguistics: The Cambridge survey: Vol. 3. Language: Psychological and biological aspects* (pp. 314–335). Cambridge, UK: Cambridge University Press.

Demetriou, A., Christou, C., Spanoudis, G., & Platsidou, M. (2002). The development of mental processing: Efficiency, working memory, and thinking. *Monographs of the Society for Research in Child Development, 67,* 1–169.

Dempster, F. N. (1981). Memory span: Sources of individual and developmental differences. *Psychological Bulletin, 89,* 63–100.

Deregowski, J. B. (1968). Difficulties in pictorial depth perception in Africa. *British Journal of Psychology, 59,* 195–204.

Deregowski, J. B. (1980). Perception. In H. C. Triandis & W. Lonner (Eds.), *Handbook of cross-cultural psychology: Vol. 3. Basic processes* (pp. 21–115). Boston, MA: Allyn & Bacon.

Deregowski, J. B. (1989). Real space and represented space: Cross-cultural perspectives. *Behavioral and Brain Sciences, 12,* 51–119.

DeRosa, D. V., & Tkacz, S. (1976). Memory scanning of organized visual material. *Journal of Experimental Psychology: Human Learning and Memory, 2,* 688–694.

Desimone, R. (1992). The physiology of memory: Recordings of things past. *Science, 258,* 245–246.

Dewey, J. (1933). *How we think*. Boston, MA: D. C. Heath.

Diamond, A. (1991). Frontal lobe involvement in cognitive changes during the first year of life. In K. R. Gibson & A. C. Petersen (Eds.), *Brain maturation and cognitive development: Comparative and cross-cultural perspectives* (pp. 127–180). New York, NY: Aldine de Gruyter.

Dror, I. E., & Kosslyn, S. M. (1994). Mental imagery and aging. *Psychology and Aging, 9*, 90–102.

Duncker, K. (1945). On problem-solving. *Psychological Monographs, 58*(270).

Dweck, C. S. (1986). Motivational processes affecting learning. *American Psychologist, 41*, 1040–1048.

Dweck, C. S. (1999). *Self theories: Their role in motivation, personality, and development*. Philadelphia, PA: Psychology Press.

Dweck, C. S., & Bush, E. S. (1976). Sex differences in learned helplessness: I. Differential debilitation with peer and adult evaluators. *Developmental Psychology, 12*, 147–156.

Dweck, C. S., Davidson, W., Nelson, S., & Enna, B. (1978). Sex differences in learned helplessness: II. The contingencies of evaluative feedback in the classroom; III. An experimental analysis. *Developmental Psychology, 14*, 268–276.

Dweck, C. S., & Goetz, T. E. (1978). Attributions and learned helplessness. In J. H. Harvey, W. J. Ickes, & R. F. Kidd (Eds.), *New directions in attribution research* (Vol. 2, pp. 157–179). Hillsdale, NJ: Erlbaum.

Dweck, C. S., Goetz, T. E., & Strauss, N. L. (1980). Sex differences in learned helplessness: IV. An experimental and naturalistic study of failure generalization and its mediators. *Journal of Personality and Social Psychology, 38*, 441–452.

Dweck, C. S., & Leggett, E. L. (1988). A social-cognitive approach to motivation and personality. *Psychological Review, 95*, 256–273.

Ebbinghaus, H. (1913). *Memory: A contribution to experimental psychology* (H. A. Ruger & C. E. Bussenius, Trans.). New York, NY: Columbia University, Teacher's College. (Original work published 1885)

Egan, D. E., & Greeno, J. G. (1974). Theory of rule induction: Knowledge acquired in concept learning, serial pattern learning, and problem solving. In L. W. Gregg (Ed.), *Knowledge and cognition* (pp. 43–103). Potomac, MD: Erlbaum.

Eich, E. (1995). Searching for mood dependent memory. *Psychological Science, 6*, 67–75.

Eich, J. E. (1980). The cue-dependent nature of state-dependent retrieval. *Memory and Cognition, 8*, 157–173.

Eimas, P. D. (1985). The perception of speech in early infancy. *Scientific American, 204*, 66–72.

Eimer, M., & Kiss, M. (2010). Top-down search strategies determine attentional capture in visual search: Behavioral and electrophysiological evidence. *Attention, Perception, & Psychophysics, 72*, 951–962.

Engle, R. W. (2002). Working memory capacity as executive attention. *Current Directions in Psychological Science, 11*, 19–23.

Ericsson, K. A., & Simon, H. A. (1984). *Protocol analysis: Verbal reports as data*. Cambridge, MA: MIT Press/Bradford.

Evans, J. St. B. T. (1972). Reasoning with negatives. *British Journal of Psychology, 63*, 213–219.

Evans, J. St. B. T., Barston, J., & Pollard, P. (1983). On the conflict between logic and belief in syllogistic reasoning. *Memory and Cognition, 11*, 295–306.

Fancher, R. E. (1979). *Pioneers of psychology*. New York, NY: Norton.

Farah, M. J. (1985). Psychophysical evidence for a shared representational medium for mental images and percepts. *Journal of Experimental Psychology: General, 114*, 91–103.

Farah, M. J. (1988). Is visual imagery really visual? Overlooked evidence from neuropsychology. *Psychological Review, 95*, 307–317.

Farah, M. J. (1990). *Visual agnosia: Disorders of object recognition and what they tell us about normal vision*. Cambridge, MA: MIT Press.

Farah, M. J., Péronnet, F., Gonon, M. A., & Giard, M. H. (1988). Electrophysiological evidence for a shared representational medium for visual images and visual percepts. *Journal of Experimental Psychology: General, 117*, 248–257.

Farber, D. A., & Beteleva, T. G. (2011). Development of the brain's organization of working memory in young schoolchildren. *Human Physiology, 37*, 1–13.

Feldman, J. A., & Ballard, D. H. (1982). Connectionist models and their properties. *Cognitive Science, 6*, 205–254.

Fiddick, L., Cosmides, L., & Tooby, J. (2000). No interpretation without representation: The role of domain-specific representations and inferences in the Wason selection task. *Cognition, 77*, 1–79.

Finke, R. A. (1989). *Principles of mental imagery*. Cambridge, MA: MIT Press.

Fischhoff, B. (1982). For those condemned to study the past: Heuristics and biases in hindsight. In D. Kahneman, P. Slovic, & A. Tversky (Eds.), *Judgment under uncertainty: Heuristics and biases* (pp. 335–351). Cambridge, UK: Cambridge University Press.

Fivush, R., & Slackman, E. A. (1986). The acquisition and development of scripts. In K. Nelson (Ed.), *Event knowledge: Structure and function in development* (pp. 71–96). Hillsdale, NJ: Erlbaum.

Flavell, J. H. (1985). *Cognitive development* (2nd ed.). Englewood Cliffs, NJ: Prentice Hall.

Flavell, J. H. (1999). Cognitive development: Children's knowledge about the mind. *Annual Review of Psychology, 50*, 21–45.

Flavell, J. H., Beach, D. R., & Chinsky, J. M. (1966). Spontaneous verbal rehearsal in memory task as a function of age. *Child Development, 37*, 283–299.

Flavell, J. H., Friedrichs, A. G., & Hoyt, J. D. (1970). Developmental changes in memorization processes. *Cognitive Psychology, 1*, 324–340.

Flavell, J. H., Green F. L., Flavell, E. R., & Grossman, J. B. (1997). The development of children's knowledge about inner speech. *Child Development, 68*, 39–47.

Fodor, J. A. (1983). *The modularity of mind: An essay on faulty psychology*. Cambridge, MA: MIT Press.

Fodor, J. A. (1985). Précis of *The modularity of mind*. *Behavioral and Brain Sciences, 8*, 1–42.

Fodor, J. A., & Pylyshyn, Z. W. (1981). How direct is visual perception? Some reflections on Gibson's "ecological approach." *Cognition, 9*, 139–196.

Fox, M. (2007). *Talking hands: What sign language reveals about the mind.* New York, NY: Simon & Schuster.

Frisch, D., & Clemen, R. T. (1994). Beyond expected utility: Rethinking behavioral decision research. *Psychological Bulletin, 116,* 46–54.

Frith, C. D., & Friston, K. J. (1997). Studying brain function with neuroimaging. In M. D. Rugg (Ed.), *Cognitive neuroscience* (pp. 169–195). Cambridge, MA: MIT Press.

Fromkin, V., & Rodman, R. (1974). *An introduction to language.* New York, NY: Holt, Rinehart & Winston.

Fukuda, K., & Vogel, E. K. (2011). Individual differences in recovery time from attentional capture. *Psychological Science, 22,* 361–368.

Galotti, K. M. (1989). Approaches to studying formal and everyday reasoning. *Psychological Bulletin, 105,* 331–351.

Galotti, K. M. (1999). Making a "major" real-life decision: College students choosing an academic major. *Journal of Educational Psychology, 91,* 379–387.

Galotti, K. M. (2002). *Making decisions that matter: How people face important life choices.* Mahwah, NJ: Erlbaum.

Galotti, K. M. (2005). Setting goals and making plans: How children and adolescents frame their decisions. In J. E. Jacobs & P. A. Klaczynski (Eds.), *The development of judgment and decision making in children and adolescents* (pp. 303–326). Mahwah, NJ: Erlbaum.

Galotti, K. M. (2011). *Cognitive development: Infancy through adolescence.* Thousand Oaks, CA: Sage.

Galotti, K. M., Baron, J., & Sabini, J. P. (1986). Individual differences in syllogistic reasoning: Deduction rules or mental models? *Journal of Experimental Psychology: General, 115,* 16–25.

Galotti, K. M., Ciner, E., Altenbaumer, H. E., Geerts, H. J., Rupp, A., & Woulfe, J. (2006). Decision-making styles in a real-life decision: Choosing a college major. *Personality and Individual Differences, 41,* 629–639.

Galotti, K. M., Clinchy, B. M., Ainsworth, K. H., Lavin, B., & Mansfield, A. F. (1999). A new way of assessing ways of knowing: The Attitudes Toward Thinking and Learning Survey (ATTLS). *Sex Roles, 40,* 745–766.

Galotti, K. M., & Ganong, W. F., III. (1985). What non-programmers know about programming: Natural language procedure specification. *International Journal of Man-Machine Studies, 22,* 1–10.

Galotti, K. M., & Komatsu, L. K. (1993). Why study deduction? *Behavioral and Brain Sciences, 16,* 350.

Galotti, K. M., Komatsu, L. K., & Voelz, S. (1997). Children's differential performance on deductive and inductive syllogisms. *Developmental Psychology, 33,* 70–78.

Galotti, K. M., & Kozberg, S. F. (1987). Older adolescents' thinking about academic/vocational and interpersonal commitments. *Journal of Youth and Adolescence, 16,* 313–330.

Galotti, K. M., Reimer, R. L., & Drebus, D. W. (2001). Ways of knowing as learning styles: Learning MAGIC with a partner. *Sex Roles, 44,* 419–436.

Galton, F. (1907). *Inquiries into human faculty and its development.* London, UK: J. M. Dent & Sons. (Original work published 1883)

Gardner, B. T., & Gardner, R. A. (1971). Two-way communication with an infant chimpanzee. In A. M. Schrier & F. Stollnitz (Eds.), *Behavior of nonhuman primates* (Vol. 4, pp. 117–184). New York, NY: Academic Press.

Gardner, H. (1983). *Frames of mind: The theory of multiple intelligences.* New York, NY: Basic Books.

Gardner, H. (1985). *The mind's new science: A history of the cognitive revolution.* New York, NY: Basic Books.

Gardner, H. (1993). *Multiple intelligences: The theory in practice.* New York, NY: Basic Books.

Gardner, H. (1999). *Intelligence reframed: Multiple intelligences for the 21st century.* New York, NY: Basic Books.

Garrett, B. (2011). *Brain & behavior: An introduction to biological psychology.* Thousand Oaks, CA: Sage.

Garrett, M. F. (1988). Processes in language production. In F. J. Newmeyer (Ed.), *Linguistics: The Cambridge survey: Vol. 3. Language: Psychological and biological aspects* (pp. 69–96). Cambridge, UK: Cambridge University Press.

Garrett, M. F. (1990). Sentence processing. In D. N. Osherson & H. Lasnik (Eds.), *An invitation to cognitive science: Vol. 1. Language* (pp. 133–175). Cambridge, MA: MIT Press.

Garry, M., & Wade, K. A. (2005). Actually, a picture is worth less than 45 words: Narratives produce more false memories than photographs do. *Psychological Bulletin and Review, 12,* 359–366.

Gathercole, S. E. (1994). Neuropsychology and working memory: A review. *Neuropsychology, 8,* 494–505.

Gathercole, S. E., & Pickering, S. J. (2000). Assessment of working memory in six- and seven-year-old children. *Journal of Educational Psychology, 92,* 377–390.

Gathercole, S. E., Pickering, S. J., Knight, C., & Stegmann, Z. (2004). Working memory skills and educational attainment: Evidence from national curriculum assessments at 7 and 14 years of age. *Applied Cognitive Psychology, 18,* 1–16.

Gauffroy, C., & Barrouillet, P. (2011). The primacy of thinking about possibilities in the development of reasoning. *Developmental Psychology, 47,* 1000–1011.

Gauthier, I., & Tarr, M. J. (1997a). Becoming a "greeble" expert: Exploring mechanisms for face recognition. *Vision Research, 37,* 1673–1682.

Gauthier, I., & Tarr, M. J. (1997b). Orientation priming of novel shapes in the context of viewpoint-dependent recognition. *Perception, 26,* 51–73.

Gauthier, I., Williams, P., Tarr, M. J., & Tanaka, J. (1998). Training "greeble" experts: A framework for studying expert object recognition processes. *Vision Research, 38,* 2401–2428.

Gazzaniga, M. S. (Ed.). (2009). *The cognitive neurosciences* (4th ed). Cambridge, MA: MIT Press.

Gazzaniga, M. S., & Sperry, R. W. (1967). Language after section of the cerebral commissures. *Brain, 90,* 131–148.

Gelman, R. (1979). Preschool thought. *American Psychologist, 34,* 900–905.

Gelman, R., & Baillargeon, R. (1983). A review of some Piagetian concepts. In J. H. Flavell & E. M. Markman (Eds.), *Handbook of child psychology: Vol. 3. Cognitive development* (pp. 167–230). New York, NY: Wiley.

Gelman, R., & Gallistel, C. R. (1978). *The child's understanding of number.* Cambridge, MA: Harvard University Press.

Gernsbacher, M. A. (1993). Less skilled readers have less efficient suppression mechanisms. *Psychological Science, 3,* 294–298.

Gernsbacher, M. A., & Kaschak, M. P. (2003). Neuroimaging studies of language production and comprehension. *Annual Review of Psychology, 54,* 91–114.

Gibbs, R. W., Jr. (1986). What makes some indirect speech acts conventional? *Journal of Memory and Language, 25,* 181–196.

Gibson, E. J. (1969). *Principles of perceptual learning and development.* New York, NY: Meredith.

Gibson, E. J., & Spelke, E. S. (1983). The development of perception. In J. H. Flavell & E. M. Markman (Eds.), *Handbook of child psychology: Vol. 3. Cognitive development* (pp. 1–76). New York, NY: Wiley.

Gibson, J. J. (1950). *The perception of the visual world.* Boston, MA: Houghton Mifflin.

Gibson, J. J. (1979). *The ecological approach to visual perception.* Boston, MA: Houghton Mifflin.

Gibson, J. J., & Gibson, E. J. (1955). Perceptual learning: Differentiation or enrichment? *Psychological Review, 62,* 32–41.

Gick, M. L., & Holyoak, K. J. (1980). Analogical problem solving. *Cognitive Psychology, 12,* 306–355.

Gick, M. L., & Holyoak, K. J. (1983). Schema induction and analogical transfer. *Cognitive Psychology, 15,* 1–38.

Gilhooly, K. J., & Floratou, E. (2009). Executive functions in insight versus non-insight problem solving: An individual differences approach. *Thinking & Reasoning, 15,* 355–376.

Gilligan, C. (1982). *In a different voice: Psychological theory and women's development.* Cambridge, MA: Harvard University Press.

Ginsburg, H. P., & Opper, S. (1988). *Piaget's theory of intellectual development* (3rd ed.). Englewood Cliffs, NJ: Prentice Hall.

Glaser, R., & Chi, M. T. H. (1988). Overview. In M. T. H. Chi, R. Glaser, & M. J. Farr (Eds.), *The nature of expertise* (pp. xv–xxviii). Hillsdale, NJ: Erlbaum.

Glenberg, A. M. (1977). Influences of retrieval process on the spacing effect in free recall. *Journal of Experimental Psychology: Human Learning and Memory, 3,* 282–294.

Globerson, T., & Zelnicker, T. (Eds.). (1989). *Human Development: Vol. 3. Cognitive style and cognitive development.* Norwood, NJ: Ablex.

Gobet, F., & Simon, H. A. (1996). The roles of recognition processes and look-ahead search in time-constrained expert problem solving: Evidence from grand-master-level chess. *Psychological Science, 7,* 52–55.

Godden, D. R., & Baddeley, A. D. (1975). Context dependent memory in two natural environments: On land and underwater. *British Journal of Psychology, 66,* 325–332.

Godden, D. R., & Baddeley, A. D. (1980). When does context influence recognition memory? *British Journal of Psychology, 71,* 99–104.

Goel, V., & Grafman, J. (2000). Role of the prefrontal cortex in ill-structured planning. *Cognitive Neuropsychology, 17,* 415–436.

Goldberger, N., Tarule, J., Clinchy, B., & Belenky, M. (Eds.). (1996). *Knowledge, difference, and power: Essays inspired by women's ways of knowing.* New York, NY: Basic Books.

Goldman, S. R., & Varnhagen, C. K. (1986). Memory for embedded and sequential story structures. *Journal of Memory and Language, 25,* 401–418.

Goldman-Rakic, P. S. (1987). Development of cortical circuitry and cognitive function. *Child Development, 58,* 601–622.

Goldstein, D. G., & Gigerenzer, G. (2011). Reasoning the fast and frugal way: Models of bounded rationality. In G. Gigerenzer & R. Hertwig (Eds.), *Heuristics: The foundations of adaptive behavior* (pp. 33–54). New York: Oxford University Press.

Goodman, N. (1972). *Problems and projects.* Indianapolis, IN: Bobbs-Merrill.

Goody, J., & Watt, I. (1968). The consequences of literacy. In J. Goody (Ed.), *Literacy in traditional societies* (pp. 27–68). Cambridge, UK: Cambridge University Press.

Gould, S. J. (1995). Mismeasure by any measure. In R. Jacoby & N. Glauberman (Eds.), *The bell curve debate: History, documents, opinions* (pp. 3–13). New York, NY: Times Books.

Graesser, A. C., & Clark, L. F. (1985). *The structures and procedures of implicit knowledge.* Norwood, NJ: Ablex.

Graham, E. R., & Burke, D. M. (2011). Aging increases inattentional blindness to the gorilla in our midst. *Psychology and Aging, 26,* 162–166.

Green, K. E., & Schroeder, D. H. (1990). Psychometric quality of the Verbalizer-Visualizer Questionnaire as a measure of cognitive style. *Psychological Reports, 66,* 939–945.

Greenberg, D. L. (2004). President Bush's false "flashbulb" memory of 9/11. *Applied Cognitive Psychology, 18,* 363–370.

Greenberg, S. N., Healy, A. F., Koriat, A., & Kreiner, H. (2004). The GO model: A reconsideration of the role of structural units in guiding and organizing text online. *Psychonomic Bulletin and Review, 11,* 428–433.

Greenfield, P. M. (2005). Paradigms of cultural thought. In K. J. Holyoak & R. G. Morrison (Eds.), *The Cambridge handbook of thinking and reasoning* (pp. 663–682). New York, NY: Cambridge University Press.

Greenfield, P. M., Reich, L. C., & Olver, R. R. (1966). On culture and equivalence: II. In J. S. Bruner et al. (Eds.), *Studies in cognitive growth* (pp. 270–318). New York, NY: Wiley.

Gregory, R. L. (1972). Cognitive contours. *Nature, 238,* 51–52.

Grice, H. P. (1975). Logic and conversation. In P. Cole & J. L. Morgan (Eds.), *Syntax and semantics: Vol. 3. Speech acts* (pp. 41–58). New York, NY: Seminar Press.

Griggs, R. A. (1983). The role of problem content in the selection task and in the THOG problem. In J. St. B. T. Evans (Ed.), *Thinking and reasoning: Psychological approaches* (pp. 16–43). London, UK: Routledge & Kegan Paul.

Griggs, R. A., & Cox, J. R. (1982). The elusive thematic-materials effect in Wason's selection task. *British Journal of Psychology, 73,* 407–420.

Gutchess, A. H., Yoon, C. Luo, T., Feinberg, F., Hedden, T., Jing, Q., . . . Park, D. C. (2006). Categorical organization in free recall across culture and age. *Gerontology, 52,* 314–323.

Haber, R. N. (1983). The impending demise of the icon: A critique of the concept of iconic storage in visual information processing. *Behavioral and Brain Sciences, 6,* 1–54.

Hahn, U., & Chater, N. (1997). Concepts and similarity. In K. Lamberts & D. Shanks (Eds.), *Knowledge, concepts, and categories* (pp. 43–92). Cambridge, MA: MIT Press.

Halford, G. S. (1989). Reflections on 25 years of Piagetian cognitive developmental psychology, 1963–1988. *Human Development, 32,* 325–357.

Halle, M. (1990). Phonology. In D. N. Osherson & H. Lasnik (Eds.), *An invitation to cognitive science: Vol. 1. Language* (pp. 43–68). Cambridge, MA: MIT Press.

Halpern, D. F. (1992). *Sex differences in cognitive abilities* (2nd ed.). Hillsdale, NJ: Erlbaum.

Hampton, J. A. (2007). Typicality, graded membership, and vagueness. *Cognitive Science, 31,* 355–384.

Han, K., & Marvin, C. (2002). Multiple creativities? Investigating domain-specificity of creativity in young children. *Gifted Child Quarterly, 46,* 98–109.

Hannon, E. M., & Richards, A. (2010). Is inattentional blindness related to individual differences in visual working memory capacity or executive control functioning? *Perception, 39,* 309–319.

Harley, T. A. (1995). *The psychology of language: From data to theory.* Hillsdale, NJ: Erlbaum.

Harnad, S. (Ed.). (1987). *Categorical perception.* Cambridge, UK: Cambridge University Press.

Harris, R. J. (1977). Comprehension of pragmatic implications in advertising. *Journal of Applied Psychology, 62,* 603–608.

Harrison, M. A. (2011). College students' prevalence and perceptions of text messaging while driving. *Accident Analysis and Prevention, 43,* 1516–1520.

Hasher, L., & Zacks, R. T. (1984). Automatic processing of fundamental information. *American Psychologist, 39,* 1372–1388.

Hatano, G., Siegler, R. S., Richards, D. D., Inagaki, K., Stavy, R., & Wax, N. (1993). The development of biological knowledge: A multi-national study. *Cognitive Development, 8,* 47–62.

Hauser, M. D. (2000). *Wild minds: What animals really think.* New York, NY: Henry Holt.

Haviland, S. E., & Clark, H. H. (1974). What's new? Acquiring new information as a process in comprehension. *Journal of Verbal Learning and Verbal Behavior, 13,* 512–521.

Hawkins, J., Pea, R. D., Glick, J., & Scribner, S. (1984). "Merds that laugh don't like mushrooms": Evidence for deductive reasoning by preschoolers. *Developmental Psychology, 20,* 584–594.

Healy, A. F., & McNamara, D. S. (1996). Verbal learning and memory: Does the modal model still work? *Annual Review of Psychology, 47,* 143–172.

Hebb, D. O. (1949). *The organization of behavior: A neuropsychological theory.* New York, NY: Wiley.

Hedges, L. V., & Olkin, I. (1985). *Statistical methods for meta-analysis.* New York, NY: Academic Press.

Heider, E. R. (1972). Universals in color naming and memory. *Journal of Experimental Psychology, 93,* 10–20.

Heit, E. (1997). Knowledge and concept learning. In K. Lamberts & D. Shanks (Eds.), *Knowledge, concepts, and categories* (pp. 7–41). Cambridge, MA: MIT Press.

Henle, M. (1962). On the relation between logic and thinking. *Psychological Review, 69,* 366–378.

Hennessey, B. A., & Amabile, T. M. (1988). The conditions of creativity. In R. J. Sternberg (Ed.), *The nature of creativity* (pp. 11–38). Cambridge, UK: Cambridge University Press.

Hergenhahn, B. R. (1986). *An introduction to the history of psychology.* Belmont, CA: Wadsworth.

Herrnstein, R. J., & Murray, C. (1994). *The bell curve: Intelligence and class structure in American life.* New York, NY: Free Press.

Hillner, K. P. (1984). *History and systems of modern psychology: A conceptual approach.* New York, NY: Gardner Press.

Hirst, W., Spelke, E. S., Reaves, C. C., Caharack, G., & Neisser, U. (1980). Dividing attention without alternation or automaticity. *Journal of Experimental Psychology: General, 109,* 98–117.

Hitch, G. J., Towse, J. N., & Hutton, U. (2001). What limits children's working memory span? Theoretical accounts and applications for scholastic development. *Journal of Experimental Psychology: General, 130,* 184–198.

Hochberg, J. E. (1978). *Perception* (2nd ed.). Englewood Cliffs, NJ: Prentice Hall.

Hockett, C. F. (1960). The origin of speech. *Scientific American, 203*(3), 88–96.

Hoelzl, E., Kirchler, E., & Rodler, C. (2002). Hindsight bias in economic expectations: I knew all along what I want to hear. *Journal of Applied Psychology, 87,* 437–443.

Hoffman, R. R., Bamberg, M., Bringmann, W., & Klein, R. (1987). Some historical observations on Ebbinghaus. In D. S. Gorfein & R. R. Hoffman (Eds.), *Memory and learning: The Ebbinghaus Centennial Conference* (pp. 57–76). Hillsdale, NJ: Erlbaum.

Holyoak, K. J., & Nisbett, R. E. (1988). Induction. In R. J. Sternberg & E. E. Smith (Eds.), *The psychology of human thought* (pp. 50–91). Cambridge, UK: Cambridge University Press.

Horn, J. L. (1989). Cognitive diversity: A framework of learning. In P. L. Ackerman, R. J. Sternberg, & R. Glaser (Eds.), *Learning and individual differences: Advances in theory and research* (pp. 61–116). New York, NY: W. H. Freeman.

Horton, D. L., & Mills, C. B. (1984). Human learning and memory. *Annual Review of Psychology, 35,* 361–394.

Howe, M. L., & O'Sullivan, J. T. (1990). The development of strategic memory: Coordinating knowledge, metamemory, and resources. In D. F. Bjorklund (Ed.), *Children's strategies: Contemporary views of cognitive development* (pp. 129–155). Hillsdale, NJ: Erlbaum.

Hubel D. H., & Wiesel T. N. (1959). Receptive fields of single neurons in the cat's striate cortex. *Journal of Physiology, 148,* 574–591.

Hubel, D. H., & Wiesel, T. N. (1962). Receptive fields, binocular interaction, and functional architecture in the cat's visual cortex. *Journal of Physiology, 160,* 106–154.

Hubel, D. H., & Wiesel, T. N. (1968). Receptive fields and functional architecture of monkey striate cortex. *Journal of Physiology, 195,* 215–243.

Hudson, W. (1960). Pictorial depth perception in sub-cultural groups in Africa. *Journal of Social Psychology, 52,* 183–208.

Hudson, W. (1967). The study of the problem of pictorial perception among unacculturated groups. *International Journal of Psychology, 2,* 89–107.

Hunt, E. (1978). Mechanics of verbal ability. *Psychological Review, 85,* 109–130.

Hunt, E. (1986). The heffalump of intelligence. In R. J. Sternberg & D. K. Detterman (Eds.), *What is intelligence? Contemporary viewpoints on its nature and definition* (pp. 101–107). Norwood, NJ: Ablex.

Hunt, E., & Agnoli, F. (1991). The Whorfian hypothesis: A

cognitive psychology perspective. *Psychological Review, 98,* 377–389.

Hunt, E., Lunneborg, C., & Lewis, J. (1975). What does it mean to be highly verbal? *Cognitive Psychology, 7,* 194–227.

Hyde, J. S. (1981). How large are cognitive gender differences? *American Psychologist, 36,* 892–901.

Hyde, J. S., & Linn, M. C. (1988). Gender differences in verbal ability: A meta-analysis. *Psychological Bulletin, 104,* 53–69.

Hyman, I. E., Jr., Husband, T. H., & Billings, F. J. (1995). False memories of childhood experiences. *Applied Cognitive Psychology, 9,* 181–198.

Hyman, I. E., Jr., Boss, S. M., Wise, B. M., McKenzie, K. E., & Caggiano, J. M. (2010). Did you see the unicycling clown? Inattentional blindness while walking and talking on a cell phone. *Applied Cognitive Psychology, 24,* 597–607.

Ingram, D. (1989). *First language acquisition: Method, description, and explanation.* Cambridge, UK: Cambridge University Press.

Intons-Peterson, M. J. (1983). Imagery paradigms: How vulnerable are they to experimenters' expectations? *Journal of Experimental Psychology: Human Perception and Performance, 9,* 394–412.

Irwin, M. H., & McLaughlin, D. H. (1970). Ability and preference in category sorting by Mano schoolchildren and adults. *Journal of Social Psychology, 82,* 15–24.

Irwin, M. H., Schafer, G. N., & Feiden, C. P. (1974). Emic and unfamiliar category sorting of Mano farmers and U.S. undergraduates. *Journal of Cross-Cultural Psychology, 5,* 407–423.

Jacklin, C. N. (1989). Female and male: Issues of gender. *American Psychologist, 44,* 127–133.

James, W. (1983). *The principles of psychology.* Cambridge, MA: Harvard University Press. (Original work published 1890)

Jarvella, R. J. (1971). Syntactic processing of connected speech. *Journal of Verbal Learning and Verbal Behavior, 10,* 409–416.

Jaschinski, U., & Wentura, D. (2002). Misleading postevent information and working memory capacity: An individual differences approach to eyewitness memory. *Applied Cognitive Psychology, 16,* 223–231.

Jenkins, J. M., & Astington, J. W. (1996). Cognitive factors and family structure associated with theory of mind development in young children. *Developmental Psychology, 32,* 70–78.

Ji, L., Peng, K., & Nisbett, R. E. (2000). Culture, control, and perception of relationships in the environment. *Journal of Personality and Social Psychology, 78,* 943–955.

Johansson, G. (1973). Visual perception of biological motion and a model for its analysis. *Perception and Psychophysics, 14,* 201–211.

Johnson, M. K., & Hasher, L. (1987). Human learning and memory. *Annual Review of Psychology, 38,* 631–668.

Johnson, W. A., & Dark, V. J. (1986). Selective attention. *Annual Review of Psychology, 37,* 43–75.

Just, M. A., & Carpenter, P. A. (1980). A theory of reading: From eye fixations to comprehension. *Psychological Review, 87,* 329–354.

Just, M. A., & Carpenter, P. A. (1987). *The psychology of reading and language comprehension.* Boston, MA: Allyn & Bacon.

Kagan, J., Rosman, B. L., Day, D., Albert, J., & Phillips, W. (1964). Information processing in the child: Significance of analytic and reflective attitudes. *Psychological Monographs, 78*(1).

Kagitçibasi, C., & Berry, J. W. (1989). Cross-cultural psychology: Current research and trends. *Annual Review of Psychology, 40,* 493–531.

Kahneman, D. (1973). *Attention and effort.* Englewood Cliffs, NJ: Prentice Hall.

Kahneman, D., & Tversky, A. (1973). On the psychology of prediction. *Psychological Review, 80,* 237–251.

Kahneman, D., & Tversky, A. (1979). Prospect theory: An analysis of decisions under risk. *Econometrica, 47,* 263–291.

Kail, R. (1986). Sources of age differences in speed of processing. *Child Development, 57,* 969–987.

Kail, R. (1988). Developmental functions for speeds of cognitive processes. *Journal of Experimental Child Psychology, 45,* 339–364.

Kail, R., & Hall, L. K. (2001). Distinguishing short-term memory from working memory. *Memory & Cognition, 29,* 1–9.

Kamin, L. J. (1995). Lies, damned lies, and statistics. In R. Jacoby & N. Glauberman (Eds.), *The bell curve debate: History, documents, opinions* (pp. 81–105). New York, NY: Times Books.

Kane, M. J., Bleckley, M. K., Conway, A. R. A., & Engle, R. W. (2001). A controlled-attention view of working-memory capacity. *Journal of Experimental Psychology: General, 130,* 169–183.

Karnath, H-O. (2009). A right perisylvian neural network for human spatial orienting. In M. S. Gazzaniga (Ed.), *The cognitive neurosciences* (4th ed., pp. 259–268). Cambridge, MA: MIT Press.

Kastner, S., McMains, S. A., & Beck, D. M. (2009). Mechanisms of selective attention in the human visual system: Evidence from neuroimaging. In M. S. Gazzaniga (Ed.), *The cognitive neurosciences* (4th ed., pp. 205–218). Cambridge, MA: MIT Press.

Kearins, J. M. (1981). Visual spatial memory in Australian Aboriginal children of desert regions. *Cognitive Psychology, 13,* 434–460.

Keating, D. P., & Bobbitt, B. L. (1978). Individual and developmental differences in cognitive-processing components of mental ability. *Child Development, 49,* 155–167.

Keeney, T. J., Cannizzo, S. R., & Flavell, J. H. (1967). Spontaneous and induced verbal rehearsal in a recall task. *Child Development, 38,* 953–966.

Keil, F. C. (1989). *Concepts, kinds, and cognitive development.* Cambridge, MA: MIT Press.

Kellogg, R. T. (2012). *Fundamentals of Cognitive Psychology* (2nd ed.). Thousand Oaks, CA: Sage.

Kemler, D. G. (1983). Holistic and analytic modes in perceptual and cognitive development. In T. J. Tighe & B. E. Shepp (Eds.), *Perception, cognition, and development: Interactional analyses* (pp. 77–102). Hillsdale, NJ: Erlbaum.

Kempler, D., Metter, E. J., Riege, W. H., Jackson, C. A., Benson, D. F., & Hanson, W. R. (1990). Slowly progressive aphasia: Three cases with language, memory, CT and PET data. *Journal of Neurology, Neurosurgery, and Psychiatry, 53,* 987–993.

Keren, G. (2011). On the definition and possible underpinnings of framing effects: A brief review and critical evaluation. In G. Keren (Ed.), *Perspectives on framing* (pp. 3–33). New York, NY: Psychology Press.

Kerr, N. H. (1983). The role of vision in "visual imagery" experiments: Evidence from the congenitally blind. *Journal of Experimental Psychology: General, 112,* 265–277.

Kim, N. S., & Ahn, W. (2002). The influence of naïve causal theories on lay concepts of mental illness. *American Journal of Psychology, 115,* 33–65.

Kintsch, W., & Keenan, J. (1973). Reading rate and retention as a function of the number of propositions in the base structure of sentences. *Cognitive Psychology, 5,* 257–274.

Kirkpatrick, E. A. (1894). An experimental study of memory. *Psychological Review, 1,* 602–609.

Kitayama, S. (2002). Culture and basic psychological processes— toward a system view of culture: Comment on Oyserman et al. (2002). *Psychological Bulletin, 128,* 89–96.

Kitchin, R. M. (1994). Cognitive maps: What are they and why study them? *Journal of Environmental Psychology, 14,* 1–19.

Klaczynski, P. A., & Fauth, J. M. (1996). Intellectual ability, rationality, and intuitiveness as predictors of warranted and unwarranted optimism for future life events. *Journal of Youth and Adolescence, 25,* 755–773.

Klatzky, R. L. (1980). *Human memory: Structures and processes* (2nd ed.). San Francisco, CA: W. H. Freeman.

Klein, G. (1998). *Sources of power: How people make decisions.* Cambridge, MA: MIT Press.

Klein, G. (2009). *Streetlights and shadows: Searching for the keys to adaptive decision making.* Cambridge, MA: MIT Press.

Knauff, M., & Johnson-Laird, P. N. (2002). Visual imagery can impede reasoning. *Memory & Cognition, 30,* 363–371.

Koffka, K. (1935). *Principles of Gestalt psychology.* New York, NY: Harcourt Brace.

Kogan, N. (1983). Stylistic variation in childhood and adolescence: Creativity, metaphor, and cognitive styles. In J. H. Flavell & E. M. Markman (Eds.), *Handbook of child psychology: Vol. 3. Cognitive development* (pp. 630–706). New York, NY: Wiley.

Komatsu, L. K. (1992). Recent views of conceptual structure. *Psychological Bulletin, 112,* 500–526.

Kozlowski, L. T., & Cutting, J. E. (1977). Recognizing the sex of a walker from a dynamic point-light display. *Perception and Psychophysics, 21,* 575–580.

Kosslyn, S. M. (1973). Scanning visual images: Some structural implications. *Perception and Psychophysics, 14,* 90–94.

Kosslyn, S. M. (1976). Can imagery be distinguished from other forms of internal representation? Evidence from studies of information retrieval times. *Memory and Cognition, 4,* 291–297.

Kosslyn, S. M. (1980). *Image and mind.* Cambridge, MA: Harvard University Press.

Kosslyn, S. M., Ball, T. M., & Reiser, B. J. (1978). Visual images preserve metric spatial information: Evidence from studies of image scanning. *Journal of Experimental Psychology: Human Perception and Performance, 4,* 47–60.

Kosslyn, S. M., & Ochsner, K. N. (1994). In search of occipital activation during visual mental imagery. *Trends in Neuroscience, 17,* 290–292.

Kosslyn, S. M., Reiser, B. J., Farah, M. J., & Fliegel, S. L. (1983).

Generating visual images: Units and relations. *Journal of Experimental Psychology: General, 112,* 278–303.

Kosslyn, S. M., Thompson, W. L., Kim, I. J., & Alpert, N. M. (1995). Topographical representations of mental images in primary visual cortex. *Nature, 378,* 496–498.

Kruglanski, A. W., & Gigerenzer, G. (2011). Intuitive and deliberate judgments are based on common principles. *Psychological Review, 118,* 97–109.

Kubilius, J., Wagemans, J., & Op de Beeck, H. P. (2011). Emergence of perceptual Gestalts in the human visual cortex: The case of the configural-superiority effect. *Psychological Science, 22,* 1296–1303.

Kuhn, D. (2006). Do cognitive changes accompany developments in the adolescent brain? *Perspectives on Psychological Science, 1,* 59–67.

Kung, H. F. (1993). SPECT and PET ligands for CNS imaging. *Neurotransmissions, 9*(4), 1–6.

LaBerge, D. (1995). *Attentional processing: The brain's art of mindfulness.* Cambridge, MA: Harvard University Press.

Laboratory of Comparative Human Cognition. (1983). Culture and cognitive development. In W. Kessen (Ed.), *Handbook of child psychology* (4th ed., Vol. 1, pp. 295–356). New York, NY: Wiley.

Lachman, R., Lachman, J. L., & Butterfield, E. C. (1979). *Cognitive psychology and information processing: An introduction.* Hillsdale, NJ: Erlbaum.

Lamberts, K., & Shanks, D. (Eds.). (1997). *Knowledge, concepts, and categories.* Cambridge, MA: MIT Press.

Landauer, T. K. (1986). How much do people remember? Some estimates of the quantity of learned information in long-term memory. *Cognitive Science, 10,* 477–493.

Lane, S. M., Mather, M., Villa, D., & Morita, S. K. (2001). How events are reviewed matters: Effects of varied focus on eyewitness suggestibility. *Memory & Cognition, 29,* 940–947.

Langley, P., & Jones, R. (1988). A computational model of scientific insight. In R. J. Sternberg (Ed.), *The nature of creativity: Contemporary psychological perspectives* (pp. 177–201). Cambridge, UK: Cambridge University Press.

Lashley, K. S. (1929). *Brain mechanisms and intelligence.* Chicago, IL: University of Chicago Press.

Lave, J. (1988). *Cognition in practice.* Cambridge, UK: Cambridge University Press.

Lave, J., Murtaugh, M., & de la Rocha, O. (1984). The dialectic of arithmetic in grocery shopping. In B. Rogoff & J. Lave (Eds.), *Everyday cognition: Its development in social context* (pp. 67–94). Cambridge, MA: Harvard University Press.

Lea, G. (1975). Chronometric analysis of the method of loci. *Journal of Experimental Psychology: Human Perception and Performance, 1,* 95–104.

Lerner, R. M. (1990). Plasticity, person–context relations, and cognitive training in the aged years: A developmental contextual perspective. *Developmental Psychology, 26,* 911–915.

Lesgold, A. (1988). Problem solving. In R. J. Sternberg & E. E. Smith (Eds.), *The psychology of human thought* (pp. 188–213). Cambridge, UK: Cambridge University Press.

Lesgold, A., Rubinson, H., Feltovich, P., Glaser, R., Klopfer, D., & Wang, Y. (1988). Expertise in a complex skill: Diagnosing x-ray pictures. In M. T. H. Chi, R. Glaser, & M. J. Farr

(Eds.), *The nature of expertise* (pp. 311–342). Hillsdale, NJ: Erlbaum.

Lettvin, J. Y., Maturana, H. R., McCullogh, W. S., & Pitts, W. H. (1959). What the frog's eye tells the frog's brain. *Proceedings of the Institute of Radio Engineering, 47,* 1940–1941.

Levine, S. C., Vasilyeva, M., Lourenco, S. F., Newcombe, N. S., & Huttenlocher, J. (2005). Socioeconomic status modifies the sex difference in spatial skill. *Psychological Science, 16,* 841–845.

Levinson, S. C. (2000). *Presumptive meanings.* Cambridge, MA: MIT Press.

Levinson, S. C., Kita, S., Haun, D. B. M., & Rasch, B. H. (2002). Returning the tables: Language affects spatial reasoning. *Cognition, 84,* 265–294.

Levy, J., & Heller, W. (1992). Gender differences in human neuropsychological function. In A. A. Gerall, H. Moltz, & I. L. Ward (Eds.), *Handbook of behavioral neurobiology* (Vol. 11, pp. 245–274). New York, NY: Plenum Press.

Li, P., & Gleitman, L. (2002). Turning the tables: language and spatial reasoning. *Cognition, 83,* 265–294.

Liao, H., & Yeh, S. (2011). Interaction between stimulus-driven orienting and top-down modulation in attentional capture. *Acta Psychologica, 138,* 52–59.

Lichtenstein, S., Fischhoff, B., & Phillips, L.D. (1982). Calibration of probabilities: The state of the art to 1980. In D. Kahneman, P. Slovic, & A. Tversky (Eds.), *Judgment under uncertainty: Heuristics and biases* (pp. 306–334). Cambridge, UK: Cambridge University Press.

Liddell, C. (1997). Every picture tells a story—or does it? Young South African children interpreting pictures. *Journal of Cross-Cultural Psychology, 28,* 266–283.

Lin, E. L., & Murphy, G. L. (2001). Thematic relations in adults' concepts. *Journal of Experimental Psychology: General, 130,* 3–28.

Lindsay, D. S., & Read, J. D. (1994). Psychotherapy and memories of childhood sexual abuse: A cognitive perspective. *Applied Cognitive Psychology, 8,* 281–338.

Linn, M. C., & Petersen, A. C. (1985). Emergence and characterization of sex differences in spatial ability: A meta-analysis. *Child Development, 56,* 1479–1498.

Linton, M. (1975). Memory for real-world events. In D. A. Norman & D. E. Rumelhart (Eds.), *Explorations in cognition* (pp. 376–404). San Francisco, CA: W. H. Freeman.

Linton, M. (1982). Transformations of memory in everyday life. In U. Neisser (Ed.), *Memory observed: Remembering in natural contexts* (pp. 77–91). San Francisco, CA: W. H. Freeman.

Lipshitz, R., Klein, G., Orasanu, J., & Salas, E. (2001). Taking stock of naturalistic decision making. *Journal of Behavioral Decision Making, 14,* 331–352.

Lisker, L., & Abramson, A. S. (1970). The voicing dimension: Some experiments in comparative phonetics. In B. Hála, M. Romportl, & P. Janota (Eds.), *Proceedings of the Sixth International Congress of Phonetic Sciences: Held at Prague 7–13 September 1967* (pp. 563–567). Prague, Czechoslovakia: Academia Publishing House of the Czechoslovak Academy of Sciences.

Liu, L. G. (1985). Reasoning counterfactually in Chinese: Are there any obstacles? *Cognition, 21,* 239–270.

Locke, J. (1964). *An essay concerning human understanding* (A. D. Woozley, Ed.). New York, NY: New American Library. (Original work published 1690)

Loftus, E. F. (1975). Leading questions and the eyewitness report. *Cognitive Psychology, 7,* 560–572.

Loftus, E. F. (1979). *Eyewitness testimony.* Cambridge, MA: Harvard University Press.

Loftus, E. F. (1993). The reality of repressed memories. *American Psychologist, 48,* 518–537.

Loftus, E. F. (2000). Remembering what never happened. In E. Tulving (Ed.), *Memory, consciousness, and the brain* (pp. 106–118). Philadelphia, PA: Psychology Press.

Loftus, E. F., & Ketcham, K. (1994). *The myth of repressed memory.* New York, NY: St. Martin's Press.

Loftus, E. F., & Pickrell, J. E. (1995). The formation of false memories. *Psychiatric Annals, 25,* 720–725.

Logan, G. D., & Etherton, J. L. (1994). What is learned during automatization? The role of attention in constructing an instance. *Journal of Experimental Psychology: Learning, Memory, and Cognition, 20,* 1022–1050.

Logan, G. D., Schachar, R. J., & Tannock, R. (2000). Executive control problems in childhood psychopathology: Stop-signal studies of attention deficit hyperactivity disorder. In S. Monsell & J. Driver (Eds.), *Attention and performance XVIII: Control of mental processes* (pp. 653–677). Cambridge, MA: Bradford.

Logan, G. D., Taylor, S. E., & Etherton, J. L. (1996). Attention in the acquisition and expression of automaticity. *Journal of Experimental Psychology: Learning, Memory, and Cognition, 22,* 620–638.

Loring-Meier, S., & Halpern, D. F. (1999). Sex differences in visuospatial working memory: Components of cognitive processing. *Psychonomic Bulletin and Review, 6,* 464–471.

Lubinski, D., Webb, R. M., Morelock, M. J., & Benbow, C. P. (2001). Top 1 in 10,000: A 10-year follow-up of the profoundly gifted. *Journal of Applied Psychology, 86,* 718–729.

Luchins, A. S. (1942). Mechanization in problem solving: The effect of *Einstellung. Psychological Monographs, 54*(248).

Luck, S. J., & Mangun, G. R. (2009). Attention: Introduction. In M. Gazzaniga (Ed.), *The cognitive neurosciences* (pp. 185–187). Cambridge, MA: MIT Press.

Luger, G. F. (1994). *Cognitive science: The science of intelligent systems.* San Diego, CA: Academic Press.

Luria, A. R. (1976). *Cognitive development: Its cultural and social foundations* (M. Cole, Ed.; M. Lopez-Morillas & L. Solotaroff, Trans.). Cambridge, MA: Harvard University Press.

Maccoby, E. E., & Jacklin, C. N. (1974). *The psychology of sex differences.* Stanford, CA: Stanford University Press.

Maciej, J., Nitsch, M., & Vollrath, M. (2011). Conversing while driving: The importance of visual information for conversation modulation. *Transportation Research Part F, 14,* 512–524.

Mack, A. (2003). Inattentional blindness: Looking without seeing. *Current Directions in Psychological Science, 12,* 180–184.

MacLeod, C. M. (1991). Half a century of research on the Stroop effect: An integrative review. *Psychological Bulletin, 109,* 163–203.

Maier, N. R. F. (1930). Reasoning in humans: I. On direction. *Journal of Comparative Physiological Psychology, 10,* 115–143.

Maier, N. R. F. (1931). Reasoning in humans: II. The solution of a problem and its appearance in consciousness. *Journal of Comparative Physiological Psychology, 12,* 181–194.

Malpass, R. S., & Poortinga, Y. H. (1986). Strategies for design and analysis. In W. J. Lonner & J. W. Berry (Eds.), *Field methods in cross-cultural research* (pp. 47–83). Beverly Hills, CA: Sage.

Mandler, G. (1967). Organization and memory. In K. W. Spence & J. T. Spence (Eds.), *The psychology of learning and motivation* (Vol. 1, pp. 327–372). New York, NY: Academic Press.

Mandler, J. M., & Johnson, N. S. (1977). Remembrance of things parsed: Story structure and recall. *Cognitive Psychology, 9,* 111–151.

Markman, E. M. (1979). Realizing that you don't understand: Elementary school children's awareness of inconsistencies. *Child Development, 50,* 643–655.

Markman, E. M., & Gorin, L. (1981). Children's ability to adjust their standards for evaluating comprehension. *Journal of Educational Psychology, 73,* 320–325.

Markovits, H., Doyon, C., & Simoneau, M. (2002). Individual differences in working memory and conditional reasoning with concrete and abstract content. *Thinking & Reasoning, 8,* 97–107.

Marr, D. (1982). *Vision: A computational investigation into the human representation and processing of visual information.* San Francisco, CA: W. H. Freeman.

Marrs, H., & Benton, S. L. (2009). Relationships between separate and connected knowing and approaches to learning. *Sex Roles, 60,* 57–66.

Marslen-Wilson, W., & Welsh, A. (1978). Processing interactions and lexical access during word recognition in continuous speech. *Cognitive Psychology, 10,* 29–63.

Martin, K. A., Moritz, S. E., & Hall, C. R. (1999). Imagery use in sport: A literature review and applied model. *Sport Psychologist, 13,* 245–268.

Massaro, D. W. (1979). Letter information and orthographic context in word perception. *Journal of Experimental Psychology: Human Perception and Performance, 5,* 595–609.

Massaro, D. W., & Cohen, M. M. (1983). Evaluation and integration of visual and auditory information in speech perception. *Journal of Experimental Psychology: Human Perception and Performance, 9,* 753–771.

Massaro, D. W., & Loftus, G. R. (1996). Sensory and perceptual storage: Data and theory. In E. L. Bjork & R. A. Bjork (Eds.), *Memory* (pp. 67–99). San Diego, CA: Academic Press.

Masuda, T., & Nisbett, R. E. (2006). Culture and change blindness. *Cognitive Science, 30,* 381–399.

Matlin, M. W. (1988). *Sensation and perception* (2nd ed.). Boston, MA: Allyn & Bacon.

McClelland, J. L. (1988). Connectionist models and psychological evidence. *Journal of Memory and Language, 27,* 107–123.

McClelland, J. L. (2000). Connectionist models of memory. In E. Tulving & F. I. M. Craik (Eds.), *The Oxford handbook of memory* (pp. 583–596). New York, NY: Oxford University Press.

McClelland, J. L., & Rumelhart, D. E. (1981). An interactive activation model of context effects in letter perception: Part 1. An account of basic findings. *Psychological Review, 88,* 375–407.

McCloskey, M. E., & Glucksberg, S. (1978). Natural categories: Well defined or fuzzy sets? *Memory and Cognition, 6,* 462–472.

McCloskey, M. [E.], Wible, C. G., & Cohen, N. J. (1988). Is there a special flashbulb-memory mechanism? *Journal of Experimental Psychology: General, 117,* 171–181.

McCloy, R., Beaman, C. P., Frosch, C. A., & Goddard, K. (2010). Fast and frugal framing effects? *Journal of Experimental Psychology: Learning, Memory, and Cognition, 36,* 1043–1052.

McDowd, J. M., & Craik, F. I. M. (1988). Effects of aging and task difficulty on divided attention performance. *Journal of Experimental Psychology: Human Perception and Performance, 14,* 267–280.

McGaugh, J. L. (2000). Memory—A century of consolidation. *Science, 287,* 248–251.

McGee, M. G. (1979). Human spatial abilities: Psychometric studies and environmental, genetic, hormonal, and neurological influences. *Psychological Bulletin, 86,* 889–918.

McGeoch, J. A. (1932). Forgetting and the law of disuse. *Psychological Review, 39,* 352–370.

McKoon, G., Ratcliff, R., & Dell, G. S. (1986). A critical evaluation of the semantic-episodic distinction. *Journal of Experimental Psychology: Learning, Memory, and Cognition, 12,* 295–306.

McNeill, D. (1966). Developmental psycholinguistics. In F. Smith & G. A. Miller (Eds.), *The genesis of language: A psycholinguistic approach* (pp. 15–84). Cambridge, MA: MIT Press.

McRae, K. (2004). Semantic memory: Some insights from feature-based connectionist attractor networks. *Psychology of Learning and Motivation, 45,* 41–86.

Medin, D. L. (1989). Concepts and conceptual structure. *American Psychologist, 44,* 1469–1481.

Medin, D. L., Lynch, E. B., & Solomon, K. O. (2000). Are there kinds of concepts? *Annual Review of Psychology, 51,* 121–147.

Medin, D. L., & Smith, E. E. (1984). Concepts and concept formation. *Annual Review of Psychology, 35,* 113–138.

Meehan, A. M. (1984). A meta-analysis of sex differences in formal operational thought. *Child Development, 55,* 1110–1124.

Melton, A. W. (1963). Implications of short-term memory for a general theory of memory. *Journal of Verbal Learning and Verbal Behavior, 2,* 1–21.

Menon, V., Boyett-Anderson, J. M., Schatzberg, A. F., & Reiss, A. L. (2002). Relating semantic and episodic memory systems. *Cognitive Brain Research, 13,* 261–265.

Mervis, C. B. (1980). Category structure and the development of categorization. In R. Spiro, B. C. Bruce, & W. F. Brewer (Eds.), *Theoretical issues in reading comprehension* (pp. 279–307). Hillsdale, NJ: Erlbaum.

Mervis, C. B., Catlin, J., & Rosch, E. (1976). Relationships among goodness-of-example, category norms, and word frequency. *Bulletin of the Psychonomic Society, 7,* 283–284.

Meyer, D. E., & Schvaneveldt, R. W. (1971). Facilitation in

recognizing pairs of words: Evidence of a dependence between retrieval operations. *Journal of Experimental Psychology, 90,* 227–234.

Michaels, C. F., & Carello, C. (1981). *Direct perception.* Englewood Cliffs, NJ: Prentice Hall.

Milham, M. P., Banich, M. T., Webb, A., Barad, V., Cohen, N. J., Wszalek, T., & Kramer, A. F. (2001). The relative involvement of anterior cingulate and prefrontal cortex in attentional control depends on nature of conflict. *Cognitive Brain Research, 12,* 467–473.

Miller, G. A. (1956). The magical number seven, plus or minus two: Some limits on our capacity for processing information. *Psychological Review, 63,* 81–97.

Miller, G. A., & Glucksberg, S. (1988). Psycholinguistic aspects of pragmatics and semantics. In R. C. Atkinson (Ed.), *Stevens' handbook of experimental psychology: Vol. 2. Learning and cognition* (2nd ed., pp. 417–472). New York, NY: Wiley.

Miller, G. A., & Johnson-Laird, P. N. (1976). *Language and perception.* Cambridge, MA: Harvard University Press.

Miller, G. A., & Nicely, P. (1955). An analysis of perceptual confusions among some English consonants. *Journal of the Acoustical Society of America, 27,* 338–352.

Miller, J. L. (1990). Speech perception. In D. N. Osherson & H. Lasnik (Eds.), *An invitation to cognitive science: Vol. 1. Language* (pp. 69–93). Cambridge, MA: MIT Press.

Miller, K. F., Smith, C. M., Zhu, J., & Zhang, H. (1995). Preschool origins of cross-national differences in mathematical competence: The role of number-naming systems. *Psychological Science, 6,* 56–60.

Miller, P. H. (2002). *Theories of developmental psychology* (4th ed.). New York, NY: Worth.

Miller, P. H. (2011). *Theories of developmental psychology* (5th ed.). New York, NY: Worth.

Miller, P. H., Haynes, V. F., DeMarie-Dreblow, D., & Woody-Ramsey, J. (1986). Children's strategies for gathering information in three tasks. *Child Development, 57,* 1429–1439.

Mitchell, T. R., & Beach, L. R. (1990). " . . . Do I love thee? Let me count . . .": Toward an understanding of intuitive and automatic decision making. *Organizational Behavior and Human Decision Processes, 47,* 1–20.

Miyake, A. (2001). Individual differences in working memory: Introduction to the special section. *Journal of Experimental Psychology: General, 130,* 163–168.

Miyamoto, Y., Nisbett, R. E., & Masuda, T. (2006). Culture and the physical environment: Holistic versus analytic perceptual affordances. *Psychological Science, 17,* 113–119.

Miyashita, Y. (1995). How the brain creates imagery: Projection to primary visual cortex. *Science, 268,* 1719–1720.

Moates, D. R., & Schumacher, G. M. (1980). *An introduction to cognitive psychology.* Belmont, CA: Wadsworth.

Montello, D. R. (2005). Navigation. In P. Shah & A. Miyake (Eds.), *The Cambridge handbook of visuospatial thinking* (pp. 257–294). New York, NY: Cambridge University Press.

Moray, N. (1959). Attention in dichotic listening: Affective cues and the influence of instructions. *Quarterly Journal of Experimental Psychology, 11,* 56–60.

Moray, N., Bates, A., & Barnett, T. (1965). Experiments on the

four-eared man. *Journal of the Acoustical Society of America, 38,* 196–201.

Moshman, D. (2005). *Adolescent psychological development: Rationality, morality, and identity* (2nd ed.). Mahwah, NJ: Erlbaum.

Moshman, D., & Franks, B. A. (1986). Development of the concept of inferential validity. *Child Development, 57,* 153–165.

Moyer, R. S. (1973). Comparing objects in memory: Evidence suggesting an internal psychophysics. *Perception and Psychophysics, 13,* 180–184.

Mozer, M. C. (2002). Frames of reference in unilateral neglect and visual perception: A computational perspective. *Psychological Bulletin, 109,* 156–185.

Murdock, B. B. (1962). The serial position effect of free recall. *Journal of Experimental Psychology, 62,* 482–488.

Murphy, G. L. (2005). The study of concepts inside and outside the laboratory: Medin versus Medin. In W. Ahn, R. L. Goldstone, B. C. Love, A. B. Markman, & P. Wolff (Eds.), *Categorization inside and outside the laboratory: Essays in honor of Douglas L. Medin* (pp. 179–196). Washington, DC: American Psychological Association.

Murphy, G. L., & Medin, D. L. (1985). The role of theories in conceptual coherence. *Psychological Review, 92,* 289–316.

Murray, D. J. (1988). *A history of Western psychology* (2nd ed.). Englewood Cliffs, NJ: Prentice Hall.

Murtaugh, M. (1985). The practice of arithmetic by American grocery shoppers. *Anthropology and Education Quarterly, 16,* 186–192.

Nairne, J. S. (2002). Remembering over the short term: The case against the standard model. *Annual Review of Psychology, 53,* 53–81.

Neath, I., & Surprenant, A. (2003). *Human memory* (2nd ed.). Belmont, CA: Wadsworth.

Neely, J. H. (1990). Semantic priming effects in visual word recognition: A selective review of current findings and theories. In D. Besner & G. Humphreys (Eds.), *Basic processes in reading: Visual word recognition.* Hillsdale, NJ: Erlbaum.

Neimark, E. D., & Chapman, R. H. (1975). Development of the comprehension of logical quantifiers. In R. J. Falmagne (Ed.), *Reasoning: Representation and process* (pp. 135–151). Hillsdale, NJ: Erlbaum.

Neisser, U. (1963). Decision-time without reaction-time: Experiments in visual scanning. *American Journal of Psychology, 76,* 376–385.

Neisser, U. (1967). *Cognitive psychology.* New York, NY: Appleton-Century-Crofts.

Neisser, U. (1976). *Cognition and reality: Principles and implications of cognitive psychology.* San Francisco, CA: W. H. Freeman.

Neisser, U. (1982a). Memory: What are the important questions? In U. Neisser (Ed.), *Memory observed: Remembering in natural contexts* (pp. 3–19). San Francisco, CQ: W. H. Freeman.

Neisser, U. (1982b). Snapshots or benchmarks? In U. Neisser (Ed.), *Memory observed: Remembering in natural contexts* (pp. 43–48). San Francisco, CA: W. H. Freeman.

Neisser, U. (1983). The rise and fall of the sensory register. *Behavioral* and Brain Sciences, 6, 35.

Neisser, U. (1987). Introduction: The ecological and intellectual bases of categorization. In U. Neisser (Ed.), *Concepts and conceptual development: Ecological and intellectual factors in categorization* (pp. 1–10). Cambridge, UK: Cambridge University Press.

Neisser, U., & Becklen, R. (1975). Selective looking: Attending to visually specified events. *Cognitive Psychology, 7,* 480–494.

Nelson, K. (1986). Event knowledge and cognitive development. In K. Nelson (Ed.), *Event knowledge: Structure and function in development* (pp. 1–20). Hillsdale, NJ: Erlbaum.

Nelson, K., & Gruendel, J. M. (1981). Generalized event representation: Basic building blocks of cognitive development. In A. Brown & M. Lamb (Eds.), *Advances in developmental psychology* (Vol. 1, pp. 131–158). Hillsdale, NJ: Erlbaum.

Newcombe, N. S. (2002). The nativist-empiricist controversy in the context of recent research on spatial and quantitative development. *Psychological Science, 13,* 395–401.

Newell, A. (1980). Reasoning, problem solving, and decision processes: The problem space as a fundamental category. In R. S. Nickerson (Ed.), *Attention and performance VIII* (pp. 693–718). Hillsdale, NJ: Erlbaum.

Newell, A., & Simon, H. A. (1972). *Human problem-solving.* Englewood Cliffs, NJ: Prentice Hall.

Nickerson, R. S., & Adams, M. J. (1979). Long-term memory for a common object. *Cognitive Psychology, 11,* 287–307.

Nielsen, B. D., Pickett, C. L., & Simonton, D. K. (2008). Conceptual versus experimental creativity: Which works best on convergent and divergent thinking tasks. *Psychology of Aesthetics, Creativity and the Arts, 2,* 131–138.

Nilsson, N. J. (1998). *Artificial intelligence: A new synthesis.* San Francisco, CA: Morgan Kaufman.

Nisbett, R. E., & Norenzayan, A. (2002). Culture and cognition. In H. Pashler (Series Ed.) & D. Medin (Vol. Ed.), *Stevens' handbook of experimental psychology: Vol. 2. Memory and cognitive processes* (3rd ed., pp. 561–597). New York, NY: Wiley.

Nisbett, R. E., Peng, K., Choi, I., & Norenzayan, A. (2001). Culture and systems of thought: Holistic vs. analytic cognition. *Psychological Review, 108,* 291–310.

Norenzayan, A., Choi, I., & Nisbett, R. E. (2002). Cultural similarities and differences in social inference: Evidence from behavioral predictions and lay theories of behavior. *Personality and Social Psychology Bulletin, 28,* 109–120.

Norenzayan, A., & Nisbett, R. E. (2000). Culture and causal cognition. *Current Directions in Psychological Science, 9,* 132–135.

Norenzayan, A., Smith, E. E., Kim, B. J., & Nisbett, R. E. (2002). Cultural preferences for formal versus intuitive reasoning. *Cognitive Science, 26,* 653–684.

Norman, D. A., & Bobrow, D. G. (1975). On data-limited and resource-limited processes. *Cognitive Psychology, 7,* 44–64.

Nowakowski, R. S. (1987). Basic concepts of CNS development. *Child Development, 58,* 568–595.

Nowakowski, R. S., & Hayes, N. L. (2002). General principles of CNS development. In M. H. Johnson, Y. Munakata, & R.

O. Gilmore (Eds.), *Brain development and cognition: A reader* (2nd ed.). Oxford, UK: Blackwell.

Nuñez, R. E. (2011). No innate number line in the human brain. *Journal of Cross-Cultural Psychology, 42,* 651–668.

Nyberg, L., & Cabeza, R. (2000). Brain imaging of memory. In E. Tulving & F. I. M. Craik (Eds.), *The Oxford handbook of memory* (pp. 501–519). Oxford, UK: Oxford University Press.

Nyberg, L., Forkstam, C., Petersson, K. M., Cabeza, R., & Ingvar, M. (2002). Brain imaging of human memory systems: Between-systems similarities and within-systems differences. *Cognitive Brain Research, 13,* 281–292.

Oakes, J. (1990). *Lost talent: The underparticipation of women, minorities, and disabled persons in science* (Rep. No. R-3774-NSF/RC). Santa Monica, CA: Rand. (ERIC Document Reproduction Service No. ED318640)

O'Craven, K. M., & Kanwisher, N. (2000). Mental imagery of faces and places activates corresponding stimulus-specific brain regions. *Journal of Cognitive Neuroscience, 12,* 1013–1023.

Olton, R. M. (1979). Experimental studies of incubation: Searching for the elusive. *Journal of Creative Behavior, 13,* 9–22.

Olver, R. R., & Hornsby, J. R. (1966). On equivalence. In J. S. Bruner et al. (Eds.), *Studies in cognitive growth: A collaboration at the Center for Cognitive Studies* (pp. 68–85). New York, NY: Wiley.

Orne, M. T. (1962). On the social psychology of the psychology experiment: With particular reference to demand characteristics and their implication. *American Psychologist, 17,* 776–783.

Ornstein, P. A., & Naus, M. J. (1978). Rehearsal processes in children's memory. In P. A. Ornstein (Ed.), *Memory development in children* (pp. 69–99). Hillsdale, NJ: Erlbaum.

Osherson, D. N., & Markman, E. (1975). Language and the ability to evaluate contradictions and tautologies. *Cognition, 3,* 213–226.

Owens, J., Bower, G. H., & Black, J. B. (1979). The "soap opera" effect in story recall. *Memory and Cognition, 7,* 185–191.

Paivio, A. (1965). Abstractness, imagery, and meaningfulness in paired-associate learning. *Journal of Verbal Learning and Verbal Behavior, 4,* 32–38.

Paivio, A. (1969). Mental imagery in associative learning and memory. *Psychological Review, 76,* 241–263.

Paivio, A. (1971). *Imagery and verbal processes.* New York, NY: Holt, Rinehart & Winston.

Paivio, A. (1975). Perceptual comparisons through the mind's eye. *Memory and Cognition, 3,* 635–647.

Paivio, A. (1983). The empirical case for dual coding. In J. C. Yuille (Ed.), *Imagery, memory and cognition* (pp. 307–332). Hillsdale, NJ: Erlbaum.

Palmer, S. E. (1975). The effects of contextual scenes on the identification of objects. *Memory and Cognition, 3,* 519–526.

Paap, K. R., Newsome, S. L., McDonald, J. E., & Schvaneveldt, R. W. (1982). An activation-verification model for letter and word recognition: The word-superiority effect. *Psychological Review, 89,* 573–594.

Pascual-Leone, J. (1970). A mathematical model for the transition rule in Piaget's developmental stages. *Acta Psychologica, 63,*

301–345.

Pashler, H. E. (1998). *The psychology of attention.* Cambridge, MA: MIT Press.

Pashler, H. [E.], Johnston, J. C., & Ruthruff, E. (2001). Attention and performance. *Annual Review of Psychology, 52,* 629–651.

Pashler, H. [E.], McDaniel, M., Rohrer, D., & Bjork, R. (2008). Learning styles: Concepts and evidence. *Psychological Science in the Public Interest, 9,* 105–119.

Patterson, R. D. (1990). Auditory warning sounds in the work environment. In D. E. Broadbent, J. T. Reason, & A. D. Baddeley (Eds.), *Human factors in hazardous situations* (pp. 37–44). Oxford, UK: Clarendon Press.

Payne, J. W. (1976). Task complexity and contingent processing in decision making: An information search and protocol analysis. *Organizational Behavior and Human Performance, 16,* 366–387.

Pellegrino, J. W., & Glaser, R. (1980). Components of inductive reasoning. In R. E. Snow, P. A. Federico, & W. E. Montague (Eds.), *Aptitude, learning, and instruction: Cognitive process analyses of aptitude* (pp. 177–217). Hillsdale, NJ: Erlbaum.

Perkins, D. N. (1981). *The mind's best work.* Cambridge, MA: Harvard University Press.

Perkins, D. N., Allen, R., & Hafner, J. (1983). Difficulties in everyday reasoning. In W. Maxwell (Ed.), *Thinking: The expanding frontier* (pp. 177–189). Philadelphia, PA: Franklin Institute.

Perky, C. W. (1910). An experimental study of imagination. *American Journal of Psychology, 21,* 422–452.

Perner, J., Lang, B., & Kloo, D. (2002). Theory of mind and self control: More than a common problem of inhibition. *Child Development, 73,* 752–767.

Petersen, S. E., Fox, P. T., Posner, M. I., Mintun, M. A., & Raichle, M. E. (1988). Positron emission tomographic studies of the cortical anatomy of single word processing. *Nature, 331,* 585–589.

Peterson, L. R., & Peterson, M. J. (1959). Short-term retention of individual items. *Journal of Experimental Psychology, 58,* 193–198.

Pezdek, K. (1994). The illusion of illusory memory. *Applied Cognitive Psychology, 8,* 339–350.

Piaget, J. (1968). *Six psychological studies* (D. Elkind & A. Tenzer, Trans.; D. Elkind, Ed.). New York, NY: Vintage Books. (Original work published 1964)

Piaget, J. (1972). Intellectual evolution from adolescence to adulthood. *Human Development, 15,* 1–12.

Piaget, J. (1988a). Piaget's theory. In P. H. Mussen (Ed.), *Manual of child psychology* (3rd ed., pp. 703–732). London, UK: Wiley. (Original work published 1970)

Piaget, J. (1988b). Piaget's theory [extract]. In K. Richardson & S. Sheldon (Eds.), *Cognitive development to adolescence* (pp. 3–18). Hillsdale, NJ: Erlbaum. (Original work published 1970)

Piaget, J., & Inhelder, B. (1967). *The child's conception of space* (F. J. Langdon & J. L. Lunzer, Trans.). New York, NY: Norton. (Original work published 1948)

Pillemer, D. (1984). Flashbulb memories of the assassination attempt on President Reagan. *Cognition, 16,* 63–80.

Pillemer, D. (1990). Clarifying the flashbulb memory concept: Comment on McCloskey, Wible, & Cohen (1988). *Journal*

of Experimental Psychology: General, 119, 92–96.

Pinker, S. (1980). Mental imagery and the third dimension. *Journal of Experimental Psychology: General, 109,* 354–371.

Pinker, S. (2002). *The blank slate: The modern denial of human nature.* New York, NY: Viking Press.

Plotnick, R. R. (2012). *Context effect for identification of brand logos.* Unpublished manuscript, Carleton College, Northfield, MN.

Pomerantz, J. R., & Portillo, M. C. (2011). Grouping and emergent features in vision: Toward a theory of basic Gestalts. *Journal of Experimental Psychology: Human Perception and Performance, 37,* 1331–1349.

Poortinga, Y. H., & Malpass, R. S. (1986). Making inferences from cross-cultural data. In W. J. Lonner & J. W. Berry (Eds.), *Field methods in cross-cultural research* (pp. 17–46). Beverly Hills, CA: Sage.

Posner, M. I., Boies, S. J., Eichelman, W. H., & Taylor, R. L. (1969). Retention of visual and name codes of single letters [Monograph]. *Journal of Experimental Psychology, 79,* 1–16.

Posner, M. I., Goldsmith, R., & Welton, K. E., Jr. (1967). Perceived distance and the classification of distorted patterns. *Journal of Experimental Psychology, 73,* 28–38.

Posner, M. I., & Keele, S. W. (1968). On the genesis of abstract ideas. *Journal of Experimental Psychology, 77,* 353–363.

Posner, M. I., & Raichle, M. E. (1994). *Images of mind.* New York, NY: Scientific American Library.

Posner, M. I., & Snyder, C. R. R. (1975). Attention and cognitive control. In R. L. Solso (Ed.), *Information processing and cognition: The Loyola Symposium* (pp. 55–85). Hillsdale, NJ: Erlbaum.

Postman, L., & Phillips, L. W. (1965). Short-term temporal changes in free recall. *Quarterly Journal of Experimental Psychology, 17,* 132–138.

Postman, L., & Stark, K. (1969). Role of response availability in transfer and interference. *Journal of Experimental Psychology, 79,* 168–177.

Premack, D. (1976). *Language and intelligence in ape and man.* Hillsdale, NJ: Erlbaum.

Pritchard, T. C., & Alloway, K. D. (1999). *Medical neuroscience.* Madison, CT: Fence Creek.

Pullum, G. K. (1991). *The great Eskimo vocabulary hoax and other irreverent essays on the study of language.* Chicago, IL: University of Chicago Press.

Putnam, H. (1975). The meaning of "meaning." In H. Putnam (Ed.), *Philosophical papers: Vol. 2. Mind, language and reality* (pp. 215–271). New York, NY: Cambridge University Press.

Pylyshyn, Z. W. (1973). What the mind's eye tells the mind's brain: A critique of mental imagery. *Psychological Bulletin, 80,* 1–24.

Pylyshyn, Z. W. (1981). The imagery debate: Analogue media versus tacit knowledge. *Psychological Review, 88,* 16–45.

Quinlan, P. T. (2003). Visual feature integration theory: Past, present, and future. *Psychological Bulletin, 129,* 643–673.

Quinn, P. C., Bhatt, R. S., Brush, D., Grimes, A., & Sharpnack, H. (2002). Development of form similarity as a Gestalt grouping principle in infancy. *Psychological Science, 13,* 320–328.

Radford, A. (1988). *Transformational grammar.* Cambridge, UK: Cambridge University Press.

Rayner, K., & Sereno, S. C. (1994). Eye movements in reading. In M. A. Gernsbacher (Ed.), *Handbook of psycholinguistics* (pp. 57–81). San Diego, CA: Academic Press.

Reber, A. S. (1967). Implicit learning of artificial grammars. *Journal of Verbal Learning and Verbal Behavior, 6,* 855–863.

Reber, A. S. (1976). Implicit learning of synthetic languages: The role of instructional set. *Journal of Experimental Psychology: Human Learning and Memory, 2,* 88–94.

Reed, S. K., Ernst, G. W., & Banerji, R. (1974). The role of analogy in transfer between similar problem states. *Cognitive Psychology, 6,* 436–450.

Reicher, G. M. (1969). Perceptual recognition as a function of meaningfulness of stimulus material. *Journal of Experimental Psychology, 81,* 275–280.

Reitman, J. S. (1971). Mechanisms of forgetting in short-term memory. *Cognitive Psychology, 2,* 185–195.

Reitman, J. S. (1974). Without surreptitious rehearsal, information in short-term memory decays. *Journal of Verbal Learning and Verbal Behavior, 13,* 365–377.

Rensink, R. A. (2002). Change detection. *Annual Review of Psychology, 53,* 245–277.

Reuter-Lorenz, P. A., Baynes, K., Mangun, G. R., & Phelps, E. A. (Eds.). (2010). *The cognitive neuroscience of mind: A tribute to Michael Gazzaniga.* Cambridge, MA: MIT Press.

Revlis, R. (1975). Syllogistic reasoning: Logical decisions from a complex database. In R. J. Falmagne (Ed.), *Reasoning: Representation and process* (pp. 93–133). Hillsdale, NJ: Erlbaum.

Riby, L. M., Perfect, T. J., & Stollery, B. T. (2004). Evidence for disproportionate dual-task costs in older adults for episodic but not semantic memory. *Quarterly Journal of Experimental Psychology, 57A,* 241–267.

Richerson, P. J., & Boyd, R. (2000). Climate, culture, and the evolution of cognition. In C. Heyes & L. Huber (Eds.), *The evolution of cognition.* (pp. 329–346). Cambridge, MA: MIT Press.

Rips, L. J. (1989). The psychology of knights and knaves. *Cognition, 31,* 85–116.

Rips, L. J. (2001). Two kinds of reasoning. *Psychological Science, 12,* 129–134.

Rips, L. J., Shoben, E. J., & Smith, E. E. (1973). Semantic distance and the verification of semantic relations. *Journal of Verbal Learning and Verbal Behavior, 12,* 1–20.

Rivers, W. H. R. (1905). Observations on the senses of the Todas. *British Journal of Psychology, 1,* 321–396.

Rizzella, M. L., & O'Brien, E. J. (2002). Retrieval of concepts in script-based texts and narratives: The influence of general world knowledge. *Journal of Experimental Psychology: Learning, Memory, and Cognition, 28,* 780–790.

Robinson, J. A., & Swanson, K. L. (1990). Autobiographical memory: The next phase. *Applied Cognitive Psychology, 4,* 321–335.

Roediger, H. L., III. (1990). Implicit memory: Retention without remembering. *American Psychologist, 45,* 1043–1056.

Roediger, H. L., III, & Butler, A. C. (2010). The critical role of retrieval practice in long-term retention. *Trends in Cognitive Sciences, 15,* 20–27.

Roediger, H. L., III, & Guynn, M. J. (1996). Retrieval processes. In E. L. Bjork & R. A. Bjork (Eds.), *Memory* (pp. 197–236). San Diego, CA: Academic Press.

Roediger, H. L., III, & McDermott, K. B. (1995). Creating false memories: Remembering words not presented in lists. *Journal of Experimental Psychology: Learning, Memory, and Cognition, 21,* 803–814.

Roediger, H. L., III, Agarwal, P. K., McDaniel, M. A., & McDermott, K. B. (2011). Test-enhanced learning in the classroom: Long-term improvements from quizzing. *Journal of Experimental Psychology: Applied, 17,* 382–395.

Rogoff, B. (1990). *Apprenticeship in thinking: Cognitive development in social context.* New York, NY: Oxford University Press.

Rohner, R.P. (1984). Toward a conception of culture for cross-cultural psychology. *Journal of Cross-Cultural Psychology, 15,* 111–138.

Roland, P. E., & Friberg, L. (1985). Localization of cortical areas activated by thinking. *Journal of Neurophysiology, 53,* 1219–1243.

Rollock, D. (1992). Field dependence/independence and learning condition: An exploratory study of style vs. ability. *Perceptual and Motor Skills, 74,* 807–818.

Rosch, E. (1973). On the internal structure of perceptual and semantic categories. In T. E. Moore (Ed.), *Cognitive development and the acquisition of language* (pp. 111–144). New York, NY: Academic Press.

Rosch, E., & Mervis, C. B. (1975). Family resemblances: Studies in the internal structure of categories. *Cognitive Psychology, 7,* 573–605.

Rosch, E., Mervis, C. B., Gray, W. D., Johnson, D. M., & Boyes-Braem, P. (1976). Basic objects in natural categories. *Cognitive Psychology, 8,* 382–439.

Rosch, E., Simpson, C., & Miller, R. S. (1976). Structural bases of typicality effects. *Journal of Experimental Psychology: Human Perception and Performance, 2,* 491–502.

Rose, N. S., Myerson, J., Roediger, H. L., III, & Hale, S. (2010). Similarities and differences between working memory and long-term memory: Evidence from the levels-of-processing span task. *Journal of Experimental Psychology: Learning, Memory & Cognition, 36,* 471–483.

Rosenthal, R., & Rosnow, R. L. (1984). *Essentials of behavioral research: Methods and data analysis.* New York, NY: McGraw-Hill.

Ross, B. H., & Landauer, T. K. (1978). Memory for at least one of two items: Test and failure of several theories of spacing effects. *Journal of Verbal Learning and Verbal Behavior, 17,* 669–680.

Ross, M., & Sicoly, F. (1979). Egocentric biases in availability and attribution. *Journal of Personality and Social Psychology, 37,* 322–336.

Roth, D., Slone, M., & Dar, R. (2000). Which way cognitive development? An evaluation of the Piagetian and the domain specific research programs. *Theory & Psychology, 10,* 353–373.

Roth, E. M., & Shoben, E. J. (1983). The effect of context on the structure of categories. *Cognitive Psychology, 15,* 346–378.

Rubens, A. B., & Benson, D. F. (1971). Associative visual agnosia. *Archives of Neurology, 24,* 305–316.

Rubia, K., & Smith, A. (2001). Attention deficit-hyperactivity disorder: Current findings and treatment. *Current Opinion in Psychiatry, 14,* 309–316.

Rugg, M. D. (1997). Introduction. In M. D. Rugg (Ed.),

Cognitive neuroscience (pp. 1–10). Cambridge, MA: MIT Press.

Rumelhart, D. E. (1989). The architecture of mind: A connectionist approach. In M. I. Posner (Ed.), *Foundations of cognitive science* (pp. 133–159). Cambridge, MA: Bradford Books.

Rumelhart, D. E., & McClelland, J. L. (1982). An interactive activation model of context effects in letter perception: Part 2. The contextual enhancement effect and some tests and extensions of the model. *Psychological Review, 89,* 60–94.

Rumelhart, D. E., & Norman, D. A. (1988). Representation in memory. In R. C. Atkinson (Ed.), *Stevens' handbook of experimental psychology: Vol. 2. Learning and cognition* (2nd ed., pp. 511–587). New York, NY: Wiley.

Rumelhart, D. E., & Ortony, A. (1977). The representation of knowledge in memory. In R. C. Anderson, R. J. Spiro, & W. E. Montague (Eds.), *Schooling and the acquisition of knowledge* (pp. 99–135). Hillsdale, NJ: Erlbaum.

Rumelhart, D. E., & Todd, P. M. (1993). Learning and connectionist representations. In D. E. Meyer & S. Kornblum (Eds.), *Attention and performance XIV* (pp. 3–30). Cambridge, MA: MIT Press/Bradford Books.

Runco, M. A. (2004). Creativity. *Annual Review of Psychology, 55,* 657–687.

Runco, M. A., & Sakamoto, S. O. (1999). Experimental studies of creativity. In R. J. Sternberg (Ed.), *Handbook of creativity* (pp. 62–92). Cambridge, UK: Cambridge University Press.

Ryan, M. K., & David, B. (2003). Gender differences in ways of knowing: The context dependence of the Attitudes Toward Thinking and Learning Survey. *Sex Roles, 49,* 693–699.

Sachs, J. S. (1967). Recognition memory for syntactic and semantic aspects of connected discourse. *Perception and Psychophysics, 2,* 437–442.

Sacks, O. (1985). *The man who mistook his wife for a hat, and other clinical tales.* New York, NY: Summit Books.

Salthouse, T. [A.]. (2012). Consequences of age-related cognitive declines. *Annual Review of Psychology, 63,* 201–226.

Salthouse, T. A., & Babcock, R. L. (1991). Decomposing adult age differences in working memory. *Developmental Psychology, 27,* 763–776.

Samuel, A. G. (2011). Speech perception. *Annual Review of Psychology, 62,* 49–72.

Sandler, W., & Lillo-Martin, D. C. (2006). *Sign language and linguistic universals.* Cambridge, UK: Cambridge University Press.

Sargent, J., Dopkins, S., Philbeck, J., & Chichka, D. (2010). Chunking in spatial memory. *Journal of Experimental Psychology: Learning, Memory, and Cognition, 36,* 576–589.

Savage-Rumbaugh, S., McDonald, K., Sevcik, R. A., Hopkins, W. D., & Rubert, E. (1986). Spontaneous symbol acquisition and communicative use by pygmy chimpanzees (*Pan paniscus*). *Journal of Experimental Psychology: General, 115,* 211–235.

Saxe, G. B. (1981). Body parts as numerals: A developmental analysis of numeration among the Oksapmin in Papua New Guinea. *Child Development, 52,* 306–316.

Saxe, G. B., & Posner, J. (1983). The development of numerical cognition: Cross-cultural perspectives. In H. P. Ginsburg

(Ed.), *The development of mathematical thinking* (pp. 291–317). New York, NY: Academic Press.

Schacter, D. L. (1987). Implicit memory: History and current status. *Journal of Experimental Psychology: Learning, Memory and Cognition, 13,* 501–518.

Schacter, D. L. (1989). On the relation between memory and consciousness: Dissociable interactions and conscious experience. In H. L. Roediger III & F. I. M. Craik (Eds.), *Varieties of memory and consciousness* (pp. 355–389). Hillsdale, NJ: Erlbaum.

Schacter, D. L. (1996). *Searching for memory: The brain, the mind, and the past.* New York, NY: Basic Books.

Schank, R. C., & Abelson, R. P. (1977). *Scripts, plans, goals, and understanding: An inquiry into human knowledge structures.* Hillsdale, NJ: Erlbaum.

Schmidt, S. R. (2004). Autobiographical memories for the September 11th attacks: Reconstructive errors and emotional impairment of memory. *Memory & Cognition, 32,* 443–454.

Schneider, W., & Shiffrin, R. M. (1977). Controlled and automatic human information processing: I. Detection, search, and attention. *Psychological Review, 84,* 1–66.

Schraw, G., Dunkle, M. E., & Bendixen, L. D. (1995). Cognitive processes in well-defined and ill-defined problem solving. *Applied Cognitive Psychology, 9,* 523–538.

Schwartz, S. H. (1971). Modes of representation and problem solving: Well evolved is half solved. *Journal of Experimental Psychology, 91,* 347–350.

Schwartz, S. P. (1978). Putnam on artifacts. *Philosophical Review, 87,* 566–574.

Schwartz, S. P. (1979). Natural kind terms. *Cognition, 7,* 301–315.

Schwartz, S. P. (1980). Natural kinds and nominal kinds. *Mind, 89,* 182–195.

Scribner, S. (1984). Studying working intelligence. In B. Rogoff & J. Lave (Eds.), *Everyday cognition: Its development in social context* (pp. 9–40). Cambridge, MA: Harvard University Press.

Scribner, S. (1986). Thinking in action: Some characteristics of practical thought. In R. J. Sternberg & R. K. Wagner (Eds.), *Practical intelligence: Nature and origins of competence in the everyday world* (pp. 13–30). Cambridge, UK: Cambridge University Press.

Scribner, S., & Cole, M. (1981). *The psychology of literacy.* Cambridge, MA: Harvard University Press.

Searle, J. R. (1979). *Expression and meaning: Studies in the theory of speech acts.* Cambridge, UK: Cambridge University Press.

Sedlmeier, P., & Gigerenzer, G. (2000). Was Bernoulli wrong? On intuitions about sample size. *Journal of Behavioral Decision Making, 13,* 133–139.

Seegmiller, J. K., Watson, J. M., & Strayer, D. L. (2011). Individual differences in susceptibility to inattentional blindness. *Journal of Experimental Psychology: Learning, Memory, and Cognition, 37,* 785–791.

Segall, M. H. (1979). *Cross-cultural psychology: Human behavior in global perspective.* Pacific Grove, CA: Brooks/Cole.

Segall, M. H. (1984). More than we need to know about culture but are afraid not to ask. *Journal of Cross-Cultural Psychology, 15,* 153–162.

Segall, M. H. (1986). Culture and behavior: Psychology in global perspective. *Annual Review of Psychology, 37,* 523–564.

Segall, M. H., Campbell, D. T., & Herskovits, M. J. (1966). *The influence of culture on visual perception.* Indianapolis, IN: Bobbs-Merrill.

Shepard, R. N. (1966). Learning and recall as organization and search. *Journal of Verbal Learning and Verbal Behavior, 5,* 201–204.

Shepard, R. N. (1967). Recognition memory for words, sentences, and pictures. *Journal of Verbal Learning and Verbal Behavior, 6,* 156–163.

Shepard, R. N., & Metzler, J. (1971). Mental rotation of three-dimensional objects. *Science, 171,* 701–703.

Shiffrin, R. M. (1988). Attention. In R. C. Atkinson, R. J. Herrnstein, G. Lindzey, & R. D. Luce (Eds.), *Stevens' handbook of experimental psychology: Vol. 2. Learning and cognition* (2nd ed., pp. 739–811). New York, NY: Wiley.

Shiffrin, R. M. (1993). Short-term memory: A brief commentary. *Memory and Cognition, 21,* 193–197.

Shimamura, A. P. (1986). Priming effects in amnesia: Evidence for a dissociable memory function. *Quarterly Journal of Experimental Psychology, 38A,* 619–644.

Shimamura, A. P. (1995). Memory and frontal lobe function. In M. S. Gazzaniga (Ed.), *The cognitive neurosciences* (pp. 803–813). Cambridge, MA: Bradford.

Siegel, L. S., & Hodkin, B. (1982). The garden path to the understanding of cognitive development: Has Piaget led us into the poison ivy? In S. Modgil & C. Modgil (Eds.), *Jean Piaget: Consensus and controversy* (pp. 57–82). New York, NY: Praeger.

Siegler, R. S. (Ed.). (1978). *Children's thinking: What develops?* Hillsdale, NJ: Erlbaum.

Siegler, R. S., & Jenkins, E. (1989). *How children discover new strategies.* Hillsdale, NJ: Erlbaum.

Simmering, V. R. (2011). The development of visual working memory capacity during early childhood. *Journal of Experimental Child Psychology, 111,* 695–707.

Simons, D. J. (2010). Monkeying around with the gorillas in our midst: Familiarity with an inattentional-blindness task does not improve the detection of unexpected events. *i-Perception, 1,* 3–6.

Simons, D. J., & Ambinder, M. S. (2005). Change blindness: Theory and consequences. *Current Directions in Psychological Science, 14,* 44–48.

Simons, D. J., & Chabris, C. F. (1999). Gorillas in our midst: Sustained inattentional blindness for dynamic events. *Perception, 28,* 1059–1074.

Simons, D. J., & Jensen, M. S. (2009). The effects of individual differences and task difficulty on inattentional blindness. *Psychonomic Bulletin & Review, 16,* 398–403.

Simons, D. J., & Levin, D. T. (1997). Change blindness. *Trends in Cognitive Sciences, 1,* 261–267.

Simons, D. J., & Levin, D.T. (1998). Failure to detect changes to people during a real-world interaction. *Psychonomic Bulletin and Review, 5,* 644–649.

Simons, D. J., Nevarez, G., & Boot, W. R. (2005). Visual sensing *is* seeing: Why "mindsight" in hindsight, is blind. *Psychological Science, 16,* 520–524.

Simonton, D. K. (2011). Creativity and discovery as blind variation and selective retention: Multiple-variant definition and blind-sighted integration. *Psychology of Aesthetics, Creativity, and the Arts, 5,* 222–228.

Skinner, B. F. (1984). Behaviorism at fifty. *Behavioral and Brain Sciences, 7,* 615–667. (Original work published 1963)

Skyrms, B. (1975). *Choice and chance: An introduction to inductive logic* (2nd ed.). Encino, CA: Dickenson.

Smith, E. E., & Jonides, J. (1997). Working memory: A view from neuroimaging. *Cognitive Psychology, 33,* 5–42.

Smith, E. E., & Medin, D. L. (1981). *Categories and concepts.* Cambridge, MA: Harvard University Press.

Smith, E. E., Shoben, E. J., & Rips, L. J. (1974). Structure and process in semantic memory: A featural model for semantic decisions. *Psychological Review, 81,* 214–241.

Smith, S. M., & Blakenship, S. E. (1989). Incubation effects. *Bulletin of the Psychonomic Society, 27,* 311–314.

Smith, S. M., Brown, H. O., Toman, J. E. P., & Goodman, L. S. (1947). The lack of cerebral effects of d-tubercurarine. *Anesthesiology, 8,* 1–14.

Smullyan, R.M. (1982). *Alice in puzzle-land.* New York, NY: Penguin Books.

Spelke, E., Hirst, W., & Neisser, U. (1976). Skills of divided attention. *Cognition, 4,* 215–230.

Sperling, G. (1960). The information available in brief visual presentations. *Psychological Monographs, 74*(498), 1–29.

Springer, S. P., & Deutsch, G. (1998). *Left brain, right brain: Perspectives from cognitive neuroscience* (5th ed.). New York, NY: W. H. Freeman.

Stanovich, K. E., & West, R. F. (1997). Reasoning independently of prior belief and individual differences in actively open-minded thinking. *Journal of Educational Psychology, 89,* 342–357.

Stanovich, K. E., & West, R. F. (1998). Individual differences in rational thought. *Journal of Experimental Psychology: General, 127,* 161–188.

Stanovich, K. E., & West, R. F. (2000). Individual differences in reasoning: Implications for the rationality debate? *Behavioral and Brain Sciences, 23,* 645–726.

Stefik, M. (1995). *Introduction to knowledge systems.* San Francisco, CA: Morgan Kaufman.

Stein, B. S., & Bransford, J. D. (1979). Constraints on effective elaboration: Effects of precision and subject generation. *Journal of Verbal Learning and Verbal Behavior, 18,* 769–777.

Sternberg, R. J. (1977). Component processes in analogical reasoning. *Psychological Review, 84,* 353–378.

Sternberg, R. J. (1986). *Intelligence applied: Understanding and increasing your intellectual skills.* San Diego, CA: Harcourt Brace Jovanovich.

Sternberg, R. J. (1988). A three-facet model of creativity. In R. J. Sternberg (Ed.), *The nature of creativity: Contemporary psychological perspectives* (pp. 125–147). Cambridge, UK: Cambridge University Press.

Sternberg, R. J., & Detterman, D. K. (Eds.). (1986). *What is intelligence? Contemporary viewpoints on its nature and definition.* Norwood, NJ: Ablex.

Sternberg, R. J., & Gardner, M. K. (1983). Unities in inductive reasoning. *Journal of Experimental Psychology: General, 112,* 80–116.

Sternberg, S. (1966). High-speed scanning in human memory. *Science, 153,* 652–654.

Sternberg, S. (1969). Memory-scanning: Mental processes revealed by reaction-time experiments. *American Scientist,*

57, 421–457.

Stevenson, H. W., Lee, S., Chen, C., Lummis, M., Stigler, J., Fan, L., & Ge, F. (1990). Mathematics achievement of children in China and the United States. *Child Development, 61,* 1053–1066.

Strayer, D. L., & Johnston, W. A. (2001). Driven to distraction: Dual-task studies of simulated driving and conversing on a cellular telephone. *Psychological Science, 12,* 462–466.

Stroop, J. R. (1935). Studies of interferences in serial verbal reactions. *Journal of Experimental Psychology, 18,* 643–662.

Strutt, G. F., Anderson, D. R., & Well, A. D. (1975). A developmental study of the effects of irrelevant information on speeded classification. *Journal of Experimental Child Psychology, 20,* 127–135.

Sun, R., Merrill, E., & Peterson, T. (2001). From implicit skills to explicit knowledge: A bottom-up model of skill learning. *Cognitive Science, 25,* 203–244.

Suess, H. M., Oberauer, K., Wittmann, W. W., Wilhelm, O., & Schulze, R. (2002). Working-memory capacity explains reasoning ability—and a little bit more. *Intelligence, 30,* 261–288.

Suppes, P. (1957). *Introduction to logic.* Princeton, NJ: Van Nostrand.

Swinney, D. A. (1979). Lexical access during sentence comprehension: (Re)consideration of context effects. *Journal of Verbal Learning and Verbal Behavior, 18,* 645–659.

Tanenhaus, M. K., Magnuson, J. S., Dahan, D., & Chambers, C. (2000). Eye movements and lexical access in spoken-language comprehension: Evaluating a linking hypothesis between fixations and linguistic processing. *Journal of Psycholinguistic Research, 29,* 557–580.

Tarr, M. J. (2000). Visual pattern recognition. In A. E. Kazdin, (Ed.), *Encyclopedia of psychology* (pp. 1–4). Washington, DC: American Psychological Association.

Tarr, M. J., & Bülthoff, H. H. (1995). Is human object recognition better described by geon-structural-descriptions or by multiple-views? *Journal of Experimental Psychology: Human Perception and Performance, 21,* 1494–1505.

Tarr, M. J., & Pinker, S. (1989). Mental rotation and orientation-dependence in shape recognition. *Cognitive Psychology, 21,* 233–282.

Tavris, C., & Wade, C. (1984). *The longest war: Sex differences in perspective* (2nd ed.). San Diego, CA: Harcourt Brace Jovanovich.

Teasdale, J. D., Dritschel, B. H., Taylor, M. J., Proctor, L., Lloyd, C. A., Nimmo-Smith, I., & Baddeley, A. D. (1995). Stimulus-independent thought depends on central executive resources. *Memory and Cognition, 23,* 551–559.

Terrace, H. S. (1979). *Nim.* New York, NY: Knopf.

Thaler, R. H. (1980). Toward a positive theory of consumer choice. *Journal of Economic Behavior and Organization, 1,* 39–60.

Theeuwes, J., Atchley, P., & Kramer, A. F. (2000). On the time course of top-down and bottom-up control of visual attention. In S. Monsell & J. Driver (Eds), *Control of cognitive processes: Attention and performance XVIII* (pp. 105–124). Cambridge, MA: Bradford.

Theeuwes, J., Kramer, A. F., Hahn, S., & Irwin, D. E. (1998). Our eyes do not always go where we want them to go: Capture of the eyes by new objects. *Psychological Science, 9,* 379–385.

Thomson, D. M., & Tulving, E. (1970). Associative encoding and retrieval: Weak and strong cues. *Journal of Experimental Psychology, 86,* 255–262.

Thorndyke, P. W. (1977). Cognitive structures in comprehension and memory of narrative discourse. *Cognitive Psychology, 9,* 77–110.

Tomasello, M. (2006). Acquiring linguistic constructions. In D. Kuhn & R. S. Siegler (Vol. Eds.), *Handbook of Child Psychology: Vol. 2. Cognition, Perception, and Language* (6th ed., pp. 255–298). Hoboken, NJ: Wiley.

Trabasso, T., Secco, T., & van den Broek, P. W. (1984). Causal cohesion and story coherence. In H. Mandl, N. L. Stein, & T. Trabasso (Eds.), *Learning and comprehension of text* (pp. 83–111). Hillsdale, NJ: Erlbaum.

Trabasso, T., & van den Broek, P. W. (1985). Causal thinking and the representation of narrative events. *Journal of Memory and Language, 24,* 612–630.

Treisman, A. M. (1960). Contextual cues in selective listening. *Quarterly Journal of Experimental Psychology, 12,* 242–248.

Treisman, A. M. (1964). Verbal cues, language, and meaning in selective attention. *American Journal of Psychology, 77,* 206–219.

Treisman, A. M., & Gelade, G. (1980). A feature integration theory of attention. *Cognitive Psychology, 12,* 97–136.

Treisman, A. M., & Schmidt, H. (1982). Illusory conjunctions in the perception of objects. *Cognitive Psychology, 14,* 107–141.

Triandis, H. C. (1996). The psychological measurement of cultural syndromes. *American Psychologist, 51,* 407–415.

Tsal, Y. (1989a). Do illusory conjunctions support the feature integration theory? A critical review of theory and findings. *Journal of Experimental Psychology: Human Perception and Performance, 15,* 394–400.

Tsal, Y. (1989b). Further comments on feature integration: A reply to Briand and Klein. *Journal of Experimental Psychology: Human Perception and Performance, 15,* 407–410.

Tulving, E. (1972). Episodic and semantic memory. In E. Tulving & W. Donaldson (Eds.), *Organization of memory* (pp. 381–403). New York, NY: Academic Press.

Tulving, E. (1983). *Elements of episodic memory.* New York, NY: Oxford University Press.

Tulving, E. (1989). Remembering and knowing the past. *American Scientist, 77,* 361–367.

Tulving, E. (1995). Introduction to Section IV: Memory. In M. S. Gazzaniga (Ed.), *The cognitive neurosciences* (pp. 751–753). Cambridge, MA: Bradford.

Turing, A. M. (1936). "On computable numbers, with an application to the Entscheidungsproblem." *Proceedings of the London Mathematical Society 42,* 230–265.

Turvey, M. T., Shaw, R. E., Reed, E. S., & Mace, W. M. (1981). Ecological laws of perceiving and acting: In reply to Fodor and Pylyshyn (1981). *Cognition, 9,* 237–304.

Tversky, A. (1972). Elimination by aspects: A theory of choice. *Psychological Review, 79,* 281–299.

Tversky, A., & Kahneman, D. (1971). Belief in the law of small numbers. *Psychological Bulletin, 76,* 105–110.

Tversky, A., & Kahneman, D. (1973). Availability: A heuristic for judging frequency and probability. *Cognitive Psychology, 4,* 207–232.

Tversky, A., & Kahneman, D. (1981). The framing of decisions and the psychology of choice. *Science, 211,* 453–458.

Tversky, A., & Kahneman, D. (2000). Judgment under uncertainty: Heuristics and biases. In T. Connolly, H. R. Arkes, & K. R. Hammond (Eds.), *Judgment and decision making* (2nd ed., pp. 35–52). New York: Cambridge University Press.

Tversky, B. (1981). Distortions in memory for maps. *Cognitive Psychology, 13,* 407–433.

Tverksy, B. (1992). Distortions in cognitive maps. *Geoforum, 23,* 131–138.

Tversky, B. (2005). Functional significance of visuospatial representations. In P. Shah & A. Miyake (Eds.), *The Cambridge handbook of visuospatial thinking* (pp. 1–34). New York, NY: Cambridge University Press.

Tyler, L. E. (1974). *Individual differences: Abilities and motivational directions.* Englewood Cliffs, NJ: Prentice Hall.

Unsworth, N., & Engle, R. W. (2005). Individual difference in working memory and capacity and learning: Evidence from the serial reaction time task. *Memory & Cognition, 33,* 213–220.

van den Berg, M., Kubovy, M., & Schirillo, J. A. (2011). Grouping by Regularity and the perception of illumination. *Vision Research, 51,* 1360–1371.

van den Broek, P., & Gustafson, M. (1999). Comprehension and memory for texts: Three generations of reading research. In S. R. Goldman, A. C. Graesser, & P. van den Broek (Eds.), *Narrative comprehension, causality, and coherence: Essays in honor of Tom Trabasso* (pp. 15–34). Mahwah, NJ: Erlbaum.

Varnum, M. E. W., Grossmann, I., Kitayama, S., & Nisbett, R. E. (2010). The origin of cultural differences in cognition: The social orientation hypothesis. *Current Directions in Psychological Science, 19,* 9–13.

Verhaeghen, P. (2011). Aging and executive control: Reports of a demise greatly exaggerated. *Current Directions in Psychological Science, 20,* 174–180.

von Winterfeldt, D., & Edwards, W. (1986a). *Decision analysis and behavioral research.* Cambridge, UK: Cambridge University Press.

von Winterfeldt, D., & Edwards, W. (1986b). On cognitive illusions and their implications. In H. R. Arkes & K. R. Hammond (Eds.), *Judgment and decision making: An interdisciplinary reader* (pp. 642–679). Cambridge, UK: Cambridge University Press.

Vygotsky, L. S. (1986). *Thought and language* (A. Kozulin, Trans.). Cambridge, MA: MIT Press.

Waltz, J. A., Knowlton, B. J., Holyoak, K. J., Boone, K. B., Mishkin, F. S., de Menezes Santos, M., Thomas, C. R., & Miller, B. L. (1999). A system for relational reasoning in human prefrontal cortex. *Psychological Science, 10,* 119–125.

Wang, R. F., Crowell, J. A., Simons, D. J., Irwin, D. E., Kramer, A. F., Ambinder, M. S., . . . & Hsieh, B. B. (2006). Spatial updating relies on an egocentric representation of space: Effects of the number of objects. *Psychonomic Bulletin & Review, 13,* 281–286.

Ward, T. B., Smith, S. M., & Finke, R. A. (1999). Creative cognition. In R. J. Sternberg (Ed.), *Handbook of creativity* (pp. 189–212). Cambridge, UK: Cambridge University

Press.

Warren, R. M. (1970). Perceptual restoration of missing speech sounds. *Science, 167,* 392–393.

Warren, R. M., & Obusek, C. J. (1971). Speech perception and phonemic restorations. *Perception and Psychophysics, 9,* 358–362.

Warren, R. M., & Warren, R. P. (1970). Auditory illusions and confusions. *Scientific American, 223,* 30–36.

Warrington, E. K., & Weiskrantz, L. (1970). Amnesic syndrome: Consolidation or retrieval? *Nature, 228,* 628–630.

Wason, P. C. (1960). On the failure to eliminate hypotheses in a conceptual task. *Quarterly Journal of Experimental Psychology, 12,* 129–140.

Wason, P. C. (1968). Reasoning about a rule. *Quarterly Journal of Experimental Psychology, 20,* 273–281.

Wason, P. C. (1969). Regression in reasoning? *British Journal of Psychology, 60,* 471–480.

Wason, P. C. (1977). "On the failure to eliminate hypotheses . . ."— a second look. In P. N. Johnson-Laird & P. C. Wason (Eds.), *Thinking: Readings in cognitive science* (pp. 307–314). Cambridge, UK: Cambridge University Press.

Wason, P. C. (1983). Realism and rationality in the selection task. In J. St. B. T. Evans (Ed.), *Thinking and reasoning: Psychological approaches* (pp.44–75). Boston: Routledge & Kegan Paul.

Wason, P. C., & Johnson-Laird, P. N. (1970). A conflict between selecting and evaluating information in an inferential task. *British Journal of Psychology, 61,* 509–515.

Watkins, O. C., & Watkins, M. J. (1980). The modality effect and echoic persistence. *Journal of Experimental Psychology: General, 109,* 251–278.

Watson, J. B. (1913). Psychology as the behaviorist views it. *Psychological Review, 20,* 158–177.

Watson, J. B. (1930). *Behaviorism.* New York, NY: Norton.

Waugh, N. C., & Norman, D. A. (1965). Primary memory. *Psychological Review, 72,* 89–104.

Weaver, C. A., III. (1993). Do you need a "flash" to form a flashbulb memory? *Journal of Experimental Psychology: General, 122,* 39–46.

Weisberg, R. W. (1988). Problem solving and creativity. In R. J. Sternberg (Ed.), *The nature of creativity* (pp. 148–176). Cambridge, UK: Cambridge University Press.

Wells, G. L. (1993). What do we know about eyewitness identification? *American Psychologist, 48,* 553–571.

Wertheimer, M. (1945). *Productive thinking.* New York, NY: Harper & Brothers.

Whittlesea, B. W. A., & Price, J. R. (2001). Implicit/explicit memory versus analytic/nonanalytic processing: Rethinking the mere exposure effect. *Memory & Cognition, 29,* 234–246.

Whorf, B. L. (1956). *Language, thought, and reality.* Cambridge, MA: MIT Press.

Wickens, C. D. (1987). Attention. In P. A. Hancock (Ed.), *Human factors psychology* (pp. 29–80). Amsterdam, The Netherlands: North Holland.

Williams, J. H. (1983). *Psychology of women: Behavior in a biosocial context* (2nd ed.). New York, NY: Norton.

Wilson, B. G., & Myers, K. M. (2000). Situated cognition in theoretical and practical context. In D. H. Jonassen (Ed.), *Theoretical foundations of learning environments* (pp. 57–88). Mahwah, NJ: Erlbaum.

Wilson, F. A., & Stimpson, J. P. (2010). Trends in fatalities from distracted driving in the United States, 1999–2008. *American Journal of Public Health, 100,* 2213–2219.

Winston, P. H. (1992). *Artificial intelligence* (3rd ed.). Boston, MA: Addison-Wesley.

Witkin, H. A., Dyk, R. B., Faterson, H. F., Goodenough, D. R., & Karp, S. A. (1962). *Psychological differentiation: Studies of development.* New York, NY: Wiley.

Witkin, H. A., & Goodenough, D. R. (1981). *Cognitive styles: Essence and origins.* New York, NY: International Universities Press.

Wittgenstein, L. (1953). *Philosophical investigations.* New York, NY: Macmillan.

Wober, M. (1969). Distinguishing centri-cultural from cross-cultural tests and research. *Perceptual and Motor Skills, 28,* 488.

Wood, N. L., & Cowan, N. (1995). The cocktail party phenomenon revisited: Attention and memory in the classic selective listening procedure of Cherry (1953). *Journal of Experimental Psychology: General, 124,* 243–262.

Woods, S. K., & Ploof, W. H. (1997). *Understanding ADHD: Attention deficit hyperactivity disorder and the feeling brain.* Thousand Oaks, CA: Sage.

Woodworth, R. S., & Sells, S. B. (1935). An atmosphere effect in formal syllogistic reasoning. *Journal of Experimental Psychology, 18,* 451–460.

Wu, L., & Barsalou, L. W. (2009). Perceptual simulation in conceptual combination: Evidence from property generation. *Acta Psychologica, 132,* 173–189.

Xu, Y., & Corkin, S. (2001). H.M. revisits the Tower of Hanoi puzzle. *Neuropsychology, 15,* 69–79.

Yantis, S. (2000). Goal-directed and stimulus-driven determinants of attentional control. In S. Monsell & J. Driver (Eds)., *Control of cognitive processes: Attention and performance XVIII* (pp. 73–103). Cambridge, MA: Bradford.

Yantis, S., & Egeth, H. E. (1999). On the distinction between visual salience and stimulus-driven attentional capture. *Journal of Experimental Psychology: Human Perception and Performance, 25,* 661–676.

Yoshida, K. A., Iversen, J. R., Patel, A. D., Mazuka, R., Nito, H., Gervain, J., & Werker, J. F. (2010). The development of perceptual grouping biases in infancy: A Japanese-English cross-linguistic study. *Cognition, 115,* 356–361.

Yuille, J. C. (Ed.). (1983). *Imagery, memory and cognition.* Hillsdale, NJ: Erlbaum.

Yuille, J. C. (1993). We must study forensic eyewitnesses to know about them. *American Psychologist, 48,* 572–573.

Zatorre, R. J., Halpern, A. R., Perry, D. W., Meyer, E., & Evans, A. C. (1996). Hearing in the mind's ear: A PET investigation of musical imagery and perception. *Journal of Cognitive Neuroscience, 8,* 29–46.

Zelnicker, T. (1989). Cognitive style and dimensions of information processing. In T. Globerson & T. Zelnicker (Eds.), *Human development: Vol. 3. Cognitive style and cognitive development* (pp. 172–191). Norwood, NJ: Ablex.

Zhang, H., Mou, W., & McNamara, T. P. (2011). Spatial updating according to a fixed reference direction of a briefly viewed layout. *Cognition, 119,* 419–429.

Zillmer, E. A., & Spiers, M. V. (2001). *Principles of neuropsychology.* Belmont, CA: Wadsworth.

Zöllig, J. Mattli, F., Sutter, C., Aurelio, A., & Martin, M. (2012). Plasticity of prospective memory through a familiarization intervention in old adults. *Aging, Neuropsychology, and Cognition, 19,* 168–194.

찾아보기

저자 소개

Kathleen M. Galotti

웰슬리대학에서 심리학과 경제학을 복수전공하였으며, 펜실베이니아대학교에서 컴퓨터와 정보과학에서 MSE 학위를, 심리학에서 석사와 박사 학위를 취득하였다. 칼턴대학에서는 인지과학 교수직에 종사하였으며, 1989년에 설립자 중 한 사람이 되었던 협동과정의 책임자로 종사하였다. 또한 심리학과 학과장으로도 일하였다. 인지심리학과 발달심리학 그리고 인지과학을 강의하였으며 통계와 심리학 입문 강의도 맡았다.

Galotti 박사의 연구는 학령 이전 시기부터 성인기에 이를 때까지 추론과 의사결정 기술의 발달에 관한 것이 중심이었으며 또한 청소년과 성인이 미래를 계획하고, 미래 직업을 결정하고, 새로운 정보를 학습하는 유형에 대해서도 관심이 있다. National Science Foundation, Spencer Foundation, National Institutes of Health에서 연구 기금을 받았다. *Cognitive Development: Infancy Through Adolescence* (Sage, 2011)와 *Making Decisions That Matter: How People Face Important Life Choices* (Erlbaum, 2002)를 출판하였다. 또한 박사는 저자 또는 공저자로 수많은 연구논문을 동료 심사 학회지에 출판하여 왔다.

Galotti 박사는 두 아이, Timothy와 Kimberlynn의 부모이며, 이들의 젊은 활기와 에너지를 즐기며 많은 시간을 보내고 있다. 여가 시간에는 버니즈마운틴종 개를 기르며 이들을 훈련시키는 일을 하는데, American Kennel Club의 경주 심판으로도 공인 받았다.

역자 소개

이승복
충북대학교 심리학과 교수(1984~현재)
서울대학교 심리학과 졸업(1977)
서울대학교 대학원 심리학과 석사(1979), 박사(1987)

박수진
(주) CompanyD 파트너(2016~현재)
연세대학교 심리학과 졸업(1990)
연세대학교 대학원 석사(1992), 박사(1999)
연세대학교 인지과학연구소 연구교수, (주)ThinkUser 부문대표

정우현
충북대학교 심리학과 교수(2007~현재)
연세대학교 심리학과 졸업(1989)
연세대학교 대학원 심리학과 석사(1991), 박사(2000)
한국과학기술원(KAIST) 박사후연구원, 초빙교수, 연세대학교 인지과학연구소 전문연구원